Das

Strafgesetzbuch für das Deutsche Reich

und

die neben demselben geltenden bürgerlichen

Deutschen Reichs-Straf-Gesetze

mit Anmerkungen und vollständigem Sachregister

von

C. F. Anders,
Geh. Regierungsrath in Berlin.

Dritte vermehrte Auflage.

Berlin.
Carl Heymann's Verlag.
1876.

Inhalt.

Erklärung der Abkürzungen.

Al.	bezeichnet:	Alinea.
Behrend, Zeitschrift.	=	Zeitschrift für Gesetzgebung und Rechtspflege in Preußen, herausgegeben von Prof. Dr. J. F. Behrend. Berlin 1867 ff.
B.G.Bl.	=	Bundes=Gesetzblatt.
Centralbl. f. d. Abg.Ges.	=	Central=Blatt für die Abgaben=, Gewerbe= und Handels=Gesetzgebung und Verwaltung in den Kgl. Preußischen Staaten. Berlin 1839 ff.
Centralbl. f. d. D.R.	=	Central=Blatt für das Deutsche Reich. Berlin 1873 ff.
Contra:	=	Anderer Ansicht ist:
D.R.	=	Deutscher Reichstag.
Endemann, Comm. z. K.A.G.	=	Das Gesetz betr. die Kommandit=Gesellschaften auf Aktien und die Aktien=Gesellschaften, mit Erläuterungen v. Ob.App.G.R. Prof. Dr. Endemann.
Erk.	=	Erkenntniß.
Goltd. A.	=	Archiv für Gemeines Deutsches und Preußisches Strafrecht, herausgegeben v. Ob.Trib.R. Dr. Goltdammer. Berlin 1853 ff.
Ges.Bl.	=	Gesetz=Blatt. (Bayern.)
G.S.	=	Gesetz=Sammlung. (Preußen, Sachsen.)
G.u.Vdg.Bl.	=	Gesetz= und Verordnungs=Blatt. (Baden.)
Goldschmidt, Zeitschrift.	=	Zeitschrift für das gesammte Handelsrecht, herausgegeben v. Prof. Dr. Goldschmidt, Prof. Dr. Laband und Advokat Malß. Erlangen 1858 ff.
J.M.Bl.	=	Justiz=Ministerial=Blatt für die Preußische Gesetzgebung und Rechtspflege. Berlin 1839 ff.
Meyer, St.G.B.	=	Das Strafgesetzbuch für den Norddeutschen Bund v. 31. Mai 1870, erläutert v. Justizrath Dr. Friedrich Meyer.
N.B.	=	Norddeutscher Bund.
N.R.	=	Reichstag des Norddeutschen Bundes.
O.A.G.	=	Ober=Appellations=Gericht.
Oppenhoff, St.G.B.	=	Das Strafgesetzbuch für den Norddeutschen Bund, erläutert v. O.St.A. Dr. F. C. Oppenhoff, IV. Ausgabe.
O.R.	=	Die Rechtsprechung des Kgl. Preuß. Ober=Tribunals in Strafsachen, herausgegeben v. O.St.A. Dr. F. C. Oppenhoff. Berlin 1861 ff.
Reg.Bl.	=	Regierungs=Blatt. (Bayern, Württemberg, Baden, Hessen.)

R.G.Bl.	bezeichnet	Reichs-Gesetz-Blatt.
Rüdorff, St.G.B.	"	Das Strafgesetzbuch für das Deutsche Reich, mit Commentar v. Geh.Fin.R. Rüdorff.
Schwarze, A.Ger.Zeitg.	"	Allgemeine Gerichts-Zeitung für das Königreich Sachsen, herausgegeben v. G.St.A. Dr. von Schwarze. Leipzig.
Schwarze, St.G.B.	"	Commentar zum Strafgesetzbuch für das Deutsche Reich, v. G.St.A. Dr. von Schwarze.
Sic:	"	Derselben Ansicht ist:
Stenglein, Zeitschrift.	"	Zeitschrift für Gerichts-Praxis und Rechtswissenschaft in Deutschland, neue Folge, herausgegeben v. M. Stenglein. München.
Stenogr.Ber.	"	Stenographische Berichte über die Verhandlungen des Reichstages des Norddeutschen Bundes. Berlin 1867 ff.
St.G.B.	"	Straf-Gesetz-Buch.
Erk. (V.I., V.II., V.Pl.) Pr. O.Tr.	"	Vernichtendes Erkenntniß des Preuß. Ober-Tribunals und zwar der ersten oder zweiten Abtheilung oder der vereinigten Abtheilungen des Senats für Strafsachen.
Erk. (Z.I., Z.II., Z.Pl.) Pr. O.Tr.	"	Erkenntniß des Preuß. Ober-Tribunals, durch welche eine Nichtigkeitsbeschwerde zurückgewiesen ist, und zwar der ersten oder zweiten Abtheilung oder der vereinigten Abtheilungen des Senates für Strafsachen.

Einführungs-Gesetz zum Strafgesetzbuch für den Norddeutschen Bund. Vom 31. Mai 1870.*)

[B.G.Bl. 1870. S. 195.]

Wir Wilhelm, von Gottes Gnaden König von Preußen rc., verordnen im Namen des Norddeutschen Bundes, nach erfolgter Zustimmung des Bundesrathes und des Reichstages, was folgt:

§. 1. Das Strafgesetzbuch für den Norddeutschen Bund tritt im ganzen Umfange des Bundesgebietes mit dem 1. Januar 1871 in Kraft.

§. 2. Mit diesem Tage tritt das Bundes- und Landesstrafrecht, insoweit dasselbe Materien betrifft, welche Gegenstand des Strafgesetzbuchs für den Norddeutschen Bund sind, außer Kraft.

In Kraft bleiben die besonderen Vorschriften des Bundes- und Landesstrafrechts, namentlich über strafbare Verletzungen der Preßpolizei-, Post-, Steuer-, Zoll-, Fischerei-, Jagd-, Forst- und Feldpolizei-Gesetze, über Mißbrauch des Vereins- und Versammlungsrechts und über den Holz- (Forst-) Diebstahl.

Bis zum Erlasse eines Bundesgesetzes über den Konkurs bleiben ferner diejenigen Strafvorschriften in Kraft, welche rücksichtlich des Konkurses in Landesgesetzen enthalten sind, insoweit dieselben sich auf Handlungen beziehen, über welche das Strafgesetzbuch für den Norddeutschen Bund nichts bestimmt.

§. 3. Wenn in Landesgesetzen auf strafrechtliche Vorschriften, welche durch das Strafgesetzbuch für den Norddeutschen Bund außer Kraft gesetzt sind, verwiesen wird, so treten die entsprechenden Vorschriften des letzteren an die Stelle der ersteren.

---

*) Das Einführungsgesetz vom 31. Mai 1870 ist durch §. 2 des Gesetzes betreffend die Verfassung des Deutschen Reichs, vom 16. April 1871 (B.G.Bl. S. 63) zum Reichsgesetz erklärt mit der Maßgabe, daß, wo in demselben von dem Norddeutschen Bunde, dessen Verfassung, Gebiet — — verfassungsmäßigen Organen, — — die Rede ist, das Deutsche Reich und dessen entsprechende Beziehungen zu verstehen sind.

Das Gesetz gilt in dem Gebiete des Norddeutschen Bundes und in Hessen südlich des Main seit dem 1. Januar 1871, in Bayern, Württemberg und Baden seit dem 1. Januar 1872. Vgl. B.G.Bl. Jahrgang 1870, S. 648, 649, 651, 655 und Jahrgang 1871, S. 89.

Zu §. 1.

Das Strafgesetzbuch für das Deutsche Reich ist in Bayern, Württemberg und Baden am 1. Januar 1872, und in Elsaß-Lothringen, eingeführt durch das Gesetz vom 30. August 1871 (G.Bl. f. E.-L. S. 255.), am 1. Oktober 1871 in Kraft getreten.

Zu §. 2.

1. Ein neben dem früheren allgemeinen Strafgesetzbuch bestehendes von den Vorschriften desselben [für einen konkreter gestellten Fall] abweichendes Spezial-Strafgesetz ist durch die Einführung des neuen Strafgesetzbuches nicht beseitigt, wenn nicht auch seine [Spezial-] Materie durch dasselbe erschöpft ist, seine Spezial-Vorschrift vielmehr neben dem neuen Strafgesetzbuch fortbestehen kann.

Beschl. Pr. O.Tr. vom 10. Februar 1871, c. Ramm O.R. 12, S. 89; Goltd. A. 19, S. 258.

2. Mit einem in Kraft verbliebenen besonderen Strafgesetze haben auch diejenigen Vorschriften desselben ihre Geltung bewahrt, welche eine Abweichung von dem im allgemeinen Theile des St.G.B. aufgestellten allgemeinen Vorschriften enthalten. Es gilt dies namentlich von den die Verjährung von Abgabenhinterziehungen betreffenden Bestimmungen, insoweit dieselben nicht speziell durch §. 7 des Einführungsgesetzes zum St.G.B. abgeändert worden sind.

Erk. (V. II.) Pr. O.A.G. vom 7. Juni 1871 c. Niemeyer O.R. 12., S. 313. — Erk. Pr. O.A.G. vom 11. Mai 1872 c. Meißner Goltd. A. 20, S. 245.

§. 4. Bis zum Erlasse der in den Artikeln 61 und 68 der Verfassung des Norddeutschen Bundes vorbehaltenen Bundesgesetze sind die in den §§. 81, 88, 90, 307, 311, 312, 315, 322, 323 und 324 des Strafgesetzbuchs für den Norddeutschen Bund mit lebenslänglichem Zuchthaus bedrohten Verbrechen mit dem Tode zu bestrafen, wenn sie in einem Theile des Bundesgebietes, welchen der Bundesfeldherr in Kriegszustand (Art. 68 der Verfassung) erklärt hat, oder während eines gegen den Norddeutschen Bund ausgebrochenen Krieges auf dem Kriegsschauplatz begangen werden.

§. 5. In landesgesetzlichen Vorschriften über Materien, welche nicht Gegenstand des Strafgesetzbuchs für den Norddeutschen Bund sind, darf nur Gefängniß bis zu zwei Jahren, Haft, Geldstrafe, Einziehung einzelner Gegenstände und die Entziehung öffentlicher Aemter angedroht werden.

§. 6. Vom 1. Januar 1871 ab darf nur auf die im Strafgesetzbuche für den Norddeutschen Bund enthaltenen Strafarten erkannt werden.

Wenn in Landesgesetzen anstatt der Gefängniß- oder Geldstrafe Forst- oder Gemeinde-Arbeit angedroht oder nachgelassen ist, so behält es hierbei sein Bewenden.

§. 7. Vom 1. Januar 1871 ab verjähren Zuwiderhandlungen gegen die Vorschriften über die Entrichtung der Branntweinsteuer, der Biersteuer und der Postgefälle in drei Jahren.

§. 8. Der Landesgesetzgebung bleibt vorbehalten, Uebergangsbestimmungen zu treffen, um die in Kraft bleibenden Landesstrafgesetze mit den Vorschriften des Strafgesetzbuchs für den Norddeutschen Bund, in Uebereinstimmung zu bringen.

Urkundlich unter Unserer Höchsteigenhändigen Unterschrift und beigedrucktem Bundes-Insiegel.

Gegeben Schloß Babelsberg, den 31. Mai 1870.

(L. S.) Wilhelm.

Gr. v. Bismarck-Schönhausen.

Zu §. 4.

1. Die in Bezug genommenen Artikel der Verfassung des Deutschen Reiches vom 16. April 1871 (B.G.Bl. S. 80, 83) lauten:

Art. 61, Abs. 2. Nach gleichmäßiger Durchführung der Kriegsorganisation des Deutschen Heeres wird ein umfassendes Reichs-Militärgesetz dem Reichstage und dem Bundesrathe zur verfassungsmäßigen Beschlußnahme vorgelegt werden.

Art. 68. Der Kaiser kann, wenn die öffentliche Sicherheit in dem Bundesgebiete bedroht ist, einen jeden Theil desselben in Kriegszustand erklären. Bis zum Erlaß eines die Voraussetzungen, die Form der Verkündigung und die Wirkungen einer solchen Erklärung regelnden Reichsgesetzes gelten dafür die Vorschriften des Preußischen Gesetzes vom 4. Juni 1851. (Gesetzsammlung für 1851, S. 451 ff.)

2. Das Gesetz betreffend die Einführung Norddeutscher Bundesgesetze in Bayern vom 22. April 1871 (B.G.Bl. S. 37) bestimmt im §. 7, Abs. 2:

An Stelle der Vorschriften des §. 4 des Einführungsgesetzes hat es für Bayern bis auf Weiteres bei den einschlägigen Bestimmungen des Militärstrafrechts, sowie bei den sonstigen gesetzlichen Vorschriften über das Standrecht sein Bewenden.

3. Der während des Kriegszustandes verübte Widerstand gegen ein Mitglied der bewaffneten Macht ist noch jetzt strafbar aus §. 8 des Preuß. G. v. 4. Juni 1851.

Beschl. Pr. O.Tr. v. 10. Febr. 1871 c. Ramm cit. Anm. 1 zu §. 2.

Zu §. 6.

1. Die in den Steuergesetzen angedrohte Strafe der Untersagung des Gewerbebetriebes resp. die Entziehung der Berechtigung zum Gewerbebetriebe ist durch das Einführungsgesetz zum St.G.B. nicht beseitigt worden.

Erk. (B. I.) Pr. O.Tr. vom 28. April 1871, c. Eichelbaum J.M.Bl. S. 155; Goltd. A. 19, S. 453; Erk. (B. II.) Pr. O.Tr. vom 7. Dezember 1871 c. H. J.M.Bl. 1872, S. 6; Erk. (B. II.) Pr. O.-Tr. vom 27. Mai 1873 c. Berger Goltd. A. 21, S. 489. — Vgl. O.A.G.R. von Specht in Goltd. A. 20, S. 164.

2. Die Strafe des Verlustes der Befugniß zur Beschäftigung jugendlicher Arbeiter ist nicht aufgehoben. Erk. (B. II.) Pr. O.Tr. vom 16. April 1874 c. Kraus Goltd. A. 22, S. 232; O.R. 15, S. 232.

Zu §. 7.

Vgl. das Gesetz wegen Erhebung der Brausteuer vom 31. Mai 1872, §. 40 (R.G.Bl. S. 166), nach welchem — vom 1. Januar 1873 ab — die Strafverfolgung von Defraudationen in drei Jahren, nur mit Ordnungsstrafen bedrohte Zuwiderhandlungen gegen das Gesetz aber in einem Jahre, vom Tage der Begehung an gerechnet, verjährt.

Gesetz, betreffend die Redaction des Strafgesetzbuchs für den Norddeutschen Bund als Strafgesetzbuch für das Deutsche Reich. Vom 15. Mai 1871.

[R.G.Bl. 1871. S. 127.]

Wir Wilhelm, von Gottes Gnaden Deutscher Kaiser, König von Preußen 2c., verordnen hiermit im Namen des Deutschen Reiches, nach erfolgter Zustimmung des Bundesrathes und des Reichstages, was folgt:

Einziger Paragraph.

Das Strafgesetzbuch für den Norddeutschen Bund vom 31. Mai 1870 erhält unter der Bezeichnung als „Strafgesetzbuch für das Deutsche Reich" vom 1. Januar 1872 an die beiliegende Fassung.

Urkundlich unter Unserer Höchsteigenhändigen Unterschrift und beigedrucktem Kaiserlichen Insiegel.

Gegeben Berlin, den 15. Mai 1871.

(L. S.) Wilhelm.

Fürst von Bismarck.

Gesetz, betreffend die Abänderung von Bestimmungen des Strafgesetzbuchs für das Deutsche Reich vom 15. Mai 1871 und die Ergänzung desselben. Vom 26. Februar 1876.

[R.G.Bl. 1876. Nr. 6, ausgegeben zu Berlin den 6. März 1876, S. 25.]

Wir Wilhelm, von Gottes Gnaden Deutscher Kaiser, König von Preußen 2c., verordnen im Namen des Deutschen Reichs, nach erfolgter Zustimmung des Bundesraths und des Reichstags, was folgt:

Artikel I. Die §§. 4, 55, 64, 70 Nr. 2 und 3, 88, 95, 102, 103, 104, 113, 114, 117, 130a., 135, 140, 144, 145, 176, 177, 178, 183, 194, 200, 208, 223, 228, 232, 240, 241, 247, 263, 275 Nr. 2, 292, 296, 303, 319, 321, 360 Nr. 3, 4, 7 und 12, 361 Nr. 6, 363, 366 Nr. 3, 8, 9 und 10, 367 Nr. 5, 8 und 10, 369 und 370 des Strafgesetzbuchs in der durch die Gesetze vom 15. Mai 1871 und 10. Dezember 1871 festgestellten Fassung werden durch nachstehende, den bisherigen Zifferzahlen entsprechende Bestimmungen ersetzt: [Diese Bestimmungen sind in den Text des Strafgesetzbuchs aufgenommen.]

Artikel II. Hinter die §§. 49, 103, 223, 296, 353 und 366 des Strafgesetzbuchs werden die folgenden neuen §§. 49a., 103a., 223a, 296a., 353a. und 366a., hinter die Nr. 8 des §. 361 wird die neue Nr. 9 eingestellt: [Diese Paragraphen sind in den Text des Strafgesetzbuchs aufgenommen.]

Artikel III. Bei den Handlungen, welche vor dem Inkrafttreten dieses Gesetzes begangen sind, wird das Erforderniß des Antrages auf Verfolgung, sowie die Zulässigkeit der Zurücknahme nach den bisherigen Gesetzen beurtheilt.

Artikel IV. Wo in dem Strafgesetzbuche der Betrag einer Geldstrafe oder einer Buße in der Thalerwährung ausgedrückt ist, tritt der entsprechende Betrag in Reichswährung an die Stelle.

Artikel V. Der Reichskanzler wird ermächtigt, den Text des Strafgesetzbuchs, wie er sich aus den in den Artikeln I., II. und IV. festgestellten Aenderungen der Fassung ergibt, unter Weglassung der §§ 287 und 337 durch das Reichsgesetzblatt bekannt zu machen.

Urkundlich unter Unserer Höchsteigenhändigen Unterschrift und beigedrucktem Kaiserlichen Insiegel.

Gegeben Berlin, den 26. Februar 1876.

(L. S.) Wilhelm.

Fürst v. Bismarck.

Bekanntmachung, betreffend die Redaktion des Strafgesetzbuchs für das Deutsche Reich. Vom 26. Februar 1876.

[R.G.Bl. S. 39.]

Auf Grund des Artikels V. des Gesetzes, betreffend die Abänderung von Bestimmungen des Strafgesetzbuchs für das Deutsche Reich vom 15. Mai 1871 und die Ergänzung desselben vom 26. Februar 1876 (Reichs-Gesetzbl. S. 25) wird der Text des Strafgesetzbuchs für das Deutsche Reich, wie er sich aus den durch das bezeichnete Gesetz festgestellten Aenderungen der Fassung ergibt, nachstehend bekannt gemacht.

Berlin, den 26. Februar 1876.

Der Reichskanzler.
v. Bismarck.

Strafgesetzbuch für das Deutsche Reich.

Einleitende Bestimmungen.

§. 1. Eine mit dem Tode, mit Zuchthaus, oder mit Festungshaft von mehr als fünf Jahren bedrohte Handlung ist ein Verbrechen.

Eine mit Festungshaft bis zu fünf Jahren, mit Gefängniß oder mit Geldstrafe von mehr als einhundertfunfzig Mark bedrohte Handlung ist ein Vergehen.

Eine mit Haft oder mit Geldstrafe bis zu einhundertfunfzig Mark bedrohte Handlung ist eine Uebertretung.

§. 2. Eine Handlung kann nur dann mit einer Strafe belegt werden, wenn diese Strafe gesetzlich bestimmt war, bevor die Handlung begangen wurde.

Bei Verschiedenheit der Gesetze von der Zeit der begangenen Handlung bis zu deren Aburtheilung ist das mildeste Gesetz anzuwenden.

Zu §. 2.

1. Die Bestimmung des §. 2, Alin. 2 bezieht sich ausschließlich auf ein, eine Handlung mit Strafe bedrohendes materielles Strafgesetz, d. h. auf diejenigen Merkmale, welche den von demselben zu seiner Anwendung erforderten Thatbestand bilden und diesen mit einer Strafe belegen, sobald er vorhanden ist. Nur insoweit übt die bis zur Aburtheilung des jedesmaligen Falles eingetretene Veränderung der materiellen Strafgesetzgebung nach §. 2 Alin. 2 einen Einfluß aus. Dagegen wird die prozessualische Behandlung der an sich strafbaren That durch die Vorschrift des §. 2, Alin. 2 nicht berührt. Bei den sogenannten Antragsdelikten ist lediglich die Verfolgung (prozessualische Behandlung), nicht die Strafbarkeit von dem Antrage des dazu Berechtigten abhängig gemacht. Eine vor der Einführung des St.G.B. nach den damals geltenden Vorschriften des Untersuchungsverfahrens, nach welchen ein Antrag des Verletzten nicht erforderlich war, einmal mit Recht eröffnete Untersuchung muß ihren ungehinderten Fortgang behalten.

Erk. (V. I.) Pr. O.Tr. vom 24. März 1871, c. Säuberlich J.M.Bl. 1871, S. 98; Goltd. A. 19, S. 263. — contra. die Erk. des Bayerischen O.A.G. v. 12. Februar 1872 (Goltd. A. 20, S. 223) und des Badischen Oberhofgerichts v. 6. April 187? (Goltd. A. 20, S. 431), welche die Vorschrift, daß es zur Verfolgung einer Strafthat des Strafantrages des Verletzten bedürfe, für eine Bestimmung materieller Natur ansehen und die Verfolgung und Bestrafung von Strafthaten, welche vor der Einführung des Deutschen St.G.B. begangen, durch das St.G.B. Antragsdelikte geworden sind, nur dann für zulässig erachten, wenn der Strafantrag innerhalb 3 Monate nach der Einführung des St.G.B. gestellt worden ist.

2. Die Vorschrift im §. 2, Alin. 2 kann schon ihrem Wortlaute nach nur dahin verstanden werden, daß mit dem Worte „Gesetz" die in irgend einem Zeitpunkte der fraglichen Periode in Geltung stehende Strafgesetzgebung in ihrer Totalität hat bezeichnet werden sollen. Wäre die Absicht des Gesetzgebers dahin gegangen, daß Behufs Ermittelung der mildesten Strafe die einzelnen bei der konkreten Strafthat zur Sprache kommenden Detailbestimmungen der verschiedenen in Betracht kommenden Gesetzgebungen verglichen und kombinirt in Anwendung gebracht werden sollten, so hätte er sich in anderer Weise ausdrücken müssen. Dazu kommt, daß jede Strafgesetzgebung als ein geschlossenes harmonisches Ganzes zu betrachten ist und daher nur durch ihre Anwendung in ihrem ganzen Zusammenhange ein der gesetzgeberischen Intention entsprechendes Ergebniß erzielt werden kann.

Erk. (V. I.) Pr. O.Tr. vom 17. März 1871, c. Schmidt Goltd. A. 19, S. 315.

3. Das Erforderniß des Strafantrages bei einer Untersuchung, welche nach der Einführung des St.G.B. wegen einer früher begangenen Strafthat eröffnet ist, hängt nicht davon ab, ob dem früheren oder dem Deutschen St.G.B. die Strafe entnommen werden muß; entscheidend ist, ob die That, erst nach der Einführung des St.G.B. begangen, ein Antragsdelikt ist.

Erk. Pr. O.Tr. vom 6. Juni 1872 c. Wagner Goltd. A. 20, S. 381.

§. 3. Die Strafgesetze des Deutschen Reichs finden Anwendung auf alle im Gebiete desselben begangenen strafbaren Handlungen, auch wenn der Thäter ein Ausländer ist.

§. 4. Wegen der im Auslande begangenen Verbrechen und Vergehen findet in der Regel keine Verfolgung statt.

Jedoch kann nach den Strafgesetzen des Deutschen Reichs verfolgt werden

1) ein Deutscher oder ein Ausländer, welcher im Auslande eine hochverrätherische Handlung gegen das Deutsche Reich oder einen Bundesstaat, oder ein Münzverbrechen, oder als Beamter des Deutschen Reichs oder eines Bundesstaats eine Handlung begangen hat, die nach den Gesetzen des Deutschen Reichs als Verbrechen oder Vergehen im Amte anzusehen ist;
2) ein Deutscher, welcher im Auslande eine landesverrätherische Handlung gegen das Deutsche Reich oder einen Bundesstaat, oder eine Beleidigung gegen einen Bundesfürsten begangen hat;
3) ein Deutscher, welcher im Auslande eine Handlung begangen hat, die nach den Gesetzen des Deutschen Reichs als Verbrechen oder Vergehen anzusehen und durch die Gesetze des Orts, an welchem sie begangen wurde, mit Strafe bedroht ist.

   Die Verfolgung ist auch zulässig, wenn der Thäter bei Begehung der Handlung noch nicht Deutscher war. In diesem Falle bedarf es jedoch eines Antrages der zuständigen Behörde des Landes, in welchem die strafbare Handlung begangen worden, und das ausländische Strafgesetz ist anzuwenden, soweit dieses milder ist.

§. 5. Im Falle des §. 4 Nr. 3 bleibt die Verfolgung ausgeschlossen, wenn

1) von den Gerichten des Auslandes über die Handlung rechtskräftig erkannt und entweder eine Freisprechung erfolgt oder die ausgesprochene Strafe vollzogen,
2) die Strafverfolgung oder Strafvollstreckung nach den Gesetzen des Auslandes verjährt oder die Strafe erlassen, oder
3) der nach den Gesetzen des Auslandes zur Verfolgbarkeit der Handlung erforderliche Antrag des Verletzten nicht gestellt worden ist.

§. 6. Im Auslande begangene Uebertretungen sind nur dann zu bestrafen, wenn dies durch besondere Gesetze oder durch Verträge angeordnet ist.

§. 7. Eine im Auslande vollzogene Strafe ist, wenn wegen derselben Handlung im Gebiete des Deutschen Reichs abermals eine Verurtheilung erfolgt, auf die zu erkennende Strafe in Anrechnung zu bringen.

---

4. Vgl. Prof. v. Bar: Ueber einige Fragen der sogenannten rückwirkenden Kraft eines neuen und insbesondere eines milderen Strafgesetzes. Goltd. A. 19, S. 73.

Goltdammer: Begriff des milderen Strafgesetzes. Goltd. A. 19, S. 173.

O.A.G R. v. Specht: Das mildere Gesetz mit Rücksicht auf die Antragsdelikte. Goltd. A. 19, S. 235. Vgl. auch Prof. Hälschner in Goltd. A. 19, S. 366.

Pulvermacher: Ueber die rückwirkende Kraft des milderen Strafgesetzes und über die Wirkung des neuen Civilgesetzes auf den Thatbestand früherer strafbarer Handlungen. Goltd. A. 19, S. 5.

St.-Anw. Spinola: Das Verhältniß des §. 2 des St.G.B. zu den Antragsdelikten. Goltd. A. 19, S. 373. Vgl. auch v. Rönne in Goltd. A. 19, S. 435.

Zu §. 3.

1. Wird eine strafbare Handlung mittels eines durch die Post versendeten Briefes begangen, so ist als Ort der Verübung auch derjenige anzusehen, an welchem der Brief an seine Adresse abgegeben wird. Erk. (V. I.) Pr. O.A.G. v. 21. Januar 1872 c. St. Goltd. A. 20, S. 129.

2. Vgl. das Gesetz über die Erwerbung und den Verlust der Bundes- und Staatsangehörigkeit vom 1. Juni 1870 (B.G.Bl. S. 355).

Zu §. 4.

1. Den Begriff „Ausland" definirt §. 8.

2. In den Fällen der §§. 102 und 298 wird nicht unterschieden, ob die That im Inlande oder im Auslande begangen worden ist. Vgl. auch die §§. 7, 57–59, 134, 161 des Mil.St.G.B. und §. 100 der Seemannsordnung vom 27. Dezember 1872.

3. Vgl. §. 7.

§. 8. Ausland im Sinne dieses Strafgesetzes ist jedes nicht zum Deutschen Reich gehörige Gebiet

§. 9. Ein Deutscher darf einer ausländischen Regierung zur Verfolgung oder Bestrafung nicht überliefert werden.

§. 10. Auf Deutsche Militärpersonen finden die allgemeinen Strafgesetze des Reichs insoweit Anwendung, als nicht die Militärgesetze ein Anderes bestimmen.

§. 11. Kein Mitglied eines Landtags oder einer Kammer eines zum Reich gehörigen Staats darf außerhalb der Versammlung, zu welcher das Mitglied gehört, wegen seiner Abstimmung oder wegen der in Ausübung seines Berufes gethanen Aeußerung zur Verantwortung gezogen werden.

§. 12. Wahrheitsgetreue Berichte über Verhandlungen eines Landtags oder einer Kammer eines zum Reich gehörigen Staats bleiben von jeder Verantwortlichkeit frei.

Erster Theil.

Von der Bestrafung der Verbrechen, Vergehen und Uebertretungen im Allgemeinen.

Erster Abschnitt.

Strafen.

§. 13. Die Todesstrafe ist durch Enthauptung zu vollstrecken.

§. 14. Die Zuchthausstrafe ist eine lebenslängliche oder eine zeitige.

Der Höchstbetrag der zeitigen Zuchthausstrafe ist funfzehn Jahre, ihr Mindestbetrag Ein Jahr.

Wo das Gesetz die Zuchthausstrafe nicht ausdrücklich als eine lebenslängliche androht, ist dieselbe eine zeitige.

§. 15. Die zur Zuchthausstrafe Verurtheilten sind in der Strafanstalt zu den eingeführten Arbeiten anzuhalten.

Sie können auch zu Arbeiten außerhalb der Anstalt, insbesondere zu öffentlichen oder von einer Staatsbehörde beaufsichtigten Arbeiten verwendet werden. Diese Art der Beschäftigung ist nur dann zulässig, wenn die Gefangenen dabei von anderen freien Arbeitern getrennt gehalten werden.

§. 16. Der Höchstbetrag der Gefängnißstrafe ist fünf Jahre, ihr Mindestbetrag Ein Tag.

Die zur Gefängnißstrafe Verurtheilten können in einer Gefangenanstalt auf eine ihren Fähigkeiten und Verhältnissen angemessene Weise beschäftigt werden; auf ihr Verlangen sind sie in dieser Weise zu beschäftigen.

Eine Beschäftigung außerhalb der Anstalt (§. 15) ist nur mit ihrer Zustimmung zulässig.

§. 17. Die Festungshaft ist eine lebenslängliche oder eine zeitige.

Der Höchstbetrag der zeitigen Festungshaft ist funfzehn Jahre, ihr Mindestbetrag Ein Tag.

Wo das Gesetz die Festungshaft nicht ausdrücklich als eine lebenslängliche androht, ist dieselbe eine zeitige.

Zu §. 10.

Das Deutsche Militär-Strafgesetzbuch vom 20. Juni 1872 bestimmt in §. 3: „Strafbare Handlungen der Militärpersonen, welche nicht militärische Verbrechen oder Vergehen sind, werden nach den allgemeinen Strafgesetzen beurtheilt."

Unter Militärpersonen sind die Personen des Soldatenstandes und die Militärbeamten zu verstehen, welche zum Deutschen Heere oder zur Kaiserlichen Marine gehören. (§. 4. des M.St.G.B.)

Zu §. 16.

Vgl. die gemeinschaftliche Verfügung der Preußischen Minister des Innern und der Justiz, betreffend die Untersuchungshaft und den Vollzug der Gefängnißstrafe und Haft, vom 19. Februar 1876 (Pr. Just.Min.Bl. S. 38).

Die Strafe der Festungshaft besteht in Freiheitsentziehung mit Beaufsichtigung der Beschäftigung und Lebensweise der Gefangenen; sie wird in Festungen oder in anderen dazu bestimmten Räumen vollzogen.

§. 18. Der Höchstbetrag der Haft ist sechs Wochen, ihr Mindestbetrag Ein Tag.

Die Strafe der Haft besteht in einfacher Freiheitsentziehung.

§. 19. Bei Freiheitsstrafen wird der Tag zu vierundzwanzig Stunden, die Woche zu sieben Tagen, der Monat und das Jahr nach der Kalenderzeit gerechnet.

Die Dauer einer Zuchthausstrafe darf nur nach vollen Monaten, die Dauer einer anderen Freiheitsstrafe nur nach vollen Tagen bemessen werden.

§. 20. Wo das Gesetz die Wahl zwischen Zuchthaus und Festungshaft gestattet, darf auf Zuchthaus nur dann erkannt werden, wenn festgestellt wird, daß die strafbar befundene Handlung aus einer ehrlosen Gesinnung entsprungen ist.

§. 21. Achtmonatliche Zuchthausstrafe ist einer einjährigen Gefängnißstrafe, achtmonatliche Gefängnißstrafe einer einjährigen Festungshaft gleich zu achten.

§. 22. Die Zuchthaus- und Gefängnißstrafen können sowohl für die ganze Dauer, wie für einen Theil der erkannten Strafzeit in der Weise in Einzelhaft vollzogen werden, daß der Gefangene unausgesetzt von anderen Gefangenen gesondert gehalten wird.

Die Einzelhaft darf ohne Zustimmung des Gefangenen die Dauer von drei Jahren nicht übersteigen.

§. 23. Die zu einer längeren Zuchthaus- oder Gefängnißstrafe Verurtheilten können, wenn sie drei Viertheile, mindestens aber Ein Jahr der ihnen auferlegten Strafe verbüßt, sich auch während dieser Zeit gut geführt haben, mit ihrer Zustimmung vorläufig entlassen werden.

§. 24. Die vorläufige Entlassung kann bei schlechter Führung des Entlassenen oder, wenn derselbe den ihm bei der Entlassung auferlegten Verpflichtungen zuwiderhandelt, jederzeit widerrufen werden.

Der Widerruf hat die Wirkung, daß die seit der vorläufigen Entlassung bis zur Wiedereinlieferung verflossene Zeit auf die festgesetzte Strafdauer nicht angerechnet wird.

§. 25. Der Beschluß über die vorläufige Entlassung, sowie über einen Widerruf ergeht von der obersten Justiz-Aufsichtsbehörde. Vor dem Beschluß über die Entlassung ist die Gefängnißverwaltung zu hören.

Die einstweilige Festnahme vorläufig Entlassener kann aus dringenden Gründen des öffentlichen Wohls von der Polizeibehörde des Orts, an welchem der Entlassene sich aufhält, verfügt werden. Der Beschluß über den endgültigen Widerruf ist sofort nachzusuchen.

Führt die einstweilige Festnahme zu einem Widerrufe, so gilt dieser als am Tage der Festnahme erfolgt.

§. 26. Ist die festgesetzte Strafzeit abgelaufen, ohne daß ein Widerruf der vorläufigen Entlassung erfolgt ist, so gilt die Freiheitsstrafe als verbüßt.

Zu §. 18.

In Folge des Zusammentreffens mehrerer Uebertretungen ist die Ueberschreitung des Höchstbetrages von 6 Wochen zulässig. Es darf dann auf Haft bis zu 3 Monaten erkannt werden. §. 77 St.G.B.

Zu §. 19.

Die Vorschrift des Absatzes 2 des §. 19 bezieht sich nicht auf alle Fälle, in welchen eine Zuchthausstrafe festzusetzen ist, namentlich nicht auf die Fälle der Strafumwandlung; sie betrifft nur die Fälle, in denen der Richter die Dauer der Strafe für ein mit Zuchthaus bedrohtes Verbrechen abzumessen hat.

Plenar-Beschluß (Z.) Pr. O.Tr. vom 22. Januar 1872, c. Doebel J.M.Bl. S. 78.

Zu §§. 23 bis 26.

1. Vgl. a) die gemeinschaftliche Verfügung der Pr. Minister des Innern und der Justiz vom 21. Januar 1871, betreffend die Ausführung der §§. 23 bis 26 des St.G.B. (Pr. Just.Min Bl. S. 35). — b) die Verordnungen der Kgl. Sächsischen Ministerien des Innern und der Justiz vom 5. August und 5. November 1862 in Schwarze, Commentar, Anhang.

§. 27. Der Mindestbetrag der Geldstrafen ist bei Verbrechen und Vergehen drei Mark, bei Uebertretungen Eine Mark.

§. 28. Eine nicht beizutreibende Geldstrafe ist in Gefängniß und, wenn sie wegen einer Uebertretung erkannt worden ist, in Haft umzuwandeln.

Ist bei einem Vergehen Geldstrafe allein oder an erster Stelle, oder theilweise neben Haft angedroht, so kann die Geldstrafe in Haft umgewandelt werden, wenn die erkannte Strafe nicht den Betrag von sechshundert Mark und die an ihre Stelle tretende Freiheitsstrafe nicht die Dauer von sechs Wochen übersteigt.

War neben der Geldstrafe auf Zuchthaus erkannt, so ist die an deren Stelle tretende Gefängnißstrafe nach Maßgabe des §. 21 in Zuchthausstrafe umzuwandeln.

Der Verurtheilte kann sich durch Erlegung des Strafbetrages, soweit dieser durch die erstandene Freiheitsstrafe noch nicht getilgt ist, von der letzteren freimachen.

§. 29. Bei Umwandlung einer wegen eines Verbrechens oder Vergehens erkannten Geldstrafe ist der Betrag von drei bis zu funfzehn Mark, bei Umwandlung einer wegen einer Uebertretung erkannten Geldstrafe der Betrag von Einer bis zu funfzehn Mark einer eintägigen Freiheitsstrafe gleich zu achten.

Der Mindestbetrag der an Stelle einer Geldstrafe tretenden Freiheitsstrafe ist Ein Tag, ihr Höchstbetrag bei Haft sechs Wochen, bei Gefängniß Ein Jahr. Wenn jedoch eine neben der Geldstrafe wahlweise angedrohte Freiheitsstrafe ihrer Dauer nach den vorgedachten Höchstbetrag nicht erreicht, so darf die an Stelle der Geldstrafe tretende Freiheitsstrafe den angedrohten Höchstbetrag jener Freiheitsstrafe nicht übersteigen.

§. 30. In den Nachlaß kann eine Geldstrafe nur dann vollstreckt werden, wenn das Urtheil bei Lebzeiten des Verurtheilten rechtskräftig geworden war.

§. 31. Die Verurtheilung zur Zuchthausstrafe hat die dauernde Unfähigkeit zum Dienst in dem Deutschen Heere und der Kaiserlichen Marine, sowie die dauernde Unfähigkeit zur Bekleidung öffentlicher Aemter von Rechtswegen zur Folge.

Unter öffentlichen Aemtern im Sinne dieses Strafgesetzes sind die Advokatur, die Anwaltschaft und das Notariat, sowie der Geschworenen- und Schöffendienst mitbegriffen.

§. 32. Neben der Todesstrafe und Zuchthausstrafe kann auf den Verlust der bürgerlichen Ehrenrechte erkannt werden, neben der Gefängnißstrafe nur, wenn die

---

2. Vgl. Gen.-St.Anw. Dr. Schwarze: Die vorläufige Entlassung der Sträflinge. Goltd. A. 19, S. 145.

Zu §. 28.

Abweichend von dem Grundsatze des §. 28 bestimmt das Gesetz, betreffend die Wechselstempelsteuer, vom 10. Juni 1869 im §. 15 und das Gesetz, betreffend das Urheberrecht an Schriftwerken ꝛc., vom 11. Juni 1870 im §. 24, daß eine Umwandlung einer Geldstrafe, zu deren Zahlung der Verurtheilte unvermögend sei, nicht stattfinde.

Zu §. 29.

Alin. 2.

1. Bei Umwandlung mehrerer Geldstrafen ist der Höchstbetrag der an die Stelle derselben tretenden Freiheitsstrafe zwei Jahre Gefängniß und wenn die mehreren Geldstrafen nur wegen Uebertretungen erkannt worden sind, drei Monate Haft. (§. 78, Alin. 2 St.G.B.)

2. Vgl. die Bestimmung des §. 162 des Vereinszollgesetzes vom 1. Juli 1869, nach welcher die einer Geldstrafe substituirte Freiheitsstrafe im ersten Falle der Kontrebande oder Defraudation die Dauer von einem halben Jahre, beim ersten Rückfalle in eines dieser Vergehen die Dauer von Einem, und bei jedem ferneren Rückfall die Dauer von 2 Jahren nicht übersteigen soll.

3. Vgl. die Vorschrift des §. 39 des Gesetzes wegen Erhebung der Brausteuer vom 31. Mai 1872, nach welcher die an Stelle einer nicht beizutreibenden Geldstrafe tretende Freiheitsstrafe
im ersten Falle der Defraudation sechs Monate,
im ersten Rückfalle ein Jahr,
im ferneren Rückfalle zwei Jahre
nicht überschreiten soll.

Zu §. 32.

1. Auf Verlust der bürgerlichen Ehrenrechte
muß erkannt werden in den Fällen der
§§. 153 bis 155 (Meineid) und
§. 181 (qualifizirte Kuppelei; und
kann erkannt werden

Dauer der erkannten Strafe drei Monate erreicht und entweder das Gesetz den Verlust der bürgerlichen Ehrenrechte ausdrücklich zuläßt oder die Gefängnißstrafe wegen Annahme mildernder Umstände an Stelle von Zuchthausstrafe ausgesprochen wird.

Die Dauer dieses Verlustes beträgt bei zeitiger Zuchthausstrafe mindestens zwei und höchstens zehn Jahre, bei Gefängnißstrafe mindestens Ein Jahr und höchstens fünf Jahre.

§. 33. Die Aberkennung der bürgerlichen Ehrenrechte bewirkt den dauernden Verlust der aus öffentlichen Wahlen für den Verurtheilten hervorgegangenen Rechte, ingleichen den dauernden Verlust der öffentlichen Aemter, Würden, Titel, Orden und Ehrenzeichen.

§. 34. Die Aberkennung der bürgerlichen Ehrenrechte bewirkt ferner die Unfähigkeit, während der im Urtheile bestimmten Zeit

1) die Landeskokarde zu tragen;
2) in das Deutsche Heer oder in die Kaiserliche Marine einzutreten;
3) öffentliche Aemter, Würden, Titel, Orden und Ehrenzeichen zu erlangen;
4) in öffentlichen Angelegenheiten zu stimmen, zu wählen oder gewählt zu werden oder andere politische Rechte auszuüben;
5) Zeuge bei Aufnahme von Urkunden zu sein;
6) Vormund, Nebenvormund, Kurator, gerichtlicher Beistand oder Mitglied eines Familienraths zu sein, es sei denn, daß es sich um Verwandte absteigender Linie handele und die obervormundschaftliche Behörde oder der Familienrath die Genehmigung ertheile.

§. 35. Neben einer Gefängnißstrafe, mit welcher die Aberkennung der bürgerlichen Ehrenrechte überhaupt hätte verbunden werden können, kann auf die Unfähigkeit zur Bekleidung öffentlicher Aemter auf die Dauer von Einem bis zu fünf Jahren erkannt werden.

Die Aberkennung der Fähigkeit zur Bekleidung öffentlicher Aemter hat den dauernden Verlust der bekleideten Aemter von Rechtswegen zur Folge.

---

a. stets neben Zuchthausstrafe,

b. neben Gefängnißstrafe nur, wenn die Dauer der erkannten Strafe 3 Monate erreicht und entweder die Gefängnißstrafe wegen Annahme mildernder Umstände an Stelle von Zuchthausstrafe ausgesprochen wird, oder das Gesetz den Verlust der bürgerlichen Ehrenrechte ausdrücklich zuläßt. Dies geschieht in den §§. 49a. (Verleitung und Erbieten zu Verbrechen 2c.), 108 (Fälschung öffentlicher Wahlen), 109 (Kauf oder Verkauf von Wahlstimmen), 133 (vorsätzliche Vernichtung amtlich verwahrter Urkunden 2c. in gewinnsüchtiger Absicht), 142 (Verstümmelung zur Umgehung der Wehrpflicht), 143 (Täuschung zur Umgehung der Wehrpflicht) 150 (Verbreitung nicht vollgültiger Münzen), 156 (falsche Versicherung an Eidesstatt), 157, 158, 159 (Verleituug zur Begehung eines Meineides), 160 (Verleitung zur Ableistung eines falschen Eides), 164 (falsche Anschuldigung), 168 (Leichendiebstahl, Beschädigung oder Verübung von Unfug an Gräbern), 173 (Blutschande), 175 (widernatürliche Unzucht), 180 (Kuppelei), 183 (öffentliches Aergerniß durch unzüchtige Handlungen), 242, 246, 248 (Diebstahl und Unterschlagung), 256 (Erpressung), 262 (Hehlerei), 263 (Betrug), 266 (Untreue), 280 [267, 274, 275, 277 bis 279] (Urkundenfälschung, Vernichtung von Urkunden, Grenzsteinen 2c., Anfertigung und Gebrauch falschen und gefälschten Stempelpapiers, unbefugte Ausstellung und Fälschung ärztlicher Atteste, wissentliche Ausstellung unrichtiger ärztlicher Atteste), 284 (gewerbsmäßiges Glücksspiel), 289 (furtum usus), 294 (gewerbsmäßiges unberechtigtes Jagen), 302 (unerlaubtes Creditgeben an Minderjährige auf Ehrenwort 2c.), 304 (qualifizirte Sachbeschädigung), 329 (Nichterfüllung von Lieferungsverträgen zur Zeit eines Krieges oder Nothstandes), 333 (aktive Bestechung), 350 (Unterschlagung im Amte).

Vgl. auch §§. 45, 57 Nr. 5, 76 Alin. 1 St.G.B.

2. Vgl. den Preußischen Gnaden-Erlaß vom 28. Februar 1872. (Preuß. Ges.-Samml. S. 259.)

3. Auf Verlust der bürgerlichen Ehrenrechte darf nicht erkannt werden, wenn lediglich wegen der Realkonkurrenz mehrerer strafbarer Handlungen eine Gesammtstrafe von drei Monaten Gefängniß verhängt ist, vielmehr nur dann, wenn die Strafe für einen der realkonkurrirenden Straffälle das Maß von drei Monaten erreicht.

Erk. (V. II.) Pr. O.Tr. vom 30. April 1874 c. Rüffer Goltd. A. 22, S. 412; O.R. 15, S. 265. — Sic.: Erk. des Württemb. Kass.-Hofs vom 6. November 1872 Stenglein, Zeitschrift, Jahrg. 1873, S. 140.

Zu §. 85.

1. Vgl. §. 57, Nr. 5.

2. Neben der Aberkennung der bürgerlichen Ehrenrechte darf nicht noch auf Unfähigkeit zur Bekleidung öffentlicher Aemter erkannt werdeu.

Erk. (V. I.) Pr. O.Tr. vom 18. Februar 1874 c. Bloch Goltd. A. 22, S. 46; O.R. 15, S. 86.

§. 36. Die Wirkung der Aberkennung der bürgerlichen Ehrenrechte überhaupt, sowie die Fähigkeit zur Bekleidung öffentlicher Aemter insbesondere, tritt mit der Rechtskraft des Urtheils ein; die Zeitdauer wird von dem Tage berechnet, an dem die Freiheitsstrafe, neben welcher jene Aberkennung ausgesprochen wurde, verbüßt, verjährt oder erlassen ist.

§. 37. Ist ein Deutscher im Auslande wegen eines Verbrechens oder Vergehens bestraft worden, welches nach den Gesetzen des Deutschen Reichs den Verlust der bürgerlichen Ehrenrechte überhaupt oder einzelner bürgerlichen Ehrenrechte zur Folge hat oder zur Folge haben kann, so ist ein neues Strafverfahren zulässig, um gegen den in diesem Verfahren für schuldig Erklärten auf jene Folge zu erkennen.

§. 38. Neben einer Freiheitsstrafe kann in den durch das Gesetz vorgesehenen Fällen auf die Zulässigkeit von Polizei-Aufsicht erkannt werden.

Die höhere Landespolizeibehörde erhält durch ein solches Erkenntniß die Befugniß, nach Anhörung der Gefängnißverwaltung den Verurtheilten auf die Zeit von höchstens fünf Jahren unter Polizei-Aufsicht zu stellen.

Diese Zeit wird von dem Tage an berechnet, an welchem die Freiheitsstrafe verbüßt, verjährt oder erlassen ist.

§. 39. Die Polizei-Aufsicht hat folgende Wirkungen:

1) dem Verurtheilten kann der Aufenthalt an einzelnen bestimmten Orten von der höheren Landespolizeibehörde untersagt werden;
2) die höhere Landespolizeibehörde ist befugt, den Ausländer aus dem Bundesgebiete zu verweisen;
3) Haussuchungen unterliegen keiner Beschränkung hinsichtlich der Zeit, zu welcher sie stattfinden dürfen.

§. 40. Gegenstände, welche durch ein vorsätzliches Verbrechen oder Vergehen hervorgebracht, oder welche zur Begehung eines vorsätzlichen Verbrechens oder Vergehens gebraucht oder bestimmt sind, können, sofern sie dem Thäter oder einem Theilnehmer gehören, eingezogen werden.

Die Einziehung ist im Urtheile auszusprechen.

Zu §. 38.

1. Auf Zulässigkeit von Polizei-Aufsicht kann erkannt werden in den Fällen der §§. 49a (Verleiten und Erbieten zu Verbrechen 2c.), 115 (qualifizirter Aufruhr), 116 (qualifizirter Auflauf), 122 (qualifizirte Meuterei), 125 (qualifizirter Landfriedensbruch), 146 (Münzfälschung), 147 (Verbreitung falschen Geldes), 180 (Kuppelei), 181 (qualifizirte Kuppelei), 243, 244, 248 (Diebstahl [bei Zuchthausstrafe]), 256 (Raub und qualifizirte Erpressung), 262 (Hehlerei), 294 (gewerbsmäßiges unberechtigtes Jagen), 306 bis 308 (vorsätzliche Brandstiftung), 311 (Zerstörung durch explodirende Stoffe), 312, 313 (vorsätzliche Ueberschwemmung), 315 (vorsätzliche Gefährdung eines Eisenbahntransports), 321 (vorsätzliche Beschädigung von Wasserbauten, Wegen u. s. w. [bei Zuchthausstrafe]), 322 (vorsätzliche Gefährdung der Schifffahrt), 323 (Herbeiführung eines Schiffbruches), 321 (Vergiftung öffentlicher Brunnen, Verkaufsgegenstände u. s. w.).

Vgl. auch §§. 44 Alin. 2, 45, 57 Nr. 5, 76 Alin. 2 St.G.B.

2. Vgl. die allg. V. des Pr. Just.Min. v. 15. Mai 1871 und die Instr. des Pr. Min. des Innern v. 12. April 1871, betr. die Ausführung der in den §§. 38 u. 39 des St.G.B. enthaltenen Vorschriften über die Stellung unter Pol.-Aufsicht. (Pr. J.M.Bl. S. 126 und 127.)

Zu §. 39.

Da die Verweisung eines Ausländers aus dem Bundesgebiete (ausgenommen bei §. 281), eine Folge der Pol.-Auff. ist, so kann sie auch nur für die im §. 38 bestimmte Dauer von fünf Jahren wirksam sein. Vgl. Rüdorff, St.G.B. §. 39, Note 4. — Oppenhoff, St.G.B. §. 39, Note 11. — Contra: Cirk.-Schreiben des Reichskanzleramts vom 8. Oktober 1873 (Pr. J.M.Bl. S. 282).

Zu §. 40.

1. Auf Einziehung

muß erkannt werden im Falle des §. 152 (nachgemachtes oder verfälschtes Geld, Stempel, Siegel, Stiche, Platten, Formen zur Benutzung bei einem Münzverbrechen), §. 295 (Gewehr, Jagdgeräth, Hunde, Schlingen, Netze, Fallen u. s. w.), §. 296a (Fanggeräthe und Fische), §. 369 (vorschriftswidrige Maße, Gewichte, Waagen 2c.), und

kann erkannt werden im Falle des §. 360 Nr. 1, 2, 4, 5, 6, 14 (Risse von Festungen oder Festungswerken, Vorräthe von Waffen oder Schießbedarf, Stempel 2c., Abbildungen, Spielgelder), §. 367 Nr. 7, 8, 9 (verfälschte und verdorbene Getränke und Eßwaaren, Selbstgeschosse, Schlageisen).

2. Vgl. §. 11 des Ges., betr. die Erhebung einer Abgabe von Salz v. 12. Okt. 1867 — §. 13

§. 41. Wenn der Inhalt einer Schrift, Abbildung oder Darstellung strafbar ist, so ist im Urtheile auszusprechen, daß alle Exemplare, sowie die zu ihrer Herstellung bestimmten Platten und Formen unbrauchbar zu machen sind.

Diese Vorschrift bezieht sich jedoch nur auf die im Besitze des Verfassers, Druckers, Herausgebers, Verlegers oder Buchhändlers befindlichen und auf die öffentlich ausgelegten oder öffentlich angebotenen Exemplare.

Ist nur ein Theil der Schrift, Abbildung oder Darstellung strafbar, so ist, insofern eine Ausscheidung möglich ist, auszusprechen, daß nur die strafbaren Stellen und derjenige Theil der Platten und Formen, auf welchem sich diese Stellen befinden, unbrauchbar zu machen sind.

§. 42. Ist in den Fällen der §§. 40 und 41 die Verfolgung oder die Verurtheilung einer bestimmten Person nicht ausführbar, so können die daselbst vorgeschriebenen Maßnahmen selbstständig erkannt werden.

Zweiter Abschnitt.

Versuch.

§. 43. Wer den Entschluß, ein Verbrechen oder Vergehen zu verüben, durch Handlungen, welche einen Anfang der Ausführung dieses Verbrechens oder Vergehens enthalten, bethätigt hat, ist, wenn das beabsichtigte Verbrechen oder Vergehen nicht zur Vollendung gekommen ist, wegen Versuches zu bestrafen.

Der Versuch eines Vergehens wird jedoch nur in den Fällen bestraft, in welchen das Gesetz dies ausdrücklich bestimmt.

---

des Ges., betr. die Nationalität der Kauffahrteischiffe und ihre Befugniß zur Führung der Bundesflagge v. 25. Okt. 1867 — §. 4 Al. 2 des Ges. die Besteuerung des Zuckers betr., v. 26. Juni 1869 — §§. 134, 135, 147, 154—156 des Vereinszollgesetzes v. 1. Juli 1869 — §§. 21, 22, 25, 43, 45 des Ges., betr. das Urheberrecht an Schriftwerken, Abbildungen u. s. w. v. 11. Juni 1870 — §. 17 des Ges. über Markenschutz v. 30. November 1874 — §. 16 des Ges., betr. das Urheberrecht an Werken der bildenden Künste vom 8. Januar 1876 — §. 9 des Ges., betr. den Schutz der Photographieen gegen unbefugte Nachbildung vom 10. Januar 1876 — §. 14 des Ges., betr. das Urheberrecht an Mustern und Modellen vom 11. Januar 1876.

Zu §. 42.

1. Die in den §§. 41 u. 42 vorgeschriebene Unbrauchbarmachung einer Schrift kann auch dann ausgesprochen werden, wenn die durch den Inhalt der Schrift begangene Strafthat wegen Mangels eines Strafantrages der Verfolgung sich entzieht.

Beschl. (V.) Pr. O.Tr. v. 6. März 1872. (B. 51 I.) Goltd. A. 20, S. 182.

2. Die Einziehung eines zur Verübung der That gebrauchten Werkzeugs ist auch dann zulässig, wenn die Strafverfolgung wegen Mangels des Strafantrags unstatthaft ist.

Erk. des Bayer. Kass.-Hofes vom 21. März 1874 Stenglein Zeitschrift 3, S. 279; Goltd. A. 22, S. 654.

3. Die Bestimmung des §. 42 ist nicht anwendbar, wenn wegen einer Uebertretung auf Einziehung erkannt werden kann oder muß; denn im §. 40, auf welchen der §. 42 Bezug nimmt, wird vorausgesetzt, daß es sich um ein vorsätzliches Verbrechen oder Vergehen handelt.

Zu §. 43.

Ausdrücklich vorgeschrieben ist die Strafbarkeit des Versuches der Vergehen gegen die §§. 107 (Verhinderung eines Deutschen, in Ausübung der staatsbürgerlichen Rechte zu wählen oder zu stimmen, 120 (vorsätzliche Gefangenen-Befreiung resp. vorsätzliche Hilfeleistung zur Selbstbefreiung eines Gefangenen, 140 (Verletzung der Wehrpflicht), 141 (Anwerben eines Deutschen zum Militärdienst einer ausländischen Macht, Zuführen zu den Werbern der letzteren, vorsätzliche Verleitung eines deutschen Soldaten zum Desertiren, vorsätzliche Beförderung der Desertion), 148 (Inverkehrbringen nachgemachten oder verfälschten, als echt empfangenen Geldes nach erkannter Unechtheit), 150 (Verringerung von echten zum Umlauf bestimmten Metallgeldstücken und Verausgabung derselben als vollgültiger, gewohnheitsmäßiges 2c Inverkehrbringen solcher verringerten Münzen), 160 (Verleitung zur Ableistung eines falschen Eides resp. zur Ableistung einer falschen eidesstattlichen Versicherung), 169 (Unterschiebung oder vorsätzliche Verwechselung eines Kindes resp. vorsätzliche Veränderung des Personenstandes eines Andern), 240 (Nöthigung), 242 (Diebstahl), 246 (Unterschlagung), 253 (Erpressung), 263 (Betrug), 289 (Wegnahme der eigenen beweglichen Sache oder einer fremden Sache zu Gunsten des Eigenthümers derselben aus der Gewahrsam des Nutznießers 2c. in rechtswidriger Absicht), 303 (vorsätzliche Sachbeschädigung), 304 (qualifizirte Sachbeschädigung), 305 (vorsätzliche Zerstörung eines Gebäudes, eines Schiffes, einer Brücke, eines Dammes, einer gebauten Straße, einer Eisenbahn oder eines anderen Bauwerkes, welche fremdes Eigenthum sind), 339 (Mißbrauch der Amtsgewalt zur widerrechtlichen Nöthigung), 350 (Unterschlagung von in amtlicher Eigenschaft empfangenen Geldern 2c.), 352 (Ueberhebung von Gebühren oder Vergütungen).

§. 44. Das versuchte Verbrechen oder Vergehen ist milder zu bestrafen, als das vollendete.

Ist das vollendete Verbrechen mit dem Tode oder mit lebenslänglichem Zuchthaus bedroht, so tritt Zuchthausstrafe nicht unter drei Jahren ein, neben welcher auf Zulässigkeit von Polizei-Aufsicht erkannt werden kann.

Ist das vollendete Verbrechen mit lebenslänglicher Festungshaft bedroht, so tritt Festungshaft nicht unter drei Jahren ein.

In den übrigen Fällen kann die Strafe bis auf ein Viertheil des Mindestbetrages der auf das vollendete Verbrechen oder Vergehen angedrohten Freiheits- und Geldstrafe ermäßigt werden. Ist hiernach Zuchthausstrafe unter Einem Jahre verwirkt, so ist dieselbe nach Maßgabe des §. 21 in Gefängniß zu verwandeln.

§. 45. Wenn neben der Strafe des vollendeten Verbrechens oder Vergehens die Aberkennung der bürgerlichen Ehrenrechte zulässig oder geboten ist, oder auf Zulässigkeit von Polizei-Aufsicht erkannt werden kann, so gilt Gleiches bei der Versuchsstrafe.

§. 46. Der Versuch als solcher bleibt straflos, wenn der Thäter

1) die Ausführung der beabsichtigten Handlung aufgegeben hat, ohne daß er an dieser Ausführung durch Umstände gehindert worden ist, welche von seinem Willen unabhängig waren, oder
2) zu einer Zeit, zu welcher die Handlung noch nicht entdeckt war, den Eintritt des zur Vollendung des Verbrechens oder Vergehens gehörigen Erfolges durch eigene Thätigkeit abgewendet hat.

Dritter Abschnitt.

Theilnahme.

§. 47. Wenn Mehrere eine strafbare Handlung gemeinschaftlich ausführen, so wird Jeder als Thäter bestraft.

§. 48. Als Anstifter wird bestraft, wer einen Anderen zu der von demselben begangenen strafbaren Handlung durch Geschenke oder Versprechen, durch Drohung, durch Mißbrauch des Ansehens oder der Gewalt, durch absichtliche Herbeiführung oder Beförderung eines Irrthums oder durch andere Mittel vorsätzlich bestimmt hat.

Die Strafe des Anstifters ist nach demjenigen Gesetze festzusetzen, welches auf die Handlung Anwendung findet, zu welcher er wissentlich angestiftet hat.

§. 49. Als Gehülfe wird bestraft, wer dem Thäter zur Begehung des Verbrechens oder Vergehens durch Rath oder That wissentlich Hülfe geleistet hat.

Die Strafe des Gehülfen ist nach demjenigen Gesetze festzusetzen, welches auf die Handlung Anwendung findet, zu welcher er wissentlich Hülfe geleistet hat, jedoch nach den über die Bestrafung des Versuches aufgestellten Grundsätzen zu ermäßigen.

§. 49a. Wer einen Anderen zur Begehung eines Verbrechens oder zur Theilnahme an einem Verbrechen auffordert, oder wer eine solche Aufforderung annimmt, wird, soweit nicht das Gesetz eine andere Strafe androht, wenn das Verbrechen mit dem Tode oder mit lebenslänglicher Zuchthausstrafe bedroht ist, mit Gefängniß nicht unter drei Monaten, wenn das Verbrechen mit einer geringeren Strafe bedroht ist, mit Gefängniß bis zu zwei Jahren oder mit Festungshaft von gleicher Dauer bestraft.

Die gleiche Strafe trifft Denjenigen, welcher sich zur Begehung eines Verbrechens oder zur Theilnahme an einem Verbrechen erbietet, sowie Denjenigen, welcher ein solches Erbieten annimmt.

Es wird jedoch das lediglich mündlich ausgedrückte Auffordern oder Erbieten,

---

Zu §. 46.

Vgl. v. Tippelskirch: Zur Lehre vom strafbaren Versuche und der thätigen Reue. Goltd. A. 19, S. 481 ff.

Zu §§. 48, 49.

Vgl. §§. 142 Alin. 2, 143 Alin. 2, 218 Alin. 3, St.G.B.

sowie die Annahme eines solchen nur dann bestraft, wenn die Aufforderung oder das Erbieten an die Gewährung von Vortheilen irgend welcher Art geknüpft worden ist.

Neben der Gefängnißstrafe kann auf Verlust der bürgerlichen Ehrenrechte und auf Zulässigkeit von Polizei-Aufsicht erkannt werden.

§. 50. Wenn das Gesetz die Strafbarkeit einer Handlung nach den persönlichen Eigenschaften oder Verhältnissen desjenigen, welcher dieselbe begangen hat, erhöht oder vermindert, so sind diese besonderen Thatumstände dem Thäter oder demjenigen Theilnehmer (Mitthäter, Anstifter, Gehülfe) zuzurechnen, bei welchem sie vorliegen.

Vierter Abschnitt.

Gründe, welche die Strafe ausschließen oder mildern.

§. 51. Eine strafbare Handlung ist nicht vorhanden, wenn der Thäter zur Zeit der Begehung der Handlung sich in einem Zustande von Bewußtlosigkeit oder krankhafter Störung der Geistesthätigkeit befand, durch welchen seine freie Willensbestimmung ausgeschlossen war.

§. 52. Eine strafbare Handlung ist nicht vorhanden, wenn der Thäter durch unwiderstehliche Gewalt oder durch eine Drohung, welche mit einer gegenwärtigen, auf andere Weise nicht abwendbaren Gefahr für Leib oder Leben seiner selbst oder eines Angehörigen verbunden war, zu der Handlung genöthigt worden ist.

Als Angehörige im Sinne dieses Strafgesetzes sind anzusehen Verwandte und Verschwägerte auf- und absteigender Linie, Adoptiv- und Pflege-Eltern und -Kinder, Ehegatten, Geschwister und deren Ehegatten, und Verlobte.

§. 53. Eine strafbare Handlung ist nicht vorhanden, wenn die Handlung durch Nothwehr geboten war.

Nothwehr ist diejenige Vertheidigung, welche erforderlich ist, um einen gegenwärtigen, rechtswidrigen Angriff von sich oder einem Anderen abzuwenden.

Die Ueberschreitung der Nothwehr ist nicht strafbar, wenn der Thäter in Bestürzung, Furcht oder Schrecken über die Grenzen der Vertheidigung hinausgegangen ist.

§. 54. Eine strafbare Handlung ist nicht vorhanden, wenn die Handlung außer dem Falle der Nothwehr in einem unverschuldeten, auf andere Weise nicht zu beseitigenden Nothstande zur Rettung aus einer gegenwärtigen Gefahr für Leib oder Leben des Thäters oder eines Angehörigen begangen worden ist.

§. 55. Wer bei Begehung der Handlung das zwölfte Lebensjahr nicht vollendet hat, kann wegen derselben nicht strafrechtlich verfolgt werden.

Gegen denselben können jedoch nach Maßgabe der landesgesetzlichen Vorschriften die zur Besserung und Beaufsichtigung geeigneten Maßregeln getroffen werden. Insbesondere kann die Unterbringung in eine Erziehungs- oder Besserungsanstalt erfolgen, nachdem durch Beschluß der Vormundschaftsbehörde die Begehung der Handlung festgestellt und die Unterbringung für zulässig erklärt ist.

§. 56. Ein Angeschuldigter, welcher zu einer Zeit, als er das zwölfte, aber nicht das achtzehnte Lebensjahr vollendet hatte, eine strafbare Handlung begangen hat, ist freizusprechen, wenn er bei Begehung derselben die zur Erkenntniß ihrer Strafbarkeit erforderliche Einsicht nicht besaß.

In dem Urtheile ist zu bestimmen, ob der Angeschuldigte seiner Familie überwiesen, oder in eine Erziehungs- oder Besserungsanstalt gebracht werden soll. In der Anstalt ist er so lange zu behalten, als die der Anstalt vorgesetzte Verwaltungsbehörde solches für erforderlich erachtet, jedoch nicht über das vollendete zwanzigste Lebensjahr.

Zu §. 56.
Vgl. Prof. Dr. Schütze: über Zurechnungsfähigkeit, in Goltd. A. 21, S. 139.

§. 57. Wenn ein Angeschuldigter, welcher zu einer Zeit, als er das zwölfte, aber nicht das achtzehnte Lebensjahr vollendet hatte, eine strafbare Handlung begangen hat, bei Begehung derselben die zur Erkenntniß ihrer Strafbarkeit erforderliche Einsicht besaß, so kommen gegen ihn folgende Bestimmungen zur Anwendung:

1) ist die Handlung mit dem Tode oder mit lebenslänglichem Zuchthaus bedroht, so ist auf Gefängniß von drei bis zu funfzehn Jahren zu erkennen;
2) ist die Handlung mit lebenslänglicher Festungshaft bedroht, so ist auf Festungshaft von drei bis zu funfzehn Jahren zu erkennen;
3) ist die Handlung mit Zuchthaus oder mit einer anderen Strafart bedroht, so ist die Strafe zwischen dem gesetzlichen Mindestbetrage der angedrohten Strafart und der Hälfte des Höchstbetrages der angedrohten Strafe zu bestimmen.

   Ist die so bestimmte Strafe Zuchthaus, so tritt Gefängnißstrafe von gleicher Dauer an ihre Stelle;
4) ist die Handlung ein Vergehen oder eine Uebertretung, so kann in besonders leichten Fällen auf Verweis erkannt werden;
5) auf Verlust der bürgerlichen Ehrenrechte überhaupt oder einzelner bürgerlichen Ehrenrechte, sowie auf Zulässigkeit von Polizei-Aufsicht ist nicht zu erkennen

Die Freiheitsstrafe ist in besonderen, zur Verbüßung von Strafen jugendlicher Personen bestimmten Anstalten oder Räumen zu vollziehen.

§. 58. Ein Taubstummer, welcher die zur Erkenntniß der Strafbarkeit einer von ihm begangenen Handlung erforderliche Einsicht nicht besaß, ist freizusprechen.

§. 59. Wenn Jemand bei Begehung einer strafbaren Handlung das Vorhandensein von Thatumständen nicht kannte, welche zum gesetzlichen Thatbestande gehören oder die Strafbarkeit erhöhen, so sind ihm diese Umstäude nicht zuzurechnen.

Bei der Bestrafung fahrlässig begangener Handlung gilt diese Bestimmung nur insoweit, als die Unkenntniß selbst nicht durch Fahrlässigkeit verschuldet ist.

§. 60. Eine erlittene Untersuchungshaft kann bei Fällung des Urtheils auf die erkannte Strafe ganz oder theilweise angerechnet werden.

§. 61. Eine Handlung, deren Verfolgung nur auf Antrag eintritt, ist nicht zu verfolgen, wenn der zum Antrage Berechtigte es unterläßt, den Antrag binnen drei Monaten zu stellen. Diese Frist beginnt mit dem Tage, seit welchem der zum Antrage Berechtigte von der Handlung und von der Person des Thäters Kenntniß gehabt hat.

Zu §. 57.
Nr. 4.

Das auf Verweis lautende Erkenntniß kann nicht als die Ertheilung des Verweises angesehen werden, um so weniger, als die Vollstreckung erst nach Eintritt der Rechtskraft erfolgen darf. Der Verweis muß besonders durch den Richetr ertheilt werden. Vgl. Oppenhoff, St.G.B. §. 57, Note 20. Contra: Dr. Kayser: der Verweis in v. Holtzendorff Allg. Deutsche Strafrechtszeitung 1871 N. F. 4, S. 177, 195.

Zu §. 59.

1. Die unverschuldete Unkenntniß mit civilrechtlichen Bestimmungen, welche für die Feststellung des Thatbestands erheblich sind, schließt die Strafbarkeit aus.

Erk. (V. II.) Pr. O.Tr. vom 15. Oktober 1874 c. Koytsch Goltd. A. 22, S. 594; O.R. 15, S. 675 und Erk. (V. II.) Pr. O.Tr. vom 15. Dezember 1874 c. Pöpperling, Goltd. A. 22, S. 562; O.R. 15, S. 871.

2. Als Nichtkenntniß des Vorhandenseins von Thatumständen im Sinne dieses §. 59 ist die Unkenntniß über die ausnahmsweise Nichteröffnung oder Schließung der Jagd anzusehen.

Erk. des Reichs-Ober-Handelsger. vom 20. September 1872 c. Z. Goltd. A. 21, S. 102.

Vgl. auch Beschl. des Pr. O.A.G. vom 9. Juni 1871 c. Spethmanu (69. II.) Goltd. A. 19, S. 609.

Zu §. 61.

1. Bei den Antragsdelikten ist nur die Verfolgung (prozessualische Behandlung), nicht die Strafbarkeit von dem Antrage des dazu Berechtigten abhängig gemacht.

Erk. (V. I.) Pr. O.Tr. v. 24. März 1871 c. Säuberlich, J.M.Bl. S. 97, Goltd. A. 19, S. 263. – contra die Erk. des Bayerischen O.A.G. v. 12. Februar 1872 (Goltd. A. 20, S. 223) und des Badischen Oberhofgerichts v. 6. April 1872 (Goltd. A. 20, S. 431).

2. Trifft der Thatbestaud eines Antragsdelikts ideell mit einem Vergehen zusammen, welches ohne Antrag verfolgt werden kann, so sind in Ermangelung des Antrages die Verfolgung und Bestrafung nur wegen des zuletzt gedachten Vergehens statthaft.

§. 62. Wenn von mehreren zum Antrage Berechtigten einer die dreimonatliche Frist versäumt, so wird hierdurch das Recht der übrigen nicht ausgeschlossen.

§. 63. Der Antrag kann nicht getheilt werden. Das gerichtliche Verfahren findet gegen sämmtliche an der Handlung Betheiligte (Thäter und Theilnehmer), sowie gegen den Begünstiger statt, auch wenn nur gegen eine dieser Personen auf Bestrafung angetragen worden ist.

§. 64. Die Zurücknahme des Antrages ist nur in den gesetzlich besonders vorgesehenen Fällen und nur bis zur Verkündung eines auf Strafe lautenden Urtheils zulässig.

Die rechtzeitige Zurücknahme des Antrages gegen eine der vorbezeichneten Personen hat die Einstellung des Verfahrens auch gegen die anderen zur Folge.

Erk. (Z. Pl.) Pr. O.Tr. v. 22. Januar 1872 c. Bunde Goltd. A. 20, S. 87.

Vgl. Goltdammer: die Wirkung des Antragsdelikts im Falle seiner ideellen Konkurrenz mit anderen von Amtswegen zu verfolgenden Verbrechen. Goltd. A. 19, S. 306–310.

3. Erachtet das Gericht im Laufe des anhängigen Strafverfahrens die nachträgliche Beibringung eines Strafantrages für nothwendig, so liegt demselben die Pflicht ob, die zur Einholung eines solchen erforderlichen Verfügungen selbst zu treffen; diese dürfen nicht der Staatsanwaltschaft überlassen werden.

Beschl. Pr. O.Tr. v. 18. Jan. 1871 c. Ortelt, J.M.Bl. S. 74.

4. Ein Strafverfahren, welches wegen eines nicht zu den Antragsvergehen zählenden Straffalles ohne Antrag des Verletzten eingeleitet worden ist, muß eingestellt werden, wenn sich demnächst herausstellt, daß lediglich ein Antragsdelikt vorliegt.

Erk. (Z. I.) Pr. O.Tr. v. 31. Mai 1872 c. Tesche, J.M.Bl. S. 145.

5. Beim Mangel eines nothwendigen Antrages des Verletzten ist nicht auf Freisprechung zu erkennen, sondern nur die Unstatthaftigkeit des strafrechtlichen Verfahrens auszusprechen.

Erk. (V. I.) Pr. O.Tr. v. 24. März 1871 c. Säuberlich cit. in Anm. 1.

6. Das Gesetz verlangt nur den Antrag auf Verfolgung desjenigen Thuns, in welchem der Thatbestand eines Antragsvergehens zu finden ist, nicht aber auch, daß der Antragsberechtigte den Gesichtspunkt bezeichne, aus welchem er dies Thun gestraft wissen will. Die im Antrag gleichwohl enthaltene rechtliche Qualifikation der That präjudizirt daher dem Richter bei der Beurtheilung nicht: die Verfolgung umfaßt die ganze zur Anzeige gebrachte rechtswidrige Handlungsweise des Angeschuldigten.

Erk. (V. II.) Pr. O.Tr. vom 13. März 1873 c. Lindemann Goltd. A. 21, S. 267. Sic: Erk. des Württemb. Kass. Hof's vom 18. Dezember 1873 Goltd. A. 22, S. 655.

7. Vgl. St.Anw. Prof. Dr. Fuchs: Ueber die Behandlung der sog. Antragsverbrechen. Goltd. A. 19, S. 82; derselbe: Anklage und Antragsdelikte, Breslau 1873 — O.St.Anw. Nessel: die Antragsberechtigungen des D. Reichs-St.G.B. Berlin 1873. — St.Anw. Koch: das Antragsvergehen. Goltd. A. 19, S. 161. — Prof. Heinze: Ueber die Rückanwendung des Deutschen St.G.B. über den Strafantrag. Goltd. A. 19, S. 386. — Prof. v. Bar: Ueber die rechtliche Natur des Strafantrages. Goltd. A. 19, S. 641. — s. auch Anm. 1, 3 u. 4 zu §. 2 St.G.B.

8. Nur auf Antrag tritt die Verfolgung ein in den Fällen der §§. 102–104 (feindliche Handlungen gegen befreundete Staaten), 123 (Hausfriedensbruch), 170 (arglistige Verschweigung eines gesetzlichen Ehehindernisses oder arglistige Verleitung zur Eheschließung), 172 (Ehebruch), 179 (arglistige Verleitung einer Frauensperson zur Gestattung des Beischlafs), 182 (Verführung eines unbescholtenen Mädchens unter 16 Jahren zum Beischlaf), 189 (Beschimpfung des Andenkens Verstorbener), 194 (Beleidigung), 232 (leichte vorsätzliche, sowie jede durch Fahrlässigkeit verursachte Körperverletzung), 236, 237 (Entführung), 247 (Diebstahl und Unterschlagung gegen Angehörige, Vormünder, Erzieher, Personen bei denen der Thäter sich als Lehrling oder als Gesinde befindet) 263 (Betrug gegen Angehörige, Vormünder oder Erzieher), 288 (Veräußerung oder Beiseiteschaffung von Vermögensbestandtheilen bei einer drohenden Exekution in der Absicht, die Befriedigung des Gläubigers zu vereiteln), 289 (Wegnahme der eigenen oder fremden beweglichen Sachen zu Gunsten des Eigenthümers aus der Gewahrsam des Nutznießers 2c. in rechtswidriger Absicht), 292 (unberechtigtes Jagen, falls der Thäter ein Angehöriger des Jagdberechtigten ist), 299 (vorsätzliche unbefugte Eröffnung von Briefen u. s. w.), 300 (unbefugte Offenbarung von Privatgeheimnissen), 301, 302 (unerlaubtes Creditgeben an Minderjährige), 303 (vorsätzliche Sachbeschädigung), 370 Nr. 5, 6 (Entwendung von Nahrungs- oder Genußmitteln — Wegnahme von Futter zur Verfütterung an das Vieh des Eigenthümers).

9. Vgl. §§. 198, 232.

Zu §. 64.

1. Die Zurücknahme des Antrags ist zulässig in den Fällen der §§. 102, 103, 104, 194, 232, 247, 263, 292, 303, 370 St.G.B. und des §. 27 des Ges. betr. das Urheberrecht an Schriftwerken, Abbildungen u. s. w. vom 11. Juni 1870.

2. Ein zurückgenommener Strafantrag kann nicht erneuert werden.

Beschl. Pr. O.Tr. v. 14. April 1871, c. Dobrin O.R. 12, S. 202; Erk. Reichs-O. Hand. G. vom 19. September 1873, Stenglein, Zeitschrift 3, S. 86.

3. Nur die dem Gericht gegenüber erklärte Zurücknahme eines gestellten Strafantrages ist entscheidend; angebliche außergerichtliche Erklärungen sind wirkungslos.

Erk. (Z. I.) Pr. O.Tr. v. 30. Juni 1871, c. Heppner O.R. 12, S. 350.

4. Das durch Verkündung des auf Strafe lautenden Erkenntnisses erloschene Recht des Ver-

§. 65. Der Verletzte, welcher das achtzehnte Lebensjahr vollendet hat, ist selbstständig zu dem Antrage auf Bestrafung berechtigt.

So lange der Verletzte minderjährig ist, hat der gesetzliche Vertreter desselben, unabhängig von der eigenen Befugniß des Verletzten, das Recht, den Antrag zu stellen.

Bei bevormundeten Geisteskranken und Taubstummen ist der Vormund der zur Stellung des Antrages Berechtigte.

§. 66. Durch Verjährung wird die Strafverfolgung und die Strafvollstreckung ausgeschlossen.

§. 67. Die Strafverfolgung von Verbrechen verjährt,

wenn sie mit dem Tode oder mit lebenslänglichem Zuchthaus bedroht sind, in zwanzig Jahren;

wenn sie im Höchstbetrage mit einer Freiheitsstrafe von einer längeren als zehnjährigen Dauer bedroht sind, in funfzehn Jahren;

wenn sie mit einer geringeren Freiheitsstrafe bedroht sind, in zehn Jahren.

Die Strafverfolgung von Vergehen, die im Höchstbetrage mit einer längeren als dreimonatlichen Gefängnißstrafe bedroht sind, verjährt in fünf Jahren, von anderen Vergehen in drei Jahren.

Die Strafverfolgung von Uebertretungen verjährt in drei Monaten.

Die Verjährung beginnt mit dem Tage, an welchem die Handlung begangen ist, ohne Rücksicht auf den Zeitpunkt des eingetretenen Erfolges.

§. 68. Jede Handlung des Richters, welche wegen der begangenen That gegen den Thäter gerichtet ist, unterbricht die Verjährung.

Die Unterbrechung findet nur rücksichtlich desjenigen statt, auf welchen die Handlung sich bezieht.

Nach der Unterbrechung beginnt eine neue Verjährung.

§. 69. Ist der Beginn oder die Fortsetzung eines Strafverfahrens von einer Vorfrage abhängig, deren Entscheidung in einem anderen Verfahren erfolgen muß, so ruht die Verjährung bis zu dessen Beendigung.

§. 70. Die Vollstreckung rechtskräftig erkannter Strafen verjährt, wenn

1) auf Tod oder auf lebenslängliches Zuchthaus oder auf lebenslängliche Festungshaft erkannt ist, in dreißig Jahren;

---

letzten auf Zurücknahme des gestellten Antrages kann durch ein späteres Ereigniß, sei dieses auch die Vernichtung des Straferkenntnisses, nicht wieder in Kraft treten.

Erk. (Z. I.) Pr. O.Tr vom 17. Dezember 1873 c. Mucha, Goltd. A. 21, S. 505; O.R. 14, S. 802. Sic: Erk. des Bayer. Kass. Hofs vom 21. März 1874, Goltd. A. 22, S. 656.

5. Wenn bei Antragsvergehen nach Eröffnung der Untersuchung eine zulässige Zurücknahme des Antrags erfolgt, so ist die unbestrittene Einstellung des Verfahrens durch Beschluß des Gerichts auszusprechen; es bedarf dazu keines förmlichen Erkenntnisses.

Beschl. (Pl.) Pr. O.Tr. v. 4. Dezember 1871, c. V. J.M.Bl. 1872, S. 46.

5. Vgl. Art. III. des Ges. betr. die Abänderung von Bestimmungen des St.G.B. rc., vom 26. Februar 1876, siehe S. 3.

Zu §. 65.

Vgl. §§. 195, 196, 232.

Zu §. 67.

1. Die Verjährung im Falle des unerlaubten Auswanderns eines beurlaubten Reservisten (§. 360, Nr. 3) beginnt nicht mit der Auswanderung, sondern erst mit dem Ende des strafbaren Verhaltens, also mit dem Aufhören der Militärpflicht oder mit der Rückkehr in das Reichsgebiet

Erk. Pr. O.Tr. v. 1. Juni 1872, c. W. Goltd. A. 20, S. 407.

2. Besondere Vorschriften über die Verjährung sind enthalten in dem Ges. die Besteuerung des Tabacks betr. vom 26. Mai 1868, §. 12, Alin. 2 in dem Ges., betr. die Wechselstempelsteuer vom 10. Juni 1869, §. 17; in der Gewerbeordnung vom 21. Juni 1869, §. 145; in dem Vereins-Zollges. vom 1. Juli 1869, §. 164; in dem Ges. betr. das Urheberrecht an Schriftwerken rc. vom 11. Juni 1870, §§. 33, 34, 37; in dem Ges. wegen Erhebung der Brausteuer vom 31. Mai 1872, §. 40; in der Seemannsordnung vom 27. Dezember 1872, §. 100 Al. 2; in dem Ges. über die Presse vom 7. Mai 1874, §. 22.

Zu §. 69.

Vgl. §§ 164, 191.

Zu §. 70.

Die Vollstreckung einer vor Einführung des Deutschen St.G.B. rechtskräftig verhängten

2) auf Zuchthaus oder Festungshaft von mehr als zehn Jahren erkannt ist, in zwanzig Jahren;
3) auf Zuchthaus bis zu zehn Jahren oder auf Festungshaft von fünf bis zu zehn Jahren oder Gefängniß von mehr als fünf Jahren erkannt ist, in funfzehn Jahren;
4) auf Festungshaft oder Gefängniß von zwei bis zu fünf Jahren oder auf Geldstrafe von mehr als sechstausend Mark erkannt ist, in zehn Jahren;
5) auf Festungshaft oder Gefängniß bis zu zwei Jahren oder auf Geldstrafe von mehr als einhundertfunfzig bis zu sechstausend Mark erkannt ist, in fünf Jahren;
6) auf Haft oder Geldstrafe bis zu einhundertfunfzig Mark erkannt ist, in zwei Jahren.

Die Verjährung beginnt mit dem Tage, an welchem das Urtheil rechtskräftig geworden ist.

§. 71. Die Vollstreckung einer wegen derselben Handlung neben einer Freiheitsstrafe erkannten Geldstrafe verjährt nicht früher, als die Vollstreckung der Freiheitsstrafe.

§. 72. Jede auf Vollstreckung der Strafe gerichtete Handlung derjenigen Behörde, welcher die Vollstreckung obliegt, sowie die zum Zwecke der Vollstreckung erfolgende Festnahme des Verurtheilten unterbricht die Verjährung.

Nach der Unterbrechung der Vollstreckung der Strafe beginnt eine neue Verjährung.

Fünfter Abschnitt.

Zusammentreffen mehrerer strafbarer Handlungen.

§. 73. Wenn eine und dieselbe Handlung mehrere Strafgesetze verletzt, so komm nur dasjenige Gesetz, welches die schwerste Strafe, und bei ungleichen Strafarten dasjenige Gesetz, welches die schwerste Strafart androht, zur Anwendung.

§. 74. Gegen denjenigen, welcher durch mehrere selbstständige Handlungen mehrere Verbrechen oder Vergehen, oder dasselbe Verbrechen oder Vergehen mehrmals begangen und dadurch mehrere zeitige Freiheitsstrafen verwirkt hat, ist auf eine Gesammtstrafe zu erkennen, welche in einer Erhöhung der verwirkten schwersten Strafe besteht.

Bei dem Zusammentreffen ungleichartiger Freiheitsstrafen tritt diese Erhöhung bei der ihrer Art nach schwersten Strafe ein.

Das Maß der Gesammtstrafe darf den Betrag der verwirkten Einzelstrafen nicht erreichen und funfzehnjähriges Zuchthaus, zehnjähriges Gefängniß oder funfzehnjährige Festungshaft nicht übersteigen.

§. 75. Trifft Festungshaft nur mit Gefängniß zusammen, so ist auf jede dieser Strafarten gesondert zu erkennen.

Ist Festungshaft oder Gefängniß mehrfach verwirkt, so ist hinsichtlich der mehreren Strafen gleicher Art so zu verfahren, als wenn dieselben allein verwirkt wären.

Die Gesammtdauer der Strafen darf in diesen Fällen funfzehn Jahre nicht übersteigen.

§. 76. Die Verurtheilung zu einer Gesammtstrafe schließt die Aberkennung der bürgerlichen Ehrenrechte nicht aus, wenn diese auch nur neben einer der verwirkten Einzelstrafen zulässig oder geboten ist.

Strafe unterliegt jetzt der Verjährung; der Lauf derselben beginnt aber (im Geltungsbereiche des Allg. Landrechts) erst mit der Wirksamkeit jenes St.G.B.

Beschl. (Z. 1.) Pr. O.Tr. v. 21. Februar 1872, c. Steinthal J.M.Bl. S. 95.

Zu §. 73.

1. Vgl. Anm. 2 zu §. 61.

2. Vgl. die Gewerbeordnung vom 21. Juni 1869, §. 147, Alin. 2 und §. 148 Alin. 2., das Vereinszollges. vom 1. Juli 1869, §§. 158, 159 und das Ges. wegen Erhebung der Brausteuer vom 31. Mai 1872, §. 37, Alin. 2.

Ingleichen kann neben der Gesammtstrafe auf Zulässigkeit von Polizei-Aufsicht erkannt werden, wenn dieses auch nur wegen einer der mehreren strafbaren Handlungen statthaft ist.

§. 77. Trifft Haft mit einer anderen Freiheitsstrafe zusammen, so ist auf die erstere gesondert zu erkennen.

Auf eine mehrfach verwirkte Haft ist ihrem Gesammtbetrage nach, jedoch nicht über die Dauer von drei Monaten zu erkennen.

§. 78. Auf Geldstrafen, welche wegen mehrerer strafbarer Handlungen allein oder neben einer Freiheitsstrafe verwirkt sind, ist ihrem vollen Betrage nach zu erkennen.

Bei Umwandlung mehrerer Geldstrafen ist der Höchstbetrag der an die Stelle derselben tretenden Freiheitsstrafe zwei Jahre Gefängniß und, wenn die mehreren Geldstrafen nur wegen Uebertretungen erkannt worden sind, drei Monate Haft.

§. 79. Die Vorschriften der §§. 74 bis 78 finden auch Anwendung, wenn, bevor eine erkannte Strafe verbüßt, verjährt oder erlassen ist, die Verurtheilung wegen einer strafbaren Handlung erfolgt, welche vor der früheren Verurtheilung begangen war.

Zweiter Theil.

Von den einzelnen Verbrechen, Vergehen und Uebertretungen und deren Bestrafung.

Erster Abschnitt.

Hochverrath und Landesverrath.

§. 80. Der Mord und der Versuch des Mordes, welche an dem Kaiser, an dem eigenen Landesherrn, oder während des Aufenthalts in einem Bundesstaate an dem Landesherrn dieses Staats verübt worden sind, werden als Hochverrath mit dem Tode bestraft.

§. 81. Wer außer den Fällen des §. 80 es unternimmt,

1) einen Bundesfürsten zu tödten, gefangen zu nehmen, in Feindes Gewalt zu liefern oder zur Regierung unfähig zu machen,
2) die Verfassung des Deutschen Reichs oder eines Bundesstaats oder die in demselben bestehende Thronfolge gewaltsam zu ändern,
3) das Bundesgebiet ganz oder theilweise einem fremden Staate gewaltsam einzuverleiben oder einen Theil desselben vom Ganzen loszureißen, oder
4) das Gebiet eines Bundesstaats ganz oder theilweise einem anderen Bundesstaate gewaltsam einzuverleiben oder einen Theil desselben vom Ganzen loszureißen,

wird wegen Hochverraths mit lebenslänglichem Zuchthaus oder lebenslänglicher Festungshaft bestraft.

Zu §. 79.

1. Der Wortlaut dieses Paragraphen ist dahin aufzufassen, daß 1) es vor Allem darauf ankommt, ob die später zur Aburtheilung gelangende strafbare Handlung eher begangen worden ist, als die vorher erfolgte Verurtheilung stattgefunden hat und daß erst, wenn dies der Fall, zu erörtern ist: 2) ob die diesfällige frühere Strafe noch nicht in einer oder der andern näher bezeichneten Weise absorbirt ist.

Erk. (B. I.) Pr. O.Tr. vom 11. Juli 1873 c. Albrecht Goltd. A. 21, S. 509; O.R. 14, S. 500.

2. Vgl. Schwarze, Studien z. R.St.G.B IX. in Goltd. A. 22, S. 14.

Zu §. 81.

Die mit lebenslänglichem Zuchthaus bedrohten Verbrechen gegen §. 81 werden nach §. 4 des Einführungsgesetzes vom 31. Mai 1870 mit dem Tode bestraft, wenn sie in einem vom Kaiser in Kriegszustand erklärten Theile des Deutschen Reichs oder während eines gegen das Deutsche Reich ausgebrochenen Krieges auf dem Kriegsschauplatz begangen werden.

Sind mildernde Umstände vorhanden, so tritt Festungshaft nicht unter fünf Jahren ein.

Neben der Festungshaft kann auf Verlust der bekleideten öffentlichen Aemter, sowie der aus öffentlichen Wahlen hervorgegangenen Rechte erkannt werden.

§. 82. Als ein Unternehmen, durch welches das Verbrechen des Hochverraths vollendet wird, ist jede Handlung anzusehen, durch welche das Vorhaben unmittelbar zur Ausführung gebracht werden soll.

§. 83. Haben Mehrere die Ausführung eines hochverrätherischen Unternehmens verabredet, ohne daß es zum Beginn einer nach §. 82 strafbaren Handlung gekommen ist, so werden dieselben mit Zuchthaus nicht unter fünf Jahren oder mit Festungshaft von gleicher Dauer bestraft.

Sind mildernde Umstände vorhanden, so tritt Festungshaft nicht unter zwei Jahren ein.

Neben der Festungshaft kann auf Verlust der bekleideten öffentlichen Aemter, sowie der aus öffentlichen Wahlen hervorgegangenen Rechte erkannt werden.

§. 84. Die Strafvorschriften des §. 83 finden auch gegen denjenigen Anwendung, welcher zur Vorbereitung eines Hochverraths entweder sich mit einer auswärtigen Regierung einläßt oder die ihm von dem Reich oder einem Bundesstaate anvertraute Macht mißbraucht oder Mannschaften anwirbt oder in den Waffen einübt.

§. 85. Wer öffentlich vor einer Menschenmenge, oder wer durch Verbreitung oder öffentlichen Anschlag oder öffentliche Ausstellung von Schriften oder anderen Darstellungen zur Ausführung einer nach §. 82 strafbaren Handlung auffordert, wird mit Zuchthaus bis zu zehn Jahren oder Festungshaft von gleicher Dauer bestraft.

Sind mildernde Umstände vorhanden, so tritt Festungshaft von Einem bis zu fünf Jahren ein.

§. 86. Jede andere, ein hochverrätherisches Unternehmen vorbereitende Handlung wird mit Zuchthaus bis zu drei Jahren oder Festungshaft von gleicher Dauer bestraft.

Sind mildernde Umstände vorhanden, so tritt Festungshaft von sechs Monaten bis zu drei Jahren ein.

§. 87. Ein Deutscher, welcher sich mit einer ausländischen Regierung einläßt, um dieselbe zu einem Kriege gegen das Deutsche Reich zu veranlassen, wird wegen Landesverraths mit Zuchthaus nicht unter fünf Jahren und, wenn der Krieg ausgebrochen ist, mit lebenslänglichem Zuchthaus bestraft.

Sind mildernde Umstände vorhanden, so tritt Festungshaft von sechs Monaten bis zu fünf Jahren und, wenn der Krieg ausgebrochen ist, Festungshaft nicht unter fünf Jahren ein.

Neben der Festungshaft kann auf Verlust der bekleideten öffentlichen Aemter, sowie der aus öffentlichen Wahlen hervorgegangenen Rechte erkannt werden.

§. 88. Ein Deutscher, welcher während eines gegen das Deutsche Reich ausgebrochenen Krieges in der feindlichen Kriegsmacht Dienste nimmt oder die Waffen gegen das Deutsche Reich oder dessen Bundesgenossen trägt, wird wegen Landesverraths mit lebenslänglichem Zuchthaus oder lebenslänglicher Festungshaft bestraft.

Sind mildernde Umstände vorhanden, so tritt Festungshaft nicht unter fünf Jahren ein.

Ein Deutscher, welcher schon früher in fremden Kriegsdiensten stand, wird, wenn

---

Zu §. 85.

1. Ueber das **Merkmal der Oeffentlichkeit** vgl. die Anm. zu §. 110.

2. Der §. 85 setzt voraus, daß die Aufforderung erfolglos geblieben ist; hat sie das Verbrechen gegen den §. 82 zur Folge gehabt, so ist der Auffordernde gemäß §. 111 Alin. 1 gleich dem Anstifter zu bestrafen, vgl. Rüdorff, St.G.B. §. 85 Nr. 2. — Oppenhoff, St.G.B. §. 85 Nr. 22.

Zu §§. 88 und 90.

Im Kriegszustande (§. 4 des Einf.-Ges. z. St.G.B. vom 31. Mai 1870) werden die mit

er nach Ausbruch des Krieges in der feindlichen Kriegsmacht verbleibt oder die Waffen gegen das Deutsche Reich oder dessen Bundesgenossen trägt, wegen Landesverraths mit Zuchthaus von zwei bis zu zehn Jahren oder mit Festungshaft von gleicher Dauer bestraft. Sind mildernde Umstände vorhanden, so tritt Festungshaft bis zu zehn Jahren ein.

Neben der Festungshaft kann auf Verlust der bekleideten öffentlichen Aemter, sowie der aus öffentlichen Wahlen hervorgegangenen Rechte erkannt werden.

§. 89. Ein Deutscher, welcher vorsätzlich während eines gegen das Deutsche Reich ausgebrochenen Krieges einer feindlichen Macht Vorschub leistet oder den Truppen des Deutschen Reichs oder der Bundesgenossen desselben Nachtheil zufügt, wird wegen Landesverraths mit Zuchthaus bis zu zehn Jahren oder mit Festungshaft von gleicher Dauer bestraft. Sind mildernde Umstände vorhanden, so tritt Festungshaft bis zu zehn Jahren ein.

Neben der Festungshaft kann auf Verlust der bekleideten öffentlichen Aemter, sowie der aus öffentlichen Wahlen hervorgegangenen Rechte erkannt werden.

§. 90. Lebenslängliche Zuchthausstrafe trifft einen Deutschen, welcher vorsätzlich während eines gegen das Deutsche Reich ausgebrochenen Krieges

1) Festungen, Pässe, besetzte Plätze oder andere Vertheidigungsposten, ingleichen Deutsche oder verbündete Truppen oder einzelne Offiziere oder Soldaten in feindliche Gewalt bringt;
2) Festungswerke, Schiffe, oder andere Fahrzeuge der Kriegsmarine, Kassen, Zeughäuser, Magazine oder andere Vorräthe von Waffen, Schießbedarf oder anderen Kriegsbedürfnissen in feindliche Gewalt bringt oder dieselben, sowie Brücken und Eisenbahnen zum Vortheile des Feindes zerstört oder unbrauchbar macht;
3) dem Feinde Mannschaften zuführt oder Soldaten des Deutschen oder verbündeten Heeres verleitet, zum Feinde überzugehen;
4) Operationspläne oder Pläne von Festungen oder festen Stellungen dem Feinde mittheilt;
5) dem Feinde als Spion dient oder feindliche Spione aufnimmt, verbirgt oder ihnen Beistand leistet, oder
6) einen Aufstand unter den Deutschen oder verbündeten Truppen erregt.

Sind mildernde Umstände vorhanden, so tritt Festungshaft nicht unter fünf Jahren ein.

Neben der Festungshaft kann auf Verlust der bekleideten öffentlichen Aemter, sowie der aus öffentlichen Wahlen hervorgegangenen Rechte erkannt werden.

§. 91. Gegen Ausländer ist wegen der in den §§. 87, 89, 90 bezeichneten Handlungen nach dem Kriegsgebrauche zu verfahren.

Begehen sie aber solche Handlungen, während sie unter dem Schutze des Deutschen Reichs oder eines Bundesstaats sich innerhalb des Bundesgebiets aufhalten, so kommen die in den §§. 87, 89 und 90 bestimmten Strafen zur Anwendung.

---

lebenslänglichem Zuchthaus bedrohten Verbrechen gegen die §§. 88 und 90 mit dem Tode bestraft.

Zu §. 89.

1. Zum Thatbestande des vollendeten Verbrechens gegen §. 89 gehört es, daß der Vorschub der feindlichen Macht wirklich zu Statten gekommen ist, daß also soweit ein solches Vorschubleisten in der Hingabe von Geld bestanden hat, das Geld auch an die feindliche Macht gelangt ist.

2. Der Ausdruck „feindliche Macht" umfaßt nicht nur die Truppenmacht des Feindes, sondern auch den im Kriege mit seiner Machtentfaltung auftretenden Staat selbst.

3. Der Vorsatz setzt voraus, daß Derjenige, welcher Vorschub leistet, sich nach der Seite der feindlichen Macht hin eines als Vorschubleisten zu bezeichnenden Erfolges seiner Handlung bewußt ist und dieselbe dennoch will.

Erk. (Z. I.) Pr. O.Tr. vom 3. April 1871 c. G. — Goltd. A. 19, S. 406, 407, 409.

Zu §. 91.

Unter dem „Schutze" ist nicht ein besonderes, in bestimmten rechtlichen Beziehungen hervortretendes Schutzverhältniß, sondern der allgemeine Schutz der Gesetze zu verstehen, dessen sich der im Inlande sich aufhaltende Ausländer ohne Weiteres zu erfreuen hat. Erk. (Z. I.) Pr. O.Tr vom 3. April 1871 c. G. — Goltd. A. 19, S. 406.

§. 92. Wer vorsätzlich

1) Staatsgeheimnisse oder Festungspläne, oder solche Urkunden, Aktenstücke oder Nachrichten, von denen er weiß, daß ihre Geheimhaltung einer anderen Regierung gegenüber für das Wohl des Deutschen Reichs oder eines Bundesstaats erforderlich ist, dieser Regierung mittheilt oder öffentlich bekannt macht,
2) zur Gefährdung der Rechte des Deutschen Reichs oder eines Bundesstaats im Verhältniß zu einer anderen Regierung die über solche Rechte sprechenden Urkunden oder Beweismittel vernichtet, verfälscht oder unterdrückt, oder
3) ein ihm von Seiten des Deutschen Reichs oder von einem Bundesstaate aufgetragenes Staatsgeschäft mit einer anderen Regierung zum Nachtheile dessen führt, der ihm den Auftrag ertheilt hat,

wird mit Zuchthaus nicht unter zwei Jahren bestraft.

Sind mildernde Umstände vorhanden, so tritt Festungshaft nicht unter sechs Monaten ein.

§. 93. Wenn in den Fällen der §§. 80, 81, 83, 84, 87 bis 92 die Untersuchung eröffnet wird, so kann bis zu deren rechtskräftigen Beendigung das Vermögen, welches der Angeschuldigte besitzt, oder welches ihm später anfällt, mit Beschlag belegt werden.

Zweiter Abschnitt.

Beleidigung des Landesherrn.

§. 94. Wer einer Thätlichkeit gegen den Kaiser, gegen seinen Landesherrn oder während seines Aufenthalts in einem Bundesstaate einer Thätlichkeit gegen den Landesherrn dieses Staats sich schuldig macht, wird mit lebenslänglichem Zuchthaus oder lebenslänglicher Festungshaft, in minder schweren Fällen mit Zuchthaus nicht unter fünf Jahren oder mit Festungshaft von gleicher Dauer bestraft. Neben der Festungshaft kann auf Verlust der bekleideten öffentlichen Aemter, sowie der aus öffentlichen Wahlen hervorgegangenen Rechte erkannt werden.

Sind mildernde Umstände vorhanden, so tritt Festungshaft nicht unter fünf Jahren ein.

§. 95. Wer den Kaiser, seinen Landesherrn oder während seines Aufenthalts in einem Bundesstaate dessen Landesherrn beleidigt, wird mit Gefängniß nicht unter zwei Monaten oder mit Festungshaft von zwei Monaten bis zu fünf Jahren bestraft.

Neben der Gefängnißstrafe kann auf Verlust der bekleideten öffentlichen Aemter, sowie der aus öffentlichen Wahlen hervorgegangenen Rechte erkannt werden.

§. 96. Wer einer Thätlichkeit gegen ein Mitglied des landesherrlichen Hauses seines Staats oder gegen den Regenten seines Staats oder während seines Aufenthalts in einem Bundesstaate einer Thätlichkeit gegen ein Mitglied des landesherrlichen Hauses dieses Staats oder gegen den Regenten dieses Staats sich schuldig macht, wird mit Zuchthaus nicht unter fünf Jahren oder mit Festungshaft von gleicher Dauer, in minder schweren Fällen mit Zuchthaus bis zu fünf Jahren oder mit Festungshaft von gleicher Dauer bestraft.

Sind mildernde Umstände vorhanden, so tritt Festungshaft von Einem bis zu fünf Jahren ein.

§. 97. Wer ein Mitglied des landesherrlichen Hauses seines Staats oder den Regenten seines Staats oder während seines Aufenthalts in einem Bundesstaate ein Mitglied des landesherrlichen Hauses dieses Staats oder den Regenten dieses Staats beleidigt, wird mit Gefängniß von Einem Monat bis zu drei Jahren oder mit Festungshaft von gleicher Dauer bestraft.

Zu §. 95.

Der Thatbestand des §. 95 verlangt neben der ehrverletzenden Beschaffenheit der inkriminirten Kundgebung das Bewußtsein von der Rechtswidrigkeit und von dem der Aeußerung beiwohnenden ehrkränkenden Charakter auf Seiten des Angeschuldigten.

Erk. (Z. II.) Pr. O.Tr. vom 9. Januar 1873 c. Suting Goltd. A. 21, S. 189.

Dritter Abschnitt.

Beleidigung von Bundesfürsten.

§. 98. Wer außer dem Falle des §. 94 sich einer Thätlichkeit gegen einen Bundesfürsten schuldig macht, wird mit Zuchthaus von zwei bis zu zehn Jahren oder mit Festungshaft von gleicher Dauer bestraft.

Sind mildernde Umstände vorhanden, so tritt Festungshaft von sechs Monaten bis zu zehn Jahren ein.

§. 99. Wer außer dem Falle des §. 95 einen Bundesfürsten beleidigt, wird mit Gefängniß von Einem Monat bis zu drei Jahren oder mit Festungshaft von gleicher Dauer bestraft.

Die Verfolgung tritt nur mit Ermächtigung des Beleidigten ein.

§. 100. Wer außer dem Falle des §. 96 sich einer Thätlichkeit gegen ein Mitglied eines bundesfürstlichen Hauses oder den Regenten eines Bundesstaats schuldig macht, wird mit Zuchthaus bis zu fünf Jahren, oder mit Festungshaft von gleicher Dauer bestraft.

Sind mildernde Umstände vorhanden, so tritt Festungshaft von Einem Monat bis zu drei Jahren ein.

§. 101. Wer außer dem Falle des §. 97 den Regenten eines Bundesstaats beleidigt, wird mit Gefängniß von Einer Woche bis zu zwei Jahren oder mit Festungshaft von gleicher Dauer bestraft.

Die Verfolgung tritt nur mit Ermächtigung des Beleidigten ein.

Vierter Abschnitt.

Feindliche Handlungen gegen befreundete Staaten.

§. 102. Ein Deutscher, welcher im Inlande oder Auslande, oder ein Ausländer, welcher während seines Aufenthalts im Inlande gegen einen nicht zum Deutschen Reich gehörenden Staat oder dessen Landesherrn eine Handlung vornimmt, die, wenn er sie gegen einen Bundesstaat oder einen Bundesfürsten begangen hätte, nach Vorschrift der §§. 81 bis 86 zu bestrafen sein würde, wird in den Fällen der §§. 81 bis 84 mit Festungshaft von Einem bis zu zehn Jahren oder, wenn mildernde Umstände vorhanden sind, mit Festungshaft von sechs Monaten bis zu zehn Jahren, in den Fällen der §§. 85 und 86 mit Festungshaft von Einem Monat bis zu drei Jahren bestraft, sofern in dem anderen Staate dem Deutschen Reiche die Gegenseitigkeit verbürgt ist.

Die Verfolgung tritt nur auf Antrag der auswärtigen Regierung ein. Die Zurücknahme des Antrages ist zulässig.

§. 103. Wer sich gegen den Landesherrn oder den Regenten eines nicht zum Deutschen Reich gehörenden Staats einer Beleidigung schuldig macht, wird mit Gefängniß von Einer Woche bis zu zwei Jahren oder mit Festungshaft von gleicher Dauer bestraft, sofern in diesem Staate dem Deutschen Reich die Gegenseitigkeit verbürgt ist.

Die Verfolgung tritt nur auf Antrag der auswärtigen Regierung ein. Die Zurücknahme des Antrages ist zulässig.

§. 103a. Wer ein öffentliches Zeichen der Autorität eines nicht zum Deutschen Reich gehörenden Staats oder ein Hoheitszeichen eines solchen Staats böswillig wegnimmt, zerstört oder beschädigt oder beschimpfenden Unfug daran verübt, wird mit Geldstrafe bis zu sechshundert Mark oder mit Gefängniß bis zu zwei Jahren bestraft.

§. 104. Wer sich gegen einen bei dem Reich, einem bundesfürstlichen Hofe oder bei dem Senate einer der freien Hansestädte beglaubigten Gesandten oder Geschäftsträger einer Beleidigung schuldig macht, wird mit Gefängniß bis zu Einem Jahre oder mit Festungshaft von gleicher Dauer bestraft.

Die Verfolgung tritt nur auf Antrag des Beleidigten ein. Die Zurücknahme des Antrages ist zulässig.

Fünfter Abschnitt.

Verbrechen und Vergehen in Beziehung auf die Ausübung staatsbürgerlicher Rechte.

§. 105. Wer es unternimmt, den Senat oder die Bürgerschaft einer der freien Hansestädte, eine gesetzgebende Versammlung des Reichs oder eines Bundesstaats auseinander zu sprengen, zur Fassung oder Unterlassung von Beschlüssen zu nöthigen oder Mitglieder aus ihnen gewaltsam zu entfernen, wird mit Zuchthaus nicht unter fünf Jahren oder mit Festungshaft von gleicher Dauer bestraft.

Sind mildernde Umstände vorhanden, so tritt Festungshaft nicht unter Einem Jahre ein.

§. 106. Wer ein Mitglied einer der vorbezeichneten Versammlungen durch Gewalt oder durch Bedrohung mit einer strafbaren Handlung verhindert, sich an den Ort der Versammlung zu begeben oder zu stimmen, wird mit Zuchthaus bis zu fünf Jahren oder mit Festungshaft von gleicher Dauer bestraft.

Sind mildernde Umstände vorhanden, so tritt Festungshaft bis zu zwei Jahren ein.

§. 107. Wer einen Deutschen durch Gewalt oder Bedrohung mit eiuer strafbaren Handlung verhindert, in Ausübung seiner staatsbürgerlichen Rechte zu wählen oder zu stimmen, wird mit Gefängniß nicht unter sechs Monaten oder mit Festungshaft bis zu fünf Jahren bestraft.

Der Versuch ist strafbar.

§. 108. Wer in einer öffentlichen Angelegenheit mit der Sammlung von Wahl- oder Stimm-Zetteln oder -Zeichen oder mit der Führung der Beurkundungsverhandlung beauftragt, ein unrichtiges Ergebniß der Wahlhandlung vorsätzlich herbeiführt oder das Ergebniß verfälscht, wird mit Gefänguiß von Einer Woche bis zu drei Jahren bestraft.

Wird die Handlung von Jemand begangen, welcher nicht mit der Sammlung der Zettel oder Zeichen oder einer anderen Verrichtung bei dem Wahlgeschäfte beauftragt ist, so tritt Gefängnißstrafe bis zu zwei Jahren ein.

Auch kann auf Verlust der bürgerlichen Ehrenrechte erkannt werden.

§. 109. Wer in einer öffentlichen Angelegenheit eine Wahlstimme kauft oder verkauft, wird mit Gefängniß von Einem Monat bis zu zwei Jahren bestraft; auch kann auf Verlust der bürgerlichen Ehrenrechte erkannt werden.

Sechster Abschnitt.

Widerstand gegen die Staatsgewalt.

§. 110. Wer öffentlich vor einer Menschenmenge, oder wer durch Verbreitung oder öffentlichen Anschlag oder öffentliche Ausstellung von Schriften oder anderen

---

Zu §. 106 und §. 107.

Ist die Verhinderung durch einen **Beamten** geschehen, so tritt gemäß §. 339 Alin. 3 des St.G.B. die Strafe der §§. 106, 107 ein, wenn die Handlung auch ohne Gewalt oder Drohung aber durch Mißbrauch der Amtsgewalt oder Androhung eines bestimmten Mißbrauchs derselben begangen ist.

Zu §. 109.

1. Das Vergehen gegen §. 109 ist vollendet mit dem Abschlusse des Kaufes (Verkaufs) der Wahlstimme, ohne daß es darauf ankommt, ob der Wähler seiner Zusage gemäß gestimmt hat. Vgl. Schwarze Commentar z. St.G.B. zu §. 109.

2. Das Enthalten von der Wahl gegen das Versprechen eines Vortheils ist nicht strafbar. Vgl. Schwarze a. a. O.

3. Zum Thatbestande des §. 109 ist erforderlich auf Seiten der **Geber** die Absicht, die Nehmer durch die Gabe zu verleiten, in ihrem, der Geber, Sinne zu stimmen, und auf Seiten der Nehmer einmal das Bewußtsein dieser widerrechtlichen Absicht der Geber und dann die Annahme der Gabe in der Absicht, ohne Berücksichtigung der eigenen Ueberzeugung im Sinne der Geber ihre Stimme abzugeben.

Erk. (Z. II.) Pr. O.Tr. vom 16. Januar 1873 c. Kruse Goltd. A. 21, S. 191; O.R. 14, S. 53.

Zu §. 110.

1. Bei der Entscheidung der Frage, ob die Oeffentlichkeit als vorhanden anzunehmen sei, ist davon auszugehen, daß, dem Sprachgebrauche gemäß, eine Handlung nur dann als öffentlich geschehen zu betrachten ist, wenn sie in einer Art und Weise vorgenommen wurde, daß sie, unbe-

Darstellungen zum Ungehorsam gegen Gesetze oder rechtsgültige Verordnungen oder gegen die von der Obrigkeit innerhalb ihrer Zuständigkeit getroffenen Anordnungen auffordert, wird mit Geldstrafe bis zu sechshundert Mark oder mit Gefängniß bis zu zwei Jahren bestraft.

§. 111. Wer auf die vorbezeichnete Weise zur Begehung einer strafbaren Handlung auffordert, ist gleich dem Anstifter zu bestrafen, wenn die Aufforderung die strafbare Handlung oder einen strafbaren Versuch derselben zur Folge gehabt hat.

Ist die Aufforderung ohne Erfolg geblieben, so tritt Geldstrafe bis zu eintausendfünfhundert Mark oder Gefängnißstrafe bis zu einem Jahre ein. Die Strafe darf jedoch, der Art oder dem Maße nach, keine schwerere sein, als die auf die Handlung selbst angedrohte.

§. 112. Wer eine Person des Soldatenstandes, es sei des Deutschen Heeres oder der Kaiserlichen Marine, auffordert oder anreizt, dem Befehle des Oberen nicht Gehorsam zu leisten, wer insbesondere eine Person, welche zum Beurlaubtenstande gehört, auffordert oder anreizt, der Einberufung zum Dienste nicht zu folgen, wird mit Gefängniß bis zu zwei Jahren bestraft.

§. 113. Wer einem Beamten, welcher zur Vollstreckung von Gesetzen, von Befehlen und Anordnungen der Verwaltungsbehörden oder von Urtheilen und Verfügungen der Gerichte berufen ist, in der rechtmäßigen Ausübung seines Amtes durch Gewalt oder durch Bedrohung mit Gewalt Widerstand leistet, oder wer einen solchen Beamten während der rechtmäßigen Ausübung seines Amtes thätlich angreift, wird mit Gefängniß von vierzehn Tagen bis zu zwei Jahren bestraft.

Sind mildernde Umstände vorhanden, so tritt Gefängniß bis zu Einem Jahre oder Geldstrafe bis zu eintausend Mark ein.

Dieselben Strafvorschriften treten ein, wenn die Handlung gegen Personen, welche zur Unterstützung des Beamten zugezogen waren, oder gegen Mannschaften

---

stimmt von welchen und wie vielen Personen wahrgenommen werden konnte. Wurde dagegen die Handlung so vorgenommen, daß sie nur für die Wahrnehmung gewisser Personen bestimmt war und von Zufälligkeiten abgesehen, nur von diesem bemerkt werden konnte, so wird keine Oeffentlichkeit anzunehmen sein. Das Merkmal des öffentlichen Ortes, der öffentlichen Zusammenkunft ist für den Begriff der Oeffentlichkeit einer Handlung nicht entscheidend. Vgl. Motive zum siebenten Abschnitt, Aktenstücke des Reichstags, Sitzungsperiode 1870, S. 62.

2. Es gehört zum Thatbestande des §. 110 nicht die positive Absicht, zum Ungehorsam gegen Gesetze 2c. aufzufordern, es genügt vielmehr die Feststellung, daß eine die Aufforderung zum Ungehorsam enthaltende Schrift mit dem Bewußtsein, daß sie zum Ungehorsam auffordere, öffentlich verbreitet worden ist.

Erk. (V. II.) Pr. O.Tr. vom 5. Oktober 1875 c. Koenen, J.-M.Bl. 1876, S. 66; Goltd. A. 23, S. 503.

Zu §. 111 Alin. 2

Vgl. die Spezialbestimmung des §. 85.

Zu §. 112.

1. Personen des Soldatenstandes sind die Offiziere (und zwar sowohl die des aktiven Dienststandes der Armee, der Marine und der Land- und Seewehr, als auch die mit Inaktivitätsgehalt entlassenen, zur Disposition gestellten und mit Pension entlassenen), die Unteroffiziere und die Gemeinen, nicht aber die Militär- und Marine-Beamten. Vgl. B.G.Bl. 1867, S. 283.

2. Zum Beurlaubtenstande gehören nach §. 56 des Reichs-Militär-Gesetzes vom 2 Mai 1874 (R.G.Bl. S. 60): a) die Offiziere, Aerzte, Beamten und Mannschaften der Reserve und Landwehr; b) die vorläufig in die Heimath beurlaubten Rekruten und Freiwilligen; c) die bis zur Entscheidung über ihr ferneres Militärverhältniß zur Disposition der Ersatzbehörden entlassenen Mannschaften; d) die vor erfüllter aktiver Dienstpflicht zur Disposition der Truppen beurlaubten Mannschaften.

Zu §. 113.

1. Eine Haussuchung, welche ein Polizeidiener ohne Mitwirkung der Ortspolizeibehörde vornimmt, ist auch bei Gefahr im Verzuge nicht rechtmäßig.

Erk. (V. II.) Pr. O.Tr. vom 2. Januar 1873 c. Wildemann Goltd. A. 21, S. 193; O.R. 14, S. 13.

2. Wird bei einer rechtmäßigen Amtshandlung von dem Beamten ein Strafgesetz verletzt (z. B. eine Mißhandlung verübt), so ist der Widerstand, welcher lediglich dieser strafbaren Handlung des Beamten entgegengesetzt wird, straflos.

Erk. (V. II.) Pr. O.-Tr. vom 28. November 1874 c. Boner Goltd. A. 22, S. 582; O.-R. 15, S. 819.

3. Vgl. O.L.G.R. Dr. Bolze: Ueber den Begriff der Rechtmäßigkeit der Amtsausübung im §. 113 St.G.B. in Goltd. A. 23 S. 389.

der bewaffneten Macht, oder gegen Mannschaften einer Gemeinde-, Schutz- oder Bürgerwehr in Ausübung des Dienstes begangen wird.

§. 114. Wer es unternimmt, durch Gewalt oder Drohung eine Behörde oder einen Beamten zur Vornahme oder Unterlassung einer Amtshandlung zu nöthigen, wird mit Gefängniß nicht unter drei Monaten bestraft.

Sind mildernde Umstände vorhanden, so tritt Gefängnißstrafe bis zu zwei Jahren ein.

§. 115. Wer an einer öffentlichen Zusammenrottung, bei welcher eine der in den §§. 113 und 114 bezeichneten Handlungen mit vereinten Kräften begangen wird, Theil nimmt, wird wegen Aufruhrs mit Gefängniß nicht unter sechs Monaten bestraft.

Die Rädelsführer, sowie diejenigen Aufrührer, welche eine der in den §§. 113 und 114 bezeichneten Handlungen begehen, werden mit Zuchthaus bis zu zehn Jahren bestraft; auch kann auf Zulässigkeit von Polizei-Aufsicht erkannt werden. Sind mildernde Umstände vorhanden, so tritt Gefängnißstrafe nicht unter sechs Monaten ein.

§. 116. Wird eine auf öffentlichen Wegen, Straßen oder Plätzen versammelte Menschenmenge von dem zuständigen Beamten oder Befehlshaber der bewaffneten Macht aufgefordert, sich zu entfernen, so wird jeder der Versammelten, welcher nach der dritten Aufforderung sich nicht entfernt, wegen Auflaufs mit Gefängniß bis zu drei Monaten oder mit Geldstrafe bis zu eintausendfünfhundert Mark bestraft.

Ist bei einem Auflaufe gegen die Beamten oder die bewaffnete Macht mit vereinten Kräften thätlicher Widerstand geleistet oder Gewalt verübt worden, so treten gegen diejenigen, welche an diesen Handlungen Theil genommen haben, die Strafen des Aufruhrs ein.

§. 117. Wer einem Forst- oder Jagdbeamten, einem Waldeigenthümer, Forst- oder Jagdberechtigten, oder einem von diesen bestellten Aufseher, in der rechtmäßigen Ausübung seines Amtes oder Rechtes durch Gewalt oder durch Bedrohung mit Gewalt Widerstand leistet, oder wer eine dieser Personen während der Ausübung ihres Amtes oder Rechtes thätlich angreift, wird mit Gefängniß von vierzehn Tagen bis zu drei Jahren bestraft.

Ist der Widerstand oder der Angriff unter Drohung mit Schießgewehre, Aexten oder anderen gefährlichen Werkzeugen erfolgt, oder mit Gewalt an der Person begangen worden, so tritt Gefängnißstrafe nicht unter drei Monaten ein.

Sind mildernde Umstände vorhanden, so tritt in den Fällen des Absatz 1 Gefängnißstrafe bis zu Einem Jahre, in den Fällen des Absatz 2 Gefängnißstrafe nicht unter Einem Monate ein.

§. 118. Ist durch den Widerstand oder den Angriff eine Körperverletzung dessen, gegen welchen die Handlung begangen ist, verursacht worden, so ist auf Zuchthaus bis zu zehn Jahren zu erkennen.

Sind mildernde Umstände vorhanden, so tritt Gefängnißstrafe nicht unter drei Monaten ein.

§. 119. Wenn eine der in den §§. 117 und 118 bezeichneten Handlungen von Mehreren gemeinschaftlich begangen worden ist, so kann die Strafe bis um die Hälfte des angedrohten Höchstbetrages, die Gefängnißstrafe jedoch nicht über fünf Jahre erhöht werden.

§. 120. Wer einen Gefangenen aus der Gefangenanstalt oder aus der Gewalt der bewaffneten Macht, des Beamten oder desjenigen, unter dessen Beaufsichtigung, Begleitung oder Bewachung er sich befindet, vorsätzlich befreit oder ihm zur Selbstbefreiung vorsätzlich behülflich ist, wird mit Gefängniß bis zu drei Jahren bestraft.

Der Versuch ist strafbar.

Zu §. 115.

Vgl. die Anm. zu §. 110

§. 121. Wer vorsätzlich einen Gefangenen, mit dessen Beaufsichtigung oder Begleitung er beauftragt ist, entweichen läßt oder dessen Befreiung befördert, wird mit Gefängniß bis zu drei Jahren bestraft.

Ist die Entweichung durch Fahrlässigkeit befördert worden, so tritt Gefängnißstrafe bis zu drei Monaten oder Geldstrafe bis zu dreihundert Mark ein.

§. 122. Gefangene, welche sich zusammenrotten und mit vereinten Kräften die Anstaltsbeamten oder die mit der Beaufsichtigung Beauftragten angreifen, denselben Widerstand leisten oder es unternehmen, sie zu Handlungen oder Unterlassungen zu nöthigen, werden wegen Meuterei mit Gefängniß nicht unter sechs Monaten bestraft.

Gleiche Strafe tritt ein, wenn Gefangene sich zusammenrotten und mit vereinten Kräften einen gewaltsamen Ausbruch unternehmen.

Diejenigen Meuterer, welche Gewaltthätigkeiten gegen die Anstaltsbeamten oder die mit der Beaufsichtigung Beauftragten verüben, werden mit Zuchthaus bis zu zehn Jahren bestraft; auch kann auf Zulässigkeit von Polizei-Aufsicht erkannt werden.

Siebenter Abschnitt.

Verbrechen und Vergehen wider die öffentliche Ordnung.

§. 123. Wer in die Wohnung, in die Geschäftsräume oder in das befriedete Besitzthum eines Anderen oder in abgeschlossene Räume, welche zum öffentlichen Dienst bestimmt sind, widerrechtlich eindringt, oder wer, wenn er ohne Befugniß darin verweilt, auf die Aufforderung des Berechtigten sich nicht entfernt, wird wegen Hausfriedensbruches mit Gefängniß bis zu drei Monaten oder Geldstrafe bis zu dreihundert Mark bestraft.

Die Verfolgung tritt nur auf Antrag ein.

Ist die Handlung von einer mit Waffen versehenen Person oder von mehreren gemeinschaftlich begangen worden, so tritt Gefängnißstrafe von Einer Woche bis zu Einem Jahre ein.

§. 124. Wenn sich eine Menschenmenge öffentlich zusammenrottet und in der Absicht, Gewaltthätigkeiten gegen Personen oder Sachen mit vereinten Kräften zu begehen, in die Wohnung, in die Geschäftsräume oder in das befriedete Besitzthum eines Anderen oder in abgeschlossene Räume, welche zum öffentlichen Dienst bestimmt sind, widerrechtlich eindringt, so wird jeder, welcher an diesen Handlungen Theil nimmt, mit Gefängniß von Einem Monat bis zu zwei Jahren bestraft.

§. 125. Wenn sich eine Menschenmenge öffentlich zusammenrottet und mit vereinten Kräften gegen Personen oder Sachen Gewaltthätigkeiten begeht, so wird jeder, welcher an diesen Handlungen Theil nimmt, wegen Landfriedensbruches mit Gefängniß nicht unter drei Monaten bestraft.

Die Rädelsführer, sowie diejenigen, welche Gewaltthätigkeiten gegen Personen begangen oder Sachen geplündert, oder zerstört haben, werden mit Zuchthaus bis zu zehn Jahren bestraft; auch kann auf Zulässigkeit von Polizei-Aufsicht erkannt werden. Sind mildernde Umstände vorhanden, so tritt Gefängnißstrafe nicht unter sechs Monaten ein.

Zu §. 123.

1. Ein Vermiether hat nach Aufkündigung der Wohnung keineswegs das Recht, dieselbe behufs der Wiedervermiethung nach Belieben zu betreten, auch nicht während der Geschäftszeit.

Erk. (Z. II.) Pr. O.Tr. vom 30. Januar 1873 c. Haak Goltd. A. 21, S. 280; O.R. 14, S. 96.

2. Berechtigt zum selbstständigen Schutze des Hausfriedens ist nur der berechtigte Inhaber der Wohnung als Träger des Hausrechts und bei Familienwohnungen das Haupt der Familie. Jeder Andere, auch ein Haussohn oder sonstiges Familienglied ist zur Ausübung des Hausrechts oder Stellung des Strafantrags nur insoweit befugt, als ihn ein Stellvertretungsverhältniß oder eine Vollmacht des selbstständig Berechtigten dazu legitimirt.

Erk. (V. I.) Pr. O.Tr. vom 14. April 1875 c. Dorstewitz Goltd. A. 23, S. 325; O.R. 16, S. 281.

Zu §§. 124, 125, 130, 131.

Ueber das Merkmal der Oeffentlichkeit: Vgl. die Anm. zu §. 110.

§. 126. Wer durch Androhung eines gemeingefährlichen Verbrechens den öffentlichen Frieden stört, wird mit Gefängniß bis zu Einem Jahre bestraft.

§. 127. Wer unbefugter Weise einen bewaffneten Haufen bildet oder befehligt oder eine Mannschaft, von der er weiß, daß sie ohne gesetzliche Befugniß gesammelt ist, mit Waffen oder Kriegsbedürfnissen versieht, wird mit Gefängniß bis zu zwei Jahren bestraft.

Wer sich einem solchen bewaffneten Haufen anschließt, wird mit Gefängniß bis zu Einem Jahre bestraft.

§. 128. Die Theilnahme an einer Verbindung, deren Dasein, Verfassung oder Zweck vor der Staatsregierung geheim gehalten werden soll, oder in welcher gegen unbekannte Obere Gehorsam oder gegen bekannte Obere unbedingter Gehorsam versprochen wird, ist an den Mitgliedern mit Gefängniß bis zu sechs Monaten, an den Stiftern und Vorstehern der Verbindung mit Gefängniß von Einem Monat bis zu Einem Jahre zu bestrafen.

Gegen Beamte kann auf Verlust der Fähigkeit zur Bekleidung öffentlicher Aemter auf die Dauer von Einem bis zu fünf Jahren erkannt werden.

§. 129. Die Theilnahme an einer Verbindung, zu deren Zwecken oder Beschäftigungen gehört, Maßregeln der Verwaltung oder die Vollziehung von Gesetzen durch ungesetzliche Mittel zu verhindern oder zu entkräften, ist an den Mitgliedern mit Gefängniß bis zu Einem Jahre, an den Stiftern und Vorstehern der Verbindung mit Gefängniß von drei Monaten bis zu drei Jahren zu bestrafen.

Gegen Beamte kann auf Verlust der Fähigkeit zur Bekleidung öffentlicher Aemter auf die Dauer von Einem bis zu fünf Jahren erkannt werden.

§. 130. Wer in einer den öffentlichen Frieden gefährdenden Weise verschiedene Klassen der Bevölkerung zu Gewaltthätigkeiten gegen einander öffentlich anreizt, wird mit Geldstrafe bis zu sechshundert Mark oder mit Gefängniß bis zu zwei Jahren bestraft.

§. 130a. Ein Geistlicher oder anderer Religionsdiener, welcher in Ausübung oder in Veranlassung der Ausübung seines Berufes öffentlich vor einer Menschenmenge, oder welcher in einer Kirche oder an einem anderen zu religiösen Versammlungen bestimmten Orte vor Mehreren Angelegenheiten des Staats in einer den öffentlichen Frieden gefährdenden Weise zum Gegenstande einer Verkündigung oder Erörterung macht, wird mit Gefängniß oder Festungshaft bis zu zwei Jahren bestraft.

Gleiche Strafe trifft denjenigen Geistlichen oder anderen Religionsdiener, welcher in Ausübung oder in Veranlassung der Ausübung seines Berufes Schriftstücke ausgibt oder verbreitet, in welchen Angelegenheiten des Staats in einer den öffentlichen Frieden gefährdenden Weise zum Gegenstande einer Verkündigung oder Erörterung gemacht sind.

§. 131. Wer erdichtete oder entstellte Thatsachen, wissend, daß sie erdichtet oder entstellt sind, öffentlich behauptet oder verbreitet, um dadurch Staatseinrichtungen oder Anordnungen der Obrigkeit verächtlich zu machen, wird mit Geldstrafe bis zu sechshundert Mark oder mit Gefängniß bis zu zwei Jahren bestraft.

§. 132. Wer unbefugt sich mit Ausübung eines öffentlichen Amtes befaßt oder eine Handlung vornimmt, welche nur kraft eines öffentlichen Amtes vorgenommen werden darf, wird mit Gefängniß bis zu Einem Jahre oder mit Geldstrafe bis zu dreihundert Mark bestraft.

Zu §. 130a.

Alle Maßnahmen der Regierung, welche dahin abzwecken, entweder die Grenzen des Gebiets von Kirche und Staat festzustellen oder den Staat vor nachtheiligen Einflüssen, welche durch die innerhalb der Kirche bestehenden Einrichtungen auf denselben ausgeübt werden können, zu bewahren, sind Angelegenheiten des Staates im Sinne des §. 130a, wenn auch durch diese Maßnahmen kirchliche Einrichtungen alterirt werden und ihnen fortan die staatliche Anerkennung versagt wird.

Erk. (Z. II.) Pr. O.Tr. vom 8. April 1875 c. Martin Goltd. A. 23, S. 432; J.-M.-Bl. S. 198.

§. 133. Wer eine Urkunde, ein Register, Akten oder einen sonstigen Gegenstand, welche sich zur amtlichen Aufbewahrung an einem dazu bestimmten Orte befinden, oder welche einem Beamten oder einem Dritten amtlich übergeben worden sind, vorsätzlich vernichtet, bei Seite schafft oder beschädigt, wird mit Gefängniß bestraft.

Ist die Handlung in gewinnsüchtiger Absicht begangen, so tritt Gefängnißstrafe nicht unter drei Monaten ein; auch kann auf Verlust der bürgerlichen Ehrenrechte erkannt werden.

§. 134. Wer öffentlich angeschlagene Bekanntmachungen, Verordnungen, Befehle oder Anzeigen von Behörden oder Beamten böswillig abreißt, beschädigt oder verunstaltet, wird mit Geldstrafe bis zu dreihundert Mark oder mit Gefängniß bis zu sechs Monaten bestraft.

§. 135. Wer ein öffentliches Zeichen der Autorität des Reichs oder eines Bundesfürsten oder ein Hoheitszeichen eines Bundesstaats böswillig wegnimmt, zerstört oder beschädigt oder beschimpfenden Unfug daran verübt, wird mit Geldstrafe bis zu sechshundert Mark oder mit Gefängniß bis zu zwei Jahren bestraft.

§. 136. Wer unbefugt ein amtliches Siegel, welches von einer Behörde oder einem Beamten angelegt ist, um Sachen zu verschließen, zu bezeichnen oder in Beschlag zu nehmen, vorsätzlich erbricht, ablöst oder beschädigt oder den durch ein solches Siegel bewirkten amtlichen Verschluß aufhebt, wird mit Gefängniß bis zu sechs Monaten bestraft.

§. 137. Wer Sachen, welche durch die zuständigen Behörden und Beamten gepfändet oder in Beschlag genommen worden sind, vorsätzlich bei Seite schafft, zerstört oder in anderer Weise der Verstrickung ganz oder theilweise entzieht, wird mit Gefängniß bis zu Einem Jahre bestraft.

§. 138. Wer als Zeuge, Geschworener oder Schöffe berufen, eine unwahre Thatsache als Entschuldigung vorschützt, wird mit Gefängniß bis zu zwei Monaten bestraft.

Dasselbe gilt von einem Sachverständigen, welcher zum Erscheinen gesetzlich verpflichtet ist.

Die auf das Nichterscheinen gesetzten Ordnungsstrafen werden durch vorstehende Strafbestimmung nicht ausgeschlossen.

§. 139. Wer von dem Vorhaben eines Hochverraths, Landesverraths, Münzverbrechens, Mordes, Raubes, Menschenraubes oder eines gemeingefährlichen Verbrechens zu einer Zeit, in welcher die Verhütung des Verbrechens möglich ist, glaubhafte Kenntniß erhält und es unterläßt, hiervon der Behörde oder der durch das Verbrechen bedrohten Person zur rechten Zeit Anzeige zu machen, ist, wenn das Verbrechen oder ein strafbarer Versuch desselben begangen worden ist, mit Gefängniß zu bestrafen.

§. 140. Wegen Verletzung der Wehrpflicht wird bestraft:

1) ein Wehrpflichtiger, welcher in der Absicht, sich dem Eintritte in den Dienst des stehenden Heeres oder der Flotte zu entziehen, ohne Erlaubniß entweder das Bundesgebiet verläßt oder nach erreichtem militärpflichtigen Alter sich

---

Zu §. 137.

1. Ein Gläubiger, welcher die Zahlung einer bei ihm im Wege der Exekution mit Beschlag belegten Forderung von seinem Schuldner annimmt, macht sich dadurch einer Entziehung aus der Verstrickung nicht schuldig. Erk. (V. Pl.) Pr. O.Tr. vom 3. Juli 1871 c. Kulicke J.M.Bl. S. 220; Goltd. A. 19, S. 581; O.R. 12, S 360.

2. Der dolus besteht bei dem §. 137 in dem wissentlichen Zuwiderhandeln gegen die Anordnung der zuständigen Behörde oder Beamten. Eine Benachtheiligung des Gläubigers, zu dessen Gunsten die Beschlagnahme stattgefunden hat, gehört nicht zum Thatbestande.

Erk. (Z. I.) Pr. O.Tr. vom 22. Januar 1873 c. von Malczewski Goltd. A. 21, S. 198; O.R. 14, S. 73.

Zu §. 140.

1. Angehörige der im Jahre 1866 mit Preußen vereinigten Landestheile sind durch die Ver-

außerhalb des Bundesgebietes aufhält: mit Geldstrafe von einhundertfünfzig bis zu dreitausend Mark oder mit Gefängniß von Einem Monat bis zu Einem Jahre;

2) ein Offizier oder im Offizierrange stehender Arzt des Beurlaubtenstandes, welcher ohne Erlaubniß auswandert: mit Geldstrafe bis zu dreitausend Mark oder mit Haft oder mit Gefängniß bis zu sechs Monaten;

3) ein jeder Wehrpflichtige, welcher nach öffentlicher Bekanntmachung einer vom Kaiser für die Zeit eines Krieges oder einer Kriegsgefahr erlassenen besonderen Anordnung in Widerspruch mit derselben auswandert: mit Gefängniß bis zu zwei Jahren, neben welchem auf Geldstrafe bis zu dreitausend Mark erkannt werden kann.

Der Versuch ist strafbar,

Das Vermögen des Angeschuldigten kann, insoweit als es nach dem Ermessen des Richters zur Deckung der den Angeschuldigten möglicherweise treffenden höchsten Geldstrafe und der Kosten des Verfahrens erforderlich ist, mit Beschlag belegt werden.

§. 141. Wer einen Deutschen zum Militärdienste einer ausländischen Macht anwirbt oder den Werbern der letzteren zuführt, ingleichen wer einen Deutschen Soldaten vorsätzlich zum Desertiren verleitet oder die Desertion desselben vorsätzlich befördert, wird mit Gefängniß von drei Monaten bis zu drei Jahren bestraft.

Der Versuch ist strafbar.

§. 142. Wer sich vorsätzlich durch Selbstverstümmelung oder auf andere Weise zur Erfüllung der Wehrpflicht untauglich macht oder durch einen Anderen untauglich machen läßt, wird mit Gefängniß nicht unter Einem Jahre bestraft; auch kann auf Verlust der bürgerlichen Ehrenrechte erkannt werden.

Dieselbe Strafe trifft denjenigen, welcher einen Anderen auf dessen Verlangen zur Erfüllung der Wehrpflicht untauglich macht.

§. 143. Wer in der Absicht, sich der Erfüllung der Wehrpflicht ganz oder theilweise zu entziehen, auf Täuschung berechnete Mittel anwendet, wird mit Gefängniß bestraft; auch kann auf Verlust der bürgerlichen Ehrenrechte erkannt werden.

Dieselbe Strafvorschrift findet auf den Theilnehmer Anwendung.

§. 144. Wer es sich zum Geschäfte macht, Deutsche unter Vorspiegelung falscher Thatsachen oder wissentlich mit unbegründeten Angaben oder durch andere auf Täuschung berechnete Mittel zur Auswanderung zu verleiten, wird mit Gefängniß von Einem Monat bis zu zwei Jahren bestraft.

§. 145. Wer die vom Kaiser

zur Verhütung des Zusammenstoßens der Schiffe auf See,

über das Verhalten der Schiffer nach einem Zusammenstoße von Schiffen auf See, oder

in Betreff der Noth- und Lootsensignale für Schiffe auf See und auf den Küstengewässern

erlassenen Verordnungen übertritt, wird mit Geldstrafe bis zu eintausendfünfhundert Mark bestraft.

---

einigung Preußen geworden und haben die Verpflichtung zum Kriegsdienste, soweit solche aus ihren persönlichen Verhältnissen folgt, überkommen, selbst wenn sie zur Zeit jener Vereinigung sich im Auslande aufhielten und nicht zur Heimath zurückgekehrt sind. Erk. (V. II.) Pr. O.A.G. vom 1. März 1871 c. Kastern J.M.Bl. S. 110; Goltd A. 19, S. 333.

2. Vgl. §§. 6 und 15 des Ges., betr. die Verpflichtung zum Kriegsdienste vom 9. November 1867 (B.G.Bl. S. 131) und §. 17 des Ges. über die Erwerbung und den Verlust der Bundes- und Staatsangehörigkeit vom 1. Juni 1870 (B.G.Bl. S. 355).

3. Vgl. §. 360 Nr. 3.

Zu §. 145.

Vgl. die V. über die Verhütung des Zusammenstoßens der Seeschiffe vom 23. Dezember 1871 (R.G.Bl. S. 475).

Achter Abschnitt.

Münzverbrechen und Münzvergehen.

§. 146. Wer inländisches oder ausländisches Metallgeld oder Papiergeld nachmacht, um das nachgemachte Papiergeld als echtes zu gebrauchen oder sonst in Verkehr zu bringen, oder wer in gleicher Absicht echtem Gelde durch Veränderung an demselben den Schein eines höheren Werths oder verrufenem Gelde durch Veränderung an demselben das Ansehen eines noch geltenden gibt, wird mit Zuchthaus nicht unter zwei Jahren bestraft; auch ist Polizei-Aufsicht zulässig.

Sind mildernde Umstände vorhanden, so tritt Gefängnißstrafe ein.

§. 147. Dieselben Strafbestimmungen finden auf denjenigen Anwendung, welcher das von ihm auch ohne die vorbezeichnete Absicht nachgemachte oder verfälschte Geld als echtes in Verkehr bringt, sowie auf denjenigen, welcher nachgemachtes oder verfälschtes Geld sich verschafft und solches entweder in Verkehr bringt oder zum Zwecke der Verbreitung aus dem Auslande einführt.

§. 148. Wer nachgemachtes oder verfälschtes Geld als echtes empfängt, und nach erkannter Unechtheit als echtes in Verkehr bringt, wird mit Gefängniß bis zu drei Monaten oder mit Geldstrafe bis zn dreihundert Mark bestraft.

Der Versuch ist strafbar.

§. 149. Dem Papiergelde werden gleich geachtet die auf den Inhaber lautenden Schuldverschreibungen, Banknoten, Aktien oder deren Stelle vertretende Interimsscheine oder Quittungen, sowie die zu diesen Papieren gehörenden Zins-, Gewinnantheils- oder Erneuerungsscheine, welche von dem Reich, dem Norddeutschen Bunde, einem Bundesstaate oder fremden Staate oder von einer zur Ausgabe solcher Papiere berechtigten Gemeinde, Korporation, Gesellschaft oder Privatperson ausgestellt sind.

§. 150. Wer echte, zum Umlauf bestimmte Metallgeldstücke durch Beschneiden, Abfeilen oder auf andere Art verringert und als vollgültig in Verkehr bringt, oder wer solche verringerte Münzen gewohnheitsmäßig oder im Einverständnisse mit dem, welcher sie verringert hat, als vollgültig in Verkehr bringt, wird mit Gefängniß bestraft, neben welchem auf Geldstrafe bis zu dreitausend Mark, sowie auf Verlust der bürgerlichen Ehrenrechte erkannt werden kann.

Der Versuch ist strafbar.

§. 151. Wer Stempel, Siegel, Stiche, Platten oder andere zur Anfertigung von Metallgeld, Papiergeld oder dem letzteren gleich geachteten Papieren dienliche Formen zum Zwecke eines Münzverbrechens angeschafft oder angefertigt hat, wird mit Gefängniß bis zu zwei Jahren bestraft.

§. 152. Auf die Einziehung des nachgemachten oder verfälschten Geldes, sowie der im §. 151 bezeichneten Gegenstände ist zu erkennen, auch wenn die Verfolgung oder Verurtheilung einer bestimmten Person nicht stattfindet.

Neunter Abschnitt.

Meineid.

§. 153. Wer einen ihm zugeschobenen, zurückgeschobenen oder auferlegten Eid wissentlich falsch schwört, wird mit Zuchthaus bis zu zehn Jahren bestraft.

§. 154. Gleiche Strafe trifft denjenigen, welcher vor einer zur Abnahme von

---

Zu §§. 146, 147.

1. Nach §. 4 Nr. 1 finden die Strafbestimmungen der §§. 146 und 147 auch auf die im Auslande sei es von einem Ausländer, sei es von einem Deutschen verübten Münzverbrechen Anwendung.

2. Die Vorschrift in §. 146: auch ist Polizei-Aufsicht zulässig, ist dahin zu verstehen, daß auf Zulässigkeit von Polizei-Aufsicht erkannt werden kann. Vgl. Goltd. A. 19, S. 300.

Zu §. 154.

Der Anstifter eines Anderen zu dem von diesem geleisteten Meineide ist nicht nach §. 159, sondern nach §§. 154, 48, 161 St.G.B. zu bestrafen. Erk. (B. I.) Pr. O.Tr. vom 4. September 1874 c. Wolff Goltd. A. 22, S. 595; O.R. 15, S. 526.

Eiden zuständigen Behörde wissentlich ein falsches Zeugniß oder ein falsches Gutachten mit einem Eide bekräftigt oder den vor seiner Vernehmung geleisteten Eid wissentlich durch ein falsches Zeugniß oder ein falsches Gutachten verletzt.

Ist das falsche Zeugniß oder Gutachten in einer Strafsache zum Nachtheile eines Angeschuldigten abgegeben und dieser zum Tode, zu Zuchthaus oder zu einer anderen mehr als fünf Jahre betragenden Freiheitsstrafe verurtheilt worden, so tritt Zuchthausstrafe nicht unter drei Jahren ein.

§. 155. Der Ableistung eines Eides wird gleich geachtet, wenn

1) ein Mitglied einer Religionsgesellschaft, welcher das Gesetz den Gebrauch gewisser Betheuerungsformeln an Stelle des Eides gestattet, eine Erklärung unter der Betheuerungsformel seiner Religionsgesellschaft abgibt;
2) derjenige, welcher als Partei, Zeuge oder Sachverständiger einen Eid geleistet hat, in gleicher Eigenschaft eine Versicherung unter Berufung auf den bereits früher in derselben Angelegenheit geleisteten Eid abgibt, oder ein Sachverständiger, welcher als solcher ein- für allemal vereidet ist, eine Versicherung auf den von ihm geleisteten Eid abgibt;
3) ein Beamter eine amtliche Versicherung unter Berufung auf seinen Diensteid abgibt.

§. 156. Wer vor einer zur Abnahme einer Versicherung an Eidesstatt zuständigen Behörde eine solche Versicherung wissentlich falsch abgibt oder unter Berufung auf eine solche Versicherung wissentlich falsch aussagt, wird mit Gefängniß von Einem Monat bis zu drei Jahren bestraft.

§. 157. Hat ein Zeuge oder ein Sachverständiger sich eines Meineides (§§. 154, 155) oder einer falschen Versicherung an Eidesstatt schuldig gemacht, so ist die an sich verwirkte Strafe auf die Hälfte bis auf ein Viertheil zu ermäßigen, wenn

1) die Angabe der Wahrheit gegen ihn selbst eine Verfolgung wegen eines Verbrechens oder Vergehens nach sich ziehen konnte, oder
2) der Aussagende die falsche Aussage zu Gunsten einer Person, rücksichtlich welcher er die Aussage ablehnen durfte, erstattet hat, ohne über sein Recht, die Aussage ablehnen zu dürfen, belehrt worden zu sein.

Ist hiernach Zuchthausstrafe unter Einem Jahre verwirkt, so ist dieselbe nach Maßgabe des §. 21 in Gefängnißstrafe zu verwandeln.

§. 158. Gleiche Strafermäßigung tritt ein, wenn derjenige, welcher sich eines Meineides oder einer falschen Versicherung an Eidesstatt schuldig gemacht hat, bevor eine Anzeige gegen ihn erfolgt oder eine Untersuchung gegen ihn eingeleitet und bevor ein Rechtsnachtheil für einen Anderen aus der falschen Aussage entstanden ist, diese bei derjenigen Behörde, bei welcher er sie abgegeben hat, widerruft.

§. 159. Wer es unternimmt, einen Anderen zur Begehung eines Meineides zu verleiten, wird mit Zuchthaus bis zu fünf Jahren, und wer es unternimmt, einen Anderen zur wissentlichen Abgabe einer falschen Versicherung an Eidesstatt zu verleiten, mit Gefängniß bis zu Einem Jahre bestraft.

Zu §. 156.

Zum Thatbestande des Vergehens gegen den §. 156 ist nicht erforderlich, daß die Abgabe der eidesstattlichen Versicherung in Gegenwart („vor") der Behörde erfolge; es genügt die Abgabe einer Erklärung, welche unmittelbar an die zuständige Behörde gerichtet wird und unmittelbar an dieselbe gelangt, sollte dies auch nur auf dem Wege der schriftlicheu Mittheilung geschehen. Erk. (Z. I.) Pr. O.Tr. vom 19. April 1871 c. Riccius (315, Cr. I.) Goltd. A. 19, S. 395; Erk. Pr. O.Tr. vom 19. März 1873 c. Wendel Goltd. A. 21, S. 287; O.R. 14, S. 213.

Zu §. 157.

Die im §. 157 für den Meineidigen gebotene Strafmilderung tritt gemäß §. 50 St.G.B. nicht auch für den Anstifter ein.

Erk. (B. I.) Pr. O.Tr. vom 20. März 1874 c. König Goltd. A. 22, S. 249; O.R. 15, S. 167.

Zu §. 159.

1. Es gehört zum Thatbestande des §. 159, daß nicht nur der Verleiter, sondern, auch derjenige, welcher den Eid leisten soll, sich der Unwahrheit des zu leistenden Eides bewußt ist.
2. Vgl. die Anm. zu §. 154.

§. 160. Wer einen Anderen zur Ableistung eines falschen Eides verleitet, wird mit Gefängniß bis zu zwei Jahren bestraft, neben welchem auf den Verlust der bürgerlichen Ehrenrechte erkannt werden kann, und wer einen Anderen zur Ableistung einer falschen Versicherung an Eidesstatt verleitet, wird mit Gefängniß bis zu sechs Monaten bestraft.

Der Versuch ist strafbar.

§. 161. Bei jeder Verurtheilung wegen Meineides, mit Ausnahme der Fälle in den §§. 157 und 158, ist auf Verlust der bürgerlichen Ehrenrechte und außerdem auf die dauernde Unfähigkeit des Verurtheilten, als Zeuge oder Sachverständiger eidlich vernommen zu werden, zu erkennen.

In den Fällen der §§. 156 bis 158 kann neben der Gefängnißstrafe auf Verlust der bürgerlichen Ehrenrechte erkannt werden.

§. 162. Wer vorsätzlich einer durch eidliches Angelöbniß vor Gericht bestellten Sicherheit oder dem in einem Offenbarungseide gegebenen Versprechen zuwiderhandelt, wird mit Gefängniß bis zu zwei Jahren bestraft.

§. 163. Wenn eine der in den §§. 153 bis 156 bezeichneten Handlungen aus Fahrlässigkeit begangen worden ist, so tritt Gefängnißstrafe bis zu Einem Jahre ein.

Straflosigkeit tritt ein, wenn der Thäter, bevor eine Anzeige gegen ihn erfolgt oder eine Untersuchung gegen ihn eingeleitet und bevor ein Rechtsnachtheil für einen Anderen aus der falschen Aussage entstanden ist, diese bei derjenigen Behörde, bei welcher er sie abgegeben hat, widerruft.

Zehnter Abschnitt.

Falsche Anschuldigung.

§ 164. Wer bei einer Behörde eine Anzeige macht, durch welche er Jemand wider besseres Wissen der Begehung einer strafbaren Handlung oder der Verletzung einer Amtspflicht beschuldigt, wird mit Gefängniß nicht unter Einem Monat bestraft; auch kann gegen denselben auf Verlust der bürgerlichen Ehrenrechte erkannt werden.

So lange ein in Folge der gemachten Anzeige eingeleitetes Verfahren anhängig ist, soll mit dem Verfahren und mit der Entscheidung über die falsche Anschuldigung inne gehalten werden.

§. 165. Wird wegen falscher Anschuldigung auf Strafe erkannt, so ist zugleich dem Verletzten die Befugniß zuzusprechen, die Verurtheilung auf Kosten des Schuldigen öffentlich bekannt zu machen. Die Art der Bekanntmachung, sowie die Frist zu derselben, ist in dem Urtheile zu bestimmen.

Dem Verletzten ist auf Kosten des Schuldigen eine Ausfertigung des Urtheils zu ertheilen.

Zu §. 160.

Die Strafbestimmung des §. 160 bezieht sich auf die Verleitung zu einem nur objectiv falschen Eide, d. h. zu einem Eide wider die Wahrheit, bei welchem der Schwörende selbst nicht weiß, daß er falsch schwört.

Zu §. 161.

1. Die im §. 161, Alin. 1 angedrohte strengere Strafe ist auf das erfolglose Unternehmen der Verleitung eines Anderen zum Meineide (§. 159) nicht auszudehnen.

Erk. (Pl.) Pr. O.Tr. vom 4. Dezember 1871, c. K. J.M.Bl. 1872, S. 3.

2. Der §. 161. findet in Gemäßheit des §. 48 St.G.B. auch auf den Anstifter zum Meineide Anwendung.

Erk. (V. 1.) Pr. O.Tr. vom 12. Dezember 1874 c. Scharfe Goltd. A. 21, S. 116; O.R. 13, S. 656; Erk. (V. 1.) Pr. O.Tr. vom 25. April 1873 c. Wollny Goltd. A. 21, S. 354: O.R. 14, S. 313.

3. Die Zeugnißunfähigkeit ist nicht auf die bei dem Verluste der Ehrenrechte sonst vorgeschriebene höchste Zeitdauer von 10 Jahren eingeschränkt.

Vgl. die Motive zu §. 158. des Entwurfs z. St.G.B. S. 95.

Elfter Abschnitt.

Vergehen, welche sich auf die Religion beziehen.

§. 166. Wer dadurch, daß er öffentlich in beschimpfenden Aeußerungen Gott lästert, ein Aergerniß gibt, oder wer öffentlich eine der christlichen Kirchen oder eine andere mit Korporationsrechten innerhalb des Bundesgebietes bestehende Religionsgesellschaft oder ihre Einrichtungen oder Gebräuche beschimpft, ingleichen wer in einer Kirche oder in einem anderen zu religiösen Versammlungen bestimmten Orte beschimpfenden Unfug verübt, wird mit Gefängniß bis zu drei Jahren bestraft.

§. 167. Wer durch eine Thätlichkeit oder Drohung Jemand hindert, den Gottesdienst einer im Staate bestehenden Religionsgesellschaft auszuüben ingleichen wer in einer Kirche oder in einem anderen zu religiösen Versammlungen bestimmten Orte durch Erregung von Lärm oder Unordnung den Gottesdienst oder einzelne gottesdienstliche Verrichtungen einer im Staate bestehenden Religionsgesellschaft vorsätzlich verhindert oder stört, wird mit Gefängniß bis zu drei Jahren bestraft.

§. 168. Wer unbefugt eine Leiche aus dem Gewahrsam der dazu berechtigten Person wegnimmt, ingleichen wer unbefugt ein Grab zerstört oder beschädigt, oder wer an einem Grabe beschimpfenden Unfug verübt, wird mit Gefängniß bis zu zwei Jahren bestraft; auch kann auf Verlust der bürgerlichen Ehrenrechte erkannt werden.

Zwölfter Abschnitt.

Verbrechen und Vergehen in Beziehung auf den Personenstand.

§. 169. Wer ein Kind unterschiebt oder vorsätzlich verwechselt, oder wer auf andere Weise den Personenstand eines Anderen vorsätzlich verändert und unterdrückt, wird mit Gefängniß bis zu drei Jahren und, wenn die Handlung in gewinnsüchtiger Absicht begangen wurde, mit Zuchthaus bis zu zehn Jahren bestraft.

Der Versuch ist strafbar.

§. 170. Wer bei Eingehung einer Ehe dem anderen Theile ein gesetzliches Ehehinderniß arglistig verschweigt, oder wer den anderen Theil zur Eheschließung arglistig mittels einer solchen Täuschung verleitet, welche den Getäuschten berechtigt, die Gültigkeit der Ehe anzufechten, wird, wenn aus einem dieser Gründe die Ehe aufgelöst worden ist, mit Gefängniß nicht unter drei Monaten bestraft.

Die Verfolgung tritt nur auf Antrag des getäuschten Theils ein.

Dreizehnter Abschnitt.

Verbrechen und Vergehen wider die Sittlichkeit.

§. 171. Ein Ehegatte, welcher eine neue Ehe eingeht, bevor seine Ehe aufgelöst, für ungültig oder nichtig erklärt worden ist, ingleichen eine unverheirathete Person, welche mit einem Ehegatten, wissend, daß er verheirathet ist, eine Ehe eingeht, wird mit Zuchthaus bis zu fünf Jahren bestraft.

Sind mildernde Umstände vorhanden, so tritt Gefängnißstrafe nicht unter sechs Monaten ein.

Die Verjährung der Strafverfolgung beginnt mit dem Tage, an welchem eine der beiden Ehen aufgelöst, für ungültig oder nichtig erklärt worden ist.

Zu §. 167.

Ein Beamter kann gemäß §. 339 Alin. 3 des St.G.B. nach §. 167 bestraft werden, wenn die Verhinderung (Störung), wenn auch ohne Gewalt oder Drohung, aber durch Mißbrauch der Amtsgewalt oder Androhung eines bestimmten Mißbrauches derselben begangen ist.

Zu §. 171.

Ein Religionsdiener oder Personenstandsbeamter, welcher, wissend, daß eine Person verheirathet ist, eine neue Ehe derselben schließt, wird nach §. 338 des St.G.B. bestraft; wirken andere Personen bei der Schließung einer Doppelehe mit, so ist ihre That nach den Vorschriften der §§. 48 u. 49 zu beurtheilen. Vgl. Oppenhoff, St.G.B. Note 10 zu §. 171.

§. 172. Der Ehebruch wird, wenn wegen desselben die Ehe geschieden ist, an dem schuldigen Ehegatten, sowie dessen Mitschuldigen mit Gefängniß bis zu sechs Monaten bestraft.

Die Verfolgung tritt nur auf Antrag ein.

§. 173. Der Beischlaf zwischen Verwandten auf- und absteigender Linie wird an den ersteren mit Zuchthaus bis zu fünf Jahren, an den letzteren mit Gefängniß bis zu zwei Jahren bestraft.

Der Beischlaf zwischen Verschwägerten auf- und absteigender Linie, sowie zwischen Geschwistern wird mit Gefängniß bis zu zwei Jahren bestraft.

Neben der Gefängnißstrafe kann auf Verlust der bürgerlichen Ehrenrechte erkannt werden.

Verwandte und Verschwägerte absteigender Linie bleiben straflos, wenn sie das achtzehnte Lebensjahr nicht vollendet haben.

§. 174. Mit Zuchthaus bis zu fünf Jahren werden bestraft:

1) Vormünder, welche mit ihren Pflegebefohlenen, Adoptiv- und Pflegeeltern, welche mit ihren Kindern, Geistliche, Lehrer und Erzieher, welche mit ihren minderjährigen Schülern oder Zöglingen unzüchtige Handlungen vornehmen;
2) Beamte, die mit Personen, gegen welche sie eine Untersuchung zu führen haben oder welche ihrer Obhut anvertraut sind, unzüchtige Handlungen vornehmen;
3) Beamte, Aerzte oder andere Medizinalpersonen, welche in Gefängnissen oder in öffentlichen, zur Pflege von Kranken, Armen oder anderen Hülflosen bestimmten Anstalten beschäftigt oder angestellt sind, wenn sie mit den in das Gefängniß oder in die Anstalt aufgenommenen Personen unzüchtige Handlungen vornehmen.

Sind mildernde Umstäude vorhanden, so tritt Gefängnißstrafe nicht unter sechs Monaten ein.

§. 175. Die widernatürliche Unzucht, welche zwischen Personen männlichen Geschlechts oder von Menschen mit Thieren begangen wird, ist mit Gefängniß zu bestrafen; auch kann auf Verlust der bürgerlichen Ehrenrechte erkannt werden.

§. 176. Mit Zuchthaus bis zu zehn Jahren wird bestraft, wer

1) mit Gewalt unzüchtige Handlungen an einer Frauensperson vornimmt oder dieselbe durch Drohung mit gegenwärtiger Gefahr für Leib oder Leben zur Duldung unzüchtiger Handlungen nöthigt,
2) eine in einem willenlosen oder bewußtlosen Zustande befindliche oder eine geisteskranke Frauensperson zum außerehelichen Beischlafe mißbraucht, oder
3) mit Personen unter vierzehn Jahren unzüchtige Handlungen vornimmt oder dieselben zur Verübung oder Duldung unzüchtiger Handlungen verleitet.

Sind mildernde Umstände vorhanden, so tritt Gefängnißstrafe nicht unter sechs Monaten ein.

§. 177. Mit Zuchthaus wird bestraft, wer durch Gewalt oder durch Drohung

---

Zu §. 172.

1. Daß die Ehe wegen des Ehebruches geschieden sei, ist die Bedingung der Strafverfolgung. Vgl. Meyer, St.G.B. §. 172, Note 3. — Oppenhoff, St.G.B. §. 69 N. 9 u. §. 172 N. 9. Der Ehescheidungsprozeß ist nicht als ein Verfahren über eine Vorfrage im Sinne des §. 69 St.G.B. anzusehen; daher beginnt die Verjährung des Ehebruchs mit dem Tage der That. Vgl. Meyer St.G.B. §. 172 N. 13 Abs. 2. contra: Oppenhoff, St.G.B. §. 69 N. 9; Schwarze, Commentar z. St.G.B. §§. 69, 172.

2. Die dreimonatliche Frist zur Stellung des Antrages beginnt mit dem Tage, seit welchem der verletzte Ehegatte von dem Ehebruche des anderen Ehegatten Kenntniß erhalten hat. Vgl. Meyer, St.G.B. §. 172 Nr. 13; Dr. Willnow in Goltd. A. 23, S. 173. contra: Schwarze, welcher annimmt, daß die Frist zur Antragstellung erst mit der Rechtskraft des Ehescheidungsurtheils beginne. (Commentar z. St.G.B. §. 172) Von derselben Ansicht geht aus das Erk. (Z. II.) Pr. O.Tr. vom 22. Oktober 1874 c. Obermann Goltd. A. 22, S. 567; O.R. 15, S. 708.

3. Ein vor Rechtskraft des Ehescheidungsurtheils gestellter Strafantrag genügt zur Strafverfolgung wegen Ehebruchs.

Erk. (Z. I.) Pr. O.Tr. vom 19. Februar 1873 c. Konnegen Goltd. A. 21, S. 273; O.R. 14, S. 145.

mit gegenwärtiger Gefahr für Leib oder Leben eine Frauensperson zur Duldung des außerehelichen Beischlafs nöthigt, oder wer eine Frauensperson zum außerehelichen Beischlafe mißbraucht, nachdem er sie zu diesem Zwecke in einen willenlosen oder bewußtlosen Zustand versetzt hat.

Sind mildernde Umstände vorhanden, so tritt Gefängnißstrafe nicht unter Einem Jahre ein.

§. 178. Ist durch eine der in den §§. 176 und 177 bezeichneten Handlungen der Tod der verletzten Person verursacht worden, so tritt Zuchthausstrafe nicht unter zehn Jahren oder lebenslängliche Zuchthausstrafe ein.

§. 179. Wer eine Frauensperson zur Gestattung des Beischlafs dadurch verleitet, daß er eine Trauung vorspiegelt, oder einen anderen Irrthum in ihr erregt oder benutzt, in welchem sie den Beischlaf für einen ehelichen hielt, wird mit Zuchthaus bis zu fünf Jahren bestraft.

Sind mildernde Umstände vorhanden, so tritt Gefängnißstrafe nicht unter sechs Monaten ein.

Die Verfolgung tritt nur auf Antrag ein.

§. 180. Wer gewohnheitsgemäß oder aus Eigennutz durch seine Vermittelung oder durch Gewährung oder Verschaffung von Gelegenheit der Unzucht Vorschub leistet, wird wegen Kuppelei mit Gefängniß bestraft; auch kann auf Verlust der bürgerlichen Ehrenrechte, sowie auf Zulässigkeit von Polizei-Aufsicht erkannt werden.

§. 181. Die Kuppelei ist, selbst wenn sie weder gewohnheitsmäßig noch aus Eigennutz betrieben wird, mit Zuchthaus bis zu fünf Jahren zu bestrafen, wenn

1) um der Unzucht Vorschub zu leisten, hinterlistige Kunstgriffe angewendet worden sind, oder
2) der Schuldige zu den Personen, mit welchen die Unzucht getrieben worden ist, in dem Verhältniß von Eltern zu Kindern, von Vormündern zu Pflegebefohlenen, von Geistlichen, Lehrern oder Erziehern zu den von ihnen zu unterrichtenden oder zu erziehenden Personen steht.

Neben der Zuchthausstrafe ist der Verlust der bürgerlichen Ehrenrechte auszusprechen; auch kann auf Zulässigkeit von Polizei-Aufsicht erkannt werden.

§. 182. Wer ein unbescholtenes Mädchen, welches das sechszehnte Lebensjahr nicht vollendet hat, zum Beischlafe verführt, wird mit Gefängniß bis zu Einem Jahre bestraft.

Die Verfolgung tritt nur auf Antrag der Eltern oder des Vormundes der Verführten ein.

§. 183. Wer durch eine unzüchtige Handlung öffentlich ein Aergerniß gibt, wird mit Gefängniß bis zu zwei Jahren, oder mit Geldstrafe bis zu fünfhundert Mark bestraft.

Neben der Gefängnißstrafe kann auf Verlust der bürgerlichen Ehrenrechte erkannt werden.

§. 184. Wer unzüchtige Schriften, Abbildungen oder Darstellungen verkauft, vertheilt oder sonst verbreitet, oder an Orten, welche dem Publikum zugänglich sind, ausstellt oder anschlägt, wird mit Geldstrafe bis zu dreihundert Mark oder mit Gefängniß bis zu sechs Monaten bestraft.

Zu §. 180.

Wird ein Frauenzimmer zur Aufnahme in ein Bordell nur angeboten und nicht in dasselbe aufgenommen, so liegt noch nicht der Thatbestand der Kuppelei vor.

Erk. (V.) O. App. Ger. zu Lübeck vom 7. Mai 1872 c. Zerrahn Goltd. A. 21, S. 199.

Zu §. 183.

1. Das Wort Handlung ist hier in dem Sinne gebraucht, daß darunter auch eine mündliche Aeußerung, sowie das Singen schamloser Lieder zu verstehen ist. Vgl. Schwarze, Commentar z. St.G.B. zu §. 183 und in Goltd. A. 21, S. 67. Sic: Erk. O. App. Ger. zu Jena vom 29. Mai 1872, Stenglein, Zeitschrift, Jahrg. 1873 S. 163; Erk. O. App. Ger. zu Dresden vom 27. September 1872, Schwarze, A. Ger. Zeitg. 17, S. 15.

2. Vgl. über das Merkmal der Oeffentlichkeit die Anm. zu §. 110.

Vierzehnter Abschnitt.

Beleidigung.

§. 185. Die Beleidigung wird mit Geldstrafe bis zu sechshundert Mark oder mit Haft oder mit Gefängniß bis zu Einem Jahre und, wenn die Beleidigung mittels einer Thätlichkeit begangen wird, mit Geldstrafe bis zu eintausendfünfhundert Mark oder mit Gefängniß bis zu zwei Jahren bestraft.

§. 186. Wer in Beziehung auf einen Anderen eine Thatsache behauptet oder verbreitet, welche denselben verächtlich zu machen oder in der öffentlichen Meinung herabzuwürdigen geeignet ist, wird, wenn nicht diese Thatsache erweislich wahr ist, wegen Beleidigung mit Geldstrafe bis zu sechshundert Mark oder mit Haft oder mit Gefängniß bis zu Einem Jahre und, wenn die Beleidigung öffentlich oder durch Verbreitung von Schriften, Abbildungen oder Darstellungen begangen ist, mit Geldstrafe bis zu eintausendfünfhundert Mark oder mit Gefängniß bis zu zwei Jahren bestraft.

§. 187. Wer wider besseres Wissen in Beziehung auf einen Anderen eine unwahre Thatsache behauptet oder verbreitet, welche denselben verächtlich zu machen oder in der öffentlichen Meinung herabzuwürdigen oder dessen Kredit zu gefährden geeignet ist, wird wegen verleumderischer Beleidigung mit Gefängniß bis zu zwei Jahren und, wenn die Verleumdung öffentlich oder durch Verbreitung von Schriften, Abbildungen oder Darstellungen begangen ist, mit Gefängniß nicht unter Einem Monat bestraft.

Sind mildernde Umstände vorhanden, so kann die Strafe bis auf Einen Tag Gefängniß ermäßigt, oder auf Geldstrafe bis zu neunhundert Mark erkannt werden.

§. 188. In den Fällen der §§. 186 und 187 kann auf Verlangen des Beleidigten, wenn die Beleidigung nachtheilige Folgen für die Vermögensverhältnisse, den Erwerb oder das Fortkommen des Beleidigten mit sich bringt, neben der Strafe auf eine an den Beleidigten zu erlegende Buße bis zum Betrage von sechstausend Mark erkannt werden.

Eine erkannte Buße schließt die Geltendmachung eines weiteren Entschädigungsanspruches aus.

§. 189. Wer das Andenken eines Verstorbenen dadurch beschimpft, daß er wider besseres Wissen eine unwahre Thatsache behauptet oder verbreitet, welche denselben bei seinen Lebzeiten verächtlich zu machen oder in der öffentlichen Meinung herabzuwürdigen geeignet gewesen wäre, wird mit Gefängniß bis zu sechs Monaten bestraft.

Zu §§. 185, 186, 187.

1. Wird wegen einer öffentlich oder durch Verbreitung von Schriften 2c. begangenen Beleidigung auf Strafe erkannt, so ist nach §. 200 zugleich dem Beleidigten die Befugniß zuzusprechen, die Verurtheilung auf Kosten des Schuldigen öffentlich bekannt zu machen.

2. Vgl. über das Merkmal der Oeffentlichkeit die Anm. zu §. 110.

3. Auch in dem Falle, daß die Beleidigung öffentlich 2c. begangen ist, wird zur Anwendung des §. 186 vorausgesetzt, daß die behauptete Thatsache nicht erweislich wahr sei. Vgl. Sontag in Goltd. A. 19 S. 294.

Zu §. 188.

1. Die in dem §. 231 Alin. 3 gegebene Vorschrift, daß mehrere zu einer Buße Verurtheilte als Gesammtschuldner haften, fehlt hier, weil angenommen worden ist, daß, wenn Mehrere eine Verleumdung begehen, resp. sich an derselben betheiligen, jeder sich einer Verleumdung schuldig mache und daher zu einer besonderen Buße zu verurtheilen sei. Vgl. Meyer, St.G.B. §. 188 N. 6.

2. Die Buße ist keine Strafe, sie soll eine Entschädigung für den Verletzten sein. Die Stellung des Antrags auf Erlegung einer Buße ist an keine Frist gebunden; der Antrag ist daher noch zulässig, wenn er erst nach der in höherer Instanz erfolgten Aufhebung des Urtheils erster Instanz bei der nunmehrigen Verhandlung erster Instanz gestellt wird. Eben weil die Buße keine Strafe ist, können auch die Grundsätze von der relativen Rechtskraft solcher Straferkenntnisse, gegen welche der Verurtheilte allein ein Rechtsmittel eingelegt hat, auf dieselbe keine Anwendung finden.

Erk. (V. II.) Pr. O.Tr. vom 8. April 1875 c. Schäfer Goltd. A. 23, S. 330; O.R. 16, S. 267; J.M.Bl. S. 218.

Sind mildernde Umstände vorhanden, so kann auf Geldstrafe bis zu sechshundert Mark erkannt werden.

Die Verfolgung tritt nur auf Antrag der Eltern, der Kinder oder des Ehegatten des Verstorbenen ein.

§. 190. Ist die behauptete oder verbreitete Thatsache eine strafbare Handlung, so ist der Beweis der Wahrheit als erbracht anzusehen, wenn der Beleidigte wegen dieser Handlung rechtskräftig verurtheilt worden ist. Der Beweis der Wahrheit ist dagegen ausgeschlossen, wenn der Beleidigte wegen dieser Handlung vor der Behauptung oder Verbreitung rechtskräftig freigesprochen worden ist.

§. 191. Ist wegen der strafbaren Handlung zum Zwecke der Herbeiführung eines Strafverfahrens bei der Behörde Anzeige gemacht, so ist bis zu dem Beschlusse, daß die Eröffnung der Untersuchung nicht stattfinde, oder bis zur Beendigung der eingeleiteten Untersuchung mit dem Verfahren und der Entscheidung über die Beleidigung inne zu halten.

§. 192. Der Beweis der Wahrheit der behaupteten oder verbreiteten Thatsache schließt die Bestrafung nach Vorschrift des §. 185 nicht aus, wenn das Vorhandensein einer Beleidigung aus der Form der Behauptung oder Verbreitung oder aus den Umständen, unter welchen sie geschah, hervorgeht.

§. 193. Tadelnde Urtheile über wissenschaftliche, künstlerische oder gewerbliche Leistungen, ingleichen Aeußerungen, welche zur Ausführung oder Vertheidigung von Rechten oder zur Wahrnehmung berechtigter Interessen gemacht werden, sowie Vorhaltungen und Rügen der Vorgesetzten gegen ihre Untergebenen, dienstliche Anzeigen oder Urtheile von Seiten eines Beamten und ähnliche Fälle sind nur insofern strafbar, als das Vorhandensein einer Beleidigung aus der Form der Aeußerung ode aus den Umständen, unter welchen sie geschah, hervorgeht.

§. 194. Die Verfolgung einer Beleidigung tritt nur auf Antrag ein. Die Zurücknahme des Antrages (§§. 185—193) ist zuläßig.

§. 195 Sind Ehefrauen oder unter väterlicher Gewalt stehende Kinder beleidigt worden, so haben sowohl die Beleidigten, als deren Ehemänner und Väter das Recht, auf Bestrafung anzutragen.

§ 196. Wenn die Beleidigung gegen eine Behörde, einen Beamten, einen Religionsdiener oder ein Mitglied der bewaffneten Macht, während sie in der Ausübung ihres Berufes begriffen sind, oder in Beziehung auf ihren Beruf, begangen ist, so haben außer den unmittelbar Betheiligten auch deren amtliche Vorgesetzte das Recht, den Strafantrag zu stellen.

§. 197. Eines Antrages bedarf es nicht, wenn die Beleidigung gegen eine gesetzgebende Versammlung des Reichs, oder eines Bundesstaats, oder gegen eine andere politische Körperschaft begangen worden ist. Dieselbe darf jedoch nur mit Ermächtigung der beleidigten Körperschaft verfolgt werden.

Zu §. 191.

Die Vorschrift des §. 191 ist von keinem Einflusse auf die Frist zur Stellung des Strafantrages; die Verjährung dagegen ruht, so lange mit dem Verfahren über die Verleumdung innegehalten werden muß. Vgl. Oppenhoff, St.G.B. §. 191, Note 12.

Zu §. 193.

Die Materialien zu §. 193 (insbes. Motive zum zweiten Entwurf zu §. 188. S. 106. u. stenogr. Berichte S. 648a und 653a) ergeben unzweideutig, daß auch bei der das Moment der beleidigenden Absicht nicht besonders hervortreten lassenden Fassung doch die Absicht, zu beleidigen, als das entscheidende Merkmal der Strafbarkeit angesehen worden ist. Die gewählte Fassung deutet nur darauf hin, daß ohne das Vorhandensein einer objektiven Beleidigung von einer Strafbarkeit aus §§. 185. u. 195 überhaupt nicht die Rede ist. Die bestrittene „Absicht zu beleidigen" ist daher ausdrücklich festzustellen.

Erk. (V. I.) Pr. O.Tr. vom 9. Dezember 1875 c. Kirchner Goltd. A. 23, S. 517. Vgl. auch Erk. (Z I.) Pr. O.Tr. vom 16. Juli 1875 in Sachen v. Tibolt c. Volkmar Goltd. A. 23, S. 437.

Zu §. 196.

Bezüglich der Berechtigung der vorgesetzten Dienstbehörde zur Stellung des Strafantrags kommt es nicht in Betracht, ob der Angeklagte die Beamtenqualität der Beleidigten gekannt hat.

Erk. (V. II.) Pr. O.Tr. vom 21. November 1872 c. Pape Goltd. A. 21, S. 117.

§. 198. Ist bei wechselseitigen Beleidigungen von einem Theile auf Bestrafung angetragen worden, so ist der andere Theil bei Verlust seines Rechts verpflichtet, den Antrag auf Bestrafung spätestens vor Schluß der Verhandlung in erster Instanz zu stellen, hierzu aber auch dann berechtigt, wenn zu jenem Zeitpunkte die dreimonatliche Frist bereits abgelaufen ist.

§. 199. Wenn eine Beleidigung auf der Stelle erwidert wird, so kann der Richter beide Beleidiger oder einen derselben für straffrei erklären.

§. 200. Wird wegen einer öffentlich oder durch Verbreitung von Schriften, Darstellungen oder Abbildungen begangenen Beleidigung auf Strafe erkannt, so ist zugleich dem Beleidigten die Befugniß zuzusprechen, die Verurtheilung auf Kosten des Schuldigen öffentlich bekannt zu machen. Die Art der Bekanntmachung, sowie die Frist zu derselben ist in dem Urtheile zu bestimmen.

Erfolgte die Beleidigung in einer Zeitung oder Zeitschrift, so ist der verfügende Theil des Urtheils auf Antrag des Beleidigten durch die öffentlichen Blätter bekannt zu machen, und zwar, wenn möglich durch dieselbe Zeitung oder Zeitschrift und in demselben Theile und mit derselben Schrift, wie der Abdruck der Beleidigung geschehen.

Dem Beleidigten ist auf Kosten des Schuldigen eine Ausfertigung des Urtheils zu ertheilen.

Funfzehnter Abschnitt.

Zweikampf.

§. 201. Die Herausforderung zum Zweikampf mit tödtlichen Waffen, sowie die Annahme einer solchen Herausforderung wird mit Festungshaft bis zu sechs Monaten bestraft.

§. 202. Festungshaft von zwei Monaten bis zu zwei Jahren tritt ein, wenn bei der Herausforderung die Absicht, daß einer von beiden Theilen das Leben verlieren soll, entweder ausgesprochen ist oder aus der gewählten Art des Zweikampfs erhellt.

§. 203. Diejenigen, welche den Auftrag zu einer Herausforderung übernehmen und ausrichten (Kartellträger), werden mit Festungshaft bis zu sechs Monaten bestraft.

§. 204. Die Strafe der Herausforderung und der Annahme derselben, sowie die Strafe der Herausforderung fällt weg, wenn die Parteien den Zweikampf vor dessen Beginn freiwillig aufgegeben haben.

§. 205. Der Zweikampf wird mit Festungshaft von drei Monaten bis zu fünf Jahren bestraft.

§. 206. Wer seinen Gegner im Zweikampf tödtet, wird mit Festungshaft nicht unter zwei Jahren, und wenn der Zweikampf ein solcher war, welcher den Tod des einen von Beiden herbeiführen sollte, mit Festungshaft nicht unter drei Jahren bestraft.

§. 207. Ist eine Tödtung oder Körperverletzung mittels vorsätzlicher Uebertretung der vereinbarten oder hergebrachten Regeln des Zweikampfs bewirkt worden, so ist der Uebertreter, sofern nicht nach den vorhergehenden Bestimmungen eine

---

Zu §. 199.

Wenn Beleidigungen mit leichten Körperverletzungen oder letztere mit ersteren auf der Stelle erwidert werden, so ist der Richter nach §. 223 ermächtigt, für beide Angeschuldigte oder für einen derselben eine der Art oder dem Maße nach mildere oder überhaupt keine Strafe eintreten zu lassen.

Zu §. 205.

Die akademischen Disziplinargesetze über die Duelle der Studenten haben noch fortdauernd Gültigkeit (§. 2. des Einf.Ges. z. St.G.B.).

Erk. (Z. II.) Pr. O.A.G. vom 9. November 1872 c. Freusberg Goltd. A. 21, S. 182; O.R. 13, S. 587.

härtere Strafe verwirkt ist, nach den allgemeinen Vorschriften über das Verbrechen der Tödtung oder der Körperverletzung zu bestrafen.

§. 208. Hat der Zweikampf ohne Sekundanten stattgefunden, so kann die verwirkte Strafe bis um die Hälfte, jedoch nicht über funfzehn Jahre erhöht werden.

§. 209. Kartellträger, welche ernstlich bemüht gewesen sind, den Zweikampf zu verhindern, Sekundanten, sowie zum Zweikampf zugezogene Zeugen, Aerzte und Wundärzte sind straflos.

§. 210. Wer einen Anderen zum Zweikampf mit einem Dritten absichtlich, insonderheit durch Bezeigung oder Androhung von Verachtung anreizt, wird, falls der Zweikampf stattgefunden hat, mit Gefängniß nicht unter drei Monaten bestraft.

Sechszehnter Abschnitt.

Verbrechen und Vergehen wider das Leben.

§. 211. Wer vorsätzlich einen Menschen tödtet, wird, wenn er die Tödtung mit Ueberlegung ausgeführt hat, wegen Mordes mit dem Tode bestraft.

§. 212. Wer vorsätzlich einen Menschen tödtet, wird, wenn er die Tödtung nicht mit Ueberlegung ausgeführt hat, wegen Todtschlages mit Zuchthaus nicht unter fünf Jahren bestraft.

§. 213. War der Todtschläger ohne eigene Schuld durch eine ihm oder einem Angehörigen zugefügte Mißhandlung oder schwere Beleidigung von dem Getödteten zum Zorne gereizt und hierdurch auf der Stelle zur That hingerissen worden, oder sind andere mildernde Umstände vorhanden, so tritt Gefängnißstrafe nicht unter sechs Monaten ein.

§. 214. Wer bei Unternehmung einer strafbaren Handlung, um ein der Ausführung derselben entgegentretendes Hinderniß zu beseitigen oder um sich der Ergreifung auf frischer That zu entziehen, vorsätzlich einen Menschen tödtet, wird mit Zuchthaus nicht unter zehn Jahren oder mit lebenslänglichem Zuchthaus bestraft.

§. 215. Der Todtschlag an einem Verwandten aufsteigender Linie wird mit Zuchthaus nicht unter zehn Jahren oder mit lebenslänglichem Zuchthaus bestraft.

§. 216. Ist Jemand durch das ausdrückliche und ernstliche Verlangen des Getödteten zur Tödtung bestimmt worden, so ist auf Gefängniß nicht unter drei Jahren zu erkennen.

§. 217. Eine Mutter, welche ihr uneheliches Kind in oder gleich nach der Geburt vorsätzlich tödtet, wird mit Zuchthaus nicht unter drei Jahren bestraft.

Sind mildernde Umstände vorhanden, so tritt Gefängnißstrafe nicht unter zwei Jahren ein.

§. 218. Eine Schwangere, welche ihre Frucht vorsätzlich abtreibt oder im Mutterleibe tödtet, wird mit Zuchthaus bis zu fünf Jahren bestraft.

Sind mildernde Umstände vorhanden, so tritt Gefängnißstrafe nicht unter sechs Monaten ein.

Dieselben Strafvorschriften finden auf denjenigen Anwendung, welcher mit Einwilligung der Schwangeren die Mittel zu der Abtreibung oder Tödtung bei ihr angewendet oder ihr beigebracht hat.

§. 219. Mit Zuchthaus bis zu zehn Jahren wird bestraft, wer einer Schwangeren, welche ihre Frucht abgetrieben oder getödtet hat, gegen Entgelt die Mittel hierzu verschafft, bei ihr angewendet oder ihr beigebracht hat.

§. 220. Wer die Leibesfrucht einer Schwangeren ohne deren Wissen oder

---

Zu §. 219.

Die Anwendung des §. 219 setzt voraus, daß die Abtreibung oder Tödtung der Frucht vollendet ist: die Strafvorschrift ist also nicht auszudehnen auf den Fall der Verschaffung von Mitteln 2c. für diejenige Schwangere, welche ihre Frucht abzutreiben oder zu tödten versucht hat. Eine solche Handlung kann nur nach §. 218 Abs. 1 und §. 49 (43) geahndet werden.

Erk. (B. I.) Pr. O.Tr. vom 2 Dezember 1874 c. Küpers O.R. 15, S. 826.

Willen vorsätzlich abtreibt oder tödtet, wird mit Zuchthaus nicht unter zwei Jahren bestraft.

Ist durch die Handlung der Tod der Schwangeren verursacht worden, so tritt Zuchthausstrafe nicht unter zehn Jahren oder lebenslängliche Zuchthausstrafe ein.

§. 221. Wer eine wegen jugendlichen Alters, Gebrechlichkeit oder Krankheit hülflose Person aussetzt, oder wer eine solche Person, wenn dieselbe unter seiner Obhut steht oder wenn er für die Unterbringung, Fortschaffung oder Aufnahme derselben zu sorgen hat, in hülfloser Lage vorsätzlich verläßt, wird mit Gefängniß nicht unter drei Monaten bestraft.

Wird die Handlung von leiblichen Eltern gegen ihr Kind begangen, so tritt Gefängnißstrafe nicht unter sechs Monaten ein.

Ist durch die Handlung eine schwere Körperverletzung der ausgesetzten oder verlassenen Person verursacht worden, so tritt Zuchthausstrafe bis zu zehn Jahren und, wenn durch die Handlung der Tod verursacht worden ist, Zuchthausstrafe nicht unter drei Jahren ein.

§. 222. Wer durch Fahrlässigkeit den Tod eines Menschen verursacht, wird mit Gefängniß bis zu drei Jahren bestraft.

Wenn der Thäter zu der Aufmerksamkeit, welche er aus den Augen setzte, vermöge seines Amtes, Berufes oder Gewerbes besonders verpflichtet war, so kann die Strafe bis auf fünf Jahre Gefängniß erhöht werden.

Siebenzehnter Abschnitt.

Körperverletzung.

§. 223. Wer vorsätzlich einen Anderen körperlich mißhandelt oder an der Gesundheit beschädigt, wird wegen Körperverletzung mit Gefängniß bis zu drei Jahren oder mit Geldstrafe bis zu eintausend Mark bestraft.

Ist die Handlung gegen Verwandte aufsteigender Linie begangen, so ist auf Gefängniß nicht unter Einem Monat zu erkennen.

§. 223a. Ist die Körperverletzung mittels einer Waffe, insbesondere eines Messers oder eines anderen gefährlichen Werkzeuges, oder mittels eines hinterlistigen Ueberfalls, oder von Mehreren gemeinschaftlich, oder mittels einer das Leben gefährdenden Behandlung begangen, so tritt Gefängnißstrafe nicht unter zwei Monaten ein.

§. 224. Hat die Körperverletzung zur Folge, daß der Verletzte ein wichtiges Glied des Körpers, das Sehvermögen auf einem oder beiden Augen, das Gehör, die Sprache oder die Zeugungsfähigkeit verliert oder in erheblicher Weise dauernd entstellt wird, oder in Siechthum, Lähmung oder Geisteskrankheit verfällt, so ist auf Zuchthaus bis zu fünf Jahren oder Gefängniß nicht unter Einem Jahre zu erkennen.

§. 225. War eine der vorbezeichneten Folgen beabsichtigt und eingetreten, so ist auf Zuchthaus von zwei bis zu zehn Jahren zu erkennen.

§. 226. Ist durch die Körperverletzung der Tod des Verletzten verursacht worden, so ist auf Zuchthaus nicht unter drei Jahren oder Gefängniß nicht unter drei Jahren zu erkennen.

§. 227. Ist durch eine Schlägerei oder durch einen von Mehreren gemachten Angriff der Tod eines Menschen oder eine schwere Körperverletzung (§. 224) verursacht worden, so ist jeder, welcher sich an der Schlägerei oder dem Angriffe betheiligt hat, schon wegen dieser Betheiligung mit Gefängniß bis zu drei Jahren zu bestrafen, falls er nicht ohne sein Verschulden hineingezogen worden ist.

Ist eine der vorbezeichneten Folgen mehreren Verletzungen zuzuschreiben, welche

---

Zu §. 223.

Vgl. St.A. Klebs: Zur Lehre von der Realinjurie, der Mißhandlung und der Körperverletzung. Goltd. A. 19, S. 19. Vgl. auch Goltd. A. 19, S. 427.

dieselbe nicht einzeln, sondern nur durch ihr Zusammentreffen verursacht haben, so ist jeder, welchem eine dieser Verletzungen zur Last fällt, mit Zuchthaus bis zu fünf Jahren zu bestrafen.

§. 228. Sind mildernde Umstände vorhanden, so ist in den Fällen des §. 223 Absatz 2 und des §. 223a. auf Gefängniß bis zu drei Jahren oder Geldstrafe bis zu eintausend Mark, in den Fällen der §§. 224 und 227 Absatz 2 auf Gefängniß nicht unter Einem Monat, und im Falle des §. 226 auf Gefängniß nicht unter drei Monaten zu erkennen.

§. 229. Wer vorsätzlich einem Anderen, um dessen Gesundheit zu beschädigen, Gift oder andere Stoffe beibringt, welche die Gesundheit zu zerstören geeignet sind, wird mit Zuchthaus bis zu zehn Jahren bestraft.

Ist durch die Handlung eine schwere Körperverletzung verursacht worden, so ist auf Zuchthaus nicht unter fünf Jahren und, wenn durch die Handlung der Tod verursacht worden, auf Zuchthaus nicht unter zehn Jahren oder auf lebenslängliches Zuchthaus zu erkennen.

§. 230. Wer durch Fahrlässigkeit die Körperverletzung eines Anderen verursacht, wird mit Geldstrafe bis zu neunhundert Mark oder mit Gefängniß bis zu zwei Jahren bestraft.

War der Thäter zu der Aufmerksamkeit, welche er aus den Augen setzte, vermöge seines Amtes, Berufes oder Gewerbes besonders verpflichtet, so kann die Strafe auf drei Jahre Gefängniß erhöht werden.

§. 231. In allen Fällen der Körperverletzung kann auf Verlangen des Verletzten neben der Strafe auf eine an denselben zu erlegende Buße bis zum Betrage von sechstausend Mark erkannt werden.

Eine erkannte Buße schließt die Geltendmachung eines weiteren Entschädigungsanspruches aus.

Für diese Buße haften die zu derselben Verurtheilten als Gesammtschuldner.

§. 232. Die Verfolgung leichter vorsätzlicher, sowie aller durch Fahrlässigkeit verursachter Körperverletzungen (§. 223, 230) tritt nur auf Antrag ein, insofern nicht die Körperverletzung mit Uebertretung einer Amts-, Berufs- oder Gewerbepflicht begangen worden ist.

Ist das Vergehen gegen einen Angehörigen verübt, so ist die Zurücknahme des Antrags zulässig.

Die in den §§. 195, 196 und 198 enthaltenen Vorschriften finden auch hier Anwendung.

§. 233. Wenn leichte Körperverletzungen mit solchen, Beleidigungen mit leichten Körperverletzungen oder letztere mit ersteren auf der Stelle erwidert werden, so kann der Richter für beide Angeschuldigte oder für einen derselben eine der Art oder dem Maße nach mildere oder überhaupt keine Strafe eintreten lassen.

Achtzehnter Abschnitt.

Verbrechen und Vergehen wider die persönliche Freiheit.

§. 234. Wer sich eines Menschen durch List, Drohung oder Gewalt bemächtigt, um ihn in hülfloser Lage auszusetzen oder in Sklaverei, Leibeigenschaft oder in auswärtige Kriegs- oder Schiffsdienste zu bringen, wird wegen Menschenraubes mit Zuchthaus bestraft.

§. 235. Wer eine minderjährige Person durch List, Drohung oder Gewalt ihren Eltern oder ihrem Vormunde entzieht, wird mit Gefängniß und, wenn die Handlung in der Absicht geschieht, die Person zum Betteln oder zu gewinnsüchtigen oder unsittlichen Zwecken oder Beschäftigungen zu gebrauchen, mit Zuchthaus bis zu zehn Jahren bestraft.

Zu §. 231.
Vgl. die Anm. 2. zu §. 188.

§. 236. Wer eine Frauensperson wider ihren Willen durch List, Drohung oder Gewalt entführt, um sie zur Unzucht zu bringen, wird mit Zuchthaus bis zu zehn Jahren und, wenn die Entführung begangen wurde, um die Entführte zur Ehe zu bringen, mit Gefängniß bestraft.

Die Verfolgung tritt nur auf Antrag ein.

§. 237. Wer eine minderjährige, unverehelichte Frauensperson mit ihrem Willen, jedoch ohne Einwilligung ihrer Eltern oder ihres Vormundes, entführt, um sie zur Unzucht oder zur Ehe zu bringen, wird mit Gefängniß bestraft.

Die Verfolgung tritt nur auf Antrag ein.

§. 238. Hat der Entführer die Entführte geheirathet, so findet die Verfolgung nur statt, nachdem die Ehe für ungültig erklärt worden ist.

§. 239. Wer vorsätzlich und widerrechtlich einen Menschen einsperrt oder auf andere Weise des Gebrauches der persönlichen Freiheit beraubt, wird mit Gefängniß bestraft.

Wenn die Freiheitsentziehung über eine Woche gedauert hat, oder wenn eine schwere Körperverletzung des der Freiheit Beraubten durch die Freiheitsentziehung oder die ihm während derselben widerfahrene Behandlung verursacht worden ist, so ist auf Zuchthaus bis zu zehn Jahren zu erkennen. Sind mildernde Umstände vorhanden, so tritt Gefängnißstrafe nicht unter Einem Monat ein.

Ist der Tod des der Freiheit Beraubten durch die Freiheitsentziehung oder die ihm während derselben widerfahrene Behandlung verursacht, so ist auf Zuchthaus nicht unter drei Jahren zu erkennen. Sind mildernde Umstände vorhanden, so tritt Gefängnißstrafe nicht unter drei Monaten ein.

§. 240. Wer einen Anderen widerrechtlich durch Gewalt oder durch Bedrohung mit einem Verbrechen oder Vergehen zu einer Handlung, Duldung oder Unterlassung nöthigt, wird mit Gefängniß bis zu Einem Jahre oder mit Geldstrafe bis zu sechshundert Mark bestraft.

Der Versuch ist strafbar.

§. 241. Wer einen Anderen mit der Begehung eines Verbrechens bedroht, wird mit Gefängniß bis zu sechs Monaten oder mit Geldstrafe bis zu dreihundert Mark bestraft.

Neunzehnter Abschnitt.

Diebstahl und Unterschlagung.

§. 242. Wer eine fremde bewegliche Sache einem Anderen in der Absicht wegnimmt, dieselbe sich rechtswidrig zuzueignen, wird wegen Diebstahls mit Gefängniß bestraft.

Der Versuch ist strafbar.

§. 243. Auf Zuchthaus bis zu zehn Jahren ist zu erkennen, wenn

1) aus einem zum Gottesdienste bestimmten Gebäude Gegenstände gestohlen werden, welche dem Gottesdienste gewidmet sind;
2) aus einem Gebäude oder umschlossenen Raume mittels Einbruchs, Einsteigens oder Erbrechens von Behältnissen gestohlen wird;
3) der Diebstahl dadurch bewirkt wird, daß zur Eröffnung eines Gebäudes oder der Zugänge eines umschlossenen Raumes, oder zur Eröffnung der im Innern befindlichen Thüren oder Behältnisse falsche Schlüssel oder andere zur ordnungsmäßigen Eröffnung nicht bestimmte Werkzeuge angewendet werden;
4) auf einem öffentlichen Wege, einer Straße, einem öffentlichen Platze, einer Wasserstraße oder einer Eisenbahn, oder in einem Postgebäude oder dem dazu gehörigen Hofraume, oder auf einem Eisenbahnhofe eine zum Reisegepäck oder zu anderen Gegenständen der Beförderung gehörende Sache mittels Abschneidens oder Ablösens der Befestigungs- oder Verwahrungsmittel, oder durch Anwendung falscher Schlüssel oder anderer zur ordnungsmäßigen Er- Eröffnung nicht bestimmter Werkzeuge gestohlen wird;

5) der Dieb oder einer der Theilnehmer am Diebstahle bei Begehung der That Waffen bei sich führt;

6) zu dem Diebstahle Mehrere mitwirken, welche sich zur fortgesetzten Begehung von Raub oder Diebstahl verbunden haben, oder

7) der Diebstahl zur Nachtzeit in einem bewohnten Gebäude, in welches sich der Thäter in diebischer Absicht eingeschlichen, oder in welchem er sich in gleicher Absicht verborgen hatte, begangen wird, auch wenn zur Zeit des Diebstahls Bewohner in dem Gebäude nicht anwesend sind. Einem bewohnten Gebäude werden der zu einem bewohnten Gebäude gehörige umschlossene Raum und die in einem solchen befindlichen Gebäude jeder Art, sowie Schiffe, welche bewohnt werden, gleich geachtet.

Sind mildernde Umstände vorhanden, so tritt Gefängnißstrafe nicht unter drei Monaten ein.

§. 244. Wer im Inlande als Dieb, Räuber oder gleich einem Räuber oder als Hehler bestraft worden ist, darauf abermals eine dieser Handlungen begangen hat, und wegen derselben bestraft worden ist, wird, wenn er einen einfachen Diebstahl (§. 242) begeht, mit Zuchthaus bis zu zehn Jahren, wenn er einen schweren Diebstahl (§. 243) begeht, mit Zuchthaus nicht unter zwei Jahren bestraft.

Sind mildernde Umstände vorhanden, so tritt beim einfachen Diebstahl Gefängnißstrafe nicht unter drei Monaten, beim schweren Diebstahl Gefängnißstrafe nicht unter Einem Jahre ein.

§. 245. Die Bestimmungen des §. 244 finden Anwendung, auch wenn die früheren Strafen nur theilweise verbüßt oder ganz oder theilweise erlassen sind, bleiben jedoch ausgeschlossen, wenn seit der Verbüßung oder dem Erlasse der letzten Strafe bis zur Begehung des neuen Diebstahls zehn Jahre verflossen sind.

§. 246. Wer eine fremde bewegliche Sache, die er in Besitz oder Gewahrsam hat, sich rechtswidrig zueignet, wird wegen Unterschlagung mit Gefängniß bis zu drei Jahren und, wenn die Sache ihm anvertraut ist, mit Gefängniß bis zu fünf Jahren bestraft.

Sind mildernde Umstände vorhanden, so kann auf Geldstrafe bis zu neunhundert Mark erkannt werden.

Der Versuch ist strafbar.

§. 247. Wer einen Diebstahl oder eine Unterschlagung gegen Angehörige, Vormünder oder Erzieher begeht, oder wer einer Person, zu der er im Lehrlingsverhältnisse steht, oder in deren häuslicher Gemeinschaft er als Gesinde sich befindet, Sachen von unbedeutendem Werthe stiehlt oder unterschlägt, ist nur auf Antrag zu verfolgen. Die Zurücknahme des Antrages ist zulässig.

Ein Diebstahl oder eine Unterschlagung, welche von Verwandten aufsteigender Linie gegen Verwandte absteigender Linie oder von einem Ehegatten gegen den anderen begangen worden ist, bleibt straflos.

Diese Bestimmungen finden auf Theilnehmer oder Begünstiger, welche nicht in einem der vorbezeichneten persönlichen Verhältnisse stehen, keine Anwendung.

§. 248. Neben der wegen Diebstahls oder Unterschlagung erkannten Gefängnißstrafe kann auf Verlust der bürgerlichen Ehrenrechte, und neben der wegen Diebstahls erkannten Zuchthausstrafe auf Zulässigkeit von Polizei-Aufsicht erkannt werden.

Zu §. 244.

1. Der §. 244. findet auch Anwendung, wenn der des Diebstahls Angeklagte vor der Einführung dieses St.G.B. zwar nicht in dem Staate, in welchem die neue Verfolgung stattfindet, jedoch in einem jetzt zum Deutschen Reiche gehörigen Staate als Dieb, Räuber rc. zweimal Strafe erlitten hat.

Erk. (B. I.) Pr. O.Tr. vom 17 März 1871 c. Schmidt Goltd. A. 19, S. 315.

2. Der §. 244 ist auch anzuwenden auf den als Dieb, Räuber oder gleich einem Räuber oder als Hehler wiederholt bestraften Gehülfen beim Diebstahl.

Erk. (Z. I.) Pr. O.Tr. vom 11. Dezember 1872 c. Domachowska Goltd. A. 21, S. 121.

Zwanzigster Abschnitt.

Raub und Erpressung.

§. 249. Wer mit Gewalt gegen eine Person oder unter Anwendung von Drohungen mit gegenwärtiger Gefahr für Leib oder Leben eine fremde bewegliche Sache einem Anderen in der Absicht wegnimmt, sich dieselbe rechtswidrig zuzueignen, wird wegen Raubes mit Zuchthaus bestraft.

Sind mildernde Umstände vorhanden, so tritt Gefängniß nicht unter sechs Monaten ein.

§. 250. Auf Zuchthaus nicht unter fünf Jahren ist zu erkennen, wenn

1) der Räuber oder einer der Theilnehmer am Raube bei Begehung der That Waffen bei sich führt;
2) zu dem Raube Mehrere mitwirken, welche sich zur fortgesetzten Begehung von Raub oder Diebstahl verbunden haben;
3) der Raub auf einem öffentlichen Wege, einer Straße, einer Eisenbahn, einem öffentlichen Platze, auf offener See oder einer Wasserstraße begangen wird;
4) der Raub zur Nachtzeit in einem bewohnten Gebäude (§. 243 Nr. 7) begangen wird, in welches sich der Thäter zur Begehung eines Raubes oder Diebstahls eingeschlichen oder sich gewaltsam Eingang verschafft oder in welchem er sich in gleicher Absicht verborgen hatte, oder
5) der Räuber bereits einmal als Räuber oder gleich einem Räuber im Inlande bestraft worden ist. Die im §. 245 enthaltenen Vorschriften finden auch hier Anwendung.

Sind mildernde Umstände vorhanden, so tritt Gefängnißstrafe nicht unter Einem Jahre ein.

§. 251. Mit Zuchthaus nicht unter zehn Jahren oder mit lebenslänglichem Zuchthaus wird der Räuber bestraft, wenn bei dem Raube ein Mensch gemartert oder durch die gegen ihn verübte Gewalt eine schwere Körperverletzung oder der Tod desselben verursacht worden ist.

§. 252. Wer, bei einem Diebstahle auf frischer That betroffen, gegen eine Person Gewalt verübt oder Drohungen mit gegenwärtiger Gefahr für Leib oder Leben anwendet, um sich im Besitze des gestohlenen Gutes zu erhalten, ist gleich einem Räuber zu bestrafen.

§. 253. Wer, um sich oder einem Dritten einen rechtswidrigen Vermögensvortheil zu verschaffen, einen Anderen durch Gewalt oder Drohung zu einer Handlung, Duldung oder Unterlassung nöthigt, ist wegen Erpressung mit Gefängniß nicht unter Einem Monat zu bestrafen.

Der Versuch ist strafbar.

§. 254. Wird die Erpressung durch Drohung mit Mord, mit Brandstiftung oder mit Verursachung einer Ueberschwemmung begangen, so ist auf Zuchthaus bis zu fünf Jahren zu erkennen.

§. 255. Wird die Erpressung durch Gewalt gegen eine Person oder unter Anwendung von Drohungen mit gegenwärtiger Gefahr für Leib oder Leben begangen, so ist der Thäter gleich einem Räuber zu bestrafen.

§. 256. Neben der wegen Erpressung erkannten Gefängnißstrafe kann auf Verlust der bürgerlichen Ehrenrechte und neben der wegen Raubes oder Erpressung erkannten Zuchthausstrafe auf Zulässigkeit von Polizei-Aufsicht erkannt werden.

Einundzwanzigster Abschnitt.

Begünstigung und Hehlerei.

§. 257. Wer nach Begehung eines Verbrechens oder Vergehens dem Thäter oder Theilnehmer wissentlich Beistand leistet, um denselben der Bestrafung zu entziehen oder um ihm die Vortheile des Verbrechens oder Vergehens zu sichern, ist wegen Begünstigung mit Geldstrafe bis zu sechshundert Mark oder mit Gefängniß bis zu einem Jahre und, wenn er diesen Beistand seines Vortheils wegen leistet, mit Gefängniß zu bestrafen. Die Strafe darf jedoch, der Art oder dem Maße nach, keine schwerere sein, als die auf die Handlung selbst angedrohte.

Die Begünstigung ist straflos, wenn dieselbe dem Thäter oder Theilnehmer von einem Angehörigen gewährt worden ist, um ihn der Bestrafung zu entziehen.

Die Begünstigung ist als Beihülfe zu bestrafen, wenn sie vor Begehung der That zugesagt worden ist. Diese Bestimmung leidet auch auf Angehörige Anwendung.

§. 258. Wer seines Vortheils wegen sich einer Begünstigung schuldig macht, wird als Hehler bestraft, wenn der Begünstigte

1) einen einfachen Diebstahl oder eine Unterschlagung begangen hat, mit Gefängniß,
2) einen schweren Diebstahl, einen Raub oder ein dem Raube gleich zu bestrafendes Verbrechen begangen hat, mit Zuchthaus bis zu fünf Jahren.
   Sind mildernde Umstände vorhanden, so tritt Gefängnißstrafe nicht unter drei Monaten ein.

Diese Strafvorschriften finden auch dann Anwendung, wenn der Hehler ein Angehöriger ist.

§. 259. Wer seines Vortheils wegen Sachen, von denen er weiß oder den Umständen nach annehmen muß, daß sie mittels einer strafbaren Handlung erlangt sind, verheimlicht, ankauft, zum Pfande nimmt oder sonst an sich bringt oder zu deren Absatze bei Anderen mitwirkt, wird als Hehler mit Gefängniß bestraft.

§. 260. Wer die Hehlerei gewerbs- oder gewohnheitsmäßig betreibt, wird mit Zuchthaus bis zu zehn Jahren bestraft.

§. 261. Wer im Inlande wegen Hehlerei einmal und wegen darauf begangener Hehlerei zum zweiten Male bestraft worden ist, wird, wenn sich die abermals begangene Hehlerei auf einen schweren Diebstahl, einen Raub oder ein dem Raube gleich zu bestrafendes Verbrechen bezieht, mit Zuchthaus nicht unter zwei Jahren bestraft. Sind mildernde Umstände vorhanden, so tritt Gefängnißstrafe nicht unter Einem Jahre ein.

Bezieht sich die Hehlerei auf eine andere strafbare Handlung, so ist auf Zuchthaus bis zu zehn Jahren zu erkennen. Sind mildernde Umstände vorhanden, so tritt Gefängnißstrafe nicht unter drei Monaten ein.

Die in dem § 245 enthaltenen Vorschriften finden auch hier Anwendung.

§. 262 Neben der wegen Hehlerei erkannten Gefängnißstrafe kann auf Verlust der bürgerlichen Ehrenrechte und neben jeder Verurtheilung wegen Hehlerei auf Zulässigkeit von Polizei-Aufsicht erkannt werden.

Zweiundzwanzigster Abschnitt.

Betrug und Untreue.

§. 263. Wer in der Absicht, sich oder einem Dritten einen rechtswidrigen Vermögensvortheil zu verschaffen, das Vermögen eines Anderen dadurch beschädigt, daß er durch Vorspiegelung falscher oder durch Entstellung oder Unterdrückung wahrer Thatsachen einen Irrthum erregt oder unterhält, wird wegen Betruges mit

---

Zu §. 261.

Der §. 261. ist auch anzuwenden, wenn der wegen Hehlerei Angeklagte vor Einführung dieses St.G.B. zwar nicht in dem Staate, in welchem die neue Verfolgung stattfindet, jedoch in einem jetzt zum Deutschen Reiche gehörigen Staate wegen Hehlerei zweimal Strafe erlitten hat. Vgl. das in der Anm. zu §. 244 cit. Erkenntniß.

Zu §. 263.

1. „Vermögensvortheil" ist nicht gleichbedeutend mit „Gewinn". Ein Gewinn schließt eine Vermehrung des bereits besessenen Vermögens in sich, ein Vermögensvortheil nicht unter allen Umständen. Auch derjenige erlangt einen solchen, welcher einen ihn bedrohenden Schaden abwen-

Gefängniß bestraft, neben welchem auf Geldstrafe bis zu dreitausend Mark, sowie auf Verlust der bürgerlichen Ehrenrechte erkannt werden kann.

Sind mildernde Umstände vorhanden, so kann ausschließlich auf die Geldstrafe erkannt werden.

Der Versuch ist strafbar.

Wer einen Betrug gegen Angehörige, Vormünder oder Erzieher begeht, ist nur auf Antrag zu verfolgen. Die Zurücknahme des Antrages ist zulässig.

§. 264. Wer im Inlande wegen Betruges einmal und wegen darauf begangenen Betruges zum zweiten Male bestraft worden ist, wird wegen abermals begangenen Betruges mit Zuchthaus bis zu zehn Jahren und zugleich mit Geldstrafe von einhundertfunfzig bis zu sechstausend Mark bestraft.

Sind mildernde Umstände vorhanden, so tritt Gefängstrafe nicht unter drei Monaten ein, neben welcher zugleich auf Geldstrafe bis zu dreitausend Mark erkannt werden kann.

Die im §. 245 enthaltenen Vorschriften finden auch hier Anwendung.

§. 265. Wer in betrügerischer Absicht eine gegen Feuersgefahr versicherte Sache in Brand setzt, oder ein Schiff, welches als solches oder in seiner Ladung oder in seinem Frachtlohn versichert ist, sinken oder stranden macht, wird mit Zuchthaus bis zu zehn Jahren und zugleich mit Geldstrafe von einhundertfunfzig bis zu sechstausend Mark bestraft.

Sind mildernde Umstände vorhanden, so tritt Gefängnißstrafe nicht unter sechs Monaten ein, neben welcher auf Geldstrafe bis zu dreitausend Mark erkannt werden kann.

§. 266. Wegen Untreue werden mit Gefängniß, neben welchem auf Verlust der bürgerlichen Ehrenrechte erkannt werden kann, bestraft:

1) Vormünder, Kuratoren, Güterpfleger, Sequester, Massenverwalter, Vollstrecker letztwilliger Verfügungen und Verwalter von Stiftungen, wenn sie absichtlich

---

det, dadurch allein aber noch keinen Gewinn; er erwirbt nichts, er erhält sich nur das, was er besitzt, ohne sein Vermögen an sich zu vermehren.

Erk. (V I.) Pr. O Tr. v. 24. März 1871, c. Pohl Goltd. A. 19, S. 320.

2. Die Annahme, daß das St.G B. denjenigen, welcher in der Absicht, eine verhängte Exekution abzuwenden oder hinauszuschieben, von einem Postscheine über eine Versendung von Geld oder anderen Werthgegenständen Gebrauch macht, obgleich er weiß, daß der versendete Brief oder das versendete Packet dasjenige nicht enthält, was durch den Postschein als abgesendet nachgewiesen werden soll, grundsätzlich habe straffrei lassen wollen, ist eine rechtsirrthümliche. Die vorbezeichnete Handlungsweise ist, falls in ihr die Erfordernisse des Thatbestandes des Betrugs zu finden sind, nach §. 263 des St G.B. zu bestrafen.

Erk. (V I.) Pr. O.Tr. vom 26. April 1871 c. Neubarth, Goltd. A. 19, S. 475.

3. Eine Vermögensbeschädigung des Machtgebers durch den Bevollmächtigten liegt vor, wenn der Letztere für eine im Auftrage des Machtgebers gekaufte Sache demselben einen höheren Preis, als er selbst gezahlt hat, als gezahlten Kaufpreis anrechnet, während er doch ohne Wissen und Willen des Auftraggebers einen Theil des Preises (sog. Gründerlohn) für sich behält.

Eine solche Vermögensbeschädigung ist selbst dann anzunehmen, wenn der angerechnete höhere Preis den Werth der Sache nicht übersteigt.

Erk. (V. I.) Pr. O.Tr. vom 18. Februar 1874 c. Ende Goltd. A. 22, S. 126. O.R. 15, S. 88.

Zu §. 264.

1. Der §. 264 kommt auch zur Anmendung, wenn der wegen Betrugs Angeklagte vor der Einführung dieses St G.B. zwar nicht in dem Staate, in welchem die neue Verfolgung stattfindet, jedoch in einem jetzt zum Deutschen Reiche gehörigen Staate wegen Betruges zweimal Strafe erlitten hat. Vgl. das in der Anm. zu §. 244. cit. Erkenntniß.

2. Die Anwendung des §. 264 wird auch durch Vorbestrafungen begründet, welche gegen den Angeklagten wegen einer nach dem System des St.G.B der Kategorie der Betrugsvergehen angehörigen Handlung, also wegen Theilnahme an einem Betruge oder wegen strafbaren Versuches eines solchen erkannt sind.

Erk. (Z. II.) Pr. O.Tr. vom 19. Dezember 1872 c. Kleine Goltd. A. 21, S. 121.

Zu §. 265.

Vgl. §§. 306—308, 323, 73 des St.G.B.

Zu §. 266.

Zu Nr. 1.

Der §. 266 Nr. 1 begnügt sich damit, daß die nachtheilige Handlung treulos mit dem Bewußtsein der Widerrechtlichkeit geschehen, nicht, sondern verlangt, daß das Handeln die Herbeiführung des Nachtheiles bezweckte. Daß dem so sein muß, erhellt daraus, daß in dem Schluß-

zum Nachtheile der ihrer Aufsicht anvertrauten Personen oder Sachen handeln;

2) Bevollmächtige, welche über Forderungen oder andere Vermögensstücke des Auftraggebers absichtlich zum Nachtheile desselben verfügen;

3) Feldmesser, Versteigerer, Mäkler, Güterbestätiger, Schaffner, Wäger, Messer, Bracker, Schauer, Stauer und andere zur Betreibung ihres Gewerbes von der Obrigkeit verpflichtete Personen, wenn sie bei den ihnen übertragenen Geschäften absichtlich diejenigen benachtheiligen, deren Geschäfte sie besorgen.

Wird die Untreue begangen, um sich oder einem Anderen einen Vermögensvortheil zu verschaffen, so kann neben der Gefängnißstrafe auf Geldstrafe bis zu dreitausend Mark erkannt werden.

Dreiundzwanzigster Abschnitt.

Urkundenfälschung.

§. 267. Wer in rechtswidriger Absicht eine inländische oder ausländische öffentliche Urkunde oder eine solche Privaturkunde, welche zum Beweise von Rechten oder Rechtsverhältnissen von Erheblichkeit ist, verfälscht oder fälschlich anfertigt und von derselben zum Zwecke einer Täuschung Gebrauch macht, wird wegen Urkundenfälschung mit Gefängniß bestraft.

§. 268. Eine Urkundenfälschung, welche in der Absicht begangen wird, sich oder einem Anderen einen Vermögensvortheil zu verschaffen oder einem Anderen Schaden zuzufügen, wird bestraft, wenn

1) die Urkunde eine Privaturkunde ist, mit Zuchthaus bis zu fünf Jahren, neben welchem auf Geldstrafe bis zu dreitausend Mark erkannt werden kann;

2) die Urkunde eine öffentliche ist, mit Zuchtshaus bis zu zehn Jahren, neben welchem auf Geldstrafe von einhundertfunfzig bis zu sechstausend Mark erkannt werden kann.

Sind mildernde Umstände vorhanden, so tritt Gefängnißstrafe ein, welche bei der Fälschung einer Privaturkunde nicht unter Einer Woche, bei der Fälschung einer öffentlichen Urkunde nicht unter drei Monaten betragen soll. Neben der Gefängnißstrafe kann zugleich auf Geldstrafe bis zu dreitausend Mark erkannt werden.

§. 269. Der fälschlichen Anfertigung einer Urkunde wird es gleich geachtet, wenn Jemand einem mit der Unterschrift eines Anderen versehenen Papiere ohne dessen Willen oder dessen Anordnungen zuwider durch Ausfüllung einen urkundlichen Inhalt gibt.

§. 270. Der Urkundenfälschung wird es gleich geachtet, wenn Jemand von einer falschen oder verfälschten Urkunde, wissend, daß sie falsch oder verfälscht ist, zum Zwecke einer Täuschung Gebrauch macht.

§. 271. Wer vorsätzlich bewirkt, daß Erklärungen, Verhandlungen oder Thatsachen, welche für Rechte oder Rechtsverhältnisse von Erheblichkeit sind, in öffentlichen Urkunden, Büchern oder Registern als abgegeben oder geschehen beurkundet werden, während sie überhaupt nicht oder in anderer Weise oder von einer Person in einer ihr nicht zustehenden Eigenschaft oder von einer anderen Person abgegeben oder geschehen sind, wird mit Gefängniß bis zu sechs Monaten oder mit Geldstrafe bis zu dreihundert Mark bestraft.

---

alinea für den Fall, daß die Untreue begangen wird, um sich oder einem Andern einen Vermögensvortheil zu verschaffen, eine härtere Strafe verhängt ist.

Erk. (V. I) Pr. O.Tr. vom 24. März 1871, c. Pohl Goltd. A. 19, S. 320; O. R. d. O. 12, S. 177.

Zu §§. 271, 272.

Der Beamte, welcher zur Aufnahme öffentlicher Urkunden befugt, innerhalb seiner Zuständigkeit vorsätzlich eine rechtlich erhebliche Thatsache falsch beurkundet oder in öffentliche Register oder Bücher falsch einträgt, wird nach §. 348, resp. 349 bestraft.

§. 272. Wer die vorbezeichnete Handlung in der Absicht begeht, sich oder einem Anderen einen Vermögensvortheil zu verschaffen oder einem Anderen Schaden zuzufügen, wird mit Zuchthaus bis zu zehn Jahren bestraft, neben welchem auf Geldstrafe von einhundertfunfzig bis zu sechstausend Mark erkannt werden kann.

Sind mildernde Umstände vorhanden, so tritt Gefängnißstrafe ein, neben welcher auf Geldstrafe bis zu dreitausend Mark erkannt werden kann.

§. 273. Wer wissentlich von einer falschen Beurkundung der im §. 271 bezeichneten Art zum Zwecke einer Täuschung Gebrauch macht, wird nach Vorschrift jenes Paragraphen und, wenn die Absicht dahin gerichtet war, sich oder einem Anderen einen Vermögensvortheil zu verschaffen oder einem Anderen Schaden zuzufügen, nach Vorschrift des §. 272 bestraft.

§. 274. Mit Gefängniß, neben welchem auf Geldstrafe bis zu dreitausend Mark erkannt werden kann, wird bestraft, wer

1) eine Urkunde, welche ihm entweder überhaupt nicht oder nicht ausschließlich gehört, in der Absicht, einem Anderen Nachtheile zuzufügen, vernichtet, beschädigt oder unterdrückt, oder
2) einen Grenzstein oder ein anderes zur Bezeichnung einer Grenze oder eines Wasserstandes bestimmtes Merkmal in der Absicht, einem Anderen Nachtheil zuzufügen, wegnimmt, vernichtet, unkenntlich macht, verrückt oder fälschlich setzt.

§. 275. Mit Gefängniß nicht unter drei Monaten wird bestraft, wer

1) wissentlich von falschem oder gefälschtem Stempelpapier, von falschen oder gefälschten Stempelmarken, Stempelblanketten, Stempelabdrücken, Post- oder Telegraphen-Freimarken oder gestempelten Briefkuverts Gebrauch macht,
2) unechtes Stempelpapier, unechte Stempelmarken, Stempelblankette oder Stempelabdrücke für Spielkarten, Pässe oder sonstige Drucksachen oder Schriftstücke, ingleichen wer unechte Post- oder Telegraphen-Freimarken oder gestempelte Briefkuverts in der Absicht anfertigt, sie als echt zu verwenden, oder
3) echtes Stempelpapier, echte Stempelmarken, Stempelblankette, Stempelabdrücke, Post- oder Telegraphen-Freimarken oder gestempelte Briefkuverts in der Absicht verfälscht, sie zu einem höheren Werthe zu verwenden.

§. 276. Wer wissentlich schon einmal zu stempelpflichtigen Urkunden, Schriftstücken oder Formularen verwendetes Stempelpapier oder schon einmal verwendete Stempelmarken oder Stempelblankette, ingleichen Stempelabdrücke, welche zum Zeichen stattgehabter Versteuerung gedient haben, zu stempelpflichtigen Schriftstücken verwendet, wird, außer der Strafe, welche durch die Entziehung der Stempelsteuer begründet ist, mit Geldstrafe bis zu sechshundert Mark bestraft.

§. 277. Wer unter der ihm nicht zustehenden Bezeichnung als Arzt oder als eine andere approbirte Medizinalperson oder unberechtigt unter dem Namen solcher Personen ein Zeugniß über seinen oder eines Anderen Gesundheitszustand ausstellt oder ein derartiges echtes Zeugniß verfälscht, und davon zur Täuschung von Behörden oder Versicherungsgesellschaften Gebrauch macht, wird mit Gefängniß bis zu Einem Jahre bestraft.

§. 278. Aerzte und andere approbirte Medizinalpersonen, welche ein unrichtiges Zeugniß über den Gesundheitszustand eines Menschen zum Gebrauche bei

---

Zu §. 275.

Unter dem Ausdruck „gefälschtes" Stempelpapier („gefälschte" Stempelmarken u. s. w.) ist „verfälschtes" Stempelpapier 2c. zu verstehen. Vgl. Goltd. A. 19, S. 294.

Zu §. 276.

Ueber die Verwendung entwertheter Telegraphen-Freimarken und Postwerthzeichen sind besondere Strafvorschriften gegeben in dem Ges., betr. die Einführung v. Tel.-Freim. v. 16. Mai 1869 und in dem Ges. über das Postwesen v. 28. Oktober 1871, §. 27 Nr. 3.

einer Behörde oder Versicherungsgesellschaft wider besseres Wissen ausstellen, werden mit Gefängniß von Einem Monat bis zu zwei Jahren bestraft.

§. 279. Wer, um eine Behörde oder eine Versicherungsgesellschaft über seinen oder eines Anderen Gesundheitszustand zu täuschen, von einem Zeugnisse der in den §§. 277 und 278 bezeichneten Art Gebrauch macht, wird mit Gefängniß bis zu einem Jahre bestraft.

§. 280. Neben einer nach Vorschrift der §§. 267, 274, 275, 277 bis 279 erkannten Gefängnißstrafe kann auf Verlust der bürgerlichen Ehrenrechte erkannt werden.

Vierundzwanzigster Abschnitt.

Bankerutt.

§. 281. Kaufleute, welche ihre Zahlungen eingestellt haben, werden wegen betrüglichen Bankerutts mit Zuchthaus bestraft, wenn sie, in der Absicht ihre Gläubiger zu benachtheiligen,

1) Vermögensstücke verheimlicht oder bei Seite geschafft haben,
2) Schulden oder Rechtsgeschäfte anerkannt oder aufgestellt haben, welche ganz oder theilweise erdichtet sind,
3) Handelsbücher zu führen unterlassen haben, deren Führung ihnen gesetzlich oblag, oder
4) ihre Handelsbücher vernichtet oder verheimlicht oder so geführt oder verändert haben, daß dieselben keine Uebersicht des Vermögenszustandes gewähren.

Sind mildernde Umstände vorhanden, so tritt Gefängnißstrafe nicht unter drei Monaten ein.

§. 282. Mit Zuchthaus bis zu zehn Jahren wird bestraft, wer

1) im Interesse eines Kaufmanns, welcher seine Zahlungen eingestellt hat, Vermögensstücke desselben verheimlicht oder bei Seite geschafft hat, oder
2) im Interesse eines Kaufmanns, welcher seine Zahlungen eingestellt hat, oder, um sich oder einem Anderen Vermögensvortheil zu verschaffen, erdichtete Forderungen im eigenen Namen oder durch vorgeschobene Personen geltend gemacht hat.

Sind mildernde Umstände vorhanden, so tritt Gefängnißstrafe oder Geldstrafe bis zu sechstausend Mark ein.

§. 283. Kaufleute, welche ihre Zahlungen eingestellt haben, werden wegen einfachen Bankerutts mit Gefängniß bis zu zwei Jahren bestraft, wenn sie

1) durch Aufwand, Spiel oder Differenzhandel mit Waaren oder Börsenpapieren übermäßige Summen verbraucht haben oder schuldig geworden sind,
2) Handelsbücher zu führen unterlassen haben, deren Führung ihnen gesetzlich oblag, oder dieselben verheimlicht, vernichtet oder so unordentlich geführt haben, daß sie keine Uebersicht des Vermögenszustandes gewähren, oder

---

Zu §§. 281, 283.

1. Als Kaufmann ist anzusehen, wer gewerbemäßig Handelsgeschäfte betreibt. Vgl. Art. 4, 6, 271 bis 277 des A. D. Handelsgesetzbuches (B.G.Bl. 1869 S. 404, 460).

2. Jeder Kaufmann ist verpflichtet, Bücher zu führen, aus welchen seine Handelsgeschäfte und die Lage seines Vermögens vollständig zu ersehen sind. Art. 28 des A. D. Handelsgesetzbuchs (B.G.Bl. 1869, S. 409). Von dieser Verpflichtung, Handelsbücher zu führen, sind indessen befreit: Höker, Trödler, Hausirer und dergleichen Handelsleute von geringem Gewerbebetriebe, ferner Wirthe, gewöhnliche Fuhrleute, gewöhnliche Schiffer und Personen, deren Gewerbe nicht über den Umfang des Handwerksbetriebes hinausgeht. Art. 10 des A. D. Handelsgesetzbuchs (B.G.Bl. 1869, S. 405).

3. Vgl. wegen der in Kraft gebliebenen Strafvorschriften der Landesgesetze über den Konkurs den §. 2 Al. 3 des Einf.-Ges. z. St.G.B. vom 31. Mai 1870.

Zu §. 282.

Das Geltendmachen erdichteter Forderungen ꝛc., um sich oder einem Anderen Vermögensvortheil zu verschaffen, ist nur dann nach §. 282 Nr. 2 strafbar, wenn es in einem kaufmännischen Konkursverfahren geschieht. Vgl. Oppenhoff, St.G.B. §. 282. Note 8.

3) es unterlassen haben, die Bilanz ihres Vermögens in der gesetzlich vorgeschriebenen Zeit zu ziehen.

Fünfundzwanzigster Abschnitt.

Strafbarer Eigennutz und Verletzung fremder Geheimnisse.

§. 284. Wer aus dem Glücksspiele ein Gewerbe macht, wird mit Gefängniß bis zu zwei Jahren bestraft, neben welchem auf Geldstrafe von dreihundert bis zu sechstausend Mark, sowie auf Verlust der bürgerlichen Ehrenrechte erkannt werden kann.

Ist der Verurtheilte ein Ausländer, so ist die Landespolizeibehörde befugt, denselben aus dem Bundesgebiete zu verweisen.

§. 285. Der Inhaber eines öffentlichen Versammlungsorts, welcher Glücksspiele daselbst gestattet oder zur Verheimlichung solcher Spiele mitwirkt, wird mit Geldstrafe bis zu eintausendfünfhundert Mark bestraft.

§. 286. Wer ohne obrigkeitliche Erlaubniß öffentliche Lotterien veranstaltet, wird mit Gefängniß bis zu zwei Jahren oder mit Geldstrafe bis zu dreitausend Mark bestraft.

Den Lotterien sind öffentlich veranstaltete Ausspielungen beweglicher oder unbeweglicher Sachen gleich zu achten.

§. 287. [ist ersetzt durch §. 14 des Gesetzes über den Markenschutz vom 30. November 1874 (R.-G.-Bl. S. 143)].

§. 288. Wer bei einer ihm drohenden Zwangsvollstreckung in der Absicht, die Befriedigung des Gläubigers zu vereiteln, Bestandtheile seines Vermögens veräußert oder bei Seite schafft, wird mit Gefängniß bis zu zwei Jahren bestraft.

Die Verfolgung tritt nur auf Antrag des Gläubigers ein.

§. 289. Wer seine eigene bewegliche Sache, oder eine fremde bewegliche Sache

---

Zu §. 283, Nr. 3.

Jeder Kaufmann hat bei dem Beginne seines Gewerbes seine Grundstücke, seine Forderungen und Schulden, den Betrag seines baaren Geldes und seine anderen Vermögensstücke genau zu verzeichnen, dabei den Werth der Vermögensstücke anzugeben und einen das Verhältniß des Vermögens und der Schulden darstellenden Abschluß zu machen; er hat demnächst in jedem Jahre ein solches Inventar und eine solche Bilanz seines Vermögens anzufertigen. Art 29 des A. D. Handelsgesetzbuchs (B.G.Bl. 1869 S. 409). Diese Verpflichtung zur jährlichen Aufstellung der Bilanz tritt auch dann ein, wenn ausnahmsweise die Inventarisirung in zweijährigen Terminen nach Alin. 2 des §. 29 des D.H.G.B. nachgelassen ist.

Erk. (Z. II.) Pr. O.Tr. vom 23. Januar 1873 c. Karge Goltd. A. 21, S. 211; O.R. 14, S. 78. — Erk. (Z. I.) Pr. O.Tr. vom 14. Juli 1875 c. Baumbach Goltd. A. 23, S. 442.

Zu §. 285.

Der Feststellung, daß aus Gewinnsucht gespielt worden, bedarf es nicht.

Erk. (Pl.) Pr. O.Tr. vom 8. Juli 1872 c. Herbert Goltd. A. 20, S. 405.

Zu §. 286.

Die Veranstaltung einer öffentlichen Lotterie (Ausspielung) ohne obrigkeitliche Erlaubniß ist auch dann strafbar, wenn jeder Käufer eines Looses für seinen Einsatz einen Gegenstand gewinnt, welcher mindestens einen dem gezahlten Preise gleichkommenden Werth hat.

Erk. (Z. I.) Pr. O.Tr. v. 21. April 1871, c. Seeger J.M.Bl. S. 139; O.R. 12, S. 222.

Zu §. 288.

1. Der §. 288 schützt den einzelnen Gläubiger, dessen Befriedigung trotz seiner Vigilanz vereitelt wird, nicht auch die Interessen aller übrigen Gläubiger, welche eine gleiche Wachsamkeit nicht gezeigt. Diese Beschränkung auf einzelne Gläubiger ist zu erkennen gegeben in den Worten „die Befriedigung des Gläubigers“, auf Antrag des Gläubigers, d. h. nicht jedes Gläubigers, sondern nur desjenigen, welcher Schritte zur Geltendmachung seines Anspruchs bereits gethan hat.

Von einer drohenden Zwangsvollstreckung kann ohne einen Schritt des Gläubigers zur rechtlichen Geltendmachung seines Anspruchs nicht die Rede sein.

Erk. (V. I.) Pr. O.Tr. vom 26. Februar 1875 c. Eis Goltd. A. 23, S. 129 O.R. 16, S. 159.

2. Als eine drohende Zwangsvollstreckung kann auch eine solche gelten, welche nicht in naher Aussicht steht. Erk. (V. I.) Pr. O.Tr. vom 9. September 1874 c. Schrade und vom 25. November 1874 c. Falkenhagen Goltd. A. 22, S. 267; O.R. 15, S. 551 und 809.

Zu §. 289.

Das Retentionsrecht des Vermiethers bezüglich der von dem Miether in die Miethwohnung eingebrachten Mobilien wird durch eine dem Beginn des Auszugs vorausgehende Besitzergreifung zu Gunsten des Eigenthümers derselben, dem Nutznießer, Pfandgläubiger oder demjenigen, welchem an der Sache ein Gebrauchs- oder Zurückbehaltungsrecht zusteht, in rechtswidriger Absicht wegnimmt, wird mit Gefängniß bis zu drei Jahren oder mit Geldstrafe bis zu neunhundert Mark bestraft.

Neben der Gefängnißstrafe kann auf Verlust der bürgerlichen Ehrenrechte erkannt werden.

Der Versuch ist strafbar.

Die Verfolgung tritt nur auf Antrag ein.

Die Bestimmungen des §. 247 Absatz 2 und 3 finden auch hier Anwendung.

§. 290. Oeffentliche Pfandleiher, welche die von ihnen in Pfand genommenen Gegenstände unbefugt in Gebrauch nehmen, werden mit Gefängniß bis zu einem Jahre, neben welchem auf Geldstrafe bis zu neunhundert Mark erkannt werden kann, bestraft.

§. 291. Wer die bei den Uebungen der Artillerie verschossene Munition, oder wer Bleikugeln aus den Kugelfängen der Schießstände der Truppen sich widerrechtlich zueignet, wird mit Gefängniß bis zu Einem Jahre oder mit Geldstrafe bis zu neunhundert Mark bestraft.

§. 292. Wer an Orten, an denen zu jagen er nicht berechtigt ist, die Jagd ausübt, wird mit Geldstrafe bis zu dreihundert Mark oder mit Gefängniß bis zu drei Monaten bestraft.

Ist der Thäter ein Angehöriger des Jagdberechtigten, so tritt die Verfolgung nur auf Antrag ein. Die Zurücknahme des Antrages ist zulässig.

§. 293. Die Strafe kann auf Geldstrafe bis zu sechshundert Mark oder auf Gefängniß bis zu sechs Monaten erhöht werden, wenn dem Wilde nicht mit Schießgewehr oder Hunden, sondern mit Schlingen, Netzen, Fallen oder anderen Vorrichtungen nachgestellt oder, wenn das Vergehen während der gesetzlichen Schonzeit, in Wäldern, zur Nachtzeit oder gemeinschaftlich von Mehreren begangen wird.

§. 294. Wer unberechtigtes Jagen gewerbsmäßig betreibt, wird mit Gefängniß nicht unter drei Monaten bestraft; auch kann auf Verlust der bürgerlichen Ehrenrechte, sowie auf Zulässigkeit von Polizei-Aufsicht erkannt werden.

§. 295. Neben der durch das Jagdvergehen verwirkten Strafe ist auf Einziehung des Gewehrs, des Jagdgeräths und der Hunde, welche der Thäter bei dem unberechtigten Jagen bei sich geführt hat, ingleichen der Schlingen, Netze, Fallen und anderen Vorrichtungen zu erkennen, ohne Unterschied, ob sie dem Verurtheilten gehören oder nicht.

§. 296. Wer zur Nachtzeit, bei Fackellicht oder unter Anwendung schädlicher oder explodirender Stoffe unberechtigt fischt oder krebst, wird mit Geldstrafe bis zu sechshundert Mark oder mit Gefängniß bis zu sechs Monaten bestraft.

§. 296a. Ausländer, welche in den Deutschen Küstengewässern unbefugt fischen, werden mit Geldstrafe bis zu sechshundert Mark oder mit Gefängniß bis zu sechs Monaten bestraft.

Neben der Geld- oder Gefängnißstrafe ist auf Einziehung der Fanggeräthe, welche der Thäter bei dem unbefugten Fischen bei sich geführt hat, ingleichen der in dem Fahrzeuge enthaltenen Fische zu erkennen, ohne Unterschied, ob die Fanggeräthe und Fische dem Verurtheilten gehören oder nicht.

§. 297. Ein Reisender oder Schiffsmann, welcher ohne Vorwissen des Schiffers, ingleichen ein Schiffer, welcher ohne Vorwissen des Rheders Gegenstände an Bord

---

nicht bedingt; zur wirksamen Geltendmachung des Rechts genügt der Widerspruch des Vermiethers gegen das vom Miether begonnene Wegbringen und der Versuch thätlicher Hinderung desselben. Handelt der Miether einem solchen Verbote des Wegbringens entgegen, so macht er sich des Vergehens gegen §. 289 schuldig.

Erk. (Z. I.) Pr. O.Tr. vom 22. Dezember 1875 c. Schwarz Goltd. A. 23, S. 540.

Zu §§. 297.

Unter „Schiffsmann" ist nach §. 3 der Seemannsordnung vom 27. Dezember 1872 auch jeder Schiffsoffizier mit Ausnahme des Schiffers zu verstehen. Die Vorschrift des §. 297 bezieht sich

nimmt, welche das Schiff oder die Ladung gefährden, indem sie die Beschlagnahme oder Einziehung des Schiffes oder der Ladung veranlassen können, wird mit Geldstrafe bis zu eintausendfünfhundert Mark oder mit Gefängniß bis zu zwei Jahren bestraft.

§. 298. Ein Schiffsmann, welcher mit der Heuer entläuft, oder sich verborgen hält, um sich dem übernommenen Dienste zu entziehen, wird, ohne Unterschied, ob das Vergehen im Inlande oder im Auslande begangen worden ist, mit Gefängniß bis zu Einem Jahre bestraft.

§. 299. Wer einen verschlossenen Brief oder eine andere verschlossene Urkunde, die nicht zu seiner Kenntnißnahme bestimmt ist, vorsätzlich und unbefugter Weise eröffnet, wird mit Geldstrafe bis zu dreihundert Mark oder mit Gefängniß bis zu drei Monaten bestraft.

Die Verfolgung tritt nur auf Antrag ein.

§. 300. Rechtsanwalte, Advokaten, Notare, Vertheidiger in Strafsachen, Aerzte, Wundärzte, Hebammen, Apotheker, sowie die Gehülfen dieser Personen werden, wenn sie unbefugt Privatgeheimnisse offenbaren, die ihnen kraft ihres Amtes, Standes oder Gewerbes anvertraut sind, mit Geldstrafe bis zu eintausendfünfhundert Mark oder mit Gefängniß bis zu drei Monaten bestraft.

Die Verfolgung tritt nur auf Antrag an.

§. 301. Wer in gewinnsüchtiger Absicht und unter Benutzung des Leichtsinns oder der Unerfahrenheit eines Minderjährigen sich von demselben Schuldscheine, Wechsel, Empfangsbekenntnisse, Bürgschaftsinstrumente oder eine andere, eine Verpflichtung enthaltende Urkunde ausstellen oder auch nur mündlich ein Zahlungsversprechen ertheilen läßt, wird mit Gefängniß bis zu sechs Monaten oder mit Geldstrafe bis zu eintausendfünfhundert Mark bestraft.

Die Verfolgung tritt nur auf Antrag ein.

§. 302. Wer in gewinnsüchtiger Absicht und unter Benutzung des Leichtsinns oder der Unerfahrenheit eines Minderjährigen sich von demselben unter Verpfändung der Ehre, auf Ehrenwort, eidlich oder unter ähnlichen Versicherungen oder Betheuerungen die Zahlung einer Geldsumme oder die Erfüllung einer anderen, auf Gewährung geldwerther Sachen gerichteten Verpflichtung aus einem Rechtsgeschäfte versprechen läßt, wird mit Gefängniß bis zu Einem Jahre oder mit Geldstrafe bis zu dreitausend Mark bestraft.

Neben der Gefängnißstrafe kann auf Verlust der bürgerlichen Ehrenrechte erkannt werden.

Dieselbe Strafe trifft denjenigen, welcher sich eine Forderung, von der er weiß, daß deren Berichtigung ein Minderjähriger in der vorbezeichneten Weise versprochen hat, abtreten läßt.

Die Verfolgung tritt nur auf Antrag ein.

Sechsundzwanzigster Abschnitt.

Sachbeschädigung.

§. 303. Wer vorsätzlich und rechtswidrig eine fremde Sache beschädigt oder zerstört, wird mit Geldstrafe bis zu eintausend Mark oder mit Gefängniß bis zu zwei Jahren bestraft.

Der Versuch ist strafbar.

Die Verfolgung tritt nur auf Antrag ein.

---

auch auf Personen, welche ohne zur Schiffsmannschaft zu gehören, auf dem Schiffe als Maschinisten, Aufwärter oder in anderer Eigenschaft angestellt sind (und zwar ohne Unterschied, ob sie von dem Schiffer oder von dem Rheder angenommen worden sind), da sie der Schiffsmannschaft gleichgestellt sind, also ebensowenig wie ein Schiffsmann gemäß §. 75 der Seemannsordnung Güter ohne Erlaubniß des Schiffers an Bord bringen dürfen.

Zu §. 298.

Vgl. §§. 3, 81, 100, 101 der Seemannsordnung vom 27. Dezember 1872.

Ist das Vergehen gegen einen Angehörigen verübt, so ist die Zurücknahme des Antrages zulässig.

§. 304. Wer vorsätzlich und rechtswidrig Gegenstände der Verehrung einer im Staate bestehenden Religionsgesellschaft, oder Sachen, die dem Gottesdienste gewidmet sind, oder Grabmäler, öffentliche Denkmäler, Gegenstände der Kunst, der Wissenschaft oder des Gewerbes, welche in öffentlichen Sammlungen aufbewahrt werden oder öffentlich aufgestellt sind, oder Gegenstände, welche zum öffentlichen Nutzen oder zur Verschönerung öffentlicher Wege, Plätze oder Anlagen dienen, beschädigt oder zerstört, wird mit Gefängniß bis zu drei Jahren oder mit Geldstrafe bis zu eintausendfünfhundert Mark bestraft.

Neben der Gefängnißstrafe kann auf Verlust der bürgerlichen Ehrenrechte erkannt werden.

Der Versuch ist strafbar.

§. 305. Wer vorsätzlich und rechtswidrig ein Gebäude, ein Schiff, eine Brücke, einen Damm, eine gebaute Straße, eine Eisenbahn oder ein anderes Bauwerk, welche fremdes Eigenthum sind, ganz oder theilweise zerstört, wird mit Gefängniß nicht unter Einem Monat bestraft.

Der Versuch ist strafbar.

Siebenundzwanzigster Abschnitt.

Gemeingefährliche Verbrechen und Vergehen.

§. 306. Wegen Brandstiftung wird mit Zuchthaus bestraft, wer vorsätzlich in Brand setzt

1) ein zu gottesdienstlichen Versammlungen bestimmtes Gebäude,
2) ein Gebäude, ein Schiff oder eine Hütte, welche zur Wohnung von Menschen dienen, oder
3) eine Räumlichkeit, welche zeitweise zum Aufenthalt von Menschen dient, und zwar zu einer Zeit, während welcher Menschen in derselben sich aufzuhalten pflegen.

§. 307. Die Brandstiftung (§. 306) wird mit Zuchthaus nicht unter zehn Jahren oder mit lebenslänglichem Zuchthaus bestraft, wenn

1) der Brand den Tod eines Menschen dadurch verursacht hat, daß dieser zur Zeit der That in einer der in Brand gesetzten Räumlichkeiten sich befand;
2) die Brandstiftung in der Absicht begangen worden ist, um unter Begünstigung derselben Mord oder Raub zu begehen oder einen Aufruhr zu erregen, oder
3) der Brandstifter, um das Löschen des Feuers zu verhindern oder zu erschweren, Löschgeräthschaften entfernt oder unbrauchbar gemacht hat.

§. 308. Wegen Brandstiftung wird mit Zuchthaus bis zu zehn Jahren bestraft, wer vorsätzlich Gebäude, Schiffe, Hütten, Bergwerke, Magazine, Waarenvorräthe, welche auf dazu bestimmten öffentlichen Plätzen lagern, Vorräthe von landwirthschaftlichen Erzeugnissen oder von Bau- oder Brennmaterialien, Früchte auf dem Felde, Waldungen oder Torfmoore in Brand setzt, wenn diese Gegenstände entweder fremdes Eigenthum sind, oder zwar dem Brandstifter eigenthümlich gehören, jedoch ihrer Beschaffenheit und Lage nach geeignet sind, das Feuer einer der im §. 306 Nr. 1 bis 3 bezeichneten Räumlichkeiten oder einem der vorstehend bezeichneten fremden Gegenstände mitzutheilen.

Zu §§. 306, 307, 308.

1. Vgl. §§. 310, 311, 325.
2. Vgl. K.R. Hassenstein: Irrthum im Objekt und Aberration bei der Brandstiftung, Goltd. A. 19 S. 153.
3. Im Kriegszustande (§. 4 des Einf.-G. z. St.G.B. v. 31. Mai 1870) wird das mit lebenslänglichem Zuchthaus bedrohte Verbrechen gegen §. 307 (311) mit dem Tode bestraft.

Sind mildernde Umstände vorhanden, so tritt Gefängnißstrafe nicht unter sechs Monaten ein.

§. 309. Wer durch Fahrlässigkeit einen Brand der in den §§. 306 und 308 bezeichneten Art herbeiführt, wird mit Gefängniß bis zu Einem Jahre oder mit Geldstrafe bis zu neunhundert Mark und, wenn durch den Brand der Tod eines Menschen verursacht worden ist, mit Gefängniß von Einem Monat bis zu drei Jahren bestraft.

§. 310. Hat der Thäter den Brand, bevor derselbe entdeckt und ein weiterer als der durch die bloße Inbrandsetzung bewirkte Schaden entstanden war, wieder gelöscht, so tritt Straflosigkeit ein.

§. 311. Die gänzliche oder theilweise Zerstörung einer Sache durch Gebrauch von Pulver oder anderen explodirenden Stoffen ist der Inbrandsetzung der Sache gleich zu achten.

§. 312. Wer mit gemeiner Gefahr für Menschenleben vorsätzlich eine Ueberschwemmung herbeiführt, wird mit Zuchthaus nicht unter drei Jahren und, wenn durch die Ueberschwemmung der Tod eines Menschen verursacht worden ist, mit Zuchthaus nicht unter zehn Jahren oder mit lebenslänglichem Zuchthaus bestraft.

§. 313. Wer mit gemeiner Gefahr für das Eigenthum vorsätzlich eine Ueberschwemmung herbeiführt, wird mit Zuchthaus bestraft.

Ist jedoch die Absicht des Thäters nur auf Schutz seines Eigenthums gerichtet gewesen, so ist auf Gefängniß nicht unter Einem Jahre zu erkennen.

§. 314. Wer eine Ueberschwemmung mit gemeiner Gefahr für Leben oder Eigenthum durch Fahrlässigkeit herbeiführt, wird mit Gefängniß bis zu Einem Jahre und, wenn durch die Ueberschwemmung der Tod eines Menschen verursacht worden ist, mit Gefängniß von Einem Monat bis zu drei Jahren bestraft.

§. 315. Wer vorsätzlich Eisenbahnanlagen, Beförderungsmittel oder sonstiges Zubehör derselben dergestalt beschädigt, oder auf der Fahrbahn durch falsche Zeichen oder Signale oder auf andere Weise solche Hindernisse bereitet, daß dadurch der Transport in Gefahr gesetzt wird, wird mit Zuchthaus bis zu zehn Jahren bestraft.

Zu §. 309.

1. Wenn der Tod eines Menschen durch den Brand verursacht worden ist, so tritt die am Schlusse des §. 309 angedrohte härtere Strafe ein, ohne daß es darauf ankommt, ob der Mensch sich zur Zeit der That in der in Brand gesetzten Räumlichkeit befunden hat. Vgl. Oppenhoff, St.G.B. §. 309 N. 5.

2. Vgl. §§. 310 und 311.

Zu §. 310.

1. Strafausschließungsgrund ist die thätige Reue; es ist das freiwillige Unschädlichmachen einer bereits vollendeten Brandstiftung, nicht das freiwillige Abstehen vom Versuche oder die Abwendung des außerdem eingetretenen Erfolges bei dem versuchten Verbrechen in Frage. Vgl. Motive zu §. 307, Aktenstücke des Reichstags, Sitz.-Per. 1870, S. 84.

2. Nur dem Thäter, falls er selbst wieder löscht, nicht auch dem (löschenden) Anstifter oder Gehülfen wird durch den §. 310 Straflosigkeit gewährt. Vgl. Oppenhoff, St.G.B. §. 310 N. 6.

3. Die Straflosigkeit tritt auch dann ein, wenn dem Thäter ein von ihm herbeigerufener Dritter beim Löschen des Brandes geholfen hat. Eine Entdeckung des Brandes vor der Löschung ist nur da anzunehmen, wenn der Brand, bevor die Löschung gelungen ist, durch einen unbetheiligten Dritten wahrgenommen wird.

Erk. (Z. I.) Pr. O.Tr. vom 26. Februar 1875 c. Kulakowska Goltd. A. 23, S. 130; O.R. 16, S. 162.

Zu §. 312.

Im Kriegszustande (§. 4 des Einf.-G. z. St.G.B. v. 31. Mai 1870) wird das mit lebenslänglichem Zuchthaus bedrohte Verbrechen gegen den §. 312 mit dem Tode bestraft.

Zu §. 315.

1. Im Kriegszustande (§. 4 des Einf.-Ges. z. St.G.B. v. 31. Mai 1870) wird das mit lebenslänglichem Zuchthaus bedrohte Verbrechen gegen den §. 315 mit dem Tode bestraft.

2. Der §. 315 bezieht sich nur auf Lokomotiv-Eisenbahnen; auf Pferdeeisenbahnen ist er nicht anzuwenden.

Erk. (V. II.) Pr. O.A.G. vom 14. Juni 1873 c. Hennecke Goltd. A. 21, S. 453; O.R. 14, S. 427. — Erk. (V. Pl.) Pr. O.Tr. vom 2. Oktober 1875 c. Karnasch Goltd. A. 23, S. 408; O.R. 16, S. 625. — Erk. Kgl. Sächs. O.A.G. vom 20. April 1874 Goltd. A. 22, S. 667, Schwarze, A. Ger.-Zeitg. 18, S. 243.

Ist durch die Handlung eine schwere Körperverletzung verursacht worden, so tritt Zuchthausstrafe nicht unter fünf Jahren und, wenn der Tod eines Menschen verursacht worden ist, Zuchthausstrafe nicht unter zehn Jahren oder lebenslängliche Zuchthausstrafe ein.

§. 316. Wer fahrlässigerweise durch eine der vorbezeichneten Handlungen den Transport auf einer Eisenbahn in Gefahr setzt, wird mit Gefängniß bis zu Einem Jahre und, wenn durch die Handlung der Tod eines Menschen verursacht worden ist, mit Gefängniß von Einem Monat bis zu drei Jahren bestraft.

Gleiche Strafe trifft die zur Leitung der Eisenbahnfahrten und zur Aufsicht über die Bahn und den Beförderungsbetrieb angestellten Personen, wenn sie durch Vernachlässigung der ihnen obliegenden Pflichten einen Transport in Gefahr setzen.

§. 317. Wer gegen eine zu öffentlichen Zwecken dienende Telegraphenanstalt vorsätzlich Handlungen begeht, welche die Benutzung dieser Anstalt verhindern oder stören, wird mit Gefängniß von Einem Monat bis zu drei Jahren bestraft.

§. 318. Wer gegen eine zu öffentlichen Zwecken dienende Telegraphenanstalt fahrlässiger Weise Handlungen begeht, welche die Benutzung dieser Anstalt verhindern oder stören, wird mit Gefängniß bis zu Einem Jahre oder mit Geldstrafe bis zu neunhundert Mark bestraft.

Gleiche Strafe trifft die zur Beaufsichtigung und Bedienung der Telegraphen-Anstalten und ihrer Zubehörungen angestellten Personen, wenn sie durch Vernachlässigung der ihnen obliegenden Pflichten die Benutzung der Anstalt verhindern oder stören.

§. 319. Wird einer der in den §§. 316 und 318 erwähnten Angestellten wegen einer der in den §§. 315 bis 318 bezeichneten Handlungen verurtheilt, so kann derselbe zugleich für unfähig zu einer Beschäftigung im Eisenbahn- oder Telegraphendienste oder in bestimmten Zweigen dieser Dienste erklärt werden.

§. 320. Die Vorsteher einer Eisenbahngesellschaft, sowie die Vorsteher einer zu öffentlichen Zwecken dienenden Telegraphenanstalt, welche nicht sofort nach Mittheilung des rechtskräftigen Erkenntnisses die Entfernung des Verurtheilten bewirken, werden mit Geldstrafe bis zu dreihundert Mark oder mit Gefängniß bis zu drei Monaten bestraft.

Gleiche Strafe trifft denjenigen, welcher für unfähig zum Eisenbahn- oder Telegraphendienste erklärt worden ist, wenn er sich nachher bei einer Eisenbahn oder Telegraphenanstalt wieder anstellen läßt, sowie diejenigen, welche ihn wieder angestellt haben, obgleich ihnen die erfolgte Unfähigkeitserklärung bekannt war.

§. 321. Wer vorsätzlich Wasserleitungen, Schleusen, Wehre, Deiche, Dämme oder andere Wasserbauten oder Brücken, Fähren, Wege oder Schutzwehre oder dem Bergwerksbetriebe dienende Vorrichtungen zur Wasserhaltung, zur Wetterführung oder zum Ein- und Ausfahren der Arbeiter zerstört oder beschädigt, oder in schiffbaren Strömen, Flüssen oder Kanälen das Fahrwasser stört und durch eine dieser Handlungen Gefahr für das Leben oder die Gesundheit Anderer herbeiführt, wird mit Gefängniß nicht unter drei Monaten bestraft.

Ist durch eine dieser Handlungen eine schwere Körperverletzung verursacht worden, so tritt Zuchthausstrafe bis zu fünf Jahren und, wenn der Tod eines Menschen verursacht worden ist, Zuchthausstrafe nicht unter fünf Jahren ein.

§. 322. Wer vorsätzlich ein zur Sicherung der Schifffahrt bestimmtes Feuer-

---

Zu §. 316.

1. Voraussetzung der Anwendung des §. 316 ist die begründete Besorgniß einer Beschädigung; des wirklichen Eintritts eines nachtheiligen Erfolges der Fahrlässigkeit bedarf es nicht.

Erk. (V. II.) Pr. O.Tr. vom 1. Oktober 1874 c. Weibezahl Goltd. A. 22, S. 629; O.R. 15, S. 604.

2. Vgl. das Bahnpolizei-Reglement für die Eisenbahnen Deutschlands vom 4. Januar 1875 §. 60 (Centralbl. f. d. D. R., S. 57).

Zu §§. 322, 323, 324.

1. Im Kriegszustande (§. 4 des Einf.-Ges. z. St.G.B. v. 31. Mai 1870) werden die

zeichen oder ein anderes zu diesem Zwecke aufgestelltes Zeichen zerstört, wegschafft oder unbrauchbar macht, oder ein solches Feuerzeichen auslöscht oder seiner Dienstpflicht zuwider nicht aufstellt, oder ein falsches Zeichen, welches geeignet ist, die Schifffahrt unsicher zu machen, aufstellt, insbesondere zur Nachtzeit auf der Strandhöhe Feuer anzündet, welches die Schifffahrt zu gefährden geeignet ist, wird mit Zuchthaus bis zu zehn Jahren bestraft.

Ist durch die Handlung die Strandung eines Schiffes verursacht worden, so tritt Zuchthausstrafe nicht unter fünf Jahren und, wenn der Tod eines Menschen verursacht worden ist, Zuchthausstrafe nicht unter zehn Jahren oder lebenslängliche Zuchthausstrafe ein.

§. 323. Wer vorsätzlich die Strandung oder das Sinken eines Schiffes bewirkt und dadurch Gefahr für das Leben eines Anderen herbeiführt, wird mit Zuchthaus nicht unter fünf Jahren und, wenn durch die Handlung der Tod eines Menschen verursacht worden ist, mit Zuchthaus nicht unter zehn Jahren oder mit lebenslänglichem Zuchthaus bestraft.

§. 324. Wer vorsätzlich Brunnen- oder Wasserbehälter, welche zum Gebrauche Anderer dienen, oder Gegenstände, welche zum öffentlichen Verkaufe oder Verbrauche bestimmt sind, vergiftet oder denselben Stoffe beimischt, von denen ihm bekannt ist, daß sie die menschliche Gesundheit zu zerstören geeignet sind, ingleichen wer solche vergiftete oder mit gefährlichen Stoffen vermischte Sachen wissentlich und mit Verschweigung dieser Eigenschaft verkauft, feilhält, oder sonst in Verkehr bringt, wird mit Zuchthaus bis zu zehn Jahren und, wenn durch die Handlung der Tod eines Menschen verursacht worden ist, mit Zuchthaus nicht unter zehn Jahren oder mit lebenslänglichem Zuchthaus bestraft.

§. 325. Neben der nach den Vorschriften der §§. 306 bis 308, 311 bis 313, 315, 321 bis 324 erkannten Zuchthausstrafe kann auf Zulässigkeit von Polizei-Aufsicht erkannt werden.

§. 326. Ist eine der in den §§. 321 bis 324 bezeichneten Handlungen aus Fahrlässigkeit begangen worden, so ist, wenn durch die Handlung ein Schaden verursacht worden ist, auf Gefängniß bis zu Einem Jahre und, wenn der Tod eines Menschen verursacht worden ist, auf Gefängniß von Einem Monat bis zu drei Jahren zu erkennen.

§. 327. Wer die Absperrungs- oder Aufsichts-Maßregeln oder Einfuhrverbote, welche von der zuständigen Behörde zur Verhütung des Einführens oder Verbreitens einer ansteckenden Krankheit angeordnet worden sind, wissentlich verletzt, wird mit Gefängniß bis zu zwei Jahren bestraft.

Ist in Folge dieser Verletzung ein Mensch von der ansteckenden Krankheit ergriffen worden, so tritt Gefängnißstrafe von drei Monaten bis zu drei Jahren ein.

§. 328. Wer die Absperrungs- oder Aufsichts-Maßregeln oder Einfuhrverbote, welche von der zuständigen Behörde zur Verhütung des Einführens oder Verbreitens von Viehseuchen angeordnet worden sind, wissentlich verletzt, wird mit Gefängniß bis zu Einem Jahre bestraft.

---

mit lebenslänglichem Zuchthaus bedrohten Verbrechen gegen die §§. 322, 323, 324 mit dem Tode bestraft.

2. Vgl. zu §. 323 den §. 265.

Zu §. 328.

1. Vgl. das Reichsgesetz, Maaßregeln gegen die Rinderpest betreffend, vom 7. April 1869 (B.G.Bl. S. 105) nebst der revidirten Instr. vom 9. Juni 1873 (R.G.Bl. S. 147); ferner das — auf die Rinderpest keine Anwendung findende — Preußische Ges. betr. die Abwehr und Unterdrückung von Viehseuchen vom 25. Juni 1875 (Pr. G.S. S. 306); endlich das Vereinszollgesetz vom 1. Juli 1869, §. 134 (B.G.Bl. S. 317).

2. Die Verletzung einer von der zuständigen Behörde zur Abwehr der Rinderpest angeordneten „absoluten Ortssperre" ist selbst dann, wenn diese nicht durch militairische Wachen, sondern in anderer Weise zur Ausführung gebracht ist, strafbar.

Erk. (V.) Pr. O.Tr. vom 23. März 1871 c. Peiter J.M.Bl. S. 130; O.R. 12. S. 174; Goltd. A. 19, S. 553.

Ist in Folge dieser Verletzung Vieh von der Seuche ergriffen worden, so tritt Gefängnißstrafe von Einem Monat bis zu zwei Jahren ein.

§. 329. Wer die mit einer Behörde geschlossenen Lieferungsverträge über Bedürfnisse des Heeres oder der Marine zur Zeit eines Krieges, oder über Lebensmittel zur Abwendung oder Beseitigung eines Nothstandes, vorsätzlich entweder nicht zur bestimmten Zeit oder nicht in der vorbedungenen Weise erfüllt, wird mit Gefängniß nicht unter sechs Monaten bestraft; auch kann auf Verlust der bürgerlichen Ehrenrechte erkannt werden.

Liegt der Nichterfüllung des Vertrages Fahrlässigkeit zum Grunde, so ist, wenn durch die Handlung ein Schaden verursacht worden ist, auf Gefängniß bis zu zwei Jahren zu erkennen.

Dieselben Strafen finden auch gegen die Unterlieferanten, Vermittler und Bevollmächtigten des Lieferanten Anwendung, welche mit Kenntniß des Zweckes der Lieferung die Nichterfüllung derselben vorsätzlich oder aus Fahrlässigkeit verursachen.

§. 330. Wer bei der Leitung oder Ausführung eines Baues wider die allgemein anerkannten Regeln der Baukunst dergestalt handelt, daß hieraus für Andere Gefahr entsteht, wird mit Geldstrafe bis zu neunhundert Mark oder mit Gefängniß bis zu Einem Jahre bestraft.

Achtundzwanzigster Abschnitt.

Verbrechen und Vergehen im Amte.

§. 331. Ein Beamter, welcher für eine in sein Amt einschlagende, an sich nicht pflichtwidrige Handlung Geschenke oder andere Vortheile annimmt, fordert oder sich versprechen läßt, wird mit Geldstrafe bis zu dreihundert Mark oder mit Gefängniß bis zu sechs Monaten bestraft.

§. 332. Ein Beamter, welcher für eine Handlung, die eine Verletzung einer Amts- oder Dienstpflicht enthält, Geschenke oder andere Vortheile annimmt, fordert oder sich versprechen läßt, wird wegen Bestechung mit Zuchthaus bis zu fünf Jahren bestraft.

Sind mildernde Umstände vorhanden, so tritt Gefängnißstrafe ein.

§. 333. Wer einem Beamten oder einem Mitgliede der bewaffneten Macht Geschenke oder andere Vortheile anbietet, verspricht oder gewährt, um ihn zu einer Handlung, die eine Verletzung einer Amts- oder Dienstpflicht enthält, zu bestimmen, wird wegen Bestechung mit Gefängniß bestraft; auch kann auf Verlust der bürgerlichen Ehrenrechte erkannt werden.

Sind mildernde Umstände vorhanden, so kann auf Geldstrafe bis zu eintausendfünfhundert Mark erkannt werden.

§. 334. Ein Richter, Schiedsrichter, Geschworner oder Schöffe, welcher Ge-

---

Zu Abschnitt 28.

Unter Beamten sind nach §. 359 zu verstehen alle im Dienste des Reichs oder in unmittelbarem oder mittelbarem Dienste eines Bundesstaates auf Lebenszeit, auf Zeit oder nur vorläufig angestellte Personen, ohne Unterschied, ob sie einen Diensteid geleistet haben oder nicht, ingleichen Notare, nicht aber Advokaten und Anwalte.

Zu §. 333.

Eine strafbare Bestechung liegt vor, wenn ein Beamter durch das Anbieten ꝛc. eines Geschenkes zu einer Handlung bestimmt werden soll, welche er selbst für pflichtwidrig erachtet, sollte sie dies auch objectiv nicht sein. Auf Seiten des Thäters kommt es nicht darauf an, ob er selbst von der Ungesetzlichkeit der durch ihn verlangten Handlung überzeugt war, es genügt vielmehr, wenn er mit Kenntniß davon, daß der Beamte die fragliche Handlung für pflichtwidrig hält, dessen Widerspruch durch das Mittel der Bestechung zu beseitigen suchte. Denn jedem Beamten liegt es vor Allem ob, sein bestes Wissen und Gewissen als Norm seiner Handlungen gelten zu lassen. Es enthält daher schon eine pflichtwidrige Handlung desselben und zwar eine Verletzung seiner Amtspflicht, wenn er sich durch angebotene oder gewährte Geschenke bestimmen läßt, im Widerspruch mit jenem besten Wissen und Gewissen eine sein Amt berührende, ihm durch seine Ueberzeugung untersagte Handlung vorzunehmen oder, obschon er sich dazu für verpflichtet hielt, zu unterlassen.

Erk. (Z I.) Pr. O.Tr. v. 1. Juni 1871 c. Tell O.R. 12, S. 298.

schenke oder andere Vortheile fordert, annimmt oder sich versprechen läßt, um eine Rechtssache, deren Leitung oder Entscheidung ihm obliegt, zu Gunsten oder zum Nachtheile eines Betheiligten zu leiten oder zu entscheiden, wird mit Zuchthaus bestraft.

Derjenige, welcher einem Richter, Schiedsrichter, Geschworenen oder Schöffen zu dem vorbezeichneten Zwecke Geschenke oder andere Vortheile anbietet, verspricht oder gewährt, wird mit Zuchthaus bestraft. Sind mildernde Umstände vorhanden, so tritt Gefängnißstrafe ein.

§. 335. In den Fällen der §§. 331 bis 334 ist im Urtheile das Empfangene oder der Werth desselben für dem Staate verfallen zu erklären.

§. 336. Ein Beamter oder Schiedsrichter, welcher sich bei der Leitung oder Entscheidung einer Rechtssache vorsätzlich zu Gunsten oder zum Nachtheile einer Partei einer Beugung des Rechtes schuldig macht, wird mit Zuchthaus bis zu fünf Jahren bestraft.

§. 337. [ist ersetzt durch den §. 67 des Gesetzes über die Beurkundung des Personenstandes und die Eheschließung vom 6. Februar 1875 (R. G. Bl. S. 23)].

§. 338. Ein Religionsdiener oder Personenstandsbeamter, welcher, wissend, daß eine Person verheirathet ist, eine neue Ehe derselben schließt, wird mit Zuchthaus bis zu fünf Jahren bestraft.

•§. 339. Ein Beamter, welcher durch Mißbrauch seiner Amtsgewalt oder durch Androhung eines bestimmten Mißbrauchs derselben Jemand zu einer Handlung, Duldung oder Unterlassung widerrechtlich nöthigt, wird mit Gefängniß bestraft.

Der Versuch ist strafbar.

In den Fällen der §§. 106, 107, 167 und 253 tritt die daselbst angedrohte Strafe ein, wenn die Handlung von einem Beamten, wenn auch ohne Gewalt oder Drohung, aber durch Mißbrauch seiner Amtsgewalt oder Androhung eines bestimmten Mißbrauchs derselben begangen ist.

§. 340. Ein Beamter, welcher in Ausübung oder in Veranlassung der Ausübung seines Amtes vorsätzlich eine Körperverletzung begeht oder begehen läßt, wird mit Gefängniß nicht unter drei Monaten bestraft. Sind mildernde Umstände vorhanden, so kann die Strafe bis auf Einen Tag Gefängniß ermäßigt oder auf Geldstrafe bis zu neunhundert Mark erkannt werden.

Ist die Körperverletzung eine schwere, so ist auf Zuchthaus nicht unter zwei Jahren zu erkennen. Sind mildernde Umstände vorhanden, so tritt Gefängnißstrafe nicht unter drei Monaten ein.

§. 341. Ein Beamter, welcher vorsätzlich, ohne hierzu berechtigt zu sein, eine Verhaftung oder vorläufige Ergreifung und Festnahme oder Zwangsgestellung vornimmt oder vornehmen läßt, oder die Dauer einer Freiheitsentziehung verlängert, wird nach Vorschrift des §. 239, jedoch mindestens mit Gefängniß von drei Monaten bestraft.

§. 342. Ein Beamter, der in Ausübung oder in Veranlassung der Ausübung seines Amtes einen Hausfriedensbruch (§. 123) begeht, wird mit Gefängniß bis zu Einem Jahre oder mit Geldstrafe bis zu neunhundert Mark bestraft.

§. 343. Ein Beamter, welcher in einer Untersuchung Zwangsmittel anwendet oder anwenden läßt, um Geständnisse oder Aussagen zu erpressen, wird mit Zuchthaus bis zu fünf Jahren bestraft.

§. 344. Ein Beamter, welcher vorsätzlich zum Nachtheile einer Person, deren

---

Zu §. 340.

Indem der §. 340 die Begehung einer „Körperverletzung" als Merkmal des Thatbestandes hinstellt, hat er denjenigen Begriff des Wortes im Sinne, welcher der Bestimmung des §. 223 zu Grunde liegt. Hier wird nicht blos eine Verletzung der Integrität des Körpers (Beulen, Wunden), sondern neben der Beschädigung der Gesundheit auch die körperliche Mißhandlung bei Annahme einer Körperverletzung vorausgesetzt.

Erk. (Z. II.) Pr. O.A.G. vom 15. März 1871 c. Jakubowski Goltd. A. 19, S. 323.

Unschuld ihm bekannt ist, die Eröffnung oder Fortsetzung einer Untersuchung beantragt oder beschließt, wird mit Zuchthaus bestraft.

§. 345. Gleiche Strafe trifft den Beamten, welcher vorsätzlich eine Strafe vollstrecken läßt, von der er weiß, daß sie überhaupt nicht oder nicht der Art oder dem Maße nach vollstreckt werden darf.

Ist die Handlung aus Fahrlässigkeit begangen, so tritt Gefängnißstrafe oder Festungshaft bis zu Einem Jahre oder Geldstrafe bis zu neunhundert Mark ein.

§. 346. Ein Beamter, welcher vermöge seines Amtes bei Ausübung der Strafgewalt oder bei Vollstreckung der Strafe mitzuwirken hat, wird mit Zuchthaus bis zu fünf Jahren bestraft, wenn er in der Absicht, Jemand der gesetzlichen Strafe rechtswidrig zu entziehen, die Verfolgung einer strafbaren Handlung unterläßt, oder eine Handlung begeht, welche geeignet ist, eine Freisprechung oder eine dem Gesetze nicht entsprechende Bestrafung zu bewirken, oder die Vollstreckung der ausgesprochenen Strafe nicht betreibt, oder eine gelindere als die erkannte Strafe zur Vollstreckung bringt.

Sind mildernde Umstände vorhanden, so tritt Gefängnißstrafe nicht unter Einem Monat ein.

§. 347. Ein Beamter, welcher einen Gefangenen, dessen Beaufsichtigung, Begleitung oder Bewachung ihm anvertraut ist, vorsätzlich entweichen läßt oder dessen Befreiung vorsätzlich bewirkt oder befördert, wird mit Zuchthaus bis zu fünf Jahren bestraft. Sind mildernde Umstände vorhanden, so tritt Gefängnißstrafe nicht unter Einem Monat ein.

Ist die Entweichung durch Fahrlässigkeit befördert oder erleichtert worden, so tritt Gefängnißstrafe bis zu sechs Monaten oder Geldstrafe bis zu sechshundert Mark ein.

§. 348. Ein Beamter, welcher, zur Aufnahme öffentlicher Urkunden befugt, innerhalb seiner Zuständigkeit vorsätzlich eine rechtlich erhebliche Thatsache falsch beurkundet oder in öffentliche Register oder Bücher falsch einträgt, wird mit Gefängniß nicht unter Einem Monat bestraft.

Dieselbe Strafe trifft einen Beamten, welcher eine ihm amtlich anvertraute oder zugängliche Urkunde vorsätzlich vernichtet, bei Seite schafft, beschädigt oder verfälscht.

§. 349. Wird eine der im §. 348 bezeichneten Handlungen in der Absicht begangen, sich oder einem Anderen einen Vermögensvortheil zu verschaffen oder einem Anderen Schaden zuzufügen, so ist auf Zuchthaus bis zu zehn Jahren und zugleich auf Geldstrafe von einhundertfunfzig bis zu dreitausend Mark zu erkennen.

§. 350. Ein Beamter, welcher Gelder oder andere Sachen, die er in amtlicher Eigenschaft empfangen oder in Gewahrsam hat, unterschlägt, wird mit Gefängniß nicht unter drei Monaten bestraft; auch kann auf Verlust der bürgerlichen Ehrenrechte erkannt werden.

Der Versuch ist strafbar.

§. 351. Hat der Beamte in Beziehung auf die Unterschlagung die zur Eintragung oder Kontrole der Einnahmen oder Ausgaben bestimmten Rechnungen, Register oder Bücher unrichtig geführt, verfälscht oder unterdrückt, oder unrichtige Abschlüsse oder Auszüge aus diesen Rechnungen, Registern oder Büchern, oder unrichtige Beläge zu denselben vorgelegt, oder ist in Beziehung auf die Unterschlagung auf Fässern, Beuteln oder Packeten der Geldinhalt fälschlich bezeichnet, so ist auf Zuchthaus bis zu zehn Jahren zu erkennen.

Sind mildernde Umstände vorhanden, so tritt Gefängnißstrafe nicht unter sechs Monaten ein.

Zu §. 350.
Vgl. über den Begriff der Unterschlagung §. 246.

Zu §. 351.
Vgl. über die Bedeutung der Worte „den Geldinhalt fälschlich bezeichnen": Prof. Sontag in Goltd. A. 19 S. 295.

§. 352. Ein Beamter, Advokat, Anwalt oder sonstiger Rechtsbeistand, welcher Gebühren oder andere Vergütungen für amtliche Verrichtungen zu seinem Vortheile zu erheben hat, wird, wenn er Gebühren oder Vergütungen erhebt, von denen er weiß, daß der Zahlende sie überhaupt nicht oder nur in geringerem Betrage verschuldet, mit Geldstrafe bis zu dreihundert Mark oder mit Gefängniß bis zu Einem Jahre bestraft.

Der Versuch ist strafbar.

§. 353. Ein Beamter, welcher Steuern, Gebühren oder andere Abgaben für eine öffentliche Kasse zu erheben hat, wird, wenn er Abgaben, von denen er weiß, daß der Zahlende sie überhaupt nicht oder nur in geringerem Betrage verschuldet, erhebt, und das rechtswidrig Erhobene ganz oder zum Theil nicht zur Kasse bringt, mit Gefängniß nicht unter drei Monaten bestraft.

Gleiche Strafe trifft den Beamten, welcher bei amtlichen Ausgaben an Geld oder Naturalien dem Empfänger vorsätzlich und rechtswidrig Abzüge macht und die Ausgaben als vollständig geleistet in Rechnung stellt.

§. 353a. Ein Beamter im Dienste des Auswärtigen Amtes des Deutschen Reichs, welcher die Amtsverschwiegenheit dadurch verletzt, daß er ihm amtlich anvertraute oder zugängliche Schriftstücke oder eine ihm von seinem Vorgesetzten ertheilte Anweisung oder deren Inhalt Anderen widerrechtlich mittheilt, wird, sofern nicht nach anderen Bestimmungen eine schwerere Strafe verwirkt ist, mit Gefängniß oder mit Geldstrafe bis zu fünftausend Mark bestraft.

Gleiche Strafe trifft einen mit einer auswärtigen Mission betrauten oder bei einer solchen beschäftigten Beamten, welcher den ihm durch seinen Vorgesetzten amtlich ertheilten Anweisungen vorsätzlich zuwiderhandelt, oder welcher in der Absicht, seinen Vorgesetzten in dessen amtlichen Handlungen irrezuleiten, demselben erdichtete oder entstellte Thatsachen berichtet.

§. 354. Ein Postbeamter, welcher die der Post anvertrauten Briefe oder Packete in anderen, als den im Gesetze vorgesehenen Fällen eröffnet oder unterdrückt, oder einem Anderen wissentlich eine solche Handlung gestattet, oder ihm dabei wissentlich Hülfe leistet, wird mit Gefängniß nicht unter drei Monaten bestraft.

§. 355. Telegraphenbeamte oder andere mit der Beaufsichtigung und Bedienung einer zu öffentlichen Zwecken dienenden Telegraphenanstalt betraute Personen, welche die einer Telegraphenanstalt anvertrauten Depeschen verfälschen oder in anderen, als in den im Gesetze vorgesehenen Fällen eröffnen oder unterdrücken, oder von ihrem Inhalte Dritte rechtswidrig benachrichtigen, oder einem Anderen wissentlich eine solche Handlung gestatten oder ihm dabei wissentlich Hülfe leisten, werden mit Gefängniß nicht unter drei Monaten bestraft.

§. 356. Ein Advokat, Anwalt oder ein anderer Rechtsbeistand, welcher bei den ihm vermöge seiner amtlichen Eigenschaft anvertrauten Angelegenheiten in derselben Rechtssache beiden Parteien durch Rath oder Beistand pflichtwidrig dient, wird mit Gefängniß nicht unter drei Monaten bestraft.

Handelt derselbe im Einverständnisse mit der Gegenpartei zum Nachtheile seiner Partei, so tritt Zuchthausstrafe bis zu fünf Jahren ein.

§. 357. Ein Amtsvorgesetzter, welcher seine Untergebenen zu einer strafbaren Handlung im Amte vorsätzlich verleitet oder zu verleiten unternimmt, oder eine solche strafbare Handlung seiner Untergebenen wissentlich geschehen läßt, hat die auf diese strafbare Handlung angedrohte Strafe verwirkt.

Dieselbe Bestimmnng findet auf einen Beamten Anwendung, welchem eine

---

Zu §. 354.

1. Das Gesetz über das Postwesen vom 28. Oktober 1871 (R.G.Bl. S. 347) erklärt im §. 5 das Briefgeheimniß für unverletzlich, läßt aber die Ausnahmen zu, welche durch die Landesgesetze bei strafgerichtlichen Untersuchungen und in Konkurs- und prozessualischen Fällen bestimmt sind.

2. Es ist als Unterdrückung eines Briefes anzusehen, wenn ein Postbeamter einen an ihn selbst adressirten mit Vorschuß belasteten Brief ohne Erlegung des Postvorschusses an sich nimmt.

Erk. (Z. I.) Pr. O.Tr. vom 15. Oktober 1873 c. Metzdorf Goltd. A. 21, S. 571; O.R. 14, S. 638.

Aufsicht oder Kontrole über die Amtsgeschäfte eines anderen Beamten übertragen ist, sofern die von diesem letzteren Beamten begangene strafbare Handlung die zur Aufsicht oder Kontrole gehörenden Geschäfte betrifft.

§. 358. Neben der nach Vorschrift der §§. 331, 339 bis 341, 352 bis 355 und 357 erkannten Gefängnißstrafe kann auf Verlust der Fähigkeit zur Bekleidung öffentlicher Aemter auf die Dauer von Einem bis zu fünf Jahren erkannt werden.

§. 359. Unter Beamten im Sinne dieses Strafgesetzes sind zu verstehen alle im Dienste des Reichs oder in unmittelbarem oder mittelbarem Dienste eines Bundesstaats, auf Lebenszeit, auf Zeit oder nur vorläufig angestellte Personen, ohne Unterschied, ob sie einen Diensteid geleistet haben oder nicht, ingleichen Notare, nicht aber Advokaten und Anwalte.

Neunundzwanzigster Abschnitt.

Uebertretungen.

§. 360. Mit Geldstrafe bis zu einhundertfunfzig Mark oder mit Haft wird bestraft:

1) wer ohne besondere Erlaubniß Risse von Festungen oder einzelnen Festungswerken aufnimmt oder veröffentlicht;
2) wer außerhalb seines Gewerbebetriebes heimlich oder wider das Verbot der Behörde Vorräthe von Waffen oder Schießbedarf aufsammelt;
3) wer als beurlaubter Reservist oder Wehrmann der Land- oder Seewehr ohne Erlaubniß auswandert, ebenso wer als Ersatzreservist erster Klasse auswandert, ohne von seiner bevorstehenden Auswanderung der Militairbehörde Anzeige erstattet zu haben;
4) wer ohne schriftlichen Auftrag einer Behörde Stempel, Siegel, Stiche, Platten oder andere Formen, welche zur Anfertigung von Metall- oder Papiergeld, oder von solchen Papieren, welche nach §. 149 dem Papiergelde gleichgeachtet werden, oder von Stempelpapier, Stempelmarken, Stempelblanketten, Stempelabdrücken, öffentlichen Bescheinigungen oder Beglaubigungen dienen können, anfertigt oder an einen Anderen als die Behörde verabfolgt;
5) wer ohne schriftlichen Auftrag einer Behörde den Abdruck der in Nr. 4 genannten Stempel, Siegel, Stiche, Platten oder Formen, oder einen Druck von Formularen zu den daselbst bezeichneten öffentlichen Papieren, Beglaubigungen oder Bescheinigungen unternimmt, oder Abdrücke an einen Anderen, als die Behörde, verabfolgt;
6) wer Waaren-Empfehlungskarten, Ankündigungen oder andere Drucksachen oder Abbildungen, welche in der Form oder Verzierung dem Papiergelde oder den dem Papiergelde nach §. 149 gleichgeachteten Papieren ähnlich sind, anfertigt oder verbreitet, oder wer Stempel, Stiche, Platten oder andere Formen, welche zur Anfertigung von solchen Drucksachen oder Abbildungen dienen können, anfertigt;

Zu §. 359.

Von der Regel des §. 359 weicht die Bestimmung des §. 68 Alin. 2 des Bahnpolizei-Reglements für die Eisenbahnen Deutschlands vom 4. Januar 1875 (Centralbl. f. d. D. R. 57) insofern ab, als sie die Erlangung der Rechte eines öffentlichen Polizeibeamten für einen Bahnpolizeibeamten von seiner vorgängigen Vereidigung abhängig macht.

Zu §. 360.

Nr. 3.

1. Die Verjährung der Uebertretung des §. 360 Nr. 3 beginnt nicht mit der Auswanderung, sondern erst mit dem Ende des strafbaren Verhaltens, also mit dem Aufhören der Militärpflicht oder mit der Rückkehr in das Reichsgebiet.

Erk. Pr. O.Tr. vom 1. Juni 1872 Goltd. A. 20, S. 407.

2. Vgl. §. 15 des Ges., betr. die Verpflichtung zum Kriegsdienste vom 9. November 1867 (B.G.Bl. S. 131) und §. 69 N. 8 des Reichs-Militärgesetzes vom 2. Mai 1874 (R.G.Bl. S. 64). Vgl. Herbst: die Militärdienstpflicht und unerlaubte Auswanderung der Reservisten und Wehrmänner in Goltd. A. 22, S. 89.

7) wer unbefugt die Abbildung des Kaiserlichen Wappens oder von Wappen eines Bundesfürsten oder von Landes-Wappen gebraucht;

8) wer unbefugt eine Uniform, eine Amtskleidung, ein Amtszeichen, einen Orden oder ein Ehrenzeichen trägt oder Titel, Würden oder Adelsprädikate annimmt, ingleichen wer sich eines ihm nicht zukommenden Namens einem zuständigen Beamten gegenüber bedient;

9) wer gesetzlichen Bestimmungen zuwider ohne Genehmigung der Staatsbehörde Aussteuer-, Sterbe- oder Wittwenkassen, Versicherungsanstalten oder andere dergleichen Gesellschaften oder Anstalten errichtet, welche bestimmt sind, gegen Zahlung eines Einkaufsgeldes oder gegen Leistung von Geldbeiträgen beim Eintritte gewisser Bedingungen oder Fristen, Zahlungen an Kapital oder Rente zu leisten;

10) wer bei Unglücksfällen oder gemeiner Gefahr oder Noth von der Polizeibehörde oder deren Stellvertreter zur Hülfe aufgefordert, keine Folge leistet, obgleich er der Aufforderung ohne erhebliche eigene Gefahr genügen konnte;

11) wer ungebührlicherweise ruhestörenden Lärm erregt oder wer groben Unfug verübt;

12) wer als Pfandleiher oder Rückkaufshändler bei Ausübung seines Gewerbes den darüber erlassenen Anordnungen zuwiderhandelt;

13) wer öffentlich oder in Aergerniß erregender Weise Thiere boshaft quält oder roh mißhandelt;

14) wer unbefugt auf einem öffentlichen Wege, einer Straße, einem öffentlichen Platze oder in einem öffentlichen Versammlungsorte Glücksspiele hält.

In den Fällen der Nummern 1, 2, 4, 5, 6 und 14 kann neben der Geldstrafe oder der Haft auf Einziehung der Risse von Festungen oder Festungswerken, der Vorräthe von Waffen oder Schießbedarf, der Stempel, Siegel, Stiche, Platten oder anderen Formen, der Abdrücke oder Abbildungen oder der auf dem Spieltische oder in der Bank befindlichen Gelder erkannt werden, ohne Unterschied, ob sie dem Verurtheilten gehören oder nicht.

§. 361. Mit Haft wird bestraft:

1) wer, nachdem er unter Polizei-Aufsicht gestellt worden ist, den in Folge derselben ihm auferlegten Beschränkungen zuwiderhandelt;

2) wer, nachdem er des Bundesgebietes oder des Gebietes eines Bundesstaats verwiesen ist, ohne Erlaubniß zurückkehrt;

Zu §. 360.

Nr. 7.

3. Vgl. die Kaiserl. Erlasse vom 3. August 1871 N. 2 und vom 16. März 1872, sowie die Bek. des Reichskanzlers vom 11. April 1872, nach denen der Gebrauch und die Abbildung des Kaiserl. Adlers, außer in der Form eines Wappenschildes, allen deutschen Fabrikanten zur Bezeichnung ihrer Waaren oder Etiketten gestattet ist. (R.G.Bl. 1871, S. 318, 1872, S. 90 u. 93.)

Nr. 10.

4. Vgl. §. 9 der Strandungsord. vom 17. Mai 1874 (R.G.Bl. S. 73).

Nr. 11.

1. Die Strafvorschrift ist nur auf solche Handlungen anzuwenden, durch welche die allgemeine, öffentliche Ordnung gestört wird. Vgl. Oppenhoff, St.G.B. §. 360 N. 81 und 83.

Nr. 12.

2. Vgl. §§. 35 und 38 der Gewerbeordnung v. 21. Juni 1869.

Zum Schluß-Alinea.

3. Vgl. die Anm. zu §. 42.

Zu §. 361.

Nr. 1.

1. Vgl. §§. 38, 39 u. die Anm. zu §§. 39 und 62.

Nr. 2.

2. Ein Deutscher kann aus dem Bundesgebiete (vgl. jedoch Anm. 3) und aus dem Gebiete eines Bundesstaates, in welchem er heimathberechtigt ist, überhaupt nicht und aus dem Gebiete eines anderen Bundesstaates nur dann ausgewiesen werden, wenn er, einer Bestrafung wegen, durch die Polizeibehörde in einem Bundesstaate Aufenthaltsbeschränkungen unterworfen worden, oder wenn er in einem Bundesstaate innerhalb der letzten zwölf Monate wegen wiederholten Bettelns oder wegen wiederholter Landstreicherei bestraft worden ist. Vgl. §§. 3 und 12 des Ges. über die Freizügigkeit v. 1. November 1867 (B.G.Bl. S. 55.)

3) wer als Landstreicher umherzieht;
4) wer bettelt oder Kinder zum Betteln anleitet oder ausschickt, oder Personen, welche seiner Gewalt und Aufsicht untergeben sind und zu seiner Hausgenossenschaft gehören, vom Betteln abzuhalten unterläßt;
5) wer sich dem Spiel, Trunk oder Müßiggang dergestalt hingibt, daß er in einen Zustand geräth, in welchem zu seinem Unterhalte oder zum Unterhalte derjenigen, zu deren Ernährung er verpflichtet ist, durch Vermittelung der Behörde fremde Hülfe in Anspruch genommen werden muß;
6) eine Weibsperson, welche wegen gewerbsmäßiger Unzucht einer polizeilichen Aufsicht unterstellt ist, wenn sie den in dieser Hinsicht zur Sicherung der Gesundheit, der öffentlichen Ordnung und des öffentlichen Anstandes erlassenen polizeilichen Vorschriften zuwiderhandelt, oder welche, ohne einer solchen Aufsicht unterstellt zu sein, gewerbsmäßig Unzucht treibt;
7) wer, wenn er aus öffentlichen Armenmitteln eine Unterstützung empfängt, sich aus Arbeitsscheu weigert, die ihm von der Behörde angewiesene, seinen Kräften angemessene Arbeit zu verrichten;
8) wer nach Verlust seines bisherigen Unterkommens binnen der ihm von der zuständigen Behörde bestimmten Frist sich kein anderweitiges Unterkommen verschafft hat und auch nicht nachweisen kann, daß er solches der von ihm angewandten Bemühungen ungeachtet nicht vermocht habe.
9) wer Kinder oder andere unter seiner Gewalt stehende Personen, welche seiner Aufsicht untergeben sind und zu seiner Hausgenossenschaft gehören, von der Begehung von Diebstählen, sowie von der Begehung strafbarer Verletzungen der Zoll- oder Steuergesetze, oder der Gesetze zum Schutze der Forsten, der Feldfrüchte, der Jagd oder der Fischerei abzuhalten unterläßt. Die Vorschriften dieser Gesetze über die Haftbarkeit für die den Thäter treffenden Geldstrafen oder anderen Geldleistungen werden hierdurch nicht berührt.

In den Fällen der Nr. 9 kann statt der Haft auf Geldstrafe bis zu einhundertfunfzig Mark erkannt werden.

§. 362. Die nach Vorschrift des §. 361, Nr. 3 bis 8 Verurtheilten können zu Arbeiten, welche ihren Fähigkeiten und Verhältnissen angemessen sind, innerhalb und, sofern sie von anderen freien Arbeitern getrennt gehalten werden, auch außerhalb der Strafanstalt angehalten werden.

Bei der Verurtheilung zur Haft kann zugleich erkannt werden, daß die verurtheilte Person nach verbüßter Strafe der Landespolizeibehörde zu überweisen sei. Die Landespolizeibehörde erhält dadurch die Befugniß, die verurtheilte Person entweder bis zu zwei Jahren in ein Arbeitshaus unterzubringen oder zu gemeinnützigen Arbeiten zu verwenden. Im Falle des §. 361 Nr. 4 ist dieses jedoch nur dann zulässig, wenn der Verurtheilte in den letzten drei Jahren wegen dieser Ueber-

---

3. Geistliche und andere Religionsdiener, welche durch gerichtliches Urtheil aus dem Amte entlassen sind und hierauf sich das Amt ausdrücklich anmaßen oder thatsächlich dasselbe ausüben, oder einer Verfügung der Landespolizeibehörde zuwider sich an ihnen untersagten Orten aufhalten, sowie Personen, welche wegen Vornahme von Amtshandlungen in einem Kirchenamte, das den Vorschriften der Staatsgesetze zuwider ihnen übertragen oder von ihnen übernommen ist, rechtskräftig zu Strafe verurtheilt worden sind, können durch Verfügung der Centralbehörde des Heimathsstaats ihrer Staatsangehörigkeit verlustig erklärt und aus dem Bundesgebiet ausgewiesen werden. Vgl. §§. 1, 2 des Ges., betr. die Verhinderung der unbefugten Ausübung von Kirchenämtern vom 4. Mai 1874.

4. Ausländer können aus dem Gebiete eines Bundesstaates verwiesen werden, sobald das Interesse der öffentlichen Ordnung, Ruhe und Sicherheit es erheischt; die Ausweisung aus dem Bundesgebiete ist dagegen nur in den Fällen der §§. 39 Nr. 2, 284, 362, zulässig. Vgl. Motive zu §§. 38, 39.

Zu §. 361.

Nr. 8.

Es genügt zur Herstellung des gesetzlichen Begriffs eines „Unterkommens" nicht, daß der Besitz einer Wohnung dargethan ist: es ist darunter vielmehr auch die nothwendige Nahrung und Verpflegung zu verstehen.

Erk. (V. I.) Pr. O.Tr. vom 21. Februar 1873 c. Schlaffke, Goltd. A. 21, S. 295; O.R. 14, S. 162.

tretung mehrmals rechtskräftig verurtheilt worden ist, oder wenn derselbe unter Drohungen oder mit Waffen gebettelt hat.

Ist gegen einen Ausländer auf Ueberweisung an die Landespolizeibehörde erkannt, so kann an Stelle der Unterbringung in ein Arbeitshaus Verweisung aus dem Bundesgebiete eintreten.

§. 363. Wer, um Behörden oder Privatpersonen zum Zwecke seines besseren Fortkommens oder des besseren Fortkommens eines Anderen zu täuschen, Pässe, Militairabschiede, Wanderbücher oder sonstige Legitimationspapiere, Dienst- oder Arbeitsbücher oder sonstige auf Grund besonderer Vorschriften auszustellende Zeugnisse, sowie Führungs- oder Fähigkeitszeugnisse falsch anfertigt oder verfälscht, oder wissentlich von einer solchen falschen oder verfälschten Urkunde Gebrauch macht, wird mit Haft oder mit Geldstrafe bis zu einhundertfunfzig Mark bestraft.

Gleiche Strafe trifft denjenigen, welcher zu demselben Zwecke von solchen für einen Anderen ausgestellten echten Urkunden, als ob sie für ihn ausgestellt seien, Gebrauch macht, oder welcher solche für ihn ausgestellte Urkunden einem Anderen zu dem gedachten Zwecke überläßt.

§. 364. Mit Geldstrafe bis zu einhundertfunfzig Mark wird bestraft, wer wissentlich schon einmal verwendetes Stempelpapier nach gänzlicher oder theilweiser Entfernung der darauf gesetzten Schriftzeichen oder schon einmal verwendete Stempelmarken, Stempelblankette oder ausgeschnittene oder sonst abgetrennte Stempelabdrücke der im §. 276 bezeichneten Art veräußert oder feilhält.

§. 365. Wer in einer Schankstube oder an einem öffentlichen Vergnügungsorte über die gebotene Polizeistunde hinaus verweilt, ungeachtet der Wirth, sein Vertreter oder ein Polizeibeamter ihn zum Fortgehen aufgefordert hat, wird mit Geldstrafe bis zu funfzehn Mark bestraft.

Der Wirth, welcher das Verweilen seiner Gäste über die gebotene Polizeistunde hinaus duldet, wird mit Geldstrafe bis zu sechzig Mark oder mit Haft bis zu vierzehn Tagen bestraft.

§. 366. Mit Geldstrafe bis zu sechzig Mark oder mit Haft bis zu vierzehn Tagen wird bestraft:

1) wer den gegen die Störung der Feier der Sonn- und Festtage erlassenen Anordnungen zuwiderhandelt;
2) wer in Städten oder Dörfern übermäßig schnell fährt oder reitet, oder auf öffentlichen Straßen oder Plätzen der Städte oder Dörfer mit gemeiner Gefahr Pferde einfährt oder zureitet;
3) wer auf öffentlichen Wegen, Straßen, Plätzen oder Wasserstraßen das Vorbeifahren Anderer muthwillig verhindert;
4) wer in Städten mit Schlitten ohne feste Deichsel oder ohne Geläute oder Schelle fährt;
5) wer Thiere in Städten oder Dörfern, auf öffentlichen Wegen, Straßen oder Plätzen, oder an anderen Orten, wo sie durch Ausreißen, Schlagen oder auf andere Weise Schaden anrichten können, mit Vernachlässigung der erforderlichen Sicherheitsmaßregeln stehen läßt oder führt;
6) wer Hunde auf Menschen hetzt;
7) wer Steine oder andere harte Körper oder Unrath auf Menschen, auf Pferde oder andere Zug- oder Lastthiere, gegen fremde Häuser, Gebäude oder Einschließungen, oder in Gärten oder eingeschlossene Räume wirft;
8) wer nach einer öffentlichen Straße oder Wasserstraße oder nach Orten hinaus, wo Menschen zu verkehren pflegen, Sachen, durch deren Umstürzen oder Herab-

---

Zu §. 362. Alin. 3.

Die Verweisung eines Ausländers aus dem Bundesgebiete ist, wenn sie an Stelle der Unterbringung in ein Arbeitshaus eintritt, nur für die in Alin. 2 erwähnte Dauer von längstens 2 Jahren gestattet.

Zu §. 364.

Die Vorschrift des §. 364 ist auf Post- und Telegraphen-Freimarken nicht auszudehnen. Vgl. Oppenhoff, St.G.B. §. 364, Note 4.

fallen Jemand beschädigt werden kann, ohne gehörige Befestigung aufstellt oder aufhängt, oder Sachen auf eine Weise ausgießt oder auswirft, daß dadurch Jemand beschädigt oder verunreinigt werden kann;

9) wer auf öffentlichen Wegen, Straßen, Plätzen oder Wasserstraßen Gegenstände, durch welche der freie Verkehr gehindert wird, aufstellt, hinlegt oder liegen läßt;

10) wer die zur Erhaltung der Sicherheit, Bequemlichkeit, Reinlichkeit und Ruhe auf den öffentlichen Wegen, Straßen, Plätzen oder Wasserstraßen erlassenen Polizeiverordnungen übertritt.

§. 366a. Wer die zum Schutze der Dünen und der Fluß- und Meeresufer, sowie der auf denselben vorhandenen Anpflanzungen und Anlagen erlassenen Polizei-Verordnungen übertritt, wird mit Geldstrafe bis zu einhundertfunfzig Mark oder mit Haft bestraft.

§. 367. Mit Geldstrafe bis zu einhundertfunfzig Mark oder mit Haft wird bestraft:

1) wer ohne Vorwissen der Behörde einen Leichnam beerdigt oder bei Seite schafft, oder wer unbefugt einen Theil einer Leiche aus dem Gewahrsam der dazu berechtigten Personen wegnimmt;

2) wer den polizeilichen Anordnungen über vorzeitige Beerdigungen entgegenhandelt;

3) wer ohne polizeiliche Erlaubniß Gift oder Arzeneien, soweit der Handel mit denselben nicht freigegeben ist, zubereitet, feilhält, verkauft oder sonst an Andere überläßt;

4) wer ohne die vorgeschriebene Erlaubniß Schießpulver oder andere explodirende Stoffe oder Feuerwerke zubereitet;

5) wer bei der Aufbewahrung oder bei der Beförderung von Giftwaaren, Schießpulver oder Feuerwerken oder bei der Aufbewahrung, Beförderung, Verausgabung oder Verwendung von Sprengstoffen oder anderen explodirenden Stoffen, oder bei Ausübung der Befugniß zur Zubereitung oder Feilhaltung dieser Gegenstände, sowie der Arzeneien, die deshalb ergangenen Verordnungen nicht befolgt;

6) wer Waaren, Materialien oder andere Vorräthe, welche sich leicht von selbst entzünden oder leicht Feuer fangen, an Orten oder in Behältnissen aufbewahrt, wo ihre Entzündung gefährlich werden kann, oder wer Stoffe, die nicht ohne Gefahr einer Entzündung bei einander liegen können, ohne Absonderung aufbewahrt;

7) wer verfälschte oder verdorbene Getränke oder Eßwaaren, insbesondere trichinenhaltiges Fleisch feilhält oder verkauft;

8) wer ohne polizeiliche Erlaubniß an bewohnten oder von Menschen besuchten Orten Selbstgeschosse, Schlageisen oder Fußangeln legt, oder an solchen Orten mit Feuergewehr oder anderem Schießwerkzeuge schießt, oder Feuerwerkskörper abbrennt;

9) wer einem gesetzlichen Verbot zuwider Stoß-, Hieb- oder Schußwaffen, welche in Stöcken oder Röhren oder in ähnlicher Weise verborgen sind, feilhält oder mit sich führt;

10) wer bei einer Schlägerei, in welche er nicht ohne sein Verschulden hineingezogen worden ist, oder bei einem Angriff sich einer Waffe, insbesondere eines Messers oder eines anderen gefährlichen Werkzeuges bedient;

11) wer ohne polizeiliche Erlaubniß gefährliche wilde Thiere hält, oder wilde oder bösartige Thiere frei umherlaufen läßt, oder in Ansehung ihrer die

---

Zu §. 367.

Nr. 2.

Die Anordnungen sind als polizeiliche bezeichnet, weil ihr Zweck ein polizeilicher ist. Es macht jedoch keinen Unterschied, ob sie in einem Gesetze oder von einer Polizeibehörde in einer Verordnung erlassen sind. Vgl. Oppenhoff, St.G.B. § 367, Note 11.

erforderlichen Vorsichtsmaßregeln zur Verhütung von Beschädigungen unterläßt;

12) wer auf öffentlichen Straßen, Wegen oder Plätzen, auf Höfen, in Häusern und überhaupt an Orten, an welchen Menschen verkehren, Brunnen, Keller, Gruben, Oeffnungen oder Abhänge dergestalt unverdeckt oder unverwahrt läßt, daß daraus Gefahr für Andere entstehen kann;

13) wer trotz der polizeilichen Aufforderung es unterläßt, Gebäude, welche den Einsturz drohen, auszubessern oder niederzureißen;

14) wer Bauten oder Ausbesserungen von Gebäuden, Brunnen, Brücken, Schleusen oder anderen Bauwerken vornimmt, ohne die von der Polizei angeordneten oder sonst erforderlichen Sicherungsmaßregeln zu treffen;

15) wer als Bauherr, Baumeister oder Bauhandwerker einen Bau oder eine Ausbesserung, wozu die polizeiliche Genehmigung erforderlich ist, ohne diese Genehmigung oder mit eigenmächtiger Abweichung von dem durch die Behörde genehmigten Bauplane ausführt oder ausführen läßt.

In den Fällen der Nr. 7 bis 9 kann neben der Geldstrafe oder der Haft auf die Einziehung der verfälschten oder verdorbenen Getränke oder Eßwaaren, ingleichen der Selbstgeschosse, Schlageisen oder Fußangeln, sowie der verbotenen Waffen erkannt werden, ohne Unterschied, ob sie dem Verurtheilten gehören oder nicht.

§. 368. Mit Geldstrafe bis zu sechzig Mark oder mit Haft bis zu vierzehn Tagen wird bestraft:

1) wer den polizeilichen Anordnungen über die Schließung der Weinberge zuwiderhandelt;

2) wer das durch gesetzliche oder polizeiliche Anordnungen gebotene Raupen unterläßt;

3) wer ohne polizeiliche Erlaubniß eine neue Feuerstätte errichtet oder eine bereits vorhandene an einen andern Ort verlegt;

4) wer es unterläßt, dafür zu sorgen, daß die Feuerstätten in seinem Hause in baulichem und brandsicherem Zustande unterhalten oder daß die Schornsteine zur rechten Zeit gereinigt werden;

5) wer Scheunen, Ställe, Böden und andere Räume, welche zur Aufbewahrung feuerfangender Sachen dienen, mit unverwahrtem Feuer oder Licht betritt oder sich denselben mit unverwahrtem Feuer oder Licht nähert;

6) wer an gefährlichen Stellen in Wäldern oder Haiden oder in gefährlicher Nähe von Gebäuden oder feuerfangenden Sachen Feuer anzündet;

7) wer in gefährlicher Nähe von Gebäuden oder feuerfangenden Sachen mit Feuergewehr schießt oder Feuerwerke abbrennt;

8) wer die polizeilich vorgeschriebenen Feuerlöschgeräthschaften überhaupt nicht oder nicht in brauchbarem Zustande hält oder andere feuerpolizeiliche Anordnungen nicht befolgt;

9) wer unbefugt über Gärten oder Weinberge, oder vor beendeter Ernte über Wiesen oder bestellte Aecker, oder über solche Aecker, Wiesen, Weiden oder Schonungen, welche mit einer Einfriedigung versehen sind, oder deren Betreten durch Warnungszeichen untersagt ist, oder auf einem durch Warnungszeichen geschlossenen Privatwege geht, fährt, reitet oder Vieh treibt;

10) wer ohne Genehmigung des Jagdberechtigten oder ohne sonstige Befugniß auf einem fremden Jagdgebiete außerhalb des öffentlichen, zum gemeinen

---

Zu §. 367 zum Schluß-Alinea.

3. Vgl. die Anm. 3 zu §. 42.

Zu §. 368.
Nr. 1.

1. Vgl. die Anm. 1 zu §. 367 Nr. 2.

Zu §. 368.
Nr. 10.

2. Zur Anwendung der Strafvorschrift des §. 368 Nr. 10 genügt es, daß Jemand nachweislich ein fremdes Jagdrevier betreten hat, sollte er auch nicht betroffen worden sein. Vgl. Oppenhoff, St.G.B. §. 363 N. 42.

Gebrauche bestimmten Weges, wenn auch nicht jagend, doch zur Jagd ausgerüstet, betroffen wird;

11) wer unbefugt Eier oder Junge von jagdbarem Federwild oder von Singvögeln ausnimmt.

§. 369. Mit Geldstrafe bis zu einhundert Mark oder mit Haft bis zu vier Wochen werden bestraft:

1) Schlosser, welche ohne obrigkeitliche Anweisung oder ohne Genehmigung des Inhabers einer Wohnung Schlüssel zu Zimmern oder Behältnissen in der letzteren anfertigen oder Schlösser an denselben öffnen, ohne Genehmigung des Hausbesitzers oder seines Stellvertreters einen Hausschlüssel anfertigen, oder ohne Erlaubniß der Polizeibehörde Nachschlüssel oder Dietriche verabfolgen;

2) Gewerbtreibende, bei denen zum Gebrauche in ihrem Gewerbe geeignete, mit dem gesetzlichen Eichungsstempel nicht versehene oder unrichtige Maße, Gewichte oder Waagen vorgefunden werden, oder welche sich einer anderen Verletzung der Vorschriften über die Maß- und Gewichtspolizei schuldig machen;

3) Gewerbtreibende, welche in Feuer arbeiten, wenn sie die Vorschriften nicht befolgen, welche von der Polizeibehörde wegen Anlegung und Verwahrung ihrer Feuerstätten, sowie wegen der Art und der Zeit, sich des Feuers zu bedienen, erlassen sind.

Im Falle der Nr. 2 ist neben der Geldstrafe oder der Haft auf die Einziehung der vorschriftswidrigen Maße, Gewichte, Waagen oder sonstigen Meßwerkzeuge zu erkennen.

§. 370. Mit Geldstrafe bis zu einhundertfunfzig Mark oder mit Haft wird bestraft:

1) wer unbefugt ein fremdes Grundstück, einen öffentlichen oder Privatweg oder einen Grenzrain durch Abgraben oder Abpflügen verringert;

Zu §. 369.

Nr. 2.

1. Vgl. die Maß- und Gewichts-Ordnung vom 17. August 1868 (B.G.Bl. S. 473), das Ges. wegen Ergänzung derselben vom 10. März 1870 (B.G.Bl. S. 46) und das Ges., betr. die Abänderung derselben vom 7. Dezember 1873 (R.G.Bl. S. 377), das Ges. betr. die Einführung der M. u. G.O. in Bayern vom 26. November 1871 (R.G.Bl. S. 397), das Ges. betr. ihre Einführung in Elsaß-Lothringen vom 19. Dezember 1874 (vom 1. Juli 1875 an) (R.G.Bl. 1875, S. 1); die Bekanntmachung, betr. die äußeren Grenzen der im öffentlichen Verkehr noch zu duldenden Abweichungen der Maße, Gewichte und Waagen von der absoluten Richtigkeit, v. 6. Dezember 1869 (B.G.Bl. S. 698); die Eich-Ordnung v. 16. Juli 1869 (Beil. zu Nr. 32 des B.G.Bl. 1869), nebst den Nachträgen a) v. 30. Juni 1870 (Beil. zu Nr. 29 des B.G.Bl. 1870), b) vom 6. Mai 1871 (Beil. zu Nr. 23 des R.G.Bl. 1871), c) vom 31. Januar 1872 (Beil. zu Nr. 12 des R.G.Bl. 1872), d) vom 25. Juni 1872 (Beil. zu Nr. 26 des R.G.Bl. 1872), e) vom 28. Juni 1873 (Centralbl. f. d. D. R. S. 215), f) vom 3. März 1874 (Centralbl. S. 167), g) vom 28. September 1875 (Centralbl. S. 711); die Bekanntmachung der Vorschriften über die Eichung und Stempelung von Maßen und Meßwerkzeugen für Brennmaterialien, sowie für Kalk und andere Mineral-Produkte, v. 15. Februar 1871 (Beil. zu Nr. 11 des B.G.Bl. 1871), nebst dem Nachtrage vom 31. Januar 1872 (Beil. zu Nr. 12 des R.G.Bl. 1872); die Bekanntmachung, betr. die bei Maßen und Meßwerkzeugen für Brennmaterialien rc. und bei Hökerwaagen im öffentlichen Verkehr noch zu duldenden Abweichungen von der absoluten Richtigkeit v. 16. August 1871 (R.G.Bl. S. 328); die Bekanntmachung der Vorschriften über die Eichung und Stempelung der Goldmünz-Gewichte, vom 31. Januar 1872 (Beil. zu Nr. 12 des R.G.Bl. 1872); die Bekanntmachung der Vorschriften über die Eichung und Stempelung der Meßapparate für Flüssigkeiten, vom 19. März 1872 (Beil. zu Nr. 12 des R.G.Bl 1872); die Bekanntmachung, betr. die Anwendung von Präzisionswaagen in den Offizinen der Apotheken, vom 1. Mai 1872 (Beil. zu Nr. 14 des R.G.Bl.); die Bekanntmachung der Vorschriften über die Zulassung von Federwaagen zur Eichung und Stempelung und zur Anwendung beim Wägen von Eisenbahn-Passagier-Gepäck, vom 25. Juni 1872 (Beil. zu Nr. 26 des R.G.Bl.); die Bekanntmachung des Reichskanzlers betr. die bei Goldmünzgewichten, bei Meßapparaten für Flüssigkeiten und bei Federwaagen für Eisenbahn-Passagier-Gepäck im öffentlichen Verkehr noch zu duldenden Abweichungen von der absoluten Richtigkeit, vom 14. Dezember 1872 (Centralbl. f. d. D. R. S. 3); die Bekanntmachung, betr. die Abänderung der Vorschriften über die im Verkehr zulässige Fehlergrenze bei zilindrischen Hohlmaaßen, vom 25. Juli 1875 (R.G.Bl. S. 257 und Centralbl. f. d. D. R. S. 436).

Zum Schluß-Alinea.

2. Vgl. die Anm. 3. zu §. 42.

2) wer unbefugt von öffentlichen oder Privatwegen Erde, Steine oder Rasen, oder aus Grundstücken, welche einem Anderen gehören, Erde, Lehm, Sand, Grand oder Mergel gräbt, Plaggen oder Bülten haut, Rasen, Steine, Mineralien, zu deren Gewinnung es einer Verleihung, einer Konzession oder einer Erlaubniß der Behörde nicht bedarf, oder ähnliche Gegenstände wegnimmt;
3) wer von einem zum Dienststande gehörenden Unteroffizier oder Gemeinen des Heeres oder der Marine ohne die schriftliche Erlaubniß des vorgesetzten Kommandeurs Montirungs- oder Armaturstücke kauft oder zum Pfande nimmt;
4) wer unberechtigt fischt oder krebst;
5) wer Nahrungs- oder Genußmittel von unbedeutendem Werthe oder in geringer Menge zum alsbaldigen Verbrauche entwendet.
Eine Entwendung, welche von Verwandten aufsteigender Linie oder von einem Ehegatten gegen den anderen begangen worden ist, bleibt straflos;
6) wer Getreide oder andere zur Fütterung des Viehes bestimmte oder geeignete Gegenstände wider Willen des Eigenthümers wegnimmt, um dessen Vieh damit zu füttern.

In den Fällen der Nr. 5 und 6 tritt die Verfolgung nur auf Antrag ein. Die Zurücknahme des Antrages ist zulässig.

Zu §. 370
Nr. 5.
Unter Nahrungs- und Genußmitteln sind nur die zum Gebrauche von Menschen geeigneten zu verstehen. Daß sie ohne weitere Zubereitung sofort genießbar seien, ist nicht erforderlich, Vgl. Oppenhoff, St.G.B. §. 370 Nr. 18. — Meyer, St.G.B. §. 370 Note.

Inhalt.

Gesetz, betreffend die Erhebung einer Abgabe von Salz. Vom 12. Oktober 1867.*)

[B.G.Bl. 1867. S. 41.]

Wir Wilhelm, von Gottes Gnaden König von Preußen rc. verordnen, in Folge der zwischen den Staaten des Deutschen Zoll- und Handelsvereins am 8. Mai d. J. abgeschlossenen, hier beigefügten Uebereinkunft wegen Erhebung einer Abgabe von Salz, im Namen des Norddeutschen Bundes, nach erfolgter Zustimmung des Bundesrathes und des Reichstages, für die zum Deutschen Zoll- und Handelsvereine gehörenden Staaten und Gebietstheile des Bundes**) was folgt:

Aufhebung des Salzmonopols.

§. 1. Das ausschließliche Recht des Staates, den Handel mit Salz zu betreiben, soweit solches zur Zeit besteht, wird aufgehoben.

Einführung einer Salzabgabe.

§. 2. Das zum inländischen Verbrauche bestimmte Salz unterliegt einer Abgabe von zwei Thalern für den Zentner Nettogewicht, welche, insoweit das Salz im Inlande gewonnen wird, von den Produzenten oder Steinsalz-Bergwerkbesitzern, insoweit solches aus anderen als den zum Zollvereine gehörenden Ländern eingeführt wird, von den Einbringern zu entrichten ist.

---

*) Das Gesetz ist nicht ausdrücklich zum Reichsgesetz erklärt, jedoch als ein solches anzusehen, da es nicht nur in dem zum Zollverein gehörigen Gebiete des Nordd. Bundes, sondern auch in Bayern (durch Ges. vom 16. November 1867, Ges.Bl. S. 217), in Württemberg (durch Ges. vom 25. November 1867, Reg.Bl. S. 114), in Hessen südlich des Main (durch Ges. vom 9. November 1867, Reg.Bl. S. 493) und in Baden (durch Ges. vom 25. Oktober 1867, Reg.Bl. S. 460) auf Grund des von sämmtlichen Zollvereinsstaaten vereinbarten Entwurfs mit nur geringen, durch die besonderen Einrichtungen einzelner Staaten gebotenen Modifikationen publizirt ist, also, abgesehen von den Zollausschlüssen, im Deutschen Reiche Geltung hat. Dasselbe ist in Elsaß-Lothringen eingeführt durch das Gesetz vom 17. Juli 1871 (Ges.Bl. f. E.-L. S. 37) und zwar, soweit es nicht durch die V. des Kaiserlichen General-Gouverneurs vom 3. Mai 1871 (Straßb. Ztg. Nr. 105) bereits in Wirksamkeit gesetzt war, vom 7. August 1871 an. (Vgl. die Bekanntmachung des Reichskanzlers vom 2. August 1871, Ges.Bl. f. E.-L. S. 243.)

**) In das Deutsche Zollgebiet sind später aufgenommen worden Schleswig-Holstein vom 15. November 1867 ab; Lauenburg vom 5. Januar 1868 ab; einzelne Hamburgische Gebietstheile (Geesthacht, Bergedorf rc.) vom 11. Februar 1868 ab; Mecklenburg-Schwerin, Mecklenburg-Strelitz, Lübeck und ausgeschlossen gewesene Theile der Preuß. Regierungs-Bezirke Stettin und Potsdam vom 11. August 1868 ab; einzelne Hamburgische Gebietstheile (Ritzebüttel, die Vierlande u. s. w.), die Preuß. Elbinseln Overhacken und Finkenwerder-Blumensand, sowie der Preuß. Antheil der Landschaft Kirchwerder vom 1. November 1868 ab; die Hamburgische Voigtei Moorwerder und der östliche und südliche Theil der Preuß. Elbinsel Wilhelmsburg vom 1. Juli 1869 ab; einige Theile des Gebietes der Stadt Altona vom 1. Januar 1872 ab; Elsaß-Lothringen vom 1. Januar 1872 ab; die Stadt Vegesack und die bisher vom Zollgebiet ausgeschlossenen Theile der Ortschaften Aumund und Grohn vom 5. November 1875 ab. (Vgl. Pr. Centralbl. f. d. Abgaben-Gesgbg. 1868, S. 51, 81, 97, 377, 379, 1869 S. 379. — Pr. G.S. 1871, S. 601; R.G.Bl. 1871, S. 325; Pr. G.S. 1871, S. 585.)

Zu §. 2.

In den Gesetzen der Süddeutschen Staaten ist die Abgabe von Salz auf 3 Gulden 30 Kreuzer für den Zentner Nettogewicht festgesetzt.

Unter Salz (Kochsalz) sind zwar außer dem Siede-, Stein- und Seesalz alle Stoffe begriffen, aus welchen Salz ausgeschieden zu werden pflegt, die oberste Finanzbehörde jedes Bundesstaates ist jedoch ermächtigt, solche Stoffe von der Abgabe frei zu lassen, wenn ein Mißbrauch nicht zu befürchten steht.

I. Abgabe (Steuer) von inländischem Salze.

1. Anmeldung.

§. 3. Die Gewinnung oder Raffinirung von Salz ist nur in den gegenwärtig im Betriebe befindlichen, sowie in denjenigen Salzwerken (Salinen, Salzbergwerken, Salzraffinerien) gestattet, deren Benutzung zu einem solchen Betriebe mindestens sechs Wochen vor Eröffnung desselben dem Haupt-Zoll- oder Haupt-Steueramte, in dessen Bezirk die Anstalt sich befindet, angemeldet worden ist.

Zu einer gleichen Anmeldung sind auch die Besitzer von Fabriken verpflichtet, in welchen Salz in reinem oder unreinem Zustande als Nebenprodukt gewonnen wird.

§. 4. Jeder Besitzer eines bereits im Betriebe befindlichen Salzwerkes oder einer Fabrik, welche Salz als Nebenprodukt gewinnt, hat binnen einer von der Steuerbehörde zu bestimmenden Frist bei dem Hauptamte des Bezirks in doppelter Ausfertigung eine Beschreibung und Nachweisung des Salzwerkes oder der Fabrik nebst Zubehör nach näherer Bestimmung der Steuerbehörde einzureichen. Jede Veränderung in den Betriebsräumen, sowie jeder Zu- und Abgang und jede Veränderung an den in der Nachweisung verzeichneten Geräthen und Vorrichtungen, ist dem gedachten Hauptamte vor der Ausführung anzuzeigen.

Eine gleiche Verpflichtung liegt demjenigen ob, welcher eine neue Saline oder sonstige Anstalt, in welcher Salz gefördert, gesotten, raffinirt oder als Nebenprodukt gewonnen wird, anlegen, oder eine außer Betrieb gesetzte Saline oder sonstige Anstalt der gedachten Art wieder in Betrieb setzen will. Bei Anlage neuer Salinen, Salzbergwerke oder Salzraffinerien sind die Anordnungen der Steuerbehörde wegen Einfriedigung des Salzwerkshofes zu befolgen, auch für die zur Beaufsichtigung zu bestimmenden Beamten Geschäfts- und Wohnungsräume zu gewähren.

Wo nach bestehenden Reglements den Beamten Miethsabzüge gemacht werden, hat der Salzwerkbesitzer dieselben zu beziehen.

§. 5. Jeder Besitzer eines neuen oder wieder in Betrieb gesetzten Salzwerkes ist die Kosten der steuerpflichtigen Ueberwachung desselben zu tragen verpflichtet, wenn die Menge des auf demselben jährlich zur Verabgabung gelangenden Salzes nicht mindestens zwölftausend Zentner beträgt.

2. Kontrole.

§ 6. Die im §. 3 bezeichneten Anstalten unterliegen zur Ermittelung des von dem bereiteten Salze zu entrichtenden Abgabenbetrages, sowie zur Verhütung von Defraudationen hinsichtlich ihres Betriebes und geschäftlichen Verkehrs der Kontrole der Steuer- (Zoll-) Verwaltung, welche durch eine von dieser zu erlassende, jedem Besitzer solcher Anstalten mitzutheilende und von diesem zu befolgende Anweisung geregelt wird.

Diese Kontrole wird für jedes Salzwerk durch ein besonders zu errichtendes oder zu bestimmendes Salzsteueramt geübt. Die im §. 3, Absatz 2 erwähnten Fabriken unterliegen der Kontrole des nächstgelegenen Steuer- (Zoll-) Amts.

§. 7. Durch die im §. 6 gedachte Anweisung kann jeder Salzwerksbesitzer nach näherer Anordnung der Steuerverwaltung verpflichtet werden:

Zu §. 4.

Das Bayerische, Württembergische, Hessische und Badische Gesetz schreibt im Alin. 2 a. E. vor, daß die Geschäfts- und Wohnungs-Räume den zur Beaufsichtigung bestimmten Beamten gegen Bezug entsprechender (der reglementsmäßigen) Miethzinse (Miethsabzüge, Beamtenmiethsabzüge) zu gewähren seien.

Der dritte Absatz des §. 4 fehlt in den genannten Gesetzen.

1) dafür Sorge zu tragen, daß der Zugang zu den Siedegebäuden und den Trockenräumen, sowie zu den Räumen, in welchen Steinsalz ausgeschieden oder zerkleinert wird, leicht beaufsichtigt und durch sicheren Verschluß behindert werden kann;
2) die Salzmagazine so einzurichten, daß sie vor gewaltsamer oder heimlicher Entfernung des Salzes genügend gesichert sind, und die zur Anlegung des steuerlichen Mitverschlusses erforderlichen Einrichtungen zu treffen;
3) das Salz nur in den dazu angemeldeten Gefäßen, Vorrichtungen und Räumen aufzubewahren;
4) über den Betrieb des Salzwerkes und das gewonnene und verabfolgte Salz genau Buch zu führen und die betreffenden Bücher den Steuerbeamten auf Verlangen jederzeit vorzulegen;
5) Personen, welche Salzhandel betreiben oder durch ihre Angehörigen betreiben lassen, auf dem Salzwerke keine Beschäftigung zu gewähren, und den Eintritt in das Salzwerk unbefugten Personen zu untersagen;
6) in den Wohnungen, welche sich innerhalb der Salzwerkslokalitäten und der zugehörigen Höfe oder in baulicher Verbindung mit den Salzwerken befinden, Salz irgend welcher Art nicht in größerer als der von der Steuerbehörde gestatteten Menge aufzubewahren;
7) die nöthigen Vorrichtungen zum Verwiegen und zur Denaturirung des Salzes (Unbrauchbarmachung zum Genuß für Menschen), sowie die Stoffe zur Denaturirung zu beschaffen und das dazu erforderliche Personal zu stellen;
8) der Steuerverwaltung auf Verlangen, gegen eine in Ermangelung einer gütlichen Vereinbarung durch die der Ortsbehörde vorgesetzte Verwaltungsbehörde festzustellende Entschädigung, ein angemessenes Lokal Behufs der Geschäftsführung, des Aufenthalts und der Uebernachtung der Beamten zu stellen;
9) den Salzwerkshof auf Verlangen der Steuerbehörde mit einer angemessenen Umfriedigung — deren Kosten die Staatskasse bei der ersten Einrichtung zur Hälfte trägt — zu umgeben und während der Nacht verschlossen zu halten;

zu 8 und 9 vorbehaltlich der am Schlusse des §. 4 hinsichtlich neuer Werke ausgesprochenen Verpflichtung.

Die Verpflichtungen zu 2. bis 7. können auch den Besitzern von Fabriken, in denen Salz als Nebenprodukt gewonnen wird, auferlegt werden.

Wird die Erfüllung einer der vorbezeichneten Verpflichtungen verzögert oder verweigert, so kann nach vorheriger Androhung der Betrieb der Saline, des Salzbergwerks oder der Fabrik von der obersten Finanzbehörde des Bundesstaates nach Anhörung der Bergpolizeibehörde so lange untersagt werden, bis der zu stellenden Anforderung genügt ist.

§. 8. Gewerkschaften, Korporationen oder Gesellschaften, welche Salzwerke besitzen, und Alleinbesitzer, welche den Betrieb ihrer Salzwerke nicht unmittelbar leiten, sind verbunden, zur Erfüllung der ihnen der Steuerverwaltung gegenüber obliegenden Verpflichtungen einen auf dem Salzwerke regelmäßig anwesenden Vertreter zu bestellen, für dessen Handlungen und Unterlassungen sie haften.

§. 9. Alles auf einem Salzwerke oder in einer Fabrik gewonnene Salz, sobald es zur Lagerung reif ist, desgleichen das Schmutz- und Fegesalz, muß von dem Besitzer in sichere, unter steuerlichem Mitverschluß stehende Räume (Salzmagazine) gebracht werden, und darf in der Regel erst aus diesen in den Verkehr oder zum Gebrauch des Besitzers gelangen. Mit der, nur nach zuvoriger Anmeldung und Abfertigung zulässigen Entnahme des Salzes aus diesen Magazinen tritt die Verpflichtung ein, die Steuer zu erlegen, sofern nicht Abfertigung auf Begleitschein, na-

---

Zu §. 9.
An die Stelle der hier in Bezug genommenen Vorschriften des Zollgesetzes und der Zollordnung sind die Bestimmungen des Vereinszollgesetzes vom 1. Juli 1869 §§. 41 fg. 51, 58 getreten.

mentlich Behufs Versendung in andere (Packhofs-)Magazine stattfindet. Hinsichtlich der Begleitscheine und der aus der Unterzeichnung und Empfangnahme derselben erwachsenden Verpflichtungen finden die dieserhalb in dem Zollgesetz und der Zollordnung erhaltenen Vorschriften und die zu deren Ausführung getroffenen Anordnungen auch auf inländisches Salz Anwendung.

Für Begleitscheine und Bleie werden keine Gebühren erhoben.

Von allen Salzwerken darf Salz nur in Mengen von mindestens einem halben Zentner verabfolgt werden.

§. 10. Der Verkehr mit versteuertem oder in denaturirtem Zustande steuerfrei abgelassenen Salze unterliegt, vorbehaltlich der nachstehenden Bestimmungen, keiner steuerlichen Kontrole.

1) Für den Bereich der Salzwerke und Fabriken (§. 3 am Schluß), sowie auf Personen, welche solche verlassen, finden die Bestimmungen in den §§. 37 und 39 des Zollgesetzes und in den §§. 83, 84, 87, 91, 96, 106, 107 und 113 der Zollordnung Anwendung. Dieselben Bestimmungen können für den viertelmeiligen Umkreis derjenigen Salzwerke, welche als gehörig umfriedigt nicht anerkannt werden, durch eine von der obersten Finanzbehörde des Bundesstaates zu erlassende Bekanntmachung in Anwendung gebracht werden.
2) Die mit außervereinsländischen Nachbarstaaten bezüglich des Salzverkehrs bestehenden Uebereinkünfte bleiben in Kraft.
3) Salzhaltige Quellen, deren Soole zur Versiedung nicht benutzt wird, sowie Mutterlauge kann die Steuerbehörde unter Aufsicht stellen (unter Verschluß nehmen), um mißbräuchliche Verwendung zu verhüten.

3. Strafbestimmungen.

§. 11. Wer es unternimmt, dem Staate die Abgabe von inländischem Salze zu entziehen, ist der Salzabgaben-Defraudation schuldig und soll mit der Konfiskation der Gegenstände, in Bezug auf welche die Defraudation verübt ist, und mit einer Geldbuße, welche dem vierfachen Betrage der vorenthaltenen Abgabe gleichkommt, mindestens aber zehn Thaler — fünfzehn Gulden — beträgt, bestraft werden. Kann die Konfiskation selbst nicht vollzogen werden, so ist auf Erlegung des Werthes der Gegenstände zu erkennen. Daneben ist die Abgabe mit zwei Thalern für den Zentner zu entrichten. Ist die Defraudation durch unerlaubte Gewinnung oder Raffinirung von Salz verübt (§. 3), so verfallen auch die dazu benutzten Geräthe (Siedepfannen, Kessel u. s. w.) der Konfiskation.

Mißbräuchliche Verwendung des steuerfrei oder gegen Erlegung der im §. 20 erwähnten Kontrolegebühr empfangenen Salzes (§. 13, Nr. 6) zieht außerdem den Verlust des Anspruchs auf steuerfreien Salzbezug nach sich.

§. 12. Im ersten Wiederholungsfalle, nach vorangegangener rechtskräftiger Verurtheilung, wird die nach §. 11 außer der Konfiskation eintretende Strafe verdoppelt, in jedem ferneren Rückfalle vervierfacht.

In denjenigen Staaten, nach deren Zollstrafgesetzen die freiwillige Unterwerfung unter die Strafe der rechtskräftigen Verurtheilung gleichsteht, ist diese Bestimmung auch für den vorstehenden Fall maßgebend.

§. 13. Die Defraudation wird als vollbracht angenommen:

1) wenn Salz, den Bestimmungen des §. 3 zuwider, oder in Anstalten, deren Betrieb auf Grund des §. 7 untersagt ist, gefördert, hergestellt oder raffinirt wird;
2) wenn das in den zugelassenen Betriebsanstalten gewonnene Salz vor der Einbringung in die unter steuerlichem Mitverschluß stehenden Magazine ohne

---

Zu §. 10.
Nr. 1.
An die Stelle der hier citirten gesetzlichen Bestimmungen sind die Vorschriften des Vereinszollgesetzes vom 1. Juli 1869 §§. 126, 127; 119, 120, 123, 124, 125, 129, 130 getreten

ausdrückliche Erlaubniß der Steuerbehörde aus den Siederäumen entfernt oder verbraucht wird;

3) wenn Salz aus solchen Magazinen ohne zuvorige Anmeldung oder ohne Buchung in den dazu bestimmten Registern weggeführt wird;

4) wenn auf Salzwerken oder deren Zubehörungen, sowie in Fabriken (§. 3 am Schlusse), Salz in anderer als der nach §. 7 gestatteten Weise und Menge aufbewahrt wird;

5) wenn Salz von Salzwerken oder von Fabriken (§. 3 am Schlusse) zu einer anderen als der von der Steuerbehörde vorgeschriebenen Zeit oder auf anderen als den von derselben vorgeschriebenen Wegen entfernt wird;

6) wenn über das unter Steuerkontrole oder unter Kontrole der Verwendung befindliche Salz eigenmächtig verfügt oder das steuerfrei oder gegen Kontolegebühr abgelassene Salz zu anderen als den gestatteten Zwecken verwendet wird;

7) wenn Personen, welche sich nach §. 10, Nr. 1 über den Bezug des von ihnen transportirten Salzes auszuweisen haben, ohne Ausweis betroffen werden;

8) wenn Soole oder Mutterlauge ohne Erlaubniß der Steuerbehörde zu anderen Zwecken als denen der Versiednng in deklarirten Salzwerken oder Fabriken aus Soolquellen, Gradirwerken oder Soolbehältern (Mutterlaugebehältern) entnommen oder verabfolgt wird.

Das Dasein der Defraudation und die Anwendung der Strafe derselben wird in den vorstehend aufgeführten Fällen lediglich durch die bezeichneten Thatsachen begründet.

Kann jedoch der Angeschuldigte vollständig nachweisen, daß er eine Defraudation nicht habe verüben können oder wollen, so findet nur eine Ordnungsstrafe nach §. 15 statt.

§. 14. Ein Salzwerksbesitzer, welcher zum zweiten Male wegen einer von ihm selbst verübten Salzabgaben-Defraudation rechtskräftig verurtheilt wird, verliert mit der Rechtskraft der Entscheidung die Befugniß zur eigenen Verwaltung seines Salzwerkes.

Dieser Verlust hat die Wirkung des im §. 7 gedachten Verbots.

In denjenigen Staaten, nach deren Zollstrafgesetzen die freiwillige Unterwerfung unter die Strafe der rechtskräftigen Verurtheilung gleichsteht, ist diese Bestimmung auch für den vorliegenden Fall maßgebend.

§. 15. Die Verletzung des amtlichen Verschlusses von Salz ohne Beabsichtigung, eine Gefälle-Hinterziehung, ferner die Uebertretung der Vorschriften der gegenwärtigen Verordnung, sowie der in Folge derselben erlassenen und öffentlich oder den Salzwerksbesitzern und Fabrikanten, welche Salz als Nebenprodukt gewinnen, oder solches steuerfrei oder gegen Kontrolegebühr beziehen, besonders bekannt gemachten Ausführungsvorschriften, für welche keine besondere Strafe angedroht ist, wird mit einer Ordnungsstrafe von Einem bis zu zehn Thalern — Einem bis funfzehn Gulden — geahndet.

§. 16. Kann das Gewicht der Gegenstände, in Bezug auf welche eine Salzabgaben-Defraudation verübt ist, nicht ermittelt und demgemäß der Betrag der vorenthaltenen Abgabe, sowie die danach zu bemessende Geldstrafe nicht berechnet werden, so ist statt der Konfiskation und der Geldstrafe auf Zahlung einer Geldsumme von zwanzig bis zweitausend Thalern — dreißig bis dreitausend fünfhundert Gulden — zu erkennen.

Zu §. 13 Nr. 6; §. 15.

Das zu einem bestimmten Zweck steuerfrei abgelassene, der Verwendungskontrole unterliegende Salz (z. B. „Gewerbesalz") darf nur als solches verkauft werden. Wer über dasselbe schlechthin als „Salz" ohne den Nachweis der Verwendung zu dem speziell nachgelassenen gewerblichen Zweck (also als „Gewerbesalz") und ohne Beobachtung der von der Steuerbehörde dieserhalb vorgeschriebenen Kontrolevorschriften verfügt, macht sich einer Defraudation schuldig.

Erk. (V. I.) Pr. O.Tr. vom 3. Februar 1871 c. Koerlow J.M.Bl. 1871, S. 82; Goltd. A. 19, S. 269.

§. 17. Hinsichtlich der Verwandlung der Geld- in Freiheitsstrafen und der subsidiären Haftung dritter Personen, sowie der Bestrafung der Theilnehmer finden die Bestimmungen der Zollstrafgesetze Anwendung. Hinsichtlich der Anerbietungen von Geschenken an die mit Kontrolirung der Salzabgabe betrauten Beamten und deren Angehörige, sowie auf Widersetzlichkeiten gegen Erstere, finden die Bestimmungen der Zollstrafgesetze ebenfalls Anwendung, soweit nicht nach den allgemeinen Strafgesetzen eine härtere Strafe Platz greift.

§. 18. Die Feststellung, Untersuchung und Entscheidung der Salzabgaben-Defraudation erfolgt nach den Bestimmungen über Zuwiderhandlungen gegen die Zollgesetze.

Die Vorschriften für den Fall der Uebertretung der Zollgesetze durch einen Unbekannten finden auch auf Fälle der Umgehung der Steuer von inländischem Salze durch einen Unbekannten Anwendung.

II. Abgabe (Zoll) von ausländischem Salze.

§. 19. Auf die Einfuhr von Salz und salzhaltigen Stoffen aus dem Auslande, sowie auf deren Durchfuhr und Ausfuhr finden die Bestimmungen des Zollgesetzes, der Zollordnung und der Zollstrafgesetze, nebst den solche abändernden, erläuternden oder ergänzenden Bestimmungen Anwendung.

Von der Bestimmung der obersten Finanzbehörde jedes Bundesstaates hängt es ab, inwieweit eine steuerfreie Lagerung fremden Salzes im Inlande zu gestatten sei.

III. Befreiungen von der Salzabgabe.

§. 20. Befreit von der Salzabgabe (§. 2) ist:

1) das zur Abfuhr nach dem Zollvereins-Auslande und das zur Natronsulphat- und Sodafabrikation bestimmte Salz;
2) das zu landwirthschaftlichen Zwecken, d. h. zur Fütterung des Viehes und zur Düngung bestimmte Salz;
3) das zum Einsalzen von Heringen und ähnlichen Fischen, sowie das zum Einsalzen, Einpökeln u. s. w. von Gegenständen, die zur Ausfuhr bestimmt sind und ausgeführt werden, erforderliche und verwendete Salz;
4) das zu allen sonstigen gewerblichen Zwecken bestimmte Salz, jedoch mit Ausnahme des Salzes für solche Gewerbe, welche Nahrungs- und Genußmittel

---

Zu §. 17.

1. Vgl. das Vereinszollgesetz vom 1. Juli 1869 §§. 146, 147, 149, 153, 160—162 und das St.G.B. §§. 29, 47—49, 257.

2. Das Württembergische, Hessische und Badische Gesetz verweisen auch hinsichtlich der Folgen der Konfiskation auf die Vorschriften des Zollstrafgesetzes; dasselbe geschieht in den beiden ersteren und dem Bayerischen Ges. (§. 18) bezüglich der Verjährung. Vgl. jetzt die Bestimmungen des Vereinszollgesetzes §§. 154 fg. 164. — Das Bayerische Ges. nimmt hinsichtlich der Anerbietungen von Geschenken und der Widersetzlichkeiten auf das allg. St.G.B. Bezug.

Zu §. 18.

Vgl. das Vereinszollges. vom 1. Juli 1869 §§. 157, 165, 104, 163.

Zu §. 19.

Von Salz und salzhaltigen Stoffen wird nach dem Deutschen Zolltarif vom 12. Juli 1873 (R.G.Bl. S. 244) weder eine Einfuhr-, noch eine Ausfuhr-Abgabe erhoben.

Zu §. 20.

1. Die Bestimmung zu Nr. 5 des §. 20 fehlt in dem Badischen Ges., betr. die Erhebung einer Abgabe von Salz v. 25. Oktober 1867 (B. Reg.Bl. S. 460).

2. Vgl. die von dem Bundesrathe des Zollvereins getroffenen Bestimmungen über die Zubereitung von Vieh- und Gewerbe-Salz, sowie die Kontrole des abgabenfrei verabfolgten denaturirten Salzes, publizirt unterm 20. Juni 1868 (Centr.-Bl. f. d. Abg.Ges. 1868, S. 347), abgeändert resp. ergänzt durch die Bestimmungen vom 20. Dezember 1869, publizirt am 11. Januar 1870 (Centr.-Bl. f. d. Abg.Ges. 1870, S. 171) und die Beschlüsse des Bundesraths vom 12. November 1874 und 13. November 1875. (Centr.-Bl. f. d. D.R. 1874, S. 425, 1875, S. 749.) Vgl. auch die Bekanntm. des Preuß. Fin.Min. vom 23. Febr. 1869, betr. den Verkauf von Vieh- und Gewerbe-Salz (Centr.-Bl. f. d. Abg.Ges. 1869, S. 223).

für Menschen bereiten, namentlich auch mit Ausnahme des Salzes für die Herstellung von Tabacksfabrikaten, Mineralwassern und Bädern;

5) das von der Staatsregierung oder mit deren Genehmigung zur Unterstützung bei Nothständen, sowie an Wohlthätigkeitsanstalten verabfolgte Salz.

Ueberall ist die abgabenfreie Verabfolgung abhängig von der Beobachtung der von der Steuerverwaltung angeordneten Kontrolemaßregeln.

Die durch die Kontrole erwachsenden Kosten können in den Befreiungsfällen unter Nr. 2, 3 und 4 mit einem Maximalbetrage von 2 Sgr. — 7 Kreuzern — für den Zentner von den Salzempfängern erhoben werden.

§. 21. Dieses Gesetz tritt am 1. Januar 1868 in Wirksamkeit.

Urkundlich unter Unserer Höchsteigenhändigen Unterschrift und beigedrucktem Bundes-Insiegel.

Gegeben Baden-Baden, den 12. Oktober 1867.

(L. S.) Wilhelm.

Gr. v. Bismarck-Schönhausen.

Gesetz, betreffend die Nationalität der Kauffahrteischiffe und ihre Befugniß zur Führung der Bundesflagge. Vom 25. Oktober 1867.*)

[B.G.Bl. 1867. S. 35.]

Wir Wilhelm, von Gottes Gnaden König von Preußen rc. verordnen im Namen des Norddeutschen Bundes, nach erfolgter Zustimmung des Bundesrathes und des Reichstages, was folgt:

§. 1. Die zum Erwerb durch die Seefahrt bestimmten Schiffe (Kauffahrteischiffe) der Bundesstaaten haben fortan als Nationalflagge ausschließlich die Bundesflagge zu führen (Artikel 54 und 55 der Bundesverfassung).

Zu §. 21.

Vgl. die Hessische Ausführ.-Vdg. vom 9. November 1867 (H. Reg.Bl. S. 506), — die Bekanntm. des Bayerischen Fin.- u. Handels-Min. vom 20. November 1867 (Bayer. Reg.Bl. S. 1196), — die Verf. des Württembergischen Fin.Min. vom 26. November 1867 (W. Reg.Bl. S. 122), — die Vollzugs-Vdg. des Badischen Fin.Min. vom 28. November 1867 (B. Reg.Bl. S. 543).

*) Das Gesetz ist durch §. 2 Alin. 2 des Ges., betr. die Verfassung des Deutschen Reichs vom 16. April 1871 (B.G.Bl. S. 63) zum Reichsgesetz erklärt mit der Maßgabe, daß, wo in demselben von dem Nordd. Bunde, dessen Verfassung, Gebiet, Mitgliedern oder Staaten, Indigenat, verfassungsmäßigen Organen, Beamten, Flagge rc. die Rede ist, das Deutsche Reich und dessen entsprechende Beziehungen zu verstehen sind. Als Reichsgesetz gilt es im Gebiet des Norddeutschen Bundes, in Württemberg, Baden und Hessen südlich des Main seit dem 1. Januar 1871. In Bayern gilt es seit dem Tage der Wirksamkeit des Ges. vom 22. April 1871, betr. die Einf. Nordd. Bundesgesetze in Bayern (13. Mai 1871) (B.G.Bl. Jahrg. 1870, S. 647, 651, 656, 657, Jahrg. 1871, S. 87).

Vgl. Lesse in Goldschmidt Zeitschrift, 12; Beil.-Heft (1868) S. 336.

Zu §. 1.

1. Vgl. die Verordnung, betreffend die Bundesflagge für Kauffahrteischiffe. Vom 25. Oktober 1867. (B.G.Bl. 1867. S. 39.)

Wir Wilhelm, von Gottes Gnaden König von Preußen rc. verordnen, auf Grund des Art. 55 der Verf. des Nordd. Bundes, im Namen des Bundes, was folgt:

Die Bundesflagge, welche von den Kauffahrteischiffen der Bundesstaaten fortan als Nationalflagge ausschließlich zu führen ist (§. 1 des Gesetzes, betreffend die Nationalität der Kauffahrteischiffe und ihre Befugniß zur Führung der Bundesflagge, vom heutigen Tage), bildet ein längliches Rechteck, bestehend aus drei gleich breiten horizontalen Streifen, von welchen der obere schwarz, der mittlere weiß und der untere roth ist. Das Verhältniß der Höhe der Flagge zur Länge ist wie zwei zu drei. Die Bundesflagge wird von den Schiffen am Heck oder am hinteren Mast — und zwar in der Regel an der Gaffel dieses Mastes, in Ermangelung einer solchen aber am Topp oder im Want — geführt. Ein besonderes Abzeichen in der Bundesflagge oder einen Wimpel zu führen, ähnlich demjenigen der Kriegsmarine des Norddeutschen Bundes, ist den Kauffahrteischiffen nicht gestattet.

§. 2. Zur Führung der Bundesflagge sind die Kauffahrteischiffe nur dann berechtigt, wenn sie in dem ausschließlichen Eigenthum solcher Personen sich befinden, welchen das Bundesindigenat (Artikel 3 der Bundesverfassung) zusteht.

Diesen Personen sind gleich zu achten die im Bundesgebiete errichteten Aktiengesellschaften nnd Kommanditgesellschaften auf Aktien, in Preußen auch die nach Maßgabe des Gesetzes vom 27. März 1867 eingetragenen Genossenschaften, sofern diese Gesellschaften und Genossenschaften innerhalb des Bundesgebietes ihren Sitz haben und bei den Kommanditgesellschaften auf Aktien allen persönlich haftenden Mitgliedern das Bundesindigenat zusteht.

§ 3. Für die zur Führung der Bundesflagge befugten Kauffahrteischiffe sind in den an der See belegenen Bundesstaaten Schiffsregister zu führen. Die Landesgesetze bestimmen die Behörden, welche das Schiffsregister zu führen haben.

§. 4. Das Schiffsregister ist öffentlich; die Einsicht desselben ist während der gewöhnlichen Dienststunden einem Jeden gestattet.

§. 5. Ein Schiff kann nur in das Schiffsregister desjenigen Hafens eingetragen werden, von welchem aus die Seefahrt mit ihm betrieben werden soll (Heimathshafen, Registerhafen).

§. 6. Die Eintragung des Schiffes in das Schiffsregister muß enthalten:

1) den Namen und die Gattung des Schiffes (ob Barke, Brigg u. s. w.);
2) seine Größe und die nach der Größe berechnete Tragfähigkeit;
3) die Zeit und den Ort seiner Erbauung, oder, wenn es die Flagge eines nicht zum Norddeutschen Bunde gehörenden Landes geführt hat, den Thatumstand, wodurch es das Recht, die Bundesflagge zu führen, erlangt hat, und außerdem, wenn thunlich, die Zeit und den Ort der Erbauung;
4) den Heimathshafen;
5) den Namen und die nähere Bezeichnung des Rheders, oder, wenn eine Rhederei besteht, den Namen und die nähere Bezeichnung aller Mitrheder und die Größe der Schiffspart eines Jeden; ist eine Handelsgesellschaft Rheder oder Mitrheder, so sind die Firma und der Ort, an welchem die Gesellschaft ihren Sitz hat, und, wenn die Gesellschaft nicht eine Aktiengesellschaft ist, die Namen und die nähere Bezeichnung aller die Handelsgesellschaft bildenden Gesellschafter einzutragen; bei der Kommanditgesellschaft auf Aktien genügt statt der Eintragung aller Gesellschafter die Eintragung aller persönlich haftenden Gesellschafter;
6) den Rechtsgrund, auf welchem die Erwerbung des Eigenthums des Schiffes oder der einzelnen Schiffsparten beruht;
7) die Nationalität des Rheders oder der Mitrheder.
8) den Tag der Eintragung des Schiffes.

Urkundlich unter Unserer Höchsteigenhändigen Unterschrift und beigedrucktem Bundes-Insiegel.
Gegeben Schloß Babelsberg, den 25. Oktober 1867.

(L. S.) Wilhelm.

Gr. v. Bismarck-Schönhausen.

2. Art. 54 Al. 1 und 55 der Verf. des Deutschen Reichs vom 16. April 1871 (B.G.Bl. S. 79), lauten: Die Kauffahrteischiffe aller Bundesstaaten bilden eine einheitliche Handelsmarine. — — Die Flagge der Kriegs- und Handelsmarine ist schwarz-weiß-roth.

3. Welche Fahrten in der Nähe der Deutschen Küsten als „Seefahrt" im Sinne des §. 1 d. G. anzusehen sind, darüber vgl. §. 1 der vom Bundesrath erlassenen Vorschriften über die Registrirung und die Bezeichnung der Kauffahrteischiffe, vom 13. November 1873 (R.G.Bl. S. 367).

4. Zu den „zum Erwerb durch die Seefahrt bestimmten Schiffen" im Sinne des §. 1 d. G. gehören a) die zur großen Seefischerei bestimmten Schiffe und b) die zum Schleppen anderer Schiffe bestimmten Fahrzeuge, welche Seefahrt betreiben. §. 2 der in Anm. 3 cit. Vorschriften.

Zu §. 2.

Vgl. jetzt das Reichsgesetz betr. die Genossenschaften vom 4. Juli 1868.

Zu §. 6 Nr. 1.

Die Aenderung des Namens eines in das Schiffsregister eingetragenen Schiffes soll nur aus ganz besonders dringenden Gründen gestattet werden. Sie bedarf der Genehmigung des Reichskanzler-Amts. §. 2 des Ges. betr. die Registrirung und die Bezeichnung der Kauffahrteischiffe vom 28. Juni 1873.

Ein jedes Schiff wird in das Schiffsregister unter einer besonderen Ordnungsnummer eingetragen.

§. 7. Die Eintragung des Schiffes in das Schiffsregister darf erst geschehen, nachdem das Recht desselben, die Bundesflagge zu führen, und alle in dem §. 6 bezeichneten Thatsachen glaubhaft nachgewiesen sind.

§. 8. Ueber die Eintragung des Schiffes in das Schiffsregister wird von der Registerbehörde eine mit dem Inhalt der Eintragung übereinstimmende Urkunde (Certifikat) ausgefertigt.

Das Certifikat muß außerdem bezeugen, daß die nach §. 7 erforderlichen Nachweisungen geführt sind, sowie, daß das Schiff zur Führung der Bundesflagge befugt sei.

§. 9. Durch das Certifikat wird das Recht des Schiffes, die Bundesflagge zu führen, nachgewiesen.

Zum Nachweis dieses Rechts ist insbesondere ein Seepaß nicht erforderlich.

§. 10. Das Recht, die Bundesflagge zu führen, darf weder vor der Eintragung des Schiffes in das Schiffsregister, noch vor der Ausfertigung des Certifikats ausgeübt werden.

§. 11. Treten in den Thatsachen, welche in dem §. 6 bezeichnet sind, nach der Eintragung Veränderungen ein, so müssen dieselben in das Schiffsregister eingetragen und auf dem Certifikate vermerkt werden.

Im Fall das Schiff untergeht oder das Recht, die Bundesflagge zu führen, verliert, ist das Schiff in dem Schiffsregister zu löschen und das ertheilte Certifikat zurückzuliefern, sofern nicht glaubhaft bescheinigt wird, daß es nicht zurückgeliefert werden könne.

§. 12. Die Thatsachen, welche gemäß §. 11 eine Eintragung oder die Löschung im Schiffsregister erforderlich machen, sind von dem Rheder binnen sechs Wochen nach Ablauf des Tages, an welchem er von ihnen Kenntniß erlangt hat, der Registerbehörde zum Zweck der Verfolgung der Vorschriften des §. 11 anzuzeigen und glaubhaft nachzuweisen, betreffenden Falls unter Zurücklieferung des Certifikats.

Die Verpflichtung zu der Anzeige und Nachweisung liegt ob:

1) wenn eine Rhederei besteht, allen Mitrhedern;
2) wenn eine Aktiengesellschaft Rheder oder Mitrheder ist, für dieselbe allen Mitglieder des Vorstandes;
3) wenn eine andere Handelsgesellschaft Rheder oder Mitrheder ist, für dieselbe allen persönlich haftenden Gesellschaftern;
4) wenn die Veränderung in einem Eigenthumswechsel besteht, wodurch das Recht des Schiffes, die Bundesflagge zu führen, nicht berührt wird, dem neuen Erwerber des Schiffes oder der Schiffspart.

§. 13. Wenn ein Schiff, welches gemäß der Bestimmung des §. 2 zur Führung der Bundesflagge nicht berechtigt ist, unter der Bundesflagge fährt, so hat der Führer des Schiffes Geldbuße bis zu fünfhundert Thalern oder Gefängnißstrafe bis zu sechs Monaten verwirkt; auch kann auf Konfiskation des Schiffes erkannt werden.

§. 14. Wenn ein Schiff, welches gemäß §. 10 sich der Führung der Bundesflagge enthalten muß, weil die Eintragung in das Schiffsregister oder die Ausfertigung des Schiffscertifikats noch nicht erfolgt ist, unter der Bundesflagge fährt, so hat der Führer des Schiffes Geldbuße bis zu Einhundert Thalern oder verhältnißmäßige Gefängnißstrafe verwirkt, sofern er nicht nachweist, daß der unbefugte Gebrauch der Bundesflagge ohne sein Verschulden geschehen sei.

§. 15. Die im §. 14 angedrohte Strafe hat auch derjenige verwirkt, welcher

---

Zu §. 15.

Die Verpflichtung des Rheders, von den Veränderungen bezüglich der im §. 6 erwähnten Thatsachen Anzeige zu machen, dauert auch nach Ablauf der sechswöchentlichen Frist so lange fort,

eine nach den Bestimmungen des §. 12 ihm obliegende Verpflichtung binnen der sechswöchentlichen Frist nicht erfüllt, sofern er nicht beweist, daß er ohne sein Verschulden außer Stande gewesen sei, dieselbe zu erfüllen. Die Strafe tritt nicht ein, wenn vor Ablauf der Frist die Verpflichtung von einem Mitverpflichteten erfüllt ist. Die Strafe wird gegen denjenigen verdoppelt, welcher die Verpflichtung auch binnen sechs Wochen nach Ablauf des Tages, an welchem das ihn verurtheilende Erkenntniß rechtskräftig geworden ist, zu erfüllen versäumt.

§. 16. Wenn ein außerhalb des Bundesgebietes befindliches fremdes Schiff durch den Uebergang in das Eigenthum einer Person, welcher das Bundesindigenat zusteht, das Recht, die Bundesflagge zu führen, erlangt, so können die Eintragung in das Schiffsregister und das Certifikat durch ein von dem Bundeskonsul, in dessen Bezirk das Schiff zur Zeit des Eigenthumsüberganges sich befindet, über den Erwerb des Rechtes, die Bundesflagge zu führen, ertheiltes Attest, jedoch nur für die Dauer eines Jahres seit dem Tage der Ausstellung des Attestes und über dieses Jahr hinaus nur für die Dauer einer durch höhere Gewalt verlängerten Reise, ersetzt werden. So lange Landeskonsulate noch bestehen, ist zur Ausstellung des Attestes auch der Konsul des Bundesstaates befugt, welchem der Erwerber angehört, und in Ermangelung eines solchen Konsuls, sowie in Ermangelung eines Bundeskonsuls, der Konsul eines anderen Bundesstaates (Artikel 56 der Bundesverfassung).

§. 17. Schiffe von nicht mehr als 50 Kubikmeter Brutto-Raumgehalt sind zur Ausübung des Rechts, die Reichsflagge zu führen, auch ohne Eintragung in das Schiffsregister und Ertheilung des Certifikats befugt.

§. 18. Die in Gemäßheit des §. 2 zur Führung der Bundesflagge berechtigten Schiffe, welche in Folge der Vorschrift Artikel 432 ff. des Allgemeinen Deutschen Handelsgesetzbuchs in das Schiffsregister eines Bundesstaates bereits eingetragen und mit Certifikaten Behufs Führung der Landesflagge versehen sind, brauchen zur Ausübung des Rechts, die Bundesflagge zu führen, von Neuem in das Schiffsregister nicht eingetragen und mit neuen Certifikaten nicht versehen zu werden.

§. 19. Die landesgesetzlichen Bestimmungen über die Führung der bisherigen Schiffsregister finden auch auf die nach diesem Gesetze zu führenden Schiffsregister Anwendung, soweit sie mit den Vorschriften desselben sich vertragen, und unbeschadet ihrer späteren Aenderung auf landesgesetzlichem Wege.

§. 20. Gegenwärtiges Gesetz tritt mit dem 1. April 1868 in Wirksamkeit.

Für die Schiffe, welche gegenwärtig die Mecklenburg-Schwerinsche Landesflagge zu führen befugt sind, treten die Vorschriften des §. 2. über die Erfordernisse der Nationalität erst am 1. April 1869 in Geltung.

---

bis ihr Genüge geleistet ist, oder in Folge Unterganges des Schiffes oder anderer Umstände die neue Verpflichtung, nach §. 11 Al. 2 das Schiff im Register löschen zu lassen, an ihre Stelle tritt. Die Verjährung beginnt daher nicht mit dem Ablauf der sechswöchentlichen Frist zu laufen.

Erk. (V. II.) Pr. O.Tr. vom 22. September 1874 c. Stade (483 II.) Goltd. A. 22, S. 644 — O.R. 15, S. 580.

Zu §. 16.

Vgl. §. 37 des Reichsges. betr. die Organisation der Bundeskonsulate 2c. vom 8. November 1867 (B.G.Bl. S. 137).

Zu §. 17.

1. Der §. 17 erscheint hier in der ihm durch §. 1 des Gesetzes betr. die Registrirung und die Bezeichnung der Kauffahrteischiffe vom 28. Juni 1873 gegebenen Fassung.

2. „Fünfzig Kubikmeter Brutto-Raumgehalt“ ist zu rechnen:

a) bei Segelschiffen gleich 22 Tonnen zu 1000 Kilogramm,

b) bei Dampfschiffen gleich 15 Tonnen zu 1000 Kilogramm

derjenigen Tragfähigkeit, welche in den vor dem 1. Januar 1873 für deutsche Schiffe ausgefertigten deutschen Meßbriefen aufgeführt ist. §. 3 der vom Bundesrath erlassenen Vorschriften über die Registrirung und die Bezeichnung der Kauffahrteischiffe, vom 13. November 1873 (R.G.Bl. S. 367).

Zu §. 20.

Vgl. über den Beginn der Wirksamkeit dieses Gesetzes als Reichsgesetz die Anmerk. *) auf S. 75.

Urkundlich unter Unserer Höchsteigenhändigen Unterschrift und beigedrucktem Bundes-Insiegel.

Gegeben Schloß Babelsberg, den 25. Oktober 1867.

(L. S.) Wilhelm.

Gr. v. Bismarck-Schönhausen.

Gesetz, die Besteuerung des Tabacks betreffend.*) Vom 26. Mai 1868.

[B.G.Bl. 1868 Nr. 18, ausgegeben zu Berlin den 15. Juni 1868. S. 319.]

Wir Wilhelm, von Gottes Gnaden König von Preußen ꝛc. verordnen im Namen des Norddeutschen Bundes nach erfolgter Zustimmung des Bundesrathes des Deutschen Zollvereins und des Deutschen Zollparlaments, was folgt:

§. 1. Der im Zollvereinsgebiet erzeugte Taback unterliegt einer Steuer nach Maaßgabe der Größe der jährlich mit Taback bepflanzten Grundstücke.

Die Steuer beträgt von je sechs Quadratruthen (Preußisch) mit Taback bepflanzten Bodens 6 Sgr. (21 Kr.) jährlich.

Wo die Quadratruthenzahl der von einem und demselben Pflanzer mit Taback bepflanzten Gesammtfläche durch sechs nicht theilbar ist, bleibt das unter sechs Ruthen betragende Maaß bei der Steuer unberücksichtigt.

§. 2. Befreiung von der Steuer (§. 1) tritt ein, wenn die von einem Pflanzer, oder von mehreren zu einem Hausstande gehörigen Pflanzern, mit Taback bebaute Gesammtfläche weniger als sechs Quadratruthen beträgt.

§. 3. Jeder Inhaber einer mit Taback bepflanzten nach §. 1 steuerpflichtigen Grundfläche ist verpflichtet, der Steuerbehörde des Bezirks vor Ablauf des Monats Juli die bepflanzten Grundstücke einzeln nach ihrer Lage und Größe im Landesmaaße genau und wahrhaft schriftlich anzugeben. Derselbe erhält darüber von der gedachten Behörde eine Bescheinigung.

§. 4. Die Angaben (§. 3) werden Seitens der Steuerbehörde geprüft, welche dabei von den Gemeindebeamten zu unterstützen ist. Vermessungskosten dürfen hierdurch dem Tabackspflanzer nicht erwachsen.

§. 5 Nach geschehener Prüfung (§. 4) wird die von dem Tabackspflanzer zu entrichtende Steuer berechnet und demselben von der Steuerbehörde bekannt gemacht.

Die festgestellten Steuerbeträge sind nach der Ernte zur einen Hälfte im Monat Dezember, zur anderen Hälfte im Monat April fällig.

§. 6. Der Inhaber (§. 3) eines mit Taback bepflanzten Grundstücks ist zu der im §. 3 vorgeschriebenen Angabe verpflichtet und haftet für den vollen Betrag der Steuer, auch wenn er den Taback gegen einen bestimmten Antheil oder unter sonstigen Bedingungen durch einen Anderen anpflanzen oder behandeln läßt.

§. 7. Ein Erlaß an der Steuer soll eintreten, wenn durch Mißwachs oder an-

---

*) Das Gesetz ist nicht ausdrücklich zum Reichsgesetz erklärt, jedoch als ein solches anzusehen, da es nicht nur in dem zum Zollvereine gehörigen Gebiete des Nordd. Bundes, sondern auch in Bayern (durch die Kgl. Deklar. vom 28. August 1868, Ges.Bl. S. 657), in Württemberg (durch die Kgl. Vdg. vom 24. Juni 1868), in Hessen südlich des Main (durch Bekanntm. des Fin.-Min. vom 23. Juni 1868, Reg.Bl. S. 824) und in Baden (durch Vdg. des Fin.-Min. vom 9. Juni 1866, Reg.Bl. S. 592) publizirt ist, also, abgesehen von den Zollausschlüssen, im Deutschen Reiche Geltung hat. Dasselbe ist in Elsaß-Lothringen eingeführt durch die Verordnung des Kaiserlichen General-Gouverneurs vom 7. Juni 1871 (Straßb. Ztg. Nr. 137).

Zu §. 7.

Vgl. die Bestimmungen über den Erlaß der T.-Steuer wegen Mißwachses und anderer Unglücksfälle, mitgetheilt durch die C.V. des Pr. Gen.-Steuer-Dir. vom 30. Juni 1869 (Centralbl. f. d. Abg.-Ges. 1869 S. 250).

dere Unglücksfälle, welche außerhalb des gewöhnlichen Witterungswechsels liegen, die Ernte ganz oder zu einem größeren Theile verdorben ist.

Die Bedingungen und das Verfahren für diesen Erlaß werden vom Bundesrathe des Zollvereins festgestellt.

Die Bestimmungen über die Höhe der zu gewährenden Steuererlasse dürfen nicht ungünstiger sein, als die dafür bisher in Preußen (nach dem Remissions-Reglement vom 29. Dezember 1828) geltend gewesenen Vorschriften.

§. 8. Die Steuer für den in das Ausland in Mengen von mindestens 50 Pfund versendeten Taback wird vergütet werden, wenn die von der Zollbehörde vorgeschriebenen Kontrole-Bedingungen erfüllt worden sind. Der geringste Vergütungssatz beträgt für den Zentner Rohtaback und Schnupftaback 15 Sgr., für den Zentner entrippte Blätter und Tabacksfabrikate (mit Ausnahme des Schnupftabacks) 20 Sgr. Der Bundesrath des Zollvereins ist jedoch ermächtigt, die Ausfuhr-Vergütung zeitweise oder dauernd bis zum Betrage von beziehungsweise 20 Sgr. und 25 Sgr. für den Zentner zu erhöhen. Für sogenannten Geiz, grüne Tabacksblätter, Tabacksstengel und Abfälle wird keine Vergütung gewährt.

§. 9. Die Steuer wird zum ersten Male für die im Jahre 1869 mit Taback bebauten Grundstücke erhoben.

§. 10. 1) Wer es unterläßt, die im §. 3 vorgeschriebene Angabe hinsichtlich aller oder einzelner mit Taback bepflanzten Grundstücke rechtzeitig zu machen, hat das Vierfache desjenigen Steuerbetrages, um welchen die Staatskasse dadurch hätte verkürzt werden können, als Strafe verwirkt. Die Steuer selbst ist unabhängig von der Strafe zu entrichten.

2) Wer zwar alle mit Taback bepflanzten Grundstücke rechtzeitig angiebt, dabei jedoch die Fläche eines Grundstücks dergestalt unrichtig bezeichnet, daß das verschwiegene Flächenmaß mehr als den zwanzigsten Theil der Fläche des mit Taback bepflanzten Grundstücks betragt, verfällt in eine Ordnungsstrafe bis zur Höhe der doppelten Steuer von dem verschwiegenen Flächenmaße. Daneben ist die einfache Steuer zu erlegen.

3) Nur diese wird erhoben, wenn der Unterschied zwischen der Angabe und dem Befunde nur den vorbezeichneten zwanzigsten Theil oder weniger beträgt.

§. 11. Wenn eine Geldbuße von den Verurtheilten wegen seines Unvermögens nicht beizutreiben ist, erfolgt ihre Verwandlung in Freiheitsstrafe nach den Bestimmungen der Zollstrafgesetze.

§. 12. Die Feststellung, Untersuchung und Entscheidung der Zuwiderhandlungen gegen das gegenwärtige Gesetz erfolgt nach den Bestimmungen über Zuwiderhandlungen gegen die Zollgesetze.

Zuwiderhandlungen gegen die Vorschriften dieses Gesetzes verjähren in fünf Jahren

---

Zu §. 8.

Vgl. das Regulativ, betr. die Zoll- und Steuer-Rückvergütigung für in das Ausland gesendeten Taback, mitgeth. durch die C.V. des Pr. Gen.-Steuer-Dir. vom 30. Juni 1869 (Centralbl. f. d. Abg.Ges. 1869 S. 257) und die Bundesrathsbeschlüsse vom 10. Februar 1875 und vom 2. Februar 1876 zu §§. 7 u. 20 des Regulativs (Centralbl. f. d. D.R. 1875 S. 171, 1876 S. 86).

Zu §. 10 Nr. 2.

Die unrichtige Angabe der Größe eines mit Taback bepflanzten Grundstücks ist selbst dann strafbar, wenn der Angeklagte in Betreff des Flächenmaßes durch einen von ihm beauftragten Feldmesser in einen Irrthum über die Größe versetzt war.

Erk. (V. I.) Pr. O.Tr. vom 10. Februar 1875 c. Scharf Goltd. A. 23, S. 49; O.R. 16, S. 120.

Zu §. 11.

Vgl. das Vereinszollgesetz v. 1. Juli 1869 §. 162.

Zu §. 12.

Vgl. das Vereinszollgesetz v. 1. Juli 1869 §. 165.

§. 13. Die zur Ausführung dieses Gesetzes erforderlichen Anordnungen werden vom Bundesrathe des Zollvereins festgestellt.

Urkundlich unter Unserer Höchsteigenhändigen Unterschrift und beigedrucktem Bundes-Insiegel.

Gegeben Berlin, den 26. Mai 1868.

(L. S.) Wilhelm.

Gr. v. Bismarck-Schönhausen.

Gesetz, betreffend die privatrechtliche Stellung der Erwerbs- und Wirthschafts-Genossenschaften.*) Vom 4. Juli 1868.

[B. G. Bl. 1868. S. 415.]

Wir Wilhelm, von Gottes Gnaden König von Preußen rc., verordnen im Namen des Norddeutschen Bundes, nach erfolgter Zustimmung des Bundesrathes und des Reichstages, für das ganze Gebiet des Bundes, was folgt:

Abschnitt I.

Von Errichtung der Genossenschaften.

§. 1. Gesellschaften von nicht geschlossener Mitgliederzahl, welche die Förderung des Kredits, des Erwerbes oder der Wirthschaft ihrer Mitglieder mittelst gemeinschaftlichen Geschäftsbetriebes bezwecken (Genossenschaften), namentlich:

1) Vorschuß- und Kreditvereine,
2) Rohstoff- und Magazinvereine,
3) Vereine zur Anfertigung von Gegenständen und zum Verkauf der gefertigten Gegenstände auf gemeinschaftliche Rechnung (Produktivgenossenschaften),
4) Vereine zum gemeinschaftlichen Einkauf von Lebensbedürfnissen im Großen und Ablaß in kleineren Partieen an ihre Mitglieder (Konsumvereine),
5) Vereine zur Herstellung von Wohnungen für ihre Mitglieder,

erwerben die im gegenwärtigen Gesetze bezeichneten Rechte einer „eingetragenen Genossenschaft" unter den nachstehend angegebenen Bedingungen.

§. 2. Zur Gründung der Genossenschaft bedarf es:

1) der schriftlichen Abfassung des Gesellschaftsvertrages (Statuts);
2) der Annahme einer gemeinschaftlichen Firma.

Die Firma der Genossenschaft muß vom Gegenstande der Unternehmung entlehnt sein und die zusätzliche Bezeichnung „eingetragene Genossenschaft" enthalten.

Zu §. 13.

Vgl. die Anweisung zur Ausführung des Gesetzes, mitgeth. durch die C.V. des Pr. Gen.-St.-Dir. vom 30. Juni 1869 (Centr.Bl. f. d. Abg.Ges. 1869 S. 240).

*) Das Gesetz ist durch §. 2 Alin. 2 des Ges., betr. die Verfassung des Deutschen Reichs vom 16. April 1871 (B.G.Bl. S. 63) zum Reichsgesetz erklärt, mit der Maßgabe, daß, wo in demselben von dem Nordd. Bunde, dessen Gebiet, Mitgliedern oder Staaten, verfassungsmäßigen Organen, Beamten u. s. w. die Rede ist, das Deutsche Reich und dessen entsprechende Beziehungen zu verstehen sind.

Als Reichsgesetz gilt es im Gebiete des Nordd. Bundes, in Württemberg, Baden, und Hessen südlich des Main seit dem 1. Januar 1871 (B.G.Bl. Jahrg. 1870 S. 647, 651, 656, 657), in Elsaß-Lothringen seit dem 1. Oktober 1872 (G.Bl. f. E.-L. S. 511), in Bayern seit dem 1. August 1873 (R.G.Bl. 1873 S. 146).

Zu §. 1.

Der §. 1 des Gesetzes vom 4. Juli 1868 ist deklarirt durch das Reichs-Gesetz vom 19. Mai 1871 (Reichs-G.Bl. S. 101), dessen einziger Paragraph also lautet:

Die im §. 1 des Gesetzes vom 4. Juli 1868 (B.G.Bl. S. 415) bezeichneten Gesellschaften verlieren den Charakter von Genossenschaften im Sinne des gedachten Gesetzes dadurch nicht, daß ihnen die Ausdehnung ihres Geschäftsbetriebes auf Personen, welche nicht zu ihren Mitgliedern gehören, im Statute gestattet wird.

Der Name von Mitgliedern (Genossenschaftern) oder anderen Personen darf in die Firma nicht aufgenommen werden. Jede neue Firma muß sich von allen an demselben Orte oder in derselben Gemeinde bereits bestehenden Firmen eingetragener Genossenschaften deutlich unterscheiden.

Zum Beitritt der einzelnen Genossenschafter genügt die schriftliche Erklärung.

§. 3. Der Gesellschaftsvertrag muß enthalten:

1) die Firma und den Sitz der Genossenschaft;
2) den Gegenstand des Unternehmens;
3) die Zeitdauer der Genossenschaft, im Falle dieselbe auf eine bestimmte Zeit beschränkt sein soll;
4) die Bedingungen des Ein- und Austritts der Genossenschafter;
5) den Betrag†) der Geschäftsantheile der einzelnen Genossenschafter und die Art der Bildung dieser Antheile;
6) die Grundsätze, nach welchen die Bilanz aufzunehmen und der Gewinn zu berechnen ist, und die Art und Weise, wie die Prüfung der Bilanz erfolgt;
7) die Art der Wahl und Zusammensetzung des Vorstandes und die Formen für die Legitimation der Mitglieder des Vorstandes und der Stellvertreter derselben;
8) die Form, in welcher die Zusammenberufung der Genossenschafter geschieht;
9) die Bedingungen des Stimmrechts der Genossenschafter und die Form, in welcher dasselbe ausgeübt wird;
10) die Gegenstände, über welche nicht schon durch einfache Stimmenmehrheit der auf Zusammenberufung erschienenen Genossenschafter, sondern nur durch eine größere Stimmenmehrheit oder nach anderen Erfordernissen Beschluß gefaßt werden kann;
11) die Form, in welcher die von der Genossenschaft ausgehenden Bekanntmachungen erfolgen, sowie die öffentlichen Blätter, in welche dieselben aufzunehmen sind;
12) die Bestimmung, daß alle Genossenschafter für die Verbindlichkeiten der Genossenschaft solidarisch und mit ihrem ganzen Vermögen haften.

§. 4. Der Gesellschaftsvertrag muß bei dem Handelsgerichte, in dessen Bezirk die Genossenschaft ihren Sitz hat, nebst dem Mitgliederverzeichnisse durch den Vorstand eingereicht, vom Gerichte in das Genossenschaftsregister, welches, wo ein Handelsregister existirt, einen Theil von diesem bildet, eingetragen und im Auszuge veröffentlicht werden.

Der Auszug muß enthalten:

1) das Datum des Gesellschaftsvertrages;
2) die Firma und den Sitz der Genossenschaft;
3) den Gegenstand des Unternehmens;
4) die Zeitdauer der Genossenschaft, im Falle dieselbe auf eine bestimmte Zeit beschränkt sein soll;
5) die Namen und den Wohnort der zeitigen Vorstandsmitglieder;
6) die Form, in welcher die von der Genossenschaft ausgehenden Bekanntmachungen erfolgen, sowie die öffentlichen Blätter, in welche dieselben aufzunehmen sind.

Zugleich ist bekannt zu machen, daß das Verzeichniß der Genossenschafter jeder Zeit bei dem Handelsgerichte eingesehen werden könne.

Ist in dem Gesellschaftsvertrage eine Form bestimmt, in welcher der Vorstand seine Willenserklärungen kund giebt und für die Genossenschaft zeichnet, so ist auch diese Bestimmung zu veröffentlichen.

---

†) Im B.G.Bl. Jahrg. 1868 S. 416 steht „Beitrag". Dieser Druckfehler ist berichtigt im B.G.Bl. J. 1869. S. 168.

Zu §. 4.

Vgl. die Instr. des Pr. Just.Min. vom 17. Dezember 1868, betreffend die Führung der Genossenschafts-Register (Pr. Just.Min.Bl. 1868 S. 392).

§. 5. Vor erfolgter Eintragung in das Genossenschaftsregister hat die Genossenschaft die Rechte einer eingetragenen Genossenschaft nicht.

§. 6. Jede Abänderung des Gesellschaftsvertrages muß schriftlich erfolgen und dem Handelsgerichte unter Ueberreichung zweier Abschriften des Genossenschafts-Beschlusses angemeldet werden.

Mit dem Abänderungsbeschlusse wird in gleicher Weise wie mit dem ursprünglichen Vertrage verfahren. Eine Veröffentlichung desselben findet nur insoweit statt, als sich dadurch die in den früheren Bekanntmachungen enthaltenen Punkte ändern.

Der Beschluß hat keine rechtliche Wirkung, bevor derselbe bei dem Handelsgerichte, in dessen Bezirk die Genossenschaft ihren Sitz hat, in das Genossenschafts-Register eingetragen worden ist.

§. 7. Bei jedem Handelsgerichte, in dessen Bezirk die Genossenschaft eine Zweigniederlassung hat, muß diese Behufs der Eintragung in das Genossenschafts-Register angemeldet werden, und ist dabei Alles zu beobachten, was die §§. 4 bis 6 für das Hauptgeschäft vorschreiben.

§. 8. Das Genossenschafts-Register ist öffentlich, und gelten hierbei die im Allgemeinen Deutschen Handelsgesetzbuch in Bezug auf das Handelsregister gegebenen Bestimmungen.

Abschnitt II.

Von den Rechtsverhältnissen der Genossenschafter unter einander, sowie den Rechtsverhältnissen derselben und der Genossenschaft gegen Dritte.

§. 9. Das Rechtsverhältniß der Genossenschafter unter einander richtet sich zunächst nach dem Gesellschaftsvertrage. Letzterer darf von den Bestimmungen der nachfolgenden Paragraphen nur in denjenigen Punkten abweichen, bei welchen dies ausdrücklich für zulässig erklärt ist.

In Ermangelung einer anderen Bestimmung des Gesellschaftsvertrages wird der Gewinn unter die Genossenschafter nach Höhe von deren Geschäftsantheilen vertheilt, ebenso der Verlust, soweit diese Antheile zusammen zu dessen Deckung ausreichen, wogegen ein nach Erschöpfung des Genossenschaftsvermögens noch zu deckender Rest gleichmäßig nach Köpfen von sämmtlichen Genossenschaftern aufgebracht wird.

Genossenschafter, welche auf ihre Geschäftsantheile die ihnen statutenmäßig obliegenden Einzahlungen geleistet haben, können von anderen Genossenschaftern nicht aus dem Grunde, weil letztere auf ihre Antheile mehr eingezahlt haben, im Wege des Rückgriffs in Anspruch genommen werden, sofern nicht der Gesellschaftsvertrag ein Anderes festsetzt.

§. 10. Die Rechte, welche den Genossenschaftern in Angelegenheiten der Genossenschaft, insbesondere in Beziehung auf die Führung der Geschäfte, die Einsicht und Prüfung der Bilanz und die Bestimmung der Gewinnvertheilung zustehen, werden von der Gesammtheit der Genossenschafter in der Generalversammlung ausgeübt.

Jeder Genossenschafter hat hierbei Eine Stimme, wenn nicht der Gesellschaftsvertrag ein Anderes festsetzt.

§. 11. Die eingetragene Genossenschaft kann unter ihrer Firma Rechte erwerben und Verbindlichkeiten eingehen, Eigenthum und andere dingliche Rechte an Grundstücken erwerben, vor Gericht klagen und verklagt werden.

Ihr ordentlicher Gerichtsstand ist bei dem Gerichte, in dessen Bezirk sie ihren Sitz hat.

Genossenschaften gelten als Kaufleute im Sinne des Allgemeinen Deutschen Handelsgesetzbuches, soweit dieses Gesetz keine abweichenden Vorschriften enthält.

§. 12. Insoweit die Genossenschaftsgläubiger aus dem Genossenschaftsvermögen nicht befriedigt werden können, haften ihnen alle Genossenschafter, ohne daß diesen die Einrede der Theilung zusteht, für die Ausfälle solidarisch und mit ihrem ganzen

Vermögen. Diese Solidarhaft kann von einem Genossenschaftsgläubiger nur geltend gemacht werden, wenn im Falle des Konkurses die Voraussetzungen des §. 51 vorliegen, oder wenn die Eröffnung des Konkurses nicht erfolgen kann.

Wer in eine bestehende Genossenschaft eintritt, haftet gleich den anderen Genossenschaftern für alle von der Genossenschaft auch vor seinem Eintritte eingegangenen Verbindlichkeiten.

Ein entgegenstehender Vertrag ist gegen Dritte ohne rechtliche Wirkung.

Die einer Genossenschaft beigetretenen Frauenspersonen können in Betreff der dadurch eingegangenen Verpflichtungen auf die in den einzelnen Staaten geltenden Rechtswohlthaten der Frauen sich nicht berufen.

§. 13. Die Privatgläubiger eines Genossenschafters sind nicht befugt, die zum Genossenschaftsvermögen gehörigen Sachen, Forderungen oder Rechte, oder einen Antheil an demselben zum Behufe ihrer Befriedigung oder Sicherstellung in Anspruch zu nehmen. Gegenstand der Exekution, des Arrestes oder der Beschlagnahme kann für sie nur dasjenige sein, was der Genossenschafter selbst an Zinsen und an Gewinnantheilen zu fordern berechtigt ist und was ihm im Falle der Auflösung der Genossenschaft oder des Ausscheidens aus derselben bei der Auseinandersetzung zukommt.

§. 14. Die Bestimmung des vorigen Paragraphen gilt auch in Betreff der Privatgläubiger, zu deren Gunsten eine Hypothek oder ein Pfandrecht an dem Vermögen eines Genossenschafters kraft des Gesetzes oder aus einem anderen Rechtsgrunde besteht. Ihre Hypothek oder ihr Pfandrecht erstreckt sich nicht auf die zum Genossenschaftsvermögen gehörigen Sachen, Forderungen und Rechte, oder auf einen Antheil an denselben, sondern nur auf dasjenige, was in dem letzten Satze des vorigen Paragraphen bezeichnet ist.

Jedoch werden die Rechte, welche an dem von einem Genossenschafter in das Vermögen der Genossenschaft eingebrachten Gegenstande bereits zur Zeit des Einbringens bestanden, durch die vorstehenden Bestimmungen nicht berührt.

§. 15. Eine Kompensation zwischen Forderung der Genossenschaft und Privatforderungen des Genossenschaftsschuldners gegen einen Genossenschafter findet während der Dauer der Genossenschaft weder ganz noch theilweise statt. Nach Auflösung der Genossenschaft ist sie zulässig, wenn und soweit die Genossenschaftsforderung dem Genossenschafter bei der Auseinandersetzung überwiesen ist.

§. 16. Hat ein Privatgläubiger eines Genossenschafters nach fruchtlos vollstreckter Exekution in dessen Privatvermögen die Exekution in das demselben bei der demnächstigen Auseinandersetzung zukommende Guthaben erwirkt, so ist er berechtigt, die Genossenschaft mag auf bestimmte oder unbestimmte Zeit eingegangen sein, Behufs seiner Befriedigung, nach vorher von ihm geschehener Aufkündigung, das Ausscheiden jenes Genossenschafters zu verlangen.

Die Aufkündigung muß mindestens sechs Monate vor Ablauf des Geschäftsjahres der Genossenschaft geschehen.

Abschnitt III.

Von dem Vorstande, dem Aufsichtsrathe und der Generalversammlung.

§. 17. Jede Genossenschaft muß einen aus der Zahl der Genossenschafter zu wählenden Vorstand haben. Sie wird durch denselben gerichtlich und außergerichtlich vertreten.

Der Vorstand kann aus einem oder mehreren Mitgliedern bestehen, diese können besoldet oder unbesoldet sein. Ihre Stellung ist zu jeder Zeit widerruflich, unbeschadet der Entschädigungsansprüche aus bestehenden Verträgen.

§. 18. Die jeweiligen Mitglieder des Vorstandes müssen alsbald nach ihrer Bestellung zur Eintragung in das Genossenschaftsregister angemeldet werden. Die Anmeldung ist durch den Vorstand unter Beifügung seiner Legitimation entweder in Person zu bewirken, oder in beglaubigter Form einzureichen. Zugleich haben die Mitglieder des Vorstandes ihre Unterschrift vor dem Handelsgerichte zu zeichnen oder die Zeichnung ebenfalls in beglaubigter Form einzureichen.

§. 19. Der Vorstand hat in der durch den Gesellschaftsvertrag bestimmten Form seine Willenserklärungen kund zu geben und für die Genossenschaft zu zeichnen. Ist nichts darüber bestimmt, so ist die Zeichnung durch sämmtliche Mitglieder des Vorstandes erforderlich. Die Zeichnung geschieht in der Weise, daß die Zeichnenden zu der Firma der Genossenschaft oder zu der Benennung des Vorstandes ihre Unterschrift hinzufügen.

§. 20. Die Genossenschaft wird durch die vom Vorstande in ihrem Namen geschlossenen Rechtsgeschäfte berechtigt und verpflichtet. Es ist gleichgültig, ob das Geschäft ausdrücklich im Namen der Genossenschaft geschlossen worden ist, oder ob die Umstände ergeben, daß es nach dem Willen der Kontrahenten für die Genossenschaft geschlossen werden sollte.

Die Befugniß des Vorstandes zur Vertretung der Genossenschaft erstreckt sich auch auf diejenigen Geschäfte und Rechtshandlungen, für welche nach den Gesetzen eine Spezialvollmacht erforderlich ist. Zur Legitimation des Vorstandes bei allen, das Hypothekenbuch betreffenden Geschäften und Anträgen genügt ein Attest des Handelsgerichts, daß die darin zu bezeichnenden Personen als Mitglieder des Vorstandes in das Genossenschaftsregister eingetragen sind.

§. 21. Der Vorstand ist der Genossenschaft gegenüber verpflichtet, die Beschränkungen einzuhalten, welche in dem Gesellschaftsvertrage oder durch Beschlüsse der Generalversammlung für den Umfang seiner Befugniß, die Genossenschaft zu vertreten, festgesetzt sind. Gegen dritte Personen hat jedoch eine Beschränkung des Vorstandes, die Genossenschaft zu vertreten, keine rechtliche Wirkung. Dies gilt insbesondere für den Fall, daß die Vertretung sich nur auf gewisse Arten von Geschäften erstrecken oder nur unter gewissen Umständen oder für eine gewisse Zeit oder an einzelnen Orten stattfinden soll, oder daß die Zustimmung der Generalversammlung, eines Aufsichtsrathes oder eines anderen Organs der Genossenschafter für einzelne Geschäfte erfordert ist.

§. 22. Eide Namens der Genossenschaft werden durch den Vorstand geleistet.

§. 23. Jede ganze oder theilweise Aenderung im Personal des Vorstandes muß von dem ganz oder theilweise erneuten Vorstande gemeinschaftlich in Person oder in beglaubigter Form dem Handelsgerichte zur Eintragung in das Genossenschafts-Register und öffentlichen Bekanntmachung angemeldet und dabei wegen Einreichung der Legitimation und Zeichnung Seitens der neu Eintretenden das in §. 18 Verordnete beobachtet werden.

Dasselbe gilt für den Fall, daß interimistische Stellvertreter eines oder mehrerer Vorstandsmitglieder gewählt werden.

Dritten Personen kann die Aenderung nur insofern entgegengesetzt werden, als in Betreff dieser Aenderung die in Artikel 46 des Allgemeinen Deutschen Handelsgesetzbuches in Betreff des Erlöschens der Prokura bezeichneten Voraussetzuugen vorhanden sind.

§. 24. Zur Behändigung von Vorladungen und anderen Zustellungen an die Genossenschaft genügt es, wenn dieselbe an ein Mitglied des Vorstandes, welches zu zeichnen oder mitzuzeichnen befugt ist, geschieht.

§. 25. Der Vorstand ist verbunden, dem Handelsgerichte am Schlusse jedes Quartals über den Eintritt und Austritt von Genossenschaftern schriftlich Anzeige zu machen und alljährlich im Monat Januar ein vollständiges, alphabetisch geordnetes Verzeichniß der Genossenschafter einzureichen.

Das Handelsgericht berichtigt und vervollständigt danach die Liste der Genossenschafter.

§. 26. Der Vorstand ist verpflichtet, Sorge zu tragen, daß die erforderlichen Bücher der Genossenschaft geführt werden. Er muß spätestens in den ersten sechs Monaten jedes Geschäftsjahres eine Bilanz des verflossenen Geschäftsjahres, die Zahl der seit der vorjährigen Bekanntmachung aufgenommenen oder ausgeschiedenen, sowie die Zahl der zur Zeit der Genossenschaft angehörigen Genossenschafter veröffentlichen.

§. 27. Mitglieder des Vorstandes, welche in dieser ihrer Eigenschaft außer den Grenzen ihres Auftrages oder den Vorschriften dieses Gesetzes oder des Gesellschaftsvertrages entgegen handeln, haften persönlich und solidarisch für den dadurch entstandenen Schaden.

Sie haben, wenn ihre Handlungen auf andere, als die in dem gegenwärtigen Gesetze (§. 1) erwähnten geschäftlichen Zwecke gerichtet sind, oder wenn sie in der Generalversammlung die Erörterung von Anträgen gestatten oder nicht hindern, welche auf öffentliche Angelegenheiten gerichtet sind, deren Erörterung unter die Landesgesetze über das Versammlungs- und Vereinsrecht fällt, eine Geldbuße bis zu 200 Thalern verwirkt.

§. 28. Der Geschäftsvertrag kann dem Vorstande einen Aufsichtsrath (Verwaltungsrath, Ausschuß) an die Seite setzen, welcher von den Genossenschaftern aus ihrer Mitte, jedoch mit Ausschluß der Vorstandsmitglieder, gewählt wird.

Ist ein Aufsichtsrath bestellt, so überwacht derselbe die Geschäftsführung der Genossenschaft in allen Zweigen der Verwaltung. Er kann sich von dem Gange der Angelegenheiten der Genossenschaft unterrichten, die Bücher und Schriften derselben jederzeit einsehen, den Bestand der Genossenschaftskasse untersuchen und Generalversammlungen berufen. Er kann, sobald es ihm nothwendig erscheint, Vorstandsmitglieder und Beamte vorläufig, und zwar bis zur Entscheidung der demnächst zu berufenden Generalversammlung, von ihren Befugnissen entbinden und wegen einstweiliger Fortführung der Geschäfte die nöthigen Anstalten treffen.

Er hat die Jahresrechnungen, die Bilanzen und die Vorschläge zur Gewinnvertheilung zu prüfen und darüber alljährlich der Generalversammlung Bericht zu erstatten.

Er hat eine Generalversammlung zu berufen, wenn dies im Interesse der Genossenschaft erforderlich ist.

§. 29. Der Aufsichtsrath ist ermächtigt, gegen die Vorstandsmitglieder die Prozesse zu führen, welche die Generalversammlung beschließt, und die Genossenschaft bei Abschließung von Verträgen mit dem Vorstande zu vertreten. Wegen der Form der Legitimationsführung hat der Gesellschaftsvertrag das Erforderliche zu bestimmen.

Wenn die Genossenschaft gegen die Mitglieder des Aufsichtsrathes einen Prozeß zu führen hat, so wird sie durch Bevollmächtigte vertreten, welche in der Generalversammlung gewählt werden. Jeder Genossenschafter ist befugt, als Intervenient in einen solchen Prozeß auf seine Kosten einzutreten.

§. 30. Der Betrieb von Geschäften der Genossenschaft, sowie die Vertretung der Genossenschaft in Beziehung auf diese Geschäftsführung, kann auch sonstigen Bevollmächtigten oder Beamten der Genossenschaft zugewiesen werden. In diesem Falle bestimmt sich die Befugniß derselben nach der ihnen ertheilten Vollmacht, sie erstreckt sich im Zweifel auf alle Rechtshandlungen, welche die Ausführung derartiger Geschäfte gewöhnlich mit sich bringt.

§. 31. Die Generalversammlung der Genossenschafter wird durch den Vorstand berufen, soweit nicht nach dem Gesellschaftsvertrage oder diesem Gesetze auch andere Personen dazu befugt sind.

Eine Generalversammlung der Genossenschafter ist außer den im Gesellschaftsvertrage ausdrücklich bestimmten Fällen zu berufen, wenn dies im Interesse der Genossenschaft erforderlich erscheint.

Die Generalversammlung muß sofort berufen werden, wenn mindestens der zehnte Theil der Genossenschafter in einer von ihnen zu unterzeichnenden Eingabe

---

Zu §. 27.

1. Siehe die Anm. zu §. 1 dieses Gesetzes.
2. Vgl. §§. 28, 29 des St.G.B.

an den Vorstand unter Anführung des Zweckes und der Gründe darauf anträgt. Ist in dem Gesellschaftsvertrage das Recht der Berufung einer Generalversammlung einem größeren oder geringeren Theile der Genossenschafter beigelegt, so hat es hierbei sein Bewenden.

§. 32. Die Berufung der Generalversammlung hat in der durch den Gesellschaftsvertrag bestimmten Weise zu erfolgen.

Der Zweck der Generalversammlung muß jederzeit bei der Berufung bekannt gemacht werden. Ueber Gegenstände, deren Verhandlung nicht in dieser Weise angekündigt ist, können Beschlüsse nicht gefaßt werden; jedoch die Beschlüsse über Leitung der Versammlung, sowie über Anträge auf Berufung einer außerordentlichen Generalversammlung ausgenommen.

Zur Stellung von Anträgen und zu Verhandlungen ohne Beschlußfassung bedarf es der Ankündigung nicht.

§. 33. Der Vorstand ist zur Beobachtung und Ausführung aller Bestimmungen des Gesellschaftsvertrages und der in Gemäßheit desselben von der Generalversammlung gültig gefaßten Beschlüsse verpflichtet und dafür der Genossenschaft verantwortlich.

Die Beschlüsse der Generalversammlung sind in ein Protokollbuch einzutragen, dessen Einsicht jedem Genossenschafter und der Staatsbehörde gestattet werden muß.

Abschnitt IV.

Von der Auflösung der Genossenschaft und dem Ausscheiden einzelner Genossenschafter.

§. 34. Die Genossenschaft wird aufgelöst:

1) durch Ablauf der im Gesellschaftsvertrage bestimmten Zeit;
2) durch einen Beschluß der Genossenschaft;
3) durch Eröffnung des Konkurses (Falliments).

§. 35. Wenn eine Genossenschaft sich gesetzwidriger Handlungen oder Unterlassungen schuldig macht, durch welche das Gemeinwohl gefährdet wird, oder wenn sie andere, als die im gegenwärtigen Gesetze (§. 1) bezeichneten geschäftlichen Zwecke verfolgt, so kann sie aufgelöst werden, ohne daß deshalb ein Anspruch auf Entschädigung stattfindet.

Die Auflösung kann in diesem Falle nur durch gerichtliches Erkenntniß auf Betreiben der höheren Verwaltungsbehörde erfolgen. Als das zuständige Gericht ist dasjenige anzusehen, bei welchem die Genossenschaft ihren ordentlichen Gerichtsstand hat.

Das Erkenntniß ist von dem zuständigen Gerichte demjenigen Gerichte, welches das Genossenschaftsregister führt, zur Eintragung und Veröffentlichung nach §. 36 mitzutheilen.

§. 36. Die Auflösung der Genossenschaft muß, wenn sie nicht eine Folge des eröffneten Konkurses ist, durch den Vorstand zur Eintragung in das Genossenschaftsregister angemeldet werden; sie muß zu drei verschiedenen Malen durch die für die Bekanntmachungen der Genossenschaft bestimmten Blätter bekannt gemacht werden.

Durch die Bekanntmachung müssen die Gläubiger zugleich aufgefordert werden, sich bei dem Vorstande der Genossenschaft zu melden.

§. 37. Die Konkurseröffnung ist vom Konkursgerichte von Amtswegen in das Genossenschaftsregister einzutragen. Die Bekanntmachung der Eintragung durch eine Anzeige in den im §. 4, Nr. 6 bestimmten Blättern unterbleibt. Wenn das Genossenschaftsregister nicht bei dem Konkursgerichte geführt wird, so ist die Konkurseröffnung von Seiten des Konkursgerichtes dem Handelsgerichte, bei welchem das Register geführt wird, zur Bewirkung der Eintragung unverzüglich anzuzeigen.

§. 38. Jeder Genossenschafter hat das Recht, aus der Genossenschaft auszutreten, auch wenn der Gesellschaftsvertrag auf bestimmte Zeit geschlossen ist.

Ist über die Kündigungsfrist und den Zeitpunkt des Austritts im Gesellschaftsvertrage nichts festgesetzt, so findet der Austritt nur mit dem Schluß des Geschäftsjahres nach vorheriger, mindestens vierwöchentlicher Aufkündigung statt. Ferner erlischt die Mitgliedschaft durch den Tod, sofern der Gesellschaftsvertrag keine entgegengesetzten Bestimmungen enthält.

In jedem Falle kann die Genossenschaft einen Genossenschafter aus den im Gesellschaftsvertrage festgesetzten Gründen, sowie wegen des Verlustes der bürgerlichen Ehrenrechte, ausschließen.

§. 39. Die aus der Genossenschaft ausgetretenen oder ausgeschlossenen Genossenschafter, sowie die Erben verstorbener Genossenschafter bleiben den Gläubigern der Genossenschaft für alle bis zu ihrem Ausscheiden von der Genossenschaft eingegangenen Verbindlichkeiten bis zum Ablauf der Verjährung (§. 63) verhaftet.

Wenn der Gesellschaftsvertrag nichts Anderes bestimmt, haben sie an den Reservefonds und an das sonst vorhandene Vermögen der Genossenschaft keinen Anspruch, sind vielmehr nur berechtigt, zu verlangen, daß ihnen ihr Geschäftsantheil, wie er sich aus den Büchern ergiebt, binnen drei Monaten nach ihrem Ausscheiden ausgezahlt werde.

Gegen diese Verpflichtung kann sich die Genossenschaft nur dadurch schützen, daß sie ihre Auflösung beschließt und zur Liquidation schreitet.

Abschnitt V.

Von der Liquidation der Genossenschaft.

§. 40. Nach Auflösung der Genossenschaft außer dem Falle des Konkurses erfolgt die Liquidation durch den Vorstand, wenn nicht dieselbe durch den Gesellschaftsvertrag oder einen Beschluß der Genossenschaft an andere Personen übertragen wird. Die Bestellung der Liquidatoren ist jederzeit widerruflich.

§. 41. Die Liquidatoren sind von dem Vorstande beim Handelsgerichte zur Eintragung in das Genossenschaftsregister anzumelden: sie haben ihre Unterschrift persönlich vor dieser Behörde zu zeichnen oder die Zeichnungen in beglaubigter Form einzureichen.

Das Austreten eines Liquidators oder das Erlöschen der Vollmacht eines solchen ist gleichfalls zur Eintragung in das Genossenschaftsregister anzumelden.

§. 42. Dritten Personen kann die Ernennung von Liquidatoren, sowie das Austreten eines Liquidators oder das Erlöschen der Vollmacht eines solchen nur insofern entgegengesetzt werden, als hinsichtlich dieser Thatsachen die Voraussetzungen vorhanden sind, unter welchen nach Artikel 25 und 46 des Allgemeinen Deutschen Handelsgesetzbuches hinsichtlich einer Aenderung der Inhaber einer Firma oder des Erlöschens einer Prokura die Wirkung gegen Dritte eintritt.

Sind mehrere Liquidatoren vorhanden, so können sie die zur Liquidation gehörenden Handlungen mit rechtlicher Wirkung nur in Gemeinschaft vornehmen, sofern nicht ausdrücklich bestimmt ist, daß sie einzeln handeln können.

§. 43. Die Liquidatoren haben die laufenden Geschäfte zu beendigen, die Verpflichtungen der aufgelösten Genossenschaft zu erfüllen, die Forderungen derselben einzuziehen und das Vermögen der Genossenschaft zu versilbern; sie haben die Genossenschaft gerichtlich und außergerichtlich zu vertreten, sie können für dieselbe Vergleiche schließen und Kompromisse eingehen. Zur Beendigung schwebender Geschäfte können die Liquidatoren auch neue Geschäfte eingehen.

Die Veräußerung unbeweglicher Sachen kann durch die Liquidatoren, sofern nicht der Gesellschaftsvertrag oder ein Beschluß der Genossenschaft anders bestimmt, nur durch öffentliche Versteigerung bewirkt werden.

§. 44. Eine Beschränkung des Umfanges der Geschäftsbefugnisse der Liquidatoren (§. 42) hat gegen dritte Personen keine rechtliche Wirkung.

§. 45. Die Liquidatoren haben ihre Unterschriften in der Weise abzugeben, daß sie der bisherigen, nunmehr als Liquidations-Firma zu bezeichnenden Firma ihren Namen beifügen.

§. 46. Die Liquidatoren haben der Genossenschaft gegenüber bei der Geschäftsführung den von der Generalversammlung gefaßten Beschlüssen Folge zu geben, widrigenfalls sie der Genossenschaft für den durch ihr Zuwiderhandeln erwachsenen Schaden persönlich und solidarisch haften.

§. 47. Die bei Auflösung der Genossenschaft vorhandenen und die während der Liquidation eingehenden Gelder werden, wie folgt, verwendet:

a) es werden zunächst die Gläubiger der Genossenschaft je nach der Fälligkeit ihrer Forderungen befriedigt und die zur Deckung noch nicht fälliger Forderungen nöthigen Summen zurückbehalten;
b) aus den alsdann verbleibenden Ueberschüssen werden die Geschäftsantheile an die Genossenschafter zurückgezahlt. Reicht der Bestand zur vollständigen Deckung nicht aus, so erfolgt die Vertheilung desselben nach Verhältniß der Höhe der einzelnen Guthaben, wenn der Gesellschaftsvertrag nicht anders bestimmt;
c) aus dem nach Deckung der Schulden der Genossenschaft, sowie der Geschäftsantheile der Genossenschafter (§. 39), noch verbleibenden Bestande wird zunächst der Gewinn des letzten Rechnungsjahres an die Genossenschafter nach den Bestimmungen des Gesellschaftsvertrages gezahlt. Die Vertheilung weiterer Ueberschüsse unter die Genossenschafter erfolgt in Ermangelung anderer Vertragsbestimmungen nach Köpfen.

§. 48. Die Liquidatoren haben sofort beim Beginn der Liquidation eine Bilanz aufzustellen. Ergiebt diese oder eine später aufgestellte Bilanz, daß das Vermögen der Genossenschaft (einschließlich des Reservefonds und der Geschäftsantheile der Genossenschafter) zur Deckung der Schulden der Genossenschaft nicht hinreicht, so haben die Liquidatoren bei eigener Verantwortlichkeit sofort eine Generalversammlung zu berufen und hierauf, sofern nicht Genossenschafter binnen acht Tagen nach der abgehaltenen Generalversammlung den zur Deckung des Ausfalles erforderlichen Betrag baar einzahlen, bei dem Handelsgerichte die Eröffnung des Konkurses (Falliments) über das Vermögen der Genossenschaft zu beantragen.

§. 49. Ungeachtet der Auflösung der Genossenschaft kommen bis zur Beendigung der Liquidation im Uebrigen in Bezug auf die Rechtsverhältnisse der bisherigen Genossenschafter untereinander, sowie zu dritten Personen, die Vorschriften des zweiten und dritten Abschnitts dieses Gesetzes zur Anwendung, soweit sich aus den Bestimmungen des gegenwärtigen Abschnitts und aus dem Wesen der Liquidation nicht ein Anderes ergiebt.

Der Gerichtsstand, welchen die Genossenschaft zur Zeit ihrer Auflösung hatte, bleibt bis zur Beendigung der Liquidation für die aufgelöste Genossenschaft bestehen. Zustellungen an die Genossenschaft geschehen mit rechtlicher Wirkung an einen der Liquidatoren.

§. 50. Nach Beendigung der Liquidation werden die Bücher und Schriften der aufgelösten Genossenschaft einem der gewesenen Genossenschafter oder einem Dritten in Verwahrung gegeben. Der Genossenschafter oder der Dritte wird in Ermangelung einer gültigen Uebereinkunft durch das Handelsgericht bestimmt.

Die Genossenschafter und deren Rechtsnachfolger behalten das Recht auf Einsicht und Benutzung der Bücher und Papiere.

§. 51. Ueber das Vermögen der Genossenschaft wird auch außer dem Falle des §. 48 der Konkurs (Falliment) eröffnet, sobald sie ihre Zahlungen vor oder nach ihrer Auflösung eingestellt hat. Das Verfahren dabei bestimmen die Landesgesetze.

Die Verpflichtung zur Anzeige der Zahlungseinstellung liegt dem Vorstande der Genossenschaft und, wenn die Zahlungseinstellung nach Auflösung der Genossenschaft eintritt, den Liquidatoren derselben ob.

Die Genossenschaft wird durch den Vorstand beziehungsweise die Liquidatoren vertreten. Dieselben sind persönlich zu erscheinen und Auskunft zu ertheilen in allen Fällen verpflichtet, in welchen dies für den Gemeinschuldner selbst vorgeschrieben ist. Dieselben sind berechtigt, gegen jede angemeldete Forderung, unabhängig von dem Vertreter (Kurator, Verwalter) der Konkursmasse Widerspruch zu erheben. Dieser Widerspruch hält die Feststellung der Forderung im Konkurse und ihre Befriedigung aus der Konkursmasse nicht auf. Ein Zwangs-Akkord (Konkordat) findet nicht statt.

Der Konkurs (Falliment) über das Genossenschaftsvermögen zieht den Konkurs (Falliment) über das Privatvermögen der einzelnen Genossenschafter nicht nach sich.

Der Beschluß über Eröffnung des Konkurses (resp. die Erklärung des Falliments) hat die Namen der solidarisch verhafteten Genossenschafter nicht zu enthalten. Sobald der Konkurs (Falliment) beendigt ist, sind die Gläubiger berechtigt, wegen des Ausfalles an ihren Forderungen, jedoch nur, wenn solche bei dem Konkursverfahren (Falliment) angemeldet und verifizirt sind, einschließlich Zinsen und Kosten, die einzelnen, ihnen solidarisch haftenden Genossenschafter in Anspruch zu nehmen.

Die Genossenschafter können, wenn sie wegen solcher Ausfälle verklagt werden, nur gegen solche Forderungen Einwendungen machen, bei welchen der oben erwähnte Widerspruch (Absatz 3) von dem Vorstande, beziehungsweise den Liquidatoren vor der Verifikation erhoben ist.

§. 52. Nachdem das Konkursverfahren (Falliment) so weit gediehen ist, daß der Schlußvertheilungsplan feststeht, liegt dem Vorstande ob, eine Berechnung (Vertheilungsplan) anzufertigen, aus welcher sich ergiebt, wie viel jeder Genossenschafter zur Befriedigung der Gläubiger wegen der im Konkurs erlittenen Ausfälle beizutragen habe.

Wird die Zahlung der Beiträge verweigert oder verzögert, so ist der Vertheitheilungsplan von dem Vorstande dem Konkursgerichte mit dem Antrage einzureichen: den Vertheilungsplan für vollstreckbar zu erklären. Dem Antrage ist eine Abschrift oder ein Abdruck des Gesellschaftsvertrages und ein Verzeichniß der Ausfälle der Gläubiger, sowie der nach dem Plane zu einem Beitrage verpflichteten Genossenschafter beizufügen.

§. 53. Bevor das Gericht über den Antrag Beschluß faßt, sind die Genossenschafter mit ihren etwanigen Erinnerungen gegen den Plan in einem Termine zu hören. Mit Abhaltung des Termins wird, wenn das Konkursgericht ein Kollegialgericht ist, ein Mitglied des letzteren (Richterkommissar) beauftragt. Bei der Vorladung der Genossenschafter ist eine Mittheilung des Planes nicht erforderlich; es genügt, daß derselbe drei Tage vor dem Termine zur Einsicht der Genossenschafter bei dem Gerichte offen liegt und daß dies denselben bei der Vorladung angezeigt wird. Von dem Termine ist auch der Vorstand in Kenntniß zu setzen. Die nochmalige Vorladung eines Betheiligten, welcher in dem Termine nicht erscheint, ist nicht erforderlich. Werden Erinnerungen erhoben, so ist das betreffende Sach- und Rechtsverhältniß in dem Termine thunlichst insoweit aufzuklären, als zur vorläufigen Beurtheilung der Erheblichkeit der Erinnerungen erforderlich ist.

§. 54. Nach Abschluß des im §. 53 bezeichneten Verfahrens unterzieht das Gericht auf Grundlage der beigebrachten Schriftstücke und der von dem Richter aufgenommenen Verhandlungen den Vertheilungsplan einer näheren Prüfung, berichtigt den Plan, soweit nöthig, und erläßt hierauf den Beschluß, durch welchen derselbe für vollstreckbar erklärt wird. Das Gericht kann vor Abfassung des Beschlusses von dem Vorstand jede nähere Aufklärung und die Beibringung der in dem Besitze desselben befindlichen, zur Erledigung von Zweifeln dienenden Urkunden fordern.

Im Gebiete des Rheinischen Rechts wird der Beschluß in der Rathskammer auf den Vortrag eines Berichterstatters gefaßt.

Gegen den Beschluß ist ein Rechtsmittel nicht zulässig.

§. 55. Eine Ausfertigung des Planes, sowie des Beschlusses, durch welchen derselbe für vollstreckbar erklärt ist, wird dem Vorstande mitgetheilt.

Die Urschrift oder eine zweite Ausfertigung ist bei dem Gerichte zur Einsicht der Genossenschafter offen zu legen; sämmtliche Genossenschafter sind hiervon in Kenntniß zu setzen.

Der Vorstand ist befugt und im Falle der Weigerung oder Zögerung verpflichtet, die Beiträge, welche nach dem für vollstreckbar erklärten Vertheilungsplane von den einzelnen Genossenschaftern zu zahlen sind, im Wege der Exekution beitreiben zu lassen.

§. 56. Jeder Genossenschafter ist befugt, den Vertheilnngsplan im Wege der Klage anzufechten; die Klage ist gegen die übrigen betheiligten Genossenschafter zu richten; diese werden in dem Prozesse von dem Vorstande vertreten. Für die Klage ist das Gericht zuständig, bei welchem die Genossenschaft ihren allgemeinen Gerichtsstand hatte (§. 11). Durch die Anstellung der Klage und die Einleitung des Prozesses wird die Exekution nicht gehemmt.

§. 57. Ist die Exekution gegen einzelne Genossenschafter fruchtlos, so hat der Vorstand den dadurch entstehenden Ausfall in einem anzufertigenden neuen Plane unter die übrigen Genossenschafter zu vertheilen. Das weitere Verfahren bestimmt sich nach den Vorschriften der §§. 52—56.

§. 58. Der Vorstand ist zur Erhebung der von den Genossenschaftern zu entrichtenden Beiträge berechtigt und zur bestimmungsmäßigen Verwendung derselben verpflichtet.

§. 59. Wenn das Vermögen der Genossenschaft zur Befriedigung der Gläubiger sich als unzureichend erweist, ohne daß die Eröffnung des Konkurses erfolgen kann (§. 12), so kommen in Ansehung der Einziehung der zur Deckung der Ausfälle erforderlichen Beträge die Bestimmungen der §§. 52—58 in entsprechender Weise mit der Maßgabe zur Anwendung, daß an Stelle des Konkursgerichts das Gericht tritt, bei welchem die Genossenschaft ihren allgemeinen Gerichtsstand hatte.

§. 60. Wenn der Vorstand die ihm nach den §§. 52—59 obliegenden Verpflichtungen zu erfüllen außer Stande ist oder deren Erfüllung versäumt, so kann das Gericht auf den Antrag eines betheiligten Genossenschafters einen oder mehrere Genossenschafter oder auch andere Personen mit den Verrichtungen des Vorstandes beauftragen.

§. 61. Sind an die Stelle des Vorstandes Liquidatoren getreten, so gelten die Bestimmungen der §§. 52—60, insoweit sie den Vorstand betreffen, für die Liquidatoren.

§. 62. Durch das in den §§. 52—61 angeordnete Verfahren wird an dem Rechte der Genossenschaftsgläubiger, wegen der an ihren Forderungen erlittenen Ausfälle, die Genossenschafter solidarisch in Anspruch zu nehmen, nichts geändert.

Abschnitt VI.

Von der Verjährung der Klagen gegen die Genossenschafter.

§. 63. Die Klagen gegen einen Genossenschafter aus Ansprüchen gegen die Genossenschaft verjähren in zwei Jahren nach Auflösung der Genossenschaft oder nach seinem Ausscheiden oder seiner Ausschließung aus derselben, sofern nicht nach Beschaffenheit der Forderung eine kürzere Verjährungsfrist gesetzlich eintritt.

Die Verjährung beginnt mit dem Tage, an welchem die Auflösung der Genossenschaft in das Genossenschaftsregister eingetragen oder das Ausscheiden, beziehungsweise die Ausschließung des Genossenschafters dem Handelsgerichte angezeigt ist. Wird die Forderung erst nach diesem Zeitpunkte fällig, so beginnt die Verjährung mit dem Zeitpunkte der Fälligkeit. Bei kündbaren Forderungen tritt die Kündigungsfrist der Verjährungsfrist hinzu, ohne daß gekündigt zu sein braucht.*)

Ist noch ungetheiltes Genossenschaftsvermögen vorhanden, so kann dem Gläu-

---

*) Im B.G.Bl. Jahrg. 1868 S. 431 fehlen die letzten 6 Worte des §. 63 Alin. 2. Sie sind hier zugefügt auf Grund der Berichtigung im B.G.Bl. Jahrg. 1869 S. 168.

biger die zweijährige Verjährung nicht entgegengesetzt werden, sofern er seine Befriedigung nur aus dem Genossenschaftsvermögen sucht.

§. 64. Die Verjährung zu Gunsten eines ausgeschiedenen oder ausgeschlossenen Genossenschafters wird nicht durch Rechtshandlungen gegen einen anderen Genossenschafter, wohl aber durch Rechtshandlungen gegen die fortbestehende Genossenschaft unterbrochen.

Die Verjährung zu Gunsten eines bei der Auflösung der Genossenschaft zu derselben gehörigen Genossenschafters wird nicht durch Rechtshandlungen gegen einen anderen Genossenschafter, wohl aber durch Rechtshandlungen gegen die Liquidatoren, beziehungsweise gegen die Konkursmasse, unterbrochen.

§. 65. Die Verjährung läuft auch gegen Minderjährige und bevormundete Personen, sowie gegen juristische Personen, denen gesetzlich die Rechte der Minderjährigen zustehen, ohne Zulassung der Wiedereinsetzung in den vorigen Stand, jedoch mit Vorbehalt des Regresses gegen die Vormünder und Verwalter.

Schlußbestimmungen.

§. 66. Das Handelsgericht hat den Vorstand der Genossenschaft, beziehungsweise die Liquidatoren, zur Befolgung der in den §§. 4, 6, 18, 23, 25, 26 Abs. 2, §. 31 Abs. 3, §. 33 Abs. 2, §§. 36, 41, 48, 52—59, 61 enthaltenen Vorschriften von Amtswegen durch Ordnungsstrafen anzuhalten.

Das hierbei zu befolgende Verfahren ist von den Regierungen der einzelnen Bundesstaaten in den nach §. 70 zu erlassenden Ausführungs-Verordnungen zu bestimmen.

§. 67. Unrichtigkeiten in den nach den Vorschriften des gegenwärtigen Gesetzes dem Vorstande obliegenden Anzeigen oder sonstigen amtlichen Angaben werden gegen die Vorstandsmitglieder mit Geldbuße bis zu 20 Rthlr. geahndet.

§. 68. Durch die im §. 67 enthaltene Bestimmung wird die Anwendung härterer Strafen nicht ausgeschlossen, wenn dieselben nach sonstigen Gesetzen durch die Handlung begründet werden.

§. 69. Die Eintragungen in das Genossenschaftsregister erfolgen kostenfrei.

§. 70. Wo dieses Gesetz von dem Handelsgerichte spricht, tritt in Ermangelung eines besonderen Handelsgerichts das ordentliche Gericht an dessen Stelle.

§. 71. In dem Vermögensstande einer schon bestehenden Genossenschaft wird durch deren Eintragung in das Genossenschaftsregister nichts geändert.

Auf nicht eingetragene Genossenschaften kommen die Bestimmungen dieses Gesetzes nicht zur Anwendung.

§. 72. Die näheren Bestimmungen Behufs Ausführung dieses Gesetzes werden von den Regierungen der einzelnen Bundesstaaten im Verordnungswege erlassen.

§. 73. Das gegenwärtige Gesetz tritt mit dem 1. Januar 1869 in Kraft.

Urkundlich unter Unserer Höchsteigenhändigen Unterschrift und beigedrucktem Bundes-Insiegel.

Gegeben Schloß Babelsberg, den 4. Juli 1868.

(L. S.) Wilhelm.

Gr. v. Bismarck-Schönhausen.

Zu §. 66.

Vgl. über das Verfahren bei Festsetzung der Ordnungsstrafen (§. 66) die Instr. des Pr. Just.Min. vom 17. Dezember 1868, betr. die Führung des Gen.-Registers, §§. 30—40 (Pr. Just. M.Bl. 1868. S. 398).

Zu §. 67.

Vgl. §§. 28, 29 des St.G.B.

Zu §. 73.

Vgl. über den Beginn der Wirksamkeit als Reichsgesetz die Anm. *) auf S. 81

Gesetz, betreffend die Einführung von Telegraphen-Freimarken. Vom 16. Mai 1869.*)

[B.G.Bl. 1869 Nr. 31, ausgegeben zu Berlin den 15. Juli 1869. S. 377.]

Wir Wilhelm, von Gottes Gnaden König von Preußen ꝛc. verordnen im Namen des Norddeutschen Bundes, nach erfolgter Zustimmung des Bundesrathes und des Reichstages, was folgt:

§. 1. Die Bundes-Telegraphenverwaltung ist ermächtigt, Freimarken zur Frankirung telegraphischer Depeschen anfertigen und durch die Telegraphenstation verkaufen zu lassen.

Die Telegraphen-Freimarken sind zu demselben Betrage zu verkaufen, welcher durch den Frankostempel bezeichnet ist.

Die weiteren Anordnungen wegen Benutzung der Telegraphen-Freimarken werden von der Bundes-Telegraphenverwaltung im administrativen Wege getroffen.

§. 2. Wer unächte Telegraphen-Freimarken anfertigt oder ächte Telegraphen-Freimarken verfälscht, wer wissentlich von falschen oder verfälschten Telegraphen-Freimarken Gebrauch macht, sowie wer Telegraphen-Freimarken nach ihrer Entwerthung zur Frankirung einer telegraphischen Depesche benutzt, hat dieselbe Strafe verwirkt, welche in den Bundes- oder Landesgesetzen gegen denjenigen festgesetzt ist, welcher sich einer dieser Handlungen in Beziehung auf Postfreimarken schuldig macht.

Urkundlich unter Unserer Höchsteigenhändigen Unterschrift und beigedrucktem Bundes-Insiegel.

Gegeben Schloß Babelsberg, den 16. Mai 1869.

(L. S.) Wilhelm.

Gr. v. Bismarck-Schönhausen.

Gesetz, betreffend die Wechselstempelsteuer im Norddeutschen Bunde. Vom 10. Juni 1869.**)

[B.G.Bl. 1869. S. 193.]

Wir Wilhelm, von Gottes Gnaden König von Preußen ꝛc. verordnen im Namen des Norddeutschen Bundes, nach erfolgter Zustimmung des Bundesrathes und des Reichstages, was folgt:

---

*) Das auch in Südhessen geltende Gesetz ist durch §. 2. Alin. 2. des Ges., betr. die Verfassung des Deutschen Reichs v. 16. April 1871 (B.G.Bl. S. 63), zum Reichsgesetz erklärt mit der Maßgabe, daß, wo in demselben von dem Nordd. Bunde, dessen verfassungsmäßigen Organen, Beamten u. s. w. die Rede ist, das Deutsche Reich und dessen entsprechende Beziehungen zu verstehen sind.

Als Reichsgesetz tritt es vom 1. Januar 1872 an außer in dem bisherigen Geltungsgebiete in Baden in Kraft. In Bayern und Württemberg ist es nicht eingeführt.

(B.G.Bl. Jahrg. 1870 S. 648, 649, 656, 657, Jahrg. 1871 S. 21, 87).

In Elsaß-Lothringen ist es eingeführt durch das Gesetz vom 8. Februar 1875 (R.G.Bl. 1875 Nr. 8, ausgegeben am 22. Februar 1875, S. 69).

Zu §. 1.

Vgl. die Bekanntmachung des Bundeskanzlers, betr. die Einführung von Tel.-Freimarken v. 1. Juli 1869 (Pr. Min.-Bl. f. d. Verwaltung 1869 S. 220).

Zu §. 2.

Vgl. §. 275 Nr. 1—3 des St.G.B. und §. 27 Nr. 3 des Ges. über das Postwesen v. 28. Oktober 1871.

**) Das Gesetz ist durch §. 2 Alin. 2 des Gesetzes, betr. die Verfassung des Deutschen Reichs vom 16. April 1871 (B.G.Bl. S. 63) zum Reichsgesetz erklärt mit der Maßgabe, daß, wo in demselben von dem Nordd. Bunde, dessen Gebiet, Staaten, Indigenat, verfassungsmäßigen Organen, Angehörigen, Beamten u. s. w. die Rede ist, das Deutsche Reich und dessen entsprechende Beziehungen zu verstehen sind. Als Reichsgesetz gilt es im Gebiete des Nordd. Bundes, in

§. 1. Gezogene und eigene Wechsel unterliegen im Gebiete des Norddeutschen Bundes, [mit Ausschluß der Hohenzollernschen Lande,] einer nach Vorschrift dieses Gesetzes zu erhebenden, zur Bundeskasse fließenden Abgabe.

Von der Stempelabgabe befreit bleiben:

1) die vom Auslande auf das Ausland gezogenen, nur im Auslande zahlbaren Wechsel;

2) die vom Inlande auf das Ausland gezogenen, nur im Auslande und zwar auf Sicht oder spätestens innerhalb zehn Tagen nach dem Tage der Ausstellung zahlbaren Wechsel, sofern sie vom Aussteller direkt in das Ausland remittirt werden.

§. 2. Die Stempelabgabe wird in folgenden, im Dreißigthalerfuße unter Eintheilung des Thalers in dreißig Groschen berechneten und nach der Summe, auf welche der Wechsel lautet, abgestuften Steuersätzen erhoben, nämlich:

von einer Summe von		50 Rthlrn.	oder weniger	. . .	1	Sgr.
" " "	über	50 "	bis	100 Rthlr. . . .	1½	"
" " "	"	100 "	"	200 " . . .	3	"
" " "	"	200 "	"	300 " . . .	4½	"

und so fort von jedem ferneren 100 Rthlr. der Summe 1½ Sgr. mehr, dergestalt, daß jedes angefangene Hundert für voll gerechnet wird.

§. 3. Die zum Zweck der Berechnung der Abgabe vorzunehmende Umrechnung der in einer anderen als der Thalerwährung (§. 2) ausgedrückten Summen erfolgt, soweit der Bundesrath nicht für gewisse Währungen allgemein zum Grunde zu legende Mittelwerthe festsetzt und bekannt macht, nach Maßgabe des laufenden Kurses.

§. 4. Für die Entrichtung der Abgabe sind der Bundeskasse sämmtliche Personen, welche an dem Umlaufe des Wechsels im Bundesgebiete Theil genommen haben, solidarisch verhaftet.

Württemberg, Baden und Hessen südlich des Main seit dem 1. Januar 1871, in Bayern seit dem 1. Juli 1871. (B.G.Bl. Jahrg. 1870 S. 648, 651, 656, 657, Jahrg. 1871 S. 88). In Elsaß-Lothringen ist es durch das Gesetz vom 14. Juli 1871 (Ges.Bl. f. E.-L. S. 175) vom 15. August 1871 an eingeführt, nebst den vom Bundesrath zur Ausführung des Gesetzes getroffenen Bestimmungen, vgl. die Bekanntmachung des Reichskanzlers vom 27. Juli 1871 (Ges.Bl. f. E.-L. S. 183).

Zu §. 1.

Das Gesetz ist seit dem 1. Januar 1871 auch in den Hohenzollernschen Landen durch den Art. 80 der Verfassung des Deutschen Bundes v. 15. Novbr. 1870 (B.G.Bl. S. 649) eingeführt. Vgl. auch B.G.Bl. 1870 S. 666.

Zu §. 3.

Nach der Bekanntmachung des Reichskanzlers vom 23. Juni 1871 (R.G.Bl. S. 267) hat der Bundesrath zu §. 3 folgenden Beschluß gefaßt:

Behufs der Umrechnung der in einer anderen als der Thalerwährung ausgedrückten Summen zum Zwecke der Berechnung der Wechselstempelabgabe sind für die nachstehend bezeichneten Währungen die dabei bemerkten Mittelwerthe bis auf Weiteres festgesetzt und allgemein im ganzen Bundesgebiete bei der Berechnung des Wechselstempels zum Grunde zu legen:

Süddeutsche u. Niederländische Währung	7	Gulden	=	4	Thlr.	—	Gr.
Bremer Louisd'or-Thaler	10	Thaler Gold	=	11	"		"
Hamburger Mark Banko	2	Mark	=	1	"	—	"
Pfund Sterling	100	Pfund	=	675	"	—	"
Franks oder Lire	300	Frks. oder Lire	=	80	"	—	"
Oesterreichische Währung	150	Gulden	=	85	"	—	"
Desgleichen	1	Gulden (effektiv)	=	⅔	"	—	"
Russische Währung	100	Rubel Silber	=	85	"	—	"
Desgleichen	1	Rub. Silb. (effektiv)	=	1	"	2	"
Nordamerikanische Währung	1	Dollar	=	1	"	—	"
Desgleichen	1	Dollar (effektiv)	=	1	"	12½	"
Dänische Währung	100	Thaler R. M.	=	75	"	—	"
Schwedische Währung	1000	Thaler R. M.	=	375	"	—	"
Finnische Währung	1000	Mark	=	269	"	—	"
Spanische Währung	8	Pesos fuertes de 20 reales de Vellon	=	11	"	—	"
Portugiesische Währung	1	Milrëis	=	1½	"	—	"

§. 5. Als Theilnehmer an dem Umlaufe eines Wechsels wird hinsichtlich der Steuerpflichtigkeit angesehen: der Aussteller, jeder Unterzeichner oder Mitunterzeichner eines Acceptes, eines Indossaments oder einer anderen Wechselerklärung, und Jeder, der für eigene oder fremde Rechnung den Wechsel erwirbt, veräußert, verpfändet oder als Sicherheit annimmt, zur Zahlung präsentirt, Zahlung darauf empfängt oder leistet, oder Mangels Zahlung Protest erheben läßt, ohne Unterschied ob der Name oder die Firma auf den Wechsel gesetzt wird oder nicht.

§. 6. Die Entrichtung der Stempelabgabe muß erfolgen, ehe ein inländischer Wechsel von dem Aussteller, ein ausländischer Wechsel von dem ersten inländischen Inhaber (§. 5) aus den Händen gegeben wird.

§. 7. Dem Aussteller eines inländischen Wechsels und dem ersten inländischen Inhaber eines ausländischen Wechsels ist gestattet, den mit einem inländischen Indossament noch nicht versehenen Wechsel vor Entrichtung der Stempelabgabe lediglich zum Zwecke der Annahme zu versenden und zur Annahme zu präsentiren. Der Acceptant eines unversteuerten Wechsels ist verpflichtet, vor der Rückgabe oder jeder anderweiten Aushändigung des Wechsels die Versteuerung desselben zu bewirken.

Wird jedoch ein nicht zum Umlauf im Bundesgebiet bestimmtes Exemplar eines in mehreren Exemplaren ausgefertigten Wechsels zur Einholung des Acceptes benutzt, so bleibt der Acceptant von der Verpflichtung zur Versteuerung befreit, wenn die Rückseite des acceptirten Exemplars vor der Rückgabe dergestalt durchkreuzt wird, daß dadurch die weitere Benutzung desselben zum Indossiren ausgeschlossen wird.

§. 8. Wird derselbe Wechsel in mehreren, im Kontexte als Prima, Sekunda, Tertia u. s. w. bezeichneten Exemplaren ausgefertigt, so ist unter diesen dasjenige zu versteuern, welches zum Umlaufe bestimmt ist.

§. 9. Außerdem unterliegt der Versteuerung jedes Exemplar, auf welches eine Wechselerklärung — mit Ausnahme des Acceptes und der Nothadressen — gesetzt ist, die nicht auf einem nach Vorschrift dieses Gesetzes versteuerten Exemplare sich befindet. Die Versteuerung muß erfolgen, ehe das betreffende Exemplar von dem Aussteller der die Stempelpflichtigkeit begründenden Wechselerklärung, oder, wenn letztere im Auslande abgegeben ist, von dem ersten inländischen Inhaber aus den Händen gegeben wird.

Soll ein unversteuertes Wechselduplikat ohne Auslieferung eines versteuerten Exemplars desselben Wechsels bezahlt oder Mangels Zahlung protestirt werden, so ist die Versteuerung desselben zu bewirken, ehe die Zahlung oder Protestaufnahme stattfindet.

Der Beweis des Vorhandenseins eines versteuerten Wechselduplikates oder des Einwandes, daß die auf ein unversteuertes Exemplar gesetzte Wechselerklärung auf einem versteuerten Duplikate abgegeben sei, oder daß bei Bezahlung eines unversteuerten Duplikates auch ein versteuertes Exemplar ausgeliefert sei, liegt demjenigen ob, welcher wegen unterlassener Versteuerung eines Wechselexemplars in Anspruch genommen wird.

§. 10. Die Bestimmungen im §. 9 finden gleichmäßig auf Wechselabschriften Anwendung, welche mit einem Original-Indossamente, oder mit einer anderen urschriftlichen Wechselerklärung versehen sind. Jede solche Abschrift wird hinsichtlich der Besteuerung einem Duplikate desselben Wechsels gleichgeachtet.

§. 11. Ist die in den §§. 6 bis 10 vorgeschriebene Versteuerung eines Wechsels,

---

Zu §. 5.

Bei der Verfolgung des Extrahenten eines Protestes ist der Nachweis, daß derselbe eine rechtliche Beziehung zu dem Wechsel gehabt habe, nicht erforderlich: es genügt eine rechtliche Beziehung desselben zu der Person des Wechsel-Eigenthümers oder sonstigen Wechselinteressenten.

Erk. (Z. I.) Pr. O.Tr. vom 7. November 1873 c. Otto (561 I.) Goltd. A. 21, S. 579.

Zu §. 11.

Der Wechsel wird durch Einreichung zu den Konkursakten zum Zwecke der Anmeldung der

eines Wechselduplikates oder einer Wechselabschrift unterlassen, so ist der nächste, und, so lange die Versteuerung nicht bewirkt ist, auch jeder fernere inländische Inhaber verpflichtet, den Wechsel zu versteuern, ehe er denselben auf der Vorder= oder Rückseite unterzeichnet, veräußert, verpfändet, zur Zahlung präsentirt, Zahlung darauf empfängt oder leistet, eine Quittung darauf setzt, Mangels Zahlung Protest erheben läßt oder den Wechsel aus den Händen giebt. Auf die von den Vordermännern verwirkten Strafen hat die Entrichtung der Abgabe durch einen späteren Inhaber keinen Einfluß.

§. 12. Der Verwahrer eines zum Accepte versandten unversteuerten Wechselexemplars wird, wenn er dasselbe gegen Vorlegung eines nicht versteuerten Exemplars (oder einer nicht versteuerten Kopie) desselben Wechsels ausliefert, für die Stempelabgabe verhaftet und verfällt, wenn dieselbe nicht entrichtet wird, in die im §. 15 bestimmte Strafe.

§. 13. Die Verpflichtung zur Entrichtung der Stempelabgabe wird erfüllt:

1) durch Ausstellung des Wechsels auf einem mit dem erforderlichen Bundesstempel versehenen Blanket,

oder

2) durch Verwendung der erforderlichen Bundesstempelmarke auf dem Wechsel, wenn hierbei die von dem Bundesrathe erlassenen und bekannt gemachten Vorschriften über die Art und Weise der Verwendung beobachtet worden sind.

§. 14. Stempelmarken, welche nicht in der vorgeschriebenen Weise verwendet worden sind, werden als nicht verwendet angesehen.

§. 15. Die Nichterfüllung der Verpflichtung zur Entrichtung der Stempelabgabe wird mit einer Geldbuße bestraft, welche dem funfzigfachen Betrage der hinterzogenen Abgabe gleichkommt.

Diese Strafe ist besonders und ganz zu entrichten von Jedem, welcher der

---

Wechselforderung „aus den Händen gegeben". Erk. (Z. I.) Pr. O.Tr. vom 18. Juni 1873 c. Hube Goltd. A. 21, S. 579; O.R. 14, S. 443.

Zu §. 13 Nr. 2.

Nach der Bekanntmachung des Reichskanzlers vom 11. Juli 1873 (R.G.Bl. S. 295) hat der Bundesrath zu §. 13 Nr. 2 den nachstehenden Beschluß gefaßt:

In Bezug auf die Art und Weise der Verwendung der Bundesstempelmarken zu Wechseln und den dem Wechselstempel unterworfenen Anweisungen u. s. w. (§. 24 des Gesetzes) sind nachfolgende Vorschriften zu beobachten:

1) Die den erforderlichen Steuerbetrag darstellenden Marken sind auf der Rückseite der Urkunde, und zwar, wenn die Rückseite noch unbeschrieben ist, am oberen Rande derselben, andernfalls unmittelbar unter dem letzten Vermerke (Indossament ꝛc.), der sich auf der Rückseite befindet, auf einer leeren Stelle dergestalt aufzukleben, daß oberhalb der Marke kein zur Niederschreibung eines Vermerkes (Indossamentes, Blanko-Indossamentes u. s. w.) hinreichender Raum übrig bleibt.

Der inländische Inhaber, welcher die Marke aufklebt, hat sein Indossament oder seinen sonstigen Vermerk unterhalb derselben niederzuschreiben.

2) In jeder einzelnen der aufgeklebten Marken müssen mindestens die Anfangsbuchstaben des Namens, beziehungsweise der Firma desjenigen, der die Marke verwendet, und das Datum der Verwendung (in arabischen Ziffern) mittelst deutlicher Schriftzeichen (Buchstaben und Ziffern) ohne jede Rasur, Durchstreichung oder Ueberschrift niedergeschrieben sein (z. B.:

7.|1. 70, statt 7. Januar 1870, E. F. M. statt: Ernst Friedrich Moldenhauer, oder N. V. B. statt: Norddeutsche Vereinsbank).

Es ist jedoch auch zuläsfig, den Kassationsvermerk ganz oder einzelne Theile desselben (z. B. die Bezeichnung der Firma) durch schwarzen oder farbigen Stempelabdruck herzustellen.

Enthält der Kassationsvermerk mehr als nach dem Vorstehenden erforderlich ist (z. B. den ausgeschriebenen Namen statt der Anfangsbuchstaben, das Datum in Buchstaben statt in Ziffern u. s. w.), so ist derselbe dennoch gültig, wenn nur die vorgeschriebenen Stücke (Anfangsbuchstaben des Namens, beziehungsweise der Firma und Datum) auf der Marke sich befinden.

Jede Durchkreuzung der Marke, auch wenn sie die Schriftzeichen nicht berührt, ist unstatthaft; ebenso die Bezeichnung der Monate September, Oktober, November und Dezember durch 7ber, 8ber, 9ber und 10ber.

3) Bei Ausstellung des Wechsels auf einem gestempelten Blanket kann der an dem vollen gesetzlichen Betrage der Steuer etwa noch fehlende Theil durch vorschriftsmäßig zu verwendende Stempelmarken ergänzt werden.

Stempelmarken, welche nicht in der vorgeschriebenen Weise verwendet worden sind, werden als nicht verwendet angesehen (§. 14 des Gesetzes).

nach den §§. 4—12 ihm obliegenden Verpflichtung zur Entrichtung der Stempelabgabe nicht rechtzeitig genügt hat, ingleichen von inländischen Maklern und Unterhändlern, welche wissentlich unversteuerte Wechsel verhandelt haben.

Die Verwandlung einer Geldbuße, zu deren Zahlung der Verpflichtete unvermögend ist, in eine Freiheitsstrafe findet nicht statt. Auch darf zur Beitreibung von Geldbußen ohne Zustimmung des Verurtheilten, insofern dieser ein Inländer ist, kein Grundstück subhastirt werden.

§. 16. Der Acceptant eines gezogenen und der Aussteller eines trockenen Wechsels können daraus, daß der Wechsel zur Zeit der Annahme-Erklärung, beziehungsweise der Aushändigung, mangelhaft gewesen sei, keinen Einwand gegen die gesetzlichen Folgen der Nichtversteuerung desselben entnehmen.

§. 17. Wechselstempel-Hinterziehungen (§. 15) verjähren in fünf Jahren, von dem Tage der Ausstellung des Wechsels an gerechnet. Die Verjährung wird durch jede auf Verfolgung der Hinterziehung gegen den Angeschuldigten gerichtete amtliche Handlung unterbrochen.

§. 18. In Betreff der Feststellung, Untersuchung und Entscheidung der Wechselstempel-Hinterziehung und der Vollstreckung der Strafe, sowie in Betreff der Strafmilderung und des Erlasses der Strafe im Gnadenwege kommen die Vorschriften zur Anwendung, nach welchen sich das Verfahren wegen Vergehen gegen die Zollgesetze — in den von der gemeinschaftlichen Zollgrenze ausgeschlossenen Bezirken aber das Verfahren wegen Vergehen gegen die Stempelgesetze — bestimmt.

Die im §. 15 vorgeschriebenen Geldbußen fallen dem Fiskus desjenigen Staates zu, von dessen Behörden die Strafentscheidung erlassen ist.

§. 19. Jede von einer nach §. 18 zuständigen Behörde wegen Wechselstempel-Hinterziehung einzuleitende Untersuchung und zu erlassende Strafentscheidung kann auch auf diejenigen Inhaber des Wechsels, welche anderen Bundesstaaten angehören, ausgedehnt werden. Die Strafvollstreckung ist nöthigenfalls durch Requisition der zuständigen Behörden und Beamten des Staates zu bewirken, in dessen Gebiete die Vollstreckungsmaßregel zur Ausführung kommen soll.

Die Behörden und Beamten der Bundesstaaten sollen sich gegenseitig thätig und ohne Verzug den verlangten Beistand in allen gesetzlichen Maaßregeln leisten, welche zur Entdeckung oder Bestrafung der Wechselstempel-Hinterziehungen dienlich sind.

§. 20. Die in den einzelnen Staaten des Bundes mit der Beaufsichtigung des Stempelwesens beauftragten Behörden und Beamten haben die ihnen obliegenden Verpflichtungen mit gleichen Befugnissen, wie sie ihnen hinsichtlich der nach den Landesgesetzen zu entrichtenden Stempelabgaben zustehen, auch hinsichtlich der Bundes-Stempelabgabe wahrzunehmen

§. 21. Außer den Steuerbehörden haben alle diejenigen Staats- oder Kommunalbehörden und Beamten, denen eine richterliche oder Polizeigewalt anvertraut ist, sowie die Notare und andere Beamte, welche Wechselproteste ausfertigen, die Verpflichtung, die Besteuerung der bei ihnen vorkommenden Wechsel und Anweisungen von Amtswegen zu prüfen und die zu ihrer Kenntniß kommenden Zuwiderhandlungen

---

Zu §. 16.

Der Acceptant eines Wechsels, welcher einen Wechsel in blanco acceptirt und demnächst den Wechsel einem Anderen zusendet, damit dieser den Wechsel als Aussteller unterschreibe, macht sich einer Wechselstempel-Hinterziehung schuldig, wenn er den Wechsel, ohne ihn vorher mit dem gesetzlichen Stempel zu versehen, aus den Händen giebt.

Erk. (V.) Pr. O.Tr. vom 13. November 1872 (J.M.Bl. S. 328); vgl. dazu: Goltd. A. 22, S. 30.

Zu §. 18.

1. Das Gesetz, betr. die Einführung Nordd. Bundesgesetze in Bayern vom 22. April 1871 (B.G.Bl. S. 87) bestimmt im §. 4:

> Der Königlich Bayerischen Staatsregierung bleibt überlassen, diejenigen anderen Behörden zu bezeichnen, welche bei Anwendung der im §. 18 dieses Gesetzes (vom 10. Juni 1869) erwähnten Vorschriften an die Stelle der Zollbehörden zu treten haben.

2. Vgl. §. 165 des Vereinszollges. vom 1. Juli 1869.

gegen dieses Gesetz bei der nach §. 18 zuständigen Behörde zur Anzeige zu bringen. Notare, Gerichtspersonen und andere Beamte, welche Wechselproteste ausfertigen, sind verbunden, sowohl in dem Proteste, als in dem über die Protestation etwa aufzunehmenden Protokolle ausdrücklich zu bemerken, mit welchem Stempel die protestirte Urkunde versehen, oder daß sie mit einem Bundesstempel nicht versehen ist.

§. 22. Das Bundespräsidium ist ermächtigt, wegen der Anfertigung und des Debits der Bundesstempelmarken und gestempelten Blankets, sowie wegen der Bedingungen, unter welchen für verdorbene Stempelmarken und Blankets Erstattung zulässig ist, die erforderlichen Anordnungen zu erlassen.

§. 23. [Wer unechte Bundesstempelmarken anfertigt oder echte verfälscht, imgleichen wer wissentlich von falschen oder gefälschten Stempelmarken Gebrauch macht oder sich einer dieser Handlungen in Bezug auf gestempelte Blankets (§. 13, Nr. 1) schuldig macht, hat die in den Landesgesetzen bestimmte Strafe der Fälschung des Stempelpapiers und, in Ermangelung besonderer Strafvorschriften über diesen Gegenstand, die Strafe der Fälschung öffentlicher Urkunden verwirkt.

Wer wissentlich eine schon einmal verwendete Stempelmarke, oder ein schon einmal verwendetes Blanket, oder ein von einer Urkunde abgetrenntes Bundes-Stempelzeichen zu einer stempelpflichtigen Urkunde verwendet, hat, außer der Strafe der Steuerhinterziehung, eine Geldbuße von zehn bis zweihundert Thalern oder verhältnißmäßige Freiheitsstrafe verwirkt. Wer wissentlich eine schon einmal verwendete Stempelmarke oder ein verwendetes Blanket, von welchem die darauf gesetzte Schrift wieder entfernt ist, veräußert, wird, insofern er nicht als Urheber des im vorhergehenden Satze vorgesehenen Vergehens oder als Theilnehmer an demselben anzusehen ist, mit Geldbuße von Einem bis zwanzig Thalern oder verhältnißmäßiger Gefängnißstrafe belegt.]

§. 24. Die Vorschriften dieses Gesetzes kommen gleichmäßig zur Anwendung auf die an Ordre lautenden Zahlungsversprechen (Billets à Ordre) und die von Kaufleuten oder auf Kaufleute ausgestellten Anweisungen (Assignationen) jeder Art auf Geldauszahlungen, Akkreditive und Zahlungsaufträge, gegen deren Vorzeigung oder Auslieferung die Zahlung geleistet werden soll, ohne Unterschied, ob dieselben in Form von Briefen oder in anderer Form ausgestellt werden.

Befreit von der Stempelabgabe sind:

1) die statt der Baarbezahlung dienenden, auf Sicht zahlbaren Platzanweisungen und Checks (d. i. Anweisungen auf das Guthaben des Ausstellers bei dem die Zahlungen desselben besorgenden Bankhause oder Geldinstitute), wenn

---

Zu §. 22.

Vgl. die Bek., betr. den Debit der Bundesstempelmarken und gestempelten Blankets zur Entrichtung der Wechselstempelsteuer, sowie das Verfahren bei Erstattung verdorbener Stempelmarken und Blankets, v. 13. Dezember 1869 (B.G.Bl. S. 695) und die Bek. v. 21. Februar 1870 (B.G.Bl. S. 30), siehe auch B.G.Bl. 1870 S. 666. — Vgl. ferner die Bek. v. 11. August 1871 betr. die Ausgabe von Reichsstempelmarken und gestempelten Blankets zur Entrichtuug der Wechselstempelsteuer. (R.G.Bl. S. 323.)

Zu §. 23.

Der §. 23 ist durch die §§. 275, 276, 280, 364 des St.G.B. aufgehoben resp. ersetzt.

Zu §. 24.

1. Nach der Bekanntmachung des Reichskanzlers vom 23. Juni 1871 (R.G.Bl. S. 269) hat der Bundesrath zu §. 24 Nr. 1 folgenden Beschluß gefaßt:

Die nachstehend je unter einer Nummer aufgeführten Plätze werden insofern als Ein Platz betrachtet, daß die an dem einen ausgestellten und an dem anderen zahlbaren Anweisungen in Bezug auf die Wechselstempelabgabe als Platzanweisungen zu betrachten sind; 1) Hamburg und Altona, 2) Magdeburg, Sudenburg, Buckau und Neustadt, 3) Elberfeld und Barmen, 4) Aachen und Burtscheid, 5) Frankfurt a. M. und Bockenheim, 6) Saarbrücken und St. Johann, 7) Ernstthal und Hohenstein, 8) Annaberg und Buchholz, 9) Bremerhafen und Geestemünde, 10) Stuttgart und Cannstadt, 11) Ulm und Neu-Ulm, 12) Mannheim und Ludwigshafen, 13) Regensburg und Stadtamhof, 14) Nürnberg und Fürth, 15) Mainz und Castel.

2. Die den Wechselstempel betreffenden gesetzlichen Vorschriften gelten auch für kaufmännische Anweisungen, selbst wenn darin der Zahlungs-Auftrag nur „für den Benutzungsfall" ertheilt sein sollte.

Erk. (Z. II.) Pr. O.Tr. vom 20. Januar 1870 c. Moos O. R. 11 S. 46.

sie ohne Accept bleiben; andernfalls muß die Versteuerung erfolgen, ehe der Acceptant die Platzanweisung oder den Check aus den Händen giebt.

In welchen Fällen auch Anweisungen, die an einem Nachbarorte des Ausstellungsortes zahlbar sind, den Platzanweisungen gleich geachtet werden sollen, bestimmt der Bundesrath nach Maßgabe der örtlichen Verhältnisse;

2) Akkreditive, durch welche lediglich einer bestimmten Person ein nur im Maximalbetrage begrenzter oder unbeschränkter, nach Belieben zu benutzender Kredit zur Verfügung gestellt wird;

3) Banknoten und andere auf den Inhaber lautende, auf Sicht zahlbare Anweisungen, welche der Aussteller auf sich selbst ausstellt.

§. 25. Die in den Staaten des Norddeutschen Bundes bestehenden Stempel-Abgaben von Wechseln, Anweisungen, und diesen gleichgestellten Papieren (§. 24) werden aufgehoben.

Auch von den auf Wechsel oder Anweisungen und diesen gleichgestellte Papiere gesetzten Indossamenten, Giro's und anderen Wechselerklärungen, Quittungen und sonstigen auf die Leistungen aus dem Wechsel bezüglichen Vermerken dürfen landesgesetzliche Stempelabgaben nicht weiter erhoben werden.

§. 26. Subjektive Befreiungen von der Bundesstempelabgabe finden nicht statt.

Für die Aufhebung der in den einzelnen Staaten des Bundes bestehenden subjektiven Befreiungen von der Wechselstempelsteuer, welche auf lästigen Privatrechtstiteln beruhen, wird, insoweit dieselben nach den Landesgesetzen nicht ohne Entschädigung aufgehoben werden können, aus der Bundeskasse Entschädigung geleistet. Sind in den in der Befreiung zum Grunde liegenden Verträgen, Special-Privilegien und sonstigen Rechtstiteln Bestimmungen über die Art und Höhe der Entschädigung enthalten, so behält es dabei sein Bewenden.

Andernfalls wird bis zum Erlöschen der Befreiung dem Berechtigten der Stempelbetrag, welchen er nach Vorschrift dieses Gesetzes entrichtet hat, auf Grund periodischer Nachweisung aus der Bundeskasse erstattet. Die Aufstellung und Prüfung der periodischen Nachweisungen erfolgt nach den von dem Bundesrathe hierüber zu erlassenden näheren Anordnungen.

Für Stempelbeträge, deren Erstattung der Berechtigte von anderen Theilnehmern am Umlaufe des Wechsels oder von seinen Kommittenten zu fordern hat, wird in keinem Falle aus der Bundeskasse Entschädigung gewährt.

§. 27. Jedem Bundesstaate wird von der jährlichen Einnahme für die in seinem Gebiete debitirten Wechselstempelmarken und gestempelten Blankets bis zum Schlusse des Jahres 1871 der Betrag von 36 Prozent, bis zum Schlusse des Jahres 1873 der Betrag von 24 Prozent, bis zum Schlusse des Jahres 1875 der

---

Zu §. 26.

Nach der Bekanntm. des Reichskanzlers vom 23. Juni 1871 (R.G.Bl. S. 269) resp. vom 27. Juli 1871 (Ges.Bl. f. E.-L. S. 185) hat der Bundesrath zu §. 26 den nachstehenden Beschluß gefaßt:

Diejenigen, welche in Bayern [in Elsaß-Lothringen] von der Wechselstempelsteuer auf Grund lästiger Privatrechtstitel befreit und nach Maßgabe der Bestimmungen im §. 26 des Gesetzes Erstattung der von ihnen fortan entrichteten Wechselstempelbeträge aus der Bundeskasse in Anspruch zu nehmen berechtigt sind, haben zuerst bis zum 15. Oktober d. J. und ferner für jedes Vierteljahr bis zur Mitte des darauf folgenden Monats eine Nachweisung der in den verflossenen drei Monaten von ihnen entrichteten Wechselstempelbeträge, deren Erstattung begehrt wird, dem Reichskanzler-Amte einzureichen. Die Nachweisung muß ein spezielles Verzeichniß der zu erstattenden Abgabenbeträge, eine genaue Bezeichnung der Wechsel, wofür dieselben entrichtet sind, und die Angabe der Eigenschaft, in welcher der Antragsteller an dem Umlaufe derselben im Bundesgebiete Theil genommen hat, sowie die Versicherung enthalten, daß der Antragsteller die Erstattung des Stempelbetrages von anderen Theilnehmern am Umlaufe des Wechsels oder von Kommittenten nicht zu fordern habe. Es wird vorbehalten, nach Bewandtniß der Umstände andere Fristen zur Vorlegung der periodischen Nachweisungen zu bestimmen. Der Antragsteller bleibt verpflichtet, jede weitere zur Prüfung und Justifizirung der in die Nachweisung aufgenommenen Beträge erforderliche Auskunft dem Bundesrathe oder den von demselben beauftragten Behörden oder Beamten zu ertheilen. Bei Einreichung der ersten Nachweisung ist zugleich der Anspruch auf Entschädigung selbst durch Angabe des lästigen Privatrechtstitels, worauf die bisherige subjektive Befreiung von der Wechselstempelsteuer beruht, unter Vorlegung der Beweismittel zu begründen.

Betrag von 12 Prozent und von da ab dauernd der Betrag von 2 Prozent aus der Bundeskasse gewährt.

§. 28. Die zur Ausführung dieses Gesetzes nöthigen Bestimmungen werden vom Bundesrathe getroffen.

§. 29. Dies Gesetz tritt mit dem 1. Januar 1870 in Kraft.

In Betreff aller vor diesem Tage ausgestellten inländischen oder von dem ersten inländischen Inhaber aus den Händen gegebenen ausländischen Wechsel kommen noch die bisherigen landesgesetzlichen Vorschriften zur Anwendung.

Urkundlich unter Unserer Höchsteigenhändigen Unterschrift und beigedrucktem Bundes-Insiegel.

Gegeben Berlin, den 10. Juni 1869.

(L. S.) Wilhelm.

Gr. v. Bismarck-Schönhausen.

Gewerbeordnung für den Norddeutschen Bund.*)
Vom 21. Juni 1869.

[B.G.Bl. 1869 Nr. 26, ausgegeben zu Berlin, den 1. Juli 1869. S. 245.]

Wir Wilhelm, von Gottes Gnaden König von Preußen ꝛc., verordnen im Namen des Norddeutschen Bundes, nach erfolgter Zustimmung des Bundesrathes und des Reichstages, was folgt:

Titel I.
Allgemeine Bestimmungen.

§. 1. Der Betrieb eines Gewerbes ist Jedermann gestattet, soweit nicht durch dieses Gesetz Ausnahmen oder Beschränkungen vorgeschrieben oder zugelassen sind.

Wer gegenwärtig zum Betriebe eines Gewerbes berechtigt ist, kann von dem-

---

Zu §. 29.

Vgl. über den Beginn der Wirksamkeit als Reichsgesetz die Anm.**) auf S. 93.

*) Das Gesetz ist durch §. 2 Alin. 2 des Ges., betr. die Verfassung des Deutschen Reichs v. 16. April 1871 (B.G.Bl. S. 63) zum Reichsgesetz erklärt mit der Maßgabe, daß, wo in demselben von dem Nordd. Bunde, dessen Gebiet, Staaten, verfassungsmäßigen Organen, Angehörigen, Beamten u. s. w. die Rede ist, das Deutsche Reich und dessen entsprechende Beziehungen zu verstehen sind. Als Reichsgesetz gilt es im Gebiete des Nordd. Bundes und in Hessen südlich des Main seit dem 1. Januar 1871, in Württemberg und Baden seit dem 1. Januar 1872, in Bayern vom 1. Juli 1872 resp. 1. Januar 1873 an.

(B.G.Bl. 1870 S. 649, 651, 656; 1871 S. 21, 87, 392; 1872 S. 170).

Vgl. die Anweisung zur Ausführung der Gewerbe-Ordnung vom 4. September 1869, erlassen v. d. Preuß. Min. der Finanzen, des Handels ꝛc., des Innern und der geistl. Angelegenheiten (Pr. Min.Bl. f. d. Verwaltung 1869 S. 202), — die Anweisung des Kgl. Sächs. Min. des Innern v. 16. Sept. 1869, — die Großherz. Hessische Verordn., betr. die Ausführung der Gew.O. v. 1. November 1869 (Reg.Bl. 1869 Nr. 53), — die Großh. Meckl.-Schwerinsche Verordn. v. 25. September 1869 nebst d. Publik., betr. die Ausführung d. G.O. vom 28. September 1869, — die Großh. Meckl.Strehlitz'sche Verordn. zur Ausf. d. G.O. vom 25. September 1869 nebst d. Publik., betr. die Ausf. d. G.O. v. 2. Oktober 1869, — die Großh. Oldenburgische Verordn. v. 14. September 1869, — die Braunschw. Bekanntm., betr. die Anweisung zur Ausf. der G.O. v. 24. September 1869, — die Kgl. Württembergische Verf. v. 14. Dezbr. 1871, betr. die Anwendung der G.O. (Reg.Bl. 1871 S. 338), — die Großh. Badische Verordn. v. 26. Dezbr. 1871 (Ges. u. V.Bl. 1871 S. 503), — die Kgl. Bayerische Verordn. v. 4. Dezbr. 1872, betr. den Vollzug der G.O. (Reg.Bl. 1872 S. 2657) u. s. w. (vgl. die Zusammenstellung der sämmtlichen Anweisungen in Dr. Koller. Gew.O. Berlin 1869, S. 273 fg., 364 fg.)

Zu §. 1.

Durch die Bundes-Gewerbe-Ordnung sind frühere nicht die Zulassung zum Gewerbebetriebe betreffende, sondern die Ausübung desselben im öffentlichen Interesse regelnde Polizei-Verordnungen nicht außer Kraft gesetzt.

Erk. (V. l.) Pr. O.Tr. v. 4. November 1870 c. Göring J.M.Bl. S. 350; O.R. 11 S. 544; Goltd. A. 19 S. 44; — Erk. (V. l.) Pr. O.Tr. v. 18. Januar 1871 c. Ortmann J.M.Bl. S. 114; O. R. 12 S. 42; Goltd. A. 19 S. 124.

selben nicht deshalb ausgeschlossen werden, weil er den Erfordernissen dieses Gesetzes nicht genügt.

§. 2. Die Unterscheidung zwischen Stadt und Land in Bezug auf den Gewerbebetrieb und die Ausdehnung desselben hört auf.

§. 3. Der gleichzeitige Betrieb verschiedener Gewerbe, sowie desselben Gewerbes in mehreren Betriebs- oder Verkaufsstätten ist gestattet. Eine Beschränkung der Handwerker auf den Verkauf der selbstverfertigten Waaren findet nicht statt.

§. 4. Den Zünften und kaufmännischen Korporationen steht ein Recht, Andere von dem Betriebe eines Gewerbes auszuschließen, nicht zu.

§. 5. In den Beschränkungen des Betriebes einzelner Gewerbe, welche auf den Zoll-, Steuer- und Postgesetzen beruhen, wird durch das gegenwärtige Gesetz nichts geändert.

§. 6. Das gegenwärtige Gesetz findet keine Anwendung auf das Bergwesen (vorbehaltlich der Bestimmungen der §§. 152, 153 und 154), die Fischerei, die Ausübung der Heilkunde (vorbehaltlich der Bestimmungen in den §§. 29, 30, 53, 80 und 144), die Errichtung und Verlegung von Apotheken und den Verkauf von Arzneimitteln (vorbehaltlich der Bestimmung im §. 80), das Unterrichtswesen, die advokatorische und Notariats-Praxis, den Gewerbebetrieb der Auswanderungs-Unternehmer und Auswanderungs-Agenten, der Versicherungs-Unternehmer und der Eisenbahn-Unternehmungen, den Vertrieb von Lotterieloosen, die Befugniß zum Halten öffentlicher Fähren und die Rechtsverhältnisse der Schiffsmannschaften auf den Seeschiffen.

Eine Verordnung des Bundespräsidiums wird bestimmen, welche Apothekerwaaren dem freien Verkehr zu überlassen sind.

§. 7. Vom 1. Januar 1873 ab sind, soweit die Landesgesetze solches nicht früher verfügen, aufgehoben:

1) die noch bestehenden ausschließlichen Gewerbeberechtigungen, d. h. die mit dem Gewerbebetriebe verbundenen Berechtigungen, Andern den Betrieb eines Gewerbes, sei es im Allgemeinen oder hinsichtlich der Benutzung eines gewissen Betriebsmaterials, zu untersagen oder sie darin zu beschränken;
2) die mit den ausschließlichen Gewerbeberechtigungen verbundenen Zwangs- und Bannrechte, mit Ausnahme der Abdeckereiberechtigungen;
3) alle Zwangs- und Bannrechte, deren Aufhebung nach dem Inhalte der Verleihungs-Urkunde ohne Entschädigung zulässig ist;
4) sofern die Aufhebung nicht schon in Folge dieser Bestimmungen eintritt, oder sofern sie nicht auf einem Vertrage zwischen Berechtigten und Verpflichteten beruhen:
   a) das mit dem Besitze einer Mühle, einer Brennerei oder Brenngerechtigkeit, einer Brauerei oder Braugerechtigkeit oder einer Schankstätte verbundene Recht, die Konsumenten zu zwingen, daß sie bei den Berechtigten ihren Bedarf mahlen oder schroten lassen, oder das Getränk ausschließlich von denselben beziehen (der Mahlzwang, der Branntweinzwang oder der Brauzwang);
   b) das städtischen Bäckern oder Fleischern zustehende Recht, die Einwohner der Stadt, der Vorstädte oder der sogenannten Bannmeile zu zwingen, daß sie ihren Bedarf an Gebäck oder Fleisch ganz oder theilweise von jenen ausschließlich entnehmen;
5) die Berechtigungen, Konzessionen zu gewerblichen Anlagen oder zum Betriebe von Gewerben zu ertheilen, die dem Fiskus, Korporationen, Instituten oder einzelnen Berechtigten zustehen;
6) vorbehaltlich der an den Staat und die Gemeinde zu entrichtenden Gewerbesteuern alle Abgaben, welche für den Betrieb eines Gewerbes entrichtet werden, sowie die Berechtigung, dergleichen Abgaben aufzuerlegen.

Zu §. 6.
Vgl. die V., betr. den Verkehr mit Arzneimitteln, vom 4. Januar 1875 (R.G.Bl. S. 5).

Ob und in welcher Weise den Berechtigten für die vorstehend aufgehobenen ausschließlichen Gewerbeberechtigungen, Zwangs- und Bannrechte u. s. w. Entschädigung zu leisten ist, bestimmen die Landesgesetze.

§. 8. Von dem gleichen Zeitpunkte (§. 7) ab unterliegen, soweit solches nicht von der Landesgesetzgebung schon früher verfügt ist, der Ablösung;

1) diejenigen Zwangs- und Bannrechte, welche durch die Bestimmungen des §. 7 nicht aufgehoben sind, sofern die Verpflichtung auf Grundbesitz haftet, die Mitglieder einer Korporation als solche betrifft oder Bewohnern eines Orts oder Distrikts vermöge ihres Wohnsitzes obliegt;
2) das Recht, den Inhaber einer Schankstätte zu zwingen, daß er für seinen Wirthschaftsbedarf das Getränk aus einer bestimmten Fabrikationsstätte entnehme.

Das Nähere über die Ablösung dieser Rechte bestimmen die Landesgesetze.

§. 9. Streitigkeiten darüber, ob eine Berechtigung zu den durch die §§. 7 und 8 aufgehobenen oder für ablösbar erklärten gehört, sind im Rechtswege zu entscheiden.

Jedoch bleibt den Landesgesetzen vorbehalten, zu bestimmen, von welchen Behörden und in welchem Verfahren die Frage zu entscheiden ist, ob oder wie weit eine auf einem Grundstücke haftende Abgabe eine Grundabgabe ist, oder für den Betrieb eines Gewerbes entrichtet werden muß.

§. 10. Ausschließliche Gewerbeberechtigungen oder Zwangs- und Bannrechte, welche durch Gesetz aufgehoben oder für ablösbar erklärt worden sind, können fortan nicht mehr erworben werden.

Realgewerbeberechtigungen dürfen fortan nicht mehr begründet werden.

§. 11. Das Geschlecht begründet in Beziehung auf die Befugniß zum selbstständigen Betriebe eines Gewerbes keinen Unterschied.

Frauen, welche selbstständig ein Gewerbe betreiben, können in Angelegenheiten ihres Gewerbes selbstständig Rechtsgeschäfte abschließen und vor Gericht auftreten, gleichviel, ob sie verheirathet oder unverheirathet sind. Sie können sich in Betreff der Geschäfte aus ihrem Gewerbebetrieb auf die in den einzelnen Bundesstaaten bestehenden Rechtswohltaten der Frauen nicht berufen. Es macht hierbei keinen Unterschied, ob sie das Gewerbe allein oder in Gemeinschaft mit anderen Personen, ob sie dasselbe in eigener Person oder durch einen Stellvertreter betreiben.

§. 12. Hinsichtlich des Gewerbebetriebes der juristischen Personen des Auslandes bewendet es bei den Landesgesetzen.

Diejenigen Beschränkungen, welche in Betreff des Gewerbebetriebes für Personen des Soldaten- und Beamtenstandes, sowie deren Angehörigen bestehen, werden durch das gegenwärtige Gesetz nicht berührt.

§. 13. Von dem Besitze des Bürgerrechts soll die Zulassung zum Gewerbebetriebe in keiner Gemeinde und bei keinem Gewerbe abhängig sein.

Nach dem begonnenen Gewerbebetriebe ist, soweit dies in der bestehenden Gemeindeverfassung begründet ist, der Gewerbetreibende auf Verlangen der Gemeindebehörde nach Ablauf von drei Jahren verpflichtet, das Bürgerrecht zu erwerben. Es darf jedoch in diesem Falle von ihm das sonst vorgeschriebene oder übliche Bürgerrechtsgeld nicht gefordert und ebenso nicht verlangt werden, daß er sein anderweit erworbenes Bürgerrecht aufgebe.

Titel II.

Stehender Gewerbebetrieb.

I. Allgemeine Erfordernisse.

§. 14. Wer den selbstständigen Betrieb eines stehenden Gewerbes anfängt,

---

Zu §. 14.
„Stehend" ist ein Gewerbetrieb, sobald er nicht im Umherziehen stattfindet. Erk. (B. II.)

muß der für den Ort, wo solches geschieht, nach den Landesgesetzen zuständigen Behörde gleichzeitig Anzeige davon machen. Diese Anzeige liegt auch demjenigen ob, welcher zum Betriebe eines Gewerbes im Umherziehen (Titel III.) befugt ist.

Außerdem hat, wer Versicherungen für eine Mobiliar- oder Immobiliar-Feuerversicherungs-Anstalt als Agent oder Unteragent vermitteln will, bei Uebernahme der Agentur, und derjenige, welcher dieses Geschäft wieder aufgiebt, oder welchem die Versicherungs-Anstalt den Auftrag wieder entzieht, innerhalb der nächsten acht Tage der zuständigen Behörde seines Wohnortes davon Anzeige zu machen. Buch- und Steindrucker, Buch- und Kunsthändler, Antiquare, Leihbibliothekare, Inhaber von Lesekabinetten, Verkäufer von Druckschriften, Zeitungen und Bildern haben bei der Eröffnung ihres Gewerbebetriebes das Lokal desselben, sowie jeden späteren Wechsel des letzteren spätestens am Tage seines Eintritts der zuständigen Behörde ihres Wohnortes anzugeben.

§. 15. Die Behörde bescheinigt innerhalb dreier Tage den Empfang der Anzeige.

Die Fortsetzung des Betriebes kann polizeilich verhindert werden, wenn ein Gewerbe, zu dessen Beginn eine besondere Genehmigung erforderlich ist, ohne diese Genehmigung begonnen wird.

Gegen die untersagende Verfügung ist der Rekurs zulässig.

II. Erforderniß besonderer Genehmigung.

1. Anlagen, welche einer besonderen Genehmigung bedürfen.

§. 16. Zur Errichtung von Anlagen, welche durch die örtliche Lage oder die Beschaffenheit der Betriebsstätte für die Besitzer oder Bewohner der benachbarten Grundstücke oder für das Publikum überhaupt erhebliche Nachtheile, Gefahren oder Belästigungen herbeiführen können, ist die Genehmigung der nach den Landesgesetzen zuständigen Behörde erforderlich.

Es gehören dahin:

Schießpulver-Fabriken, Anlagen zur Feuerwerkerei und zur Bereitung von Zündstoffen aller Art, Gasbereitungs- und Gasbewahrungs-Anstalten, Anstalten zur Destillation von Erdöl, Anlagen zur Bereitung von Braunkohlentheer, Steinkohlentheer und Koaks, sofern sie außerhalb der Gewinnungsorte des Materials errichtet werden, Glas- und Rußhütten, Kalk-, Ziegel- und Gypsöfen, Anlagen zur Gewinnung roher Metalle, Röstöfen, Metallgießereien, sofern sie nicht bloße Tiegelgießereien sind, Hammerwerke, chemische Fabriken aller Art, Schnellbleichen, Firnißsiedereien, Stärkefabriken, mit Ausnahme der Fabriken zur Bereitung von Kartoffelstärke, Stärkesyrups-Fabriken, Wachstuch-, Darmsaiten-, Dachpappen- und Dachfilz-Fabriken, Leim-, Thran- und Seifensiedereien, Knochenbrennereien, Knochendarren, Knochenkochereien und Knochenbleichen, Zubereitungsanstalten für Thierhaare, Talgschmelzen, Schlächtereien, Gerbereien, Abdeckereien, Poudretten- und Düngpulver-Fabriken, Stauanlagen für Wassertriebwerke (§. 23), Hopfen-Schwefeldörren, Asphaltkochereien und Pechsiedereien, soweit sie außerhalb der Gewinnungsorte des Materials errichtet werden, Strohpapierstoff-Fabriken, Darmzubereitungs-Anstalten, Fabriken, in welchen Dampfkessel oder andere Blechgefäße durch Vernieten hergestellt werden.

Das vorstehende Verzeichniß kann, je nach Eintritt oder Wegfall der im Eingang gedachten Voraussetzung, durch Beschluß des Bundesrathes, vorbehaltlich der Genehmigung des nächstfolgenden Reichstages, abgeändert werden.

§. 17. Dem Antrage auf die Genehmigung einer solchen Anlage müssen die zur Erläuterung erforderlichen Zeichnungen und Beschreibungen beigefügt werden.

Pr. O.Tr. v. 2. März 1871 c. Konz, J.-M.-Bl. 1871 S. 119; O.R. 12 S. 125; Goltd. A. 19 S. 543.

Zu §. 16.

Die zuletzt aufgeführten 6 Anlagen sind dem ursprünglichen Verzeichnisse des §. 16 durch das Gesetz vom 2. März 1874 (R.G.Bl. S. 19) hinzugefügt worden.

Ist gegen die Vollständigkeit dieser Vorlagen nichts zu erinnern, so wird das Unternehmen mittelst einmaliger Einrückung in das zu den amtlichen Bekanntmachungen der Behörde (§. 16) bestimmte Blatt zur öffentlichen Kenntniß gebracht, mit der Aufforderung, etwaige Einwendungen gegen die neue Anlage binnen vierzehn Tagen anzubringen. Die Frist nimmt ihren Anfang mit Ablauf des Tages, an welchem das die Bekanntmachung enthaltende Blatt ausgegeben worden, und ist für alle Einwendungen, welche nicht auf privatrechtlichen Titeln beruhen, präklusivisch.

§. 18. Werden keine Einwendungen angebracht, so hat die Behörde zu prüfen, ob die Anlage erhebliche Gefahren, Nachtheile oder Belästigungen für das Publikum herbeiführen könne. Auf Grund dieser Prüfung, welche sich zugleich auf die Beachtung der bestehenden bau-, feuer- und gesundheitspolizeilichen Vorschriften erstreckt, ist die Genehmigung zu versagen, oder, unter Festsetzung der sich als nöthig ergebenden Bedingungen, zu ertheilen. Zu den letzteren gehören auch diejenigen Anordnungen, welche zum Schutze der Arbeiter gegen Gefahr für Gesundheit und Leben nothwendig sind. Der Bescheid ist schriftlich auszufertigen und muß die festgesetzten Bedingungen enthalten; er muß mit Gründen versehen sein, wenn die Genehmigung versagt oder nur unter Bedingungen ertheilt wird.

§. 19. Einwendungen, welche auf besonderen privatrechtlichen Titeln beruhen, sind zur richterlichen Entscheidung zu verweisen, ohne daß von der Erledigung derselben die Genehmigung der Anlage abhängig gemacht wird.

Andere Einwendungen dagegen sind mit den Parteien vollständig zu erörtern. Nach Abschluß dieser Erörterung erfolgt die Prüfung und Entscheidung nach den im §. 18 enthaltenen Vorschriften. Der Bescheid ist sowohl dem Unternehmer, als dem Widersprechenden zu eröffnen.

§. 20. Gegen den Bescheid ist Rekurs an die nächstvorgesetzte Behörde zulässig, welcher bei Verlust desselben binnen vierzehn Tagen, vom Tage der Eröffnung des Bescheides an gerechnet, gerechtfertigt werden muß.

Der Rekursbescheid ist den Parteien schriftlich zu eröffnen und muß mit Gründen versehen sein.

§. 21. Die näheren Bestimmungen über die Behörden und das Verfahren, sowohl in der ersten als in der Rekurs-Instanz, bleiben den Landesgesetzen vorbehalten. Es sind jedoch folgende Grundsätze einzuhalten:

1) In erster oder in zweiter Instanz muß die Entscheidung durch eine kollegiale Behörde erfolgen. Diese Behörde ist befugt, Untersuchungen an Ort und Stelle zu veranlassen, Zeugen und Sachverständige zu laden und eidlich zu vernehmen, überhaupt den angetretenen Beweis in vollem Umfange zu erheben.
2) Bildet die kollegiale Behörde die erste Instanz, so ertheilt sie ihre Entscheidung in öffentlicher Sitzung, nach erfolgter Ladung und Anhörung der Parteien, auch in dem Falle, wenn zwar Einwendungen nicht angebracht sind, die Behörde aber nicht ohne Weiteres die Genehmigung ertheilen will und der Antragsteller innerhalb vierzehn Tagen nach Empfang des, die Genehmigung versagenden oder nur unter Bedingungen ertheilenden Bescheides der Behörde auf mündliche Verhandlung anträgt.
3) Bildet die kollegiale Behörde die zweite Instanz, so ertheilt sie stets ihre Entscheidung in öffentlicher Sitzung, nach erfolgter Ladung und Anhörung der Parteien.
4) Als Parteien sind der Unternehmer (Antragsteller), sowie diejenigen Personen zu betrachten, welche Einwendungen erhoben haben.

§. 22. Die durch unbegründete Einwendungen erwachsenden Kosten fallen dem Widersprechenden, alle übrigen Kosten, welche durch das Verfahren entstehen, dem Unternehmer zur Last.

In den Bescheiden über die Zulässigkeit der neuen Anlage wird zugleich die Vertheilung der Kosten festgesetzt.

§. 23. Bei den Stauanlagen für Wassertriebwerke sind außer den Bestimmungen der §§. 17—22 die dafür bestehenden landesgesetzlichen Vorschriften anzuwenden.

Der Landesgesetzgebung bleibt vorbehalten, für solche Orte, in welchen öffentliche Schlachthäuser in genügendem Umfange vorhanden sind oder errichtet werden, die fernere Benutzung bestehender und die Anlage neuer Privatschlächtereien zu untersagen.

Der Landesgesetzgebung bleibt ferner vorbehalten, zu verfügen, in wie weit durch Ortsstatuten darüber Bestimmung getroffen werden kann, daß einzelne Ortstheile vorzugsweise zu Anlagen der in §. 16 erwähnten Art zu bestimmen, in anderen Ortstheilen aber dergleichen Anlagen entweder gar nicht oder nur unter besonderen Beschränkungen zuzulassen sind.

§. 24. Zur Anlegung von Dampfkesseln, dieselben mögen zum Maschinenbetriebe bestimmt sein oder nicht, ist die Genehmigung der nach den Landesgesetzen zuständigen Behörde erforderlich. Dem Gesuche sind die zur Erläuterung erforderlichen Zeichnungen und Beschreibungen beizufügen.

Die Behörde hat die Zulässigkeit der Anlage nach den bestehenden bau-, feuer- und gesundheitspolizeilichen Vorschriften, sowie nach denjenigen allgemeinen polizeilichen Bestimmungen zu prüfen, welche von dem Bundesrathe über die Anlegung von Dampfkesseln erlassen werden. Sie hat nach dem Befunde die Genehmigung entweder zu versagen, oder unbedingt zu ertheilen, oder endlich bei Ertheilung derselben die erforderlichen Vorkehrungen und Einrichtungen vorzuschreiben.

Bis zum Erlaß allgemeiner Bestimmungen durch den Bundesrath kommen die in den einzelnen Bundesstaaten bestehenden Vorschriften zur Anwendung.

Bevor der Kessel in Betrieb genommen wird, ist zu untersuchen, ob die Ausführung den Bestimmungen der ertheilten Genehmigung entspricht. Wer vor dem Empfange der hierüber anzufertigenden Bescheinigung den Betrieb beginnt, hat die im §. 147 angedrohte Strafe verwirkt.

Die vorstehenden Bestimmungen gelten auch für bewegliche Dampfkessel.

Für den Rekurs und das Verfahren über denselben gelten die Vorschriften der §§. 20 und 21.

§. 25. Die Genehmigung zu einer der in den §§. 16 und 24 bezeichneten Anlagen bleibt so lange in Kraft, als keine Aenderung in der Lage oder Beschaffenheit der Betriebsstätte vorgenommen wird, und bedarf unter dieser Voraussetzung auch dann, wenn die Anlage an einen neuen Erwerber übergeht, einer Erneuerung nicht. Sobald aber eine Veränderung der Betriebsstätte vorgenommen wird, ist dazu die Genehmigung der zuständigen Behörde nach Maßgabe der §§. 17 bis 23 einschließlich, beziehungsweise des §. 24 nothwendig. Eine gleiche Genehmigung ist erforderlich bei wesentlichen Veränderungen in dem Betriebe einer der im §. 16 genannten Anlagen. Die zuständige Behörde kann jedoch auf Antrag des Unternehmers von der Bekanntmachung (§. 17) Abstand nehmen, wenn sie die Ueberzeugung gewinnt, daß die beabsichtigte Veränderung für die Besitzer oder Bewohner benachbarter Grundstücke oder das Publikum überhaupt neue oder größere Nachtheile, Gefahren oder Belästigungen, als mit der vorhandenen Anlage verbunden sind, nicht herbeiführen werde.

Diese Bestimmungen finden auch auf gewerbliche Anlagen (§§. 16 und 24) Anwendung, welche bereits vor Erlaß dieses Gesetzes bestanden haben.

§. 26. Soweit die bestehenden Rechte zur Abwehr benachtheiligender Einwirkungen, welche von einem Grundstücke aus auf ein benachbartes Grundstück geübt werden, dem Eigenthümer oder Besitzer des letzteren eine Privatklage gewähren, kann diese Klage einer mit obrigkeitlicher Genehmigung errichteten gewerblichen An-

---

Zu §. 24.

Vgl. die Bekanntmachung des Reichskanzlers, betreffend die vom Bundesrathe erlassenen allgemeinen polizeilichen Bestimmungen über die Anlegung von Dampfkesseln vom 29. Mai 1871 (Reichs-G.Bl. 1871 S. 122) und §. 9 des Bahnpolizei-Reglements für die Eisenbahnen Deutschlands vom 4. Januar 1875. (Centr.Bl. f. d. D. R. S. 57.)

lage gegenüber niemals auf Einstellung des Gewerbebetriebes, sondern nur auf Herstellung von Einrichtungen, welche die benachtheiligende Einwirkung ausschließen, oder wo solche Einrichtungen unthunlich oder mit einem gehörigen Betriebe des Gewerbes unvereinbar sind, auf Schadloshaltung gerichtet werden.

§. 27. Die Errichtung oder Verlegung solcher Anlagen, deren Betrieb mit ungewöhnlichem Geräusch verbunden ist, muß, sofern sie nicht schon nach den Vorschriften der §§. 16 bis 25 der Genehmigung bedarf, der Ortspolizei-Behörde angezeigt werden. Letztere hat, wenn in der Nähe der gewählten Betriebsstätte Kirchen, Schulen oder andere öffentliche Gebäude, Krankenhäuser oder Heilanstalten vorhanden sind, deren bestimmungsmäßige Benutzung durch den Gewerbebetrieb auf dieser Stelle eine erhebliche Störung erleiden würde, die Entscheidung der höheren Verwaltungsbehörde darüber einzuholen, ob die Ausübung des Gewerbes an der gewählten Betriebsstätte zu untersagen oder nur unter Bedingungen zu gestatten sei.

§. 28. Die höheren Verwaltungsbehörden sind befugt, über die Entfernung, welche bei Errichtung von durch Wind bewegten Triebwerken von benachbarten fremden Grundstücken und von öffentlichen Wegen inne zu halten ist, durch Polizeiverordnung Bestimmung zu treffen.

2. Gewerbetreibende, welche einer besonderen Genehmigung bedürfen.

§. 29. Einer Approbation, welche auf Grund eines Nachweises der Befähigung ertheilt wird, bedürfen Apotheker und diejenigen Personen, welche sich als Aerzte (Wundärzte, Augenärzte, Geburtshelfer, Zahnärzte und Thierärzte) oder mit gleichbedeutenden Titeln bezeichnen oder Seitens des Staats oder einer Gemeinde als solche anerkannt oder mit amtlichen Funktionen betraut werden sollen. Es darf die Approbation jedoch von der vorherigen akademischen Doktorpromotion nicht abhängig gemacht werden.

Der Bundesrath bezeichnet, mit Rücksicht auf das vorhandene Bedürfniß, in verschiedenen Theilen des Bundesgebietes die Behörden, welche für das ganze Bundesgebiet gültige Approbationen zu ertheilen befugt sind und erläßt die Vorschriften über den Nachweis der Befähigung. Die Namen der Approbirten werden von der Behörde, welche die Approbation ertheilt, in den vom Bundesrathe zu bestimmenden amtlichen Blättern veröffentlicht.

Personen, welche eine solche Approbation erlangt haben, sind innerhalb des Bundesgebiets in der Wahl des Ortes, wo sie ihr Gewerbe betreiben wollen, vorbehaltlich der Bestimmungen über die Errichtung und Verlegung von Apotheken (§. 6) nicht beschränkt.

Dem Bundesrathe bleibt vorbehalten, zu bestimmen, unter welchen Voraussetzungen Personen wegen wissenschaftlich erprobter Leistnngen von der vorgeschriebenen Prüfung ausnahmsweise zu entbinden sind.

Personen, welche vor Verkündigung dieses Gesetzes in einem Bundesstaate die Berechtigung zum Gewerbebetrieb als Aerzte, Wundärzte, Zahnärzte, Geburtshelfer, Apotheker oder Thierärzte bereits erlangt haben, gelten als für das ganze Bundesgebiet approbirt.

§. 30. Unternehmer von Privat-Kranken-, Privat-Entbindungs- und Privat-

---

Zu §. 29.

1. Vgl. die Anmerk. 4—7 zu §. 147.

2. Vgl. die Bekanntmachung des Bundeskanzlers, betr. die Prüfung der Aerzte, Zahnärzte und Thierärzte, vom 25. September 1869 (B.G.Bl. S. 635) nebst den ergänzenden Bekanntm. vom 9. Dezember 1869 (B.G.Bl. S. 687 (688), vom 21. Dezember 1871 (R.G.Bl. S. 472), vom 17. Mai 1872, vom 28. Juni 1872 u. vom 19. Juli 1872 (R.G.Bl. S. 151, 243, 350) und die Bekanntmachungen des Reichskanzlers, betr. die Prüfung der Apotheker vom 5. März 1875, sowie betr. die Prüfung der Apothekergehilfen vom 13. November 1875. (Centralbl. f. d. D. R. 1875, S. 167 u. 761.)

3. Der §. 29 der Gew.O. ist in Elsaß-Lothringen vom 1. Oktober 1872 an durch das Gesetz vom 15. Juli 1872 (R.G.Bl. S. 350) eingeführt; vgl. die Bek. des Reichskanzlers vom 19. Juli 1872, betr. die Approbation für Aerzte, Zahnärzte, Thierärzte und Apotheker. (R.G.Bl. S. 351.)

Zu §. 30.

Vgl. die Anm. 1 zu §. 147.

Irrenanstalten bedürfen einer Konzession der höheren Verwaltungsbehörde, welche ertheilt wird, wenn nicht Thatsachen vorliegen, welche die Unzuverlässigkeit des Nachsuchenden in Beziehung auf den beabsichtigten Gewerbebetrieb darthun.

Hebeammen bedürfen eines Prüfungszeugnisses der nach den Landesgesetzen zuständigen Behörde.

§. 31. Seeschiffer, Seesteuerleute und Lootsen müssen sich über den Besitz der erforderlichen Kenntnisse durch ein Befähigungszeugniß der zuständigen Verwaltungsbehörde ausweisen.

Der Bundesrath erläßt die Vorschriften über den Nachweis der Befähigung. Die auf Grund dieses Nachweises ertheilten Zeugnisse gelten für das ganze Bundesgebiet, bei Lootsen für das im Zeugniß angeführte Fahrwasser.

Soweit in Betreff der Schiffer und Lootsen auf Strömen in Folge von Staatsverträgen besondere Anordnungen getroffen sind, behält es dabei sein Bewenden.

§. 32. Schauspielunternehmer bedürfen zum Betriebe ihres Gewerbes der Erlaubniß. Dieselbe ist ihnen zu ertheilen, wenn nicht Thatsachen vorliegen, welche die Unzuverlässigkeit des Nachsuchenden in Beziehung auf den beabsichtigten Gewerbebetrieb darthun.

Beschränkungen auf bestimmte Kategorien theatralischer Darstellungen sind unzulässig.

§. 33. Wer Gastwirthschaft, Schankwirthschaft oder Kleinhandel mit Branntwein oder Spiritus betreiben will, bedarf dazu der Erlaubniß.

Diese Erlaubniß ist nur dann zu versagen:

1) wenn gegen den Nachsuchenden Thatsachen vorliegen, welche die Annahme rechtfertigen, daß er das Gewerbe zur Förderung der Völlerei, des verbotenen Spiels, der Hehlerei oder der Unsittlichkeit mißbrauchen werde;
2) wenn das zum Betriebe des Gewerbes bestimmte Lokal wegen seiner Beschaffenheit oder Lage den polizeilichen Anforderungen nicht genügt.

Es können jedoch die Landesregierungen, soweit die Landesgesetze nicht entgegenstehen, die Erlaubniß zum Ausschänken von Branntwein und den Kleinhandel mit Branntwein und Spiritus auch von dem Nachweis eines vorhandenen Bedürfnisses abhängig machen.

§. 34. Die Landesgesetze können vorschreiben, daß zum Handel mit Giften und zum Betriebe des Lootsengewerbes besondere Genehmigung erforderlich ist, ingleichen, daß das Gewerbe der Markscheider nur von Personen betrieben werden darf, welche als solche geprüft und konzessionirt sind.

§. 35. Die Ertheilung von Tanz-, Turn- und Schwimmunterricht als Gewerbe darf denjenigen untersagt werden, welche wegen Vergehen oder Verbrechen gegen die Sittlichkeit bestraft sind.

Zu §. 31.

Vgl. die Bekanntm. des Bundeskanzlers, betr. die Prüfung der Seeschiffer und Seesteuerleute auf Deutschen Kauffahrteischiffen vom 25. September 1869 (B.G.Bl. S. 660) u. v. 30. Mai 1870 (B.G.Bl. S. 314).

Zu §. 33.

1. Vgl. wegen Bayern das Ges. v. 12. Juni 1872 §. 1. (R.G.Bl. S. 170).

2. Die Gewerbsmäßigkeit eines Schankwirthschaftsbetriebes ist nicht durch die Absicht bedingt, dadurch nachhaltig den Lebensunterhalt zu finden: eine solche kann daher angenommen werden, auch wenn nur an gewissen Festtagen der Betrieb stattgefunden hat.

Erk. (B. II) Pr. O.Tr. vom 2. März 1871 c. Konz, J.M.Bl. 1871 S. 119; O.R. 12, S. 125; Goltd. A. 19, S. 543.

3. Der „Kleinhandel" im Sinne des §. 33 ist nicht unter die Begriffsbestimmungen der eigentlichen Handelsgeschäfte (Art. 271 und 272 D. H.G.B.) zu subsumiren, sondern vielmehr dem „Detail-Verkauf" im Gegensatz zum „Verkaufe en gros" gleichzustellen. Es ist dabei nicht zu unterscheiden, ob der Kleinhandel mit selbstfabrizirten oder mit erkauften Getränken betrieben wird.

Erk. (Z. I.) Pr. O.Tr. vom 11. März 1874. c. Meyer, O.R. 15, S. 146.

Zu §. 34.

Vgl. die Cirk.Verf. der Pr. Min. f. Handel ꝛc. u. f. geistl. ꝛc. Angeleg., betr. den Betrieb des Kammerjägergewerbes vom 19. Mai 1870 (Pr. Min.Bl. f. d. Verw. S. 159).

Zu §. 35.

Vgl. §. 38 dieses Gesetzes.

Der Handel mit gebrauchten Kleidern, gebrauchten Betten oder gebrauchter Wäsche, der Kleinhandel mit altem Metallgeräth oder Metallbruch (Trödel) oder mit Garnabfällen oder Dräumen von Seide, Wolle, Baumwolle oder Leinen, ferner das Geschäft eines Pfandleihers kann demjenigen untersagt werden, welcher wegen aus Gewinnsucht begangener Vergehen oder Verbrechen gegen das Eigenthum bestraft worden ist.

Das Geschäft eines Gesindevermiethers kann demjenigen untersagt werden, welcher wegen aus Gewinnsucht begangener Vergehen oder Verbrechen gegen das Eigenthum oder wegen Vergehen oder Verbrechen gegen die Sittlichkeit bestraft worden ist.

Personen, welche die in diesem Paragraphen bezeichneten Gewerbe beginnen, haben bei Eröffnung ihres Gewerbebetriebes der zuständigen Behörde hiervon Anzeige zu machen.

§. 36. Das Gewerbe der Feldmesser, Auktionatoren, derjenigen, welche den Feingehalt edler Metalle oder die Beschaffenheit, Menge oder richtige Verpackung von Waaren irgend einer Art feststellen, der Güterbestätiger, Schaffner, Wäger, Messer, Bracker, Schauer, Stauer u. s. w. darf zwar frei betrieben werden, es bleiben jedoch die verfassungsmäßig dazu befugten Staats- oder Kommunalbehörden oder Korporationen auch ferner berechtigt, Personen, welche diese Gewerbe betreiben wollen, auf die Beobachtung der bestehenden Vorschriften zu beeidigen und öffentlich anzustellen.

Die Bestimmungen der Gesetze, welchen den Handlungen der genannten Gewerbetreibenden eine besondere Glaubwürdigkeit beilegen oder an diese Handlungen besondere rechtliche Wirkungen knüpfen, sind nur auf die von den verfassungsmäßig dazu befugten Staats- oder Kommunalbehörden oder Korporationen angestellten Personen zu beziehen.

§. 37. Der Regelung durch die Ortspolizei-Behörde unterliegt die Unterhaltung des öffentlichen Verkehrs innerhalb der Orte durch Wagen aller Art, Gondeln, Sänften, Pferde und andere Transportmittel, sowie das Gewerbe derjenigen Personen, welche auf öffentlichen Straßen oder Plätzen ihre Dienste anbieten.

§. 38. Die Centralbehörden sind befugt, Vorschriften darüber zu erlassen, in welcher Weise die im §. 35, Absatz 2 und 3 verzeichneten Gewerbetreibenden ihre Bücher zu führen und welcher polizeilichen Kontrole über den Umfang und die Art ihres Geschäftsbetriebes sie sich zu unterwerfen haben.

§. 39. Die Landesgesetze können die Einrichtung von Kehrbezirken für Schornsteinfeger gestatten. Jedoch ist, wo Kehrbezirke bestehen oder eingerichtet werden, die höhere Verwaltungsbehörde, soweit nicht Privatrechte entgegenstehen, befugt, die Kehrbezirke aufzuheben oder zu verändern, ohne daß deshalb den Bezirksschornsteinfegern ein Widerspruchsrecht oder ein Anspruch auf Entschädigung zusteht.

§. 40. Die in den §§. 29 bis 34 erwähnten Approbationen und Genehmigungen dürfen weder auf Zeit ertheilt, noch, vorbehaltlich der Bestimmungen in den §§. 53 und 143, widerrufen werden.

Gegen Versagung der Genehmigung zum Betriebe eines der in den §§. 30, 32, 33 und 34, sowie gegen Untersagung des Betriebes der in den §§. 35 und 37 erwähnten Gewerbe ist der Rekurs zulässig. Wegen des Verfahrens und der Behörden gelten die Vorschriften der §§. 20 und 21.

Zu §. 36.

Vgl. das Preuß. Reglement für die öffentlich anzustellenden Feldmesser vom 2. März 1871 (Pr. Ges.S. S. 101) nebst den Vorschriften über deren Prüfung vom 2. März 1871 (Pr. Min.Bl. f. d. Verw. S. 121).

Zu §. 38.

Vgl. die beiden Cirk.Verf. des Pr. Handels-Min. vom 22. Mai 1870, betr. den Betrieb des Trödler-Gewerbes, und vom 23. Juni 1870, betr. den Geschäftsbetrieb der Gesinde-Vermiether (Pr. Min.Bl. f. d. Verw. S. 158 und 199).

III. Umfang, Ausübung und Verlust der Gewerbsbefugnisse.

§. 41. Die Befugniß zum selbstständigen Betriebe eines stehenden Gewerbes begreift das Recht in sich, in beliebiger Zahl Gesellen, Gehülfen, Arbeiter jeder Art und, soweit die Vorschriften des gegenwärtigen Gesetzes nicht entgegenstehen, Lehrlinge anzunehmen. In der Wahl des Arbeits- und Hülfspersonals finden keine anderen Beschränkungen statt, als die durch das gegenwärtige Gesetz festgestellten.

In Betreff der Berechtigung der Apotheker, Gehülfen und Lehrlinge anzunehmen, bewendet es bei den Bestimmungen der Landesgesetze.

§. 42. Wer zum selbstständigen Betriebe eines stehenden Gewerbes befugt ist, darf dasselbe vorbehaltlich der Bestimmungen des §. 59 am Orte seiner gewerblichen Niederlassung und, soweit nicht die Vorschriften des dritten Titels einen Legitimationsschein erfordern, auch außerhalb dieses Ortes ausüben.

§. 43. Wer gewerbsmäßig Druckschriften oder andere Schriften oder Bildwerke auf öffentlichen Wegen, Straßen, Plätzen, oder an anderen öffentlichen Orten ausrufen, verkaufen, vertheilen, anheften oder anschlagen will, bedarf dazu einer Erlaubniß der Ortspolizei-Behörde, und hat den über diese Erlaubniß auszustellenden, auf seinen Namen lautenden Legitimationsschein bei sich zu führen.

Diese Erlaubniß darf nur unter den Bedingungen und nach Maaßgabe des §. 57 versagt werden.

§. 44. Kaufleute, Fabrikanten und andere Personen, welche ein stehendes Gewerbe betreiben, sind befugt, außerhalb des Ortes ihrer gewerblichen Niederlassung persönlich oder durch in ihren Diensten stehende Reisende Waaren anzukaufen und Bestellungen auf Waaren zu suchen.

Sie bedürfen dazu eines Legitimationsscheins, welcher von der unteren Verwaltungsbehörde ausgestellt wird und für das Kalenderjahr gilt. Dieses Legitimationsscheins bedarf es nicht, wenn die betreffenden Gewerbetreibenden durch die nach den Zollvereinsverträgen erforderliche Gewerbe-Legitimationskarte bereits für das Gesammtgebiet des Zollvereins legitimirt sind.

Der Inhaber eines solchen Legitimationsscheins darf aufgekaufte Waaren nur Behufs deren Beförderung nach dem Bestimmungsorte und von den Waaren, auf welche er Bestellungen sucht, nur Proben oder Muster mit sich führen.

§. 45. Die Befugnisse zum stehenden Gewerbebetriebe können durch Stellvertreter ausgeübt werden; diese müssen jedoch den für das in Rede stehende Gewerbe insbesondere vorgeschriebenen Erfordernissen genügen.

§. 46. Nach dem Tode eines Gewerbetreibenden darf das Gewerbe für Rechnung der Wittwe während des Wittwenstandes, oder, wenn minderjährige Erben vorhanden sind, für deren Rechnung durch einen nach §. 45 qualifizirten Stellvertreter betrieben werden, insofern die über den Betrieb einzelner Gewerbe bestehenden besonderen Vorschriften nicht ein Anderes anordnen. Dasselbe gilt während der Dauer einer Kuratel oder Nachlaßregulirung.

§. 47. Inwiefern für die nach den §§. 34 und 36 konzessionirten oder angestellten Personen eine Stellvertretung zulässig ist, hat in jedem einzelnen Falle die Behörde zu bestimmen, welcher die Konzessionirung oder Anstellung zusteht.

Dasselbe gilt in Beziehung auf diejenigen Schornsteinfeger, denen ein Kehrbezirk zugewiesen ist (§. 39).

§. 48. Real-Gewerbeberechtigungen können auf jede, nach den Vorschriften dieses Gesetzes zum Betriebe des Gewerbes befähigte Person in der Art übertragen werden, daß der Erwerber die Gewerbeberechtigung für eigene Rechnung ausüben darf.

Zu §. 44.

Das Aufsuchen von Waarenbestellungen bei Nicht-Gewerbetreibenden ohne Gewerbeschein ist auch nach Erlaß der B.G.O. als Gewerbesteuer-Vergehen zu bestrafen.

Erk. (B. II.) Pr. O.Tr. v. 12. Januar 1871 c. Teipel J.M.Bl. S. 62; Goltd. A. 19 S. 186 O.R. 12 S. 28.

§. 49. Bei Ertheilung der Genehmigung zu einer Anlage der in den §§. 16 und 24 bezeichneten Arten, ingleichen zur Anlegung von Privat-Kranken-, Privat-Entbindungs- und Privat-Irrenanstalten, zu Schauspiel-Unternehmungen, sowie zum Betriebe der im §. 33 gedachten Gewerbe, kann von der genehmigenden Behörde den Umständen nach eine Frist festgesetzt werden, binnen welcher die Anlage oder das Unternehmen bei Vermeidung des Erlöschens der Genehmigung begonnen und ausgeführt, und der Gewerbebetrieb angefangen werden muß. Ist eine solche Frist nicht bestimmt, so erlischt die ertheilte Genehmigung, wenn der Inhaber nach Empfang derselben ein ganzes Jahr verstreichen läßt, ohne davon Gebrauch zu machen.

Eine Verlängerung der Frist kann von der Behörde bewilligt werden, sobald erhebliche Gründe nicht entgegenstehen.

Hat der Inhaber einer solchen Genehmigung seinen Gewerbebetrieb während eines Zeitraums von drei Jahren eingestellt, ohne eine Fristung nachgesucht und erhalten zu haben, so erlischt dieselbe.

Für die im §. 16 aufgeführten Anlagen darf die nachgesuchte Fristung so lange nicht versagt werden, als wegen einer durch Erbfall oder Konkurserklärung entstandenen Ungewißheit über das Eigenthum an einer Anlage oder, in Folge höherer Gewalt, der Betrieb entweder gar nicht oder nur mit erheblichem Nachtheile für den Inhaber oder Eigenthümer der Anlage stattfinden kann.

Das Verfahren für die Fristung ist dasselbe, wie für die Genehmigung neuer Anlagen.

§. 50. Auf die Inhaber der bereits vor dem Erscheinen des gegenwärtigen Gesetzes ertheilten Genehmigungen finden die im §. 49 bestimmten Fristen ebenfalls Anwendung, jedoch mit der Maßgabe, daß diese Fristen von dem Tage der Verkündung des Gesetzes an zu laufen anfangen.

§. 51. Wegen überwiegender Nachtheile und Gefahren für das Gemeinwohl kann die fernere Benutzung einer jeden gewerblichen Anlage durch die höhere Verwaltungsbehörde zu jeder Zeit untersagt werden. Doch muß dem Besitzer alsdann für den erweislichen Schaden Ersatz geleistet werden.

Gegen die untersagende Verfügung ist der Rekurs zulässig; wegen der Entschädigung steht der Rechtsweg offen.

§. 52. Die Bestimmung des §. 51 findet auch auf die zur Zeit der Verkündung des gegenwärtigen Gesetzes bereits vorhandenen gewerblichen Anlagen Anwendung; doch entspringt aus der Untersagung der ferneren Benutzung kein Anspruch auf Entschädigung, wenn bei der früher ertheilten Genehmigung ausdrücklich vorbehalten worden ist, dieselbe ohne Entschädigung zu widerrufen.

§. 53. Die in dem §. 29 bezeichneten Approbationen können von der Verwaltungsbehörde nur dann zurückgenommen werden, wenn die Unrichtigkeit der Nachweise dargethan wird, auf deren Grund solche ertheilt worden sind.

Außer aus diesem Grunde können die in den §§. 30, 32, 33, 34 und 36 bezeichneten Genehmigungen und Bestallungen in gleicher Weise zurückgenommen werden, wenn aus Handlungen oder Unterlassungen des Inhabers der Mangel derjenigen Eigenschaften, welche bei der Ertheilung der Genehmigung oder Bestallung nach der Vorschrift dieses Gesetzes vorausgesetzt werden mußten, klar erhellt. Inwiefern durch die Handlungen oder Unterlassungen eine Strafe verwirkt ist, bleibt der richterlichen Entscheidung vorbehalten.

§. 54. Wegen des Verfahrens und der Behörden, welche in Bezug auf die untersagte Benutzung einer gewerblichen Anlage (§. 51), auf die Untersagung eines Gewerbebetriebs (§. 15, Absatz 2 und §. 35), und die Zurücknahme einer Approbation, Genehmigung oder Bestallung (§. 53) maßgebend sind, gelten die Vorschriften der §§. 20. und 21.

Titel III.

Gewerbebetrieb im Umherziehen.

§. 55. Wer außerhalb seines Wohnorts, ohne Begründung einer gewerblichen Niederlassung und ohne vorgängige Bestellung, in eigener Person:

1) Waaren irgend einer Art feilbieten,
2) Waaren irgend einer Art bei anderen Personen, als bei Kaufleuten oder an anderen Orten, als in offenen Verkaufsstellen zum Wiederverkauf ankaufen,
3) Waarenbestellungen aufsuchen, oder
4) gewerbliche oder künstlerische Leistungen oder Schaustellungen, bei welchen ein höheres wissenschaftliches oder Kunst-Interesse nicht obwaltet, feilbieten will,

bedarf, vorbehaltlich der in den §§. 44 und 64 getroffenen Bestimmungen, eines Legitimationsscheins.

Ein Legitimationsschein ist nicht erforderlich zum Verkauf oder Ankauf roher Erzeugnisse der Land- und Forstwirthschaft, des Garten- und Obstbaues.

§. 56. Ausgeschlossen vom An- und Verkauf im Umherziehen sind:

1) geistige Getränke aller Art;
2) gebrauchte Kleider und Betten, Garnabfälle, Enden und Dräumen von Seide, Wolle, Leinen oder Baumwolle, Bruchgold oder Bruchsilber;
3) Spielkarten, Lotterieloose, Staats- und sonstige Werthpapiere;
4) Schießpulver, Feuerwerkskörper und andere explosive Stoffe;
5) Arzneimittel, Gifte und giftige Stoffe.

Der Bundesrath ist befugt, soweit ein Bedürfniß obwaltet, anzuordnen, daß die Erlaubniß zum Verkauf oder Ankauf der einzelnen ausgeschlossenen Gegenstände ertheilt werde.

Der Bundesrath, und in dringenden Fällen der Bundeskanzler nach Einvernehmen mit dem Ausschuß des Bundesrathes für Handel und Verkehr, ist befugt, aus Gründen der öffentlichen Sicherheit oder der Gesundheitspflege anzuordnen, daß auch andere Gegenstände innerhalb einer zu bestimmenden Frist nicht im Umherziehen feilgeboten oder angekauft werden dürfen.

§. 57. Einem Bundesangehörigen, welcher innerhalb des Norddeutschen Bundesgebietes einen festen Wohnsitz besitzt und das 21ste Lebensjahr überschritten hat, darf der Legitimationsschein vorbehaltlich der Bestimmung des §. 59 nur dann versagt werden, wenn er:

1) mit einer abschreckenden oder ansteckenden Krankheit behaftet ist;
2) oder wegen strafbarer Handlungen aus Gewinnsucht, gegen das Eigenthum, gegen die Sittlichkeit, wegen vorsätzlicher Angriffe auf das Leben und die Gesundheit der Menschen, wegen vorsätzlicher Brandstiftung, wegen Zuwiderhandlungen gegen Verbote oder Sicherungsmaaßregeln, betreffend Einführung oder Verbreitung ansteckender Krankheiten oder Viehseuchen, zu Gefängniß von mindestens sechs Wochen, oder zwar zu einer geringeren Strafe verurtheilt,

---

Zu Titel III.

Vgl. die von den Preuß. Min. der Finanzen, des Handels und des Innern erlassene Anweisung zur Ausführung des Tit. III. der Gew.O. v. 24. November 1869. (Pr. M in.Bl. f. d. Verw. S. 285), — die Verordn. des Kgl. Sächs. Min. des Innern, den Gewerbebetrieb im Umherziehen betr., vom 18. Dezember 1869, — die Großherz. Hessische Verordn. v. 1. Novbr. 1869, — die Großh. Mecklenburg-Schwerin. und M.-Strelitzschen Publ. v. 28. Dezember 1869, — die Großh. Oldenb. Verordn. v. 4. Januar 1870 — die Großh. Badische V. v. 26. Dezbr. 1871 — die Kgl. Bayerische V. v. 4. Dezbr. 1872 — die Königl. Württembergische V. v. 15. Juni 1873, u. s. w. (s. die Zusammenstellung der Anweisungen in Dr. Koller: Gew.Ordg. Berlin 1869 S. 480 fg. 502 fg.).

Zu §. 55.

Vgl. das Erk. Pr. O.Tr. v. 12. Januar 1871, cit. bei §. 44.

Zu §. 57.

Vgl. die Bekanntmachung des Reichskanzlers, betr. die Ausstellung von Legitimationsscheinen zum Gewerbebetrieb im Umherziehen für Ausländer, vom 4. Januar 1873 (Centr. Bl. f. d. D.R. S. 2).

aber in der Ausübung der bürgerlichen Ehrenrechte beschränkt worden ist, innerhalb zweier Jahre nach erfolgter Verurtheilung, und im Falle der Gefängnißstrafe nach verbüßtem Gefängniß;

3) oder unter Polizeiaufsicht steht;

4) oder wegen gewohnheitsmäßiger Arbeitsscheu, Bettelei, Landstreicherei, Trunksucht übel berüchtigt ist.

Die Behörde muß innerhalb vierzehn Tagen dem Nachsuchenden entweder den Legitimationsschein ertheilen oder unter Angabe des gesetzlichen Hinderungsgrundes schriftlich versagen. Gegen die Versagung steht der Rekurs zu. Wegen des Verfahrens und der Behörden gelten die Vorschriften der §§. 20 und 21.

Ausländern kann der Gewerbebetrieb im Umherziehen gestattet werden. Der Bundesrath ist befugt, die deshalb nöthigen Bestimmungen zu treffen.

§. 58. Die Ertheilung des Legitimationsscheins erfolgt:

1) für den Aufkauf und Verkauf selbstgewonnener Erzeugnisse der Jagd und des Fischfanges,

2) für den Verkauf selbstverfertigter Waaren, welche zu den Gegenständen des Wochenmarktverkehrs gehören, und für das nach Landesgebrauch hergebrachte Anbieten gewerblicher Leistungen innerhalb der von der Polizeibehörde näher zu bestimmenden Umgegend des Wohnortes

durch die Unterbehörde, welche für den Ort, wo der Gewerbetreibende seinen Wohnsitz hat, zuständig ist,

für alle anderen Arten des Gewerbebetriebes im Umherziehen durch die höhere Verwaltungsbehörde.

In den Fällen, für welche die Gesetze die Ausstellung eines Gewerbescheines nothwendig machen, kann dieser auch zugleich den Legitimationsschein ersetzen.

§. 59. Wer auf den Straßen oder sonst im Umherziehen oder an einem Orte vorübergehend und ohne Begründung eines stehenden Gewerbes öffentlich Musik aufführen, Schaustellungen, theatralische Vorstellungen oder sonstige Lustbarkeiten öffentlich darbieten will, ohne daß ein höheres Interesse der Kunst oder Wissenschaft dabei obwaltet, bedarf, außer den übrigen Erfordernissen, der vorhergehenden Erlaubniß durch die Behörde des Ortes, an welchem die Leistung beabsichtigt wird.

Die Ertheilung von Legitimationsscheinen für diese Gewerbe wird versagt, sobald der, den Verhältnissen des Verwaltungsbezirkes der höheren Verwaltungsbehörde entsprechenden Anzahl von Personen Legitimationsscheine ertheilt sind.

Umherziehenden Schauspieler-Gesellschaften wird der Legitimationsschein nur dann ertheilt, wenn der Unternehmer die im §. 32 vorgeschriebene Erlaubniß besitzt.

§. 60. Der Legitimationsschein enthält das Signalement des Inhabers und die nähere Bezeichnung des von demselben beabsichtigten Gewerbebetriebes. Er ist nur für das Kalenderjahr gültig. Seine Erneuerung darf nicht versagt werden, so lange die im §. 57 bezeichneten Erfordernisse vorhanden sind.

Der Legitimationsschein für den Betrieb der im §. 59 bezeichneten Gewerbe

---

Zu §. 58.

1. Die Gewerbesteuern unterliegen weder der Beaufsichtigung, noch der Gesetzgebung des Bundes. Insbesondere sind die bisherigen Preußischen Hausirgesetze, soweit sie die Besteuerung des Hausirgewerbes betreffen, auch nach Erlaß der B.G.O. in Kraft geblieben, dergestalt, daß ein Hausirgewerbeschein nach Maßgabe des Hausir-Regulativs vom 28. April 1824 und der Zusatzgesetze zu demselben nach wie vor zu lösen, die Hausirgewerbesteuer zu entrichten und die bisherige gesetzliche Strafe bei Zuwiderhandlungen gegen diese Steuer-Gesetze anzuwenden ist, wenngleich in einem gegebenen Falle es nach der B.G.O. in polizeilicher Beziehung keines Gewerbescheines zum Gewerbebetrieb im Umherziehen bedarf.

(Erk. (B. I.) Pr. O.Tr. v. 18. November 1870 c. Cohn J.M.Bl. 1871 S. 25; O.R. 11 S. 558; Goltd. A. 19, S. 45.

2. Vgl. die Cirk.Verf. des Preuß. Ministers f. Handel, Gewerbe 2c. v. 2. Dezember 1869, die Legitimationsscheine betreffend, Pr. Min.Bl. für d. Verwaltung, Jahrg. 1869 S. 298).

Zu §. 59.

Für die Nichtbeachtung der in §. 59 gegebenen einschränkenden Vorschriften fehlt es in dem Gesetze an einer Strafbestimmung. Vgl. §§. 148, 149.

In Preußen ist es den Regierungen (Landdrosteien) anheimgegeben, solche Zuwiderhandlungen in Polizeiverordnungen unter Strafe zu stellen.

gewährt die Befugniß zum Gewerbebetriebe in einem anderen, als dem Bezirke derjenigen höheren Verwaltungsbehörde, welche ihn ausgestellt hat, nur dann, wenn er auf den anderen Bezirk von der höheren Verwaltungsbehörde des letzteren ausgedehnt ist. Diese Ausdehnung wird versagt, sobald für die, den Verhältnissen des Bezirkes entsprechende Anzahl von Personen Legitimationsscheine bereits ausgestellt oder ausgedehnt sind.

§. 61. Der Inhaber des Legitimationsscheins ist verpflichtet, diesen während der thatsächlichen Ausübung des Gewerbebetriebes bei sich zu führen, auf Erfordern der zuständigen Behörde vorzuzeigen und sofern er hierzu nicht im Stande ist, auf Geheiß der Behörde den Betrieb bis zur Abhülfe des Mangels einzustellen.

§. 62. Der Gewerbebetrieb im Umherziehen darf nicht durch Stellvertreter ausgeübt werden. Ausgenommen hiervon sind der Verkauf der im §. 58 bezeichneten Gegenstände, sofern er innerhalb der von der Polizeibehörde näher zu bestimmenden Umgegend des Wohnortes erfolgt, und der ebendaselbst unter 2. bezeichnete Gewerbebetrieb.

Die Mitführung von Begleitern, sei es zur Beförderung der Waaren, zur Wartung des Gespannes oder zu anderen Zwecken, bedarf der in dem Legitimationsscheine auszudrückenden Genehmigung derjenigen Behörde, welche den Schein ertheilt hat, oder in deren Bezirk sich der Nachsucher befindet. Diese Genehmigung darf nur unter den Voraussetzungen und Formen versagt werden, welche §. 57 für die Versagung des Legitimationsscheins gegenüber dem Unternehmer vorschreibt. Für Kinder unter vierzehn Jahren wird diese Genehmigung nicht ertheilt.

§. 63. Der Gesetzgebung jedes Bundesstaates bleibt vorbehalten, für das Gebiet des letzteren den Verkauf oder Aufkauf im Umherziehen von näher zu bezeichnenden Gegenständen des gemeinen Verbrauches von den beschränkenden Vorschriften dieses Titels auszunehmen.

Titel IV.

Marktverkehr.

§. 64. Der Besuch der Messen, Jahr- und Wochenmärkte, sowie der Kauf und Verkauf auf denselben steht einem Jeden mit gleichen Befugnissen frei.

Wo jedoch nach der bisherigen Ortsgewohnheit gewisse Handwerkerwaaren, welche nicht zu den im §. 66 bezeichneten Gegenständen gehören, nur von Bewohnern des Marktortes auf dem Wochenmarkte verkauft werden durften, kann die höhere Verwaltungsbehörde, auf Antrag der Gemeindebehörde, den einheimischen Verkäufern die Fortsetzung des herkömmlichen Wochenmarktverkehrs mit jenen Handwerkerwaaren gestatten, ohne auswärtige Verkäufer derselben Waaren auf dem Wochenmarkte zuzulassen.

Beschränkungen des Marktverkehrs der Ausländer als Erwiderung der im Auslande gegen Bundesangehörige angeordneten Beschränkungen bleiben dem Bundesrathe vorbehalten.

§. 65. Die Zahl, Zeit und Dauer der Messen, Jahr- und Wochenmärkte wird von der zuständigen Verwaltungsbehörde festgesetzt.

Dem Marktberechtigten steht gegen eine solche Anordnung kein Widerspruch zu; ein Entschädigungsanspruch gebührt demselben nur dann, wenn durch die Anordnung die Zahl der bis dahin abgehaltenen Märkte vermindert wird, und eine größere Zahl ausdrücklich und unwiderruflich verliehen war. Gemeinden, welche einen Entschädigungsanspruch geltend machen wollen, müssen außerdem nachweisen, daß ihr Recht auf einen speziellen lästigen Titel sich gründet.

§. 66. Gegenstände des Wochenmarktverkehrs sind:
1) rohe Naturerzeugnisse mit Ausschluß des größeren Viehs;
2) Fabrikate, deren Erzeugung mit der Land- und Forstwirthschaft, dem Garten- und Obstbau oder der Fischerei in unmittelbarer Verbindung steht, oder zu den Nebenbeschäftigungen der Landleute der Gegend gehört, oder durch Tagelöhnerarbeit bewirkt wird, mit Ausschluß der geistigen Getränke;

3) frische Lebensmittel aller Art.

Die zuständige Verwaltungsbehörde ist auf Antrag der Gemeindebehörde befugt, zu bestimmen, welche Gegenstände außerdem nach Ortsgewohnheit und Bedürfniß in ihrem Bezirk überhaupt, oder an gewissen Orten zu den Wochenmarkts-Artikeln gehören.

§. 67. Auf Jahrmärkten dürfen außer den im §. 66 benannten Gegenständen Verzehrungsgegenstände und Fabrikate aller Art feilgehalten werden.

Zum Verkauf von geistigen Getränken zum Genuß auf der Stelle bedarf es jedoch der Genehmigung der Ortspolizei-Behörde.

§. 68. Der Marktverkehr darf in keinem Falle mit anderen als solchen Abgaben belastet werden, welche eine Vergütung für den überlassenen Raum und den Gebrauch von Buden und Geräthschaften bilden. In den Bestimmungen darüber, ob und in welchem Umfange Abgaben dieser Art erhoben werden dürfen, wird durch gegenwärtiges Gesetz nichts geändert. Ein Unterschied zwischen Einheimischen und Fremden bezüglich der Zahlung der Abgaben darf nicht stattfinden.

§. 69. In den Grenzen der Bestimmungen der §§. 65 bis 68 kann die Ortspolizei-Behörde, im Einverständniß mit der Gemeinde-Behörde, die Marktordnung nach dem örtlichen Bedürfniß festsetzen, namentlich auch für das Feilbieten von gleichartigen Gegenständen den Platz, und für das Feilbieten im Umhertragen, mit oder ohne Ausruf, die Tageszeit und die Gattung der Waaren bestimmen.

§. 70. In Betreff der Märkte, welche bei besonderen Gelegenheiten oder für bestimmte Gattungen von Gegenständen gehalten werden, bewendet es bei den bestehenden Anordnungen.

Erweiterungen dieses Marktverkehrs können von der zuständigen Behörde mit Zustimmung der Gemeindebehörde angeordnet werden.

§. 71. Beschränkungen des Verkehrs mit den zu Messen und Märkten gebrachten, aber unverkauft gebliebenen Gegenständen werden hierdurch aufgehoben. Der Einzelverkauf solcher Gegenstände außer der Marktzeit ist jedoch nur unter denselben Bedingungen zulässig, unter welchen derselbe statthaft sein würde, wenn die Gegenstände nicht auf den Markt gebracht wären.

Titel V.

Taxen.

§. 72. Polizeiliche Taxen sollen, soweit nicht ein Anderes nachstehend angeordnet worden, künftig nicht vorgeschrieben werden; da, wo sie gegenwärtig bestehen, sind sie in einer von der Ortspolizei-Behörde zu bestimmenden, höchstens einjährigen Frist aufzuheben.

§. 73. Die Bäcker und die Verkäufer von Backwaaren können durch die Ortspolizei-Behörde angehalten werden, die Preise und das Gewicht ihrer verschiedenen Backwaaren für gewisse von derselben zu bestimmenden Zeiträume durch einen von Außen sichtbaren Anschlag am Verkaufslokale zur Kenntniß des Publikums zu bringen.

Dieser Anschlag ist kostenfrei mit dem polizeilichen Stempel zu versehen und täglich während der Verkaufszeit auszuhängen.

§. 74. Wo der Verkauf von Backwaaren nur nach den von den Bäckern und Verkäufern an ihren Verkaufslokalen angeschlagenen Preisen erlaubt ist, kann die Ortspolizei-Behörde die Bäcker und Verkäufer zugleich anhalten, im Verkaufslokale

---

Zu §. 69.

Der Ankauf von Gegenständen des Marktverkehrs an anderen als den für den Marktverkehr bestimmten Plätzen ist nicht strafbar.

Erk. (S. I.) Pr. O.Tr. v. 7. Dezember 1870 c. Grau J.M.Bl. 1871 S. 47; Goltd. Arch. 19 S. 127; O.R. 11 S. 589.

eine Waage mit den erforderlichen geeichten Gewichten aufzustellen und die Benutzung derselben zum Nachwiegen der verkauften Backwaaren zu gestatten.

§. 75. Die Gastwirthe können durch die Ortspolizei-Behörde angehalten werden, das Verzeichniß der von ihnen gestellten Preise einzureichen und in den Gastzimmern anzuschlagen. Diese Preise dürfen zwar jederzeit abgeändert werden, bleiben aber so lange in Kraft, bis die Abänderung der Polizeibehörde angezeigt, und das abgeänderte Verzeichniß in den Gastzimmern angeschlagen ist. Auf Beschwerden Reisender wegen Ueberschreitung der verzeichneten Preise steht der Ortspolizei-Behörde eine vorläufige Entscheidung vorbehaltlich des Rechtsweges zu.

§. 76. Die Ortspolizei-Behörde ist in Uebereinstimmung mit der Gemeindebehörde befugt, für Lohnbediente und andere Personen, welche auf öffentlichen Straßen und Plätzen oder in Wirthshäusern ihre Dienste anbieten (§. 37), sowie für die Benutzung von Wagen, Pferden, Sänften, Gondeln und anderen Transportmitteln, welche öffentlich zum Gebrauch aufgestellt sind, Taxen festzusetzen.

§. 77. Ebenso können für Schornsteinfeger, wenn ihnen Bezirke ausschließlich zugewiesen sind, von der Ortspolizei-Behörde, im Einverständniß mit der Gemeindebehörde, oder, wenn der zugewiesene Bezirk mehr als eine Ortschaft umfaßt, von der unteren Verwaltungsbehörde Taxen aufgestellt werden.

§. 78. Hinsichtlich der Taxen für solche gewerbtreibende Personen, welche nach den Bestimmungen im §. 36 von den Behörden zu beeidigen und anzustellen sind, wird durch das gegenwärtige Gesetz nichts geändert. Die nach §. 36 zuständigen Behörden sind befugt, für diese Personen auch da Taxen einzuführen, wo dergleichen bisher nicht bestanden.

§. 79. Die in den §§. 73 bis 78 genannten Gewerbetreibenden sind berechtigt, die festgestellten Preise und Taxen zu ermäßigen.

§. 80. Die Taxen für die Apotheker können durch die Centralbehörden festgesetzt werden, Ermäßigungen derselben durch freie Vereinbarungen sind jedoch zulässig.

Die Bezahlung der approbirten Aerzte u. s. w. (§. 29, Absatz 1) bleibt der Vereinbarung überlassen. Als Norm für streitige Fälle im Mangel einer Vereinbarung können jedoch für dieselben Taxen von den Centralbehörden festgesetzt werden.

Titel VI.

Innungen von Gewerbetreibenden.

I. Bestehende Innungen.

§. 81. Alle zur Zeit gesetzlich bestehenden Korporationen von Gewerbetreibenden (Innungen, Zünfte) dauern fort. Ihre Statuten (Innungsartikel, Zunftartikel) bleiben in Kraft, soweit sie nicht durch die Vorschriften dieses Gesetzes oder nach Maaßgabe der Bestimmung im §. 92 abgeändert werden.

§. 82. Jedes Mitglied einer Innung kann jederzeit, vorbehaltlich der Erfüllung seiner Verpflichtungen, ausscheiden und darf das Gewerbe nach dem Austritt fortsetzen. Der ausgeschiedene verliert alle Ansprüche an das Zunftvermögen und die durch dasselbe ganz oder theilweise fundirten Nebenkassen, soweit die Statuten nicht ein Anderes bestimmen.

§. 83. Von dem Eintritt in eine Innung können diejenigen ausgeschlossen werden:

Zu §. 75.

Durch die G.O. sind ältere Polizei-Verordnungen, welche den Gastwirthen gewisse auf die polizeiliche Kontrolirung des Fremdenverkehrs abzielende Verpflichtungen auferlegen, nicht aufgehoben.

Erk. (V. II.) Pr. O.Tr. v. 24. November 1870 c. Kleff J.M.Bl. 1871 S. 30; O.R. 11 S. 569; Goltd. A. 19, S. 51.

1) welche die bürgerliche Ehre verloren haben,
2) welchen die Ausübung der bürgerlichen Ehrenrechte auf Zeit untersagt ist;
3) welche sich im Konkurs befinden.

§. 84. Vorbehaltlich der vorstehenden Bestimmungen (§. 83) darf der Eintritt in eine Innung Keinem versagt werden, welcher die in dem Statute vorgeschriebenen Bedingungen erfüllt hat.

Bedarf es zu diesem Zwecke der Ablegung einer Prüfung, so ist dieselbe auf den Nachweis der Befähigung zur selbstständigen Ausführung der gewöhnlichen Arbeiten des Gewerbes zu richten. Die deshalb zu lösenden Aufgaben, sowie der zur Bestreitung der Prüfungskosten von dem zu Prüfenden zu zahlende Betrag, werden von der Innung bestimmt. Bevorzugungen sind dabei nicht statthaft.

Die Prüfungszeugnisse der für einzelne Gewerbe angeordneten besonderen Prüfungsbehörden und der bisher zur Abnahme von Prüfungen befugt gewesenen Kommissionen sind ein genügender Nachweis der Befähigung zum Betriebe der Gewerbe, über welche sie ausgestellt sind.

Die Ablegung einer Prüfung kann von denjenigen nicht gefordert werden, welche das betreffende Gewerbe mindestens seit Einem Jahre selbstständig ausüben.

§. 85. Die bei der Aufnahme in eine Innung zu entrichtenden Antrittsgelder müssen für alle Genossen der Innungen gleich sein. Wo sie mehr als fünf Thaler betragen, bedarf es zu ihrer Erhöhung der Genehmigung der höheren Verwaltungsbehörde. Diese Genehmigung ist auch dann erforderlich, wenn Antrittsgelder, welche den Betrag von fünf Thalern nicht übersteigen, über diesen Betrag erhöht werden sollen.

Der Beitritt zu einer Innung schließt die Befugniß nicht aus, an anderen Innungen Theil zu nehmen.

§. 86. Durch Beschluß der Innung kann von Ausübung des Stimmrechts, sowie der Ehrenrechte innerhalb der Innung, derjenige ausgeschlossen werden, welcher in einem der in §. 83 unter 1, 2, 3 bezeichneten Verhältnisse sich befindet.

§. 87. Wird nach dem Tode eines Innungsgenossen dessen Gewerbe durch einen Stellvertreter für Rechnung der Wittwe oder minderjährigen Erben fortgesetzt, so gehen die Befugnisse und Obliegenheiten des Verstorbenen, mit Ausnahme des Stimmrechts in der Innungsversammlung, auf die Wittwe für die Dauer des Wittwenstandes, beziehungsweise auf die minderjährigen Erben für die Dauer der Minderjährigkeit, über.

§. 88. Die Innung wird bei gerichtlichen wie bei außergerichtlichen Verhandlungen durch ihren Vorstand vertreten.

Die Legitimation desselben wird durch eine amtliche Bescheinigung der Gemeindebehörde über seine Eigenschaft als solcher geführt.

Die Befugniß zur Vertretung erstreckt sich auch auf diejenigen Geschäfte und Rechtshandlungen, für welche nach den Gesetzen eine Spezialvollmacht erforderlich ist.

Soweit in dem Statut (Innungsartikeln, Zunftartikeln) einem Mitgliede oder mehreren Mitgliedern des Vorstandes die Vertretung der Innung nach Außen übertragen ist, behält es hierbei sein Bewenden.

§. 89. Verträge der Innung über die Erwerbung, Veräußerung oder Verpfändung unbeweglicher Sachen und über Darlehen, für welche das unbewegliche Vermögen der Innung oder die Nutzungen desselben auf länger als Ein Jahr haften sollen, bedürfen zu ihrer Rechtsgültigkeit der Genehmigung der Gemeindebehörde. Dieselbe darf jedoch nicht versagt werden, wenn nachgewiesen wird, daß die Erfüllung aller bestehenden Verpflichtungen der Innung, sowie der für den Fall der Auflösung durch §. 94 getroffenen Vorschriften gesichert bleibt.

§. 90. Zahlungen aus den Einnahmen oder dem Vermögen der Innung an Genossen derselben dürfen nur insoweit geleistet werden, als sie auf ausdrücklichen

Vorschriften des Statuts beruhen. Für Zehrung dürfen solche Zahlungen niemals geleistet werden.

§. 91. Die exekutivische Beitreibung der Innungsbeiträge und der von Innungsgenossen wegen Verletzung statutarischer Vorschriften verwirkten Geldstrafen im Verwaltungswege findet ferner nicht statt.

§. 92. Abänderungen des Statuts können in einer Versammlung der Innung, zu welcher sämmtliche stimmberechtigte Genossen unter ausdrücklicher Bezeichnung des Gegenstandes der Berathung schriftlich eingeladen sind, durch absolute Mehrheit der Anwesenden beschlossen werden. Der Beschluß bedarf der Genehmigung der höheren Verwaltungsbehörde, wenn er Zahlungen aus den Einnahmen oder dem Vermögen der Innung an Genossen derselben oder andere Verfügungen über das Innungsvermögen zum Gegenstande hat. Diese Genehmigung darf jedoch nicht versagt werden, wenn nachgewiesen wird, daß die Erfüllung aller bestehenden Verpflichtungen der Innung, sowie der für den Fall der Auflösung durch §. 94. getroffenen Vorschriften gesichert bleibt.

§. 93. Ihre Auflösung kann die Innung in einer Versammlung, zu welcher sämmtliche stimmberechtigte Genossen unter ausdrücklicher Bezeichnung des Gegenstandes der Berathung schriftlich eingeladen sind, durch absolute Mehrheit der Anwesenden beschließen. Der Beschluß bedarf der Genehmigung der höheren Verwaltungsbehörde. Diese Genehmigung wird ertheilt, wenn die Berichtigung der Schulden und die Erfüllung der Vorschriften des §. 94 sichergestellt ist.

§. 94. Löst eine Innung sich auf, so muß ihr Vermögen zuvörderst zur Berichtigung ihrer Schulden und zur Erfüllung ihrer sonstigen Verpflichtungen verwendet werden. War dasselbe bisher ganz oder theilweise zur Fundirung von Unterrichtsanstalten oder zu anderen öffentlichen Zwecken bestimmt, so darf dasselbe dieser Bestimmung nicht entzogen werden. Wird dafür nicht in anderer genügender Weise Sorge getragen, so fällt das betreffende Vermögen der Gemeinde gegen Uebernahme der darauf lastenden Verpflichtungen zu.

Eine Vertheilung des hiernach verbleibenden Reinvermögens unter die zeitigen Mitglieder kann die Innung bei ihrer Auflösung nur soweit beschließen, als dasselbe aus Beiträgen dieser Mitglieder entstanden ist.

Der Rest des Vermögens wird, sofern in dem Statute oder in den Landesgesetzen nicht ein Anderes ausdrücklich bestimmt ist, der Gemeinde, in welcher die aufgelöste Innung ihren Sitz hatte, zur Benutzung für gewerbliche Zwecke überwiesen.

Entstehen aus den vorstehenden Bestimmungen Differenzen zwischen der Ortsgemeinde und der Innung, so steht die Entscheidung darüber der höheren Verwaltungsbehörde zu.

Letzterer steht auch die Befugniß zu, den bisher mit der Innung verbunden gewesenen Unterrichtsanstalten, Hülfskassen oder anderen Instituten zu öffentlichen Zwecken nach der Auflösung der Innung Korporationsrechte zu ertheilen.

Die vorstehenden Vorschriften kommen auch im Falle des Erlöschens einer Innung durch Aussterben ihrer Mitglieder zur Anwendung.

§. 95. Die Gemeindebehörde übt die Aufsicht über die Innungen aus. Sie entscheidet Streitigkeiten über die Aufnahme und Ausschließung von Genossen, über die Wahl der Vorstände und über die Rechte und Pflichten der letzteren. Gegen ihre Entscheidung steht der Rekurs an die höhere Verwaltungsbehörde offen, welcher binnen einer präklusivischen Frist von vier Wochen bei der Gemeindebehörde anzubringen ist.

Innungsversammlungen, in welchen über Abänderungen des Statuts oder über die Auflösung der Innung Beschluß gefaßt werden soll, wohnt die Gemeindebehörde durch eines ihrer Mitglieder oder einen Beauftragten bei. An anderen Berathungen der Innung nimmt sie nicht Theil. Die Bestätigung der Wahl der Vorstände steht ihr fortan nicht zu.

§. 96. Alle Bestimmungen der Gesetze oder der Statuten (Innungsartikel,

Zunftartikel), durch welche der Gemeindebehörde in Angelegenheiten der Innungen größere Befugnisse beigelegt sind, als durch gegenwärtiges Gesetz, treten außer Kraft.

II. Neue Innungen.

§. 97. Diejenigen, welche gleiche oder verwandte Gewerbe selbstständig betreiben, können zu einer Innung zusammentreten.

Neue Innungen erlangen durch die Bestätigung ihrer Statuten die Rechte einer Korporation.

§. 98. Der Zweck der neu zu gründenden Innungen besteht in der Förderung der gemeinsamen gewerblichen Interessen.

§. 99. Die Genehmigung der Innungsstatuten steht den höheren Verwaltungsbehörden zu.

§. 100. In dem Statute sind die Bedingungen der Aufnahme in die Innung, die Rechte und Pflichten der Mitglieder, der Maaßstab, nach welchem laufende Beiträge der Innungsgenossen auszuschreiben sind, und die besonderen Folgen, welche an die unterlassene Zahlung derselben sich knüpfen, die Art der Zusammensetzung des Vorstandes, imgleichen die Einrichtungen für die Verwaltung der gemeinschaftlichen Angelegenheiten festzusetzen.

§. 101. Jede Innung muß einen Vorstand haben, dessen Mitglieder von den Innungsgenossen zu wählen sind.

§. 102. Die Höhe und die Verwendung der Beiträge, sowie die Verwaltung des Etats-, Kassen- und Rechnungswesens, wird durch Beschlüsse der Innung geordnet.

§. 103. Die Bestimmungen in den §§. 82—96 finden auch auf neue Innungen Anwendung.

§. 104. Korporationen von Kaufleuten, welchen ausschließliche Gewerbsbefugnisse nicht zugestanden haben, unterliegen nicht den Vorschriften dieses Titels.

Titel VII.

Gewerbegehülfen, Gesellen, Lehrlinge, Fabrikarbeiter.

I. Verhältnisse der Gesellen, Gehülfen und Lehrlinge.

1. Im Allgemeinen.

§. 105. Die Festsetzung der Verhältnisse zwischen den selbstständigen Gewerbetreibenden und ihren Gesellen, Gehülfen und Lehrlingen ist Gegenstand freier Uebereinkunft.

Zum Arbeiten an Sonn- und Festtagen ist, vorbehaltlich der anderweitigen Vereinbarung in Dringlichkeitsfällen, Niemand verpflichtet.

§. 106. Die nach den Landesgesetzen zuständige Behörde hat darauf zu achten, daß bei Beschäftigung der Lehrlinge gebührende Rücksicht auf Gesundheit und Sittlichkeit genommen und denjenigen Lehrlingen, welche des Schul- und Religions-Unterrichts noch bedürfen, Zeit dazu gelassen werde.

Durch Ortsstatut (§. 142) können Gesellen, Gehülfen und Lehrlinge, sofern sie das achtzehnte Lebensjahr nicht überschritten haben, oder einzelne Klassen derselben, zum Besuche einer Fortbildungsschule des Ortes, Arbeits- und Lehrherren aber zur Gewährung der, für diesen Besuch erforderlichen Zeit verpflichtet werden.

§. 107. Jeder Gewerbe-Unternehmer ist verbunden, auf seine Kosten alle diejenigen Einrichtungen herzustellen und zu unterhalten, welche mit Rücksicht auf die besondere Beschaffenheit des Gewerbebetriebes und der Betriebsstätte zu thunlichster Sicherung der Arbeiter gegen Gefahr für Leben und Gesundheit nothwendig sind.

§. 108. Streitigkeiten der selbstständigen Gewerbetreibenden mit ihren Gesellen, Gehülfen oder Lehrlingen, die sich auf den Antritt, die Fortsetzung oder Aufhebung des Arbeits- oder Lehrverhältnisses, auf die gegenseitigen Leistungen während der Dauer desselben oder auf die Ertheilung oder den Inhalt der in den §§. 113 und 124 erwähnten Zeugnisse beziehen, sind, soweit für diese Angelegenheiten besondere Behörden bestehen, bei diesen zur Entscheidung zu bringen.

Insoweit solche besondere Behörden nicht bestehen, erfolgt die Entscheidung durch die Gemeindebehörde.

Gegen die Entscheidung der Gemeindebehörde steht den Betheiligten eine Berufung auf den Rechtsweg binnen zehn Tagen präklusivischer Frist offen; die vorläufige Vollstreckung wird aber hierdurch nicht aufgehalten.

Durch Ortsstatut (§. 142) können an Stelle der gegenwärtig hierfür bestimmten Behörden Schiedsgerichte mit der Entscheidung betraut werden. Dieselben sind durch die Gemeindebehörde unter gleichmäßiger Zuziehung von Arbeitgebern und Arbeitnehmern zu bilden.

2. Insbesondere: a. der Gesellen und Gehülfen.

§. 109. Die Gesellen und Gehülfen sind verpflichtet, den Anordnungen der Arbeitgeber in Beziehung auf die ihnen übertragenen Arbeiten und auf die häuslichen Einrichtungen Folge zu leisten; zu häuslichen Arbeiten sind sie nicht verbunden.

§. 110. Das Verhältniß zwischen dem Arbeitgeber und den Gesellen oder Gehülfen kann, wenn nicht ein Anderes verabredet ist, durch eine, jedem Theile freistehende, vierzehn Tage vorher erklärte Aufkündigung aufgelöst werden.

§. 111. Vor Ablauf der vertragsmäßigen Arbeitszeit und ohne vorhergegangene Aufkündigung können Gesellen und Gehülfen entlassen werden:

1) wenn sie eines Diebstahls, einer Veruntreuung oder eines liederlichen Lebenswandels sich schuldig machen;
2) wenn sie den in Gemäßheit des Arbeitsvertrages ihnen obliegenden Verpflichtungen nachzukommen beharrlich verweigern;
3) wenn sie, der Verwarnung ungeachtet, mit Feuer und Licht unvorsichtig umgehen;
4) wenn sie sich Thätlichkeiten oder grobe Ehrverletzungen gegen den Arbeitgeber oder die Mitglieder seiner Familie zu Schulden kommen lassen;
5) wenn sie mit den Mitgliedern der Familie des Arbeitgebers verdächtigen Umgang pflegen, oder Mitarbeiter zu Handlungen verleiten, welche wider die Gesetze oder wider die guten Sitten verstoßen;
6) wenn sie zur Fortsetzung der Arbeit unfähig geworden, oder mit einer abschreckenden Krankheit behaftet sind.

Inwiefern in den zu 6 gedachten Fällen dem Entlassenen ein Anspruch auf Entschädigung zustehe, ist nach dem Inhalt des Vertrages und nach den allgemeinen gesetzlichen Vorschriften zu beurtheilen.

§. 112. Die Gesellen und Gehülfen können die Arbeit vor Ablauf der vertragsmäßigen Zeit und ohne vorhergegangene Aufkündigung verlassen:

1) wenn sie zur Fortsetzung der Arbeit unfähig werden;
2) wenn der Arbeitgeber sich Thätlichkeiten oder grobe Ehrverletzungen gegen sie oder Mitglieder ihrer Familie zu Schulden kommen läßt;
3) wenn er oder dessen Angehörige, sie oder ihre Angehörigen zu Handlungen verleiten, welche wider die Gesetze oder wider die guten Sitten laufen;
4) wenn er ihnen nicht den schuldigen Lohn in der bedungenen Weise auszahlt, bei Stücklohn nicht für ihre ausreichende Beschäftigung sorgt, oder wenn er sich widerrechtlicher Uebervortheilungen gegen sie schuldig macht;
5) wenn bei Fortsetzung der Arbeit ihr Leben oder ihre Gesundheit einer erweislichen Gefahr ausgesetzt sein würde, welche bei Eingehung des Arbeitsvertrages nicht zu erkennen war.

§. 113. Beim Abgange können die Gesellen und Gehülfen ein Zeugniß über die Art und Dauer ihrer Beschäftigung fordern, welches auf Antrag der Betheiligten und, wenn gegen den Inhalt sich nichts zu erinnern findet, von der Gemeindebehörde kosten- und stempelfrei zu beglaubigen ist. Dieses Zeugniß ist auf Verlangen der Gesellen und Gehülfen auch auf ihre Führung auszudehnen.

Die gesetzliche Verpflichtung zur Führung von Arbeitsbüchern ist aufgehoben.

§. 114. Gesellen und Gehülfen sind in der Wahl ihrer Meister oder Arbeitgeber unbeschränkt.

Eine Verpflichtung zum Wandern findet nicht statt. Auf Unterstützung von Seiten der Gewerbegenossen haben wandernde Gesellen und Gehülfen keinen Anspruch.

b. der Lehrlinge.

§. 115. Als Lehrling ist jeder zu betrachten, welcher bei einem Lehrherrn zur Erlernung eines Gewerbes in Arbeit tritt, ohne Unterschied, ob die Erlernung gegen Lehrgeld oder unentgeltliche Hülfsleistung stattfindet, oder ob für die Arbeit Lohn gezahlt wird.

Auf Lehrlinge über 18 Jahre finden die Bestimmungen der §§. 106, 116, 117 und 119 keine Anwendung.

§. 116. Von der Befugniß, Lehrlinge zu halten, sind ausgeschlossen diejenigen, welchen wegen anderer, als politischer Verbrechen oder Vergehen der Vollgenuß der staatsbürgerlichen Rechte entzogen ist, für die Zeit der Entziehung, sofern sie nicht in diese Rechte wieder eingesetzt oder welche wegen Diebstahls oder Betruges rechtskräftig verurtheilt worden sind.

§. 117. Ein Gewerbetreibender, welcher von der Befugniß, Lehrlinge zu halten, ausgeschlossen ist, darf auch die bereits angenommenen Lehrlinge nicht ferner beibehalten.

Die Entlassung unbefugt angenommener oder beibehaltener Lehrlinge kann im Wege der polizeilichen Exekution erzwungen werden.

§. 118. Der Lehrherr muß sich angelegen sein lassen, den Lehrling durch Beschäftigung und Anweisung zum tüchtigen Gesellen auszubilden. Er darf dem Lehrlinge die hierzu erforderliche Zeit und Gelegenheit durch Verwendung zu anderen Dienstleistungen nicht entziehen. Der Lehrherr muß bemüht sein, den Lehrling zur Arbeitsamkeit und zu guten Sitten anzuhalten und vor Lastern und Ausschweifungen zu bewahren.

§. 119. Der Lehrling ist der väterlichen Zucht des Lehrherrn unterworfen und in Abwesenheit des Lehrherrn auch dem denselben vertretenden Gesellen oder Gehülfen zur Folgsamkeit verpflichtet.

§. 120. Das Lehrverhältniß kann in den Fällen, welche im §. 111 bezeichnet sind, von dem Lehrherrn vor Ablauf der Lehrzeit aufgehoben werden. Sind für einen solchen Fall keine besonderen Verabredungen getroffen, so ist das Lehrgeld stets für die bereits abgelaufene Zeit zu entrichten. Daneben gebührt, wenn der Lehrling in den Fällen des §. 111, Nr. 1 bis 5 zu seiner Entlassung Veranlassung gegeben hat, dem Lehrherrn als Entschädigung das weiterlaufende Lehrgeld bis zu einem halbjährigen Betrage.

§. 121. Wider den Willen des Lehrherrn kann das Verhältniß vor Ablauf der Lehrzeit aufgehoben werden, wenn der Lehrherr die ihm nach §. 118 obliegenden Verpflichtungen gröblich vernachlässigt oder das Recht der väterlichen Zucht mißbraucht.

Fällt die Entscheidung hierüber gegen den Lehrherrn aus (§. 108), so kann

---

Zu §. 119.

Lehrherr im Sinne dieses Gesetzes ist nicht unbedingt der Geschäftsherr. Bei einer dauernden Stellvertretung des Geschäftsherrn erhält der stellvertretende Geschäfts-Repräsentant auch alle gesetzliche Befugnisse des Lehrherrn über die ihm untergebenen und seiner Leitung anvertrauten Lehrlinge, einschließlich des Rechts der väterlichen Zucht.

Erk. (V. I.) Pr. O.Tr. vom 15. Dezember 1875 in Sachen Gaßmann c. Jensen. Goltd. A. 23, S. 568.

derselbe zur Erstattung der durch die anderweitige Unterbringung des Lehrlings entstehenden Mehrkosten im Rechtswege angehalten werden.

Letzteres gilt auch von dem Falle, wenn dem Lehrherrn die Befugniß, Lehrlinge zu halten, entzogen wird (§. 117).

§. 122. Wider den Willen des Lehrherrn kann das Verhältniß vor Ablauf der Lehrzeit aufgehoben werden, wenn der Lehrling zu einem anderen Gewerbe oder zu einem anderen Berufe übergeht. Dem Lehrherrn ist in diesem Falle, wenn nicht ein Anderes verabredet worden, das weiterlaufende Lehrgeld noch bis zu einem halbjährigen Betrage zu zahlen.

§. 123. Durch den Tod des Lehrherrn oder Lehrlings wird der Lehrvertrag aufgehoben.

Auf den Antrag des einen oder des anderen Theiles ist der Lehrvertrag auch dann aufzuheben, wenn der Lehrherr oder der Lehrling zur Erfüllung der eingegangenen Verpflichtungen unfähig wird.

In beiden Fällen erfolgt, wenn nichts Anderes verabredet ist, die Auseinandersetzung hinsichtlich des Lehrgeldes nach Verhältniß des bereits abgelaufenen Theiles der Lehrzeit zur ganzen Dauer derselben.

§. 124. Bei Auflösung des Lehrverhältnisses kann der Lehrling über die Dauer der Lehrzeit und die während derselben erworbenen Kenntnisse und Fertigkeiten, sowie über sein Betragen vom Lehrherrn ein Zeugniß fordern, welches, auf Antrag der Betheiligten und, wenn gegen den Inhalt sich nichts zu erinnern findet, von der Gemeindebehörde kosten- und stempelfrei zu beglaubigen ist.

§. 125. Für die Aufnahme und Entlassung der Lehrlinge dürfen keine Gebühren erhoben werden.

§. 126. Die Bestimmungen der §§. 105 bis 115 und 118 bis 125 finden, jedoch soviel die Lehrlinge betrifft, mit Ausnahme des §. 106, Absatz 2, auf die Gehülfen und Lehrlinge der Apotheker und Kaufleute, ingleichen auf die Werkmeister in Fabriken, keine Anwendung. Die Verhältnisse derselben zu ihren Lehrherren und Arbeitgebern sind fernerhin nach den bisherigen Vorschriften zu beurtheilen.

II. Verhältnisse der Fabrikarbeiter.

§. 127. Die Bestimmungen der §§. 105 bis 114 finden auch auf Fabrikarbeiter Anwendung.

§. 128. Kinder unter zwölf Jahren dürfen in Fabriken zu einer regelmäßigen Beschäftigung nicht angenommen werden.

Vor vollendetem vierzehnten Lebensjahre dürfen Kinder in Fabriken nur dann beschäftigt werden, wenn sie täglich einen mindestens dreistündigen Schulunterricht in einer von der höheren Verwaltungsbehörde genehmigten Schule erhalten. Ihre Beschäftigung darf sechs Stunden täglich nicht übersteigen.

Junge Leute, welche das vierzehnte Lebensjahr zurückgelegt haben, dürfen vor vollendetem sechszehnten Lebensjahre in Fabriken nicht über zehn Stunden täglich beschäftigt werden. Auch für diese jugendlichen Arbeiten kann durch die Centralbehörde die zulässige Arbeitsdauer bis auf sechs Stunden täglich für den Fall eingeschränkt werden, daß dieselben nach den besonderen in einzelnen Theilen des Bundesgebietes bestehenden Schuleinrichtungen noch im schulpflichtigen Alter sich befinden.

Die Ortspolizei-Behörde ist befugt, eine Verlängerung dieser Arbeitszeiten um höchstens eine Stunde und auf höchstens vier Wochen dann zu gestatten, wenn Naturereignisse oder Unglücksfälle den regelmäßigen Geschäftsbetrieb in der Fabrik unterbrochen und ein vermehrtes Arbeitsbedürfniß herbeigeführt haben.

§. 129. Zwischen den Arbeitsstunden muß den jugendlichen Arbeitern (§. 128) Vor- und Nachmittags eine Pause von einer halben Stunde und Mittags eine ganze Freistunde, und zwar jedesmal auch Bewegung in der freien Luft gewährt werden.

Die Arbeitsstunden dürfen nicht vor 5½ Uhr Morgens beginnen und nicht über 8½ Uhr Abends dauern.

An Sonn- und Feiertagen, sowie während der von dem ordentlichen Seelsorger für den Katechumenen- und Konfirmanden-Unterricht bestimmten Stunden dürfen jugendliche Arbeiter nicht beschäftigt werden

§. 130. Wer jugendliche Arbeiter in einer Fabrik zu einer regelmäßigen Beschäftigung annehmen will, hat davon der Ortspolizei-Behörde zuvor Anzeige zu machen.

Der Arbeitgeber hat über die von ihm beschäftigten jugendlichen Arbeiter eine Liste zu führen, welche deren Namen, Alter, Wohnort, Eltern, Eintritt in die Fabrik und Entlassung aus derselben enthält, in dem Arbeitslokal auszuhängen und den Polizei- und Schulbehörden auf Verlangen in Abschrift vorzulegen ist. Die Anzahl dieser Arbeiter hat er halbjährlich der Ortspolizei-Behörde anzuzeigen.

§. 131. Die Annahme jugendlicher Arbeiter zu einer regelmäßigen Beschäftigung darf nicht erfolgen, bevor der Vater oder Vormund derselben dem Arbeitgeber ein Arbeitsbuch eingehändigt hat.

Dieses Arbeitsbuch, welchem die §§. 128—133 des gegenwärtigen Gesetzes vorzudrucken sind, wird auf den Antrag des Vaters oder Vormundes des jugendlichen Arbeiters von der Ortspolizei-Behörde ertheilt und enthält:

1) Namen, Tag und Jahr der Geburt, Religion des Arbeiters,
2) Namen, Stand und Wohnort des Vaters oder Vormundes,
3) ein Zeugniß über den bisherigen Schulbesuch,
4) eine Rubrik für die bestehenden Schulverhältnisse,
5) eine Rubrik für die Bezeichnung des Eintrittes in die Anstalt,
6) eine Rubrik für den Austritt aus derselben,
7) eine Rubrik für die Revisionen.

Der Arbeitgeber hat dieses Arbeitsbuch zu verwahren, der Behörde auf Verlangen jederzeit vorzulegen und bei Beendigung des Arbeitsverhältnisses dem Vater oder Vormunde des Arbeiters wieder auszuhändigen.

§. 132. Wo die Aufsicht über die Ausführung der vorstehenden Bestimmungen (§§. 128—133) eigenen Beamten übertragen ist, stehen denselben bei Ausübung dieser Aufsicht alle amtlichen Befugnisse der Ortspolizei-Behörden, insbesondere das Recht zur jederzeitigen Revision der Fabriken zu.

Die auf Grund der Bestimmungen der §§. 128—133 auszuführenden amtlichen Revisionen der gewerblichen Anstalten sind die Besitzer derselben verpflichtet, zu jeder Zeit, namentlich auch in der Nacht, während die Anstalten im Betriebe sind, zu gestatten.

§. 133. Sollte durch die Ausführung der Bestimmungen der §§. 128 und 129 bereits bestehenden gewerblichen Anstalten die nöthige Arbeitskraft entzogen werden, so ist die Centralbehörde befugt, auf bestimmte Zeit, jedoch höchstens ein Jahr, Ausnahmevorschriften zu erlassen.

In Betreff der beim Inkrafttreten dieses Gesetzes bereits beschäftigten jugendlichen Arbeiter ist die im §. 130 vorgeschriebene Anzeige bei der Ortspolizei-Behörde binnen vier Wochen zu bewirken.

§. 134. Fabrikinhaber, sowie alle diejenigen, welche mit Ganz- oder Halbfabrikaten Handel treiben, sind verpflichtet, die Löhne der Arbeiter, welche mit Anfertigung der Fabrikate für sie beschäftigt sind, in baarem Gelde auszuzahlen.

Sie dürfen denselben keine Waaren kreditiren.

Dagegen können den Arbeitern Wohnung, Feuerungsbedarf, Landnutzung, regelmäßige Beköstigung, Arzneien und ärztliche Hülfe, sowie Werkzeuge und Stoffe zu den von ihnen anzufertigenden Fabrikaten unter Anrechnung bei der Lohnzahlung verabreicht werden.

Zu §. 130.

Unter den „jugendlichen Arbeitern" sind auch in der Fabrik beschäftigte Lehrlinge zu verstehen. Erk. (V. II.) Pr. O.Tr. vom 5. März 1874 c. Braune Goltd. A. 22, S. 137; O.R. 15, S. 123.

§. 135. Die Bestimmungen des §. 134 finden auch Anwendung auf Familienglieder, Gehülfen, Beauftragte, Geschäftsführer, Aufseher und Faktoren der dort bezeichneten Arbeitgeber, sowie auf Gewerbetreibende, bei deren Geschäft eine der hier erwähnten Personen unmittelbar oder mittelbar betheiligt ist.

§. 136. Unter Arbeitern (§. 134) werden hier auch diejenigen verstanden, welche außerhalb der Fabrikstätten für Fabrikinhaber oder für die ihnen gleichgestellten Personen die zu deren Gewerbebetriebe nöthigen Ganz- oder Halbfabrikate anfertigen, oder solche an sie absetzen, ohne aus dem Verkaufe dieser Waaren an Konsumenten ein Gewerbe zu machen.

§. 137. Arbeiter, deren Forderungen den Vorschriften der §§. 134 bis 136 zuwider anders als durch Baarzahlung berichtigt sind, können zu jeder Zeit die Bezahlung ihrer Forderungen in baarem Gelde verlangen, ohne daß ihnen eine Einrede aus dem an Zahlungsstatt Gegebenen entgegengesetzt werden kann. Letzteres fällt, soweit es noch bei dem Empfänger vorhanden oder dieser daraus bereichert ist, der im §. 139, Absatz 2 gedachten Kasse zu.

§. 138. Verträge, welche den §§. 134 bis 136 zuwiderlaufen, sind nichtig.

Dasselbe gilt von Verabredungen zwischen Fabrikinhabern oder ihnen gleichgestellten Personen einerseits und Arbeitern andererseits über die Entnehmung der Bedürfnisse dieser letzteren aus gewissen Verkaufsstellen, sowie überhaupt über die Verwendung des Verdienstes derselben zu einem anderen Zweck, als zur Betheiligung an Einrichtungen zur Verbesserung der Lage der Arbeiter oder ihrer Familien (§. 134).

§. 139. Forderungen für Waaren, welche ungeachtet des Verbots den Arbeitern kreditirt worden sind, können von Fabrikinhabern und von den ihnen gleichgestellten Personen weder eingeklagt, noch durch Anrechnung oder sonst geltend gemacht werden, ohne Unterschied, ob sie zwischen den Betheiligten unmittelbar entstanden oder mittelbar erworben sind.

Dagegen fallen dergleichen Forderungen der Kranken-, Sterbe-, Spar- oder ähnlichen Hülfskasse zu, welche in der Wohnortsgemeinde des betheiligten Arbeiters für diejenige Klasse von Arbeitern besteht, zu welcher er gehört. Sind mehrere solcher Kassen vorhanden, so fällt die Forderung allen zu gleichen Theilen zu, in Ermangelung derartiger Anstalten aber der Ortsarmenkasse.

Titel VIII.

Gewerbliche Hülfskassen.

§. 140. Die durch Ortsstatut oder Anordnung der Verwaltungsbehörde begründete Verpflichtung der selbstständigen Gewerbetreibenden, einer mit einer Innung verbundenen oder außerhalb derselben bestehenden Kranken-, Hülfs- oder Sterbekasse für selbstständige Gewerbetreibende beizutreten, wird aufgehoben. Im Uebrigen wird in den Verhältnissen dieser Kassen durch gegenwärtiges Gesetz nichts geändert.

Neue Kassen der selbstständigen Gewerbetreibenden für die erwähnten Zwecke erhalten durch die Genehmigung der höheren Verwaltungsbehörde die Rechte juristischer Personen, soweit es zur Erlangung dieser Rechte einer besonderen staatlichen Genehmigung bedarf.

§. 141. Durch Ortsstatut (§. 142) kann die Bildung von Hülfskassen nach

---

Zu §. 141.

1. Der ursprüngliche §. 141 ist aufgehoben; an seine Stelle sind nach Art. 1 des Ges., betr. die Abänderung des Titels VIII. der Gewerbeordnung vom 8. April 1876 (R.G.Bl. S. 134) die hier abgedruckten Bestimmungen der §§. 141, 141 a.—141 f. getreten.

2. Art. 2 des Ges., betr. die Abänderung des Titels VIII. der Gewerbeordnung vom 8. April 1876 lautet:

Hülfskassen, in Ansehung derer eine Eintrittspflicht gewerblicher Arbeiter bei Erlaß dieses Gesetzes begründet ist, werden bis auf weitere Bestimmung der Zentralbehörde den eingeschriebenen Hülfskassen im Sinne des Artikels 1 gleichgeachtet. Bis dahin bleibt die Pflicht

Maßgabe des Gesetzes über die eingeschriebenen Hülfskassen vom 7. April 1876 zur Unterstützung von Gesellen, Gehülfen und Fabrikarbeitern angeordnet werden.

In diesem Falle ist die Gemeindebehörde ermächtigt, nach Maßgabe des genannten Gesetzes die Einrichtung der Kassen nach Anhörung der Betheiligten zu regeln und die Verwaltung der Kassen sicher zu stellen.

§. 141a. Durch Ortsstatut kann Gesellen, Gehülfen und Fabrikarbeitern, welche das sechszehnte Lebensjahr zurückgelegt haben, die Betheiligung an einer auf Anordnung der Gemeindebehörde gebildeten Kasse zur Pflicht gemacht werden.

Von der Pflicht, einer solchen Hülfskasse beizutreten oder fernerhin anzugehören, werden diejenigen befreit, welche die Betheiligung an einer anderen eingeschriebenen Hülfskasse nachweisen.

Wer der Pflicht zur Betheiligung nicht genügt, kann von der Kasse für alle Zahlungen, welche bei rechtzeitigem Eintritte von ihm zu entrichten gewesen wären, gleich einem Mitgliede in Anspruch genommen werden.

§. 141b. Für Gesellen, Gehülfen und Fabrikarbeiter, welche nach Maßgabe der Landesgesetze auf Grund einer Anordnung der Gemeindsverwaltung regelmäßige Beiträge zum Zwecke der Krankenunterstützung entrichten, kann durch Ortsstatut die Verpflichtung zur Betheiligung an einer eingeschriebenen Hülfskasse nicht begründet werden.

§. 141c. Durch Ortsstatut kann bestimmt werden:

1) daß Arbeitgeber diejenigen Beiträge, welche ihre Arbeiter an eine auf Anordnung der Gemeindebehörde gebildete Hülfskasse zu entrichten haben, bis auf die Häfte des verdienten Lohnes vorschießen, soweit diese Beiträge während der Dauer der Arbeit bei ihnen fällig werden,
2) daß Fabrikinhaber zu den vorgedachten Beiträgen ihrer Arbeiter Zuschüsse bis auf Höhe der Hälfte dieser Beiträge leisten,
3) daß Arbeitgeber ihre zum Eintritt in eine bestimmte Hülfskasse verpflichteten Arbeiter für diese Kasse anmelden. Wer dieser Pflicht nicht genügt, kann von der Kasse für alle Zahlungen, welche bei rechtzeitigem Eintritt von den Arbeitern zu entrichten gewesen wären, gleich einem Mitgliede in Anspruch genommen werden.

§. 141d. Die in §. 141a. Absatz 3 und §. 141c. Nr. 3 bezeichneten Forderungen einer Kasse verjähren in einem Jahre; die Verjährung beginnt mit Schluß des Kalenderjahres, in welchem die Forderung entstanden ist.

§. 141e. Gleich der Gemeinde kann auch ein größerer Kommunalverband nach Maßgabe der vorstehenden Bestimmungen durch seine verfassungsmäßigen Organe für seinen Bezirk oder für Theile desselben die Bildung eingeschriebener Hülfskassen anordnen und Gesellen, Gehülfen, sowie Fabrikarbeiter zur Betheiligung an diesen Kassen verpflichten.

§. 141f. Den Bestimmungen der §§. 141 bis 141e. unterliegen auch diejenigen bei Bergwerken, Aufbereitungsanstalten und Brüchen oder Gruben beschäftigten Arbeiter und Arbeitgeber, für welche eine sonstige gesetzliche Verpflichtung zur Bildung von Hülfskassen und zur Betheiligung an denselben nicht besteht. Arbeitgeber der hier bezeichneten Art werden den Fabrikinhabern (§. 141c. Nr. 2) gleichgeachtet.

---

zum Beitritt, sowie zur Zahlung von Beiträgen und Zuschüssen für Arbeiter und Arbeitgeber bestehen. Wenn Arbeiter oder Arbeitgeber ihrer Pflicht nicht genügen, so treten die in §§. 141a. und 141c. bestimmten Rechtsfolgen ein.

Hülfskassen, in Ansehung derer eine Eintrittspflicht gewerblicher Arbeiter nicht begründet ist, werden, wenn sie bei Erlaß dieses Gesetzes auf Grund landesbehördlicher Genehmigung im Besitz der Rechte einer juristischen Person sich befinden, in Bezug auf die Befreiung ihrer Mitglieder von der durch §. 141a. begründeten Verpflichtung den eingeschriebenen Hülfskassen gleichgeachtet.

Hat eine der in diesem Artikel bezeichneten Hülfskassen bis zum Ablauf des Jahres 1884 ihre Zulassung als eingeschriebene Hülfskasse nicht bewirkt, so geht sie der gedachten Rechte verlustig.

3. Vgl. das Gesetz über die eingeschriebenen Hülfskassen vom 7. April 1876 (R.G.Bl. S. 125).

Auf Arbeiter und Arbeitgeber, welche bei den auf Grund berggesetzlicher Vorschriften gebildeten Hülfskassen betheiligt sind, finden die Bestimmungen der §§. 141 bis 141 e. keine Anwendung.

Titel IX.

Ortsstatuten.

§. 142. Ortsstatuten können die ihnen durch das Gesetz überwiesenen gewerblichen Gegenstände mit verbindlicher Kraft ordnen. Dieselben werden, nach Anhörung betheiligter Gewerbetreibender, auf Grund eines Gemeindebeschlusses abgefaßt. Sie bedürfen der Genehmigung der höheren Verwaltungsbehörde.

Die Centralbehörde ist befugt, Ortsstatuten, welche mit den Gesetzen in Widerspruch stehen, außer Kraft zu setzen.

Titel X.

Strafbestimmungen.

§. 143. Die Berechtigung zum Gewerbebetriebe kann, abgesehen von Konzessions-Entziehungen und den in diesem Gesetze gestatteten Untersagungen des Gewerbebetriebes (§. 15, Absatz 2 und §. 35), weder durch richterliche noch administrative Entscheidung entzogen werden.

Ausnahmen von diesem Grundsatze, welche durch die Steuergesetze begründet sind, bleiben so lange aufrecht erhalten, als diese Steuergesetze in Kraft bleiben.

[Ebenso bewendet es bei den Vorschriften der Landesgesetze, welche die Entziehung der Befugniß zum selbstständigen Betriebe eines Gewerbes durch richterliches Erkenntniß als Strafe im Falle einer durch die Presse begangenen Zuwiderhandlung vorschreiben oder zulassen.]

Die Bestimmungen der Landesgesetze, nach welchen die Befugniß zur Herausgabe von Druckschriften und zum Vertriebe derselben innerhalb des Norddeutschen Bundesgebietes im Verwaltungswege entzogen werden darf, werden hierdurch aufgehoben.

§. 144. Inwiefern, abgesehen von den Vorschriften über die Entziehung des Gewerbebetriebes (§. 143), Zuwiderhandlungen der Gewerbetreibenden gegen ihre Berufspflichten außer den in diesem Gesetz erwähnten Fällen einer Strafe unterliegen, ist nach den darüber bestehenden Gesetzen zu beurtheilen.

Jedoch werden aufgehoben die für Medizinalpersonen bestehenden besonderen Bestimmungen, welche ihnen unter Androhung von Strafen einen Zwang zu ärztlicher Hülfe auferlegen.

§. 145. Für das Mindestmaaß der Strafen, das Verhältniß von Geldstrafe

---

Zu §. 143.

Alin. 2.

1. Die in den Steuergesetzen angedrohte Strafe der Untersagung des Gewerbebetriebes ist durch das Einführungsgesetz zum St.G.B. nicht aufgehoben.

Erk. (V. I.) Pr. O.Tr. vom 28. April 1871 c. Eichelbaum Goltd. A. 19 S. 453. — Vgl. O.A.G.R. v. Specht in Goltd. A. 20 S. 164.

2. Vgl. das Erk. Pr. O.Tr. v. 18. November 1870 citirt bei §. 58.

Alin. 3.

3. Das Alinea 3 des §. 143 ist aufgehoben durch §. 4 des Gesetzes über die Presse vom 7. Mai 1874: „Eine Entziehung der Befugniß zum selbständigen Betriebe irgend eines Preßgewerbes oder sonst zur Herausgabe und zum Vertriebe von Druckschriften kann weder im administrativen, noch im richterlichen Wege stattfinden.“

Zu §. 144.

Vgl. die Erk. v. 24. Novbr. 1870 u. 18. Jan. 1871 cit. bei §. 75 u. §. 1.

Zu §. 145.

1. Der §. 145 ist hier in der ihm durch das Gesetz vom 12. Juni 1872 (R.G.Bl. S. 170) gegebenen Fassung abgedruckt.

2. Vgl. §§. 16, 18, 27, 28, 29, 75, 77, 78, 67, 68 des St.G.B.

3. Enthält die als Gewerbepolizeivergehen strafbare Handlung zugleich eine Zuwiderhand-

zu Gefängnißstrafe, sowie für die Verjährung des im §. 153 verzeichneten Vergehens, sind die Bestimmungen des Strafgesetzbuchs für das Deutsche Reich maaßgebend.

Die übrigen in diesem Titel mit Strafe bedrohten Handlungen verjähren binnen drei Monaten, von dem Tage an gerechnet, an welchem sie begangen sind.

§. 146. Zuwiderhandlungen gegen die §§. 134 bis 136 werden mit einer Geldstrafe bis zu fünfhundert Thalern gestraft. Kann die Geldstrafe nicht beigetrieben werden, so ist der Höchstbetrag der an die Stelle derselben tretenden Freiheitsstrafe Gefängniß von sechs Monaten. Im Wiederholungsfalle wird die Strafe verdoppelt.

Die Geldstrafen fließen derjenigen Kasse zu, welcher die im §. 139 erwähnten Forderungen nach den dort ertheilten Vorschriften zufallen.

Jede rechtskräftige Verurtheilung wird auf Kosten des Verurtheilten durch das amtliche Organ der höheren Verwaltungsbehörde des Bezirks und andere öffentliche Blätter derjenigen Kreise, in welchen derselbe und der betheiligte Arbeiter ihren Wohnsitz haben, bekannt gemacht.

§. 147. Mit Geldstrafe bis zu Einhundert Thalern und im Unvermögensfalle mit Haft wird bestraft:

1) wer den selbstständigen Betrieb eines stehenden Gewerbes, zu dessen Beginne eine besondere polizeiliche Genehmigung (Konzession, Approbation, Bestallung) erforderlich ist, ohne die vorschriftsmäßige Genehmigung unternimmt oder fortsetzt, oder von den in der Genehmigung festgesetzten Bedingungen abweicht;
2) wer eine gewerbliche Anlage, zu der mit Rücksicht auf die Lage oder Beschaffenheit der Betriebsstätte oder des Lokals eine besondere Genehmigung erforderlich ist (§§. 16 und 24), ohne diese Genehmigung errichtet, oder die wesentlichen Bedingungen, unter welchen die Genehmigung ertheilt worden, nicht innehält, oder ohne neue Genehmigung eine wesentliche Veränderung der Betriebsstätte oder eine Verlegung des Lokals oder eine wesentliche Veränderung in dem Betriebe der Anlage vornimmt;
3) wer, ohne hierzu approbirt zu sein, sich als Arzt (Wundarzt, Augenarzt,

---

lung gegen die Steuergesetze, so ist diese Zuwiderhandlung nicht nach den Grundsätzen der ideellen Konkurrenz zu behandeln. Nach Verjährung des Gewerbepolizeivergehens ist deshalb eine besondere Strafverfolgung wegen der Zuwiderhandlung gegen die Steuergesetze unzulässig.

Erk. (Z. I.) Pr. O.Tr. vom 1. Oktober 1875 c. Wiengratz Goltd. A. 23, S. 447; O.R. 16, S. 625.

4. Vgl. die Anm. 3 zu §. 147

Zu §. 147.

Nr. 1.

1. Eine Frauensperson, welche gewerbemäßig die Geschäfte einer Hebeamme ohne das dazu erforderliche Prüfungszeugniß verrichtet, ist nach §. 147 Nr. 1 der G.O. zu bestrafen.

Erk. (V.Pl.) Pr. O.Tr. vom 9. Januar 1871 c. Burzlaff J.M.Bl. 1871 S. 54; Goltd. A. 19 S. 91; O.R. 12 S. 11.

2. Der zum Betriebe der Schankwirthschaft in einem bestimmten Lokale Konzessionirte, welcher das Gewerbe vorschriftsmäßig zur Versteuerung angemeldet hat, begeht dadurch, daß er sein Gewerbe gleichzeitig in einer anderen in demselben Orts- und Steuer-Bezirk belegenen Räumlichkeit betreibt, ohne diesen Gewerbebetrieb besonders zur Versteuerung angemeldet zu haben, noch nicht eine Steuerdefraudation. Er macht sich nur nach §. 147 Nr. 1 der Gew.O. strafbar, wenn er ohne polizeiliche Erlaubniß sein Gewerbe in einem anderen Lokal betreibt.

Erk. (Z. Pl.) Pr. O.Tr. vom 27. Februar 1875 c. Kaufhold Goltd. A. 23, S. 293; O.R. 16, S. 163.

Nr. 2.

3. Nicht blos die Errichtung, sondern auch der Fortbestand der im §. 16 der Gew.O. bezeichneten, ohne die erforderliche Genehmigung errichteten Anlagen begründet die Strafbarkeit. Von dem Ablauf der Verjährung kann daher nicht die Rede sein, so lange der gesetzwidrige Zustand dauert.

Erk. (V. II.) Pr. O.Tr. vom 2. Juni 1874 c. Berger Goltd. A. 22, S. 647; O.R. 15, S. 344; J.M.Bl. S. 211.

Vgl. dazu das Erk. (V. II.) Pr. O.Tr. vom 30. September 1875 c. Baum Goltd. A. 23, S. 569; O.R. 16, S. 620.

Nr. 3.

4. Die Ausübung der Heilkunde ohne Annahme eines Titels ist seit der Verkündigung der

Geburtshelfer, Zahnarzt, Thierarzt) bezeichnet oder sich einen ähnlichen Titel beilegt, durch den der Glauben erweckt wird, der Inhaber desselben sei eine geprüfte Medizinalperson.

Enthält die Handlung zugleich eine Zuwiderhandlung gegen die Steuergesetze, so soll nicht außerdem noch auf eine Steuerstrafe erkannt werden, es ist aber darauf bei Zumessung der Strafe Rücksicht zu nehmen.

In dem Falle zu 2. kann die Polizeibehörde die Wegschaffung der Anlage oder die Herstellung des den Bedingungen entsprechenden Zustandes derselben anordnen.

§. 148. Mit Geldstrafe bis zu funfzig Thalern und im Falle des Unvermögens mit Haft bis zu vier Wochen wird bestraft:

1) wer außer den in §. 147 vorgesehenen Fällen ein stehendes Gewerbe beginnt, ohne dasselbe vorschriftsmäßig anzuzeigen;
2) wer die im §. 14 erforderte An- und Abmeldung einer übernommenen Feuerversicherungs-Agentur unterläßt;
3) wer die im §. 14 erforderten Anzeigen über das Betriebslokal unterläßt;
4) wer der nach §. 35 gegen ihn ergangenen Untersagung eines Gewerbebetriebes zuwiderhandelt, oder die im §. 35 vorgeschriebene Anzeige unterläßt;
5) wer dem §. 43 zuwiderhandelt;
6) wer bei dem Aufsuchen von Waarenbestellungen den Vorschriften im §. 44 zuwiderhandelt;
7) wer ein Gewerbe im Umherziehen ohne Legitimationsschein betreibt;
8) wer bei dem Betriebe seines Gewerbes die von der Obrigkeit vorgeschriebenen oder genehmigten Taxen überschreitet;
9) wer als Lehrherr seine Pflichten gegen die ihm anvertrauten Lehrlinge gröblich vernachlässigt;
10) wer der Aufforderung der Behörde ungeachtet den Bestimmungen des §. 107 entgegenhandelt.

In allen diesen Fällen bleibt die Strafe ausgeschlossen, wenn die strafbare Handlung zugleich eine Zuwiderhandlung gegen die Steuergesetze enthält.

§. 149. Mit Geldstrafe bis zu zehn Thalern und im Falle des Unvermögens mit Haft bis zu acht Tagen wird bestraft:

B.G.O. freigegeben; es bleibt daher jetzt selbst derjenige straflos, welcher vor der Einführung derselben ohne vorgängige Approbation eine Heilung unternommen hat.

Erk. (B. I.) Pr. O.Tr. v. 9. Februar 1870 c. Kaul O.R. 11 S. 82.

5. Die Wundärzte erster Klasse, welche als solche in Preußen vor der Einführung der G.O. eine Approbation erhalten haben und zur ärztlichen Praxis bedingt zugelassen sind, machen sich nicht strafbar, wenn sie sich als praktische Aerzte bezeichnen.

Erk. (B. I.) Pr. O.Tr. v. 30. November 1870 c. Raths J.M.Bl. 1871, S. 42; O.R. 11 S. 581.

6. Als Thierarzt darf sich seit der Einführung der G.O. nur derjenige bezeichnen, welcher als solcher förmlich approbirt ist. Die früher in Preußen bestandene Befugniß, sich beliebig Thierarzt zu nennen, kann weder die fernere Führung dieses Titels, noch eine desfallsige Straflosigkeit rechtfertigen.

Erk. (Z. I.) Pr. O.Tr. v. 12. Oktober 1870 c. Wilberg J.M.Bl. 1871 S. 23; O.R. 11 S. 506.

7. Die Beilegung der Bezeichnung „Homöopath" oder „Naturarzt" Seitens einer nicht approbirten Person ist strafbar nach §. 147 Nr. 3.

Erk. (Z. II.) Pr. O.Tr. v. 19. Oktober 1871 c. Leyden Goltd. A. 19 S. 824. — Erk. Pr. O.Tr. v. 22. Dezember 1875 c. Linz Goltd. A. 23, S. 570.

Alin. 2.

8. Hat Jemand ohne die erforderliche polizeiliche Konzession Schankwirthschaft betrieben und sich dadurch gleichzeitig eines Gewerbesteuer-Vergehens schuldig gemacht, so darf nicht auf eine geringere als auf die verwirkte Steuerstrafe erkannt werden.

Erk. (B. I.) Pr. O.Tr. vom 21. September 1870 c. Wohlgemuth O. R. 11 S. 472.

Zu §§. 148 und 149.

Die §§. 148 und 149 sind hier in der ihnen durch das Gesetz vom 12. Juni 1872 (R.G.Bl. S. 170) gegebenen Fassung abgedruckt.

1) wer gewerbliche Verrichtungen, zu welchen er nach Vorschrift des §. 44 einer Legitimation bedarf, vornimmt, ohne dieselbe zu besitzen, beziehungsweise mit sich zu führen;
2) wer bei dem Gewerbebetriebe im Umherziehen den ihm ertheilten Legitimationsschein nicht mit sich führt, oder einem Anderen überläßt;
3) wer ein Gewerbe im Umherziehen, für welches ihm ein auf einen bestimmten Bezirk lautender Legitimationsschein (§ 60) ertheilt ist, unbefugt in einem anderen Bezirk betreibt;
4) wer den Vorschriften in §. 61 zuwiderhandelt;
5) wer bei dem Gewerbebetrieb im Umherziehen unbefugt Begleiter mitführt und wer einem Gewerbetreibenden im Umherziehen unbefugt als Begleiter dient;
6) wer den polizeilichen Anordnungen wegen des Marktverkehrs zuwiderhandelt;
7) wer es unterläßt, die in den §§. 130 und 133 vorgeschriebenen Anzeigen zu machen oder Listen zu führen.

§. 150. Wer den Vorschriften in den §§. 128, 129 und 131 zuwider jugendliche Arbeiter annimmt oder beschäftigt, wird mit einer Geldstrafe bis zu fünf Thalern und im Falle des Unvermögens mit Haft bis zu drei Tagen für jeden vorschriftswidrig angenommenen oder beschäftigten Arbeiter bestraft.

War er innerhalb der letzten fünf Jahre bereits drei verschiedene Male auf Grund der vorstehenden Bestimmung bestraft, so kann auf den Verlust der Befugniß zur Beschäftigung jugendlicher Arbeiter für eine bestimmte Zeit oder für immer gegen ihn erkannt werden.

Es muß auf diesen Verlust, und zwar für mindestens drei Monate erkannt werden, wenn er innerhalb der letzten fünf Jahre bereits sechs verschiedene Male bestraft war.

Bei Zuwiderhandlungen gegen solche Erkenntnisse (Absatz 2 und 3) kann die im ersten Absatz dieses Paragraphen bestimmte Strafe bis zum vierfachen Betrage erhöht werden.

§. 151. Sind polizeiliche Vorschriften von dem Stellvertreter eines Gewerbetreibenden bei Ausübung des Gewerbes übertreten worden, so trifft die Strafe den Stellvertreter, ist die Uebertretung mit Vorwissen der verfügungsfähigen Vertretenen begangen worden, so verfallen beide der gesetzlichen Strafe.

Ist an eine solche Uebertretung der Verlust der Konzession, Approbation oder Bestallung geknüpft, so findet derselbe auch als Folge der von dem Stellvertreter begangenen Uebertretung statt, wenn diese mit Vorwissen des verfügungsfähigen Vertretenen begangen worden. Ist dies nicht der Fall, so ist der Vertretene bei Verlust der Konzession, Approbation u. s. w. verpflichtet, den Stellvertreter zu entlassen.

§. 152. Alle Verbote und Strafbestimmungen gegen Gewerbetreibende, gewerbliche Gehülfen, Gesellen oder Fabrikarbeiter wegen Verabredungen und Vereinigungen zum Behufe der Erlangung günstiger Lohn- und Arbeitsbedingungen, insbesondere mittelst Einstellung der Arbeit oder Entlassung der Arbeiter, werden aufgehoben.

Jedem Theilnehmer steht der Rücktritt von solchen Vereinigungen und Verabredungen frei, und es findet aus letzteren weder Klage noch Einrede statt.

§. 153. Wer Andere durch Anwendung körperlichen Zwanges, durch Drohungen, durch Ehrverletzung oder durch Verrufserklärung bestimmt oder zu bestimmen sucht, an solchen Verabredungen (§. 152) Theil zu nehmen, oder ihnen Folge zu

---

Zu §. 150.

1. Vgl. §§. 28 Alin. 1, 29, 78 des St.G.B.

2. Die Strafe des Verlusts der Befugniß zur Beschäftigung jugendlicher Arbeiter ist durch den §. 6 des Einf. Ges. zum St.G.B. nicht aufgehoben.

Erk. (V. II.) Pr. O.Tr. vom 16. April 1874 c. Kraus, Goltd. A. 22, S. 232; O.R. 15, S. 232.

leisten, oder Andere durch gleiche Mittel hindert oder zu hindern versucht, von solchen Verabredungen zurückzutreten, wird mit Gefängniß bis zu drei Monaten bestraft, sofern nach dem allgemeinen Strafgesetz nicht eine härtere Strafe eintritt.

Schlußbestimmungen.

§. 154. Die Bestimmungen der §§. 128 bis 139 finden auch auf die Besitzer beziehungsweise Arbeiter von Bergwerken, Aufbereitungsanstalten und unterirdisch betriebenen Brüchen oder Gruben Anwendung.

Diejenigen Bestimmungen, welche die bezeichneten Arbeiter wegen groben Ungehorsams, beharrlicher Widersetzlichkeit oder wegen Verlassens der Arbeit mit Strafe bedrohen, werden aufgehoben.

§. 155. Wo in diesem Gesetze auf die Landesgesetze verwiesen ist, sind unter den letzteren auch die verfassungs- oder gesetzmäßig erlassenen Verordnungen verstanden.

Welche Behörden in jedem Bundesstaate unter der Bezeichnung: höhere Verwaltungsbehörde, untere Verwaltungsbehörde, Gemeindebehörde, Ortsbehörde, Unterbehörde, Polizeibehörde, Ortspolizeibehörde zu verstehen sind, wird von der Centralbehörde des Bundesstaates bekannt gemacht.

§. 156. Die Titel I., II., IV. bis X. dieses Gesetzes treten drei Monate nach dessen Verkündung, der Titel III. tritt am 1. Januar 1870 in Kraft.

Das Gesetz, betr. den Betrieb der stehenden Gewerbe vom 8. Juli 1868 (B.G.Bl. S. 406) tritt drei Monate nach Verkündung dieses Gesetzes außer Anwendung.

Urkundlich unter Unserer Höchsteigenhändigen Unterschrift und beigedrucktem Bundes-Insiegel.

Gegeben Berlin, den 21. Juni 1869.

(L. S.) Wilhelm.

Gr. v. Bismarck-Schönhausen.

Gesetz, die Besteuerung des Zuckers betreffend.*)
Vom 26. Juni 1869.

[B.G.Bl. 1869. S. 282.]

Wir Wilhelm, von Gottes Gnaden König von Preußen ꝛc. verordnen im Namen des Norddeutschen Bundes, nach erfolgter Zustimmung des Bundesrathes des Deutschen Zollvereins und des Deutschen Zollparlaments, was folgt:

§. 1. Vom 1. Sept. d. J. ab wird die Steuer vom inländischen Rübenzucker

---

Zu §. 156.

Vgl. über den Beginn der Wirksamkeit als Reichsgesetz die Anm.*) auf S. 100.

*) Das Gesetz ist nicht ausdrücklich zum Reichsgesetz erklärt, jedoch als ein solches anzusehen, da es nicht nur in dem zum Zollvereine gehörigen Gebiete des Norddeutschen Bundes, sondern auch in Bayern (durch die Kgl. Dekl. vom 8. Juli 1869, Ges.Bl. S. 1357) in Württemberg (durch das Ges. vom 1. Juli 1869, Reg.Bl. S. 209), in Hessen südlich des Main (durch die Bekanntm. des Fin.Min. v. 1. Juli 1869 (Reg.Bl. 529) und in Baden durch die Bekanntm. des Fin.-Min. v. 29. Juni 1869 (Reg.Bl. S. 257) publicirt ist, also, abgesehen von den Zollausschlüssen, im Deutschen Reiche Geltung hat. Dasselbe ist in Elsaß-Lothringen eingeführt durch das Gesetz vom 17. Juli 1871 (Ges.Bl. f. E.-L. S. 37) und zwar, soweit es nicht durch die V. des Kaiserlichen General-Gouverneurs vom 3. Mai 1871 (Straßb. Ztg. Nr. 105) bereits in Wirksamkeit gesetzt war, vom 7. August 1871 an. (Vgl. die Bek. des Reichskanzlers vom 2. August 1871, Ges.Bl. f. E.-L. S. 243)

Zu §. 1.

Vgl. die zwischen den Zollvereins-Regierungen vereinbarte Verordnung, die Besteuerung des im Inlande erzeugten Rübenzuckers betreffend, welche mit einzelnen Modifikationen

in Preußen durch die Verordn. vom 7. August 1846 (Pr. Ges.S. S. 335, cf. das ergänzende Ges. vom 12. Februar 1855, Pr. Ges.S. S. 70), mit acht Silbergroschen oder acht und zwanzig Kreuzern vom Zollzentner der zur Zuckerbereitung bestimmten rohen Rüben erhoben.

§. 2. Vom 1. Sept. d. J. ist an Eingangszoll vom Zentner ausländischem Zucker und Syrup zu erheben, und zwar von

1)	Zucker: raffinirter Zucker aller Art, sowie Rohzucker, wenn letzterer den auf Anordnung des Bundesrathes bei den nach Bedürfniß öffentlich zu bezeichnenden Zollstellen niederzulegenden, nach Anleitung des Holländischen Standart Nr. 19 und darüber zu bestimmenden Mustern entspricht	5 Rthlr.	— Sgr.
2)	Rohzucker, soweit solcher nicht zu dem unter 1. gedachten gehört	4 „	— „
3)	Syrup . . . . Auflösungen von Zucker, welche als solche bei der Revision bestimmt erkannt werden, unterliegen dem vorstehend unter 2. aufgeführten Eingangszolle.	2 „	15 „
4)	Melasse unter Kontrole der Verwendung zur Branntweinbereitung	frei.	

Für Tara werden vom Zentner Bruttogewicht vergütet:

beim Eingang von Brod- (Hut-) Zucker, Kandis-, Bruch- oder Lumpenzucker:
- 14 Pfund in Fässern mit Dauben von Eichen und anderem harten Holze,
- 10 Pfund in anderen Fässern,
- 13 „ in Kisten,
- 7 „ in Körben;

beim Eingange von Rohzucker und Farin (Zuckermehl), sowie gestoßenem Zucker:
- 13 Pfund in Fässern mit Dauben von Eichen- oder anderem hartem Holze,
- 10 „ in anderen Fässern,
- 13 „ in Kisten,
- 8 „ in außereuropäischen Rohrgeflechten (Kanassers, Kranjans),
- 7 „ in anderen Körben,
- 4 „ in Ballen;

beim Eingange von Syrup:
- 11 Pfund in Fässern.

§. 3. Bei der Ausfuhr von inländischem wie von ausländischem Zucker über die Zollvereinsgrenze oder bei dessen Niederlegung in öffentlichen Niederlagen wird, wenn die auszuführende Menge mindestens zehn Zentner beträgt, eine Vergütung für den Zentner gewährt:

a)	für Rohzucker von mindestens 88 Prozent Polarisation	3 Rthlr.	4 Sgr.
b)	für Kandis und für Zucker in weißen, vollen, harten Broden bis zu 25 Pfund Nettogewicht oder in Gegenwart der Steuerbehörde zerkleinert	3 „	25 „
c)	für allen übrigen harten Zucker, sowie für alle weiße trockenen (nicht über 1 Prozent Wasser enthaltende) Zucker, in Krystall-, Krümel- und Mehlform von mindestens 98 Prozent Polarisation	3 „	18 „

---

im Kgr. Sachsen durch die Vdg. v. 3. August 1846 (S. Ges. u. Vdg.Bl. S. 209),
in Bayern durch die Kgl. Vdg. vom 23. Juni 1846 (B. Reg.Bl. S. 457),
in Württemberg durch dvs Kgl. Verordn. vom 25. Juli 1846 (Reg.Bl. S. 341),
in Kur-Hessen durch das Ges. vom 4. Juli 1846 (H. Ges.S. S. 17),
im Großh. Baden durch das Ges. vom 21. September 1846 (Reg.Bl. S. 235)
publicirt und durch das Ges. vom 2. Mai 1870 (B.G.Bl. S. 311) vom 1. September 1870 an in denjenigen Theilen des Zollvereinsgebiets, in welchen sie noch nicht in Wirksamkeit war, in Kraft gesetzt ist.

Abgeändert ist die genannte Verordnung
1) durch Art. 3 der Uebereinkunft vom 25. April 1861 (Pr. Ges.S. S. 421),
2) durch §. 1 des Ges. vom 2. Mai 1870 (B.G.Bl. S. 311), in welchem die Bestimmung des §. 13 aufgehoben und die Vorschrift des auf §. 13 Bezug habenden §. 17 modificirt ist.

Der Bundesrath des Zollvereins hat die Zollämter zu bestimmen, über welche die Ausfuhr bewirkt werden kann. Derselbe ist auch befugt, zu bestimmen, daß die bei der Ausfuhr von Zucker gegen Vergütung abzugebende Deklaration auf den Zuckergehalt nach dem Grade der Polarisation gerichtet werde.

§. 4. Wird bei der Ausfuhr von Zucker durch unrichtige Angabe des Zuckergehalts oder der sonstigen Beschaffenheit (handelsüblichen Bezeichnung) des Zuckers, Steuer- oder Zollvergütung für Zucker, bei dessen Ausfuhr eine Vergütung überhaupt nicht gewährt wird, in Anspruch genommen, so hat der Deklarant den Betrag des vierten Theils der in Anspruch genommenen Vergütung als Strafe verwirkt. Wird durch die unrichtige Angabe des Zuckergehalts eine höhere Steuer- oder Zollvergütung, als die für die Klasse, zu welcher der auszuführende Zucker gehört, festgesetzte Vergütung in Anspruch genommen, so hat der Deklarant das Doppelte der Differenz zwischen der zuständigen und der beanspruchten Vergütung als Strafe verwirkt.

Außer den vorstehend gedachten Strafen tritt die Konfiskation des unrichtig deklarirten Zuckers ein, wenn solcher in der Absicht, die Staatskasse zu verkürzen, zwischen Zucker verpackt worden ist, für welchen eine Vergütung, beziehungsweise eine höhere Vergütung gewährt wird.

Uebersteigt die Angabe des Zuckergehalts den bei der Revision ermittelten Zuckergehalt um nicht mehr als ein Drittel Prozent, so findet eine Bestrafung nicht statt. Ist zwar dieser Prozentbetrag überschritten, aber der Beweis geführt, daß die Absicht, die Staatskasse zu verkürzen, nicht vorgelegen habe, so ist nur eine Ordnungsstrafe von fünf bis fünfzig Thalern (fünf bis fünf und siebenzig Gulden) verwirkt.

§. 5. Die zur Ausführung dieses Gesetzes erforderlichen Anordnungen werden vom Bundesrathe des Zollvereins festgestellt.

Urkundlich unter Unserer Höchsteigenhändigen Unterschrift und beigedrucktem Bundes-Insiegel.

Gegeben Berlin, den 26. Juni 1869.

(L. S.) Wilhelm.

Gr. v. Bismarck-Schönhausen.

Vereinszollgesetz. Vom 1. Juli 1869.*)

[B.G.Bl. 1869. S. 317.]

Wir Wilhelm, von Gottes Gnaden König von Preußen ꝛc. verordnen im Namen des Norddeutschen Bundes, nach erfolgter Zustimmung des Bundesrathes des Deutschen Zollvereins und des Deutschen Zollparlaments, was folgt:

I. Verkehr mit dem Vereinsauslande.

§ 1. [Ein-, Aus- und Durchfuhr.] Alle Erzeugnisse der Natur, wie des Kunst- und Gewerbefleißes dürfen im ganzen Umfange des Vereinsgebiets eingeführt, ausgeführt und durchgeführt werden.

Zu §. 5.

Vgl. die vom Bundesrathe erlassene Anweisung zur Ausführung d. Ges., publicirt unterm 23. August 1869 (Br. Centralbl. für d. Abg.Gesetzgbg. 1869 S. 386).

*) Das Gesetz ist nicht ausdrücklich zum Reichsgesetz erklärt, jedoch als ein solches anzusehen, da es nicht nur in dem zum Zollvereine gehörigen Gebiete des Nordd. Bundes, sondern auch in Bayern (mit einigen auf Grund des §. 167 vorgenommenen Aenderungen des Wortlautes, durch die Kgl. Deklaration vom 26. September 1869, Ges.Bl. S. 1381), in Württemberg (durch die Vdg. vom 10. Juli 1869, Reg.Bl. S. 225), in Hessen südlich des Main (durch die Bekanntm. des Fin.Min. vom 16. August 1869, Reg.Bl. S. 717), und in Baden (durch die Bekanntm. des Fin.Min. vom 13. Juli 1869, Ges.- u. Vdg.Bl. S. 263) publicirt ist, also, abgesehen von den Zollausschlüssen, im Deutschen Reiche Geltung hat. Dasselbe ist in Elsaß-Lothringen einge-

§. 2. Ausnahmen hiervon (§. 1) können zeitweise für einzelne Gegenstände beim Eintritt außerordentlicher Umstände oder zur Abwehr gefährlicher ansteckender Krankheiten (Art. 4, Abs. 2 bis einschließlich 5 des Vertrages vom 8. Juni 1867) oder aus sonstigen gesundheits- oder sicherheitspolizeilichen Rücksichten für den ganzen Umfang oder einen Theil des Vereinsgebiets angeordnet werden.

§. 3. [Eingangszoll.] Die aus dem Vereinsauslande eingehenden Gegenstände sind zollfrei, soweit nicht der Vereinszolltarif einen Eingangszoll festsetzt.

§. 4. Im letzteren Fall tritt mit den im gegenwärtigen Gesetz (§§. 111 bis 118) bestimmten Ausnahmen die Zollpflichtigkeit, ohne Rücksicht auf die etwaige Abstammung der Gegenstände aus dem freien Verkehr des Zollvereins, ein.

§. 5. [Ausgangszoll.] Bei der Ausfuhr gilt ebenfalls die Zollfreiheit als Regel. Die Ausnahmen ergiebt der Vereinszolltarif.

§. 6. [Zollfreiheit des Durchganges.] Von der Durchfuhr werden Abgaben nicht erhoben.

II. Verkehr im Innern des Vereinsgebiets.

§. 7. [Freiheit des Verkehrs im Innern.] Der Verkehr mit vereinsländischen, sowie mit zollfreien oder verzollten ausländischen Waaren innerhalb des Vereinsgebietes ist, vorbehaltlich der Bestimmungen in den Abschnitten XV. und XVI. dieses Gesetzes und soweit nicht durch Vertrag unter den Zollvereinsstaaten Ausnahmen begründet sind, frei.

§. 8. Binnenzölle, sowohl des Staats, als der Kommunen und Privaten, sind unzulässig.

Dahin gehören jedoch nicht solche Abgaben, welche für die Benutzung von Häfen, Kanälen, Schleusen, Brücken, Fähren, Kunststraßen, Wegen, Krahnen, Waagen, Niederlagen und anderen zur Erleichterung des Verkehrs bestimmten Anstalten erhoben werden.

III. Erhebung des Zolles.

§. 9. [Erhebungs-Maaßstab — nach welchen Sätzen der Zoll zu entrichten ist.] Die Erhebung des Zolles geschieht nach Gewicht, nach Maaß, nach Stückzahl oder nach dem Werthe.

Der Zoll ist nach denjenigen Tarifsätzen und Vorschriften zu entrichten, welche an dem Tage gültig sind, an welchem

1) die zum Eingange bestimmten Waaren bei der kompetenten Zollstelle zur Verzollung, zur Abfertigung auf Begleitschein II. (§. 33), oder zur Anschreibung auf Privatkreditlager (§. 108),
2) die zum Ausgange bestimmten ausgangszollpflichtigen Waaren bei einer zur Erhebung des Ausgangszolles befugten Abfertigungsstelle

angemeldet und zur Abfertigung gestellt werden (§. 34).

§. 10. [Nebengebühren.] Neben den Zöllen dürfen andere Abgaben und Gebühren nur insoweit erhoben werden, als dieselben in den §§. 8, 27 und 108 vorbehalten sind, oder als es sich um eine Entschädigung für den Mehraufwand an Beamtenkräften handelt, welchen die Verabsäumung gesetzlich den Betheiligten obliegender Verpflichtungen noch in anderen Fällen als denen des §. 27 oder die Gestattung einer Ausnahme von den Vorschriften dieses Gesetzes im Interesse der Zollsicherheit nothwendig macht.

Wegen der Meßgebühren (Meßunkosten) ist das Nöthige in den Meßordnungen enthalten.

---

führt durch das Gesetz vom 17. Juli 1871 (Ges.Bl. f. E.-L. S. 37) und zwar, soweit es nicht durch die V. des Kaiserlichen General-Gouverneurs vom 3. Mai 1871 (Straßb. Ztg. Nr. 105) bereits in Wirksamkeit gesetzt war, vom 7. August 1871 an. (Vgl. die Bek. des Reichskanzlers vom 2. August 1871, Ges.Bl. f. E.-L. S. 243).

§. 11. [Abänderungen des Vereinszolltarifs.] Abänderungen des Vereinszolltarifs sollen der Regel nach wenigstens acht Wochen vor dem Zeitpunkte, mit welchem sie in Kraft treten, zur öffentlichen Kunde gebracht werden.

§. 12. [Amtliches Waarenverzeichniß.] Zur richtigen Anwendung des Vereinszolltarifs dient das amtliche Waarenverzeichniß, welches die einzelnen Waarenartikel nach ihren im Handel und sonst üblichen Benennungen in alphabetischer Ordnung aufzählt und die auf jeden derselben anzuwendende Tarifnummer bezeichnet. Beschwerden über die Anwendung des Tarifs im einzelnen Fall werden im Verwaltungswege entschieden.

§. 13. [Verpflichtung zur Entrichtung des Zolles.] Zur Entrichtung des Zolles ist dem Staate gegenüber derjenige verpflichtet, welcher zur Zeit, wo der Zoll zu entrichten, Inhaber (natürlicher Besitzer) des zollpflichtigen Gegenstandes ist. Dem Inhaber steht derjenige gleich, welcher den zollpflichtigen Gegenstand aus einer öffentlichen Niederlage entnimmt.

§. 14. [Haftung der Waare.] Die zollpflichtigen Gegenstände haften ohne Rücksicht auf die Rechte eines Dritten an denselben für den darauf ruhenden Zoll und können, so lange dessen Entrichtung nicht erfolgt ist, von der Zollbehörde zurückbehalten oder mit Beschlag belegt werden. Das an den Inhaber des zollpflichtigen Gegenstandes von einem Zollbeamten ergangene Verbot, über den fraglichen Gegenstand weiter zu verfügen, hat die volle Wirkung der Beschlagnahme. Die Verabfolgung der Waaren, auf welchen noch ein Zollanspruch haftet, kann in keinem Falle, auch nicht von den Gerichten, Gläubigern oder Gütervertretern (Massenkuratoren) bei Konkursen eher verlangt werden, als bis die Abgaben davon bezahlt sind.

§. 15. [Verjährung der Abgabe.] Alle Forderungen und Nachforderungen von Zollgefällen, desgleichen die Ansprüche auf Ersatz wegen zu viel oder zur Ungebühr entrichteter Gefälle verjähren binnen Jahresfrist, von dem Tage an gerechnet, an welchem die Waare in den freien Verkehr gesetzt oder an welchem der Zoll für die auf Privat-Kreditlager abgefertigten Waaren festgestellt oder die Abfertigung auf Begleitschein II. erfolgt ist. Auf das Regreßverhältniß des Staates gegen die Zollbeamten und auf Nachzahlung hinterzogener (defraudirter) Gefälle findet diese abgekürzte Verjährungsfrist keine Anwendung.

IV. Einrichtungen zur Beaufsichtigung und Erhebung des Zolles.

§. 16. [Zollinie — Grenzbezirk — Binnenlinie.] Die Landesgrenzen gegen das Vereinsausland bilden die Zollgrenzen oder Zollinie. Es können indeß einzelne Theile eines Vereinsstaates, wo die Verhältnisse es erfordern, von der Zollinie ausgeschlossen bleiben. Für den Verkehr dieser Theile mit dem Vereinsgebiete werden nach Bedürfniß besondere Anordnungen getroffen.

Wo das Vereinsgebiet durch das Meer begrenzt wird, bildet die jedesmalige den Wasserspiegel begrenzende Linie des Landes die Zollinie. Das Gleiche gilt, wo das Vereinsgebiet an andere Gewässer grenzt, sofern deren Stand von Ebbe und Fluth abhängig ist.

Der zunächst innerhalb der Zollinie belegene Raum, dessen Breite nach der Oertlichkeit bestimmt wird, bildet den Grenzbezirk, welcher von dem übrigen Vereinsgebiete durch die besonders zu bezeichnende Binnenlinie getrennt ist.

§. 17. [Zollstraßen und Landungsplätze.] Zollstraßen sind:

a) alle die Grenze gegen das Vereinsausland überschreitenden oder an der Grenze beginnenden, dem öffentlichen Verkehr dienenden Eisenbahnen für den Eisenbahntransport;

b) die Häfen am Meer, soweit sie nicht ausnahmsweise ausdrücklich ausgeschlossen sind, mit den dazu angewiesenen Einfahrten;

c) die aus dem Vereinsauslande in und durch den Grenzbezirk führenden Land- und Wasserstraßen, welche einen erheblichen Waarenverkehr mit dem Auslande vermitteln und als solche ausdrücklich zu bezeichnen sind.

Wo die Zollgrenze durch ein schiffbares Wasser gebildet wird, sollen die erforlichen Landungsplätze bestimmt werden.

§. 18. [Zollbehörden.] Zur Sicherung, Feststellung und Erhebung der Ein- und Ausgangszölle werden Zoll- oder Steuerämter, und da, wo die Grenzzollämter nicht nahe genug an der Zollinie liegen, an dieser besondere Ansagestellen errichtet.

§. 19. [Grenzbewachung.] Die Aufsicht auf den Waaren-Ein- und Ausgang wird längs der Zollgrenze und im Grenzbezirke durch eine uniformirte und bewaffnete Grenzwache geübt, die zum Gebrauche ihrer Waffe nach den darüber bestehenden besonderen Bestimmungen befugt ist.

§. 20. [Mitwirkung anderer Beamten zum Zollschutze.] Andere Staatsbeamte, sowie die Kommunalbeamten, namentlich die Polizei- und Forstbeamten, sind zur Unterstützung der Grenzwache verpflichtet. Sie haben insbesondere Uebertretungen der Zollvorschriften, welche bei Ausübung ihres Dienstes zu ihrer Kenntniß kommen, möglichst zu hindern und jedenfalls zur näheren Untersuchung sofort anzuzeigen.

V. Allgemeine Bestimmungen für die Waaren-Einfuhr, Ausfuhr und Durchfuhr.

§. 21. [Straßen und Zeit, an welche die Ueberschreitung der Grenze gebunden ist.] Wer zollpflichtige Waaren oder solche Gegenstände mit sich führt, welche zwar zollfrei, aber dergestalt verpackt sind, daß ihre Beschaffenheit nicht sogleich erkannt werden kann, darf über die Zollinie zu Wasser oder zu Lande in der Regel nur während der Tageszeit und nur auf einer Zollstraße (§. 17) eintreten, auch, Fälle dringender Gefahr oder höherer Gewalt ausgenommen, nur bei einem erlaubten Landungsplatze anlanden.

Ebenso darf bei der Ausfuhr von ausgangszollpflichtigen, sowie von solchen Waaren, deren Ausfuhr nachgewiesen werden muß, die Ueberschreitung der Grenze in der Regel nur während der Tageszeit und nur auf einer Zollstraße stattfinden. Waaren des freien Verkehrs, welche keinem Ausgangszolle unterliegen, sind auch in verpacktem Zustande bei der Ausfuhr an die Innehaltung der Zollstraße und der Tageszeit nicht gebunden.

Als Tageszeit wird angesehen:

in den Monaten Jan. und Dez. die Zeit von 7 Uhr Morgens bis 6 Uhr Abends;

in den Monaten Febr., Okt. und Nov. die Zeit von 6 Uhr Morgens bis 6 Uhr Abends;

in den Monaten März, April, Aug. und Sept. die Zeit von 5 Uhr Morgens bis 8 Uhr Abends;

in den Monaten Mai, Juni und Juli die Zeit von 4 Uhr Morgens bis 10 Uhr Abends.

Eine Ausnahme leidet die Bestimmung, daß die Ueberschreitung der Grenze nur während der Tageszeit und nur auf einer Zollstraße erfolgen darf:

a) bei Fischerfahrzeugen, welche blos frische Erzeugnisse des Meeres einführen;
b) bei der Bergung von Strandgut;
c) wenn in besonderen Fällen die Erlaubniß des zuständigen Hauptzollamts oder Nebenzollamts vor dem Beginn des Transports ertheilt worden ist. Der Erlaubnißschein muß den Waarenführer, die Waare selbst, die Straße und Zeit, für welche er gültig ist, bezeichnen.

Die Ueberschreitung der Grenze außerhalb der angegebenen Zeit ist ferner gestattet:

d) beim Transport auf den dem öffentlichen Verkehr dienenden Eisenbahnen;
e) beim Eingange und Ausgange, der seewärts erfolgt, oder von Ebbe und Fluth abhängig ist;
f) bei Waaren, welche mit den gewöhnlichen Fahrposten versendet werden, so-

wie bei Waaren, welche Reisende mit sich führen, mit Ausschluß der zum Handel bestimmten Waaren.

Rücksichtlich der Zeit, innerhalb deren Zollabfertigungen an der Grenze vorgenommen werden, gelten die Bestimmungen des §. 133.

§. 22. [Deklaration — generelle und spezielle Deklaration.] Beim Eingange ist die Ladung zu deklariren. Die Deklarationen sind entweder generelle oder spezielle.

Die generelle Deklaration (Ladungsverzeichniß, Manifest), welche bei der Einfuhr auf Eisenbahnen und seewärts abzugeben ist, muß enthalten:

die Zahl der Wagen, aus denen der Transport besteht, bei Schiffen den Namen oder die Nummer des Schiffsgefäßes;

den Namen und Wohnort der Waarenempfänger;

die Zahl der Kolli, deren Verpackungsart, Zeichen und Nummern, sowie die allgemeine Bezeichnung der Gattung der geladenen Waaren;

beim Eingange auf den Eisenbahnen außerdem deren Bruttogewicht.

Sie muß ferner mit der Versicherung der Richtigkeit der gemachten Angaben und der Unterschrift des Deklaranten versehen sein.

In der speziellen Deklaration, deren es in der Regel zur weiteren Abfertigung der eingegangenen Waaren, sowie beim Eingange auf anderen als den oben bezeichneten Verkehrswegen bedarf, ist außerdem anzugeben:

die Menge und Gattung der Waaren — bei verpackten Waaren für jedes Kollo — nach den Benennungen und Maaßstäben des Tarifs, sowie welche Abfertigungsweise begehrt wird.

Sind in einem Kollo Waaren zusammengepackt, welche verschiedenen Zollsätzen unterliegen, so muß in der speziellen Deklaration die Menge einer jeden Waarengattung nach dem Nettogewicht angegeben werden.

Die Deklarationen müssen in Deutscher Sprache abgefaßt und deutlich geschrieben sein. Auch dürfen sie weder Abänderungen noch Rasuren enthalten. Deklarationen, welche diesen Erfordernissen nicht entsprechen, können zurückgewiesen werden.

Die näheren Bestimmungen über den Umfang der Deklarationspflicht, enthalten die Abschnitte VI. bis VIII.

§. 23. Die Deklaration liegt dem Waarenführer ob. An Stelle desselben kann auch der Waarenempfänger die Gattung und Menge der Waaren mit der Angabe, welche Abfertigungsweise begehrt wird, speziell (§. 22) deklariren.

Der Waarenführer, sowie der Waarenempfänger ist berechtigt, bei dem Grenzzollamte oder einem Amte im Innern, an welches die Waaren im Ansageverfahren (§. 33) abgelassen sind, eine bereits abgegebene Deklaration, so lange die spezielle Revision noch nicht begonnen hat, zu vervollständigen oder zu berichtigen.

In gleicher Weise können die Angaben des Ladungsverzeichnisses (§. 63) in Betreff der Gattung und des Gewichts der Waaren vervollständigt oder berichtigt werden.

Die Berichtigung einer Deklaration über die mit Begleitschein I. (§. 33) abgefertigten Waaren am Bestimmungsorte ist nur in der im §. 46 angegebenen Einschränkung zulässig.

§. 24. Die Deklaration hat alle Theile der Ladung, mithin, wenn zollpflichtige Waaren mit zollfreien Gegenständen zusammen geladen sind, auch die letzteren zu umfassen.

Die Deklarationen über Waaren, welche in den freien Verkehr treten sollen, brauchen nur in einfacher Ausfertigung abgegeben zu werden. Sind die Waaren zur Weiterversendung unter Begleitscheinkontrole bestimmt, so kann für jede Waarenpost, über die ein besonderer Begleitschein auszustellen ist, eine zweifache Ausfertigung der Deklaration verlangt werden.

Bei Ladungen, von denen der Eingangszoll weniger als 3 Thaler beträgt, genügt die mündliche Angabe.

Werden statt einer Deklaration mehrere Theildeklarationen übergeben, so hat der Deklarant eine besondere schriftliche Versicherung beizufügen, daß die ganze Ladung richtig deklarirt sei.

Rücksichtlich der Deklarationen der Reisenden kommen die Bestimmungen im §. 92 zur Anwendung.

§. 25. Die Ausfertigung der Deklaration kann durch den Waarenführer beziehungsweise Waarenempfänger selbst oder durch einen Bevollmächtigten erfolgen.

Ist der Waarenführer des Schreibens unkundig, und befindet sich kein Kommissionair (Zollabrechner) am Orte, so geschieht auf den Antrag des Waarenführers die Ausfertigung der Deklaration durch das Zollamt auf Grund der übergebenen Papiere oder der mündlichen Anzeige. Ebenso kann der Waarenführer die Ausfertigung von dem Zollamte verlangen, wenn der Eingangszoll von der ganzen Ladung nicht über 10 Thaler beträgt.

Die vom Zollamte ausgefertigte Deklaration hat der Deklarant mit seiner Unterschrift oder seinem gewöhnlichen Handzeichen zu versehen, dessen Richtigkeit von einem zweiten Beamten oder einem Zeugen zu bescheinigen ist.

§. 26. Der Deklarant haftet für die Richtigkeit der Deklaration auch in dem Falle, wenn dieselbe von einem Dritten in seinem Auftrage oder vom Zollamte gefertigt worden ist. Ebenso haftet der Waarenführer oder der Waarenempfänger für die Richtigkeit der etwa von ihm ergänzten oder berichtigten Deklaration.

Insoweit eine Berichtigung erfolgt ist, wird die ursprüngliche Deklaration als beseitigt angesehen.

§. 27. Werden die Deklarationen nicht rechtzeitig (§§. 39, 63, 66, 75 und 81) abgegeben, so werden die Waaren auf Kosten und Gefahr der Betheiligten unter amtlichen Gewahrsam oder amtliche Bewachung genommen.

Besitzt der Waarenführer keine Frachtbriefe oder andere über seine Ladung sprechende Papiere, oder nur solche, die zur Anfertigung der vorgeschriebenen Deklaration unzureichend sind, oder über deren Richtigkeit er Zweifel hegt, und ist ihm sonst die Ladung nicht genug bekannt, um die Deklaration zu fertigen oder fertigen zu lassen, und erfolgt auch nicht die Deklaration Seitens des Waarenempfängers, so hat der Waarenführer, wenn er nicht den höchsten Eingangszoll zu entrichten erbötig ist, in dem Abfertigungspapier oder besonders schriftlich oder zu Protokoll zu erklären, daß er außer Stande sei, eine zuverlässige Deklaration abzugeben und hiermit den Antrag auf Vornahme der amtlichen Revision zu verbinden. Es schreitet sodann die Zollbehörde zur speziellen Revision (§. 28), deren Befund der Waarenführer, welcher für die richtige Stellung der Ladung zur Revision haftet, mit zu unterzeichnen hat. Der Waarenführer und der Empfänger müssen in diesem Falle sich gefallen lassen, daß die gehörig deklarirten Ladungen, auch wenn sie später eintreffen, in der Abfertigung vorgezogen werden und daß die Ladung inzwischen auf seine Kosten unter amtlicher Bewachung und Verschluß gehalten wird.

§. 28. [Revision — allgemeine und spezielle Revision.] Die Revision Seitens der Zollbehörde ist entweder eine allgemeine oder eine spezielle. Die erstere geschieht nur nach Zahl, Zeichen, Verpackungsart und Gewicht der Kolli ohne deren Eröffnung. Bei der speziellen Revision findet außerdem die Eröffnung der Kolli statt, um die Gattung und Menge der in denselben enthaltenen Waaren zu ermitteln.

§. 29. [Bruttogewicht — Tara — Nettogewicht.] Bei der speziellen Revision wird entweder nur das Bruttogewicht oder auch das Nettogewicht der Waaren ermittelt.

Unter Bruttogewicht wird das Gewicht der Waare in völlig verpacktem Zustande, mithin in ihrer gewöhnlichen Umgebung für die Aufbewahrung und mit ihrer besonderen für den Transport verstanden.

Das Gewicht der für den Transport nöthigen äußeren Umgebung wird Tara genannt.

Ist die Umgebung für den Transport und für die Aufbewahrung nothwendig dieselbe, wie es z. B. bei Syrup u. s. w. die gewöhnlichen Fässer sind, so ist das Gewicht dieser Umgebung die Tara.

Das Nettogewicht ist das Bruttogewicht nach Abzug der Tara. Die kleinen, zur unmittelbaren Sicherung der Waare nöthigen Umschließungen (Flaschen, Papier, Pappe, Bindfaden und dergl.) werden bei Ermittelung des Nettogewichts nicht in Abzug gebracht; ebensowenig, der Regel nach, Unreinigkeiten und fremde Bestandtheile, welche der Waare beigemischt sein möchten. Eine Ausnahme von letzterer Bestimmung findet rücksichtlich der zu Wasser eingegangenen Waaren in der Weise statt, daß, wenn in Folge von Havarie durch eingedrungenes Wasser oder andere fremde Bestandtheile das Gewicht der Waare vermehrt ist, bei der Verzollung ein dem Gewicht des Wassers ꝛc. entsprechender Abzug von dem vorgefundenen Gewicht der Waare zugestanden wird. — Auch ist es gestattet, die Waare unter amtlicher Aufsicht zu trocknen, worauf das nach der Trocknung vorgefundene Gewicht der Verzollung zu Grunde gelegt wird.

Welche Gegenstände nach dem Brutto- und welche nach dem Nettogewicht zu verzollen sind, bestimmt der Vereinszolltarif.

Es bleibt der Wahl des Zollpflichtigen überlassen, ob er bei Gegenständen, deren Verzollung nach dem Nettogewicht geschieht, die tarifmäßige Tara gelten, oder das Nettogewicht, entweder durch Verwiegung der Waare ohne die Tara oder der letzteren allein ermitteln lassen will. Bei Flüssigkeiten und anderen Gegenständen, deren Nettogewicht nicht ohne Unbequemlichkeit ermittelt werden kann, weil ihre Umgebung für den Transport und für die Aufbewahrung dieselbe ist, wird die Tara nach dem Vereinszolltarif berechnet und der Zollpflichtige hat kein Widerspruchsrecht gegen Anwendung desselben. Die Zollbehörde ist befugt, die Nettoverwiegung eintreten zu lassen, wenn eine von der gewöhnlichen abweichende Verpackungsart der Waaren oder eine erhebliche Entfernung von den im Vereinszolltarif angenommenen Tarasätzen bemerkbar wird.

§. 30. [Probeweise Revision.] Liegen spezielle Deklarationen über die Waaren (§. 22) vor, so kann die Feststellung des zu entrichtenden Zolles oder die weitere Abfertigung auf Grund probeweiser Revisionen erfolgen, sofern sich bei denselben vollkommene Uebereinstimmung mit den Angaben der Deklaration herausstellt.

In dem Falle des §. 27 ist eine probeweise Revision ausgeschlossen.

§. 31. [Obliegenheiten des Zollpflichtigen.] Der Zollpflichtige hat die Waaren in solchem Zustande darzulegen, daß die Beamten die Revision, wie erforderlich, vornehmen können; auch muß er die dazu nöthigen Handleistungen nach der Anweisung der Beamten auf eigene Gefahr und Kosten verrichten oder verrichten lassen.

Die Ab- oder Ausladung darf erst erfolgen, nachdem das Zoll- oder Steueramt die Anweisung dazu ertheilt hat.

§. 32. [Behandlung der Waaren, welche in den freien Verkehr treten sollen.] Sollen die Waaren in den freien Verkehr treten, so erfolgt spezielle Revision (§§. 28 bis 30). Bei der Abfertigung an der Grenze oder bei einem Amte im Innern, auf welches die Waaren im Ansageverfahren (§. 33) abgelassen sind, bilden stets, soweit nicht für havarirte Güter (§. 29) eine Ausnahme nachgelassen ist, die ermittelte Menge und Beschaffenheit der Waare die Grundlage der Verzollung. Rücksichtlich der unter Begleitscheinkontrole abgefertigten Waaren kommen die Bestimmungen im §. 47 zur Anwendung.

Wünscht der Deklarant, daß die Ladung, oder ein Theil derselben, von der speziellen Revision befreit bleibe, so kann dem Antrage gegen Entrichtung des höchsten Zollsatzes im Tarif entsprochen werden, insofern nicht besonderer Verdacht vorhanden ist, daß eine Umgehung des Stückzolles oder die Uebertretung anderer Landesgesetze beabsichtigt werde, z. B. die Einbringung falscher Münzen u. s. w., in welchem Fall die Revision und, nach dem Befunde, die Beschlagnahme der betreffenden Gegenstände eintreten muß.

§. 33. [Behandlung der Waaren, welche an der Grenze auf ein Amt im Innern abgelassen oder durchgeführt werden sollen — Ansageverfahren — Begleitschein-Verfahren, Ladungsverzeichniß.] Sollen die Waaren unverzollt von dem Grenzzollamte auf ein zur weiteren zollamtlichen Abfertigung befugtes Amt im Innern, oder zur unmittelbaren Durchfuhr abgelassen werden, so geschieht dies entweder im Ansageverfahren (§§. 38, 52 und 83), bei welchem die grenzzollamtliche Abfertigung — Deklaration und Revision — an das Amt im Innern verlegt, beziehungsweise der Wiederausgang der eingeführten Waaren lediglich durch amtliche Begleitung kontrolirt wird, oder es tritt die Abfertigung auf Ladungsverzeichniß oder Begleitschein ein. Die Begleitscheine bestehen in Begleitscheinen Nr. I. oder Nr. II. Die Begleitscheine Nr. I. und die denselben gleichgestellten amtlichen Bezettelungen, sowie die Ladungsverzeichnisse haben den Zweck, den richtigen Eingang der über die Grenze eingeführten Waaren am inländischen Bestimmungsorte oder die Wiederausfuhr solcher Waaren zu sichern. Begleitscheine Nr. II. dienen dazu, die Erhebung des durch spezielle Revision ermittelten Zollbetrages einem anderen Amte gegen Sicherheitsleistung zu überweisen.

§. 34. [Behandlung ausgehender ausgangszollpflichtiger Waaren.] Bei ausgehenden, einem Ausgangszolle unterliegenden Waaren geschieht die Ermittelung der Menge und Art derselben, sowie die Erhebung des Zolles nach der Wahl des Waarenführers entweder beim Grenzzollamte am Ausgangspunkte, oder bei einer dazu befugten Hebestelle im Innern mit Vorbehalt der Revision beim Grenzzollamte. Für den Eisenbahn- und Seeverkehr gelten besondere Vorschriften (§§. 71 und 88).

§. 35. [Verschiedenheit des Abfertigungsverfahrens je nach der Art des Einganges und Ausganges.] Die näheren Bestimmungen über das bei der Waaren-Ein-, Aus- und Durchfuhr zu beobachtende Verfahren richten sich darnach, ob der Ein- und Ausgang auf Landstraßen, Flüssen und Kanälen, oder auf Eisenbahnen oder seewärts stattfindet.

VI. Bestimmungen über die Waaren-Einfuhr, Ausfuhr und Durchfuhr auf Landstraßen, Flüssen und Kanälen.

§ 36. [A. Waaren-Eingang. Verhalten beim Eingang über die Grenze.] Der Weg von der Zollinie bis zum Grenzzollamte muß auf der Zollstraße ohne Abweichung und willkürlichen Aufenthalt und ohne daß die Ladung eine Veränderung erleidet, fortgesetzt werden.

§. 37. [Anmeldung bei dem Grenzzollamte oder den Ansageposten.] Bei dem Grenzzollamte hat der Waarenführer seine sämmtlichen, die Ladung betreffenden Papiere zu übergeben.

§. 38. Wo zwischen der Grenze und dem Grenzzollamte ein Ansageposten errichtet ist, hat der Waarenführer seine Papiere über die Ladung bei letzterem abzugeben. Die Papiere werden in Gegenwart des Waarenführers eingesiegelt, an das Grenzzollamt adressirt und einem Grenzaufseher überliefert, welcher das Fuhrwerk oder Schiffsgefäß zum Grenzzollamte begleitet.

§. 39. [Verfahren, wenn die Waaren an der Grenze in den freien Verkehr treten sollen.] Sollen die Waaren an der Grenze in den freien Verkehr treten, so sind dieselben unmittelbar nach der Ankunft dem Grenzzollamte nach Maaßgabe der Bestimmungen in den §§. 22 ff. speziell zu deklariren, sofern nicht nach §. 27 der Antrag auf Vornahme der amtlichen Revision gestellt wird. Es findet demnächst spezielle Revision (§§. 28 bis 30) und gegebenen Falles Erhebung des Eingangszolles (§. 32) statt.

Ueber den entrichteten Eingangszoll wird von der Zollbehörde eine Quittung ertheilt.

Der Deklarant haftet für die Richtigkeit der Deklaration sowohl hinsichtlich der Zahl und Art der Kolli, als hinsichtlich der Menge und der Gattung der Waaren. Es sollen indeß Abweichungen von dem deklarirten Gewicht, welche bei der Revision sich herausstellen, straffrei gelassen werden, wenn der Unterschied zehn Prozent des deklarirten Gewichts der einzelnen Kolli oder der in einem Kollo zusammengepackten verschieden tarifirten Waaren oder einer zusammen abgefertigten gleichnamigen Waarenpost nicht übersteigt.

§. 40. [Niederlegung beim Grenzeingangsamte.] Die Waaren können bei dem Eingangsamte niedergelegt werden, wenn der Ort das vollständige Niederlagerecht (§. 97) hat, oder sich eine beschränkte Niederlage (§. 105) daselbst befindet.

Das Abfertigungsverfahren wird durch das für die betreffende Niederlage erlassene Regulativ (§. 106) bestimmt.

§. 41. [Verfahren, wenn die Waaren von der Grenze auf ein Amt im Innern oder zur Durchfuhr abgelassen werden sollen — Begleitschein I.] Sollen die Waaren unverzollt einer Hebestelle im Innern zur schließlichen zollamtlichen Abfertigung überwiesen werden, oder zur unmittelbaren Durchfuhr gelangen, so ist die Ladung speziell zu deklariren. Bei einer und derselben Post gleichartiger Waaren braucht das Gewicht in der Deklaration nur summarisch angegeben zu werden.

Die Revision Seitens des Abfertigungsamtes ist eine allgemeine, insofern nicht besondere Gründe eine Ausnahme erfordern, oder die Betheiligten selbst die spezielle Revision beantragen. Es tritt sodann in der Regel amtlicher Verschluß der Waare und die Ertheilung eines Begleitscheins I. ein, welcher ein Verzeichniß der Waaren, auf die er lautet, nach Maaßgabe der vorhandenen Deklaration oder des Revisionsbefundes, die Zahl der Kolli und deren Bezeichnung, die Art des angelegten amtlichen Verschlusses, den Namen und Wohnort der Waarenempfänger, das Erledigungsamt, sowie den Zeitraum enthalten muß, innerhalb dessen der Beweis der erreichten Bestimmung zu führen ist.

Die Feststellung des Gewichts kann ausnahmsweise in Fällen des Bedürfnisses durch Probeverwiegungen erfolgen, wenn sich bei den einzelnen zur Verwiegung gelangenden Kolli keine Abweichungen ergeben, welche zwei Prozent des deklarirten Gewichts überschreiten.

Bei eingehenden Schiffs- oder Wagenladungen, bei welchen die Revision ohne vorherige Ausladung nicht ausführbar ist, soll der Begleitschein ohne vorgängige Revision auf Grund der abgegebenen Deklaration ausgefertigt werden, sofern amtliche Begleitung eintritt oder ein sichernder Verschluß angelegt werden kann.

Auf den Antrag der Betheiligten kann die Abfertigung auch solcher Waaren auf Begleitschein I. erfolgen, welche nach der Deklaration zollfrei sind.

§. 42. Liegt keine vollständige spezielle Deklaration (§. 22) vor, so sind in der Regel die Waaren bei dem Grenzzollamte der speziellen Revision zu unterwerfen. Es kann jedoch, im Fall die Deklaration nur insofern mangelhaft ist, daß die Gattung der Waaren nur allgemein nach ihrer sprachgebräuchlichen oder handelsüblichen Benennung bezeichnet worden oder die Angabe des Nettogewichts bei den in einem Kollo zusammenverpackten verschieden tarifirten Waaren fehlt, hierüber hinweggesehen werden und die Abfertigung auf Begleitschein I. ohne vorherige spezielle Revision erfolgen, wenn ein sichernder Verschluß angelegt werden kann oder Begleitung von der Behörde angeordnet wird.

§. 43. [Amtlicher Verschluß.] In der Regel tritt Kolloverschluß ein. Es kann indeß statt desselben nach dem Ermessen des Abfertigungsamtes der Verschluß des Wagens oder des Schiffsgefäßes eintreten (§§. 94 bis 96).

Bei speziell revidirten Waaren kann von der Anlegung eines amtlichen Verschlusses, wenn die Betheiligten dieselbe nicht selbst beantragen, abgesehen werden, sofern eine Vertauschung der Waare nach deren Beschaffenheit auf dem Transporte nicht zu besorgen ist.

§. 44. [Verpflichtungen des Begleitschein-Extrahenten.] Derjenige, auf dessen Verlangen ein Begleitschein I. ausgestellt wird (Extrahent des Begleitscheins), übernimmt mit der Unterzeichnung desselben die Verpflichtung, die im Begleitschein bezeichneten Waaren in unveränderter Gestalt und Menge in dem bestimmten Zeitraume und an dem angegebenen Orte zur Revision und weiteren Abfertigung zu stellen, ingleichen die Verbindlichkeit, für den Betrag des Eingangszolls von diesen

Waaren und wenn die Art derselben durch spezielle Revision nicht festgestellt worden, beziehungsweise wenn es sich um Gegenstände handelt, welche nach der Deklaration zollfrei sind, für den Betrag des Zolles nach dem höchsten Erhebungssatz des Tarifs zu haften.

Der Waarenführer hat die Waaren unverändert ihrer Bestimmung zuzuführen und dem Amte, von welchem die Schlußabfertigung zu bewirken ist, unter Vorlegung des Begleitscheins zu gestellen, auch bis dahin den etwa angelegten amtlichen Verschluß unverletzt zu erhalten.

§. 45. [Sicherstellung des Zolles.] Für den Eingangszoll muß entweder durch Pfandlegung oder durch einen sicheren Bürgen, der sich als Selbstschuldner verpflichtet und den bürgschaftlichen Rechtsbehelfen entsagt, Sicherheit bestellt werden.

Die Pfandlegung oder Bürgschaft muß, wenn die Waarengattung ermittelt ist, auf den zu berechnenden Betrag des Eingangszolles, sonst aber auf den höchsten Zollsatz gerichtet werden.

Das Abfertigungsamt ist befugt, bekannte sichere Waarenführer, sowohl In- als Ausländer, von der Sicherheitsbestellung zu entbinden.

§. 46. [Nachweis der Erfüllung der Verpflichtungen des Begleitschein-Extrahenten.] Die im Begleitschein I. übernommenen Verpflichtungen erlöschen nur dann, wenn durch das darin bestimmte Amt bescheinigt wird, daß diesen Obliegenheiten völlig genügt sei, worauf sodann die Löschung der geleisteten Sicherheit oder Bürgschaft erfolgt. Auf den Antrag des Waarendisponenten kann der Begleitschein von dem Empfangsamte auch einem anderen dazu befugten Amte zur Erledigung überwiesen werden.

Die Angaben des Begleitscheins hinsichtlich der Gattung und des Nettogewichts der Waaren können von dem Waarenführer oder dem Waarenempfänger am Bestimmungsorte, so lange eine spezielle Revision noch nicht stattgefunden hat, ergänzt oder berichtigt werden.

Rücksichtlich der Haftung für die berichtigte Deklaration, sowie rücksichtlich der Folgen einer Berichtigung gelten die Bestimmungen im §. 26.

§. 47. [Zollpflichtiges Gewicht.] Das beim Eingange ermittelte und im Begleitschein angegebene Gewicht der Waaren wird in der Regel der Verzollung oder weiteren Abfertigung zu Grunde gelegt, unbeschadet der näheren Untersuchung, welche wegen etwa vorgekommener Irrthümer in der Abfertigung oder wegen versuchter Zolldefraudation einzuleiten ist, wenn sich bei der am Bestimmungsorte veranlaßten abermaligen Verwiegung Abweichungen von dem beim Eingange ermittelten Gewicht ergeben.

Es wird indeß von dem Mindergewicht, welches sich bei den unter amtlichem Verschluß oder unter Begleitung abgelassenen Waaren am Bestimmungsorte gegen das beim Eingange ermittelte Gewicht herausstellt, kein Eingangszoll erhoben, vielmehr bildet das vorgefundene Gewicht die Grundlage der Verzollung oder weiteren Abfertigung, sofern der amtliche Verschluß unverletzt befunden wird und anzunehmen ist, daß das Mindergewicht lediglich durch natürliche Einflüsse herbeigeführt worden sei, namentlich kein Grund zu dem Verdachte vorliegt, daß ein Theil der Waare heimlich entfernt worden.

Unter den gleichen Voraussetzungen wird auch von der Erhebung des Eingangszolles für das Mindergewicht abgesehen, welches sich etwa bei den zum Durchgange abgefertigten Waaren beim Ausgangsamte gegen das im Begleitschein angegebene Gewicht herausstellt.

Ist beim Eingangsamte nur eine probeweise Verwiegung erfolgt (§. 41), so gilt rücksichtlich der nicht verwogenen Kolli das deklarirte Gewicht als das ermittelte.

Hat beim Eingangsamte überhaupt keine Verwiegung stattgefunden (§. 41), so bildet das am Bestimmungsorte festgestellte Gewicht die Grundlage der Verzollung oder weiteren Abfertigung, sofern der Verschluß unverletzt befunden und nicht durch Umstände der Verdacht begründet wird, daß eine heimliche Entfernung von Waaren stattgefunden habe. In diesem Falle kann, nach dem Ergebniß der anzustellenden

Erörterungen, das deklarirte Gewicht der Verzollung oder weiteren Abfertigung zu Grunde gelegt werden.

§. 48. [Zollerlaß für die auf dem Transport zu Grunde gegangenen oder in verdorbenem oder zerbrochenem Zustande ankommenden Waaren.] Wenn auf Begleitschein I. abgefertigte Waaren erweislich auf dem Transporte durch Zufall zu Grunde gegangen sind, so tritt ein Zollerlaß ein.

Ferner bleibt, sofern der angelegte amtliche Verschluß unverletzt befunden wird, oder amtliche Begleitung stattgefunden hat, der Eingangszoll unerhoben, wenn die Gegenstände, welche unter amtlichem Verschluß oder amtlicher Begleitung abgefertigt worden sind, am Bestimmungsorte in verdorbenem oder in zerbrochenem Zustande ankommen. Die in verdorbenem Zustande ankommenden Gegenstände müssen unter amtlicher Aufsicht vernichtet werden. Die zerbrochen ankommenden Gegenstände sind unter Aufsicht der Zollbehörde nöthigenfalls so zu zerstören, daß sie völlig unbrauchbar werden.

§. 49. [Verzögerung des Transportes.] Sollten Naturereignisse oder Unglücksfälle bei dem Transporte innerhalb des Vereinsgebiets den Waarenführer verhindern, seine Reise fortzusetzen und den Bestimmungsort in dem durch den Begleitschein festgesetzten Zeitraume zu erreichen, so ist er verpflichtet, dem nächsten Zoll- oder Steueramte Anzeige davon zu machen, welches entweder den Aufenthalt auf dem Begleitschein bezeugen, oder, wenn die Fortsetzung der Reise ganz unterbleibt, die Waaren unter Aufsicht nehmen muß.

§. 50. [Veränderte Bestimmung oder Theilung der Ladung.] Wenn eine Waarenladung, über welche ein Begleitschein ertheilt worden ist, eine andere Bestimmung erhält, so hat der Waarenführer den Begleitschein bei dem nächsten Zoll- oder Steueramte abzugeben, welches den Begleitschein mit dem erforderlichen Vermerk über den veränderten Bestimmungsort und Empfänger versieht.

Soll eine auf Begleitschein I. abgefertigte Ladung unterwegs getheilt werden, so sind die Waaren dem nächsten Hauptzoll- oder Hauptsteueramte oder einem zur Ausstellung von Begleitscheinen befugten Zoll- oder Steueramte vorzuführen, welches auf diesfälligen Antrag neue Begleitscheine ausfertigt, nachdem die Theilung der Ladung unter amtlicher Aufsicht erfolgt ist.

Die Theilung darf sich auch auf den Inhalt einzelner Kolli erstrecken.

§. 51. [Begleitscheine II.] Soll nach dem Antrage des Deklaranten die Erhebung des durch spezielle Revision ermittelten Eingangszolles bei einem anderen dazu befugten Amte erfolgen, so geschieht dies durch Ertheilung eines Begleitscheins II., welcher die Menge und Gattung der Waaren nach den Ergebnissen der Revision, den Namen und Wohnort des Waarenempfängers, den Betrag des gestundeten Eingangszolles, wo derselbe zu entrichten, ob und welche Sicherheit geleistet, was wegen Vorlegung des Begleitscheins zu erfüllen ist, sowie den Zeitraum enthält, innerhalb dessen der Beweis der erfolgten Zollentrichtung geführt werden muß.

Begleitscheine II. werden jedoch nur dann ausgestellt, wenn der Eingangszoll von den Waaren, für welche der Begleitschein begehrt wird, fünf Thaler oder mehr beträgt.

§. 52. [Ansageverfahren.] Mit Genehmigung der obersten Landes-Finanzbehörde kann auf solchen Strecken, wo es im Bedürfniß des Verkehrs liegt, und amtliche Begleitung zuläßig erscheint, die Ablassung der Waaren von dem Grenzzollamte auf ein zur weiteren zollamtlichen Abfertigung befugtes Amt im Innern im Wege des Ansageverfahrens erfolgen. Die Abfertigung findet in diesem Fall nach Maßgabe der Bestimmnng im §. 38 statt.

§. 53. [B. Unmittelbare Durchfuhr: a) von ausgangszollpflichtigen Waaren.] Werden Waaren, welche mit einem Ausgangszoll belegt sind, zur unmittelbaren Durchfuhr deklarirt, so unterbleibt, sofern dieselben beim Eingange speziell revidirt werden, die Begleitschein-Ausfertigung.

Statt derselben wird in dem Duplikat der Deklaration angegeben, daß und wie die Waaren unter Verschluß gesetzt worden sind und innerhalb welcher Frist und über welches Zollamt der Wiederausgang derselben erfolgen dürfe.

§. 54. [b) auf kurzen Straßenstrecken.] Auf kurzen durch das Vereinsgebiet führenden Straßen können nach Maaßgabe der von der obersten Landes-Finanzbehörde zu treffenden Anordnungen bei der Abfertigung Erleichterungen eintreten.

§. 55. [C. Waaren-Ausgang. Behandlung der ausgangszollpflichtigen Waaren.] Sollen Waaren zur Ausfuhr gelangen, welche mit einem Ausgangszoll belegt sind, so müssen dieselben nach den Bestimmungen im §. 22 speziell angemeldet werden. Es erfolgt sodann spezielle Revision und die Erhebung des Ausgangszolles.

Ueber die Zollentrichtung wird Quittung ertheilt.

Ist der Ausgangszoll bei einem Amte im Innern entrichtet, so wird auf Grund der Angaben des Waarenführers in der Quittung zugleich bemerkt, binnen welcher Frist und auf welcher Straße die Ausfuhr erfolgen muß.

Der Ausgang darf, sofern nicht nach §. 21 eine Ausnahme zugestanden ist, nur über ein Grenzzollamt stattfinden, bei welchem die Quittung vorgezeigt werden muß.

§. 56. [Behandlung der Waaren, deren Ausfuhr nachgewiesen werden muß.] Waaren, bei denen es auf den Beweis der erfolgten Ausfuhr ankommt, müssen von dem Waarenführer bei demjenigen Grenzzollamte angemeldet und gestellt werden, über welches die Ausfuhr nach Inhalt der empfangenen Bezettelungen geschehen soll. Dieses Amt bewirkt die Abfertigung, nachdem es sich durch Revision der Waare die Ueberzeugung verschafft hat, daß diejenigen Gegenstände vorhanden sind, auf welche die Bezettelung lautet. Bei Waaren, welche unter amtlichem Verschluß zum Ausgange abgefertigt sind, beschränkt sich die Ausgangs-Abfertigung in der Regel auf die Prüfung und Lösung des Verschlusses.

Ist die Gestellung der Waare bei dem Grenzausgangsamte unterblieben, so hängt es von dem Ermessen der Zollbehörde ab, ob der Ausgang in Bezug auf die Ansprüche der Zollverwaltung als erwiesen anzunehmen sei.

§. 57. [D. Waaren-Ein- und Durchfuhr auf Flüssen, auf welche besondere Staatsverträge Anwendung finden.] Bei der Waaren-Einfuhr und Durchfuhr auf Flüssen, auf welche besondere Staatsverträge Anwendung finden, tritt das darin zur Sicherung des Zoll-Interesses vereinbarte Verfahren an die Stelle des gewöhnlichen Abfertigungsverfahrens.

§. 58. [E. Begleitschein-Regulativ.] Ueber das bei der Ausfertigung und Erledigung der Begleitscheine I. und II. zu beobachtende Verfahren wird ein besonderes Regulativ erlassen.

VII. Bestimmungen über die Waaren-Einfuhr, Ausfuhr und Durchfuhr auf den Eisenbahnen.

§. 59. [A. Allgemeine Verpflichtungen der Eisenbahnverwaltungen: 1) bezüglich der für die Abfertigung und die einstweilige Niederlegung der nicht sofort zur Abfertigung gelangenden Gegenstände erforderlichen Räume;] Die Eisenbahnverwaltung hat auf den für die Zollabfertigung bestimmten Stationsplätzen die für die zollamtliche Abfertigung und für die einstweilige Niederlegung der nicht sofort zur Abfertigung gelangenden Gegenstände erforderlichen Räume zu stellen, beziehungsweise die nach der Anordnung der Zollbehörde hierfür nöthigen baulichen Einrichtungen zu treffen.

§. 60. [2) gegenüber den Zollbeamten.] Diejenigen Oberbeamten der Zollver-

---

Zu §. 58.

Vgl. das vom Bundesrathe des Zollvereins festgestellte Begleitschein-Regulativ vom 20. Dezember 1869, abgedr. im Pr. Centralbl. f. d. Abgaben-Gesetzgbg. 1870 S. 25, Beil. z. Stück 2.

Zu §. 59.

Vgl. das Betriebs-Reglement für die Eisenbahnen Deutschlands vom 11. Mai 1874 §. 51 (Centralbl. f. d. D. R. S. 179).

waltung, welche mit der Kontrole des Verkehrs auf den Eisenbahnen und der die Abfertigung desselben bewirkenden Zollstellen besonders beauftragt sind und sich darüber gegen die Angestellten der Eisenbahn ausweisen, sind befugt, zum Zwecke dienstlicher Revisionen oder Nachforschungen, die Wagenzüge an den Stationsplätzen und Haltestellen so lange zurückzuhalten, als die von ihnen für nöthig erachtete und möglichst zu beschleunigende Amtsverrichtung solches erfordert.

Die bei den Wagenzügen oder auf den Stationsplätzen oder Haltestellen anwesenden Angestellten der Eisenbahnverwaltungen sind in solchen Fällen verpflichtet, auf die von Seite der Zollbeamten an sie ergehende Aufforderung bereitwillig Auskunft zu ertheilen und Hülfe zu leisten, auch den Zollbeamten die Einsicht der Frachtbriefe und der auf den Güterverkehr bezüglichen Bücher zu gestatten.

Nicht minder sind die bezeichneten Zollbeamten befugt, innerhalb der gesetzlichen Tageszeit alle auf den Stationsplätzen und Haltestellen vorhandenen Gebäude und Lokalien, soweit solche zu Zwecken des Eisenbahndienstes und nicht blos zu Wohnungen benutzt werden, ohne die Beachtung weiterer Förmlichkeiten zu betreten und darin die von ihnen für nöthig erachteten Nachforschungen vorzunehmen. Dieselbe Befugniß steht ihnen auf solchen Stationsplätzen und Haltestellen, welche von Nachtzügen berührt werden, auch zur Nachtzeit zu.

Jeder mit der Kontrole des Eisenbahnverkehrs besonders beauftragte Oberbeamte muß innerhalb der von der betreffenden Zolldirektivbehörde bezeichneten Strecke der Eisenbahn in beiderlei Richtungen in einem Personenwagen II. Klasse unentgeltlich befördert werden.

Ebenso hat, wo die Zollverwaltung eine Begleitung der Wagenzüge durch Zollbeamte eintreten läßt, die Beförderung der Begleitungsbeamten unentgeltlich zu erfolgen und ist denselben ein Sitzplatz auf einem Wagen nach ihrer Wahl, sofern sie von der Begleitung zurückkehren aber ein Platz in einem Personenwagen mittlerer Klasse einzuräumen.

§. 61. [B. Waaren-Eingang. 1) Zollamtliche Behandlung der Güter, die in Eisenbahnwagen die Grenze überschreiten.] Bei Ueberschreitung der Grenze dürfen in den Personenwagen oder sonst anderswo als in den Güterwagen sich keine Gegenstände befinden, welche zollpflichtig sind oder deren Einfuhr verboten ist. Eine Ausnahme findet nur hinsichtlich der unter dem Handgepäck der Reisenden befindlichen zollpflichtigen Kleinigkeiten, sowie des Gepäcks statt, welches sich auf den mittelst der Eisenbahn beförderten Wagen von Reisenden befindet.

Auf den Lokomotiven und in den dazu gehörigen Tendern dürfen nur Gegenstände vorhanden sein, welche die Angestellten oder Arbeiter der Eisenbahnverwaltung auf der Fahrt selbst zu eigenem Gebrauch oder zu dienstlichen Zwecken nöthig haben. Auch dürfen weder in den Eisenbahnwagen, noch in den Lokomotiven und Tendern geheime oder schwer zu entdeckende, zur Aufnahme von Gütern oder Effekten geeignete Räume vorhanden sein.

§ 62. Sämmtliche Frachtgüter und Effekten, deren Abfertigung nach Maaßgabe der folgenden Bestimmungen stattfinden soll, müssen in der Regel schon im Auslande in leicht und sicher verschließbare Güterwagen (Kulissenwagen, Wagen mit Schutzdecken), oder in abhebbare Behälter, nach den von der Zollbehörde zu ertheilenden näheren Vorschriften, verladen sein.

§. 63. [Generelle Deklaration. Ladungsverzeichniß.] Unmittelbar nach Ankunft des Zuges auf dem Bahnhofe des Grenzzollamtes hat der Zugführer oder der sonstige Bevollmächtigte der Eisenbahnverwaltung dem Amte vollständige Ladungsverzeichnisse über die Frachtgüter in zweifacher Ausfertigung zu übergeben. Der einen Ausfertigung müssen die Frachtbriefe über die darin verzeichneten Güter beigefügt sein.

Die Ladungsverzeichnisse müssen die verladenen Kolli nach Inhalt, Verpackungsart, Zeichen, Nummer und Bruttogewicht nachweisen, die Gesammtzahl derselben angeben und dasjenige Amt bezeichnen, bei welchem die weitere Abfertigung verlangt wird. Ferner muß darin die Angabe der Wagen oder Wagenabtheilungen oder der abhebbaren Behälter, in welche die Kolli verladen sind, nach Zeichen, Nummer oder Buchstaben enthalten sein.

Ein jedes Ladungsverzeichniß darf in der Regel nur solche Güter enthalten, welche nach einem und demselben Abfertigungsorte bestimmt sind.

§. 64. [Abfertigung der weitergehenden Wagen.] Demnächst werden die Wagen unter amtlichen Verschluß gesetzt (§§. 94 bis 96).

Der Zugführer oder sonstige Vertreter der Eisenbahnverwaltung übernimmt durch Unterzeichnung des Ladungsverzeichnisses in Vollmacht der Eisenbahnverwaltung die Verpflichtung, die in diesen Verzeichnissen genannten Wagen u. s. w. binnen der darin bestimmten Frist in vorschriftsmäßigem Zustande und mit unverletztem Verschlusse den betreffenden Abfertigungsämtern zu gestellen, widrigenfalls aber für die Entrichtung des höchsten tarifmäßigen Eingangszolles von den in dem Ladungsverzeichnisse nachgewiesenen Gewichtsmengen zu haften.

Es werden sodann sowohl die Ladungsverzeichnisse mit den dazu gehörigen Frachtbriefen, als auch die Schlüssel zu den zum Verschlusse der Wagen verwendeten Schlössern, amtlich verschlossen, an die betreffenden Abfertignngsstellen adressirt und nebst den vom Grenzzollamte auszufertigenden Begleitzetteln dem Zugführer oder sonstigen Bevollmächtigten der Eisenbahnverwaltung zur Abgabe an die Abfertigungsstellen übergeben. Die unterbliebene Ablieferung der Schlüssel oder die Verletzung des Verschlusses, unter welchem sich dieselben befinden, zieht für die Eisenbahnverwaltung und ihren Bevollmächtigten die nämlichen rechtlichen Folgen nach sich, wie die unmittelbare Verletzung des Verschlusses derjenigen Wagen u. s. w., zu welchen die Schlüssel gehören.

§. 65. [Umladungen und Ausladungen.] Auf den Antrag der Eisenbahnverwaltung kann unterwegs eine Umladung oder theilweise Ausladung von Frachtgütern bei einem dazu befugten Zoll- oder Steueramte unter amtlicher Aufsicht und unter den von der Zollbehörde näher vorzuschreibenden Bedingungen stattfinden.

An Hafenplätzen, wo die Eisenbahn bis an eine schiffbare Wasserstraße reicht, kann gleichfalls die Umladung der Güter von den Eisenbahnwagen in verschlußfähige Schiffe und umgekehrt unter den vorbezeichneten Bedingnngen vorgenommen werden.

Die Abnahme des Verschlusses, die erfolgte Umladung oder Ausladung, ferner die Wiederanlegung des Verschlusses ist auf dem Begleitzettel zu bescheinigen.

§. 66. [Abfertigung am Bestimmungsorte — spezielle Deklaration, Revision und weitere Abfertigung.] Gleich nach Ankunft des Wagenzuges am Bestimmungsorte sind die Wagen und die abhebbaren Behälter der Abfertigungsstelle vorzuführen, welche dieselbe in Beziehung auf ihren Verschluß und ihre äußere Beschaffenheit revidirt.

Sodann ist binnen einer von der Zollbehörde örtlich zu bestimmenden Frist die Gattung und Menge der eingegangenen Waaren mit der Angabe, welche Abfertigungsweise begehrt wird, nach den Bestimmungen in den §§. 22 ff. speziell zu deklariren, sofern nicht nach §. 27 der Antrag auf amtliche Revision gestellt wird.

Zollfreie Gegenstände können auf Grund des Ladungsverzeichnisses ohne spezielle Deklaration abgefertigt werden.

Der Bevollmächtigte der Eisenbahnverwaltung, welcher das Ladungsverzeichniß unterzeichnet hat, haftet für die Richtigkeit der in demselben enthaltenen Angaben hinsichtlich der Zahl und Art der geladenen Kolli. Abweichungen, welche sich bei der Revision von dem in den speziellen Deklarationen angegebenen Gewicht herausstellen, bleiben innerhalb der im §. 39 bezeichneten Grenzen straffrei.

Hinsichtlich des der Verzollung oder weitern Abfertigung zu Grunde zu legenden Gewichts finden die Bestimmungen im Schlußsatze des §. 47 Anwendung.

Auf den Antrag der Eisenbahnverwaltung können die Ladungsverzeichnisse auch einem anderen dazu befugten Amte zur Erledigung überwiesen werden.

§. 67. Rücksichtlich der auf dem Transport zu Grunde gegangenen oder in verdorbenem oder zerbrochenem Zustande ankommenden Gegenstände gelten die Bestimmungen des §. 48.

§. 68. Bei der Revision und weiteren Abfertigung kommen die Bestimmungen in den §§. 39 bis 51 zur Anwendung.

§. 69. [2) Zollamtliche Behandlung der Güter, welche im gewöhnlichen Landfracht- oder Schiffsverkehr einem Grenzzollamte Behufs Weiterbeförderung mittelst der Eisenbahn zugeführt werden.] Die aus dem Auslande eingegangenen Waaren, für welche das im Eisenbahnverkehr zulässige erleichterte Abfertigungsverfahren in Anspruch genommen wird, sind von dem Waarenführer unter Uebergabe der Ladungspapiere dem Grenzzollamte vorzuführen, welches die Waaren unter amtliche Aufsicht und Kontrole stellt. Vor der Verladung in die Eisenbahnwagen hat der Bevollmächtigte der Eisenbahnverwaltung das im §. 63 vorgeschriebene Ladungsverzeichniß zu übergeben.

Die Verladung geschieht unter amtlicher Aufsicht und unter Vergleichung der einzuladenden Güter mit dem Ladungsverzeichniß.

Hinsichtlich des weiteren Verfahrens gelten die Bestimmungen in den §§. 64 bis 68.

§. 70. [C. Waaren-Durchgang.] Die zum unmittelbaren Durchgange auf den Eisenbahnen bestimmten Güter werden mit Begleitzetteln und Ladungsverzeichnissen und unter amtlichen Verschluß (§. 63 und 64) zur Durchfuhr abgefertigt. Die Zollabfertigung beim Grenzausgangsamte beschränkt sich in der Regel auf die Prüfung und Lösung des Verschlusses und die Bescheinigung des Ausgangs über die Grenze. Enden die Eisenbahnen bei dem Grenzausgangsamte, so hat das letztere eine Vergleichung der auszuladenden Güter mit dem Ladungsverzeichniß vorzunehmen.

Für den Durchfuhrverkehr auf Eisenbahnen, welche das Vereinsgebiet auf kurzen Strecken durchschneiden, können von der obersten Landes-Finanzbehörde weitere Erleichterungen zugestanden werden.

§. 71. [D. Waaren-Ausgang.] Ausgangszollpflichtige Güter dürfen zur Beförderung nach dem Auslande nicht verladen werden, bevor nicht der Ausgangszoll bei einer zu dessen Erhebung befugten Zoll- oder Steuerstelle entrichtet oder sichergestellt worden ist. Die Güter werden, wenn der Ausgangszoll bei einem Amte im Innern entrichtet ist, unter Kollo- oder Wagenverschluß unmittelbar nach dem Auslande abgefertigt. Bei dem Grenzausgangsamte findet alsdann nur die Prüfung und Lösung des Verschlusses statt.

Rücksichtlich der Güter, deren Ausfuhr nachgewiesen werden muß, kommen die Bestimmungen im §. 56 zur Anwendung.

§. 72. Wenn die Abfertigung bei dem Grenzzollamte nach Maaßgabe der vorstehenden Bestimmungen nicht in Anspruch genommen wird, so erfolgt die Abfertigung nach den in den §§. 39 bis 51 enthaltenen Bestimmungen.

§. 73. [E. Regulativ über die Behandlung des Eisenbahntransports.] Die näheren Bestimmungen über die zollamtliche Behandlung des Güter- und Effektentransports auf den Eisenbahnen werden durch ein zu erlassendes Regulativ getroffen.

VIII. Bestimmungen über die Waaren-Einfuhr und Ausfuhr seewärts.

§. 74. [A. Waaren-Eingang. Anmeldung bei dem Ansageposten.] Wo für den Eingang seewärts Ansageposten errichtet sind, haben sich die Schiffsführer bei diesen zu melden und sämmtliche über ihre Ladung sprechenden Papiere abzugeben.

Zu §. 73.

Vgl. das vom Bundesrathe des Zollvereins festgestellte Regulativ, betr. die zollamtliche Behandlung des Güter- und Effekten-Transports auf den Eisenbahnen, vom 20. Dezember 1869 Pr. Centralbl. f. d. Abgaben-Gesgbg. 1870 S. 86, Beil. zu Stück 2) und den Bundesraths-Beschluß vom 13. Oktober 1875 zu §. 43 des Regulativs. (Centralbl. f. d. D. R. S. 716.)

Der Schiffsführer ist sogleich verpflichtet, dem Ansageposten eine von ihm unterzeichnete Deklaration der Zugänge zum Schiffsraum und etwaiger geheimer Behältnisse zu übergeben, auch dem Beamten diese Zugänge und Behältnisse an Ort und Stelle zu zeigen.

Die Ladungspapiere werden demnächst von dem Ansageposten in Gegenwart des Schiffsführers eingesiegelt, an das betreffende Grenzzollamt adressirt und, Falls nach dem Ermessen des Ansagepostens Begleitung eintritt, dem begleitenden Beamten, anderenfalls dem Schiffsführer zur Aushändigung an das Grenzzollamt zugestellt.

§. 75. [Verfahren beim Grenzzollamte — generelle Deklaration (Manifest).] Soll die Ladung bei dem Grenzzollamte zur Entlöschung gelangen, so hat der Schiffsführer dem Amte binnen spätestens 24 Stunden nach der Ankunft eine generelle Deklaration (Manifest) in einfacher Ausfertigung zu übergeben, welche den Namen des Schiffes und des Schiffsführers, die Nationalität und Tragfähigkeit des Schiffes, den Hafen oder die Häfen, wo die Ladung eingenommen ist, die Namen der Waarenempfänger, die Gattung der geladenen Waaren, bei verpackten Waaren auch die Zahl und Verpackungsart der Kolli, deren Zeichen und Nummer — ferner die besondere Bezeichnung der Kolli oder der unverpackt geladenen Waaren, welche sich außerhalb des Schiffsraumes befinden, endlich die Versicherung, daß die Angaben richtig sind und die Unterschrift des Schiffsführers oder seines Bevollmächtigten enthalten muß.

§. 76. Der Schiffsführer haftet für die Richtigkeit der Angaben hinsichtlich der Zahl und Art der geladenen Kolli, sowie dafür, daß keine unverpackt geladene Waare in der Deklaration verschwiegen ist.

Die Gattung der geladenen Waaren hat der Schiffsführer nach bestem Wissen anzugeben. Ist ihm der Inhalt einzelner Kolli unbekannt, so hat er dies in der generellen Deklaration zu bemerken.

§. 77. [Deklaration der Eingänge zum Schiffsraum und der geheimen Behältnisse.] Zugleich mit der generellen Deklaration muß der Schiffsführer eine Deklaration über die Zugänge zum Schiffsraum und etwaige geheime Behältnisse übergeben, sofern nicht eine solche bereits bei dem Ansageposten (§. 74) abgegeben ist.

§. 78. [Schiffsprovisionsliste.] Es ist ferner der generellen Deklaration eine Deklaration über die am Bord befindlichen, für den Gebrauch der Schiffsmannschaft und des Schiffs bestimmten Mund- und anderen Vorräthe, die Effekten der Schiffsmannschaft und die Schiffsinventarienstücke (Schiffsprovisionsliste) beizufügen. Das Gewicht der vorhandenen Vorräthe braucht nur annähernd angegeben zu werden.

Bei Schiffen, welche von ihrer Ankunft im Hafen bis zu ihrem Wiederausgange unter amtlicher Bewachung stehen, bedarf es der Abgabe einer Schiffs-Provisionsliste nicht.

§. 79. [Verbot des Verkehrs mit dem Lande oder mit anderen Schiffen.] Bevor die vorläufige Revision des Schiffes (§. 80) Seitens der Zollbehörde stattgefunden hat, darf dasselbe ohne Erlaubniß der Zollbehörde weder am Ufer anlegen, noch irgend einen Verkehr mit dem Lande oder mit anderen Schiffen unterhalten.

Die Zollbehörde ist befugt, das Schiff sofort nach der Ankunft durch ihre Beamten besetzen zu lassen.

§. 80. [Vorläufige Revision des Schiffes.] Nachdem die generelle Deklara-

---

Zu §. 76.

Die von den Passagieren auf das Schiff gebrachten, von ihnen mitgeführten, dem Schiffsführer nicht zum Transport übergebenen Effekten ist der Schiffer zu deklariren nicht verpflichtet.

Erk. (Z. I.) Pr. O.Tr. vom 6. Januar 1875 c. Pickenpack Goltd. A. 23 S. 136; O.R. 16, S. 21.

tion, sowie die Deklaration der Zugänge zum Schiffsraum und die Schiffsprovisionsliste übergeben ist, erfolgt die vorläufige Revision des Schiffes. Zugleich findet die spezielle Revision des Proviants, der Schiffsvorräthe, der Utensilien und Inventarienstücke, ferner der Effekten der Schiffsmannschaft und des Reisegepäckes der Passagiere statt, sofern nicht etwa für das letztere Abfertigung unter Begleitscheinkontrole beantragt wird.

Demnächst werden die Waarenräume des Schiffes und die etwa die Verdeck- oder Kajütfracht bildenden Waaren unter amtlichen Verschluß gesetzt (§§. 94 bis 96), oder das Schiff bleibt unter amtlicher Bewachung.

Der Schiffsproviant wird insoweit zollfrei und außer weiterer Kontrole gelassen, als derselbe den muthmaßlichen Bedarf der Schiffsmannschaft während der Dauer des Aufenthaltes des Schiffes im Lande nicht übersteigt. Dagegen werden die diesen Bedarf übersteigenden Mengen zur Verzollung gezogen oder auf den Antrag des Schiffsführers unter amtlichen Verschluß gesetzt.

§. 81. [Spezielle Deklaration, Revision und weitere Abfertigung.] Binnen einer von der Zollbehörde örtlich zu bestimmenden Frist hat demnächst der Waarenführer oder der Waarenempfänger die eingegangenen Waaren dem Grenzzollamte speziell (§§. 22 ff.) zu deklariren, sofern nicht nach §. 27 der Antrag auf Vornahme der amtlichen Revision gestellt wird.

Hinsichtlich der Deklaration, Revision und weiteren Abfertigung der Waaren kommen die Bestimmungen der §§. 29 und 39 bis 51 zur Anwendung.

Abweichungen von dem deklarirten Gewicht können nach den von der obersten Landes-Finanzbehörde zu treffenden näheren Anordnungen bis zu 20 Prozent von dem deklarirten Gewicht der einzelnen Kolli oder einer zusammen abgefertigten gleichnamigen Waarenpost straffrei gelassen werden.

§. 82. [Beschädigte Strandgüter.] Für beschädigte Güter, welche aus den an den Küsten von Zollvereinsstaaten gestrandeten Schiffen geborgen sind und im Wege öffentlichen Aufgebotes zum Verkauf gelangen, ist auf den Antrag der Betheiligten ein Eingangszoll von zehn Prozent des Bruttoertrages des Auktionserlöses zu erheben, wenn sowohl die Behörde, welche die Auktion abhält, als die Zollbehörde die stattgehabte Beschädigung der Waare bescheinigt.

§. 83. [Ansageverfahren.] Auf den Antrag des Schiffsführers können die Schiffe von dem Grenzzollamte im Ansageverfahren nach dem Bestimmungsorte abgelassen werden. Zu diesem Ende hat der Schiffsführer sogleich nach seinem Eintreffen, falls es nicht bereits bei einem Ansageposten geschehen ist, dem Grenzzollamte sämmtliche über seine Ladung sprechenden Papiere zu übergeben.

Das Schiff wird in der Regel mit zwei Beamten besetzt, welche dasselbe zu beaufsichtigen und nach dem Bestimmungsorte zu begleiten haben. Die Ladungspapiere werden amtlich abgestempelt, versiegelt und mit einem über das Schiff ausgefertigten Ansagezettel den Begleitungsbeamten zur Ablieferung an das Amt am Bestimmungsorte übergeben.

§. 84. [Umladung in Leichterschiffe.] Die Ablassung im Ansageverfahren kann auch stattfinden, nachdem ein Theil der Ladung bei dem Grenzzollamte entlöscht oder die Ladung ganz oder theilweise in Leichterschiffe übergeladen worden ist. Es muß jedoch, wenn das Schiff seine Ladung ganz an Leichterfahrzeuge abgegeben hat und im Eingangshafen zurückbleibt, der Schiffsführer für die Berichtigung des Deklarationspunktes am Bestimmungsorte (§. 86) persönlich oder durch einen Bevollmächtigten Sorge tragen. Die zollamtliche Abfertigung der beim Grenzeingangsamte entlöschten Waaren erfolgt nach Maaßgabe der Bestimmungen in den §§. 39 bis 51.

§. 85. [Verpflichtungen des Schiffsführers auf der Fahrt zum Bestimmungsorte.] Die Schiffsführer müssen ihre Fahrt zum Bestimmungsorte unverweilt und ohne weiteren Aufenthalt, als durch natürliche Hindernisse unvermeidlich wird, fortsetzen, auch während derselben die Ladung unberührt lassen. Die Schiffe dürfen ohne Erlaubniß der Zollbehörde auf der Fahrt weder am Ufer anlegen, noch mit dem Ufer oder mit anderen Schiffen Verkehr treiben.

§. 86. [Abfertigung am Bestimmungsorte.] Hinsichtlich der Deklaration, Revision und weiteren Abfertigung am Bestimmungsorte gelten die Bestimmungen der §§. 75 bis 81.

Sollen die Waaren unverzollt auf einer Eisenbahn weiter versendet werden, so kann die Abfertigung mittelst Ladungsverzeichnisses nach Maaßgabe der Bestimmungen in dem §. 69 erfolgen.

§. 87. Soll die Ladung des Schiffes von dem Grenzzollamte unter Begleitscheinkontrole abgelassen werden, so kommen die Vorschriften in den §§. 41 bis 51 zur Anwendung.

§. 88. [B. Waaren-Ausgang.] Ueber die zur Ausfuhr seewärts bestimmten Güter, welche ausgangszollpflichtig sind oder deren Ausfuhr nachgewiesen werden muß, hat der Schiffsführer der Zoll- oder Steuerstelle am Orte der Einladung eine Ausgangsdeklaration zu übergeben, welche den Namen des Schiffes und des Schiffsführers, die Nationalität und Tragfähigkeit des Schiffes, die Zahl, Verpackungsart, Zeichen und Nummern der Kolli, die Gattung der Waaren, die Namen der Versender und den Bestimmungsort, sowie die Bezeichnung der über die geladenen Waaren ertheilten amtlichen Bezettelungen enthalten muß.

Einer Anmeldung der zur Ausfuhr seewärts bestimmten Güter des freien Verkehrs, welche keinem Ausgangszolle unterliegen, bedarf es nicht.

Die Verladung erfolgt unter amtlicher Aufsicht. Ausgangszollpflichtige Gegenstände müssen vor der Verladung vorschriftsmäßig angemeldet und verzollt sein.

§. 89. [C. Lösch- und Ladeplätze.] Die Löschung, sowie die Einnahme von Ladungen darf nur an den von der Zollbehörde dazu bestimmten Stellen erfolgen.

§. 90. [D. Hafen-Regulative.] Die näheren Bestimmungen über das beim Eingange und Ausgange seewärts zu beobachtende Verfahren enthalten die unter Berücksichtigung der örtlichen Verhältnisse zu erlassenden Hafenregulative.

IX. Behandlung des Verkehrs mit den Staatsposten.

§. 91. Die mittelst der Posten eingehenden zollpflichtigen Waaren müssen mit einer Inhaltserklärung in Deutscher oder Französischer Sprache versehen sein; den oberen Zollbehörden bleibt vorbehalten, auf einzelnen Grenzstrecken im Falle des Bedürfnisses auch Inhaltserklärungen in anderen Sprachen zuzulassen. Die Waaren werden von der Zollstelle an der Grenze entweder schließlich abgefertigt oder an eine andere Zoll- oder Steuerstelle zur weiteren zollamtlichen Behandlung beziehungsweise zur Ausgangsabfertigung abgelassen.

Die Entrichtung des Eingangszolles von den zum Verbleib im Vereinsgebiet bestimmten Postgütern erfolgt im Wohnorte des Empfängers, oder, wenn keine Zoll- oder Steuerstelle daselbst vorhanden ist, bei einer geeignet gelegenen Hebestelle, deren Wahl der Postbehörde überlassen bleibt.

Bei den durchgehenden Poststücken findet seitens des Grenzausgangsamtes eine Vergleichung mit den Inhaltserklärungen und, wenn es für nöthig erachtet wird, den Postkarten oder den Begleitbriefen statt. Nach dem Ermessen der Zollbehörde kann die Durchführung der Poststücke durch das Vereinsgebiet auch unter Gesammtverschluß oder statt dessen unter amtlicher Begleitung erfolgen.

Sollen Gegenstände mit der Post nach dem Auslande versendet werden, welche einem Ausgangszolle unterliegen, so muß dieser vorher entrichtet werden.

Die näheren Bestimmungen wegen der Behandlung des Verkehrs mit den Posten sind in einem besonderen Regulativ enthalten.

Zu §. 91.

Vgl. das vom Bundesrathe des Zollvereins festgestellte Regulativ über die zollamtliche Behandlung der mit den Posten eingehenden, ausgehenden oder durchgehenden Gegenstände, vom 14. Juli 1868 (Pr. Centralbl. f. d. Abgaben-Gsgbg. S. 585).

X. Behandlung der Reisenden.

§. 92. Die vom Auslande eingehenden Reisenden, welche zollpflichtige Waaren bei sich führen, brauchen dieselben, wenn sie nicht zum Handel bestimmt sind, nur mündlich anzumelden. Auch steht es solchen Reisenden frei, statt einer bestimmten Antwort auf die Frage der Zollbeamten nach verbotenen oder zollpflichtigen Waaren, sich sogleich der Revision zu unterwerfen. In diesem Falle sind sie nur für die Waaren verantwortlich, welche sie durch die getroffenen Anstalten zu verheimlichen bemüht gewesen sind.

Einer Anmeldung bei dem Ansageposten (§. 38) bedarf es nicht. Der Ansageposten kann, wenn er es für nöthig erachtet, die Reisenden bis zum Grenzzollamte begleiten lassen.

Die Effekten der Reisenden werden in der Regel sogleich beim Grenz-Eingangsamte schließlich abgefertigt. Beim Ausgange sind dieselben nur aus besonderen Verdachtsgründen einer Revision unterworfen.

XI. Behandlung der einem Werthzolle unterliegenden Gegenstände.

§. 93. Die in dem Vereinszolltarif festgesetzten Werthzölle sollen nach dem Werthe am Orte des Ursprungs oder der Fabrikation des eingeführten Gegenstandes, mit Hinzurechnung der bis zum Orte der Eingangsabfertigung erforderlichen Transport-, Versicherungs- und Kommissionskosten, berechnet werden.

Wer einen solchen Gegenstand einführt, hat dessen Werth schriftlich zu deklariren.

Wenn die Zollbehörde den deklarirten Werth für unzulänglich erachtet, so soll sie berechtigt sein, die Waaren zu behalten, gegen Zahlung des deklarirten Werthes mit einem Zuschlage von fünf vom Hundert an denjenigen, welcher dieselben eingeführt hat.

Diese Zahlung muß innerhalb der auf die Deklaration folgenden vierzehn Tage erfolgen, und es müssen die etwa erhobenen Zölle gleichzeitig erstattet werden.

Wenn die Zollbehörde das Vorkaufsrecht ausüben will, so kann derjenige, gegen welchen dasselbe ausgeübt werden soll, sofern er es vorzieht, die Abschätzung der Waare durch Sachverständige verlangen. Dieselbe Befugniß steht der Zollbehörde zu, wenn sie es nicht für angemessen erachtet, sofort von dem Vorkaufsrechte Gebrauch zu machen.

Wenn die Schätzung durch Sachverständige ergiebt, daß der Werth der Waare den bei der Einfuhr deklarirten nicht um fünf vom Hundert übersteigt, so soll der Zoll nach dem in der Deklaration angegebenen Betrage erhoben werden.

Wenn der Werth den deklarirten um fünf vom Hundert übersteigt, so kann die Zollbehörde nach ihrer Wahl das Vorkaufsrecht ausüben oder den Zoll nach dem durch die Sachverständigen ermittelten Werth erheben.

Dieser Zoll soll zur Strafe um die Hälfte seines Betrages erhöht werden, wenn der von den Sachverständigen ermittelte Werth um zehn vom Hundert höher ist, als der deklarirte.

Die Kosten der Untersuchung sind von dem Deklaranten zu tragen, wenn der durch die schiedsrichterliche Entscheidung ermittelte Werth den deklarirten Werth um fünf vom Hundert übersteigt; im entgegengesetzten Falle sind dieselben von der Zollbehörde zu tragen.

Im Falle der Abschätzung der Waare wird der eine der beiden sachverständigen Schiedsrichter von dem Deklaranten, der andere von dem Vorstande der Lokal-Zollbehörde ernannt. Bei einer Meinungsverschiedenheit oder, wenn der Deklarant es verlangt, schon bei der Niedersetzung des Schiedsgerichts, wird ein Obman von den Sachverständigen gewählt, oder sofern sich die letzteren über die Wahl nicht verständigen, von dem Präsidenten des zuständigen Handelsgerichts oder, wo ein solches nicht vorhanden ist, von dem Vorsitzenden des Civilgerichts erster Instanz ernannt.

Die schiedsrichterliche Entscheidung muß innerhalb der auf die Niedersetzung des Schiedsgerichts folgenden vierzehn Tage abgegeben werden.

XII. Waarenverschluß.

§. 94. Der zollamtliche Verschluß erfolgt durch Kunstschlösser, Bleie oder Siegel.

Das abfertigende Amt hat zu bestimmen, ob Verschluß eintreten, welche Art desselben angewendet und welche Zahl von Schlössern, Bleien u. s. w. angelegt werden soll. Es kann verlangen, daß derjenige, welcher die Abfertigung begehrt, die Vorrichtungen treffe, welche es für nöthig hält, um den Verschluß anzubringen.

§. 95. Das erforderliche Material an Blei, Lack, Licht und Versicherungsschnur, sowie die fortan erforderlichen Schlösser beschafft die Zollverwaltung, vorbehaltlich des Anspruchs auf Ersatz der Kosten für verloren gegangene oder beschädigte Schlösser gegen diejenigen, welche die Schuld des Verlustes oder der Beschädigung trifft. Eisenbahnverwaltungen haben in dieser Beziehung für ihre Angestellten zu haften.

Das übrige zu der Verschlußvorrichtung nöthige Material muß von den Betheiligten besorgt werden.

§. 96. Bei eingetretener Verletzung des Waarenverschlusses kann in Folge der im Begleitschein u. s. w. von den Extrahenten übernommenen Verpflichtung für die Waaren, je nachdem ihre Gattung ermittelt ist oder nicht, die Einrichtung des tarifmäßigen oder des höchsten Eingangszolles verlangt werden.

Wird der Verschluß nur durch zufällige Umstände verletzt, so kann der Inhaber der Waaren bei dem nächsten zur Verschlußanlegung befugten Zoll- oder Steuer-Amte auf genaue Untersuchung des Thatbestandes, Revision der Waaren und neuen Verschluß antragen. Er läßt sich die darüber aufgenommenen Verhandlungen aushändigen und giebt sie an dasjenige Amt, welchem die Waaren zuzustellen sind, ab. Der Zollbehörde bleibt die Entscheidung überlassen, ob nach den obwaltenden Umständen von den oben angegebenen Folgen der Verschlußverletzung abgesehen werden kann.

XIII. Von den Niederlagen unverzollter Waaren.

§. 97. [A. Oeffentliche Niederlagen.] Zur Beförderung des mittelbaren Durchfuhrhandels und des inneren Verkehrs werden in den wichtigeren Handelsplätzen des Vereinsgebiets, sowie bei den Hauptzollämtern an der Grenze, wo ein Bedürfniß dazu sich zeigt, unter amtlicher Aufsicht stehende öffentliche Niederlagen eingerichtet, in welchen Waaren bis zu ihrer weiteren Bestimmung unverzollt gelagert werden können.

Die öffentlichen Niederlagen sind entweder:

allgemeine Niederlagen (Packhöfe, Hallen, Lagerhäuser, Freihäfen §§. 98 bis 104), oder

beschränkte Niederlagen (§. 105), oder

freie Niederlagen (Freiläger §. 107).

An Orten, wo keine dem Staate gehörigen Gebäude, welche als Niederlage benutzt werden können, oder dergleichen Gebäude nicht in dem nöthigen Umfange vorhanden sind, ist es Sache der Kaufmannschaft oder der Kommune, welche eine solche Anlage oder deren Erweiterung wünschen, den erforderlichen sicheren Raum zur Benutzung des Staates zu stellen.

§. 98. [1) Allgemeine Niederlagen. Niederlagsrecht — Lagerfrist.] Das Niederlagerecht wird der Regel nach nur für solche Waaren bewilligt, auf denen noch ein Zollanspruch haftet und welche nicht durch die besonderen Niederlage-Regulative (§. 106) von der Lagerung ausgeschlossen sind.

Die Lagerfrist soll in der Regel einen Zeitraum von fünf Jahren nicht überschreiten.

§. 99. [Lagergeld.] Wo Lagergeld erhoben wird, soll dasselbe für jede Niederlage nach dem örtlichen Bedarf zur Deckung der Kosten festgestellt werden, jedoch, sofern die Niederlagen für Rechnung des Staates verwaltet werden, die folgenden Sätze nicht überschreiten:

für das Lagern monatlich
a) von trockenen Waaren vom Zentner $\frac{1}{10}$ Thaler (3 Kreuzer),
b) von flüssigen Waaren vom Zentner $\frac{1}{7}$ Thaler ($4\frac{1}{2}$ Kreuzer).

§. 100. [Haftung der lagernden Waaren.] Die in der Niederlage befindliche Waare haftet unbedingt für den darauf ruhenden Zoll.

Wird die Verabfolgung der Waaren aus der Niederlage vom Niederleger oder einer dritten Person verlangt, so ist diesem Verlangen nur unter den im §. 14 enthaltenen Beschränkungen zu willfahren.

§. 101. [Gestattung der Umpackung.] Den Eigenthümern und Disponenten der lagernden Güter steht es frei, in der Niederlage, unter Aufsicht der Beamten, die Waaren Behufs der Theilung, Sortirung, Reinigung, Erhaltung und sonstiger mit dem Zweck der Niederlage zu vereinbarenden Behandlung umzupacken, sofern geeignete Räumlichkeiten dazu vorhanden sind.

Zur Ergänzung, Auffüllung 2c. der lagernden Waaren können Waaren aus dem freien Verkehr in die Niederlage eingebracht werden. Dieselben nehmen damit die Eigenschaft fremder unverzollter Waaren an.

§. 102. [Verpflichtungen der Niederlageverwaltung rücksichtlich der lagernden Waaren.] Die Niederlageverwaltung muß für die wirthschaftliche Erhaltung der Niederlageräume in Dach und Fach, für sichern Verschluß derselben, für Aufrechthaltung der Ruhe und Ordnung unter den in der Niederlage beschäftigten Personen, sowie für Abwendung von Feuersgefahr im Innern des Gebäudes und dem dazu gehörigen umschlossenen Raum sorgen und haftet für Beschädigungen der lagernden Waaren, welche aus einer ihr zur Last fallenden Unterlassung oder Vernachlässigung dieser Fürsorge entstehen. Diese Verpflichtung tritt erst ein, nachdem die Waare in die Niederlage aufgenommen und die amtliche Bescheinigung hierüber ertheilt worden ist.

Andere Beschädigungen der lagernden Waaren und Unglücksfälle, welche dieselben treffen, hat die Niederlageverwaltung nicht zu vertreten.

§. 103. [Abmeldung von der Niederlage.] Die Verzollung oder weitere Abfertigung der von den Niederlagen abgemeldeten Waaren erfolgt nach Maaßgabe der bei der Einlagerung festgestellten Menge und Beschaffenheit derselben.

In Fällen, in welchen das Gewicht der Waaren während der Lagerung durch Umpacken (§. 101) oder durch zufällige Ereignisse eine Verminderung erfahren hat, oder in denen anzunehmen ist, daß eine bei der Abmeldung wahrgenommene Gewichtsverminderung lediglich durch Eintrocknen, Einzehren, Verstauben, Verdunsten, oder gewöhnliche Leckage entstanden ist, bildet das Auslagerungsgewicht der Waaren die Grundlage der Abfertigung, sofern nicht von den Betheiligten die Verzollung oder Abfertigung nach dem Einlagerungsgewicht verlangt wird. Liegt der Verdacht vor, daß ein Theil der Waaren heimlich aus der Niederlage entfernt worden, so ist stets das Einlagerungsgewicht der Verzollung zu Grunde zu legen.

Das Gewicht der etwa von den Waaren entnommenen Proben wird besonders zur Verzollung gezogen.

Von den auf der Niederlage gänzlich verdorbenen und unbrauchbar gewordenen Waaren wird, nachdem dieselben unter amtlicher Aufsicht vernichtet worden sind, ein Zoll nicht erhoben.

§. 104. [Verfahren mit Waaren: a) deren Eigenthümer unbekannt ist;] Sind Güter, deren Eigenthümer und Disponenten unbekannt sind, ein Jahr in der Niederlage geblieben, so soll dies unter genauer Bezeichnung derselben zu zwei verschiedenen Malen mit einem Zwischenraum von mindestens vier Wochen durch öffentliche Blätter bekannt gemacht werden, und wenn sich hierauf binnen sechs Monaten nach der letzten Bekanntmachung Niemand meldet, die Niederlageverwaltung berechtigt sein, die Güter öffentlich meistbietend zu verkaufen. Der Erlös bleibt nach Abzug der Bekanntmachungs- und Verkaufskosten, der Abgaben, sowie der etwa auf die Erhaltung der Waaren verwandten Kosten und des Lagergeldes sechs Monate hindurch aufbewahrt und fällt, wenn er bis zu deren Ablauf von Niemand in Anspruch genommen wird, der Staatskasse anheim.

Sind dergleichen Waaren einem schnellen Verderben ausgesetzt, so kann ein früherer Verkauf mit Genehmigung der dem Hauptamte vorgesetzten Behörde in der Art geschehen, daß der Lizitationstermin im Orte zu zwei verschiedenen Malen innerhalb acht Tagen öffentlich bekannt gemacht wird.

[b) welche binnen fünf Jahren aus der Niederlage nicht abgeholt werden.] Haben Güter, deren Eigenthümer oder Disponent bekannt ist, länger als fünf Jahre gelagert, so ist derselbe, sofern nicht auf seinen Antrag ausnahmsweise eine längere Lagerung bewilligt ist, aufzufordern, die Güter binnen einer Frist, welche vier Wochen nicht überschreiten darf, von der Niederlage zu nehmen. Genügt er dieser Aufforderung nicht, so wird zum öffentlichen Verkauf der Waaren geschritten und der Erlös nach Abzug der Kosten und Abgaben dem Eigenthümer oder Disponenten zugestellt.

§. 105. [2) Beschränkte Niederlagen.] Bei den Aemtern an solchen Orten, welche nicht im Genuß des Niederlagerechts sind, können, wo sich ein Bedürfniß dazu ergiebt und geeignete Räume vorhanden sind, Waaren unverzollt mit der Maaßgabe niedergelegt werden, daß die Lagerfrist in der Regel nicht über sechs Monate dauern darf. Nach Ablauf derselben treten die im §. 104 enthaltenen Bestimmungen ein.

Wegen des Lagergeldes, der Gestattung von Umpackungen und der Behandlung des während der Lagerung entstandenen Mindergewichts kommen die Bestimmungen für allgemeine Niederlagen in den §§. 99, 101 und 103*) in Anwendung.

§. 106. [3) Regulative für die Niederlagen.] Die näheren Bedingungen für die Benutzung der einzelnen Niederlagen, sowie die speziellen Vorschriften über die Abfertigung der zu denselben gelangenden und aus ihnen zu entnehmenden Waaren enthalten die zu erlassenden Regulative.

§. 107. [4) Freie Niederlagen.] In den wichtigeren Seeplätzen des Vereinsgebiets können örtlich mit dem Hafen in Verbindung stehende freie Niederlageanstalten (Freiläger) errichtet werden.

Derartige Niederlagen werden mit den Maaßgaben, welche die für die einzelnen Niederlagen zu erlassenden Regulative enthalten, zollgesetzlich als Ausland behandelt. Die zur Ein- und Ausladung, sowie zur Lagerung bestimmten Räume sind durch sichernde Umschließung von dem umgebenden Gebiete abzuschließen.

§. 108. [B. Privatläger.] Waaren, auf denen ein Zollanspruch haftet, können auch in Privaträumen unter oder ohne Mitverschluß der Zollbehörden niedergelegt werden. Sind die Waaren zum Absatz im Vereinsgebiete bestimmt und nur zur Sicherung des darauf ruhenden, aber kreditirten Eingangszolles niedergelegt (Privat-Kreditläger), so darf die Lagerungsfrist sich der Regel nach nicht über sechs Monate und — bei längerer Lagerung — wenigstens nicht über das Kalenderjahr des Eingangs hinaus erstrecken.

Sind die zu lagernden Waaren zugleich oder ausschließlich zum Absatz nach dem Auslande bestimmt (Privat-Transitläger), so finden auf diese Läger, wenn sie unter amtlichem Mitverschluß stehen, die Bestimmungen in den §§. 101 und 103†) Anwendung; rücksichtlich der Lagerfrist gilt die Vorschrift des §. 98. Dagegen

---

*) Im B.G.Bl. Jahrg. 1869 S. 345 ist §. 102 statt des §. 103 citirt. Dieser Druckfehler ist hier auf Grund der Berichtigung im B.G.Bl. Jahrg. 1869 S. 634 verbessert.

Zu §. 106.

Vgl. das von dem Bundesrath des Zollvereins festgestellte Niederlage-Regulativ vom 20. Dezember 1869 (Pr. Centralbl. f. d. Abgaben-Gsgbg 1870 S. 67 Beil. zu St. 2).

Zu §. 108.

†) Im B.G.Bl. Jahrg. 1869 S. 346 ist §. 102 statt §. 103 citirt. Dieser Druckfehler ist hier auf Grund der Berichtigung im B.G.Bl. Jahrg. 1869 S. 634 verbessert.

haftet der Inhaber eines Privat-Transitlagers, welches sich nicht unter amtlichem Mitverschluß befindet, unbedingt für die Entrichtung des Eingangszolles von den zum Privatlager verabfolgten Waaren nach Maaßgabe des bei der Verabfolgung festgestellten Gewichts, insofern er nicht die Entrichtung der Abgaben an anderen Orten oder die Ausfuhr der Waaren in vorgeschriebener Art nachweist.

Für die Bewachung der unter amtlichem Mitverschluß stehenden Privat-Transitläger während ihrer Oeffnung bleibt der Zollverwaltung vorbehalten, die Entrichtung von Gebühren zu fordern.

§. 109. Die näheren Bestimmungen darüber, für welche Gegenstände und unter welchen Bedingungen Privatläger zu bewilligen sind, wird der Bundesrath des Zollvereins treffen.

§. 110. [C. Fortlaufende Konten.] Zur Erleichterung des Vertriebes ausländischer Waaren nach dem Auslande können an Großhandlungen unverzollte fremde Waaren unter Eintragung in ein fortlaufendes Konto mit der Maaßgabe verabfolgt werden, daß die Wiederausfuhr derselben nach dem Auslande nachgewiesen oder die Verzollung zum Eingange bewirkt werden muß.

Die Bedingungen, unter denen derartige Konten zu bewilligen sind, und die Verpflichtungen der Konteninhaber werden durch ein besonderes Regulativ bestimmt.

XIV. Verkehrserleichterungen und Befreiungen.

§. 111. [1) Versendungen aus dem Vereinsgebiet durch das Ausland nach dem Vereinsgebiet.] Bei Versendungen der im freien Verkehr stehenden Gegenstände aus dem Vereinsgebiete durch das Ausland nach dem Vereinsgebiete ist dem Ausgangs-Zollamte oder einem zu dieser Abfertigung befugten Amte im Innern eine Deklaration vorzulegen, worin die Art und Menge der zu versendenden Waaren mit ihrer sprachgebräuchlichen oder handelsüblichen Benennung und deren Bestimmungsort anzugeben ist. Einer Angabe des Nettogewichts der in einem Kollo zusammen verpackten, verschieden tarifirten Waaren bedarf es nicht.

Es tritt sodann die Revision und, der Regel nach, der amtliche Verschluß der Waaren ein. Dem Abfertigungsamte bleibt es überlassen, auch andere Maaßregeln zur Sicherung gegen eine Vertauschung der Waaren zu treffen. Bei Versendung von Wein können Proben entnommen werden, welche verschlossen der Sendung beizufügen sind.

Der Absender erhält demnächst die hiernach bescheinigte Deklaration zurück, auf welcher zugleich die zum Eintreffen beim Wiedereingangsamte verstattete Frist bemerkt wird.

Hat die Ausgangsabfertigung bereits bei einem Amte im Innern stattgefunden, so bedarf es bei dem Grenzausgangsamte nur der Rekognition des Verschlusses.

Bei derartigen Versendungen von ausgangszollpflichtigen Waaren kann Sicherstellung des Ausgangszolles verlangt werden.

Bei dem Wiedereingangsamte werden die Gegenstände auf den Grund der zu übergebenden Deklaration revidirt und nach richtigem Befund ohne Zollerhebung abgelassen. Sind die Waaren unter Kollo- beziehungsweise Wagen- oder Schiffsverschluß abgefertigt, so beschränkt sich die Revision beim Wiedereingangsamte in der Regel auf die Prüfung und Lösung des angelegten Verschlusses. Auf den Antrag des Waarenführers können auch die Waaren von dem Grenzzollamte unter

---

Zu §. 109.

Vgl. das vom Bundesrath erlassene Regulativ für Privatläger vom 17. April 1871 (Pr. Centralbl. f. d. Abgaben-Gesgbg. 1871 S. 376.)

Zu §. 110.

Vgl. das vom Bundesrath erlassene Regulativ, die fortlaufenden Konten betreffend, vom 13. Juli 1868 (Pr. Centralbl. f. d. Abgaben-Gesgbg. 1868 S. 269).

Zu XIV.

Vgl. das vom Bundesrath festgestellte Regulativ, betr. die Zollerleichterungen für de Handel mit Wein und fremden Spirituosen, vom 23. Juni 1871.

Belassung des amtlichen Verschlusses auf ein Amt im Innern zur schließlichen Abfertigung abgelassen werden.

Wird bei dem Transport von Waaren, welche unter Zollkontrole stehen, zwischenliegendes Ausland berührt, so muß die Waare dem Ausgangs- und dem Wiedereingangsamte zur Revision gestellt und der richtige Ausgang, beziehungsweise der Wiedereingang auf der die Sendung begleitenden Bezettelung bescheinigt werden.

Nach örtlichem Bedürfnisse können von der obersten Landes-Finanzbehörde für den Verkehr aus dem Vereinsgebiete durch das Ausland nach dem Vereinsgebiete Erleichterungen zugestanden werden.

§. 112. [2) Meß- und Marktverkehr.] Zur Erleichterung des Besuchs auswärtiger Messen und Märkte kann die zollfreie Rückbringung der unverkauft gebliebenen, aus dem freien Verkehr des Zollvereins stammenden Waare verstattet werden.

Nicht minder wird den fremden Handel- und Gewerbetreibenden, welche vereinsländische Messen und Märkte besuchen, von ihren unverkauften Waaren Erlaß des Eingangszolles bei der Wiederausfuhr gewährt.

§. 113. [3) Retourwaaren.] Vereinsländische Erzeugnisse oder Fabrikate, welche, außer dem Meß- und Marktverkehr, auf Bestellung, zum Kommissionsverkauf, zur Ansicht, zu öffentlichen Ausstellungen oder zum vorübergehenden Gebrauch nach dem Auslande gesandt sind und von dort zurückkommen, können vom Eingangszolle frei gelassen werden, sofern kein Zweifel dawider besteht, daß dieselben Waaren wieder eingehen, welche ausgegangen sind.

§. 114. Die Freilassung vom Eingangszolle kann auch erfolgen, wenn Gegenstände aus dem Auslande zu öffentlichen Ausstellungen oder zum vorübergehenden Gebrauche eingehen, und demnächst wieder ausgeführt werden.

§. 115. [4) Veredelungsverkehr.] Gegenstände, welche zur Verarbeitung, zur Vervollkommnung oder zur Reparatur mit der Bestimmung zur Wiederausfuhr eingehen, können vom Eingangszolle befreit werden.

In besonderen Fällen kann dies auch geschehen, wenn Gegenstände zu einem der bezeichneten Zwecke nach dem Auslande gehen und im vervollkommneten Zustande zurückkommen.

§. 116. [5) Grenzverkehr. In Bezug auf den kleinen Grenzverkehr können nach Maaßgabe des örtlichen Bedürfnisses besondere Erleichterungen angeordnet werden.

§. 117. [6) Strandgüter.] Inländische Strandgüter von Schiffen, welche nach dem Auslaufen verunglücken, bleiben, wenn die Thatsache vollständig nachgewiesen ist, frei vom Eingangszolle.

§. 118. [7) Bedingungen der vorstehenden Erleichterungen — anderweite Zollerlasse aus Billigkeitsrücksichten.] Die allgemeinen Bedingungen und Kontrolen, unter denen die in den §§. 111 bis 117 erwähnten Erleichterungen und Befreiungen eintreten, werden von dem Bundesrathe des Zollvereins vorgeschrieben werden.

Der Bundesrath wird ferner darüber Bestimmung treffen, ob und unter welchen Bedingungen auch in anderen als den oben erwähnten Fällen für die aus dem freien Verkehr des Zollvereins nach dem Auslande gesandten Gegenstände beim Wiedereingange, oder für die vom Auslande eingegangenen Gegenstände beim Wiederausgange aus Billigkeitsrücksichten ein Zollerlaß gewährt werden darf.

XV. Kontrolen im Grenzbezirke.

§. 119. [Transportkontrole.] Innerhalb des Grenzbezirks unterliegen, nach Maaßgabe der von der obersten Landes-Finanzbehörde zu treffenden Anordnungen, solche Waaren, bei welchen es nach den örtlichen Verhältnissen zur Sicherung gegen heimliche Einfuhr oder Ausfuhr nothwendig erscheint, einer Transportkontrole. Zu diesem Zweck hat Jeder, welcher Waaren dieser Art im Grenzbezirke transportirt, sich durch eine amtliche Bescheinigung (Legitimationsschein) darüber auszuweisen, daß er zum Transporte der gehörig bezeichneten Waaren in einer gewissen Frist und auf den vorgeschriebenen Wegen befugt sei.

Beim Eingange aus dem Auslande und in der Richtung von der Grenze nach der Zollstelle bedarf es auf der Zollstraße keines Transportausweises. Von der Zollstelle bis zur Binnenlinie haben sich diese Transporte durch die bei ersterer erhaltene Bezettelung zu legitimiren.

§. 120. [Allgemeine Befreiung von der Legitimationsschein-Pflichtigkeit.] Von der Verpflichtung zur Legitimation im Grenzbezirke sind allgemein befreit:

a) rohe Erzeugnisse des Bodens und der Viehzucht eines inländischen Landguts für den Verkehr innerhalb des Gutsbezirks. Wird das Landgut von der Grenzlinie durchschnitten, so sind nach der Oertlichkeit besondere Aufsichtsmaaßregeln vorzuschreiben;

b) der Transport auf den dem öffentlichen Verkehr dienenden Eisenbahnen aus dem Binnenlande in den Grenzbezirk;

c) Gegenstände, die innerhalb einer Stadt, eines Dorfes oder einer geschlossenen Ortschaft des Grenzbezirks von Haus zu Haus gesendet werden, vorbehaltlich der auch über solche Transporte, sofern dieselben die im Eingange des §. 119 gedachten Waaren zum Gegenstande haben, auf Verlangen der Zollbeamten zu liefernden Nachweisung der Verzollung oder zollfreien Abstammung der letzteren;

d) der Gütertransport mit den Posten. Die Postanstalten im Grenzbezirke dürfen jedoch, wenn es für nöthig erachtet und ihnen bekannt gemacht wird, entweder allgemein oder von gewissen Personen Päckereien zur Beförderung landeinwärts nur gegen eine, für jeden einzelnen Fall zu ertheilende schriftliche Erlaubniß des betreffenden Zollamts annehmen, welche dann das Poststück zum Bestimmungsorte begleitet.

§. 121. [Waarentransport auf Gewässern.] An den Ufern der Gewässer im Grenzbezirke und auf den in diesen Gewässern gelegenen Inseln dürfen zollfreie Gegenstände im verpacktem Zustande oder zollpflichtige Gegenstände ohne besondere Erlaubniß nur an solchen Stellen aus- und eingeladen werden, welche zu Landungsplätzen (§. 17) bestimmt und als solche bezeichnet sind.

Für Gewässer, welche längs der Zollgrenze sich erstrecken, bleibt es der obersten Landes-Finanzbehörde überlassen, nach dem örtlichen Bedürfniß eine Entfernung zu bestimmen, bis auf welche beladene Fahrzeuge ohne Erlaubniß des nächsten Zollamtes sich dem Ufer nur nähern dürfen. Unverdeckte Nachen, welche zollfreie Gegenstände geladen haben, unterliegen dieser Beschränkung nicht.

§. 122. [Beschränkung des Transports in Bezug auf die Zeit.] Der Transport der der Legitimationsschein-Kontrole unterliegenden Waaren im Grenzbezirke ist nur innerhalb der im §. 21 bezeichneten Tageszeit gestattet, sofern nicht der Transport auf den dem öffentlichen Verkehr dienenden Eisenbahnen stattfindet oder in besonderen Fällen von dem zuständigen Haupt- oder Nebenzollamte vor dem Beginne des Transportes eine Ausnahme nachgelassen ist.

§. 123. [Ausstellung des Transportausweises.] Der zum Transport erforderliche Ausweis wird ausgestellt:

a) beim Eingange aus dem Auslande von demjenigen Grenzzollamte, bei welchem die Anmeldung und Abfertigung geschieht;

b) beim Uebergange aus dem Binnenlande in den Grenzbezirk von denjenigen Aemtern und Expeditionsstellen in der Nähe der Binnenlinie, welche zur Ausfertigung von Legitimationsscheinen ermächtigt sind;

c) bei Versendung aus Orten des Grenzbezirks von der nächsten Zoll- oder Expeditionsstelle;

d) auch können Ortsbehörden oder andere dazu geeignete Personen zur Ausstellung von Versendungsscheinen ausnahmsweise ermächtigt werden.

§. 124.' [Kontrole der Gewerbetreibenden.] Hausirgewerbe, zu welchen auch das Halten von Wanderlagern gehört, dürfen im Grenzbezirke nur mit besonderer Erlaubniß und unter den zum Zwecke des Zollschutzes erforderlichen, von der obersten Landes-Finanzbehörde anzuordnenden Beschränkungen betrieben werden.

Auf Material- und Spezereiwaaren, auf Wein, Branntwein und Liqueure, sowie auf Zeuge, ganz oder theilweise aus Baumwolle, Wolle oder Seide, soll sich der Regel nach die Erlaubniß nicht erstrecken. Es können indeß von der obersten Landes-Finanzbehörde für einzelne Grenzstrecken in Bezug auf solche Waaren, welche dort keinen Gegenstand des Schleichhandels bilden, Ausnahmen zugelassen werden.

Soweit es zur Sicherung des Zollinteresses für nöthig erachtet wird, ist auch der Marktbesuch, sowie der stehende Gewerbebetrieb im Grenzbezirke den nach den örtlichen Verhältnissen von der obersten Landes-Finanzbehörde vorzuschreibenden Kontrolen unterworfen. Insbesondere hat Jeder, welche mit Waaren einen Handel treibt, auf die sich die angeordnete spezielle Kontrole erstreckt, ein Buch zu führen, worin rücksichtlich der unmittelbar aus dem Auslande bezogenen Waaren beim Empfang derselben der Tag und Ort, an und in welchem die Verzollung stattgefunden hat, bemerkt, und rücksichtlich der aus dem Inlande empfangenen Waaren der Nachweis hierüber enthalten sein muß.

XVI. Kontrolen im Binnenlande.

§. 125. Ueber den Grenzbezirk hinaus sind im Innern des Vereinsgebiets nach Maaßgabe der von der obersten Landes-Finanzbehörde nach den örtlichen Verhältnissen zu treffenden Anordnungen nur solche Waaren, welche einen Gegenstand des Schleichhandels bilden, und nur insoweit einer Kontrole unterworfen, daß

1) die aus dem Auslande oder aus dem Grenzbezirke in das Innere des Landes übergehenden Waaren mit den im Grenzbezirke empfangenen Bezettelungen bis zum Bestimmungsorte begleitet sein müssen, und
2) von den Handeltreibenden, welche dergleichen Waaren unmittelbar aus dem Auslande beziehen, über den Handel mit denselben Buch zu führen und darin der Tag und der Ort der Verzollung jedesmal beim Empfang der Waare anzumerken ist.

XVII. Haussuchungen und körperliche Visitationen.

§. 126. Sind Gründe vorhanden, zu vermuthen, daß irgend Jemand im Grenzbezirke sich einer Uebertretung der Zollgesetze schuldig gemacht habe, oder zu einer solchen Uebertretung durch Berzung verbotener oder zollpflichtiger Waaren mitwirke, so können zur Ermittelung derartiger Kontraventionen Nachsuchungen nach solchen Vorräthen unter Erforderung des Ausweises über die geschehene Verzollung oder den inländischen Ursprung der vorgefundenen Waaren, auch Haussuchungen von Zollbeamten unter Leitung eines Oberkontroleurs oder eines anderen Beamten gleichen oder höheren Ranges vorgenommen werden. Haussuchungen dürfen jedoch nur unter Beachtung der nach den Landesgesetzen für Haussuchungen im Allgemeinen vorgeschriebenen Förmlichkeiten stattfinden. Der Beobachtung dieser Förmlichkeiten bedarf es nicht, wenn auf der That betroffene, von den Zollbeamten verfolgte Schleichhändler in Häusern, Scheunen u. s. w. einen Zufluchtsort suchen. In solchen Fällen müssen die verdächtigen Räume den verfolgenden Zollbeamten auf Verlangen sofort und zu jeder Zeit geöffnet, und es dürfen letztere in Ausübung ihrer Dienstpflicht gegen die Flüchtigen auf keine Weise gehindert werden.

Zu §. 124.

1. Vgl. die Strafbestimmung des §. 136 Nr. 7.

2 Die Unterlassung der in einem Regulative vorgeschriebenen Eintragung des Ab- und Zugangs kontrolepflichtiger Waaren in ein Kontobuch ist selbst dann strafbar, wenn der dazu verpflichtete Handeltreibende über den Inhalt der Sendung im Irrthum gewesen ist; denn es ist seine Pflicht, sich von dem Inhalt der Sendung Kenntniß zu verschaffen.

Erk. (V. II.) Pr. O.Tr. vom 6. April 1875 c. Leonhard, Goltd. A. 23, S. 448.

Auch sind unter den vorgedachten Nachsuchungen die Revisionen bei den auf den Grund des §. 124 dieses Gesetzes unter Kontrole stehenden Gewerbtreibenden nicht begriffen.

Haussuchungen außerhalb des Grenzbezirks zum Zwecke der Verfolgung einer Uebertretung der Zollgesetze können nur von den zur Untersuchung solcher Uebertretungen kompetenten Behörden angeordnet und unter deren Leitung vorgenommen werden.

§. 127. Personen, gegen welche der Augenschein den Verdacht erregt, daß sie Waaren unter den Kleidern verborgen haben, und welche der Aufforderung der Zollbeamten, sich dieser Gegenstände freiwillig zu entledigen, nicht sogleich vollständig genügen, können der körperlichen Visitation unterworfen werden. Sie müssen jedoch, wenn sie die Visitation nicht bei der nächsten Zollstelle oder Ortsbehörde wollen geschehen lassen, deshalb vor die zur Untersuchung der Zollstraffälle kompetente Behörde geführt werden.

XVIII. Von den Dienststellen und Beamten und deren amtlichen Befugnissen.

§. 128. [A. Im Grenzbezirk.] Jede Erhebungs- oder Abfertigungsstelle im Grenzbezirke soll durch ein Schild mit einer Inschrift bezeichnet werden, aus welcher hervorgeht, welche Behörde daselbst ihren Sitz hat. Die Zollämter sind entweder Hauptzollämter oder Nebenzollämter erster oder zweiter Klasse.

Bei den Hauptzollämtern ist jede Zollentrichtung und jede durch dieses Gesetz vorgeschriebene Abfertigung ohne Einschränkung sowohl bei der Einfuhr als bei der Ausfuhr und Durchfuhr zulässig.

Bei Nebenzollämtern erster Klasse können Gegenstände, von welchen die Gefälle nicht über zehn Thaler vom Zentner betragen, oder welche nach der Stückzahl zu verzollen sind, in unbeschränkter Menge eingehen.

Höher belegte oder nach dem Werthe zu verzollende Gegenstände dürfen nur dann über solche Aemter eingeführt werden, wenn die Gefälle von dergleichen auf einmal eingehenden Waaren den Betrag von Einhundert Thalern nicht übersteigen.

Zur Abfertigung der auf den Eisenbahnen eingehenden Waaren mit Ladungsverzeichniß (§§. 63 und 69) sind Nebenzollämter erster Klasse ohne Einschränkung befugt.

Ueber Nebenzollämter zweiter Klasse können Waaren, welche nicht höher als mit fünf Thalern für den Zentner belegt sind, oder welche nach der Stückzahl oder nach dem Werthe zu verzollen sind, in Mengen eingeführt werden, von welchen die Gefälle für die ganze Waarenladung den Betrag von fünfundzwanzig Thalern nicht übersteigen. Der Eingang von höher belegten Gegenständen ist nur in Mengen von höchstens funfzig Pfund zulässig. Vieh kann über Nebenzollämter zweiter Klasse in unbeschränkter Menge eingehen.

Den Ausgangszoll können Nebenzollämter erster und zweiter Klasse in unbeschränktem Betrage erheben.

Dieselben sind ferner zur Abfertigung der mit der Post eingehenden Gegenstände ohne Einschränkung befugt.

Innerhalb der vorstehend bezeichneten Befugnisse können Nebenzollämter erster und zweiter Klasse Waaren, welche mit Berührung des Auslandes aus einem Theile des Vereinsgebiets in den anderen versendet werden (§. 111), bei dem Aus- und Wiedereingange abfertigen.

Insoweit das Bedürfniß des Verkehrs es erfordert, werden einzelne Nebenzollämter von der obersten Landes-Finanzbehörde mit erweiterter Abfertigungsbefugniß,

---

Zu §. 126. Alin. 2.

Die in Alin. 2 erwähnten Revisionen bei den auf Grund des §. 124 unter Kontrole stehenden Gewerbetreibenden sind von den Voraussetzungen und Förmlichkeiten von Nachsuchungen und bezw. Haussuchungen nicht abhängig.

Erk. (Z.) Pr. O.A.G. vom 10. Juli 1873 c. Krönke, Goltd. A. 21, S. 196; O.R. 14, S. 43.

auch mit der Ermächtigung zur Ausstellung und Erledigung von Begleitscheinen I. versehen werden.

§. 129. Die Führer von Fuhrwerk oder Schiffen, sowie alle Personen, welche Waaren transportiren, sind verpflichtet, den Anordnungen der Grenzaufsichtsbeamten Folge zu leisten und dasjenige zu unterlassen, wodurch dieselben in Ausübung ihres Amtes gehindert werden würden.

Kiepen-, Korb- und Packträger, Fuhrwerke und beladene Lastthiere, welche nicht verpackte Waaren führen, sowie als leer angegebenes Fuhrwerk können von den Grenzaufsehern auf der Stelle revidirt werden.

Verpackte Waaren können die Grenzaufseher, wenn sie nicht durch äußere Besichtigung davon Ueberzeugung erlangen, daß solche keiner Transportkontrole im Grenzbezirke unterworfen sind, in der Richtung, in welcher sich die Transporte bewegen, zur nächsten Dienststelle begleiten oder solche zur Obrigkeit des nächsten Ortes führen, um mit dieser eine Nachsuchung vorzunehmen. Bei Personen, gegen welche der Augenschein den Verdacht erregt, daß sie Waaren unter den Kleidern verborgen haben, ist nach §. 127 zu verfahren.

Führer von Schiffsgefäßen von weniger als fünf Lasten Tragfähigkeit müssen auf den Anruf der Grenzaufseher so bald wie möglich anhalten und, je nachdem es verlangt wird, entweder dem Ufer zusteuern und dort an schicklichen Stellen anlegen oder die Ankunft der Grenzaufseher abwarten.

Wer Gegenstände führt, welche zwar im Allgemeinen der Legitimationsscheins-Kontrole unterliegen, aber unter gewissen Umständen von dem Transport-Ausweise befreit sind (§. 120), ist verbunden, den Grenzaufsehern zur Stelle die nöthige Auskunft zu geben, um sie zu überzeugen, daß die transportirten Gegenstände eines Ausweises nicht bedürfen. Kann dies nicht sofort genügend geschehen, so sind die Grenzaufseher befugt, den Transport dahin zu führen, wo die verlangte Auskunft mit Sicherheit zu erlangen ist.

Reisende, welche sich auf einer Zollstraße in der unbezweifelten Richtung nach dem Grenzzollamte befinden, dürfen von den Grenzaufsehern nicht angehalten werden.

§. 130. Die im §. 20 bezeichneten Beamten haben, um der ihnen dort auferlegten Verpflichtung genügen zu können, bei vorhandenem Verdachte, daß eine Verletzung der Zollgesetze beabsichtigt werde, die Befugniß, Personen und Waaren soweit anzuhalten, als solches den Grenzaufsehern selbst verstattet ist.

§. 131. [B. Im Innern des Vereinsgebiets.] Im Innern des Vereinsgebiets bestehen zur Erhebung der Eingangs- und Ausgangszölle, Hauptzoll- oder Hauptsteuerämter und Zoll- oder Steuerämter.

Hauptzoll- und Hauptsteuerämter, mit denen eine Niederlage für Waaren verbunden ist, auf denen noch ein Zollanspruch haftet (§. 97), sind zu jeder Zollerhebung oder sonstigen zollamtlichen Abfertigung, soweit sie nach dem Gesetze im Innern stattfinden darf, ermächtigt.

Hauptsteuerämter ohne Niederlage können die ihnen durch Begleitschein II. überwiesenen Zollbeträge erheben. Zur Ertheilung von Begleitscheinen I. sind dieselben, soweit es sich nicht um Ausstellung neuer Begleitscheine in Folge der Theilung von Waarentransporten (§. 50) handelt, nur auf Grund besonderer Genehmigung befugt. Der obersten Landes-Finanzbehörde bleibt es vorbehalten, ausnahmsweise diese Aemter auch zur Erledigung von Begleitscheinen I. zu ermächtigen.

Den Eingangszoll von den mit der Post eingehenden Gegenständen dürfen alle Zoll- und Steuerämter ohne Unterschied erheben. Welche Zoll- und Steuerämter im Innern zur Erhebung des Ausgangszolles befugt sind (§. 34), ferner welche Aemter Abfertigungen nach Maaßgabe des §. 111 vornehmen, auf welche Aemter Abfertigungen nach Maaßgabe der §§. 63 und 66 bis 71, und bei welchen Aus- und Umladungen der auf den Eisenbahnen unter Wagenverschluß beförderten Güter (§. 65) stattfinden können, bestimmt die oberste Landes-Finanzbehörde. Der letzteren bleibt es auch vorbehalten, nach Bedürfniß einzelnen Zoll- oder Steuerämtern im

Innern die Befugniß zur Ertheilung und zur Erledigung von Begleitscheinen beizulegen.

§. 132. Steueraufseher und andere Beamte im Innern, welche mit der Handhabung der Waarenkontrole im Binnenlande (§. 125) beauftragt sind, müssen, wenn sie sich in Dienstausübung befinden, entweder in Uniform gekleidet oder mit einer vom Ober-Inspektor des Bezirks oder dessen vorgesetzter Behörde ausgestellten und untersiegelten Legitimationskarte versehen sein.

Sie sind befugt, Fuhrwerke und Packenträger, welche dem Anscheine nach kontrolpflichtige Waaren führen und aus dem Grenzbezirke kommen, während des Transports anzuhalten und die Waarenführer zur Auskunft über die geladenen Waaren, sowie in geeigneten Fällen zur Vorzeigung der im Grenzbezirke erhaltenen Bezettelungen aufzufordern und durch äußere Besichtigung der Ladung, wobei eine Veränderung in der Lage der geladenen Kolli und eine Eröffnung der Verpackung nicht stattfinden darf, sich von der Uebereinstimmung der Ladung mit der erhaltenen Auskunft zu unterrichten.

Findet sich hierbei, daß über eine kontrolpflichtige Ladung die erforderliche Bezettelung fehlt, oder ergiebt sich ein Verdacht, daß andere, als die angegebenen Waaren geladen sind, oder daß die Ladung in der Menge von der vorgezeigten Bezettelung erheblich abweicht, so müssen die Aufsichtsbeamten die Ladung zu der auf dem Wege zum Bestimmungsorte zunächst gelegenen Steuerstelle oder, wenn solche über eine halbe Meile von dem Orte entfernt liegt, wo der verdächtige Transport angetroffen worden, zu der nächsten in dieser Richtung vorhandenen Polizeibehörde begleiten, um daselbst die nähere Untersuchung der Ladung vorzunehmen.

In Städten, wo zur Erhebung und Beaufsichtigung innerer Steuern besondere Beamte an den Thoren stationirt sind, haben auch diese die Befugniß zur Nachfrage über die geladenen aus dem Grenzbezirke kommenden Gegenstände und, sofern sich darunter kontrolpflichtige Artikel befinden, zur Besichtigung der Ladung.

XIX. Geschäftsstunden bei den Zoll- und Steuerstellen.

§. 133. Bei sämmtlichen Grenzzollämtern und sonstigen im Grenzbezirke vorhandenen Abfertigungsstellen sollen, soweit nicht unter Berücksichtigung der örtlichen Verhältnisse eine andere Regelung stattgefunden hat, an den Wochentagen in folgenden Stunden die Geschäftslokale geöffnet und die Beamten zur Abfertigung der Zollpflichtigen daselbst gegenwärtig sein, nämlich:

in den Monaten Oktober bis Februar einschließlich:
Vormittags von 7½ bis 12 Uhr und Nachmittags von 1 bis 5½ Uhr;
in den übrigen Monaten:
Vormittags von 7 bis 12 Uhr und Nachmittags von 2 bis 8 Uhr.

Bei den Hauptzoll- und Hauptsteuerämtern im Innern sollen die Dienststunden folgende sein:

in den Monaten Oktober bis einschließlich Februar:
Vormittags von 8 bis 12 Uhr und Nachmittags von 1 bis 5 Uhr;
in den übrigen Monaten:
von 7 bis 12 Uhr und von 2 bis 5 Uhr.

Die Abfertigung der Reisenden, welche keine zum Handel bestimmten Waaren mit sich führen, bei den Grenzzollämtern muß zu jeder Zeit ohne Ausnahme geschehen. Die Effekten der auf Eisenbahnen eingehenden Passagiere, sowie die auf den Eisenbahnen ankommenden, sofort unter Wagenverschluß weiter gehenden Frachtgüter (§. 63) sind sowohl bei den Grenzämtern, als bei Aemtern im Innern zu jeder Zeit, auch an Sonn- und Festtagen, abzufertigen.

Wo es außerdem das Bedürfniß des Verkehrs erfordert, werden auch andere Abfertigungen zu anderen, als den oben festgesetzten Stunden, sowie an Sonn- und Festtagen, außerhalb der Zeit des Gottesdienstes, ertheilt werden. Es werden in dieser Beziehung die näheren Vorschriften von den Zolldirektivbehörden getroffen werden.

XX. Strafbestimmungen.

§. 134. [Begriff und Strafe der Kontrebande.] Wer es unternimmt, Gegenstände, deren Ein-, Aus- oder Durchfuhr verboten ist, diesem Verbote zuwider ein-, aus- oder durchzuführen, macht sich einer Kontrebande schuldig und hat die Konfiskation der Gegenstände, in Bezug auf welche das Vergehen verübt worden ist, und, insofern nicht in besonderen Gesetzen eine höhere Strafe festgesetzt ist, zugleich eine Geldbuße verwirkt, welche dem doppelten Werthe jener Gegenstände, und wenn solcher nicht zehn Thaler beträgt, dieser Summe gleichkommen soll.

§. 135. [Begriff und Strafe der Defraudation.] Wer es unternimmt, die Ein- oder Ausgangsabgaben (§§. 3 und 5) zu hinterziehen, macht sich einer Defraudation schuldig und hat die Konfiskation der Gegenstände, in Bezug auf welche das Vergehen verübt worden ist, und zugleich eine dem vierfachen Betrage der vorenthaltenen Abgaben gleichkommende Geldbuße verwirkt. Diese Abgaben sind außerdem zu entrichten.

§. 136. [Thatbestand der Kontrebande und der Defraudation.] Die Kontrebande, beziehungsweise Zolldefraudation, wird insbesondere dann als vollbracht angenommen:

1) a) wenn verbotene Gegenstände von Frachtführern, Spediteuren oder anderen Gewerbetreibenden — von letzteren, insofern die Gegenstände zu ihrem Gewerbe in Bezug stehen — unrichtig oder gar nicht deklarirt, oder
b) von anderen Personen wider besseres Wissen unrichtig deklarirt oder bei der Revision verheimlicht werden;
c) wenn in Fällen der speziellen Deklaration (§§. 39, 41, 55, 66, 81, 88) zollpflichtige Gegenstände von den unter a) bezeichneten Personen gar nicht oder in zu geringer Menge oder in einer Beschaffenheit, welche eine geringere Abgabe würde begründet haben, deklarirt werden;
d) wenn in anderen Fällen (§§. 63, 69, 75, 78) von den unter a) bezeichneten Personen Kolli, welche zollpflichtige Gegenstände enthalten, oder dergleichen unverpackte Gegenstände überhaupt nicht deklarirt werden;
e) wenn von anderen als den unter a) bezeichneten Personen wider besseres Wissen zollpflichtige Gegenstände unrichtig deklarirt oder bei der Revision verschwiegen werden.

Inwieweit Abweichungen, welche sich gegen das deklarirte Gewicht herausstellen, straffrei zu lassen sind, bestimmen die §§. 39, 66 und 81;

2) wenn bei einer Revision ohne vorherige Deklaration verbotene oder zollpflichtige Gegenstände
a) im Falle des §. 27 nicht zur Revision gestellt, oder
b) im Falle des §. 92 durch getroffene Anstalten verheimlicht werden;

3) wenn beim Eingange mittelst der Eisenbahn (§. 61)
a) verbotene oder zollpflichtige Gegenstände vorbehaltlich der im §. 61 be-

---

Zu §§. 134, 135.

Da das „Unternehmen", verbotene Gegenstände ein-, aus- oder durchzuführen, resp. die Ein- oder Ausgangs-Abgaben zu hinterziehen, als Kontrebande resp. Defraudation angesehen wird, so ist der Versuch mit in den Thatbestand des vollendeten Vergehens gezogen und ist es unerheblich, ob das begonnene Unternehmen beendet und von Erfolg begleitet gewesen ist. Vgl. §. 82 des St.G.B.

Zu §. 135.

1. Vgl. den Deutschen Zolltarif v. 12. Juli 1873 (R.G.Bl. S. 244).

3. Bei der ausnahmelosen Vorschrift für die Berechnung der Defraudationsstrafe kann ein Mindestbetrag im Sinne des allgemeinen Strafgesetzbuchs nicht Platz greifen, vielmehr richtet sich die Strafe streng nach dem Betrag der vorenthaltenen Abgaben, auch wenn sie dann den Betrag von Einer Mark (cf. §. 27 St.G.B.) nicht erreicht, gemäß §. 2 Alin. 2 des Einführungsgesetzes zum Strafgesetzbuch.

Erk. (Z. II.) Pr. O.Tr. vom 11. Juni 1874 c. Juretzek, Goltd. A. 22, S. 504; O.R. 15, S. 382.

stimmten Ausnahmen in den Personenwagen, oder sonst anderswo als in den Güterwagen, oder

b) andere zollpflichtige Gegenstände, als solche, welche die Angestellten oder Arbeiter der Eisenbahnverwaltung auf der Fahrt selbst zum eigenen Gebrauch oder zu dienstlichen Zwecken nöthig haben, auf den Lokomotiven oder in den dazu gehörigen Tendern sich befinden,

c) verbotene oder zollpflichtige Gegenstände vor der Ankunft des Zuges am Grenzzollamte ausgeladen oder ausgeworfen werden;

4) wenn ausgangszollpflichtige Gegenstände ohne vorherige Anmeldung und Entrichtung oder Sicherstellung des Ausgangszolles entgegen den Bestimmungen in den §§. 71 und 88 zur Beförderung nach dem Auslande verladen worden sind;

5) wenn beim Transport verbotener oder zollpflichtiger Gegenstände im Grenzbezirke

a) die Zollstätte, bei welcher dieselben bei dem Ein- oder Ausgange hätten angemeldet oder gestellt werden sollen, ohne solche Anmeldung überschritten oder umgangen,

b) die vorgeschriebene Zollstraße oder der im Zollausweis (§§. 21 und 119) bezeichnete Weg nicht inne gehalten,

c) der Transport ohne Erlaubniß der Behörde außer der gesetzlichen Tageszeit (§. 21) bewirkt wird, oder

d) Gegenstände ohne den vorschriftsmäßigen Zollausweis (§. 119) betroffen werden, oder mit diesem nicht übereinstimmen;

6) wenn über verbotene oder zollpflichtige Gegenstände, welche aus dem Auslande eingehen, vor der Anmeldung und Revision bei der Zollstätte, oder wenn über derartige zur Durchfuhr oder zur Versendung nach einer öffentlichen Niederlage deklarirte oder sonst unter Zollkontrole befindliche Gegenstände auf dem Transporte eigenmächtig verfügt wird;

7) wenn Gewerbtreibende im Grenzbezirke sich nicht in Gemäßheit der nach §. 124 getroffenen Anordnungen über die erfolgte Verzollung oder die zollfreie Abstammung der bezogenen Gegenstände ausweisen können;

8) wenn unverzollte Waaren aus einer Niederlage ohne vorschriftsmäßige Deklaration (Abmeldung) entfernt werden;

9) wenn Gewerbtreibende, denen zur Beförderung ihres Gewerbes und unter der Bedingung der Verwendung zu diesem Zwecke der Bezug zollpflichtiger Gegenstände ganz frei oder gegen eine geringere Abgabe verwilligt wurde, dieselben ohne vorherige Nachzahlung der vollen Abgabe anderweit verwenden oder veräußern; oder wenn Personen, denen Waaren von der Zollverwaltung unverzollt anvertraut wurden, über dieselben zur Verkürzung der Zollgefälle gegen die Zollgesetze oder Verordnungen verfügen.

§. 137. Das Dasein der in Rede stehenden Vergehen und die Anwendung der Strafe derselben wird in den im §. 136 angeführten Fällen lediglich durch die daselbst bezeichneten Thatsachen begründet.

Kann jedoch in den im §. 136 unter 1. a) c) und d), 3., 4., 5., 6., 7. und 8. angeführten Fällen der Angeschuldigte nachweisen, daß er eine Kontrebande oder Defraudation nicht habe verüben können, oder eine solche nicht beabsichtigt gewesen sei, so findet nur eine Ordnungsstrafe nach Vorschrift des §. 152 statt.

§. 138. Wenn in den im §. 125 bezeichneten Fällen der zollordnungsmäßige Ausweis über die im Binnenlande transportirten Waaren nicht zur Stelle ertheilt

---

Zu §. 136.

1. Die Bestimmung des §. 136 Nr. 5 d ist nicht auf den Fall eingeschränkt, wo Jemand bei dem Transport von der Zollbehörde betreten worden ist, sie bezieht sich anch auf den Fall, wo nachweislich ein Transport im Grenzbezirk ohne den erforderlichen Zollausweis stattgefunden hat. Erk. (Z. II.) Pr. O.Tr. vom 6. September 1873. Goltd. A. 21, S. 593; O.R. 14, S. 513.

2. In den Fällen des §. 136 Nr. 9 wird die Strafe der Kontrebande oder Defraudation um die Hälfte geschärft. cf. §. 145.

werden kann, oder der dort vorgeschriebene Vermerk in den Handelsbüchern fehlt, so wird zwar hierdurch die Vermuthung einer begangenen Defraudation und dem Befinden nach die vorläufige Beschlagnahme der ohne die vorgeschriebene Bezettelung oder Vermerkung in den Handelsbüchern vorgefundenen Waaren begründet. Widerlegt sich aber diese Vermuthung bei näherer Untersuchung, so tritt nur eine Ordnungsstrafe nach §. 152 ein.

§. 139. Werden Gegenstände, deren Ein-, Durch- oder Ausfuhr verboten ist,

1) bei dem Grenzzollamte von Gewerbtreibenden ausdrücklich angezeigt, oder von anderen Personen vorschriftsmäßig zur Revision gestellt, oder
2) kommen solche Gegenstände mit der Post an, und kann derjenige, an welchen sie gesendet sind, einer beabsichtigten Kontrebande nicht überführt werden,

so findet keine Strafe, sondern nur die Zurückschaffung der Gegenstände statt.

Im ersten Falle geschieht die Zurückschaffung auf Kosten desjenigen, welcher die verbotenen Gegenstände bei sich geführt hat, im zweiten Falle haften für die etwa dem Staate verursachten Kosten die Gegenstände selbst.

§. 140. [Strafe des ersten Rückfalls.] Im Wiederholungsfalle der Kontrebande oder Defraudation, nach vorhergegangener rechtskräftiger Verurtheilung, wird außer der Konfiskation der Gegenstände des Vergehens die nach §§. 134 und 135 eintretende Geldbuße verdoppelt.

§. 141. [Strafe des ferneren Rückfalls.] Jeder fernere Rückfall zieht neben der Konfiskation der Gegenstände des Vergehens in der Regel eine Freiheitsstrafe nach sich, welche nach dem Doppelten der im §. 140 bestimmten Geldbuße zu bemessen ist (§. 162), jedoch zwei Jahre nicht überschreiten darf.

Doch kann ausnahmsweise nach richterlichem Ermessen mit Berücksichtigung aller Umstände des vorliegenden Vergehens und der vorausgegangenen Fälle auf das Doppelte der im §. 140 bestimmten Geldbuße erkannt werden, wenn der Angeklagte das Kontrebandiren oder Defraudiren nicht gewerbsmäßig betreibt.

§. 142. Die Strafen des Rückfalls (§§. 140 und 141) treten ein, ohne Rücksicht darauf, ob die frühere Verurtheilung in demselben Zollvereinsstaate, in welchem das neue Vergehen begangen ist, oder in einem anderem Vereinsstaate erfolgt ist.

Bei Beurtheilung der Frage, ob ein Rückfall vorliegt, sind die Kontrebande und die Defraudation als gleichartige Vergehen zu betrachten.

Die Straferhöhung wegen Rückfalls findet jedoch nicht statt, wenn seit dem Zeitpunkte, in welchem die Freiheitsstrafe oder Geldbuße des zuletzt begangenen früheren Vergehens abgebüßt oder erlassen worden ist, drei Jahre verflossen sind.

Der rechtskräftigen Verurtheilung wird die Erledigung des Straffalles durch freiwillige Unterwerfung gleichgestellt.

§. 143. Wenn ein Frachtführer oder Spediteur nach Vorschrift des §. 136, Nr. 1., Littr. c) und d) wegen unrichtiger Deklaration verurtheilt, derselbe jedoch durch die ihm von dem Befrachter mitgegebenen Deklarationen, Frachtbriefe oder anderen schriftlichen Notizen über den Inhalt der Kolli zu der unrichtigen Deklaration veranlaßt worden, oder wenn in den §. 136, Nr. 7 angeführten Fällen die Verurtheilung lediglich auf den Grund der daselbst bezeichneten Thatsachen erfolgt ist, ohne daß die Defraudation selbst weiter nachgewiesen worden, so findet im Wiederholungsfalle die Strafe des Rückfalls nicht statt; auch soll eine solche Verurtheilung diese Strafe bei einem nachfolgenden Zollvergehen nicht begründen.

§. 144. [Kontrebande oder Zolldefraudation unter erschwerenden Umständen.] Die Strafe der Kontrebande oder Defraudation wird um die Hälfte geschärft:

1) wenn die Gegenstände beim Transport in geheimen Behältnissen, oder sonst auf künstliche oder schwer zu entdeckende Art verborgen,
2) wenn unter Zollkontrole gehende Gegenstände auf dem Transporte vertauscht oder in ihren Bestandtheilen verändert worden sind,
3) wenn die Kontrebande oder Defraudation mittelst Abnahme, Verletzung

oder sonstiger Unbrauchbarmachung eines amtlichen Waarenverschlusses verübt wird,

wobei jedoch das im §. 162 festgesetzte höchste Maaß der Freiheitsstrafe nicht überschritten werden darf.

§. 145. Diese Strafverschärfung tritt in den Fällen des §. 136, Ziffer 9, gleichfalls ein. Außerdem gehen die Schuldigen der ihnen gewährten Begünstigung verlustig.

§. 146. Wenn drei oder mehrere Personen zur gemeinschaftlichen Ausübung einer Kontrebande oder Defraudation sich verbunden haben, so wird die Strafe für die gemeinschaftlich ausgeführten Vergehen gegen den Anführer durch eine drei- bis sechsmonatliche, gegen jeden der übrigen Theilnehmer aber durch ein- bis dreimonatliche Freiheitsstrafe geschärft.

Werden drei oder mehrere Personen zusammen in Ausübung eines Vergehens betroffen, so wird angenommen, daß sie sich zur gemeinschaftlichen Ausübung verbunden haben, wenn sie nicht nachweisen können oder aus den Umständen hervorgeht, daß ihr Zusammentreffen nur ein zufälliges gewesen sei.

Wird das Vergehen nach vorhergegangener rechtskräftiger Verurtheilung wiederholt, oder ist eine derartige Verbindung für die Dauer eingegangen worden, so trifft den Anführer ein- bis zweijährige, die übrigen Theilnehmer sechsmonatliche bis einjährige Freiheitsstrafe, neben der verwirkten Defraudations- oder Kontrebandestrafe.

§. 147. a) Wer Kontrebande oder Defraudation unter dem Schutze einer Versicherung verübt, verfällt neben der auf das Vergehen selbst gesetzten Strafe in eine zwei- bis dreimonatliche Freiheitsstrafe.

b) Wird die Kontrebande oder Defraudation von drei oder mehreren zu diesem Zwecke verbundenen Personen unter dem Schutze einer Versicherung verübt, so ist die nach §. 146 verwirkte Strafe gegen den Anführer mit achtmonatlicher bis einjähriger und gegen die übrigen Theilnehmer mit vier- bis sechsmonatlicher Freiheitsstrafe zu schärfen.

c) Der Versichernde, sowie der Vorsteher einer Versicherungsgesellschaft verfällt in den Fällen a) und b) in eine Freiheitsstrafe von Ein und einhalb bis zwei Jahren, der Rechnungsführer der Versicherungsgesellschaft in eine solche von sechs Monaten bis zu zwei Jahren, jeder der übrigen Mitglieder der Gesellschaft in eine solche von sechs Monaten bis zu Einem Jahre.

Außerdem unterliegen die zum Zwecke der Versicherung angelegten Fonds der Versicherungsgesellschaft der Konfiskation. Kann die Konfiskation nicht vollstreckt werden, so ist an deren Stelle auf Erlegung einer Geldsumme von fünfhundert bis fünftausend Thalern zu erkennen, für welche sämmtliche Theilnehmer solidarisch verhaftet sind.

§. 148. Wer bei Verübung einer Kontrebande oder Defraudation Waffen zum Widerstande gegen die zur Wahrnehmung des Zollinteresses verpflichteten Beamten mit sich führt, hat neben der ordentlichen Strafe des Vergehens sechsmonatliche bis einjährige Freiheitsstrafe verwirkt.

Gegen denjenigen, welcher im Grenzbezirke auf Nebenwegen oder zur Nachtzeit bei einer Kontrebande oder Defraudation mit Waffen betroffen wird, wird angenommen, daß er die Waffen zum Widerstande gegen die Beamten mit sich geführt habe, sofern nicht aus den Umständen hervorgeht oder der Beweis geführt wird, daß der Zweck der Führung der Waffen mit dem Vergehen in keinem Zusammenhange stehe.

Zu §. 145.

Die Straffschärfung des §. 145 tritt nicht ein, wenn der einem Gewerbetreibenden verwilligte Zollnachlaß unter dessen Mitwirkung für Waaren, welche anderen Personen gehören, durch Täuschung der Zollbehörde erschlichen war.

Erk. (Z. I.) Pr. O.Tr. vom 30. April 1875 c. Robinski O.R. 16, S. 328.

Hat der Angeschuldigte sich der Waffen zum Widerstande gegen die Beamten wirklich bedient, so treten die nach den Landesgesetzen verwirkten Strafen ein.

Den Waffen stehen andere gleich gefährliche Werkzeuge gleich.

§. 149. [Strafe der Theilnahme.] In Betreff der Bestrafung der Miturheber, Gehülfen oder Begünstigter einer Kontrebande oder Defraudation sind, soweit nicht die besonderen Vorschriften der §§. 146 und 147 Anwendung finden, die allgemeinen Vorschriften der Landesstrafgesetze maaßgebend.

Die für den Rückfall bestimmte Strafe trifft nur diejenigen Theilnehmer einer Kontrebande oder Defraudation, welche sich selbst eines Rückfalls schuldig gemacht haben.

§. 150. [Art der Vollstreckung der Freiheitsstrafe und deren Folgen.] Rücksichtlich der zu erkennenden Art der Freiheitsstrafe und deren Vollstreckung, sowie rücksichtlich der Folgen, welche außerdem die Verurtheilung nach sich zieht, kommen die Landesgesetze zur Anwendung.

§. 151. [Ordnungsstrafen.] Die Verletzung des amtlichen Waarenverschlusses ohne Beabsichtigung einer Gefälle-Entziehung wird, wenn nicht nachgewiesen werden kann, daß dieselben durch einen unverschuldeten Zufall entstanden ist, mit einer Geldbuße bis zu dreihundert Thalern geahndet.

§. 152. Die Uebertretung der Vorschriften dieses Gesetzes, sowie der in Folge derselben öffentlich bekannt gemachten Verwaltungsvorschriften wird, sofern keine besondere Strafe angedroht ist, mit einer Ordnungsstrafe bis zu fünfzig Thalern geahndet.

§. 153. [Subsidiarische Vertretungsverbindlichkeit dritter Personen.]

1) Handel- und Gewerbtreibende haben für ihre Diener, Lehrlinge, Markthelfer, Gewerbsgehülfen, Ehegatten, Kinder, Gesinde, und die sonst in ihrem Dienste oder Tagelohn stehenden oder sich gewöhnlich bei der Familie aufhaltenden Personen,
2) Eisenbahnverwaltungen und Dampfschiffahrts-Gesellschaften für ihre Angestellten und Bevollmächtigten,
3) andere nicht zur handel- und gewerbtreibenden Klasse gehörenden Personen aber nur für ihre Ehegatten und Kinder

rücksichtlich der Geldbußen, Zollgefälle und Prozeßkosten zu haften, in welche die solchergestalt zu vertretenden Personen wegen Verletzung der zollgesetzlichen oder Zollverwaltungs-Vorschriften verurtheilt worden sind, die sie bei Ausführung der ihnen von den subsidiarisch Verhafteten übertragenen oder ein für allemal überlassenen Handels-, Gewerbs- und anderen Verrichtnngen zu beobachten hatten.

Der Zollverwaltung bleibt in dem Falle, wenn die Geldbuße von dem Angeschuldigten nicht beigetrieben werden kann, vorbehalten, die Geldbuße von dem subsidiarisch Verhafteten einzuziehen, oder statt dessen und mit Verzichtung hierauf die im Unvermögensfalle an die Stelle der Geldbuße tretende Freiheitsstrafe sogleich an dem Angeschuldigten vollstrecken zu lassen.

Weisen indessen die unter 1 und 3 bezeichneten subsidiarisch Verhafteten nach, daß das Zollvergehen ohne ihr Wissen verübt worden, so haften sie nur für die Zollgefälle.

§. 154. [Bestimmungen wegen der Konfiskation.] Der in Folge einer Kontrebande oder Defraudation eintretende Verlust der Gegenstände des Vergehens trifft jederzeit den Eigenthümer. Eine Ausnahme findet statt, wenn die Kontrebande oder Defraudation von dem bekannten Frachtfuhrmann oder Schiffer, welchem der Trans-

---

Zu §. 149.
Vgl. §§. 48, 49, 257 des St.G.B.

Zu §. 152.
Vgl. die Bestimmungen in dem Regulativ über die fortlaufenden Konten vom 13. Juli 1868 §. 37, — in dem Niederlage-Regul. vom 20. Dezember 1869 §. 41, — in dem Regul., betr. den Güter- und Effekten-Transport auf den Eisenbahnen, vom 20. Dezember 1869 §. 49, — in dem Regul. für Privatläger vom 17. April 1871 §. 18. (cfr. die Anm. zu §§. 110, 106, 73, 109).

port allein anvertraut war, ohne Theilnahme oder Mitwissen des Eigenthümers oder des in dessen Namen handelnden Befrachters verübt worden ist, und der Waarenführer nicht zu denjenigen Personen gehört, für welche der Eigenthümer oder der Befrachter nach Vorschrift des §. 153 subsidiarisch verhaftet ist. In diesem Falle tritt statt der Konfiskation die Verpflichtung des Waarenführers ein, den Werth jener Gegenstände zu entrichten.

§. 155. In allen Fällen, in denen die Konfiskation selbst nicht vollzogen werden kann, ist statt derselben auf Erlegung des Werthes der Gegenstände und, wenn dieser nicht zu ermitteln ist, auf Zahlung einer Geldsumme von fünfundzwanzig bis Eintausend Thalern zu erkennen.

§. 156. Das Eigenthum der Gegenstände, die der Konfiskation unterliegen, geht in dem Augenblick, wo dieselben in Beschlag genommen worden sind, auf den Staat über, und kann nach den Grundsätzen der Civilgesetze über die Vindikation gegen jeden dritten Besitzer verfolgt werden.

§. 157. Zollpflichtige Gegenstände, welche im Grenzbezirke gefunden werden, unterliegen, sofern deren Eigenthum von Niemand in Anspruch genommen und der Nachweis ihrer Verzollung oder ihrer Herkunft aus dem freien Verkehr des Zollvereins nicht erbracht wird, der Beschlagnahme durch die Zollverwaltung.

Mit den hiernach in Beschlag genommenen Gegenständen ist weiter nach den Bestimmungen im Absatz 1 und 2 des §. 104 zu verfahren.

§. 158. [Zusammentreffen mit anderen strafbaren Handlungen.] Treffen mit einer Kontrebande oder Defraudation andere strafbare Handlungen zusammen, so kommt die für erstere bestimmte Strafe zugleich mit der für letztere vorgeschriebenen zur Anwendung.

§. 159. Wird eine Kontrebande oder Defraudation mittelst Fälschung eines amtlichen Waarenverschlusses verübt, so tritt neben der Strafe des verübten Zollvergehens die durch die Landesgesetze für die Fälschung öffentlicher Urkunden festgesetzte Strafe ein.

§. 160. [Strafe der Bestechung.] Wer einem zur Wahrnehmung des Zollinteresses verpflichteten Beamten oder den Angehörigen desselben wegen einer zu dessen amtlichen Wirkungskreise gehörigen Handlung oder Unterlassung einer solchen Geschenke oder andere Vortheile anbietet, verspricht oder gewährt, wird, wenn solches den gesetzlichen Karakter der Bestechung hat, mit der Strafe der Bestechung, andernfalls mit einer Ordnungsstrafe bis zu zwanzig Thalern belegt.

§. 161. [Strafe der Widersetzlichkeit.] Wer sich Handlungen oder Unterlassungen zu Schulden kommen läßt, wodurch ein solcher Beamter in der rechtmäßigen

---

Zu §. 155.

Die Verurtheilung zur Zahlung einer Geldsumme bei Nichtermittelung des Werths der Gegenstände hat nicht den Charakter einer Geldbuße und es kann für den Fall des Unvermögens nicht eine Freiheitsstrafe substituirt werden, da §. 162 sich nur auf Geldstrafen bezieht.

Erk. (V. I.) Pr. O.Tr. vom 3. Januar 1874 c. Lissowski Goltd. A. 22, S. 59; O.R. 15, S. 3.

Zu §. 158.

Die Bestimmung des Begriffs der Defraudation im §. 135 umfaßt auch die Fälle, in denen die Hinterziehung durch eine vorsätzliche Täuschung der Zollbehörde erfolgt (vgl. §. 136 Nr. 1 e. und §. 144), in denen also zugleich der Thatbestand des gemeinen Betruges enthalten ist. Eine solche vorsätzliche Täuschung ist daher nicht als ein mit der Defraudation ideell konkurrirender Betrug anzusehen resp. zu bestrafen. Unter den „anderen strafbaren Handlungen, welche mit einer Defraudation zusammentreffen", sind daher nur solche zu verstehen, welche zu dem gesetzlichen Thatbestande der Defraudation hinzutreten.

Erk. (V. I.) Pr. O.Tr. vom 17. Januar 1873 c. Richter O.R. 14, S. 64.

Zu §. 159.

Vgl. §§. 267 ff. des St.G.B.

Zu §. 160.

Vgl. §. 333 des St.G.B.

Zu §. 161.

Vgl §§. 185, 113 des St.G.B.

Ausübung seines Amtes verhindert wird, hat, insofern damit keine Beleidigung oder thätliche Widersetzlichkeit gegen die Person des Beamten verbunden ist, eine Geldbuße bis zu funfzig Thalern verwirkt.

Beleidigungen und thätliche Widersetzungen gegen einen zur Wahrnehmung des Zollinteresses verpflichteten Beamten bei rechtmäßiger Ausübung seines Amtes werden, sofern sie nicht unter die im §. 148 Absatz 1 vorgesehenen gehören, nach den Landesgesetzen bestraft.

§. 162. [Umwandlung der Geldstrafe in Freiheitsstrafe.] Im Falle die Geldstrafe nicht beigetrieben werden kann, tritt statt derselben verhältnißmäßige Freiheitsstrafe ein, welche im ersten Falle der Kontrebande oder Defraudation die Dauer von einem halben Jahre, beim ersten Rückfall in eines dieser Vergehen die Dauer von Einem und bei jedem ferneren Rückfall die Dauer von zwei Jahren nicht übersteigen soll.

Das Verhältniß, nach welchem die Freiheitsstrafe abzumessen (§. 141) oder die Geldbuße in Freiheitsstrafe umzuwandeln ist, wird durch die Landesgesetze bestimmt.

§. 163. [Unbekanntschaft mit den Zollgesetzen.] Unbekanntschaft mit den Vorschriften dieses Gesetzes und der in Folge derselben gehörig bekannt gemachten Verwaltungsvorschriften soll Niemand, auch nicht den Ausländern, zur Entschuldigung gereichen.

§. 164. [Verjährung der Zollvergehen.] Die Vergehen der Kontrebande und der Defraudation (§§. 134 und 135) verjähren in drei Jahren, Ordnungswidrigkeiten (§§. 151 und 152) in Einem Jahre, von dem Tage an gerechnet, an welchem sie begangen sind.

Der Anspruch auf Nachzahlung defraudirter Gefälle verjährt in fünf Jahren.

§. 165. [Strafverfahren.] Hinsichtlich des Strafverfahrens verbleibt es bei den Bestimmungen der Landesgesetze.

XXI. Schlußbestimmungen.

§. 166. Dieses Gesetz tritt vom 1. Januar 1870 an in Kraft, und sind von diesem Zeitpunkte ab alle entgegenstehenden Bestimmungen aufgehoben.

§. 167. Bei Verkündung des Gesetzes können solche Aenderungen des Wortlautes vorgenommen werden, welche nach den bestehenden Gesetzen in den einzelnen Vereinsstaaten in der Bezeichnung der Behörden, Beamten, Uebertretungen oder des Münzfußes nöthig sind.

Die zur Ausführung des Gesetzes erforderlichen Regulative und sonstigen Bestimmungen werden von dem Bundesrathe des Zollvereins festgestellt.

Urkundlich unter Unserer Höchsteigenhändigen Unterschrift und beigedrucktem Bundes-Insiegel.

Gegeben Schloß Babelsberg, den 1. Juli 1869.

(L. S.) Wilhelm.

Gr. v. Bismarck-Schönhausen.

Zu §. 162.

Vgl. §. 29 Alin. 1 und §. 78 Alin. 2 des St.G.B.

Zu §. 167.

Vgl. die vom Bundesrathe des Zollvereins erlassene Instruktion zur Ausführung des Vereinszollgesetzes vom 20. Dezember 1869 (Pr. Min.Bl. f. d. Verwaltung 1870 S. 63).

Inhalts-Verzeichniß.

Gesetz, betreffend das Urheberrecht an Schriftwerken, Abbildungen, musikalischen Kompositionen und dramatischen Werken. Vom 11. Juni 1870.*)

[B.G.Bl. 1870. S. 339.]

Wir Wilhelm, von Gottes Gnaden König von Preußen ꝛc., verordnen im Namen des Norddeutschen Bundes, nach erfolgter Zustimmung des Bundesrathes und des Reichstages, was folgt:

---

*) Das Gesetz, betr. das Urheberrecht ꝛc. vom 11. Juni 1870 ist durch §. 2 des Gesetzes, betr. die Verfassung des Deutschen Reiches, vom 16. April 1871 (B.G.Bl. S. 63) zum Reichsgesetz erklärt mit der Maßgabe, daß, wo in demselben von dem Norddeutschen Bunde, dessen Verfassung, Gebiet, Mitgliedern oder Staaten, Indigenat, verfassungsmäßigen Organen, Angehörigen, Beamten u. s. w. die Rede ist, das Deutsche Reich und dessen entsprechende Beziehungen zu verstehen sind.

Das Gesetz gilt in dem Gebiete des Norddeutschen Bundes, in Hessen südlich des Main, in Baden und in Württemberg seit dem 1. Januar 1871, in Bayern vom 1. Januar 1872 an unbeschadet der fortdauernden Geltung des Art. 68 des Bayerischen Gesetzes über den Schutz der Urheberrechte an literarischen Erzeugnissen und Werken der Kunst vom 28. Juni 1865. Vgl. B.G.Bl. Jahrg. 1870 S. 648, 651, 656, 657, — Jahrg. 1871 S. 90. Dasselbe ist in Elsaß-Lothringen eingeführt durch das Ges. vom 27. Januar 1873 (R.G.Bl. S. 42) vom 25. Februar 1873 an.

Vgl. über das vorliegende Gesetz den Aufsatz des Dr. Klostermann in Behrend, Zeitschrift für Gesetzgebung ꝛc. 5. Jahrg. (1871) 1. Heft.

I. Schriftstücke.*)

a. Ausschließliches Recht des Urhebers.

§. 1. Das Recht, ein Schriftwerk auf mechanischem Wege zu vervielfältigen, steht dem Urheber desselben ausschließlich zu.

§. 2. Dem Urheber wird in Beziehung auf den durch das gegenwärtige Gesetz gewährten Schutz der Herausgeber eines aus Beiträgen Mehrerer bestehenden Werkes gleich geachtet, wenn dieses ein einheitliches Ganzes bildet.

Das Urheberrecht an den einzelnen Beiträgen steht den Urhebern derselben zu.

§. 3. Das Recht des Urhebers geht auf dessen Erben über. Dieses Recht ann beschränkt oder unbeschränkt durch Vertrag oder durch Verfügung von Todeswegen auf Andere übertragen werden.

b. Verbot des Nachdrucks.

§. 4. Jede mechanische Vervielfältigung eines Schriftwerkes, welche ohne Genehmigung des Berechtigten (§§. 1, 2, 3) hergestellt wird, heißt Nachdruck und ist verboten.

Hinsichtlich dieses Verbotes macht es keinen Unterschied, ob das Schriftwerk ganz oder nur theilweise vervielfältigt wird.

Als mechanische Vervielfältigung ist auch das Abschreiben anzusehen, wenn es dazu bestimmt ist, den Druck zu vertreten.

§. 5. Als Nachdruck (§. 4) ist auch anzusehen:

a) der ohne Genehmigung des Urhebers erfolgte Abdruck von noch nicht veröffentlichten Schriftwerken (Manuskripten).

Auch der rechtmäßige Besitzer eines Manuskriptes oder einer Abschrift desselben bedarf der Genehmigung des Urhebers zum Abdruck;

b) der ohne Genehmigung des Urhebers erfolgte Abdruck von Vorträgen, welche zum Zwecke der Erbauung, der Belehrung oder der Unterhaltung gehalten sind;

c) der neue Abdruck von Werken, welchen der Urheber oder der Verleger dem unter ihnen bestehenden Vertrage zuwider veranstaltet;

d) die Anfertigung einer größeren Anzahl von Exemplaren eines Werkes Seitens des Verlegers, als demselben vertragsmäßig oder gesetzlich gestattet ist.

§. 6. Uebersetzungen ohne Genehmigung des Urhebers des Originalwerkes gelten als Nachdruck:

a) wenn von einem, zuerst in einer todten Sprache erschienenen Werke eine Uebersetzung in einer lebenden Sprache herausgegeben wird;

b) wenn von einem gleichzeitig in verschiedenen Sprachen herausgegebenen Werke eine Uebersetzung in einer dieser Sprachen veranstaltet wird;

c) wenn der Urheber sich das Recht der Uebersetzung auf dem Titelblatte oder an der Spitze des Werkes vorbehalten hat, vorausgesetzt, daß die Veröffentlichung der vorbehaltenen Uebersetzung nach dem Erscheinen des Originalwerkes binnen einem Jahre begonnen und binnen drei Jahren beendet wird. Das Kalenderjahr, in welchem das Originalwerk erschienen ist, wird hierbei nicht mitgerechnet.

Bei Originalwerken, welche in mehreren Bänden oder Abtheilungen erscheinen, wird jeder Band oder jede Abtheilung im Sinne dieses Paragraphen als ein besonderes Werk angesehen, und muß der Vorbehalt der Uebersetzung auf jedem Bande oder jeder Abtheilung wiederholt werden.

) Schriftstücke steht hier in Folge eines Druckfehlers statt „Schriftwerke". Vgl. Dr. Dambach: Die Gesetzgebung des Nordd. Bundes, betr. das Urheberrecht Berlin 1871 Seite 11 Note).

Bei dramatischen Werken muß die Uebersetzung innerhalb sechs Monaten, vom Tage der Veröffentlichung des Originals an gerechnet, vollständig erschienen sein.

Der Beginn und beziehungsweise die Vollendung der Uebersetzung muß zugleich innerhalb der angegebenen Fristen zur Eintragung in die Eintragsrolle (§§. 39 ff.) angemeldet werden, widrigenfalls der Schutz gegen neue Uebersetzungen erlischt.

Die Uebersetzung eines noch ungedruckten gegen Nachdruck geschützten Schriftwerkes (§. 5 Littr. a und b) ist als Nachdruck anzusehen.

Uebersetzungen genießen gleich Originalwerken den Schutz dieses Gesetzes gegen Nachdruck.

c. Was nicht als Nachdruck anzusehen ist.

§. 7. Als Nachdruck ist nicht anzusehen:

a) das wörtliche Anführen einzelner Stellen oder kleinerer Theile eines bereits veröffentlichten Werkes oder die Aufnahme bereits veröffentlichter Schriften von geringem Umfang in ein größeres Ganzes, sobald dieses nach seinem Hauptinhalt ein selbstständiges wissenschaftliches Werk ist, sowie in Sammlungen, welche aus Werken mehrerer Schriftsteller zum Kirchen-, Schul- und Unterrichtsgebrauch oder zu einem eigenthümlichen literarischen Zwecke veranstaltet werden. Vorausgesetzt ist jedoch, daß der Urheber oder die benutzte Quelle angegeben ist;

b) der Abdruck einzelner Artikel aus Zeitschriften und anderen öffentlichen Blättern mit Ausnahme von novellistischen Erzeugnissen und wissenschaftlichen Ausarbeitungen, sowie von sonstigen größeren Mittheilungen, sofern an der Spitze der letzteren der Abdruck untersagt ist;

c) der Abdruck von Gesetzbüchern, Gesetzen, amtlichen Erlassen, öffentlichen Aktenstücken und Verhandlungen aller Art;

d) der Abdruck von Reden, welche bei den Verhandlungen der Gerichte, der politischen, kommunalen und kirchlichen Vertretungen, sowie der politischen und ähnlichen Versammlungen gehalten werden.

d. Dauer des ausschließlichen Rechtes des Urhebers.

§. 8. Der Schutz des gegenwärtigen Gesetzes gegen Nachdruck wird, vorbehaltlich der folgenden besonderen Bestimmungen, für die Lebensdauer des Urhebers (§§. 1 und 2) und dreißig Jahre nach dem Tode desselben gewährt.

§. 9. Bei einem von mehreren Personen als Miturhebern verfaßten Werke erstreckt sich die Schutzfrist auf die Dauer von dreißig Jahren nach dem Tode des Letztlebenden derselben.

Bei Werken, welche durch Beiträge mehrerer Mitarbeiter gebildet werden, richtet sich die Schutzfrist für die einzelnen Beiträge danach, ob die Urheber derselben genannt sind oder nicht (§§. 8, 11).

§. 10. Einzelne Aufsätze, Abhandlungen 2c., welche in periodischen Werken, als: Zeitschriften, Taschenbüchern, Kalendern 2c., erschienen sind, darf der Urheber, falls nichts Anderes verabredet ist, auch ohne Einwilligung des Herausgebers oder Verlegers des Werkes, in welches dieselben aufgenommen sind, nach zwei Jahren vom Ablauf des Jahres des Erscheinens an gerechnet, anderweitig abdrucken.

§. 11. Bei Schriftwerken, welche bereits veröffentlicht sind, ist die im §. 8 vorgeschriebene Dauer des Schutzes an die Bedingung geknüpft, daß der wahre Name des Urhebers auf dem Titelblatte oder unter der Zueignung oder unter der Vorrede angegeben ist.

Bei Werken, welche durch Beiträge mehrerer Mitarbeiter gebildet werden, genügt es für den Schutz der Beiträge, wenn der Name des Urhebers an der Spitze oder am Schluß des Beitrags angegeben ist.

Ein Schriftwerk, welches entweder unter einem anderen, als dem wahren Namen des Urhebers veröffentlicht, oder bei welchem ein Urheber gar nicht angegeben ist, wird dreißig Jahre lang, von der ersten Herausgabe an gerechnet, gegen Nachdruck geschützt (§. 28).

Wird innerhalb dreißig Jahre, von der ersten Herausgabe an gerechnet, der wahre Name des Urhebers von ihm selbst oder seinen hierzu legitimirten Rechtsnachfolgern zur Eintragung in die Eintragsrolle (§§. 39 ff.) angemeldet, so wird dadurch dem Werke die im §. 8 bestimmte längere Dauer des Schutzes erworben.

§. 12. Die erst nach dem Tode des Urhebers erschienenen Werke werden dreißig Jahre lang, vom Tode des Urhebers an gerechnet, gegen Nachdruck geschützt.

§. 13. Akademien, Universitäten, sonstige juristische Personen, öffentliche Unterrichtsanstalten, sowie gelehrte oder andere Gesellschaften, wenn sie als Herausgeber dem Urheber gleich zu achten sind (§. 2), genießen für die von ihnen herausgegebenen Werke einen Schutz von dreißig Jahren nach deren Erscheinen.

§. 14. Bei Werken, die in mehreren Bänden oder Abtheilungen erscheinen, wird die Schutzfrist von dem ersten Erscheinen eines jeden Bandes oder einer jeden Abtheilung an berechnet.

Bei Werken jedoch, die in einem oder mehreren Bänden eine einzige Aufgabe behandeln und mithin als in sich zusammenhängend zu betrachten sind, beginnt die Schutzfrist erst nach dem Erscheinen des letzten Bandes oder der letzten Abtheilung.

Wenn indessen zwischen der Herausgabe einzelner Bände oder Abtheilungen ein Zeitraum von mehr als drei Jahren verflossen ist, so sind die vorher erschienenen Bände, Abtheilungen &c. als ein für sich bestehendes Werk und ebenso die nach Ablauf der drei Jahre erscheinenden weiteren Fortsetzungen als ein neues Werk zu behandeln.

§. 15. Das Verbot der Herausgabe von Uebersetzungen dauert in dem Falle des §. 6 Littr. b. fünf Jahre vom Erscheinen des Originalwerkes, in dem Falle des §. 6 Littr. c. fünf Jahre vom ersten Erscheinen der rechtmäßigen Uebersetzung ab gerechnet.

§. 16. In dem Zeitraum der gesetzlichen Schutzfrist (§§. 8 ff.) wird das Todesjahr des Verfassers, beziehungsweise das Kalenderjahr des ersten Erscheinens des Werkes oder der Uebersetzung nicht eingerechnet.

§. 17. Ein Heimfallsrecht des Fiskus oder anderer zu herrenlosen Verlassenschaften berechtigter Personen findet auf das ausschließliche Recht des Urhebers und seiner Rechtsnachfolger nicht statt.

e. Entschädigung und Strafen.

§. 18. Wer vorsätzlich oder aus Fahrlässigkeit einen Nachdruck (§§. 4 ff.) in der Absicht, denselben innerhalb oder außerhalb des Norddeutschen Bundes zu verbreiten, veranstaltet, ist den Urheber oder dessen Rechtsnachfolger zu entschädigen verpflichtet und wird außerdem mit einer Geldstrafe bis zu Eintausend Thalern bestraft.

Die Bestrafung des Nachdrucks bleibt jedoch ausgeschlossen, wenn der Veranstalter desselben auf Grund entschuldbaren, thatsächlichen oder rechtlichen Irrthums in gutem Glauben gehandelt hat.

Kann die verwirkte Geldstrafe nicht beigetrieben werden, so wird dieselbe nach Maaßgabe der allgemeinen Strafgesetze in eine entsprechende Freiheitsstrafe bis zu sechs Monaten umgewandelt.

Statt jeder aus diesem Gesetze entspringenden Entschädigung kann auf Verlangen des Beschädigten neben der Strafe auf eine an den Beschädigten zu erlegende Geldbuße bis zum Betrage von zweitausend Thalern erkannt werden. Für diese Buße haften die zu derselben Verurtheilten als Gesammtschuldner.

Zu §. 18.
Vgl. §§. 21 Alin. 4, 29 Alin. 2, 27, 33.

Eine erkannte Buße schließt die Geltendmachung eines weiteren Entschädigungsanspruches aus.

Wenn den Veranstalter des Nachdrucks kein Verschulden trifft, so haftet er dem Urheber oder dessen Rechtsnachfolger für den entstandenen Schaden nur bis zur Höhe seiner Bereicherung.

§. 19. Darüber, ob ein Schaden entstanden ist, und wie hoch sich derselbe beläuft, desgleichen über den Bestand und die Höhe einer Bereicherung, entscheidet das Gericht unter Würdigung aller Umstände nach freier Ueberzeugung.

§. 20. Wer vorsätzlich oder aus Fahrlässigkeit einen Anderen zur Veranstaltung eines Nachdrucks veranlaßt, hat die im §. 18 festgesetzte Strafe verwirkt, und ist den Urheber oder dessen Rechtsnachfolger nach Maaßgabe der §§. 18 und 19 zu entschädigen verpflichtet, und zwar selbst dann, wenn der Veranstalter des Nachdrucks nach §. 18 nicht strafbar oder ersatzverbindlich sein sollte.

Wenn der Veranstalter des Nachdrucks ebenfalls vorsätzlich oder aus Fahrlässigkeit gehandelt hat, so haften Beide dem Berechtigten solidarisch.

Die Strafbarkeit und die Ersatzverbindlichkeit der übrigen Theilnehmer am Nachdruck richtet sich nach den allgemeinen gesetzlichen Vorschriften.

§. 21. Die vorräthigen Nachdrucks-Exemplare und die zur widerrechtlichen Vervielfältigung ausschließlich bestimmten Vorrichtungen, wie Formen, Platten, Steine, Stereotypabgüsse ꝛc., unterliegen der Einziehung. Dieselben sind, nachdem die Einziehung dem Eigenthümer gegenüber rechtskräftig erkannt ist, entweder zu vernichten oder ihrer gefährdenden Form zu entkleiden und alsdann dem Eigenthümer zurückzugeben.

Wenn nur ein Theil des Werkes als Nachdruck anzusehen ist, so erstreckt sich die Einziehung nur auf den als Nachdruck erkannten Theil des Werkes und die Vorrichtungen zu diesem Theile.

Die Einziehung erstreckt sich auf alle diejenigen Nachdrucks-Exemplare und Vorrichtungen, welche sich im Eigenthum des Veranstalters des Nachdrucks, des Druckers, der Sortimentsbuchhändler, der gewerbsmäßigen Verbreiter und desjenigen, welcher den Nachdruck veranlaßt hat (§. 20), befinden.

Die Einziehung tritt auch dann ein, wenn der Veranstalter oder Veranlasser des Nachdrucks weder vorsätzlich noch fahrlässig gehandelt hat (§. 18). Sie erfolgt auch gegen die Erben desselben.

Es steht dem Beschädigten frei, die Nachdrucks-Exemplare und Vorrichtungen ganz oder theilweise gegen die Herstellungskosten zu übernehmen, insofern nicht die Rechte eines Dritten dadurch verletzt oder gefährdet werden.

§. 22. Das Vergehen des Nachdrucks ist vollendet, sobald ein Nachdrucks-Exemplar eines Werkes den Vorschriften des gegenwärtigen Gesetzes zuwider, sei es im Gebiete des Norddeutschen Bundes, sei es außerhalb desselben, hergestellt worden ist.

Im Falle des bloßen Versuchs des Nachdrucks tritt weder eine Bestrafung noch eine Entschädigungsverbindlichkeit des Nachdruckers ein. Die Einziehung der Nachdrucksvorrichtungen (§. 21) erfolgt auch in diesem Falle.

§. 23. Wegen Rückfalls findet eine Erhöhung der Strafe über das höchste gesetzliche Maaß (§. 18) nicht statt.

§. 24. Wenn in den Fällen des §. 7 Littr. a. die Angabe der Quelle oder

---

Zu §. 19.
Ueber technische Fragen, von welchen der Thatbestand des Nachdrucks oder der Betrag des Schadens oder der Bereicherung abhängt, kann gemäß §. 30 der Richter das Gutachten Sachverständiger einholen.

Zu §. 20.
Vgl. zu Alin. 3 den §. 25.

Zu §. 21.
Vgl. §§. 22, 25—27, 36.

Zu §. 24.
Vgl. §§. 27, 37.

des Namens des Urhebers vorsätzlich oder aus Fahrlässigkeit unterlassen wird, so haben die Veranstalter und der Veranlasser des Abdrucks eine Geldstrafe bis zu zwanzig Thalern verwirkt.

Eine Umwandlung der Geldstrafe in Freiheitsstrafe findet nicht statt.

Eine Entschädigungspflicht tritt nicht ein.

§. 25. Wer vorsätzlich Exemplare eines Werkes, welche den Vorschriften des gegenwärtigen Gesetzes zuwider angefertigt worden sind, innerhalb oder außerhalb des Norddeutschen Bundes gewerbsmäßig feilhält, verkauft oder in sonstiger Weise verbreitet, ist nach Maaßgabe des von ihm verursachten Schadens den Urheber oder dessen Rechtsnachfolger zu entschädigen verpflichtet und wird außerdem mit Geldstrafe nach §. 18 bestraft.

Die Einziehung der zur gewerbemäßigen Verbreitung bestimmten Nachdrucks-Exemplare nach Maaßgabe des §. 21 findet auch dann statt, wenn der Verbreiter nicht vorsätzlich gehandelt hat.

Der Entschädigungspflicht, sowie der Bestrafung wegen Verbreitung unterliegen auch der Veranstalter und Veranlasser des Nachdrucks, wenn sie nicht schon als solche entschädigungspflichtig und strafbar sind.

f. Verfahren.

§. 26. Sowohl die Entscheidung über den Entschädigungsanspruch, als auch die Verhängung der im gegenwärtigen Gesetze angedrohten Strafen und die Einziehung der Nachdrucks-Exemplare rc. gehört zur Kompetenz der ordentlichen Gerichte.

Die Einziehung der Nachdrucks-Exemplare rc. kann sowohl im Strafrechtswege beantragt, als im Civilrechtswege verfolgt werden.

§. 27. Das gerichtliche Strafverfahren ist nicht von Amtswegen, sondern nur auf den Antrag des Verletzten einzuleiten. Der Antrag auf Bestrafung kann bis zur Verkündung eines auf Strafe lautenden Erkenntnisses zurückgenommen werden.

§. 28. Die Verfolgung des Nachdrucks steht Jedem zu, dessen Urheber- oder Verlagsrechte durch die widerrechtliche Vervielfältigung beeinträchtigt oder gefährdet sind.

Bei Werken, welche bereits veröffentlicht sind, gilt bis zum Gegenbeweise derjenige als Urheber, welcher nach Maaßgabe des §. 11, Absatz 1, 2 auf dem Werke als Urheber angegeben ist.

Bei anonymen und pseudonymen Werken ist der Herausgeber, und wenn ein

---

Zu §. 25.

1. Der Vorsatz schließt das Bewußtsein in sich, daß die gewerbemäßig feilgehaltenen Exemplare den Vorschriften dieses Gesetzes zuwider angefertigt worden sind.

2. Nur das gewerbemäßige Feilhalten (Verkaufen, Verbreiten) ist strafbar und verpflichtet zur Entschädigung. Vgl. Dr. Dambach, die Gesetzgebung des N.B., betr. d. Urheberrecht. Berlin 1870 S. 163 N. 3.

3. Vgl. §§. 27, 34–36.

4. Wer aus Fahrlässigkeit gewerbemäßig Nachdrucks-Exemplare feilhält rc., ist nicht strafbar, auch nicht entschädigungsverbindlich; auf Einziehung der zur gewerbemäßigen Verbreitung bestimmten Exemplare kann jedoch nach Alin. 2 erkannt werden.

Zu §. 26.

Vgl. §. 31 Al. 2 dieses Gesetzes und die Instr. des Bundeskanzleramts vom 12. Dezember 1870 §. 11 (B.G.Bl. S. 624).

Zu §. 27.

1. Vgl. die §§. 35, 36 dieses Gesetzes; vgl. auch §§. 61–63, 64 Al. 2, 65 des St.G.B.

2. Ein Antrag auf Bestrafung kann mit rechtlicher Wirkung auch bei einem Staatsanwalt gestellt werden, welcher nicht bei dem für die Entscheidung der Sache zuständigen Gericht fungirt.

Erk. (Z.) Reichs-O.H.G. vom 7. Februar 1873 Goltd. A. 21, S. 268; J.M.Bl. 1873, S. 103.

Zu §. 28.

Als pseudonyme sind Werke, welche unter einem anderen, als dem wahren Namen des Urhebers veröffentlicht sind, selbst dann anzusehen, wenn der Urheber sich des falschen Namens auch im gemeinen Leben bedient haben sollte.

Erk. (Z. I.) Pr. O.Tr. vom 4. März 1870 c. Hempel O.R. 11 S. 138.

solcher nicht angegeben ist, der Verleger berechtigt, die dem Urheber zustehenden Rechte wahrzunehmen. Der auf dem Werke angegebene Verleger gilt ohne weiteren Nachweis als der Rechtsnachfolger des anonymen oder pseudonymen Urhebers.

§. 29. In den Rechtsstreitigkeiten wegen Nachdrucks, einschließlich der Klagen wegen Bereicherung aus dem Nachdruck, hat der Richter, ohne an positive Regeln über die Wirkung der Beweismittel gebunden zu sein, den Thatbestand nach seiner freien, aus dem Inbegriff der Verhandlungen geschöpften Ueberzeugung festzustellen.

Ebenso ist der Richter bei Entscheidung der Frage: ob der Nachdrucker oder der Veranlasser des Nachdrucks (§§. 18, 20) fahrlässig gehandelt hat, an die in den Landesgesetzen vorgeschriebenen verschiedenen Grade der Fahrlässigkeit nicht gebunden.

§. 30. Sind technische Fragen, von welchen der Thatbestand des Nachdrucks oder der Betrag des Schadens oder der Bereicherung abhängt, zweifelhaft oder streitig, so ist der Richter befugt, das Gutachten Sachverständiger einzuholen.

§. 31. In allen Staaten des Norddeutschen Bundes sollen aus Gelehrten, Schriftstellern, Buchhändlern und anderen geeigneten Personen Sachverständigen-Vereine gebildet werden, welche, auf Erfordern des Richters Gutachten über die an sie gerichteten Fragen abzugeben verpflichtet sind. Es bleibt den einzelnen Staaten überlassen, sich zu diesem Behufe an andere Staaten des Norddeutschen Bundes anzuschließen, oder auch mit denselben sich zur Bildung gemeinschaftlicher Sachverständigen-Vereine zu verbinden.

Die Sachverständigen-Vereine sind befugt, auf Anrufen der Betheiligten über streitige Entschädigungsansprüche und die Einziehung nach Maaßgabe der §§. 18—21 als Schiedsrichter zu verhandeln und zu entscheiden.

Das Bundeskanzler-Amt erläßt die Instruktion über die Zusammensetzung und den Geschäftsbetrieb der Sachverständigen-Vereine.

§. 32. Die in den §§. 12 und 13 des Gesetzes, betreffend die Errichtung eines obersten Gerichtshofes für Handelssachen vom 12. Juni 1869 (Bundesgesetzbl. S. 201), geregelte Zuständigkeit des Bundes-Oberhandelsgerichts zu Leipzig wird auf diejenigen bürgerlichen Rechtsstreitigkeiten ausgedehnt, in welchen auf Grnnd der Bestimmungen dieses Gesetzes durch die Klage ein Entschädigungsanspruch oder ein Anspruch auf Einziehung geltend gemacht wird.

Das Bundes-Oberhandelsgericht tritt auch in den nach den Bestimmungen dieses Gesetzes zu beurtheilenden Strafsachen an die Stelle des für das Gebiet, in welchem die Sache in erster Instanz anhängig geworden ist, nach den Landesgesetzen bestehenden obersten Gerichtshofes, und zwar mit derjenigen Zuständigkeit, welche nach diesen Landesgesetzen dem obersten Gerichtshofe gebührt.

In den zufolge der vorstehenden Bestimmung zur Zuständigkeit des Bundes-Oberhandelsgerichts gehörenden Strafsachen bestimmt sich das Verfahren auch bei diesem Gerichtshofe nach den für das Gebiet, aus welchem die Sache an das Bundes-Oberhandelsgericht gelangt, geltenden Strafprozeßgesetzen. Die Verrichtungen der Staatsanwaltschaft in diesen Strafsachen werden bei dem Bundes-Oberhandelsgericht von dem Staatsanwalt wahrgenommen, welcher dieselben bei dem betreffenden obersten Landesgerichtshofe wahrzunehmen hat. Der bezeichnete Staatsanwalt kann sich jedoch bei der mündlichen Verhandlung durch einen in Leipzig angestellten Staatsanwalt oder durch einen in Leipzig wohnenden Advokaten vertreten lassen.

Strafsachen, für welche in letzter Instanz das Bundes-Oberhandelsgericht zuständig ist, und Strafsachen, für welche in letzter Instanz der oberste Landesgerichtshof zuständig ist, können in Einem Strafverfahren nicht verbunden werden.

Die Bestimmungen der §§. 10. 12. Absatz 2., §. 16. Absatz 2., §§. 17. 18. 21. und 22. des Gesetzes vom 12. Juni 1869 finden auch auf die zur Zu-

---

Zu §. 31.

Vgl. die Instruktion des Bundeskanzleramts über die Zusammensetzung und den Geschäftsbetrieb der Sachverständigen-Vereine vom 12. Dezember 1870 (B.G.Bl. 1870 S. 621).

ständigkeit des Bundes-Oberhandelsgerichts gehörenden Strafsachen entsprechende Anwendung.

g. Verjährung.

§. 33. Die Strafverfolgung des Nachdrucks und die Klage auf Entschädigung wegen Nachdrucks, einschließlich der Klage wegen Bereicherung (§. 18), verjähren in drei Jahren.

Der Lauf der Verjährung beginnt mit dem Tage, an welchem die Verbreitung der Nachdrucks-Exemplare zuerst stattgefunden hat.

§. 34. Die Strafverfolgung der Verbreitung von Nachdrucks-Exemplaren und die Klage auf Entschädigung wegen dieser Verbreitung (§. 25) verjähren ebenfalls in drei Jahren.

Der Lauf der Verjährung beginnt mit dem Tage, an welchem die Verbreitung zuletzt stattgefunden hat.

§. 35. Der Nachdruck und die Verbreitung von Nachdrucks-Exemplaren sollen straflos bleiben, wenn der zum Strafantrage Berechtigte den Antrag binnen drei Monaten nach erlangter Kenntniß von dem begangenen Vergehen und von der Person des Thäters zu machen unterläßt.

§. 36. Der Antrag auf Einziehung und Vernichtung der Nachdrucks-Exemplare, sowie der zur widerrechtlichen Vervielfältigung ausschließlich bestimmten Vorrichtungen (§. 21), ist so lange zulässig, als solche Exemplare und Vorrichtungen vorhanden sind.

§. 37. Die Uebertretung, welche dadurch begangen wird, daß in den Fällen des §. 7. Littr. a. die Angabe der Quelle oder des Namens des Urhebers unterblieben ist, verjährt in drei Monaten.

Der Lauf der Verjährung beginnt mit dem Tage, an welchem der Abdruck zuerst verbreitet worden ist.

§. 38. Die allgemeinen gesetzlichen Vorschriften bestimmen, durch welche Handlungen die Verjährung unterbrochen wird.

Die Einleitung des Strafverfahrens unterbricht die Verjährung der Entschädigungsklage nicht, und eben so wenig unterbricht die Anstellung der Entschädigungsklage die Verjährung des Strafverfahrens.

h. Eintragsrolle.

§. 39. Die Eintragsrolle, in welche die in den §§. 6 und 11 vorgeschriebenen Eintragungen stattzufinden haben, wird bei dem Stadtrath zu Leipzig geführt.

§. 40. Der Stadtrath zu Leipzig ist verpflichtet, auf Antrag der Betheiligten die Eintragungen zu bewirken, ohne daß eine zuvorige Prüfung über die Berechtigung des Antragstellers oder über die Richtigkeit der zur Eintragung angemeldeten Thatsachen stattfindet.

§. 41. Das Bundeskanzler-Amt erläßt die Instruktion über die Führung der Eintragsrolle. Es ist Jedermann gestattet, von der Eintragsrolle Einsicht zu nehmen und sich beglaubigte Auszüge aus derselben ertheilen zu lassen. Die Eintragungen werden im Börsenblatt für den Deutschen Buchhandel und, falls dasselbe zu erscheinen aufhören sollte, in einer anderen vom Bundeskanzler-Amte zu bestimmenden Zeitung öffentlich bekannt gemacht.

Zu §. 38.

Nach §. 68 des St.G.B. unterbricht jede Handlung des **Richters**, welche wegen der begangenen That gegen den Thäter gerichtet ist, die Verjährung. Die Unterbrechung findet nur rücksichtlich desjenigen statt, auf welchen die Handlung sich bezog.

Zu §. 39.

Vgl. die Bekanntmachung des Rathes der Stadt Leipzig, betr. die Eintragung von Schriftwerken u. s. w. in die Eintragsrolle, vom 3. Februar 1871, abgedruckt in Dr. Dambach: Die Gesetzgebung des N. B., betr. das Urheberrecht, Berlin 1871, Anhang S. 6.

§. 42. Alle Eingaben, Verhandlungen, Atteste, Beglaubigungen, Zeugnisse, Auszüge u. s. w., welche die Eintragung in die Eintragsrolle betreffen, sind stempelfrei.

Dagegen wird für jede Eintragung, für jeden Eintragsschein, sowie für jeden sonstigen Auszug aus der Eintragsrolle eine Gebühr von je 15 Sgr. erhoben, und außerdem hat der Antragsteller die etwaigen Kosten für die öffentliche Bekanntmachung der Eintragung (§. 41) zu entrichten.

II. Geographische, topographische, naturwissenschaftliche, architektonische, technische und ähnliche Abbildungen.

§. 43. Die Bestimmungen in den §§. 1—42 finden auch Anwendung auf geographische, topographische, naturwissenschaftliche, architektonische, technische und ähnliche Zeichnungen und Abbildungen, welche nach ihrem Hauptzwecke nicht als Kunstwerke zu betrachten sind.

§. 44. Als Nachdruck ist es nicht anzusehen, wenn einem Schriftwerke einzelne Abbildungen aus einem anderen Werke beigefügt werden, vorausgesetzt, daß das Schriftwerk als die Hauptsache erscheint und die Abbildungen nur zur Erläuterung des Textes u. s. w. dienen. Auch muß der Urheber oder die benutzte Quelle angegeben sein, widrigenfalls die Strafbestimmung im §. 24 Platz greift.

III. Musikalische Kompositionen.

§. 45. Die Bestimmungen in den §§. 1—5, 8—42 finden auch Anwendung auf das ausschließliche Recht des Urhebers zur Vervielfältigung musikalischer Kompositionen.

§. 46. Als Nachdruck sind alle ohne Genehmigung des Urhebers einer musikalischen Komposition herausgegebenen Bearbeitungen derselben anzusehen, welche nicht als eigenthümliche Kompositionen betrachtet werden können, insbesondere Auszüge aus einer musikalischen Komposition, Arrangements für einzelne oder mehrere Instrumente oder Stimmen, sowie der Abdruck von einzelnen Motiven oder Melodien eines und desselben Werkes, die nicht künstlerisch verarbeitet sind.

§. 47. Als Nachdruck ist nicht anzusehen: das Anführen einzelner Stellen eines bereits veröffentlichten Werkes der Tonkunst, die Aufnahme bereits veröffentlichter kleinerer Kompositionen in ein nach seinem Hauptinhalte selbstständiges wissenschaftliches Werk, sowie in Sammlungen von Werken verschiedener Komponisten zur Benutzung in Schulen, ausschließlich der Musikschulen. Vorausgesetzt ist jedoch, daß der Urheber oder die benutzte Quelle angegeben ist, widrigenfalls die Strafbestimmung des §. 24 Platz greift.

§. 48. Als Nachdruck ist nicht anzusehen: die Benutzung eines bereits veröffentlichten Schriftwerkes als Text zu musikalischen Kompositionen, sofern der Text in Verbindung mit der Komposition abgedruckt wird.

Ausgenommen sind solche Texte, welche ihrem Wesen nach nur für den Zweck der Komposition Bedeutung haben, namentlich Texte zu Opern oder Oratorien. Texte dieser Art dürfen nur unter Genehmigung ihres Urhebers mit den musikalischen Kompositionen zusammen abgedruckt werden.

Zum Abdruck des Textes ohne Musik ist die Einwilligung des Urhebers oder seiner Rechtsnachfolger erforderlich.

§. 49. Die Sachverständigen-Vereine, welche nach Maaßgabe des §. 31 Gutachten über den Nachdruck musikalischer Kompositionen abzugeben haben, sollen aus Komponisten, Musikverständigen und Musikalienhändlern bestehen.

Zu §. 49.
S. die Anm. zu §. 31

IV. Oeffentliche Aufführung dramatischer, musikalischer oder dramatisch-musikalischer Werke.

§. 50. Das Recht, ein dramatisches, musikalisches oder dramatisch-musikalisches Werk öffentlich aufzuführen, steht dem Urheber und dessen Rechtsnachfolgern (§. 3) ausschließlich zu.

In Betreff der dramatischen und dramatisch-musikalischen Werke ist es hierbei gleichgültig, ob das Werk bereits durch den Druck ꝛc. veröffentlicht worden ist oder nicht. Musikalische Werke, welche durch Druck veröffentlicht worden sind, können ohne Genehmigung des Urhebers öffentlich aufgeführt werden, falls nicht der Urheber auf dem Titelblatt oder an der Spitze des Werkes sich das Recht der öffentlichen Aufführung vorbehalten hat.

Dem Urheber wird der Verfasser einer rechtmäßigen Uebersetzung des dramatischen Werkes in Beziehung auf das ausschließliche Recht zur öffentlichen Aufführung dieser Uebersetzung gleich geachtet.

Die öffentliche Aufführung einer rechtswidrigen Uebersetzung (§. 6) oder einer rechtswidrigen Bearbeitung (§. 46) des Originalwerkes ist untersagt.

§. 51. Sind mehrere Urheber vorhanden, so ist zur Veranstaltung der öffentlichen Aufführung die Genehmigung jedes Urhebers erforderlich.

Bei musikalischen Werken, zu denen ein Text gehört, einschließlich der dramatisch-musikalischen Werke, genügt die Genehmigung des Komponisten allein.

§. 52. In Betreff der Dauer des ausschließlichen Rechts zur öffentlichen Aufführung kommen die §§. 8—17 zur Anwendung.

Anonyme und pseudonyme Werke, welche zur Zeit ihrer ersten rechtmäßigen öffentlichen Aufführung noch nicht durch den Druck veröffentlicht sind, werden dreißig Jahre vom Tage der ersten rechtmäßigen Aufführung an, posthume Werke dreißig Jahre vom Tode des Urhebers an gegen unbefugte öffentliche Aufführung geschützt.

Wenn der Urheber des anonymen oder pseudonymen Werkes oder sein hierzu legitimirter Rechtsnachfolger innerhalb der Frist von dreißig Jahren den wahren Namen des Urhebers vermittelst Eintragung in die Eintragsrolle (§. 39) bekannt macht, oder wenn der Urheber das Werk innerhalb derselben Frist unter seinem wahren Namen veröffentlicht, so gelangt die Bestimmung des §. 8 zur Anwendung.

§. 53. Bei dramatischen, musikalischen und dramatisch-musikalischen Werken, welche noch nicht mechanisch vervielfältigt, aber öffentlich aufgeführt worden sind, gilt bis zum Gegenbeweise derjenige als Urheber, welcher bei der Ankündigung der Aufführung als solcher bezeichnet worden ist.

§. 54. Wer vorsätzlich oder aus Fahrlässigkeit ein dramatisches, musikalisches oder dramatisch-musikalisches Werk vollständig oder mit unwesentlichen Aenderungen unbefugter Weise öffentlich aufführt, ist den Urheber oder dessen Rechtsnachfolger zu entschädigen verpflichtet und wird außerdem mit einer Geldstrafe nach Maaßgabe der §§. 18 und 23 bestraft.

Auf den Veranlasser der unbefugten Aufführung findet der §. 20 mit der Maaßgabe Anwendung, daß die Höhe der Entschädigung nach §. 55 zu bemessen ist.

§. 55. Die Entschädigung, welche dem Berechtigten im Falle des §. 54 zu gewähren ist, besteht in dem ganzen Betrage der Einnahme von jeder Aufführung ohne Abzug der auf dieselbe verwendeten Kosten.

Ist das Werk in Verbindung mit anderen Werken aufgeführt worden, so ist, unter Berücksichtigung der Verhältnisse ein entsprechender Theil der Einnahme als Entschädigung festzusetzen.

Wenn die Einnahme nicht zu ermitteln oder eine solche nicht vorhanden ist, so wird der Betrag der Entschädigung vom Richter nach freiem Ermessen festgestellt.

Trifft den Veranstalter der Aufführung kein Verschulden, so haftet er dem Berechtigten auf Höhe seiner Bereicherung.

§. 56. Die Bestimmungen in den §§. 26 bis 42 finden auch in Betreff der

Aufführung von dramatischen, musikalischen und dramatisch-musikalischen Werken Anwendung.

V. Allgemeine Bestimmungen.

§. 57. Das gegenwärtige Gesetz tritt mit dem 1. Januar 1871 in Kraft. Alle früheren, in den einzelnen Staaten des Norddeutschen Bundes geltenden rechtlichen Bestimmungen in Beziehung auf das Urheberrecht an Schriftwerken, Abbildungen, musikalischen Kompositionen und dramatischen Werken treten von demselben Tage ab außer Wirksamkeit.

§. 58. Das gegenwärtige Gesetz findet auf alle vor dem Inkrafttreten desselben erschienenen Schriftwerke, Abbildungen, musikalischen Kompositionen und dramatischen Werke Anwendung, selbst wenn dieselben nach den bisherigen Landesgesetzgebungen keinen Schutz gegen Nachdruck, Nachbildung oder öffentliche Aufführung genossen haben.

Die bei dem Inkrafttreten dieses Gesetzes vorhandenen Exemplare, deren Herstellung nach der bisherigen Gesetzgebung gestattet war, sollen auch fernerhin verbreitet werden dürfen, selbst wenn ihre Herstellung nach dem gegenwärtigen Gesetze untersagt ist.

Ebenso sollen die bei dem Inkrafttreten dieses Gesetzes vorhandenen, bisher rechtmäßig angefertigten Vorrichtungen, wie Formen, Platten, Steine, Stereotypabgüsse rc., auch fernerhin zur Anfertigung von Exemplaren benutzt werden dürfen.

Auch dürfen die beim Inkrafttreten des Gesetzes bereits begonnenen, bisher gestatteten Vervielfältigungen noch vollendet werden.

Die Regierungen der Staaten des Norddeutschen Bundes werden ein Inventarium über die Vorrichtungen, deren fernere Benutzung hiernach gestattet ist, amtlich aufstellen und diese Vorrichtungen mit einem gleichförmigen Stempel bedrucken lassen. Ebenso sollen alle Exemplare von Schriftwerken, welche nach Maaßgabe dieses Paragraphen auch fernerhin verbreitet werden dürfen, mit einem Stempel versehen werden.

Nach Ablauf der für die Legalisirung angegebenen Frist unterliegen alle mit dem Stempel nicht versehenen Vorrichtungen und Exemplare der bezeichneten Werke, auf Antrag des Verletzten, der Einziehung. Die nähere Instruktion über das bei der Aufstellung des Inventariums und bei der Stempelung zu beobachtende Verfahren wird vom Bundeskanzler-Amte erlassen.

§. 59. Insofern nach den bisherigen Landesgesetzgebungen für den Vorbehalt des Uebersetzungsrechts andere Förmlichkeiten und für das Erscheinen der ersten Uebersetzung andere Fristen, als im §. 6 Littr. c. vorgeschrieben sind, hat es bei denselben in Betreff derjenigen Werke, welche vor dem Inkrafttreten des gegenwärtigen Gesetzes bereits erschienen sind, sein Bewenden.

§. 60. Die Ertheilung von Privilegien zum Schutze des Urheberrechts ist nicht mehr zulässig.

Zu §. 57.

Das Gesetz gilt in dem Gebiete des Norddeutschen Bundes, in Württemberg, Baden und in Hessen südlich des Main seit dem 1. Januar 1871. In Bayern steht es unbeschadet der fortdauernden Geltung des Art. 68 des Bayerischen Gesetzes über den Schutz der Urheberrechte an literarischen Erzeugnissen und Werken der Kunst vom 28. Juni 1865 seit dem 1. Januar 1872 und in Elsaß-Lothringen seit dem 25. Februar 1873 in Wirksamkeit. Vgl. B.G.Bl. Jahrg. 1870 S. 648, 651, 656, 657; Jahrg. 1871 S. 90; R.G.Bl. Jahrg. 1873 S. 42.

Zu §. 58.

1. Vgl. über die rückwirkende Kraft des Gesetzes Dr. Dambach: Die Gesetzgebung des Norddeutschen Bundes, betr. das Urheberrecht rc., Berlin 1871 S. 257—259.

2. Vgl. die Instruktion des Bundeskanzleramts, betr. die Inventarisirung und Stempelung der nach der bisherigen Gesetzgebung rechtmäßig angefertigten Vorrichtungen und Exemplare von Schriftwerken vom 7. Dezember 1870 (Pr. M.Blatt f. d. Verwaltung 1871 S. 17).

Zu §§. 61, 62.

1. Vgl. über den Begriff „Inländer" den Art. 3 der Verfassung des Deutschen Reichs vom

Dem Inhaber eines vor dem Inkrafttreten des gegenwärtigen Gesetzes von dem Deutschen Bunde oder den Regierungen einzelner, jetzt zum Norddeutschen Bunde gehörigen Staaten ertheilten Privilegiums steht es frei, ob er von diesem Privilegium Gebrauch machen oder den Schutz des gegenwärtigen Gesetzes anrufen will.

Der Privilegienschutz kann indeß nur für den Umfang derjenigen Staaten geltend gemacht werden, von welchen derselbe ertheilt worden ist.

Die Berufung auf den Privilegienschutz ist dadurch bedingt, daß das Privilegium entweder ganz oder dem wesentlichen Inhalte nach dem Werke vorgedruckt oder auf oder hinter dem Titelblatt desselben bemerkt ist. Wo dieses nach der Natur des Gegenstandes nicht stattfinden kann, oder bisher nicht geschehen ist, muß das Privilegium, bei Vermeidung des Erlöschens, binnen drei Monaten nach dem Inkrafttreten dieses Gesetzes zur Eintragung in die Eintragsrolle angemeldet und von dem Kuratorium derselben öffentlich bekannt gemacht werden.

§. 61. Das gegenwärtige Gesetz findet Anwendung auf alle Werke inländischer Urheber, gleichviel ob die Werke im Inlande oder Auslande erschienen oder überhaupt noch nicht veröffentlicht sind.

Wenn Werke ausländischer Urheber bei Verlegern erscheinen, die im Gebiete des Norddeutschen Bundes ihre Handelsniederlassung haben, so stehen diese Werke unter dem Schutze des gegenwärtigen Gesetzes.

§. 62. Diejenigen Werke ausländischer Urheber, welche in einem Orte erschienen sind, der zum ehemaligen Deutschen Bunde, nicht aber zum Norddeutschen Bunde gehört, genießen den Schutz dieses Gesetzes unter der Voraussetzung, daß das Recht des betreffenden Staates den innerhalb des Norddeutschen Bundes erschienen Werken einen den einheimischen Werken gleichen Schutz gewährt; jedoch dauert der Schutz nicht länger als in dem betreffenden Staate selbst. Dasselbe gilt von nicht veröffentlichten Werken solcher Urheber, welche zwar nicht im Norddeutschen Bunde, wohl aber im ehemaligen Deutschen Bundesgebiete staatsangehörig sind.

Urkundlich unter Unserer Höchsteigenhändigen Unterschrift und beigedrucktem Bundes-Insiegel.

Gegeben Berlin, den 11. Juni 1870.

(L. S.) Wilhelm.

Gr. v. Bismarck-Schönhausen.

---

16. April 1871 (B.G.Bl. S. 65) und das Gesetz über die Erwerbung und den Verlust der Bundes- und Staats-Angehörigkeit v. 1. Juni 1870 (B.G.Bl. S. 355).

2. Ausland ist jedes nicht zum Deutschen Reiche gehörige Gebiet, §. 8 des St.G.B.

3. In dem Staatsvertrage zwischen Preußen und Großbritannien vom 13. Mai 1846 (und dem Zusatzvertrage vom 14. Juni 1855) ist der gegenseitige Schutz der Autorenrechte gegen Nachdruck und unbefugte Nachbildung vom 1. September 1846 an zugesichert. (Pr. G.S. 1846, S. 343; 1855, S. 695).

Mit Bezug auf Art. VIII. dieses Vertrages sind demselben beigetreten: das Königreich Sachsen vom 1. September 1846 an (Bek. vom 27. August 1846, Pr. G.S. S. 394), das Herzogthum Braunschweig vom 1. April 1847 an (Bek. vom 1. April 1847, Pr. G.S. S. 120), das Großherzogthum Sachsen-Weimar-Eisenach, die Herzogthümer Sachsen-Altenburg, Sachsen-Coburg-Gotha und Sachsen-Meiningen, die Fürstenthümer Schwarzburg-Rudolstadt, Schwarzburg-Sondershausen, Reuß-Greitz, Reuß-Lobenstein-Ebersdorf und Reuß-Schleitz, vom 15. Juli 1847 an (Bek. vom 4. Juli 1847, Pr. G.S. S. 245), die Herzogthümer Anhalt-Dessau mit Köthen und Anhalt-Bernburg, vom 1. April 1853 an (Bek. vom 12. Februar 1853, Pr. G.S. S. 46), und das Großherzogthum Hessen, vom 1. April 1862 an (Bek. vom 1. Dezember 1861, Pr. G.S. S. 832).

Zwischen Preußen und Belgien ist eine Uebereinkunft wegen des gegenseitigen Schutzes der Rechte an literarischen Erzeugnissen und Werken der Kunst unterm 28. März 1863, unter Vorbehalt des Beitritts der Staaten des Deutschen Zoll- und Handels-Vereins, geschlossen worden. Pr. G.S. S. 428—439). Ferner ist eine solche Uebereinkunft geschlossen zwischen dem Norddeutschen Bunde und Italien am 12. Mai 1869 und zwischen demselben und der Schweiz (am 13. Mai 1869. (B.G.Bl. 1869, S. 293 und 624).

Gesetz, betreffend die Kommanditgesellschaften auf Aktien und die Aktiengesellschaften. Vom 11. Juni 1870.*)

[B.G.Bl. 1870. Nr. 21, ausgegeben zu Berlin den 25. Juni 1870. S. 375.]

Wir Wilhelm, von Gottes Gnaden König von Preußen 2c., verordnen im Namen des Norddeutschen Bundes, nach erfolgter Zustimmung des Bundesrathes und des Reichstages, was folgt:

§. 1.

Die Artikel 5, 173 bis 176, 178, 198, 199, 203, 206 bis 212, 214, 215, 217, 222, 225, 239, 240, 242 und 247 bis 249 des Allgemeinen Deutschen Handelsgesetzbuches werden durch nachstehende, den bisherigen Zifferzahlen entsprechenden Artikel ersetzt.

Art. 5. Die in Betreff der Kaufleute gegebenen Bestimmungen gelten in gleicher Weise in Betreff der Handelsgesellschaften, insbesondere auch der Kommanditgesellschaften auf Aktien und der Aktiengesellschaften.

Dieselben gelten auch in Betreff der öffentlichen Banken in den Grenzen ihres Handelsbetriebes, unbeschadet der für sie bestehenden Verordnungen.

Art 173. Das Kapital der Kommanditisten kann in Aktien oder Aktienantheile zerlegt werden.

Die Aktien oder Aktienantheile müssen auf Namen lauten. Sie müssen auf einen Betrag von mindestens funfzig Vereinsthalern gestellt werden, wenn nicht die Landesgesetze nach Maaßgabe der besonderen örtlichen Bedürfnisse einen geringeren Betrag gestatten. Aktien oder Aktienantheile, welche auf Inhaber lauten, oder welche auf einen geringeren als den gesetzlich bestimmten Betrag gestellt werden, sind nichtig. Die Ausgeber solcher Aktien oder Aktienantheile sind den Besitzern für allen durch die Ausgabe verursachten Schaden solidarisch verhaftet.

Die vorstehenden Bestimmungen gelten auch von Promessen und Interimsscheinen.

Art. 174. Eine Kommanditgesellschaft auf Aktien gilt als Handelsgesellschaft, auch wenn der Gegenstand des Unternehmens nicht in Handelsgeschäften besteht.

Ueber die Errichtung und den Inhalt des Gesellschaftsvertrages muß eine gerichtliche oder notarielle Urkunde aufgenommen werden. Zur Aktienzeichnung genügt eine schriftliche Erklärung.

Art. 175. Der Gesellschaftsvertrag muß enthalten:

1) den Namen, Vornamen, Stand und Wohnort jedes persönlich haftenden Gesellschafters;
2) die Firma der Gesellschaft und den Ort, wo sie ihren Sitz hat;
3) den Gegenstand des Unternehmens;
4) die Zeitdauer des Unternehmens, im Fall dasselbe auf eine bestimmte Zeit beschränkt sein soll;
5) die Zahl und den Betrag der Aktien oder Aktienantheile;

---

*) Das Gesetz ist durch §. 2 Alin. 2 des Gesetzes, betr. die Verfassung des Deutschen Reichs vom 16. April 1871 (B.G.Bl. 1871 S. 63), zum Reichsgesetz erklärt mit der Maßgabe, daß, wo in demselben von dem Norddeutschen Bunde 2c. die Rede ist, das Deutsche Reich 2c. zu verstehen ist.

Als Reichsgesetz gilt es im Gebiete des Norddeutschen Bundes, in Württemberg, Baden und Hessen südlich des Main seit dem 1. Januar 1871. In Bayern ist es vom Tage der Wirksamkeit des Gesetzes vom 22. April 1871, betr. die Einführung Nordd. Bundesgesetze in Bayern (13. Mai 1871), an mit nachstehenden Vorschriften in Kraft getreten:

Die bis zu dem bezeichneten Tage vollzogenen Eintragungen in dem von den Bayerischen Bezirksgerichten geführten besonderen Register für Aktiengesellschaften, bei welchen der Gegenstand des Unternehmens nicht in Handelsgeschäften besteht, gelten als Eintragungen im Handelsregister und bleiben in Wirksamkeit, auch wenn die Voraussetzungen nicht vorhanden sind, welche nach dem Gesetze vom 11. Juni 1870 für die Errichtung der Gesellschaft erforderlich sein würden.

B.G.Bl. Jahrg. 1870 S. 648, 651, 656, 657, Jahrg. 1871 S. 90.

6) die Bestimmung, daß ein Aufsichtsrath von mindestens drei Mitgliedern aus der Zahl der Kommanditisten durch Wahl derselben bestellt werden müsse;
7) die Form, in welcher die Zusammenberufung der Generalversammlung der Kommanditisten geschieht;
8) die Form, in welcher die von der Gesellschaft ausgehenden Bekanntmachungen erfolgen, sowie die öffentlichen Blätter, in welche dieselben aufzunehmen sind.

Art. 176. Der Gesellschaftsvertrag muß bei dem Handelsgericht, in dessen Bezirk die Gesellschaft ihren Sitz hat, in das Handelsregister eingetragen und im Auszuge veröffentlicht werden.

Der Auszug muß enthalten:

1) das Datum des Gesellschaftsvertrages;
2) den Namen, Vornamen, Stand und Wohnort jedes persönlich haftenden Gesellschafters;
3) die Firma der Gesellschaft und den Ort, wo sie ihren Sitz hat;
4) die Zahl und den Betrag der Aktien und Aktienantheile;
5) die Form, in welcher die von der Gesellschaft ausgehenden Bekanntmachungen erfolgen, sowie die öffentlichen Blätter, in welche dieselben aufzunehmen sind.

Ist in dem Gesellschaftsvertrage bestimmt, daß das Austreten eines oder mehrerer persönlich haftender Gesellschafter die Auflösung der Gesellschaft nicht zur Folge habe (Art. 199), so ist auch diese Bestimmung zu veröffentlichen.

Art. 178. Vor erfolgter Eintragung in das Handelsregister besteht die Kommanditgesellschaft als solche nicht. Die vor der Eintragung ausgegebenen Aktien oder Aktienantheile sind nichtig. Die Ausgeber sind den Besitzern für allen durch die Ausgabe verursachten Schaden solidarisch verhaftet.

Wenn vor erfolgter Eintragung im Namen der Gesellschaft gehandelt worden ist, so haften die Handelnden persönlich und solidarisch.

Art. 198. Jede Abänderung des Gesellschaftsvertrages bedarf zu ihrer Gültigkeit der notariellen oder gerichtlichen Abfassung.

Der abändernde Vertrag muß in gleicher Weise, wie der ursprüngliche Vertrag, in das Handelsregister eingetragen und im Auszuge veröffentlicht werden. (Art. 176, 179).

Der abändernde Vertrag hat keine rechtliche Wirkung, bevor derselbe bei dem Handelsgericht, in dessen Bezirk die Gesellschaft ihren Sitz hat, in das Handelsregister eingetragen ist.

Art. 199. Eine Uebereinkunft, durch welche das Austreten eines oder mehrerer persönlich haftender Gesellschafter bestimmt wird, steht der Auflösung der Gesellschaft gleich. Zu derselben bedarf es der Zustimmung einer Generalversammlung der Kommanditisten.

Es kann jedoch durch den Gesellschaftsvertrag oder durch einen denselben abändernden Vertrag (Art. 198) bestimmt werden, daß das Austreten eines oder mehrerer persönlich haftender Gesellschafter die Auflösung der Gesellschaft dann nicht zur Folge habe, wenn mindestens noch ein persönlich haftender Gesellschafter bleibt. In Ansehung der Eintragung in das Handelsregister finden die Bestimmungen des Art. 129 Anwendung.

Art. 203. Eine theilweise Zurückzahlung des Kapitals der Kommanditisten kann nur vermöge einer Abänderung des Gesellschaftsvertrages erfolgen.

Die Zurückzahlung kann nur unter Beobachtung derselben Bestimmungen geschehen, welche für die Vertheilung des Gesellschaftsvermögens im Falle der Auflösung maaßgebend sind (Art. 201, 202).

Art. 206. Die persönlich haftenden Mitglieder und die Mitglieder des Aufsichtsrathes werden mit Gefängniß bis zu drei Monaten bestraft:

1) wenn sie vorsätzlich Behufs der Eintragung des Gesellschaftsvertrages in das Handelsregister falsche Angaben über die Zeichnung oder Einzahlung des Kapitals der Kommanditisten machen;
2) wenn durch ihre Schuld länger als drei Monate die Gesellschaft ohne Aufsichtsrath geblieben ist, oder in dem letzteren die zur Beschlußfähigkeit erforderliche Zahl von Mitgliedern gefehlt hat;
3) wenn sie in ihren Darstellungen, in ihren Uebersichten über den Vermögensstand der Gesellschaft oder in den in der Generalversammlung gehaltenen Vorträgen wissentlich den Stand der Verhältnisse der Gesellschaft unwahr darstellen oder verschleiern.

Wird in den Fällen zu 2 und 3 festgestellt, daß mildernde Umstände vorhanden sind, so ist auf Geldstrafe bis zu Eintausend Thalern zu erkennen.

Art. 207. Eine Gesellschaft ist eine Aktiengesellschaft, wenn sich die sämmtlichen Gesellschafter nur mit Einlagen betheiligen, ohne persönlich für die Verbindlichkeiten der Gesellschaften zu haften.

Das Gesellschaftskapital wird in Aktien oder auch in Aktienantheile zerlegt.

Die Aktien oder Aktienantheile sind untheilbar.

Dieselben können auf Inhaber oder auf Namen lauten.

Art. 207a. Die Aktien oder Aktienantheile müssen, wenn sie auf Namen lauten, auf einen Betrag von mindestens fünfzig Vereinsthalern, wenn sie auf Inhaber lauten, auf einen Betrag von mindestens Einhundert Vereinsthalern gestellt werden. Bei Versicherungsgesellschaften müssen auch solche Aktien oder Aktienantheile, welche auf Namen lauten, auf einen Betrag von mindestens Einhundert Vereinsthalern gestellt werden.

Aktien oder Aktienantheile, welche auf einen geringeren Betrag gestellt werden, sind nichtig. Die Ausgeber solcher Aktien oder Aktienantheile sind den Besitzern für allen durch die Ausgabe verursachten Schaden solidarisch verhaftet.

Der Nominalbetrag der Aktien oder Aktienantheile darf während des Bestehens der Gesellschaft weder vermindert noch erhöht werden.

Zu Art. 206.

Nr. 1.

1. Vgl. Art. 177 Nr. 1 und 2 des Allg. Deutschen Handelsgesetzbuchs (B.G.Bl. 1869 S. 439).

Nr. 2.

2. Zur Ermittelung der zur Beschlußfähigkeit erforderlichen Zahl von Mitgliedern ist auf die Bestimmungen des Gesellschaftsvertrages zurückzugehen; mindestens müssen 3 Aufsichtsraths-Mitglieder vorhanden sein. Vgl. Art. 175 Nr. 6. — Stenographische Berichte des Reichstags, Sitzungsperiode 1870 S. 1067.

3. Ueber den Anfangstermin bei Berechnung der drei Monate vgl. Prof. Endemann, Commentar zu diesem Gesetz, Berlin 1871 S. 21.

Nr. 3.

4. Durch die Vorschrift des Art. 206 Nr. 3 sind die persönlich haftenden Gesellschafter und die Mitglieder des Aufsichtsraths verpflichtet, alle Verhältnisse der Gesellschaft — auch dem Publikum gegenüber — bloßzulegen, selbst wenn alle Gesellschafter unter einander einig sein sollten, daß die vollständige Darlegung der Lage der Gesellschaft ihnen nachtheilig sei. Das Amendement, hinter „wissentlich" die Worte: um die Gesellschafter zu täuschen, einzuschieben, ist von dem Antragsteller Miquél wieder zurückgezogen worden. Vgl. Stenogr. Berichte des Reichstags, Sitzungsperiode 1870 S. 1067, 1069.

Zu Art. 207a. Alin. 3.

Das Gesetz, betr. die Umwandlung von Aktien in Reichswährung, vom 16. Dezember 1875 (R.G.Bl. Nr. 32, ausgegeben am 22. Dezember 1875, S. 317) schreibt vor:

§. 1. Die Bestimmung des Art. 207a. des Handelsgesetzbuchs Absatz 3, lautend:

„Der Nominalbetrag der Aktien oder Aktienantheile darf während des Bestehens der Gesellschaft weder vermindert noch erhöht werden"

findet keine Anwendung, wenn der Nominalbetrag von Aktien, welcher nicht auf Thalerwährung oder Reichswährung lautet und nicht in eine mit fünfzig theilbare Summe in Mark umgerechnet werden kann, auf den nächst niedrigeren durch fünfzig theilbaren Betrag in Mark vermindert oder auf den nächst höheren durch fünfzig theilbaren Betrag in Mark erhöht wird.

§. 2. Eine Umwandlung nach Maßgabe der Bestimmungen dieses Gesetzes ist nur statthaft, wenn diese Umwandlung vor dem 1. Januar 1878 beschlossen und zum Handelsregister angemeldet worden ist.

Die vorstehenden Bestimmungen gelten auch von Promessen und Interimsscheinen.

Art. 208. Eine Aktiengesellschaft gilt als Handelsgesellschaft, auch wenn der Gegenstand des Unternehmens nicht in Handelsgeschäften besteht.

Ueber die Errichtung und den Inhalt des Gesellschaftsvertrages (Statuts) muß eine gerichtliche oder notarielle Urkunde aufgenommen werden.

Zur Aktienzeichnung genügt eine schriftliche Erklärung.

Art. 209. Der Gesellschaftsvertrag muß insbesondene bestimmen:

1) die Firma und den Sitz der Gesellschaft;
2) den Gegenstand des Unternehmens;
3) die Zeitdauer des Unternehmens, im Falle dasselbe auf eine bestimmte Zeit beschränkt sein soll;
4) die Höhe des Grundkapitals und der einzelnen Aktien oder Aktienantheile;
5) die Eigenschaft der Aktien, ob sie auf Inhaber oder auf Namen gestellt werden sollen, ingleichen die etwa bestimmte Zahl der einen oder der anderen Art, sowie die etwa zugelassene Umwandlung derselben;
6) die Bestellung eines Aufsichtsrathes von mindestens drei, aus der Zahl der Aktionaire zu wählenden Mitgliedern;
7) die Grundsätze, nach welchen die Bilanz aufzunehmen und der Gewinn zu berechnen und auszuzahlen ist, sowie die Art und Weise, wie die Prüfung der Bilanz erfolgt;
8) die Art der Bestellung und Zusammensetzung des Vorstandes und die Formen für die Legitimation der Mitglieder desselben und der Beamten der Gesellschaft;
9) die Form, in welcher die Zusammenberufung der Aktionaire geschieht;
10) die Bedingungen des Stimmrechts der Aktionaire und die Form, in welcher dasselbe ausgeübt wird.
11) die Gegenstände, über welche nicht schon durch einfache Stimmenmehrheit der auf Zusammenberufung erschienenen Aktionaire, sondern nur durch eine größere Stimmenmehrheit oder nach anderen Erfordernissen Beschluß gefaßt werden kann;
12) die Form, in welcher die von der Gesellschaft ausgehenden Bekanntmachungen erfolgen, sowie die öffentlichen Blätter, in welche dieselben aufzunehmen sind.

Art. 209a. Nach der Zeichnung des Grundkapitals hat eine Generalversammlung der Aktionäre auf Grund der ihr vorzulegenden Bescheinigungen durch Beschluß festzustellen, daß das Grundkapital vollständig gezeichnet, und daß mindestens zehn Prozent, bei Versicherungsgesellschaften mindestens zwanzig Prozent, auf jede Aktie eingezahlt sind, sofern nicht der Gesellschaftsvertrag zwischen den sämmtlichen Aktionairen abgeschlossen und darin die Erfüllung jener Erfordernisse anerkannt ist.

Ueber den Beschluß ist eine gerichtliche oder notarielle Urkunde antzunehmen.

Art. 209b. Wenn ein Aktionair eine auf das Grundkapital anzurechnende Einlage macht, welche nicht in baarem Gelde besteht, oder wenn Anlagen oder sonstige Vermögensstücke von der zu errichtenden Gesellschaft übernommen werden sollen, so ist in dem Gesellschaftsvertrage der Werth der Einlage oder des Vermögensstücks festzusetzen und die Zahl der Aktien oder der Preis zu bestimmen, welche für dieselben gewährt werden. Jeder zu Gunsten eines Aktionairs bedungene besondere Vortheil ist im Gesellschaftsvertrage gleichfalls festzusetzen.

Nach der Zeichnung des Grundkapitals muß in den Fällen, welche in dem vorstehenden Absatz bezeichnet sind, sofern nicht der Gesellschaftsvertrag zwischen den sämmtlichen Aktionairen abgeschlossen ist, die Genehmigung des Vertrages in einer Generalversammlung der Aktionaire durch Beschluß erfolgen.

Die den Vertrag genehmigende Mehrheit muß mindestens ein Viertheil der sämmtlichen Aktionaire begreifen und der Betrag ihrer Antheile mindestens ein Viertheil des gesammten Grundkapitals darstellen. Der Gesellschafter, welcher die betreffende Einlage macht oder sich besondere Vortheile ausbedingt, hat bei der Beschlußfassung kein Stimmrecht.

Ueber den Beschluß ist eine gerichtliche oder notarielle Urkunde aufzunehmen.

Art. 209c. Die Zusammenberufung der Generalversammlung erfolgt in den Fällen der Art. 209a. und 209b. nach den Bestimmungen, welche der Gesellschaftsvertrag über die Zusammenberufung der Generalversammlungen enthält.

Art. 210. Der Gesellschaftsvertrag muß bei dem Handelsgericht, in dessen Bezirk die Gesellschaft ihren Sitz hat, in das Handelsregister eingetragen und im Auszuge veröffentlicht werden.

Der Auszug muß enthalten:

1) das Datum des Gesellschaftsvertrages;
2) die Firma und den Sitz der Gesellschaft;
3) den Gegenstand und die Zeitdauer des Unternehmens;
4) die Höhe des Grundkapitals und der einzelnen Aktien oder Aktienantheile;
5) die Eigenschaft derselben, ob sie auf Inhaber oder auf Namen gestellt sind;
6) die Form, in welcher die von der Gesellschaft ausgehenden Bekanntmachungen erfolgen, sowie die öffentlichen Blätter, in welche dieselben aufzunehmen sind.

Ist im Gesellschaftsvertrage eine Form bestimmt, in welcher der Vorstand seine Willenserklärungen kundgiebt und für die Gesellschaft zeichnet, so ist auch diese Bestimmung zu veröffentlichen.

Art. 210a. Der Anmeldung Behufs der Eintragung in das Handelsregister muß beigefügt sein:

1) die Bescheinigung, daß der gesammte Betrag des Grundkapitals durch Unterschrift gedeckt ist;
2) die Bescheinigung, daß mindestens zehn Prozent, bei Versicherungsgesellschaften mindestens zwanzig Prozent, des von jedem Aktionair gezeichneten Betrages eingezahlt sind;
3) der Nachweis, daß der Aufsichtsrath nach Inhalt des Vertrages in einer Generalversammlung der Aktionaire gewählt ist;
4) betreffenden Falls die gerichtliche oder notarielle Urkunde über die in den Art. 209a. und 209b. bezeichneten Beschlüsse der Generalversammlung.

Die Anmeldung muß von sämmtlichen Mitgliedern des Vorstandes vor dem Handelsgericht unterzeichnet oder in beglaubigter Form eingereicht werden. Die der Anmeldung beigefügten Schriftstücke werden bei dem Handelsgericht in Urschrift oder in beglaubigter Abschrift aufbewahrt.

Art. 211. Vor erfolgter Eintragung in das Handelsregister besteht die Aktiengesellschaft als solche nicht. Die vor der Eintragung ausgegebenen Aktien oder Aktienantheile sind nichtig. Die Ausgeber sind den Besitzern für allen durch die Ausgabe verursachten Schaden solidarisch verhaftet.

Wenn vor erfolgter Eintragung in das Handelsregister im Namen der Gesellschaft gehandelt worden ist, so haften die Handelnden persönlich und solidarisch.

Art. 212. Bei jedem Handelsgericht, in dessen Bezirk die Aktiengesellschaft eine Zweigniederlassung hat, muß dies Behufs der Eintragung in das Handelsregister angemeldet werden.

Die Anmeldung muß von sämmtlichen Mitgliedern des Vorstandes vor dem Handelsgericht unterzeichnet oder in beglaubigter Form eingereicht werden und die in Artikel 210 Absatz 2 und 3 bezeichneten Angaben enthalten. Das Handelsgericht hat die Mitglieder des Vorstandes zur Befolgung dieser Vorschriften von Amtswegen durch Ordnungsstrafen anzuhalten.

Art. 214. Jeder Beschluß der Generalversammlung, welcher die Fortsetzung der Gesellschaft oder eine Abänderung der Bestimmungen des Gesellschaftsvertrages zum Gegenstande hat, bedarf zu seiner Gültigkeit der notariellen oder gerichtlichen Beurkundung.

Ein solcher Beschluß muß in gleicher Weise wie der ursprüngliche Vertrag in das Handelsregister eingetragen und veröffentlicht werden (Art. 210, 212).

Der Beschluß hat keine rechtliche Wirkung, bevor derselbe bei dem Handelsgericht, in dessen Bezirk die Gesellschaft ihren Sitz hat, in das Handelsregister eingetragen ist.

Art. 215. Die Abänderung des Gegenstandes der Unternehmung der Gesellschaft kann nicht durch Stimmenmehrheit beschlossen werden, sofern dies nicht im Gesellschaftsvertrage ausdrücklich gestattet ist.

Dasselbe gilt von dem Falle, wenn die Gesellschaft durch Uebertragung ihres Vermögens und ihrer Schulden an eine andere Aktiengesellschaft gegen Gewährung von Aktien der letzteren aufgelöst werden soll.

Die Aktiengesellschaft darf eigene Aktien nicht erwerben. Sie darf eigene Aktien auch nicht amortisiren, sofern dies nicht durch den ursprünglichen Gesellschaftsvertrag oder durch einen, den letzteren abändernden, vor Ausgabe der Aktien gefaßten Beschluß zugelassen ist.

Art. 217. Zinsen von bestimmter Höhe dürfen für die Aktionaire nicht bedungen, noch ausbezahlt werden; es darf nur dasjenige unter sie vertheilt werden, was sich nach der jährlichen Bilanz und, wenn im Gesellschaftsvertrage die Innehaltung eines Reservekapitals bestimmt ist, nach Abzug desselben als reiner Ueberschuß über die volle Einlage ergiebt. Die Aktionaire können bis zur Wiederergänzung des durch Verlust verminderten Gesammtbetrages der Einlagen Dividenden nicht beziehen.

Jedoch können für den in dem Gesellschaftsvertrage angegebenen Zeitraum, welchen die Vorbereitung des Unternehmens bis zum Anfange des vollen Betriebes erfordert, den Aktionairen Zinsen von bestimmter Höhe bedungen werden.

Art. 222. Wenn die Aktien oder Aktienantheile auf Inhaber gestellt werden, so kommen folgende Grundsätze zur Anwendung:

1) Die Ausgabe der Aktien darf vor Einzahlung des ganzen Nominalbetrages derselben nicht erfolgen; ebensowenig dürfen über die geleisteten Partialzahlungen Promessen oder Interimsscheine, welche auf Inhaber lauten, ausgestellt werden.
2) Der Zeichner der Aktie ist für die Einzahlung von 40 Prozent des Nominalbetrages der Aktie unbedingt verhaftet; von dieser Verpflichtung kann derselbe weder durch Uebertragung seines Anrechtes auf einen Dritten sich befreien, noch Seitens der Gesellschaft entbunden werden; wird der Zeichner der Aktie, wegen verzögerter Einzahlung, seines Anrechtes aus der Zeichnung verlustig erklärt (Art. 220), so bleibt er dessen ungeachtet zur Einzahlung von 40 Prozent des Nominalbetrages der Aktie verpflichtet.
3) Im Gesellschaftsvertrage kann bestimmt werden, daß und unter welchen Maaßgaben nach erfolgter Einzahlung von 40 Prozent die Befreiung des Zeichners von der Haftung für weitere Einzahlungen zuläßig sei, und daß im Falle der eingetretenen Befreiung über die geleisteten Einzahlungen Promessen oder Interimsscheine, welche auf Inhaber lauten, ausgestellt werden dürfen.

Diejenigen Landesgesetze, welche die Höhe der Einzahlung (Art. 222 Ziffer 2 und 3) auf 25 Prozent des Nominalbetrages der Aktie herabgesetzt haben, werden hierdurch nicht berührt.

Art. 225. Die für den Aufsichtsrath einer Kommanditgesellschaft auf Aktien in den Art. 191 und 192 gegebenen Bestimmungen finden auch auf den Aufsichtsrath einer Aktiengesellschaft Anwendung.

Art. 225a. Der Aufsichtsrath überwacht die Geschäftsführung der Gesellschaft in allen Zweigen der Verwaltung; er kann sich von dem Gange der Angelegenheiten der Gesellschaft unterrichten, die Bücher und Schriften derselben jederzeit einsehen und den Bestand der Gesellschaftskasse untersuchen.

Er hat die Jahresrechnungen, die Bilanzen und die Vorschläge zur Gewinnvertheilung zu prüfen und darüber alljährlich der Generalversammlung der Aktionaire Bericht zu erstatten.

Er hat eine Generalversammlung zu berufen, wenn dies im Interesse der Gesellschaft erforderlich ist.

Art. 225b. Die Mitglieder des Aufsichtsrathes sind persönlich und solidarisch zum Schadenersatz verpflichtet, wenn mit ihrem Wissen und ohne ihr Einschreiten:

1) Einlagen an die Aktionaire zurückgezahlt, oder, der Bestimmung des Art. 215 Absatz 3 entgegen, eigene Aktien der Gesellschaft erworben oder amortisirt worden sind;
2) Zinsen oder Dividenden gezahlt sind, welche nach Maaßgabe der Bestimmungen des Artikels 217 nicht gezahlt werden durften;
3) Die Vertheilung des Gesellschaftsvermögens oder eine theilweise Zurückzahlung oder eine Herabsetzung des Grundkapitals ohne Beobachtung der gesetzlichen Bestimmungen (Art. 245 und 248) erfolgt ist.

Art. 239. Der Vorstand ist verpflichtet, Sorge zu tragen, daß die erforderlichen Bücher der Gesellschaft geführt werden. Er muß den Aktionairen spätestens in den ersten sechs Monaten jedes Geschäftsjahres eine Bilanz des verflossenen Geschäftsjahres vorlegen und solche innerhalb dieser Frist in der Form und in den öffentlichen Blättern, welche für die Bekanntmachungen der Gesellschaft in dem Gesellschaftsvertrage bestimmt sind, veröffentlichen.

Zur Entlastung des Vorstandes bei Legung der Rechnung können Personen nicht bestellt werden, welche auf irgend eine Weise an der Geschäftsführung Theil nehmen.

Dieses Verbot bezieht sich nicht auf die Personen, welchen die Aufsicht über die Geschäftsführung zusteht.

Art. 239a. Für die Aufstellung der Bilanz sind folgende Vorschriften maaßgebend:

1) kurshabende Papiere dürfen höchstens zu dem Kurswerthe, welchen dieselben zur Zeit der Bilanzaufstellung haben, angesetzt werden;
2) die Kosten der Organisation und Verwaltung dürfen nicht unter die Aktiva aufgeführt werden, müssen vielmehr ihrem vollen Betrage nach in der Jahresrechnung als Ausgabe erscheinen;
3) der Betrag des Grundkapitals und des etwa im Gesellschaftsvertrage vorgeschriebenen Reserve- oder Erneuerungsfonds ist unter die Passiva aufzunehmen;
4) der aus der Vergleichung sämmtlicher Aktiva und sämmtlicher Passiva sich ergebende Gewinn oder Verlust muß am Schlusse der Bilanz besonders angegeben werden.

Art. 240. Ergiebt sich aus der letzten Bilanz, daß sich das Grundkapital um die Hälfte vermindert hat, so muß der Vorstand unverzüglich eine Generalversammlung berufen und dieser davon Anzeige machen.

Ergiebt sich, daß das Vermögen der Gesellschaft nicht mehr die Schulden deckt, so muß der Vorstand hiervon dem Gericht Behufs der Eröffnung des Konkurses Anzeige machen.

Art. 242. Die Aktiengesellschaft wird aufgelöst:

1) durch Ablauf der im Gesellschaftsvertrage bestimmten Zeit;
2) durch einen notariellen oder gerichtlich beurkundeten Beschluß der Aktionaire;
3) durch Eröffnung des Konkurses.

Wenn die Auflösung einer Aktiengesellschaft aus anderen Gründen erfolgt, so finden die Bestimmungen dieses Abschnitts ebenfalls Anwendung.

Art. 247. Bei der Auflösung einer Aktiengesellschaft durch Vereinigung derselben mit einer anderen Aktiengesellschaft (Art. 215) kommen folgende Bestimmungen zur Anwendung:

1) Das Vermögen der aufzulösenden Gesellschaft ist so lange getrennt zu verwalten, bis die Befriedigung oder Sicherstellung ihrer Gläubiger erfolgt ist
2) Der bisherige Gerichtsstand der Gesellschaft bleibt für die Dauer der getrennten Vermögensverwaltung bestehen; dagegen wird die Verwaltung von der anderen Gesellschaft geführt.
3) Der Vorstand der letzteren Gesellschaft ist den Gläubigern für die Ausführung der getrennten Verwaltung persönlich und solidarisch verantwortlich.
4) Die Auflösung der Gesellschaft ist zur Eintragung in das Handelsregister bei Ordnungsstrafe anzumelden.
5) Die öffentliche Aufforderung der Gläubiger der aufgelösten Gesellschaft (Art. 243) kann unterlassen oder auf einen späteren Zeitpunkt verschoben werden. Jedoch ist die Vereinigung der Vermögen der beiden Gesellschaften erst in dem Zeitpunkte zulässig, in welchem eine Vertheilung des Vermögens einer aufgelösten Aktiengesellschaft unter die Aktionaire erfolgen darf (Art. 245).

Art. 248. Eine theilweise Zurückzahlung des Grundkapitals an die Aktionaire oder eine Herabsetzung desselben kann nur auf Beschluß der Generalversammlung erfolgen.

Die Zurückzahlung oder Herabsetzung kann nur unter Beobachtung derselben Bestimmungen erfolgen, welche für die Vertheilung des Gesellschaftsvermögens im Falle der Auflösung maaßgebend sind (Art. 243, 245).

Die Mitglieder des Vorstandes, welche dieser Vorschrift entgegen handeln, sind den Gläubigern der Gesellschaft persönlich und solidarisch verhaftet.

Art. 249. Die Mitglieder des Aufsichtsrathes und des Vorstandes werden mit Gefängniß bis zu drei Monaten bestraft:
1) wenn sie vorsätzlich Behufs der Eintragung des Gesellschaftsvertrages in das Handelsregister falsche Angaben über die Zeichnung oder Einzahlung des Grundkapitals machen;
2) wenn durch ihre Schuld länger als drei Monate die Gesellschaft ohne Aufsichtsrath geblieben ist, oder in dem letzteren die zur Beschlußfähigkeit erforderliche Zahl von Mitgliedern gefehlt hat;
3) wenn sie in ihren Darstellungen, in ihren Uebersichten über den Vermögensstand der Gesellschaft oder in den in der Generalversammlung gehaltenen Vorträgen wissentlich den Stand der Verhältnisse der Gesellschaft unwahr darstellen oder verschleiern.

Wird in den Fällen zu 2 und 3 festgestellt, daß mildernde Umstände vorhanden sind, so ist auf Geldstrafe bis zu Eintausend Thalern zu erkennen.

Art. 249a. Die Mitglieder des Vorstandes werden mit Gefängniß bis zu drei Monaten bestraft, wenn sie der Vorschrift des Artikels 240 zuwider dem Gericht die Anzeige zu machen unterlassen, daß das Vermögen der Gesellschaft nicht mehr die Schulden deckt.

Die Strafe tritt nicht ein, wenn von ihnen nachgewiesen wird, daß die Anzeige ohne ihr Verschulden unterblieben ist.

Zu Art. 249.

Nr. 1.

1. Vgl. Art. 210 a. Nr. 1 und 2.

Nr. 2.

2. Zur Ermittelung der zur Beschlußfähigkeit erforderlichen Zahl von Mitgliedern ist auf die Bestimmungen des Gesellschaftsvertrages zurückzugehen; mindestens müssen drei Aufsichtsraths-Mitglieder vorhanden sein. Vgl. Art. 209 Nr. 6.

3. Ueber den Anfangstermin bei Berechnung der drei Monate vgl. Endemann, Commentar zu diesem Ges. S. 21.

4. Vgl. die Anm. 2 zu §. 4.

Nr. 3.

5. Die Mitglieder des Aufsichtsraths und des Vorstandes sind verpflichtet, alle Verhältnisse der Gesellschaft bloßzulegen, selbst wenn die Aktionäre unter einander einig sein sollten, daß die vollständige Darlegung der Lage der Gesellschaft ihnen nachtheilig sei. Vgl. Anm. 4 zu Art. 206.

§. 2.

Die Landesgesetze, welche zur Errichtung von Kommanditgesellschaften auf Aktien oder Aktiengesellschaften die staatliche Genehmigung vorschreiben oder eine staatliche Beaufsichtigung dieser Gesellschaft anordnen, werden aufgehoben.

Auch treten für die bereits bestehenden Kommanditgesellschaften auf Aktien und Aktiengesellschaften diejenigen Bestimmungen der Gesellschaftsverträge außer Kraft, welche die staatliche Genehmigung und Beaufsichtigung betreffen.

§. 3.

Die landesgesetzlichen Vorschriften, nach welchen der Gegenstand des Unternehmens der staatlichen Genehmigung bedarf, und das Unternehmen der staatlichen Beaufsichtigung unterliegt, werden durch den §. 2 nicht berührt. Dasselbe gilt für die bereits bestehenden Kommanditgesellschaften auf Aktien und Aktiengesellschaften von denjenigen Bestimmungen der Gesellschaftsverträge, welche sich auf die staatliche Genehmigung und Beaufsichtigung wegen des Gegenstandes des Unternehmens beziehen oder in Verbindung mit besonderen der Gesellschaft bewilligten Privilegien stehen.

§. 4.

Für diejenigen bereits bestehenden Kommanditgesellschaften auf Aktien und Aktiengesellschaften, welche nach den bisherigen Vorschriften in das Handelsregister nicht einzutragen waren, gelten folgende Uebergangsbestimmungen:

1) Auf die bezeichneten Gesellschaften finden die Vorschriften des Allgemeinen Deutschen Handelsgesetzbuches, welche die Eintragung in das Handelsregister und die bei dem Handelsgericht zu bewirkende Zeichnung der Firmen und Unterschriften oder die Einreichung der Zeichnungen betreffen, gleichfalls Anwendung.

   Die Anmeldungen zur Eintragung in das Handelsregister und die Zeichnung der Firmen und Unterschriften oder die Einreichung der Zeichnungen sind binnen drei Monaten, von dem Tage an gerechnet, an welchem dieses Gesetz in Geltung tritt, zu bewirken. Nach Ablauf dieser Frist sind die Betheiligten zur Befolgung der betreffenden Vorschriften durch Ordnungsstrafen anzuhalten.

2) Ist die Anmeldung einer Gesellschaft zur Eintragung in das Handelsregister

---

Zu §. 2.

Aufgehoben sind durch den §. 2 diejenigen gesetzlichen und statutarischen Bestimmungen, welche der Haupttendenz des Gesetzes (Befreiung der Gesellschaften von der Staats-Genehmigung und -Beaufsichtigung überhaupt) entgegenstehen. Es handelt sich also hier namentlich um den Fortfall derjenigen Staatsgenehmigung, welcher die Gesellschaften als solche (d. h. wegen ihrer Gesellschaftsform) zur Erlangung der rechtlichen Existenz bisher bedurft haben. Vgl. Motive z. d. G. Aktenstücke des N. R. Sitz.-Per. 1870 S. 659, 651.

Zu §. 3.

Nicht aufgehoben sind die Vorschriften, welche die Genehmigung des Gegenstandes der Gesellschaften oder die etwa denselben ertheilten Privilegien und das in Verbindung hiermit stehende Aufsichtsrechts des Staats angehen. Es sind daher diejenigen Unternehmungen und Geschäfte, deren Beginn durch die Gesetzgebung anderweit an die Staatsgenehmigung geknüpft ist, wie Eisenbahnbau, Banknoten-Emission, Ausgabe von Schuldverschreibungen au porteur, Auswanderungsvermittelungen u. s. w. auch ferner konzessionspflichtig geblieben. Vgl. Motive z. d. G. Aktenst. d. N. R. Sitz.-Per. 1870 S. 659, 651.

Zu §. 4.

1. Das Ges. vom 22. April 1871, betr. die Einf. Nordd. Bundesgesetze in Bayern (B.G.Bl. 1871 S. 87) enthält im §. 10 nachstehende Spezialvorschrift:

   Die bis zum Tage der Wirksamkeit des gegenwärtigen Gesetzes (13. Mai 1871) vollzogenen Eintragungen in dem von den Bayerischen Bezirksgerichten geführten besonderen Register für Aktiengesellschaften, bei welchen der Gegenstand des Unternehmens nicht in Handelsgeschäften besteht, gelten als Eintragungen im Handelsregister und bleiben in Wirksamkeit, auch wenn die Voraussetzungen nicht vorhanden sind, welche nach dem Ges. v. 11. Juni 1870 für die Errichtung der Gesellschaft erforderlich sein würden.

2. Nach Ansicht des Bundesraths hat der §. 4 zur Voraussetzung, daß bestehende Aktiengesellschaften jeder Art, welche keinen Aufsichtsrath haben, durch das Gesetz nicht genöthigt werden, einen solchen zu wählen. Vgl. die Reden des Abgeordn. Roß und der Bundeskommissare, Geh. R. Dr. Jacobi und B.O.H.G.Präs. Dr. Pape in der 50. Sitzung (20. Mai 1870) des N. R., Stenogr. Berichte des N. R. S. 1075.

binnen der dreimonatlichen Frist bewirkt, so bleibt die Anwendung der Bestimmungen der Artikel 17, 18, 20, 21 Absatz 2, 168 des Allgemeinen Deutschen Handelsgesetzbuches ausgeschlossen.

3) Eine gültig errichtete Gesellschaft ist in das Handelsregister einzutragen, auch wenn die Voraussetzungen nicht vorhanden sind, welche nach diesem Gesetze für die Errichtung der Gesellschaft erforderlich sein würden.

4) Sind die persönlich haftenden Gesellschafter einer Kommanditgesellschaft auf Aktien, oder ist der Vorstand einer Aktiengesellschaft in der Befugniß, die Gesellschaft zu vertreten, beschränkt, so finden die Bestimmungen des Artikels 116 und des Artikels 231 des Allgemeinen Deutschen Handelsgesetzbuches bis zum Ablauf von drei Monaten, von dem Tage an gerechnet, an welchem dieses Gesetz in Geltung tritt, keine Anwendung. Auch bleibt die Anwendung dieser Vorschriften noch während eines Zeitraumes von fünf Jahren, von jenem Tage an gerechnet, ausgeschlossen, wenn die Beschränkung innerhalb der unter Ziffer 1 bezeichneten dreimonatlichen Frist zur Eintragung in das Handelsregister angemeldet ist.

§. 5.

Die Bestimmungen des Artikels 199 des Allgemeinen Deutschen Handelsgesetzbuches nach der durch dieses Gesetz festgesetzten neuen Fassung finden auch auf diejenigen zur Zeit der Geltung des Artikels 199 in der früheren Fassung errichteten Kommanditgesellschaften auf Aktien Anwendung, bei welchen in dem Gesellschaftsvertrage oder in einem denselben abändernden Vertrage bestimmt ist, daß das Austreten eines oder mehrerer persönlich haftender Gesellschafter die Auflösung der Gesellschaft nicht zur Folge habe.

Urkundlich unter Unserer Höchsteigenhändigen Unterschrift und beigedrucktem Bundes-Insiegel.

Gegeben Berlin, den 11. Juni 1870.

(L. S.) Wilhelm.

Gr. v. Bismarck-Schönhausen.

Gesetz, betreffend die Inhaberpapiere mit Prämien. Vom 8. Juni 1871.*)

[R.G.Bl. 1871. Nr. 25, ausgegeben zu Berlin den 14. Juni 1871. S. 210.]

Wir Wilhelm, von Gottes Gnaden Deutscher Kaiser, König von Preußen rc. verordnen im Namen des Deutschen Reichs, nach erfolgter Zustimmung des Bundesrathes und des Reichstages, was folgt:

§. 1. Auf den Inhaber lautende Schuldverschreibungen, in welchen allen Gläubigern oder einem Theile derselben außer der Zahlung der verschriebenen Geldsumme eine Prämie dergestalt zugesichert wird, daß durch Ausloosung oder durch eine andere, auf den Zufall gestellte Art der Ermittelung die zu prämiirenden Schuldverschreibungen und die Höhe der ihnen zufallenden Prämie bestimmt werden sollen (Inhaberpapiere mit Prämien), dürfen innerhalb des Deutschen Reichs nur auf Grund eines Reichsgesetzes, und nur zum Zwecke der Anleihe eines Bundesstaats oder des Reiches ausgegeben werden.

§. 2. Inhaberpapiere mit Prämien, welche nach Verkündigung des gegenwärtigen Gesetzes, der Bestimmung im §. 1 zuwider, im Inlande ausgegeben sein

*) Das Gesetz ist in Elsaß-Lothringen eingeführt durch das Gesetz vom 27. Januar 1872 (Ges.-Bl. f. E.-L. S. 111); cfr. Bekanntmachung des Reichskanzlers vom 30. Januar 1872 (Ges.-Bl. f. E.-L. S. 113).

möchten, imgleichen Inhaberpapiere mit Prämien, welche nach dem 30. April 1871 im Auslande ausgegeben sind, dürfen weder weiter begeben, noch an den Börsen, noch an anderen zum Verkehr mit Werthpapieren bestimmten Versammlungsorten zum Gegenstande eines Geschäfts oder einer Geschäftsvermittelung gemacht werden.

§. 3. Dasselbe gilt vom 15. Juli 1871 ab von ausländischen Inhaberpapieren mit Prämien, deren Ausgabe vor dem 1. Mai 1871 erfolgt ist, sofern dieselben nicht abgestempelt sind (§§. 4, 5).

§. 4. Die Schuldverschreibungen, deren Abstempelung erfolgen soll, müssen spätestens am 15. Juli 1871 zu diesem Zweck eingereicht werden.

Für die Abstempelung ist eine Gebühr zu entrichten, welche für eine Schuldverschreibung, deren Nominalbetrag den Werth von 100 Thlr. nicht übersteigt,
5 Sgr. oder 17½ Kr. S.-W.
für eine Schuldverschreibung, deren Nominalbetrag den Werth von 100 Thlr. übersteigt, 10 Sgr. oder 35 Kr. S.-W.
beträgt.

Der Ertrag dieser Abstempelungsgebühr fließt zur Reichskasse.

§. 5. Der Bundesrath wird die zur Ausführung dieses Gesetzes erforderliche Instruktion erlassen, und in derselben festsetzen, unter welchen Umständen ein gutgläubiger Inhaber, der aus entschuldbaren Gründen die Einreichungsfrist versäumt hat, noch nachträglich Abstempelung seiner Schuldverschreibungen erlangen kann. Der Bundesrath wird ferner zur Berechnung der Stempel-Abgabe den Thalerwerth der fremden Valuten feststellen, auch die Behörden bestimmen, bei welchen die Einreichung zur Abstempelung (§. 4) zu erfolgen hat.

§. 6. Wer den Bestimmungen der §§. 1, 2 oder 3 zuwiderhandelt, verfällt in eine Geldstrafe, welche dem fünften Theile des Nennwerthes der den Gegenstand der Zuwiderhandlung bildenden Papiere gleichkommt, mindestens aber einhundert Thaler betragen soll.

Mit Geldstrafe bis zu einhundert Thalern oder Gefängniß bis zu drei Monaten wird bestraft, wer ein im §. 2 oder §. 3 bezeichnetes Inhaberpapier mit Prämie öffentlich ankündigt, ausbietet oder empfiehlt, oder zur Feststellung eines Kourswerthes notirt.

Zu §. 5.

Vgl. die von dem Bundesrath zur Ausführung des Gesetzes erlassenen Vorschriften, publizirt durch Bekanntmachung des Reichskanzlers vom 19. Juni 1871 (R.G.Bl. S. 255), insbes. §. 7, welcher lautet:

Die Abstempelung erfolgt durch Aufklebung einer Marke, welche den Betrag der nach §. 4 des Gesetzes vom 8. Juni d. J. beziehungsweise §. 5 dieser Vorschriften zu entrichtenden Gebühr angiebt, und durch Entwerthung derselben mittelst Aufdrückens des schwarzen beziehungsweise farbigen Stempels (Dienstsiegels) der abstempelnden Behörde. Die Aufklebung der Marke geschieht auf der Schauseite der Schuldverschreibung an einer Stelle, wo sie Theile des Textes derselben, insbesondere die Bezeichnung der Serie und der Nummer der Schuldverschreibung nicht verdeckt. Der Stempel ist so aufzudrücken, daß sein Abdruck theilweise auf der Marke, theilweise auf der Schuldverschreibung selbst erscheint. Nur im Falle die Schauseite hinreichenden freien Raum nicht bieten sollte, erfolgt die Abstempelung auf der Rückseite. Der Abstempelung unterliegt jede einzelne Schuldverschreibung. Finden sich auf einem Bogen mehrere Apoints, die sich zur selbstständigen Weiterbegebung von einander trennen lassen, so ist jedes einzelne Apoint unter Verwendung der entsprechenden Marke abzustempeln. Bei der Abstempelung sind die zu diesem Zwecke angefertigten und den Abstempelungsbehörden überwiesenen Stempelmarken zu verwenden. Dieselben bilden ein längliches Viereck und enthalten im guillochirten Mittelfelde die Bezeichnung des Werthbetrages und als Umschrift oben die Worte: „Reichsgesetz vom 8. Juni 1871", unten die Worte: „Stempel für Prämienanleihen". Der Druck der auf 10 Groschen oder 35 Kreuzer lautenden ist roth, der auf 5 Groschen oder 17½ Kreuzer lautenden grün. Abstempelungen, bei welchen eine Stempelmarke nicht verwendet worden ist, gelten als nicht erfolgt.

Vgl. ferner die Bekanntmachungen, betr. die Ergänzung der unterm 19. Juni 1871 erlassenen Vorschriften, vom 1. und 10. Juli 1871, die Bekanntm., betr. die Abänderung der unter dem 1. Juli 1871 erlassenen Vorschriften, vom 4. Dezember 1871, sowie die Bekanntm., betr. die neuen Schuldverschreibungen der Prämienanleihe der Stadt Lüttich vom Jahre 1853, vom 1. Dezember 1875 (R.G.Bl. 1871, S. 304, 314, 408, und Centralbl. f. d. D. R. 1875, S. 756).

Zu §. 6.

Vgl. die §§. 28, 29, 78 des St.G.B.

Urkundlich unter Unserer Höchsteigenhändigen Unterschrift und beigedrucktem Kaiserlichen Insiegel.

Gegeben Berlin, den 8. Juni 1871.

(L. S.) Wilhelm.

Fürst von Bismarck.

Gesetz über das Postwesen des Deutschen Reichs. Vom 28. Oktober 1871.*)

[R.G.Bl. 1871. S. 347.]

Wir Wilhelm, von Gottes Gnaden Deutscher Kaiser, König von Preußen rc. verordnen im Namen des Deutschen Reichs, nach erfolgter Zustimmung des Bundesrathes und des Reichstages, was folgt:

Abschnitt I.

Grundsätzliche Rechte und Pflichten der Post.

§. 1. Die Beförderung

1) aller versiegelten, zugenähten und sonst verschlossenen Briefe,
2) aller Zeitungen politischen Inhalts, welche öfter als einmal wöchentlich erscheinen,

gegen Bezahlung von Orten mit einer Postanstalt nach anderen Orten, mit einer Postanstalt des In- oder Auslandes auf andere Weise, als durch die Post, ist verboten. Hinsichtlich der politischen Zeitungen erstreckt dieses Verbot sich nicht auf den zweimaligen Umkreis ihres Ursprungsortes.

Wenn Briefe und Zeitungen (Nr. 1 und 2) vom Auslande eingehen und nach inländischen Orten mit einer Postanstalt bestimmt sind, oder durch das Gebiet des Deutschen Reichs transitiren sollen, so müssen sie bei der nächsten inländischen Postanstalt zur Weiterbeförderung eingeliefert werden.

Unverschlossene Briefe, welche in versiegelten, zugenähten oder sonst verschlossenen Packeten befördert werden, sind den verschlossenen Briefen gleich zu achten. Es ist jedoch gestattet, versiegelten, zugenähten oder sonst verschlossenen Packeten, welche auf andere Weise, als durch die Post, befördert werden, solche unverschlossene Briefe, Fakturen, Preiskourante Rechnungen und ähnliche Schriftstücke beizufügen, welche den Inhalt des Packets betreffen.

§. 2. Die Beförderung von Briefen und politischen Zeitungen (§. 1) gegen Bezahlung durch expresse Boten oder Fuhren ist gestattet. Doch darf ein solcher Expresser nur von Einem Absender abgeschickt sein, und dem Postzwange unterliegende Gegenstände weder von Anderen mitnehmen, noch für Andere zurückbringen.

§. 3. Die Annahme und Beförderung von Postsendungen darf von der Post

---

*) Dieses Gesetz ist vom 1. Januar 1872 an in Elsaß-Lothringen eingeführt durch das Gesetz vom 4. November 1871 (Ges.Bl. f. E.-L. S. 348).

Zu §. 1.

Die Beförderung aller versiegelten rc. Briefe gegen Bezahlung steht nur der Postbehörde zu, und nicht den Privatunternehmern von Beförderungsmitteln in den vom Gesetz näher bezeichneten Fällen. Für diese Privatunternehmer, welche Packete befördern dürfen, ist nur nachgegeben, daß den verschlossenen Packeten unverschlossene Briefe rc., welche den Inhalt des Packets betreffen, beigefügt werden können. Das Gesetz unterscheidet dabei nicht, ob wegen der — verbotenen — Beifügung eines verschlossenen Briefes, noch eine höhere Gebühr, als die für die Packetbeförderung an sich zu entrichtende bezahlt worden ist, oder nicht; es wird vielmehr in jedem Falle als eine ungetrennte Bezahlung des Packets und des verschlossenen beigelegten Briefes angesehen, wenn auch nur die Packettaxe entrichtet worden ist.

Erk. (V. I.) Pr. O.Tr. vom 10. Mai 1871 c. Valette Goltd. A. 19 S. 539; O.R. 12 S. 260.

nicht verweigert werden, sofern die Bestimmungen dieses Gesetzes und des Reglements (§. 50) beobachtet sind. Auch darf keine im Gebiete des Deutschen Reichs erscheinende politische Zeitung vom Postdebit ausgeschlossen und ebensowenig darf bei der Normirung der Provision, welche für die Beförderung und Debitirung der im Gebiete des Deutschen Reichs erscheinenden Zeitungen zu erheben ist, nach verschiedenen Grundsätzen verfahren werden. Die Post besorgt die Annahme der Pränumeration auf die Zeitungen, sowie den gesammten Debit derselben.

§. 4. [ist durch das nachstehende Gesetz aufgehoben.]

Gesetz, betreffend die Abänderung des §. 4 des Gesetzes über das Postwesen des Deutschen Reichs vom 28. Oktober 1871. Vom 20. Dezember 1875.

[R.G.Bl. 1875, S. 318.]

Wir Wilhelm, von Gottes Gnaden Deutscher Kaiser, König von Preußen ꝛc. verordnen im Namen des Deutschen Reichs, nach erfolgter Zustimmung des Bundesraths und des Reichstags, was folgt:

Einziger Paragraph.

An die Stelle des §. 4 des Gesetzes über das Postwesen des Deutschen Reichs vom 28. Oktober 1871 (Reichs-Gesetzbl. S. 347) treten die nachfolgenden Bestimmungen:

Art. 1. Der Eisenbahnbetrieb ist, soweit es die Natur und die Erfordernisse desselben gestatten, in die nothwendige Uebereinstimmung mit den Bedürfnissen des Postdienstes zu bringen.

Die Einlegung besonderer Züge für die Zwecke des Postdienstes kann jedoch von der Postverwaltung nicht beansprucht werden.

Bei Meinungsverschiedenheiten zwischen der Postverwaltung und den Eisenbahnverwaltungen über die Bedürfnisse des Postdienstes, die Natur und die Erfordernisse des Eisenbahnbetriebes entscheidet, soweit die Postverwaltung sich bei dem Ausspruche der Landes-Aufsichtsbehörde nicht beruhigt, der Bundesrath, nach Anhörung der Reichs-Postverwaltung und des Reichs-Eisenbahn-Amts.

Art. 2. Mit jedem für den regelmäßigen Beförderungsdienst der Bahn bestimmten Zuge ist auf Verlangen der Postverwaltung Ein von dieser gestellter Postwagen unentgeltlich zu befördern. Die unentgeltliche Beförderung umfaßt:

a) die Briefpostsendungen, Zeitungen, Gelder mit Einschluß des ungemünzten Goldes und Silbers, Juwelen und Pretiosen ohne Unterschied des Gewichts, ferner sonstige Poststücke bis zum Einzelngewichte von 10 Kilogramm einschließlich,
b) die zur Begleitung der Postsendungen, sowie zur Verrichtung des Dienstes unterwegs erforderlichen Postbeamten, auch wenn dieselben vom Dienste zurückkehren,
c) die Geräthschaften, deren die Postbeamten unterwegs bedürfen.

Für Poststücke, welche nicht unentgeltlich zu befördern sind, hat die Postverwaltung eine Frachtvergütung zu zahlen, welche nach der Gesammtmenge der auf der betreffenden Eisenbahn sich bewegenden zahlungspflichtigen Poststücke für den Achskilometer berechnet wird.

Die Mitbeförderung solcher Päckereien, welche nicht zu den Brief- und Zeitungspacketen gehören, soll bei Zügen, deren Fahrzeit besonders kurz bemessen ist, beschränkt oder ausgeschlossen werden, wenn dies von der Eisenbahn-Aufsichtsbehörde zur Wahrung der pünktlichen und sicheren Beförderung der betreffenden Züge für nothwendig erachtet wird, und andere zur Mitnahme der Päckereien geeignete Züge auf der betreffenden Bahn eingerichtet sind.

Art. 3. Auf Grund vorangegangener Verständigung kann an Stelle eines besonderen Postwagens eine Abtheilung eines Eisenbahnwagens gegen Erstattung der für Herstellung und Wiederbeseitigung der für die Zwecke des Postdienstes erforderlichen Einrichtungen von der Eisenbahnverwaltung aufgewendeten Selbstkosten, sowie gegen Zahlung einer Miethe für Hergabe und Unterhaltung benutzt werden, welche nach Artikel 6 Absatz 5 zu berechnen ist.

Art. 4. Bei solchen für den regelmäßigen Beförderungsdienst der Bahn bestimmten Zügen, welche nicht in der in den Artikeln 2 und 3 bezeichneten Weise zur Postbeförderung benutzt werden, kann die Postverwaltung entweder, insoweit dies nach dem Ermessen der Eisenbahnverwaltung zulässig ist, der letzteren Briefbeutel, sowie Brief- und Zeitungspackete zur unentgeltlichen Beförderung durch das Zugpersonal überweisen, oder die Beförderung von Briefbeuteln, sowie Brief- und und Zeitungspacketen durch einen Postbeamten besorgen lassen, welchem der erforderliche Platz in einem Eisenbahnwagen unentgeltlich einzuräumen ist.

Art. 5. Reicht der eine Postwagen (Art. 2) oder die an Stelle für Postzwecke bestimmte Wagenabtheilung (Art. 3) für die Bedürfnisse des Postdienstes nicht aus, so sind die Eisenbahnverwaltungen auf rechtzeitige Anmeldung oder Bestellung gehalten, nach Wahl der Postverwaltung.

mehrere Postwagen zur Beförderung zuzulassen,

oder der Postverwaltung zur Befriedigung des Mehrbedürfnisses geeignete Güterwagen oder einzelne geeignete Abtheilungen solcher Personenwagen, deren übrige Abtheilungen in dem betreffenden Zuge für Eisenbahnzwecke verwendbar sind, zu gestellen,

oder endlich die ihnen von der Postverwaltung überwiesenen Postsendungen zur eigenen Beförderung zu übernehmen.

Bei Zügen, auf denen die Beförderung von Postpäckereien ausgeschlossen oder beschränkt ist (Art. 2 Abs. 3), darf die Gestellung außerordentlicher Transportmittel seitens der Postverwaltung nicht beansprucht werden. Die Ueberweisung von Postsendungen an die Eisenbahnverwaltungen ist nur insoweit zulässig, als letztere sich bei dem betreffenden Zuge mit der Beförderung von Gütern (Eil- oder Frachtgütern) befaßt und die zu überweisenden Poststücke nicht in Geld- oder Werthsendungen bestehen.

Für die Beförderung eines zweiten oder mehrerer Postwagen, sowie für die Gestellung und Beförderung der erforderlichen Eisenbahn-Transportmittel ist von der Postverwaltung eine für den Achskilometer zu berechnende Vergütung, für die Beförderung der überwiesenen Poststücke aber die tarifmäßige Eisenbahn-Eilfrachtgebühr zu zahlen. Für die Mitbeförderung des etwa erforderlichen Postbegleitungspersonals und der Geräthschaften für den Dienst wird eine Vergütung nicht gezahlt.

Art. 6. Die für den regelmäßigen Dienst erforderlichen Eisenbahn-Postwagen werden für Rechnung der Postverwaltung beschafft.

Die Eisenbahnverwaltungen sind verbunden, die Unterhaltung, äußere Reinigung, das Schmieren und das Ein- und Ausrangiren dieser Wagen gegen eine den Selbstkosten entsprechende Vergütung zu bewirken.

Wenn die im regelmäßigen Dienst befindlichen Eisenbahn-Postwagen während des Stillagers auf den Bahnhöfen der Endstationen im Freien stehen bleiben, so ist dafür eine Vergütung nicht zu zahlen. Letzteres gilt auch für die Plätze auf den Bahnhöfen, welche der Postverwaltung zur Aufbewahrung der Perronwagen und sonstigen Geräthschaften für das Verladungsgeschäft angewiesen werden.

Unbeladene Postwagen sind gegen Erstattung der für Eisenbahn-Güterwagen tarifmäßig zu entrichtenden Frachtgebühr zu befördern. Für die Beförderung zur Eisenbahn-Reparaturwerkstatt und zurück findet eine Vergütung nicht statt.

Wenn Eisenbahn-Postwagen beschädigt oder laufunfähig werden, so sind die Eisenbahnverwaltungen gehalten, der Postverwaltung geeignete Güterwagen zur Aushülfe zu überlassen. Für diese Güterwagen hat die Postverwaltung die nämliche Miethe zu bezahlen, welche die betreffende Eisenbahnverwaltung im Verkehr mit benachbarten Bahnen für Benutzung fremder Wagen von gleicher Beschaffenheit entrichtet.

Desgleichen sind die theilweise von der Post benutzten Eisenbahnwagen

(Art. 3), wenn sie laufunfähig werden, von den Eisenbahnverwaltungen auf ihre Kosten durch andere zu ersetzen.

Art. 7. Bei Errichtung neuer Bahnhöfe oder Stationsgebäude sind auf Verlangen der Postverwaltung die durch den Eisenbahnbetrieb bedingten, für die Zwecke des Postdienstes erforderlichen Diensträume mit den für den Postdienst etwa erforderlichen besonderen baulichen Anlagen von der Eisenbahnverwaltung gegen Miethsentschädigung zu beschaffen und zu unterhalten.

Dasselbe gilt bei dem Um- oder Erweiterungsbau bestehender Stationsgebäude, insofern durch die den Bau veranlassenden Verhältnisse eine Erweiterung oder Veränderung der Postdiensträume bedingt wird.

Bei dem Mangel geeigneter Privatwohnungen in der Nähe der Bahnhöfe sind die Eisenbahnverwaltungen gehalten, bei Aufstellung von Bauplänen zu Bahnhofsanlagen und bei dem Um- oder Erweiterungsbau von Stationsgebäuden auf die Beschaffung von Dienstwohnungsräumen für die Postbeamten, welche zur Verrichtung des durch den Eisenbahnbetrieb bedingten Postdienstes erforderlich sind, Rücksicht zu nehmen. Ueber den Umfang dieser Dienstwohnungsräume wird sich die Postverwaltung mit der Eisenbahnverwaltung und erforderlichen Falls mit der Landesaufsichtsbehörde in jedem einzelnen Falle verständigen. Für die Beschaffung und Unterhaltung der Dienstwohnungsräume hat die Postverwaltung eine Miethsentschädigung nach gleichen Grundsätzen wie für die Diensträume auf den Bahnhöfen zu entrichten.

Das Miethsverhältniß bezüglich der der Postverwaltung überwiesenen Dienst- und Dienstwohnungsräume auf den Bahnhöfen kann nur durch das Einverständniß beider Verwaltungen aufgelöst werden.

Werden bei Errichtung neuer Bahnhofsanlagen, sowie bei dem Um- oder Erweiterungsbau bestehender Stationsgebäude zur Unterbringung von Dienst- oder Dienstwohnungsräumen auf Verlangen der Postbehörde besondere Gebäude auf den Bahnhöfen hergestellt, so ist der erforderliche Bauplatz von den Eisenbahnverwaltungen gegen Erstattung der Selbstkosten zu beschaffen, der Bau und die Unterhaltung derartiger Gebäude aber aus der Postkasse zu bestreiten.

Art. 8. Wenn bei dem Betriebe einer Eisenbahn ein im Dienst befindlicher Postbeamter getödtet oder körperlich verletzt worden ist, und die Eisenbahnverwaltung den nach den Gesetzen ihr obliegenden Schadensersatz dafür geleistet hat, so ist die Postverwaltung verpflichtet, derselben das Geleistete zu ersetzen, falls nicht der Tod oder die Körperverletzung durch ein Verschulden des Eisenbahnbetriebs-Unternehmers oder einer der im Eisenbahnbetrieb verwendeten Personen herbeigeführt worden ist.

Art. 9. Der Reichskanzler ist ermächtigt, für Eisenbahnen mit schmalerer als der Normalspur, und für Eisenbahnen, bei welchen wegen ihrer untergeordneten Bedeutung das Bahnpolizei-Reglement für die Eisenbahnen Deutschlands nicht für anwendbar erachtet ist, die vorstehenden Verpflichtungen für die Zwecke des Postdienstes zu ermäßigen oder ganz zu erlassen.

Art. 10. Durch die von dem Reichskanzler, nach Anhörung der Reichs-Postverwaltung und des Reichs-Eisenbahn-Amts, unter Zustimmung des Bundesraths zu erlassenden Vollzugsbestimmungen werden die näheren Anordnungen über die Ausführung der vorstehenden Leistungen, sowie über die Festsetzung und die Berechnung der Vergütung für die gegen Entgelt zu gewährenden Leistungen getroffen.

Art. 11. Auf die bei Erlaß dieses Gesetzes bereits konzessionirten Eisenbahngesellschaften und deren zukünftig konzessionirte Erweiterungen durch Neubauten finden die vorstehenden Vorschriften insoweit Anwendung, als dies nach den Konzessionsurkunden zuläßig ist. Im Uebrigen bewendet es für die Verbindlichkeiten der bereits konzessionirten Eisenbahngesellschaften bei den Bestimmungen der Konzessions-

Zu Art. 10.
Vgl. die Vollzugsbestimmungen vom 9. Februar 1876 (Centralbl. f. d. D. R. S. 87).

urkunden, und bleiben insbesondere in dieser Beziehung die bis dahin zur Anwendung gekommenen Vorschriften über den Umfang des Postzwanges und über die Verbindlichkeiten der Eisenbahnverwaltungen zu Leistungen für die Zwecke des Postdienstes maßgebend.

Die bereits konzessionirten Eisenbahngesellschaften sind jedoch berechtigt, an Stelle der ihnen konzessionsmäßig obliegenden Verpflichtungen für die Zwecke des Postdienstes die durch das gegenwärtige Gesetz angeordneten Leistungen zu übernehmen.

Art. 12. Die vertragsmäßige Vergütung, welche an das Großherzogthum Baden für Leistungen seiner Staatsbahnen zu den Zwecken des Postdienstes zu entrichten ist, wird, sofern nicht eine anderweite Vereinbarung erfolgt, bis zum Ablauf des Jahres 1879 weiter gezahlt. Bis dahin bleiben für die Leistungen der badischen Staatsbahnen zu Zwecken des Postdienstes die Bestimmungen des Reglements über die Verhältnisse der Post zu den Staatseisenbahnen vom 1. Januar 1868 maßgebend.

Im Uebrigen kommen die Vorschriften dieses Gesetzes auf die im Eigenthum des Reichs oder eines Bundesstaates befindlichen, sowie auf die in das Eigenthum des Reichs oder eines Bundesstaates übergehenden Eisenbahnen mit dem Inkrafttreten dieses Gesetzes zur Anwendung.

Art. 13. Dieses Gesetz tritt mit dem 1. Januar 1876 in Kraft. Dasselbe findet auf Bayern und Württemberg keine Anwendung.

Urkundlich unter Unserer Höchsteigenhändigen Unterschrift und beigedrucktem Kaiserlichen Insiegel.

Gegeben Berlin, den 20. Dezember 1875.

(L. S.) Wilhelm.

Fürst v. Bismarck.

§. 5. Das Briefgeheimniß ist unverletzlich. Die bei strafgerichtlichen Untersuchungen und in Konkurs- und civilprozessualischen Fällen nothwendigen Ausnahmen sind durch ein Reichsgesetz festzustellen. Bis zu dem Erlaß eines Reichsgesetzes werden jene Ausnahmen durch die Landesgesetze bestimmt.

Abschnitt II.

Garantie.

§. 6. Die Postverwaltung leistet dem Absender im Falle reglementsmäßig erfolgter Einlieferung Ersatz:

I. für den Verlust und die Beschädigung
   1) der Briefe mit Werthangabe,
   2) der Packete mit oder ohne Werthangabe,

II. für den Verlust der rekommandirten Sendungen, denen in dieser Beziehung Sendungen gleichgestellt werden, welche zur Beförderung durch Estafette eingeliefert sind.

Für einen durch verzögerte Beförderung oder Bestellung der unter I. bezeichneten Gegenstände entstandenen Schaden leistet die Postverwaltung nur dann Ersatz, wenn die Sache durch die verzögerte Beförderung oder Bestellung verdorben ist, oder ihren Werth bleibend ganz oder theilweise verloren hat. Auf eine Veränderung des Kourses oder marktgängigen Preises wird jedoch hierbei keine Rücksicht genommen.

Die Verbindlichkeit der Postverwaltung zur Ersatzleistung bleibt ausgeschlossen, wenn der Verlust, die Beschädigung oder die verzögerte Beförderung oder Bestellung

a) durch die eigene Fahrlässigkeit des Absenders, oder
b) durch die unabwendbaren Folgen eines Naturereignisses oder durch die natürliche Beschaffenheit des Gutes herbeigeführt worden ist, oder
c) auf einer auswärtigen Beförderungsanstalt sich ereignet hat, für welche die

Postverwaltung nicht durch Konvention die Ersatzleistung ausdrücklich übernommen hat; ist jedoch in diesem Falle die Einlieferung bei einer Deutschen Postanstalt erfolgt, und will der Absender seine Ansprüche gegen die auswärtige Beförderungsanstalt geltend machen, so hat die Postverwaltung ihm Beistand zu leisten.

Für die auf Postanweisungen eingezahlten Beiträge leistet die Postverwaltung Garantie.

Für andere, als die vorstehend bezeichneten Gegenstände, insbesondere für gewöhnliche Briefe, wird weder im Falle eines Verlustes oder einer Beschädigung noch im Falle einer verzögerten Beförderung oder Bestellung Ersatz geleistet.

§. 7. Wenn der Verschluß und die Verpackung der zur Post gegebenen Gegenstände bei der Aushändigung an den Empfänger äußerlich unverletzt und zugleich das Gewicht mit dem bei der Einlieferung ermittelten übereinstimmend befunden wird, so darf dasjenige, was bei der Eröffnung an dem angegebenen Inhalte fehlt, von der Postverwaltung nicht vertreten werden. Die ohne Erinnerung geschehene Annahme einer Sendung begründet die Vermuthung, daß bei der Aushändigung Verschluß und Verpackung unverletzt und das Gewicht mit dem bei der Einlieferung ermittelten übereinstimmend befunden worden ist.

§. 8. Wenn eine Werthangabe geschehen ist, so wird dieselbe bei der Feststellung des Betrages des von der Postverwaltung zu leistenden Schadenersatzes zum Grunde gelegt. Beweist jedoch die Postverwaltung, daß der angegebene Werth den gemeinen Werth der Sache übersteigt, so hat sie nur diesen zu ersetzen.

Ist in betrüglicher Absicht zu hoch deklarirt worden, so verliert der Absender nicht nur jeden Anspruch auf Schadenersatz, sondern ist auch nach den Vorschriften der Strafgesetze zu bestrafen.

§. 9. Wenn bei Packeten die Angabe des Werthes unterblieben ist, so vergütet die Postverwaltung im Falle eines Verlustes oder einer Beschädigung den wirklich erlittenen Schaden, jedoch niemals mehr, als Einen Thaler für jedes Pfund (= 500 Gramme) der ganzen Sendung. Packete, welche weniger als Ein Pfund wiegen, werden den Packeten zum Gewicht von Einem Pfunde gleichgestellt und überschießende Pfundtheile für Ein Pfund gerechnet.

§. 10. Für eine rekommandirte Sendung, sowie für eine zur Beförderung durch Estafette eingelieferte Sendung (§. 6 II.) wird dem Absender im Falle des Verlustes, ohne Rücksicht auf den Werth der Sendung, ein Ersatz von vierzehn Thalern gezahlt.

§. 11. Bei Reisen mit den ordentlichen Posten leistet die Postverwaltung Ersatz:

1) für den Verlust oder die Beschädigung des reglementsmäßig eingelieferten Passagierguts nach Maaßgabe der §§. 8 und 9, und
2) für die erforderlichen Kur- und Verpflegungskosten im Falle der körperlichen Beschädigung eines Reisenden, wenn dieselbe nicht erweislich durch höhere Gewalt oder durch eigene Fahrlässigkeit des Reisenden herbeigeführt ist.

Bei der Extrapostbeförderung wird weder für den Verlust oder die Beschädigung an Sachen, welche der Reisende bei sich führt, noch bei einer körperlichen Beschädigung des Reisenden Entschädigung von der Postverwaltung geleistet.

§. 12. Eine weitere, als die in den §§. 8, 9, 10 und 11 nach Verschiedenheit der Fälle bestimmte Entschädigung wird von der Postverwaltung nicht geleistet, insbesondere findet gegen dieselbe ein Anspruch wegen eines durch den Verlust oder die Beschädigung einer Sendung entstandenen mittelbaren Schadens oder entgangenen Gewinnes nicht statt.

§. 13. Der Anspruch auf Schadloshaltung gegen die Postverwaltung muß in allen Fällen gegen die Ober-Postdirektion, beziehungsweise gegen die mit deren

---

Zu §. 8.
Vgl. den §. 263 des St.G.B

Funktionen beauftragte Postbehörde gerichtet werden, in deren Bezirk der Ort der Einlieferung der Sendung oder der Ort der Einschreibung des Reisenden liegt.

§. 14. Der Anspruch auf Entschädigung an die Postverwaltung erlischt mit Ablauf von sechs Monaten, vom Tage der Einlieferung der Sendung oder vom Tage der Beschädigung des Reisenden an gerechnet. Diese Verjährung wird nicht allein durch Anmeldung der Klage, sondern auch durch Anbringung der Reklamation bei der kompetenten Postbehörde (§. 13) unterbrochen. Ergeht hierauf eine abschlägige Bescheidung, so beginnt vom Empfange derselben eine neue Verjährung, welche durch eine Reklamation gegen jenen Bescheid nicht unterbrochen wird.

§. 15. In Fällen des Krieges und gemeiner Gefahr ist die Postverwaltung befugt, durch öffentliche Bekanntmachung jede Vertretung abzulehnen und Briefe, sowie andere Sachen, nur auf Gefahr des Absenders zur Beförderung zu übernehmen. In solchem Falle steht jedoch dem Absender frei, sich ohne Rücksicht auf die Bestimmungen des §. 1 jeder anderen Beförderungsgelegenheit zu bedienen.

Abschnitt III.

Besondere Vorrechte der Posten.

§. 16. Die ordentlichen Posten nebst deren Beiwagen, die auf Kosten des Staates beförderten Kouriere und Estafetten, die von Postbeförderungen ledig zurückkommenden Postfuhrwerke und Postpferde, die Briefträger und die Postboten sind von Einrichtung der Chausseegelder und anderen Kommunikations-Abgaben befreit. Dasselbe gilt von Personenfuhrwerken, welche durch Privat-Unternehmer eingerichtet und als Ersatz für ordentliche Posten ausschließlich zur Beförderung von Reisenden und deren Effekten und von Postsendungen benutzt werden.

Diese Befreiung findet auch, jedoch unbeschadet wohlerworbener Rechte, gegen die zur Erhebung solcher Abgaben berechtigten Korporationen, Gemeinden oder Privat-Personen statt.

§. 17. In besonderen Fällen, in denen die gewöhnlichen Postwege gar nicht oder schwer zu passiren sind, können die ordentlichen Posten, die Extraposten, Kouriere und Estafetten sich der Neben- und Feldwege, sowie der ungehegten Wiesen und Aecker bedienen, unbeschadet jedoch des Rechtes der Eigenthümer auf Schadenersatz.

§. 18. Gegen die ordentlichen Posten, Extraposten, Kouriere und Estafetten ist keine Pfändung erlaubt, auch darf dieselbe gegen einen Postillon nicht geübt werden, welcher mit dem ledigen Gespann zurückkehrt. Bei Zuwiderhandlungen ist eine Geldstrafe von zehn Silbergroschen bis zu zwanzig Thalern verwirkt.

§. 19. Jedes Fuhrwerk muß den ordentlichen Posten, sowie den Extraposten, Kourieren und Estafetten auf das übliche Signal ausweichen. Bei Zuwiderhandlungen ist eine Geldstrafe von zehn Silbergroschen bis zu zehn Thalern verwirkt.

§. 20. Das Inventarium der Posthaltereien darf im Wege des Arrestes oder der Exekution nicht mit Beschlag belegt werden.

§. 21. Wenn den ordentlichen Posten, Extraposten, Kourieren oder Estafetten unterwegs ein Unfall begegnet, so sind die Anwohner der Straße verbunden, denselben die zu ihrem Weiterkommen erforderliche Hülfe gegen vollständige Entschädigung schleunigst zu gewähren.

§. 22. Die vorschriftsmäßig zu haltenden Postpferde und Postillone dürfen zu den Behufs der Staats- und Kommunalbedürfnisse zu leistenden Spanndiensten nicht herangezogen werden.

§. 23. Die Thorwachen, Thor-, Brücken- und Barrierebeamten sind verbunden,

---

Zu den §§. 18, 19, 23.
Vgl. die §§. 28, 29, 78 des St.G.B.

die Thore und Schlagbäume schleunigst zu öffnen, sobald der Postillon das übliche Signal giebt. Ebenso müssen auf dasselbe die Fährleute die Ueberfahrt unverzüglich bewirken. Bei Zuwiderhandlungen ist eine Geldstrafe von zehn Silbergroschen bis zu zehn Thalern verwirkt.

§. 24. Auf Requisition der Postbehörden haben die Polizei- und Steuerbeamten und deren Organe zur Verhütung und Entdeckung von Post-Uebertretungen mitzuwirken.

§. 25. Die Post-Anstalten sind berechtigt, unbezahlt gebliebene Beträge an Personengeld; Porto und Gebühren nach den für die Beitreibung öffentlicher Abgaben bestehenden Vorschriften exekutivisch einziehen zu lassen.

Die mit Beitreibung exekutionsreifer Forderungen im Allgemeinen betrauten Organe sind verpflichtet, die den von Post-Anstalten angemeldeten rückständigen Beträge an Personengeld, Porto und Gebühren im Wege der Hülfsvollstreckung einzuheben.

Dem Exequirten steht jedoch die Betretung des Rechtsweges offen.

§. 26. Die Beträge, welche in einer Sendung enthalten sind, die weder an den Adressaten bestellt, noch an den Absender zurückgegeben werden kann, oder welche aus dem Verkaufe der vorgefundenen Gegenstände gelöst werden, fließen nach Abzug des Portos und der sonstigen Kosten zur Post-Armen- oder Unterstützungs-Kasse. Meldet sich der Absender oder der Adressat später, so zahlt ihm die Post-Armen- oder Unterstützungs-Kasse die ihr zugeflossenen Summen, jedoch ohne Zinsen, zurück.

Nach gleichen Grundsätzen ist mit Beträgen, welche auf Postsendungen eingezahlt sind, und mit zurückgelassenen Passagier-Effekten zu verfahren.

Abschnitt IV.

Strafbestimmungen bei Post- und Porto-Defraudationen.

§ 27. Mit dem vierfachen Betrage des defraudirten Portos, jedoch niemals unter einer Geldstrafe von Einem Thaler, wird bestraft:

1) Wer Briefe oder politische Zeitungen, den Bestimmungen der §§. 1 und 2 zuwider, auf andere Weise, als durch die Post, gegen Bezahlung befördert oder verschickt; erfolgt die Beförderung in versiegelten, zugenähten oder sonst verschlossenen Packeten, so trifft die Strafe den Beförderer nur dann, wenn er den verbotwidrigen Inhalt des Packets zu erkennen vermochte.
2) Wer sich zu einer portopflichtigen Sendung einer, von der Entrichtung des Portos befreienden Bezeichnung bedient oder eine solche Sendung in eine andere verpackt, welche bei Anwendung einer vorgeschriebenen Bezeichnung portofrei befördert wird.
3) Wer Postwerthzeichen nach ihrer Entwerthung zur Frankirung einer Sendung benutzt; inwiefern in diesem Falle wegen hinzugetretener Vertilgung des Entwerthungszeichens eine härtere Strafe verwirkt ist, wird nach den allgemeinen Strafgesetzen beurtheilt.
4) Wer Briefe oder andere Sachen zur Umgehung der Portogefälle einem Postbeamten oder Postillon zur Mitnahme übergiebt.

Zu §. 27.

Zu Nr. 1.

1. Vergl. die Anmerk. zu §. 1.

2. Die Strafbarkeit der gegen Bezahlung erfolgten Beförderung oder Mitgabe eines Briefes ist nicht durch einen dabei obwaltenden Dolus bedingt.

Erk. (Z. 1.) Pr. O.Tr. v. 13. Januar 1871 c. Hirsekorn O.R. 12 S. 31.

Zu Nr. 2.

3. Vgl. das Ges., betr. die Portofreiheiten vom 5. Juni 1869 (B.G.Bl. S. 141) und das von dem Generalpostamte dazu erlassene Regulativ vom 15. Dezember 1869 (Pr. Just. Min.Bl. S. 263), sowie das Gesetz betr. die Einführung des Ges. v. 5. Juni 1869 im Verkehr mit Bayern und Württemberg vom 29. Mai 1872 (R.G.Bl. S. 167).

4. Zuwiderhandlungen gegen die Vorschriften über die Entrichtung der Postgefälle verjähren in 3 Jahren. Einf. Ges. z. St.G.B. §. 7.

In den unter Nr. 2 und 3 bestimmten Fällen ist die Strafe mit der Einlieferung der Sendung zur Post verwirkt.

§. 28. Im ersten Rückfalle wird die Strafe (§. 27) verdoppelt und bei ferneren Rückfällen auf das Vierfache erhöht.

Im Rückfalle befindet sich derjenige, welcher, nachdem er wegen einer der in §. 27 bezeichneten Defraudation vom Gerichte oder im Verwaltungswege (§§. 34, 35) bestraft worden, abermals eine dieser Defraudationen begeht.

Die Straferhöhung wegen Rückfalls tritt auch ein, wenn die frühere Strafe nur theilweise verbüßt, oder ganz oder theilweise erlassen ist, bleibt jedoch ausgeschlossen, wenn seit der Verbüßung oder dem Erlasse der letzten Strafe bis zur Begehung der neuen Defraudation drei Jahre verflossen sind.

§. 29. Wer wissentlich, um der Postkasse das Personengeld zu entziehen, uneingeschrieben mit der Post reist, wird mit dem vierfachen Betrage des defraudirten Personengeldes, jedoch niemals unter einer Geldstrafe von Einem Thaler, bestraft.

§. 30. Außer der Strafe muß in den Fällen des §. 27 das Porto, welches für die Beförderung der Gegenstände der Post zu entrichten gewesen wäre, und in dem Falle des §. 29 das defraudirte Personengeld gezahlt werden. In dem Falle des §. 27 unter Nr. 1 haften der Absender und der Beförderer für das Porto solidarisch.

§. 31. Die Dauer der Haft, welche an die Stelle einer nicht beizutreibenden Geldstrafe tritt, ist vom Richter festzusetzen und darf sechs Wochen nicht übersteigen.

§. 32. Die Postbehörden und Postbeamten, welche eine Defraudation entdecken, sind befugt, die dabei vorgefundenen Briefe oder anderen Sachen, welche Gegenstand der Uebertretung sind, in Beschlag zu nehmen und so lange ganz oder theilweise zurückzuhalten, bis entweder die defraudirten Postgefälle, die Geldstrafe und die Kosten gezahlt oder durch Kaution sicher gestellt sind.

§. 33. Die in den §§. 27 bis 29 bestimmten Geldstrafen fließen zur Postarmen- oder Unterstützungskasse.

Abschnitt V.

Strafverfahren bei Post- und Porto-Defraudationen.

§. 34. Wenn eine Post- oder Porto-Defraudation entdeckt wird, so eröffnet die Ober-Postdirektion oder die mit den Funktionen der Ober-Postdirektion beauftragte Postbehörde mittelst besonderer Verfügung vor Einleitung eines förmlichen Verfahrens dem Angeschuldigten, welche Geldstrafe für von ihm verwirkt zu erachten sei, und stellt ihm hierbei frei, das fernere Verfahren und die Ertheilung eines Strafbescheides durch Bezahlung der Strafe und Kosten innerhalb einer präklusivischen Frist von zehn Tagen zu vermeiden. Leistet der Angeschuldigte hierauf die Zahlung ohne Einrede, so gilt die Verfügung als rechtskräftiger Strafbescheid; entgegengesetzten Falles erfolgt die Untersuchung und Entscheidung nach Maßgabe der §§. 35 bis 46.

§. 35. Die Untersuchung wird summarisch von den Postanstalten oder von den Bezirks-Aufsichtsbeamten geführt und darauf im Verwaltungswege von den Ober-Postdirektionen ꝛc. entschieden. Diese können jedoch, so lange noch kein Strafbescheid erlassen worden ist, die Verweisung der Sache zum gerichtlichen Verfahren verfügen, und ebenso kann der Angeschuldigte während der Untersuchung bei der Postbehörde, und binnen zehn Tagen präklusivischer Frist, nach Eröffnung des von letzterer abgefaßten Strafbescheides, auf rechtliches Gehör antragen. Dieser Antrag ist an die Postbehörde zu richten. Der Strafbescheid wird alsdann als nicht ergangen angesehen.

Einer ausdrücklichen Anmeldung der Berufung auf rechtliches Gehör wird es gleich geachtet, wenn der Angeschuldigte auf die Vorladung der Postbehörde nicht erscheint oder die Auslassung vor derselben verweigert.

§. 36. Bei den Untersuchungen im Verwaltungswege werden die Betheiligten mündlich verhört und ihre Aussagen zu Protokoll genommen.

§. 37. Die Zustellungen und die Vorladungen geschehen durch die Beamten oder Unterbeamten der Postanstalten, oder auf deren Requisition nach den für gerichtliche Insinuationen bestehenden Vorschriften.

§. 38. Die Zeugen sind verbunden, den an sie von den Postbehörden ergehenden Vorladungen Folge zu leisten. Wer sich dessen weigert, wird dazu auf Requisition der Postbehörden durch das Gericht in gleicher Art, wie bei gerichtlichen Vorladungen, angehalten.

§. 39. In Sachen, wo die zu verhängende Geldstrafe den Betrag von fünfzig Thalern übersteigt, muß dem Angeschuldigten auf Verlangen eine Frist von acht Tagen bis vier Wochen zur Einreichung einer schriftlichen Vertheidigung gestattet werden.

§. 40. Findet die Ober-Postdirektion rc. die Anwendung einer Strafe nicht begründet, so verfügt sie die Zurücklegung der Akten und benachrichtigt hiervon den Angeschuldigten.

§. 41. Dem Strafbescheide müssen die Entscheidungsgründe beigefügt sein. Auch ist darin der Angeschuldigte sowohl mit den ihm dagegen zustehenden Rechtsmitteln (§. 42), als auch mit der Straferhöhung, welche er beim Rückfalle (§. 28) zu erwarten hat, bekannt zu machen.

Der Strafbescheid ist durch die Postanstalt dem Angeschuldigten entweder zu Protokoll zu publiziren oder in der für die Vorladung vorgeschriebenen Form zu insinuiren.

§. 42. Der Angeschuldigte kann, wenn er von der Befugniß zur Berufung auf richterliche Entscheidung keinen Gebrauch machen will, gegen den Strafbescheid den Rekurs an die der Ober-Postdirektion rc. vorgesetzte Behörde ergreifen. Dies muß jedoch binnen zehn Tagen präklusivischer Frist nach der Eröffnung des Strafbescheides geschehen und schließt fernerhin jedes gerichtliche Verfahren aus. Der Rekurs ist durch Anmeldung bei einer Postbehörde gewahrt.

Wenn mit der Anmeldung des Rekurses nicht zugleich dessen Rechtfertigung verbunden ist, so wird der Angeschuldigte durch die Postanstalt aufgefordert, die Ausführung seiner weiteren Vertheidigung in einem nicht über vier Wochen hinaus anzusetzenden Termin zu Protokoll zu geben oder bis dahin schriftlich einzureichen.

§. 43. Die Verhandlungen werden hiernächst zur Abfassung des Rekursresoluts an die kompetente Behörde eingesandt. Hat jedoch der Angeschuldigte zur Rechtfertigung des Rekurses neue Thatsachen oder Beweismittel, deren Aufnahme erheblich befunden wird, angeführt, so wird mit der Instruktion nach den für die erste Instanz gegebenen Bestimmungen verfahren.

§. 44. Das Rekursresolut, welchem die Entscheidungsgründe beizufügen sind, wird an die betreffende Postbehörde befördert und nach erfolgter Publikation oder Insinuation vollstreckt.

§. 45. Mit der Verurtheilung des Angeschuldigten zu einer Strafe, durch Strafbescheid oder Rekursresolut, ist zugleich die Verurtheilung desselben in die baaren Auslagen des Verfahrens auszusprechen.

Bei der Untersuchung im Verwaltungswege kommen, außer den baaren Auslagen an Porto, Stempel, Zeugengebühren rc., keine Kosten zum Ansatz.

Der Angeschuldigte, welcher wegen Post- oder Porto-Defraudation zu einer Strafe gerichtlich verurtheilt wird, hat auch die durch das Verfahren im Verwaltungswege entstandenen Kosten zu tragen.

§. 46. Die Vollstreckung der rechtskräftigen Erkenntnisse geschieht nach den für die Vollstreckung strafgerichtlicher Erkenntnisse im Allgemeinen bestehenden Vorschriften, die Vollstreckung der Strafbescheide oder der Resolute aber von der Postbehörde; letztere hat dabei nach denjenigen Vorschriften zu verfahren, welche für die Exekution der im Verwaltungswege festgesetzten Geldstrafen ertheilt sind.

Abschnitt VI.

Allgemeine Bestimmungen.

§. 47. Was ein Briefträger oder Postbote über die von ihm geschehene Bestellung auf seinen Diensteid anzeigt, ist so lange für wahr und richtig anzunehmen, bis das Gegentheil überzeugend nachgewiesen wird.

§. 48. Die Postverwaltung ist für die richtige Bestellung nicht verantwortlich, wenn der Adressat erklärt hat, die an ihn eingehenden Postsendungen selbst abzuholen oder abholen zu lassen. Auch liegt in diesem Falle der Postanstalt eine Prüfung der Legitimation desjenigen, welcher sich zur Abholung meldet, nicht ob, sofern nicht auf den Antrag des Adressaten zwischen diesem und der Postanstalt ein desfallsiges besonderes Abkommen getroffen worden ist.

§. 49. Die Postverwaltung ist, nachdem sie das Formular zum Ablieferungsscheine dem Adressaten reglementsmäßig hat ausliefern lassen, nicht verpflichtet, die Aechtheit der Unterschrift und des etwa hinzugefügten Siegels unter dem mit dem Namen des Empfangsberechtigten unterschriebenen und beziehungsweise untersiegelten Ablieferungsscheine zu untersuchen. Ebensowenig braucht sie die Legitimation desjenigen zu prüfen, welcher unter Vorlegung des vollzogenen Ablieferungsscheines, oder bei Packeten ohne Werthangabe unter Vorlegung des reglementsmäßig ausgelieferten Begleitbriefes, die Aushändigung der Sendung verlangt.

§. 50. Durch ein von dem Reichskanzler zu erlassendes Reglement, welches mittelst der für die Publikation amtlicher Bekanntmachnngen bestimmten Blätter zu veröffentlichen ist, werden die weiteren bei Benutzung der Postanstalt zu beobachtenden Vorschriften getroffen.

Diese Vorschriften gelten als Bestandtheil des Vertrages zwischen der Postanstalt und dem Absender, beziehungsweise Reisenden.

Das Reglement hat zu enthalten:

1) Die Bedingungen für die Annahme aller behufs der Beförderung durch die Post eingelieferten Gegenstände;
2) das Maximalgewicht der Briefe und Packete;
3) die Bedingungen der Rückforderung von Seite des Absenders und die Vorschriften über die Behandlung unbestellbarer Sendungen;
4) die Bestimmungen wegen schließlicher Verfügung über die unanbringlichen Sendungen;
5) die Bezeichnung der für Beförderung durch die Post unzulässigen Gegenstände;
6) die Gebühren für Post-Anweisungen, Vorschuß-Sendungen und sonstige Geldübermittelungen durch die Post, für Sendungen von Drucksachen, Waaren-Proben und Mustern, Korrespondenzkarten, rekommandirte Sendungen, für Zustellung von Sendungen mit Behändigungsscheinen, für Laufschreiben wegen Postsendungen und Ueberweisung der Zeitungen;
7) Anordnungen über die Art der Bestellung der durch die Post beförderten Gegenstände und die hierfür zu erhebenden Gebühren, insbesondere die Gebühren für Bestellung der Expreßsendungen, der Stadtbriefe und Packete, der Werthsendungen, ferner die Vorschriften über Estaffettenbeförderung;
8) die Bedingungen für die Beförderung der Reisenden mit den ordentlichen Posten oder mit Extrapost, die Bestimmung des Personengeldes und der Gebühr für Beförderung von Passagiergut;

Zu §. 50.

1. Vgl. die Post-Ordnung vom 18. Dezember 1874 (Centralbl. f. d. D. R. 1875 S. 6) und die Abänderungen derselben vom 2. Januar 1876 (Centralbl. f. d. D. R. S. 27).

Die Vorschrift des Schlußalinea des §. 50 entspricht den Bestimmungen unter III. §. 4 des Vertrages v. 23. November 1870, betreffend den Beitritt Bayerns zur Verfassung des Deutschen Bundes (B.G.Bl. 1871 S. 19) und im Art. 2 unter Nr. 4 des Vertrages vom 25. November 1870, betreffend den Beitritt Württembergs zur Verf. d. D. B. (B.G.Bl. 1870 S. 656).

9) die näheren Anordnungen über Kontirung und Kreditirung von Porto, sowie die dafür zu entrichtenden Gebühren;

10) Anordnungen zur Aufrechthaltung der Ordnung, der Sicherheit und des Anstandes auf den Posten, in den Postlokalen und Passagierstuben.

Die unter Ziffer 2, 4 und 6 bezeichneten Anordnungen unterliegen der Beschlußfassung des Bundesrathes.

Für den inneren Postverkehr der Königreiche Bayern und Württemberg werden die reglementairen Anordnungen von den zuständigen Behörden dieser Staaten erlassen.

§. 51. Alle bisherigen allgemeinen und besonderen Bestimmungen über Gegenstände, worüber das gegenwärtige Gesetz verfügt, soweit jene Bestimmungen nicht auf den mit dem Auslande abgeschlossenen Staatsverträgen oder Konventionen beruhen, werden hierdurch aufgehoben.

Das gegenwärtige Gesetz tritt mit dem 1. Januar 1872 in Kraft.

Urkundlich unter Unserer Höchsteigenhändigen Unterschrift und beigedrucktem Kaiserlichen Insiegel.

Gegeben Berlin, den 28. Oktober 1871.

(L. S.) Wilhelm.

Fürst v. Bismarck.

Gesetz, betreffend die Beschränkungen des Grundeigenthums in der Umgebung von Festungen. Vom 21. Dezember 1871.*)

[R.G.Bl. 1871 Nr. 51, ausgegeben zu Berlin, den 29. Dezember 1871 S. 459.]

Wir Wilhelm, von Gottes Gnaden Deutscher Kaiser, König von Preußen rc. verordnen im Namen des Deutschen Reiches, nach erfolgter Zustimmung des Bundesrathes und des Reichstages, was folgt:

§. 1. Die Benutzung des Grundeigenthums in der nächsten Umgebung der bereits vorhandenen, sowie der in Zukunft anzulegenden permanenten Befestigungen unterliegt nach Maßgabe dieses Gesetzes dauernden Beschränkungen.

§. 2. Behufs Feststellung dieser Beschränkungen wird die nächste Umgebung der Festungen in Rayons getheilt, und je nach der Entfernung von der äußersten Vertheidigungslinie ab als erster, zweiter, dritter Rayon bezeichnet.

Wenn bei Festungen mehrere zusammenhängende Befestigungslinien vor einander liegen, so bildet der Raum zwischen denselben die Zwischen-Rayons.

Bei Festungen mit einer Citadelle heißt der Rayonbezirk vor den stadtwärts gewendeten Werken derselben Esplanade.

§. 3. Die Abmessung der Rayons erfolgt von den ausspringenden Winkeln des bedeckten Weges, und zwar von dem oberen Rande des Glacis oder in Er-

---

*) Das Gesetz ist in Elsaß-Lothringen durch das Gesetz vom 21. Februar 1872 (R.G.Bl. S. 56) vom Tage der Verkündigung — 4. März 1872 — an eingeführt.

Zu §. 1.

Die in den §§. 15 A, 16, 17 A, 19 Abs. 1 und 3 bezeichneten Anlagen und Baulichkeiten sind innerhalb der betreffenden Rayons und Zwischenrayons bezw. auf Esplanaden gänzlich unzulässig.

In den Fällen der §§. 13, 15 B, 16, 17 B, 18, 19 Abs. 2, 20, 21 Abs. 2, 22, Abs. 2 sind gewisse Anlagen und Veränderungen, sowie die Benutznng von Terrain nicht ohne die — vor dem Beginn der Ausführung nachzusuchende — Genehmigung der Kommandantur gestattet.

Im dritten Rayon ist bei etwaiger Feststellung von Bebauungsplänen rücksichtlich der Breite und Richtung der Straßen die Genehmigung der Reichs-Rayonkommission erforderlich. (§. 14 vergl. mit §. 5 Abs. 2).

Bei vorübergehenden Veränderungen der Höhe der Terrainoberfläche im ersten und zweiten Rayon und im einfachen Zwischenrayon (§. 21 Abs. 1.) sowie bei reinen Wiederherstellungsbauten (§. 22 Abs. 1) bedarf es einer vorgängigen Anzeige an die Kommandantur.

mangelung eines Glacis von dem äußeren Grabenrande, oder wenn auch ein Graben nicht vorhanden ist, von der Feuerlinie der Wallbrustwehren, beziehungsweise der äußeren Mauerflucht der krenelirten Mauern.

§. 4. Der erste Rayon umfaßt bei allen Festungen und neu zu erbauenden detachirten Forts das im Umkreise derselben von 600 Metern belegene Terrain außerdem bei Festungen, welche an Gewässern belegen sind und besondere Kehlbefestigungen haben, das Terrain zwischen diesen und dem Ufer.

§. 5. Der zweite Rayon begreift das Terrain zwischen der äußeren Grenze des ersten Rayons und einer von dieser im Abstande von 375 Metern gezogenen Linie.

Detachirte Forts haben keinen zweiten Rayon; bei diesen unterliegt jedoch das Terrain von der Grenze des ersten Rayons bis zu einer Entfernung von 1650 Metern den für den zweiten Rayon gegebenen Beschränkungen.

§. 6. Der dritte Rayon umfaßt bei allen Festungen das Terrain von der äußeren Grenze des dritten Rayons bis zu einer Entfernung von 1275 Metern.

§. 7. Die Zwischenrayons zerfallen in strenge und einfache.

Die ersteren enthalten das Terrain in einem Abstande von 75 Metern von der zurückliegenden oder inneren Befestigungslinie; darüber hinaus liegt der einfache Zwischenrayon.

§. 8. Bei Neu-Anlagen von Befestigungen werden die denselben zunächst gelegenen beiden Rayons, sowie etwaige Esplanaden und Zwischenrayons durch die Kommandaturen unter Mitwirkung der Polizeibehörden und Zuziehung der Ortsvorstände, sowie der Besitzer selbstständiger Gutsbezirke abgesteckt und durch feste Marken (Rayonsteine) bezeichnet.

Von diesem Zeitpunkte an treten die gesetzlichen Beschränkungen in der Benutzung des Grundeigenthums in Wirksamkeit.

§. 9. Unmittelbar nach der Absteckung der Rayonlinie hat die Kommandantur einen Rayonplan und einen Rayonkataster aufzustellen.

Der Rayonplan muß den allgemeinen Erfordernissen eines Situationsplanes entsprechen, insbesondere die Richtung und Entfernung der Rayonlinien von den Festungswerken, Lage und Nummer der Grenzmarken enthalten und die Lage und Benutzungsweise, sowie Beschaffenheit der einzelnen in den Rayons belegenen Grundstücke erkennen lassen.

Das Rayonkataster enthält unter Bezugnahme auf den Rayonplan:

1) die Namen der Besitzer der einzelnen Grundstücke,
2) die Beschreibung des Zustandes und Umfanges, sowie der Zeit der Entstehung aller innerhalb der ersten beiden und der Zwischenrayons vorhandenen Baulichkeiten und Anlagen,
3) Vermerke über Entschädignngsberechtigung bei etwa stattfindender Demolirung.

§. 10. Behufs Aufnahme des Rayonplans und Rayonkatasters sind alle Behörden verpflichtet, den Kommandanturen die in ihrem Besitze befindlichen Flurkarten, Risse, Pläne, Zeichnungen, Vermessungs- und Bonitirungsregister, Taxen, Kataster und dergleichen unentgeltlich zur Benutzung offen zu legen oder gegen Empfangsbescheinigung zuzustellen.

§. 11. Rayonplan und Rayonkataster sind in derjenigen Gemeinde, in deren Bezirk die aufgenommenen Grundstücke liegen, während sechs Wochen öffentlich auszulegen.

Der Beginn der Auslegung ist durch den Gemeindevorstand ortsüblich öffentlich bekannt zu machen.

Die öffentliche Bekanntmachung muß die Aufforderung zur Erhebung etwaiger Einwendungen unter Angabe der Frist zu deren Anbringung bei dem Gemeindevorstande und die Verwarnung enthalten, daß nach Ablauf dieser Frist mit Feststellung des Katasters verfahren wird.

Alle während dieser Frist eigehenden Beschwerden oder Anträge werden mit dem Vermerk des Eingangstages versehen, gesammelt und nach Ablauf der Anmeldefrist mit der Bescheinigung über die stattgefundene öffentliche Auslegung und die vorschriftsmäßige öffentliche Bekanntmachung der Kommandantur zugestellt.

Letztere prüft die Einwendungen und ertheilt den Bescheid.

Gegen diesen steht innerhalb einer Präclusivfrist von vier Wochen nach dem Empfange den Betheiligten der bei der Kommandantur einzulegende Rekurs an die Reichs-Rayonkommission zu.

Nach Verlauf der obigen Frist, beziehungsweise nach Eingang der Rekursbescheide, erfolgt die Feststellung des Katasters und des Planes durch die Kommandantur. Hiervon erhalten die betreffenden Gemeindevorstände Kenntniß und haben diese die Feststellung öffentlich bekannt zu machen.

§. 12. Die Kommandantur hat dafür Sorge zu tragen, daß im Rayonplan und Rayonkataster alle Veränderungen in baulicher Beziehung, sowie im Besitz, in der Benutzung oder Bestimmung der Grundstücke nachgetragen werden.

§. 13. Innerhalb sämmtlicher Rayons sind nicht ohne Genehmigung der Kommandantur zulässig, vorbehaltlich der Bestimmung in §. 30:

1) jede dauernde Veränderung der Höhe der Terrainoberfläche, insbesondere die Anlage und der Betrieb von Lehm- und Sandgruben, Stein- und Kalkbrüchen, die Anlage von Plätzen zur Ablagerung von Ballast, sowie eine jede solche Ablagerung an nicht dazu bestimmten Plätzen;
2) alle Neuanlagen oder Veränderungen von Dämmen, Deichen, Gräben, sowie in den Vorfluthverhältnissen, Ent- und Bewässerungsanlagen und sonstigen Wasserbauten; desgleichen alle Neuanlagen oder Veränderungen von Chausseen, Wegen und Eisenbahnen;
3) die Anlagen von größeren Parkanlagen, Baumschulen und Waldungen;
4) die Errichtung und Veränderungen von Kirch- und Glockenthürmen, sowie alle thurmartigen Konstruktionen.

Die Genehmigung darf nicht versagt werden, wenn durch die bezeichneten Neuanlagen, beziehungsweise Veränderungen keine nachtheilige Deckung gegen die rasante Bestreichung der Werke, kein nachtheiliger Einfluß auf das Wasserspiel der Festungsgräben, auf Inundation des Vorterrains und auf die Tiefe der mit den Festungsanlagen in Beziehung stehenden Flußläufe entsteht, und keine vermehrte Einsicht in die Werke des Platzes gewonnen wird.

§. 14. Im dritten Rayon ist bei etwaiger Feststellung von Bebauungsplänen rücksichtlich der Breite und Richtung der Straßen die Genehmigung der Reichs-Rayonkommission (§. 31) erforderlich.

§. 15. Innerhalb des zweiten Rayons sind:

A. unzulässig:

1) alle Massivkonstruktionen von Gebäuden oder Gebäudetheilen mit Ausnahme massiver Feuerungsanlagen und solcher massiver Fundamente, die das umliegende Terrain nicht über 30 Centimeter überragen;
2) jede Art von Gewölbebauten, sowie Eindeckungen von Kelleranlagen mit steinerner oder eiserner Konstruktion;
3) die Anlage von bleibenden Ziegel- und Kalköfen, sowie überhaupt massiver zu Fabrik- und sonstigen gewerblichen Zwecken bestimmter Oefen von größeren Abmessungen;

B. nicht ohne Genehmigung der Kommandantur zulässig:

1) die Anlage von Beerdigungsplätzen;
2) die Errichtung von Grabhügeln von mehr als 50 Centimetern Höhe, sowie von Denkmälern aus Stein oder Eisen, welche in den mehr als 50 Centimeter über der Erdoberfläche liegenden Theilen eine größere Stärke haben, als 15 Centimeter für Stein, bezüglich 2 Centimeter für Eisen;
3) die Errichtung von Gebäuden, welche nicht schon nach den Bestimmungen von A. unzulässig sind;

die Genehmigung darf bei Einhaltung nachstehender Bestimmungen nicht versagt werden:

a) die Gebäude dürfen nur von Holz, oder einer nach dem Urtheil der Militairbehörde leicht zerstörbaren Eisenkonstruktion, oder in ausgemauertem Fachwerk von nicht mehr als 15 Centimetern Stärke erbaut sein; doch dürfen sie eine Ziegelbedachung, massive Feuerungsanlagen, soweit solche nicht nach A. Nr. 3 unzulässig sind, und massive Fundamente haben, welche das umliegende Terrain nicht über 30 Centimeter überragen;

b) die Höhe des Gebäudes bis zur Dachfirst darf 13 Meter nicht übersteigen;

c) Keller dürfen nur hölzerne oder leichte eiserne Balken, mit gewöhnlichem Balkenzwischenraum und hölzernem Fußboden darüber, haben;

4) die Anlage massiver Dampfschornsteine;
die Genehmigung darf nicht versagt werden, wenn die Höhe 20 Meter nicht übersteigt.

§. 16. Für den einfachen Zwischenrayon gelten die in §. 15 für den zweiten Rayon gegebenen Vorschriften, jedoch mit folgenden Abweichungen:

Zu A. Unter besonderen Verhältnissen kann die Herstellung massiver Bauten und gewölbter Anlagen gestattet werden.

Zu B. 3b. Die Höhe des Gebäudes bis zur Dachfirst darf 8 Meter nicht übersteigen.

§. 17. Im ersten Rayon ist

A. unzulässig:

1) Alles, was im zweiten Rayon unzulässig ist; massive Fundamente dürfen jedoch das umliegende Terrain nicht über 15 Centimeter überragen;
2) Wohngebäude jeder Art;
3) Baulichkeiten von anderen Materialien, als von Holz oder einer nach dem Urtheil der Militairbehörde leicht zerstörbaren Eisenkonstruktion; Keller- oder mit dem Grund und Boden fest zusammenhängende Feuerungsanlagen; Baulichkeiten von größerer Höhe, als 7 Meter bis zur Dachfirst; andere Bedachungsmaterialien, als Holz, Stroh, Rohr, Dachpappe, Dachfilz, Zink oder Schiefer;
4) die Aufstellung von Lokomobilen in fester Verbindung mit Baulichkeiten, oder auf Terrain, aus welchem dieselben nicht sofort entfernt werden können;
5) Denkmäler von Stein oder Eisen, welche in den mehr als 50 Centimeter über der Erdoberfläche liegenden Theilen eine größere Breite haben, als 30 Centimeter;
6) Einhegungen durch Neuanlage von lebendigen Hecken;

B. nicht ohne Genehmigung der Kommandantur zulässig:

1) die Anlage von Beerdigungsplätzen;
2) die Errichtung von Grabhügeln von mehr als 50 Centimetern Höhe, sowie von Denkmälern aus Stein oder Eisen, welche in den mehr als 50 Centimeter über der Erdoberfläche liegenden Theilen eine größere Stärke haben, als 15 Centimeter für Stein, bezüglich 2 Centimeter für Eisen;
3) die Anlage hölzerner Windmühlen;
die Genehmigung darf nicht versagt werden, wenn die Entfernung von den Festungswerken 300 Meter oder mehr beträgt;
4) alle vorstehend nicht als unzulässig bezeichneten Baulichkeiten; bewegliche Feuerungsanlagen; hölzerne und eiserne Einfriedigungen, letztere, wenn sie ohne Schwierigkeit beseitigt werden können; Brunnen.

Die Genehmigung darf nur versagt werden, wenn es sich um wohnliche

---

Zu §. 17 Nr. 6.

Einer Einhegung durch Neuanlage lebendiger Hecken ist das bloße Geschehenlassen des in Folge natürlicher Triebkraft Wiederheranwachsens einer gekürzten Hecke nicht gleichzustellen; für eine Unterlassung der Kürzung einer Hecke besteht keine Strafbestimmung.

Erk. (Z. II.) Pr. O.Tr. vom 21. Januar 1875 c. Kreutzer Goltd. A. 23, S. 61; O.R. 16, S. 72.

Einrichtungen irgend einer Art handelt. Jedoch darf bei nachgewiesener Nothwendigkeit der Anwesenheit eines Wächters die Aufstellung einer mit einem transportabeln eisernen Ofen versehenen Wächterhütte auf je einem Grundstücke nicht verweigert werden, sofern dieselbe im Grundflächenmaß 20 Quadratmeter nicht überschreitet, mit anderen Baulichkeiten nicht in Verbindung gesetzt ist, und der Ofen mit blechener Rauchröhre versehen ist.

§. 18. Das Alignement der im ersten und zweiten Rayon und einfachen Zwischenrayon zu errichtenden Gebäude in Beziehung auf die Festungswerke, insofern dasselbe nicht von der Richtung vorhandener öffentlicher Wege oder Straßen abhängig ist, unterliegt der Genehmigung der Kommandantur.

§. 19. Innerhalb des strengen Zwischenrayons sind alle baulichen Anlagen unzulässig.

Auf Esplanaden sind nur solche Anlagen gestattet, welche nach dem Urtheil der Militairbehörde zur Vertheidigung dienen können.

Die Anlage von Hecken ist im strengen Zwischenrayon, wie auf Esplanaden unzulässig.

§. 20. Im ersten und zweiten Rayon und im einfachen Zwischenrayon ist die Einrichtung von Niederlagen und Plätzen, auf welchen Vorräthe zu gewerblichen Zwecken im Freien oder in Schuppen aufgestapelt werden, nicht ohne Genehmigung der Kommandantur zulässig.

Die Genehmigung darf nicht versagt werden, wenn die Entfernung von den Festungswerken 225 Meter beträgt.

Die Höhe der zulässigen Aufstapelung beträgt:

a) für unverbrennliche Materialien, für Stein- und Braunkohlen, Koaks und dergleichen: im ersten Rayon $1\frac{1}{2}$ Meter, im zweiten und einfachen Zwischenrayon 2 Meter;
b) für Torf- und Lohkuchen: 3 Meter,
c) für Bau- und Brennholz: im ersten Rayon 4 Meter, im zweiten und einfachen Zwischenrayon 5 Meter.

Eine höhere Aufstapelung bedarf der Genehmigung der Kommandantur.

Auf dem Terrain, welches bei Festungen, die an schiff- und flößbaren Gewässern liegen und besondere Kehlbefestigungen haben, zwischen diesen und dem Ufer befindlich ist (§. 4), ist die Lagerung derartiger Vorräthe, sowie die Anlage der zum Ein- und Ausladen nöthigen Anstalten ohne Genehmigung der Kommandantur zulässig. Jedoch steht es der Kommandantur zu, die einzuhaltende Entfernung von der Kehle, und die Zeit für die Wiederbeseitigung zu bestimmen.

§. 21. Bei vorübergehenden Veränderungen der Höhe der Terrainoberfläche, wie der Auflagerung von Baumaterialien während der Ausführung eines genehmigten Baues, der Benutzung der Grabenränder zur Auflagerung der bei der Grabenräumung ausgeworfenen Erde und dergleichen ähnlichen Benutzungen bedarf es im ersten und zweiten Rayon und einfachen Zwischenrayon nur einer vorgängigen Anzeige an die Kommandantur. Jedoch steht es derselben zu, die Zeit der Wiederbeseitigung der vorübergehenden Erhöhung des Terrains zu bestimmen.

Zur Anlage von Komposthaufen ist die Genehmigung der Kommandantur erforderlich.

§. 22. Die einmal vorhandenen Baulichkeiten und Anlagen, auf denen nicht die besondere Bedingung des Eingehens durch Verfall, oder der künftigen Reduktion auf eine leichtere Bauart schon haftet, sollen, unbeschadet der Bestimmung des §. 43, erhalten bleiben, auch wenn sie den Vorschriften dieses Gesetzes nicht entsprechen. Dieselben können, wenn sie ganz oder theilweise zerstört oder baufällig geworden sind, nach vorgängiger Anzeige bei der Kommandantur in den alten Abmessungen und der bisherigen Bauart wieder hergestellt werden.

Ueberschreiten Wiederherstellungsbauten das vorbestimmte Maaß, so bedarf es der Genehmigung der Kommandantur.

§. 23. Ob und in weit aus örtlichen Rücksichten Einschränkung der räumlichen

Ausdehnung des Rayons oder Ermäßigungen der gesetzlichen Beschränkungen zulässig seien, bestimmt die Reichs-Rayonkommission.

§. 24. Die bisherigen von diesen Bestimmungen abweichenden Rayons bestehender Befestigungen, insbesondere die der vorhandenen detachirten Forts, verbleiben bis zur Ausführung eines Neu- oder Verstärkungsbaues unverändert.

Die vorhandenen Esplanaden bleiben in ihrer bisherigen Ausdehnung unverändert; bei Neubau einer Citadelle wird über den Umfang der Esplanade in jedem Falle besondere Bestimmung durch die Reichs-Rayonkommission getroffen.

Ebenso verbleiben alle übrigen zur Zeit vorhandenen besonderen Rayons, wie die von verschanzten Lägern, Städtebefestigungen, inneren Abschnitten in und bei Festungen unverändert.

§. 25. Bei den bestehenden Festungen bleibt die Anlegung eines Rayonplanes und Rayonkatasters der Kommandantur überlassen. Dieselbe muß nach Maßgabe der §§. 8—12 erfolgen, wenn in Folge eines Neu- oder Verstärkungsbaues die bisherigen Rayons verändert werden sollen.

Bis zur endgültigen Feststellung der Rayonkataster sind die bisher erforderlichen Reverse für die beabsichtigten Bauausführungen beizubehalten.

§. 26. Zu jeder Anlage, jeder Veränderung und Benutzung, die nach den §§. 13 ff. nicht ohne Genehmigung der Kommandantur zulässig ist, muß vor dem Beginn der Ausführung diese Genehmigung nachgesucht werden.

§. 27. Das Gesuch ist nebst zwei Exemplaren der etwa nöthigen Bauzeichnungen an die Ortspolizeibehörde zu richten. Findet diese gegen die Zulässigkeit nichts zu erinnern, so übersendet sie das Gesuch der Kommandantur, welche ihre Entscheidung, nebst einem Exemplar der Zeichnung, in welchem die im Festungs-Interesse nothwendigen Abänderungen eingetragen sind, an die Ortspolizeibehörde behufs Mittheilung an den Antragsteller zurückgelangen läßt.

§. 28. Die von der Kommandantur auszufertigende Genehmigung muß alle für den betreffenden Fall nach Maßgabe dieses Gesetzes festzustellenden speziellen Beschränkungen genau bestimmen, denen der Grundbesitzer, sowie alle Besitznachfolger bezüglich des Baues, der Niederlage von Materialien, der Anlage oder des Gewerbebetriebes sich zu unterwerfen haben. Insoweit nach Maßgabe dieses Gesetzes die Genehmigung nicht zu versagen ist, darf dieselbe auch nicht an Bedingungen geknüpft werden.

Sind seit der Aushändigung der Genehmigung zwei Jahre verflossen, ohne daß davon Gebrauch gemacht worden ist, so wird sie als erloschen betrachtet.

Wird die Genehmigung ganz oder theilweise versagt, so sind die Gründe der Ablehnung anzugeben.

§. 29. Gegen die Entscheidung der Kommandantur, wie gegen alle Anordnungen derselben, ist in Rayon-Angelegenheiten binnen einer vierwöchentlichen Präklusivfrist von der Zustellung ab, der Rekurs zulässig. Die Entscheidung auf den Rekurs erfolgt endgültig durch die Reichs-Rayonkommission.

Nach Ablauf der Frist, eintretenden Falls nach der höheren Entscheidung, sind die Anordnungen vollstreckbar.

Ist durch eine Anordnung der Kommandantur eine Anlage untersagt, so darf diese erst dann begonnen oder fortgesetzt werden, wenn die Anordnung in der höheren Instanz aufgehoben ist.

§. 30. Die Projekte größerer Anlagen (Chausseen, Deiche, Eisenbahnen u. s. w.) in den Rayons der Festungen und festen Plätze werden durch eine gemischte Kommission erörtert, deren Mitglieder von dem zuständigen Kriegsministerium im Verein mit den betreffenden höheren Verwaltungsbehörden berufen werden, und in

---

Zu §. 27.

Alle Gesuche, sowie die administrativen Verhandlungen in Rayon-Angelegenheiten sind kosten- und stempelfrei. cf. §. 46.

welcher auch die von der Anlage betroffenen Gemeinden durch Deputirte vertreten werden.

Das hierüber aufzunehmende Protokoll wird der Reichs-Rayonkommission übersandt, welche in Gemeinschaft mit der betreffenden Centralverwaltungsbehörde die Entscheidung trifft oder erforderlichen Falls herbeigeführt.

§. 31. Die Reichs-Rayonkommission ist eine durch den Kaiser zu berufende ständige Militairkommission, in welcher die Staaten, in deren Gebieten Festungen liegen, vertreten sind.

§. 32. Grundbesitzer, welche ohne die gesetzlich erforderliche Genehmigung, oder mit eigenmächtiger Abweichung von dem genehmigten Plane eine Anlage, einen Neu- oder Wiederherstellungsbau ausführen oder ausführen lassen, werden mit einer Geldbuße bis zu fünfzig Thalern bestraft. Eine gleiche Strafe trifft denjenigen, welcher als Baumeister oder Bauhandwerker die Ausführung geleitet hat. Soweit nach dem Urtheil der Kommandantur die Anlagen unzulässig befunden werden, ist der Besitzer innerhalb der vom Kommandanten zu bestimmenden Frist zu deren Beseitigung verbunden; nöthigenfalls erfolgt letztere auf Antrag der Kommandantur durch die Polizeibehörde auf Kosten des Besitzers. Die Einlegung des Rekurses hemmt die Vollstreckung, vorbehaltlich der Bestimmung in §. 29.

Wer die in den §§. 21. 22. vorgeschriebene Anzeige unterläßt, wird mit einer Geldbuße bis zu fünf Thalern bestraft.

§. 33. Behufs der Kontrole über alle Bauten, Anlagen und die Benutzung von Grundstücken in den Rayons sind die Kommandanturen und Ortspolizeibehörden und deren Organe befugt, in den Stunden von 8 Uhr Morgens bis 4 Uhr Nachmittags den Zutritt zu allen Privat- und öffentlichen Gründstücken in den Rayons zu verlangen.

Die Organe der Kommandantur sind die Ingenieur-Offiziere vom Platz, Posten-Offiziere und Wallmeister.

Alljährlich einmal erfolgt eine allgemeine Revision der Bauten und Anlagen in allen Rayons durch die Kommandantur oder ihre Organe unter Zuziehung der Ortspolizeibehörde und des Gemeindevorstandes.

§. 34. Für die in Folge dieses Gesetzes eintretenden Beschränkungen in der Benutzung des innerhalb des Rayons belegenen Grundeigenthums leistet das Reich Entschädigung.

Entschädigung wird von Seiten des Reichs nicht gewährt:

1) für Beschränkungen jeder Art, welchen das Grundeigenthum innerhalb der bisherigen Rayons der bereits bestehenden Festungen nach der seitherigen Gesetzgebung unterworfen war, und auch nach dem gegenwärtigen Gesetz unterworfen bleibt;
2) für Beschränkungen der im Eigenthum des Reichs oder eines Bundesstaats befindlichen Grundstücke und für Beschränkungen in Betreff der Anlagen auf Beerdigungsplätzen;
3) für die Verpflichtung zur Duldung der Rayonsteine;
4) für die auf besonderem Rechtstitel beruhenden Rayonbeschränkungen, wenn nicht durch dieselben eine Entschädigung ausdrücklich zugesichert ist.

§. 35. Die Entschädigung besteht im Ersatz derjenigen Verminderung des Werthes des Grundstücks, welche für den Besitzer dadurch entsteht, daß das Grundstück fortan Beschränkungen in der Benutzung unterliegt, denen es bisher nicht unterworfen war.

Bei der Feststellung des bisherigen Werthes darf die Zeit nach der im Reichsgesetzblatt erfolgten Bekanntmachung des Reichskanzlers, daß die Neubefestigung des Platzes oder die Erweiterung der schon bestehenden Festungsanlage oder deren Rayons in Aussicht genommen ist, nicht berücksichtigt werden.

Steht das von der Beschränkung betroffene Grundstück mit anderem Grundbesitz desselben Besitzers dergestalt in Zusammenhang, daß die Beschränkung des ersteren auch auf den Werth des letzteren Einfluß übt, so ist der verminderte Werth des gesammten Grundbesitzes der Berechnung zu Grunde zu legen.

§. 36. Die Entschädigung wird in Rente gewährt; falls jedoch die Werthverminderung mindestens ein Drittel des bisherigen Werthes beträgt, nach der Wahl des Besitzers entweder in Kapital, oder in Rente.

Wird die Entschädigung in Kapital geleistet, so besteht sie in Zahlung derjenigen Summe, um welche sich der Werth des Grundstücks vermindert hat, nebst fünf Prozent Zinsen von dem Tage der Absteckung der Rayonlinien.

Wird die Entschädigung in Rente gewährt, so beträgt die Rente jährlich sechs Prozent der vorgedachten Summe, wovon fünf Prozent als Verzinsung angesehen werden. Die Rente wird vom Tage der Absteckung der Rayonlinien auf die Dauer von 37 Jahren gewährt, erlischt jedoch, sobald das Grundstück aufhört, den Beschränkungen der ersten beiden Rayons oder der Zwischenrayons unterworfen zu sein.

Die Rente wird dem jeweiligen im Rayonkataster bezeichneten Besitzer des Grundstücks in vierteljährlichen Raten postnumerando aus der Festungskasse gezahlt.

Renten, welche jährlich weniger als Einen Thaler betragen, werden mit dem $16\frac{2}{3}$fachen Betrage kapitalisirt, und sofort an die Besitzer ausgezahlt.

§. 37. Welche Rechte anderen Realberechtigten an der Entschädigung zustehen, bestimmt sich nach den Landesgesetzen.

§. 38. Für die gesetzlichen Beschränkungen im dritten Rayon wird Entschädigung nicht gewährt. Wenn jedoch die Genehmigung zu einer der im §. 13 gedachten Anlagen versagt wird, so gewährt das Reich Entschädigung. Bei Feststellung derselben ist die Zeit der Anbringung des Gesuchs bei der Kommandantur zu Grunde zu legen.

Im Uebrigen finden die Bestimmungen der §§. 35—37 Anwendung, mit der Maßgabe, daß die Zinsen der Entschädigung in Kapital, beziehungsweise die Entschädigungsrente vom Tage des ablehnenden Bescheides der Kommandantur zu zahlen ist.

§. 39. Die Besitzer der Grundstücke, die sich durch die auferlegten Beschränkungen beeinträchtigt glauben, haben ihren Anspruch auf Entschädigung binnen einer sechswöchentlichen Präklusivfrist nach Feststellung des Rayonplans bei der Kommandantur geltend zu machen.

Beginn und Ablauf der Frist sind gleichzeitig mit der Feststellung des Rayonplanes öffentlich bekannt zu machen.

§. 40. Die Kommandantur theilt die Anmeldungen der höheren Civil-Verwaltungsbehörde mit, welche einen Kommissarius ernennt, der die Entschädigungsansprüche in Gegenwart der Entschädigungsberechtigten und eines Vertreters der Kommandantur erörtert und, falls die Parteien sich einigen, einen Rezeß aufnimmt, welcher die Kraft einer gerichtlichen oder notariellen Urkunde hat.

Wird eine Einigung nicht erzielt, so bleibt, wenn die Entschädigungspflicht von der Kommandantur bestritten wird, dem Besitzer des Grundstücks die Betretung des Rechtsweges unbenommen.

Ist dagegen nur das Vorhandensein oder die Höhe des Schadens streitig, so erfolgt die Ermittelung der Entschädigung durch Sachverständige.

Wenn beide Parteien sich nicht über einen Sachverständigen vereinigen, so wählt jede Partei einen Sachverständigen, den dritten ernennt der Kommissarius.

Die Sachverständigen haben ihr Gutachten zu begründen und die Richtigkeit desselben zu beschwören oder auf den ein- für allemal geleisteten Sachverständigen-Eid zu versichern.

Ist nach einem dieser Gutachten die Werthsverminderung so groß, daß der Entschädigungsberechtigte eine Entschädigung in Kapital zu verlangen berechtigt ist, so muß er auf die Aufforderung des Kommissarius binnen einer Präklusivfrist von vier Wochen erklären, daß er die Entschädigung in Kapital verlange, widrigenfalls er nur Entschädigung in Rente verlangen kann.

§. 41. Der Kommissarius überreicht die Abschätzungsverhandlungen mit seinem Gutachten der höheren Civil-Verwaltungsbehörde behufs Feststellung der Entschädigung durch Beschluß.

Dieselbe setzt den Entschädigungsbetrag nach ihrem aus der Verhandlung und den Umständen geschöpften pflichtmäßigen Ermessen fest. Das Gutachten der Sachverständigen dient jeder Behörde hierbei nur als Auskunft und Anhalt.

Gegen den Beschluß der Verwaltungsbehörde steht dem Entschädigungsberechtigten innerhalb einer Präklusivfrist von neunzig Tagen, vom Empfange des Beschlusses an gerechnet, der Rechtsweg offen.

Innerhalb derselben Präklusivfrist ist die Militairbehörde berechtigt, die Enteignung des Grundstücks zu verlangen. Macht sie von diesem Rechte Gebrauch, so ist der Besitzer die Ausdehnung der Enteignung auf alle diejenigen Theile des Grundstücks zu verlangen berechtigt, deren fernere Benutzung in der bisherigen Weise nach dem Gutachten von Sachverständigen durch die Abtrennung des den Rayonbeschränkungen unterworfenen Theils wesentlich beeinträchtigt, erschwert oder verhindert werden würde. Die Erklärung der Militairbehörde an die höhere Verwaltungsbehörde, daß von dieser Befugniß Gebrauch gemacht wird, unterbricht den Lauf der im Absatz 3 bestimmten Frist und das gerichtliche Verfahren über die Höhe der Entschädigung.

Das Verfahren bei der Enteignung richtet sich nach den Landesgesetzen.

§. 42. Die nach den §§. 40 und 41 anzustellenden Klagen sind gegen den Reichsfiskus zu richten, welcher durch die Kommandantur vertreten wird.

Zuständig ist das Gericht, in dessen Bezirk das betreffende Grundstück belegen ist.

Das Gericht hat das Ergebniß der Beweisaufnahme nach freier Ueberzeugung zu würdigen.

§. 43. Wird die Armirung permanenter Befestigungen angeordnet, so sind die Besitzer der innerhalb der Rayons belegenen Grundstücke verpflichtet, der schriftlichen oder öffentlich bekannt gemachten Aufforderung der Kommandantur zur Niederlegung von baulichen und sonstigen Anlagen, Wegschaffung von Materialien-Vorräthen, Beseitigung von Pflanzunzen und Einstellung des Gewerbebetriebes nachzukommen. Wird dieser Aufforderung nicht in der gestellten Frist genügt, so können die Besitzer der betreffenden Grundstücke durch administrative Zwangsmaßregeln hierzu angehalten werden.

§ 44. Wird im Falle einer Armirung die Freilegung der Festungs-Rayons von der Kommandantur angeordnet, so veranlaßt die letztere vor der Beseitigung der baulichen und sonstigen Aulagen, Pflanzungen und dergleichen eine Beschreibung und nähere Feststellung des Zustandes durch die Ortsobrigkeit unter Zuziehung des Besitzers, eines Vertreters der Kommandantur und zweier Sachverständigen, und ertheilt über die stattgefundene Zerstörung oder Entziehung ein Anerkenntniß.

Die hierüber aufgenommene Verhandlung wird von der Ortsobrigkeit der höheren Civil-Verwaltungsbehörde überreicht, auch der Kommandantur und den Betheiligten in Abschrift mitgetheilt.

Die Entschädigungsermittelung erfolgt sobald als möglich, spätestens sofort nach Aufhebung des Armirungszustandes der Festung nach Vorschrift der §§. 39 ff.

Das Reich stellt Anerkenntnisse über die zu gewährende Entschädigung aus, welche bis zur Zahlung vom ersten Tage des auf die stattgefundene Zerstörung oder Entziehung folgenden Monates mit fünf Prozent jährlich verzinst wird.

Entschädigung wird nicht gewährt:

1) hinsichtlich derjenigen vor Eintritt der Geltung dieses Gesetzes vorhandenen Gebäude und Anlagen, welche nach der bisherigen Gesetzgebung, oder in Folge besonderer Rechtstitel, die Besitzer auf Befehl der Kommandantur unentgeltlich zu beseitigen verpflichtet waren;
2) hinsichtlich derjenigen Gebäude und Anlagen, welche nach Eintritt der Geltung dieses Gesetzes

a) entweder im ersten oder zweiten Rayon, oder in einem Zwischen-Rayon einer neu angelegten Befestigung,

b) oder auf einem Terrain, welches in Folge des Neu- oder Verstärkungsbaues einer schon bestehenden Festung in einen strengeren Rayon fällt,

nach erfolgter Absteckung der Rayonlinien errichtet worden sind.

Die Kosten der Beseitigung der vorstehend unter 1. und 2. erwähnten Gebäude und Anlagen trägt der Besitzer, die Kosten der Beseitigung anderer Gebäude und Anlagen fallen dem Reich zur Last.

§. 45. Alle Zustellungen in Rayon-Angelegenheiten sind gültig, wenn sie nach den für bürgerliche Rechtsstreitigkeiten bestehenden Vorschriften geschehen.

Die vereideten Verwaltungsbeamten haben dabei den Glauben der Gerichtsbeamten.

§. 46. Alle administrativen Verhandlungen und Gesuche in Rayon-Angelegenheiten sind kosten- und stempelfrei.

§ 47. Alle den Vorschriften dieses Gesetzes zuwiderlaufenden Bestimmungen werden aufgehoben.

Die zur Ausführung dieses Gesetzes erforderlichen Anordnungen erfolgen durch besondere Verordnungen.

Urkundlich unter Unserer Höchsteigenhändigen Unterschrift und beigedrucktem Kaiserlichen Insiegel.

Gegeben Berlin, den 21. Dezember 1871.

(L. S.) Wilhelm.

Fürst v. Bismarck.

Gesetz wegen Erhebung der Brausteuer. Vom 31. Mai 1872.

[R.G.Bl. 1872 S. 153.]

Wir Wilhelm, von Gottes Gnaden Deutscher Kaiser, König von Preußen rc. verordnen im Namen des Deutschen Reiches, nach erfolgter Zustimmung des Bundesrathes und des Reichstages, für das innerhalb der Zollinie liegende Gebiet des Deutschen Reichs, jedoch mit Ausschluß der Königreiche Bayern und Württemberg, des Großherzogthums Baden, Elsaß-Lothringens, des Großherzoglich sächsischen Vordergerichts Ostheim und des Herzoglich sachsen-koburg-gothaischen Amts Königsberg, was folgt:

§. 1. [Erhebungsweise und Erhebungssätze der Brausteuer.] Die Brausteuer wird von den nachbenannten Stoffen, wenn sie zur Bereitung von Bier verwendet werden, zu den folgenden Sätzen erhoben:

1)	von Getreide (Malz, Schrot u. s. w.) mit	20 Sgr.,	
2)	von Reis (gemahlen oder ungemahlen u. s. w.) mit .	20 „	
3)	von grüner Stärke, d. h. von solcher, die mindestens 30 Prozent Wasser enthält, mit	20 „	
4)	von Stärke, Stärkemehl (mit Einschluß des Kartoffelmehls) und Stärkegummi (Dextrin) mit	1 Thlr.,	
5)	von Zucker aller Art (Stärke-, Trauben- u. s. w. Zucker), sowie von Zucker-Auflösungen mit	1 „	10 Sgr.,
6)	von Syrup aller Art mit	1 „	— „
7)	von allen anderen Malzsurrogaten mit	1 „	10 „

für jeden Zentner.

Der Bundesrath ist jedoch ermächtigt, vorbehaltlich der nachträglichen Genehmigung des Reichstages, für andere als die unter Nr. 1 bis 6 bezeichneten

Stoffe nach Maßgabe ihres Brauwerthes den Steuersatz von 1 Thlr. 10 Sgr. zu ermäßigen.

Gemische verschieden besteuerter Stoffe, welche als solche zur Verwiegung (§. 3) gestellt werden, unterliegen dem Steuersatze des darin enthaltenen höchstbesteuerten Stoffes.

§. 2. [Besteuerung der Essigbrauereien.] Ist mit der steuerpflichtigen Bereitung von Bier zugleich eine Essigbereitung verbunden, oder wird Essig aus den im §. 1 benannten Stoffen in eigens dazu bestimmten Anlagen zum Verkauf oder zu gewerblichen Zwecken bereitet, so muß die Brausteuer auch von dem zur Essigbereitung verwendeten Material entrichtet werden.

§. 3. [Steuerpflichtiges Gewicht.] Die Versteuerung der im §. 1 genannten Stoffe erfolgt nach dem Nettogewicht; ein Uebergewicht an der für ein Gebräude bestimmten Gesammtmenge, von welcher die Steuer weniger als einen halben Groschen beträgt, bleibt dabei außer Betracht.

Die für Ermittelung des Nettogewichts erforderlichen Vorschriften werden vom Bundesrathe erlassen.

§. 4. [Fixation.] Die Versteuerung kann nach Uebereinkommen mit der Steuerbehörde unter den von derselben festgesetzten Bedingungen durch Entrichtung einer Abfindungssumme auf einen bestimmten Zeitraum erfolgen.

Die in Ansehung dieser Fixationen zu beobachtenden allgemeinen Grundsätze werden von dem Bundesrathe vorgeschrieben und bekannt gemacht werden.

§. 5. [Steuerfreier Haustrunk.] Die Bereitung von Bier als Haustrunk ohne besondere Brauanlagen ist von der Steuerentrichtung frei, wenn die Bereitung lediglich zum eigenen Bedarf in einem Haushalte von nicht mehr als 10 Personen über 14 Jahre geschieht.

Wer von dieser Bewilligung Gebrauch machen will, muß solches der Steuerbehörde zuvor anmelden und darüber einen Anmeldungsschein sich ertheilen lassen.

Ein jedes Ablassen des Haustrunkes an nicht zum Haushalte gehörige Personen gegen Entgelt ist untersagt.

Im Falle einer wiederholten Verletzung der vorstehend an die Bewilligung der Steuerfreiheit geknüpften Bedingungen kann dem Schuldigen die Befugniß zur steuerfreien Haustrunkbereitung nach dem Ermessen der Steuerbehörde auf bestimmte Zeit oder für immer entzogen werden.

Bierverkäufer haben auf die Bewilligung des steuerfreien Haustrunkes keinen Anspruch.

§. 6. [Vergütung der Steuer bei Versendung in das Ausland.] Bei Ausfuhr von Bier aus dem Geltungsbereiche des gegenwärtigen Gesetzes wird eine Rückvergütung der Brausteuer unter den vom Bundesrathe dieserhalb festzusetzenden und bekannt zu machenden Bedingungen und Maßgaben gewährt.

§. 7. [Erstattung der Steuer.] Eine Erstattung der erlegten Brausteuer darf, abgesehen von dem Falle des §. 6. mit Genehmigung der Direktivbehörde dann gewährt werden, wenn vollständig erwiesen ist, daß

1) entweder die zur Einmaischung bestimmten Braustoffe vor der beabsichtigten Verwendung durch Zufall vernichtet oder der Art beschädigt worden sind, daß ihre Verwendung zur Bierbereitung nicht möglich erscheint, oder
2) sonst aus Anlaß unvorhergesehener Hindernisse die deklarirte Bierbereitung nicht hat stattfinden können,

und wenn der Anspruch auf Erstattung binnen 24 Stunden nach der deklarirten Einmaischungszeit (§. 16) bei der Hebestelle angemeldet ist.

Ist die Erhebung der Brausteuer nach Maßgabe des §. 22 erfolgt, so kann die Erstattung nur in dem unter 1 erwähnten Falle und nur dann gewährt werden, wenn der Anspruch innerhalb 24 Stunden nach der geschehenen Vernichtung oder Beschädigung der Hebestelle angezeigt ist.

§. 8. [Verjährung der Abgabe.] Alle Forderungen und Nachforderungen von

Brausteuer, desgleichen die Ansprüche auf Ersatz wegen zu viel oder zur Ungebühr entrichteter Steuer verjähren binnen Jahresfrist, von dem Tage des Eintritts der Zahlungsverpflichtung beziehungsweise der Zahlung an gerechnet.

Auf das Regreßverhältniß des Staates gegen die Steuerbeamten und auf die Nachforderung hinterzogener Brausteuer findet die Verjährungsfrist keine Anwendung.

§. 9. [Anzeige der Brauereiräume und Gefäße.] Wer, ohne von der Steuer befreit zu sein, brauen will, hat der Steuerhebestelle, insoweit dies nicht bereits auf Grund der bisherigen gesetzlichen Vorschriften geschehen ist, mindestens 8 Tage vor Anfang des Betriebes eine Nachweisung nach einem besonders vorzuschreibenden Muster in doppelter Ausfertigung einzureichen, worin die Räume zur Aufstellung der Geräthe und zum Betriebe der Brauerei, einschließlich der Gährungsräume, die Maisch-, Koch-, Kühl- und Gährgefäße, ingleichen der in Litern ausgedrückte Rauminhalt jedes einzelnen dieser Gefäße, soweit die Beschaffenheit derselben dies gestattet, genau und vollständig angegeben sein müssen.

Ingleichen hat der Brauer, wenn neue Betriebsräume eingerichtet oder Gefäße der vorerwähnten Art angeschafft, oder die vorhandenen abgeschafft, abgeändert oder in ein anderes Lokal gebracht werden, innerhalb der nächstfolgenden 3 Tage hiervon Anzeige zu machen.

Zu dieser Anmeldung sind jedoch alle diejenigen nicht verpflichtet, welche, ohne von der Steuer befreit zu sein, nur für den ausschließlichen Bedarf des eigenen Haushaltes ohne besondere Brauanlage Bier bereiten.

10. Inhaber von Brauereien, sowie Personen, welche Braupfannen verfertigen oder Handel damit treiben, dürfen die Pfannen nicht aus ihren Händen geben, bevor sie es der Steuerhebestelle ihres Wohnorts angezeigt und von dieser eine Bescheinigung darüber erhalten haben.

§. 11. [Vermessung, Bezeichnung und Verschluß der Gefäße.] Die nach §. 9 anzumeldenden Gefäße werden nach Bestimmung der Steuerbehörde numerirt und, soweit thunlich, mit einer amtlichen Bezeichnung versehen. Auch kann die Steuerbehörde eine Vermessung der Maisch-, Koch- und Kühlgefäße, sowie der Bier-Sammel- (s. g. Stell- und dergleichen) Bottige anordnen. Der Brauereibesitzer hat den Rauminhalt und die Nummer an diesen Gefäßen deutlich bezeichnen und diese Bezeichnung gehörig erhalten zu lassen.

Für die Zeit, wo die Brauereigeräthe nicht in Betrieb sein dürfen, können die Geräthe, auch nach Umständen die Zugänge zur Braukesselfeuerung, an Ort und Stelle unter amtlichen Verschluß gesetzt werden.

§. 12. [Erforderniß einer Waage.] Jede Brauerei soll mit einer geeichten Waage und den erforderlichen geeichten Gewichten versehen sein. Die Waage muß geeignet sein, die einzelnen Maischposten, wenn dieselben das Gewicht von 5 Zentnern nicht erreichen, auf einmal, sonst aber mindestens 5 Zentnern zusammen zu verwiegen.

Bis diesem Erfordernisse genügt ist, kann der Betrieb der Brauerei untersagt werden.

Der Aufstellungsort der Waage wird im Einvernehmen mit der Steuerbehörde bestimmt.

§. 13. [Aufbewahrung der Vorräthe an Braustoffen.] Jeder Brauer ist verbunden, Vorräthe an Malzschrot und den im §. 1 unter Nr. 2 bis 7 bezeichneten Stoffen, soweit sie nach dem Ermessen der Steuerbehörde den Bedarf des eigenen Haushaltes übersteigen, nur an bestimmten, ein- für allemal vorher anzuzeigenden geeigneten Orten aufzubewahren.

Die unter Nr. 5 und 6 im §. 1 genannten Stoffe dürfen nur in Räumen, welche von der Braustätte gänzlich getrennt sind, aufbewahrt werden.

Der Vorrath an Malzschrot darf, sobald Brau-Einmaischungen angemeldet sind (§. 16), die längstens für den folgenden Tagen deklarirte Menge nicht übersteigen.

Will der Brauer von den im §. 1 unter Nr. 2 bis 7 bezeichneten Stoffen Vorräthe halten, welche nicht zur Bierbereitung bestimmt sind, so muß er dieselben getrennt von den zur Bierbereitung bestimmten Vorräthen in anderen, ein- für allemal anzuzeigenden Räumen aufbewahren, auch sich den nach Bedürfniß von der Steuerbehörde zu treffenden Anordnungen wegen der Buchführung über solche Vorräthe und wegen des Verschlusses derselben, insbesondere zur Zeit des Brauens unterwerfen.

Die Aufbewahrungsorte stehen ohne Ausnahme unter Aufsicht und Kontrole der Steuerbehörde.

§. 14. [Buchführung in Ansehung der zuckerhaltigen Surrogatstoffe.] 1. Ueber die zur Bierbereitung bestimmten Vorräthe von den im §. 1 unter 5 und 6 genannten Stoffen hat der Brauer nach näherer Anleitung der Steuerbehörde ein von der letzteren geliefertes Buch zu führen, in welches jeder Zugang sofort bei der Einbringung unter Angabe der bezogenen Gattung und Menge, der Kollizahl und Verpackungsart, des Bezugsorts, des Namens (der Handelsfirma) des Verkäufers, des Tages und der Stunde der Aufnahme, jeder Abgang aber sogleich bei Ablassung der versteuerten Menge in die Braustätte (§. 20) unter Angabe der Gattung und Menge, sowie des Tages und der Stunde der Herausnahme einzutragen ist.

Jeder Zugang muß mit über den Bezug lautenden Versendungspapieren (Fakturen, Frachtbriefen u. s. w.) belegt sein.

2. Die Entnahme von Braustoffen aus dem Aufbewahrungsraume zu anderen Zwecken, als zur Verwendung in der Brauerei, ist nur in Ausnahmefällen nach vorher besonders einzuholender Genehmigung der Steuerbehörden zulässig.

3. Der Brauer hat das nach der vorstehenden Bestimmung zu 1 zu führende Buch den Steuerbeamten jeder Zeit auf Verlangen zur Einsicht vorzulegen, auch Rechnungsabschlüsse des Buchs und amtliche Bestandsaufnahmen der Vorräthe sich gefallen zu lassen.

Ein hierbei gegen den buchmäßigen Sollbestand ermittelter Minderbefund soll als in der Brauerei verwendet angesehen und, wenn derselbe zwei Prozent des Sollbestandes übersteigt, nachversteuert, ein Mehrbefund aber dem Buchbestande zugeschrieben werden.

§. 15. [Vorschriften für den gemeinschaftlichen Betrieb der Brauerei und Brennerei.] Bei dem gemeinschaftlichen Betriebe der Brauerei und Brennerei darf für die letztere, falls nicht die von der Brauerei zu entrichtende Steuer fixirt ist (§. 4), reines Malzschrot nicht verwendet, das zur Brennerei bestimmte Malz muß vielmehr vor dem Schroten auf der Mühle wenigstens zum vierten Theile mit ungemalztem Roggen vermischt werden. Wird neben der Brauerei Branntwein aus Kartoffeln gebrannt, so ist zu letzterem Behufe der Gebrauch von reinem Malzschrot zwar gestattet, dasselbe muß jedoch besonders angemeldet und aufbewahrt werden und steht unter Aufsicht und Kontrole der Steuerbehörde.

§. 16. [Brauanzeige und Steuerentrichtung; Unzulässigkeit von Nebenerhebungen.] Wer, abgesehen von den in den §§. 4 und 5 gedachten Fällen, brauen will, ist verpflichtet, der Steuerhebestelle schriftlich anzuzeigen, welche Gattung und Menge der im §. 1 genannten Stoffe er zu jedem Gebräude nehmen, an welchem Tage und zu welcher Stunde er einmaischen wird und wieviel Bier er aus dem angegebenen Braumaterial ziehen will. Es steht dem Steuerpflichtigen frei, diese Anzeige, so oft er braut, zu machen, oder im voraus für einen bestimmten Zeitraum. Im ersteren Falle ist gleichzeitig mit der Anmeldung die Steuer zu entrichten, im letzteren Falle kann die Steuer nach der Wahl des Steuerpflichtigen entweder für den ganzen Zeitraum im voraus oder für jede Maischung besonders von deren Eintritt bezahlt werden.

Nebengebühren, insbesondere für Quittungen und Bescheinigungen der Steuerbehörden werden nicht erhoben.

§. 17. [Zeit der Anmeldung und Berichtigung der letzteren.] Die Anmeldung (§. 16) muß, wenn des Vormittags gemaischt werden soll, spätestens am

Nachmittage des vorhergehenden Tages, und wenn Nachmittags gemaischt werden soll, spätestens am Vormittage desselben Tages drei Stunden vorher, in beiden Fällen auch während der Dienststunden (§. 26) erfolgen. Abänderungen dieser Anmeldungen sind nur innerhalb der für die letzteren selbst vorstehend festgesetzten Frist zulässig.

Soll die Beschickung darnach verstärkt werden, oder sollen neue Gebräude hinzutreten, so wird die Steuer davon gleichzeitig entrichtet.

Soll ein Gebräude eingestellt oder die Beschickung vermindert werden, so bringt der Steuerpflichtige die schon entrichtete Steuer bei der nächsten Zahlung in Anrechnung.

§. 18. [General-Deklaration für die Verwendung von Malzsurrogaten.] Wer Stoffe der im §. 1 unter 2 bis 7 genannten Gattungen zum Brauen verwenden will, hat hierüber, abgesehen von den Anmeldungen für die einzelnen Gebräude (§. 16), mindestens 3 Tage vor der ersten derartigen Einmaischung der Steuerhebestelle eine schriftliche Generaldeklaration in doppelter Ausfertigung zu übergeben, darin die Art und Weise der beabsichtigten Verwendung, insbesondere bei welchem Abschnitte der Bierbereitung dieselbe jedesmal erfolgen soll, auch, soweit die Aufbewahrung der Vorräthe nur in einem besonderen Raume (§. 13) erfolgen darf, letzteren näher zu beschreiben und bei dem Betriebe selbst diese Erklärung genau zu befolgen oder später beabsichtigte dauernde Aenderungen binnen gleicher Frist vorher schriftlich anzuzeigen. Soll von dem Inhalte dieser Deklaration, von welcher das eine Exemplar demnächst in der Brauerei zur Einsicht der Steuerbeamten ausliegen muß, nur für einzelne bestimmte Einmaischungen abgewichen werden, so genügt es, solches in der nach §. 16 abzugebenden Versteuerungsanmeldung anzuzeigen.

Die Verwendung der im §. 1 unter 5 bis 7 genannten Stoffe darf jedoch der Regel nach nur innerhalb der Zeit von dem Beginne der Einmaischung bis zur Beendigung des Kochens der Bierwürze stattfinden. Ausnahmen hiervon sind nur unter den von der Direktivbehörde anzuordnenden Kontrolen zulässig.

§. 19. [Zeit der Einmaischungen.] Die Einmaischungen dürfen nur an den Wochentagen geschehen, und zwar in den Monaten vom Oktober bis einschließlich März von Morgens 6 bis Abends 10 Uhr, in den übrigen Monaten aber von Morgens 4 bis Abends 10 Uhr.

Ausnahmen hiervon können nach Bedürfniß bewilligt und dürfen bei kontinuirlichem Betriebe nicht versagt werden.

Als Schluß der Einmaischung gilt der Zeitpunkt, mit welchem das Ablassen der Würze zum Zwecke des Kochens begonnen wird.

§. 20. [Erwarten der Steuerbeamten.] Der Brauer ist verpflichtet, die Ankunft eines Steuerbeamten zur angezeigten Stunde des Einmaischens (§. 16) abzuwarten.

Findet sich derselbe ein, so muß alsdann sogleich in dessen Gegenwart das Braumaterial abgewogen und mit der Einmaischung begonnen werden; der Brauer darf aber die Einmaischung erst, nachdem eine Stunde gewartet worden, ohne des Beamten Gegenwart verrichten.

Ist das in Gemäßheit des §. 16 für mehrere Einmaischungen zugleich versteuerte Braumaterial am Aufbewahrungsorte vorhanden, so kann der Steuerbeamte die Verwiegung der für die späteren Beschickungen bestimmten Vorräthe bis zur Stunde ihrer Einmaischung aussetzen und diese Vorräthe selbst am deklarirten Orte unter amtlichen Verschluß nehmen.

Die im §. 1 unter 5 bis 7 genannten Stoffe dürfen nicht früher, als mit Beginn desjenigen Abschnittes der Bierbereitung, bei welchem deklarationsmäßig (§. 16) ihre Verwendung stattfinden soll, und in nicht größerer, als der für das betreffende Gebräude versteuerten Menge in die Braustätte eingebracht werden.

§. 21. [Nachmaischen.] In der Regel soll die ganze Beschickung auf einmal eingemaischt werden, so daß keine Nachmaischung stattfinden darf.

Wird aber eine Brauerei regelmäßig mit Nachmaischen betrieben, so muß einfür allemal angezeigt werden, in wieviel Abtheilungen und mit welchem Gewichte für jede Beschickung gemaischt werden soll.

§. 22. [Erhebung der Brausteuer von der Vermahlung der Braustoffe.] I. Wo zur Zeit nach den Landesgesetzen die Braumalzsteuer im Anschlusse an eine örtlich bestehende Mahlsteuer von dem für Brauzwecke zur Mühle bestimmten, noch ungeschroteten Malze erhoben wird, kann es hierbei auch künftig für die Dauer der Mahlsteuerverfassung an den betreffenden Orten mit der unten zu III. erwähnten Maßgabe sein Bewenden behalten.

II. Außerdem sind die Direktivbehörden ermächtigt, solchen Brauereibesitzern, welche darauf antragen und sich den ihnen dieserhalb besonders vorzuschreibenden Bedingungen unterwerfen, zu gestatten, daß sie die Brausteuer von den Stoffen, welche vor der Einmaischung einer Vermahlung unterliegen, mit dem im §. 1 festgesetzten Betrage nach dem Gewichte der zur Verarbeitung auf der Mühle bestimmten noch unvermahlenen Stoffe entrichten.

Ein solcher Brauer darf alsdann:

1) die zur Brauverwendung bestimmten Stoffe ohne Erlaubniß der Steuerbehörde nicht auf anderen, als den hierzu ein- für allemal genehmigten Mühlenwerken vermahlen lassen;
2) auf der genehmigten Mühle keine Vermahlung bewirken lassen, ohne solche zuvor nach näherer Vorschrift der Steuerbehörde bei der zuständigen Hebestelle angemeldet und von letzterer einen dem Vermahlungsakte selbst demnächst zum Ausweise dienenden Mahl-Erlaubnißschein empfangen zu haben, mit welchem die betreffende Mahlpost nach Gattung und Menge übereinstimmen muß;
3) ohne vorherige Genehmigung der Steuerbehörde keine bereits vermahlenen (geschroteten) Braustoffe von Anderen erwerben; auch muß derselbe
4) die ihm bekannt zu machenden sonstigen Verpflichtungen erfüllen, welche ihm, insbesondere wegen der Kontrole der einzelnen Vermahlungen und zur Verhütung einer mißbräuchlichen Benutzung der zur Bereitung seines Braumaterials genehmigten Mühlenwerke, von der Steuerbehörde auferlegt werden.

Die für die Zulassung der Brauer zu dieser Besteuerungsweise maßgebenden allgemeinen Grundsätze werden von dem Bundesrathe festgestellt werden.

III. In den Fällen zu I. und II. ist der Brauer von der Anzeige der Brau-Einmaischungen (§. 16) insoweit befreit, als er steuerpflichtige Stoffe zum Brauen verwendet, welche vorher einer Verarbeitung auf Mahlwerken unterliegen. Für andere der im §. 1 genannten Braustoffe ist die dort festgesetzte Steuer neben der Vermahlungssteuer, und zwar entweder vor der jedesmaligen Verwendung auf Grund der in den §§. 16 und 18 vorgeschriebenen Anmeldungen, oder im Falle besonderer Vereinbarung mit der Steuerbehörde, in einer Abfindungssumme auf einen bestimmten Zeitraum (§. 4) zu entrichten. Auch sind solche Braustoffe den für dieselben in diesem Gesetze allgemein vorgeschriebenen Kontrolen unterworfen.

§. 23. [Revisionsbefugniß der Steuerbeamten: a) Besuch der Gewerbsräume.] Das Gebäude, in welchem eine Brauerei betrieben wird, einschließlich der zur Aufbewahrung der steuerpflichtigen Braumaterialien und zur Kühlung und Gährung der Gebräude dienenden Räume, darf, wenn die Brauerei nicht im Betriebe ist, nur von Morgens 6 bis Abends 9 Uhr von den Steuerbeamten behufs der Revision besucht und muß ihnen zu dem Behufe sogleich geöffnet werden. So lange jedoch in der Brauerei gearbeitet wird, ist die Revision zu jeder Zeit zulässig und muß die Brauerei alsdann unverschlossen und der Zutritt unbehindert sein.

Die Revisionsbefugniß erstreckt sich zugleich auf die an die Brauerei an-

---

Zu §. 22.

Vgl. den Bundesrathsbeschluß vom 20. Februar 1875 betr. die Erhebung der Brausteuer im ege der Vermahlungssteuer. (Centralbl. f. d. D. R. S. 180).

stoßenden, mit derselben in Verbindung stehenden Räumlichkeiten und im Falle des §. 22 auch auf diejenigen Räume, in welchen Braustoffe vermahlen werden.

Innerhalb der der Revision unterliegenden Räume dürfen keine Einrichtungen getroffen werden, welche die Ausübung der gesetzlichen Aufsicht verhindern oder erschweren. Die Steuerbehörde ist befugt, anzuordnen, daß Oeffnungen in der Braustätte, welche zu unbemerkten Zumaischungen benutzt werden könnten, während der Zeit des Brauens unter Verschluß gesetzt werden.

§. 24. [b) Haussuchungen.] Ist gegründeter Verdacht vorhanden, daß Steuerdefrauden begangen sind und deshalb eine förmliche Haussuchung erforderlich, es sei bei Personen, welche Brauerei betreiben oder bei anderen, so darf dieselbe nur unter Beachtung der für Haussuchungen gesetzlich vorgeschriebenen Formen und an solchen Orten stattfinden, die zur Begehung des Unterschleifs oder Verheimlichung von Beständen steuerpflichtiger Gegenstände geeignet sind.

§. 25. [c) Verhalten derjenigen, bei welchen revidirt wird.] Diejenigen, bei welchen revidirt wird und deren Gewerbsgehülfen sind verbunden, den revidirenden Beamten diejenigen Hülfsdienste zu leisten, oder leisten zu lassen, welche erforderlich sind, um die ihnen obliegenden Geschäfte, es mögen solche in Revision des Betriebes, Nachmessung der Geräthe, Anlegung von Verschlüssen, Verwiegung von Materialvorräthen oder Feststellung des Thatbestandes bei vorgefundenen Unrichtigkeiten bestehen, in den vorgeschriebenen Grenzen zu vollziehen. Dieselben haben die zu diesem erforderlichen Materialien zu beschaffen, auch für hinreichende Beleuchtung zu sorgen.

§. 26. [Dienststunden und bereite Abfertigung.] Die Dienststunden, in welchen die Erhebungsbeamten an den Wochentagen zur Abfertigung der Steuerpflichtigen bereit sein müssen, bestimmt die Steuerbehörde. In der Regel sollen die Dienststunden folgende sein:

in den Monaten Oktober bis Februar einschließlich Vormittags von 8 bis 12 Uhr und Nachmittags von 1 bis 5 Uhr, in den übrigen Monaten von 7 bis 12 Uhr und von 2 bis 5 Uhr.

Abweichungen von vorstehenden Bestimmungen sollen an den Orten, wo dergleichen stattfinden, besonders bekannt gemacht werden.

So weit möglich, muß in dringenden Fällen auch außerhalb der Dienststunden die Abfertigung bewirkt werden.

§ 27. [Strafbestimmungen. Begriff der Defraudation.] Wer die im §. 1 bezeichneten Stoffe zum Brauen verwendet (einmaischt, nachmaischt, zusetzt), ohne die gesetzliche Anmeldung zur Entrichtung der Brausteuer bewirkt zu haben, macht sich der Brausteuer-Defraudation schuldig.

§. 28. Die Defraudation wird insbesondere dann als vollbracht angenommen,

1) wenn mit der Verwendung (§. 27) solcher steuerpflichtiger Stoffe auch nur begonnen ist, welche der Steuerbehörde nicht, oder für einen anderen Tag oder in unrichtiger, einen geringeren Steuerbetrag bedingender Beschaffenheit oder Menge angemeldet sind;
2) wenn die Verwendung der im §. 1 unter 5 bis 7 aufgeführten Braustoffe bei einem anderen als in dem der Deklaration (§. 18) angegebenen Abschnitte der Bierbereitung erfolgt.

§. 29. Der Defraudation wird gleichgeachtet:

1) wenn Braumalzschrot nach erfolgter Anmeldung von Brau-Einmaischungen, sei es an dem dazu bestimmten Orte oder anderwärts bei dem Brauer, in

---

Zu §. 29 Nr. 1.

Die Strafe der Defraudation im Falle des §. 29 Nr. 1 trifft nur den Brauereibesitzer, d. h. denjenigen Gewerbetreibenden, welcher dem Staate zur Entrichtnng der Gewerbesteuer verpflichtet ist, nicht denjenigen, welcher faktisch den Betrieb der Brauerei für den Brauereibesitzer ausübt.

Erk. (Z. II.) Pr. O.Tr. vom 23. April 1874 c. Jung Goltd. A. 22, S. 281; O.R. 15 S. 254.

einer Menge vorgefunden wird, welche die gesetzlich zulässige Menge (§. 13, Absatz 3) um mehr als zehn Prozent übersteigt;

2) wenn Stoffe der im §. 1 unter 5 bis 7 genannten Gattung, der Vorschrift im letzten Absatz des §. 20 entgegen, in der Braustätte außer der erlaubten Zeit oder um mehr als fünf Prozent über die versteuerte Menge, oder der Vorschrift im §. 13 entgegen außerhalb der bestimmten Aufbewahrungsräume bei dem Brauer vorgefunden werden;

3) wenn sich in dem Falle des §. 14 Ziffer 3 bei einer amtlichen Aufnahme der Lagervorräthe Gewichtsabweichungen von mehr als zehn Prozent zwischen der vorgefundenen Menge und dem buchmäßigen Sollbestand ergeben;

4) wenn ein Brauer, welcher die Brausteuer auf Grund besonderer Bewilligung als Mahlsteuer entrichtet, den im §. 22 Ziffer II. unter Nr. 1 bis 3 einschließlich enthaltenen Vorschriften zuwiderhandelt.

§. 30. [Strafe der Defraudation.] Wer die Brausteuer defraudirt, hat eine dem vierfachen Betrage der vorenthaltenen Abgabe gleichkommende Geldstrafe verwirkt. Diese Strafe soll jedoch in keinem Falle weniger als 10 Thaler betragen.

Insoweit Abweichungen von der zulässigen Menge (§§. 27 und 29) den Thatbestand der Defraudation bilden, wird die Strafe nach dem Steuerbetrage von dem Gewichtsunterschiede bemessen.

Die Steuer ist von der Strafe unabhängig zu entrichten.

§. 31. Kann der Betrag der hinterzogenen Steuer nicht anders ermittelt werden, so ist derselbe, falls sich die begangene Defraudation nicht blos auf eine Nachmaischung, oder die zusätzliche Verwendung eines Surrogatstoffs (§. 1 unter 2 bis 7) bezieht, nach Maßgabe desjenigen zu bemessen, was an Material zu einem vollen Gebräude in der betreffenden Brauerei genommen zu werden pflegt. Läßt sich letzteres nicht feststellen oder ist die Defraudation nur in Bezug auf eine Nachmaischung oder die Zusetzung eines Surrogatstoffs begangen, so tritt statt des vierfachen Betrages der hinterzogenen Steuer eine Geldstrafe von 10 bis 100 Thalern ein.

§. 32. Kann der Angeschuldigte nachweisen, daß er eine Defraudation nicht habe verüben können, oder eine solche nicht beabsichtigt gewesen sei, so findet nur eine Ordnungsstrafe nach Vorschrift des §. 35 statt.

§. 33. [Strafe des Rückfalls.] Im Falle der Wiederholung der Defraudation nach vorhergegangener Bestrafung wird die Strafe auf den achtfachen Betrag der vorenthaltenen Steuer bestimmt. Diese Strafe soll jedoch in keinem Falle weniger als 20 Thaler betragen.

Jeder fernere Rückfall zieht Gefängnißstrafe bis zu zwei Jahren nach sich. Doch kann nach richterlichem Ermessen mit Berücksichtigung aller Umstände des Vergehens und der vorausgegangenen Fälle auf Haft oder auf Geldstrafe nicht unter dem Doppelten der für den ersten Rückfall bestimmten Geldstrafe erkannt werden.

§. 34. Die Straferhöhung wegen Rückfalls tritt ein ohne Rücksicht darauf, ob die frühere Bestrafung in demselben oder einem andern Bundesstaate des Geltungsgebiets dieses Gesetzes erfolgt ist. Sie ist verwirkt, auch wenn die früheren Strafen nur theilweise verbüßt oder ganz oder theilweise erlassen sind.

Dieselbe ist dagegen ausgeschlossen, wenn seit der Verbüßung oder dem Erlasse der letzten Strafen bis zur Begehung der neuen Defraudation drei Jahre verflossen sind.

Theilnehmer einer Defraudation unterliegen der Straferhöhung wegen Rückfalls nur insoweit, als sie sich selbst eines Rückfalls schuldig gemacht haben.

§. 35. [Ordnungsstrafen.] Die Uebertretung der Bestimmungen dieses Gesetzes, sowie der dazu erlassenen Verwaltungsvorschriften wird, sofern nicht die Defraudationsstrafe verwirkt ist, mit einer Ordnungsstrafe bis zu 50 Thalern geahndet.

Die Ordnungsstrafe soll jedoch in den nachgenannten Fällen nicht unter 5 Thaler und bei Wiederholungen nicht unter 10 Thalern betragen:

1) wenn, den Vorschriften in den §§. 9 und 18 dieses Gesetzes entgegen, die Anzeige der Brauereiräume und Gefäße oder die Einreichung der Generaldeklaration unterblieben ist;
2) wenn Stoffe der im §. 1 unter 1 bis 4 genannten Gattungen, entgegen der Vorschrift im §. 13, an einem anderen als den dazu angezeigten Orten bei dem Brauer vorgefunden werden;
3) wenn zu einer anderen Tageszeit, als der angemeldeten (§. 16) oder vor Ablauf der Stunde, welche auf den Steuerbeamten gewartet werden muß (§. 20), eingemaischt worden ist;
4) wenn die zu einem Gebräude gehörige Biermenge um mehr als 10 Prozent von dem deklarirten Bierzuge (§. 16) abweicht;
5) wenn unbefugter Weise Nachmaischungen (§. 21) vorgenommen worden sind, insoweit dadurch nicht etwa die Defraudationsstrafe nach §. 28 verwirkt ist;
6) wenn Jemand, dem die freie Bereitung des Haustrunkes verstattet ist (§. 5), Bier an nicht zum Haushalt gehörige Personen gegen Entgelt abläßt;
7) wenn Brauer, welche die Brausteuer auf Grund besonderer Bewilligung als Mahlsteuer entrichten, die ihnen in Gemäßheit des §. 22 Ziffer II. Nr. 4 von der Verwaltungsbehörde auferlegten Pflichten verletzen.

Die Uebertretung einzelner für die Sicherung der Steuer besonders wichtiger Vorschriften kann in dem letztgedachten Falle (zu 7) mit Ordnungsstrafe bis zum Betrage von 200 Thalern belegt werden.

§. 36. Mit Ordnungsstrafe (§. 35 Absatz 1) wird außerdem belegt:

1) wer einem zur Wahrnehmung des Steuerinteresses verpflichteten Beamten oder dessen Angehörigen wegen einer auf die Erhebung oder Beaufsichtigung der Brausteuer bezüglichen amtlichen Handlung oder Unterlassung einer solchen Geschenke oder andere Vortheile anbietet, verspricht oder gewährt, sofern nicht der Thatbestand der Bestechung (§. 333 des Strafgesetzbuchs) vorliegt;
2) wer sich Handlungen oder Unterlassungen zu Schulden kommen läßt, durch welche ein solcher Beamter an der rechtmäßigen Ausübung seines Amtes in Bezug auf die Brausteuer verhindert wird, sofern nicht der Thatbestand der strafbaren Widersetzlichkeit (§. 113 des Strafgesetzbuchs) vorliegt.

§. 37. [Zusammentreffen mehrerer Zuwiderhandlungen gegen die Gesetze.] Treffen mit einer Zuwiderhandlung gegen die Bestimmungen dieses Gesetzes andere strafbare Handlungen zusammen, oder ist mit der Defraudation zugleich eine Verletzung besonderer Vorschriften dieses Gesetzes verbunden, so finden die Bestimmungen des Strafgesetzbuchs (§§. 74—78) Anwendung.

Im Falle mehrerer oder wiederholter Zuwiderhandlungen gegen dieses Gesetz, welche nicht in Defraudationen bestehen, soll, wenn die Zuwiderhandlungen derselben Art sind und gleichzeitig entdeckt werden, die Ordnungsstrafe gegen denselben Thäter, sowie gegen mehrere Thäter und Theilnehmer zusammen nur in einmaligem Betrage festgesetzt werden.

Zu §. 35.

Die im §. 35 Abs. 1 aufgestellte Regel, nach welcher die Uebertretung der Bestimmungen dieses Gesetzes 2c., sofern nicht die Defraudationsstrafe verwirkt ist, mit einer Ordnungsstrafe bis zu 50 Thalern zu ahnden ist, darf nicht dahin verstanden werden, daß neben der Defraudationsstrafe auch dann nicht auf eine Ordnungsstrafe zu erkennen sei, wenn die eine und die andere wegen verschiedener selbstständiger Handlungen zu verhängen ist.

Erk. (V. II.) Pr. O.Tr. vom 8. Juli 1875 c. Pötter O.R. 16, S. 524; Goltd. A. 23, S. 501.

§. 38. [Vertretungsverbindlichkeit für verwirkte Geldstrafen.] I. Wer Brauerei als Gewerbe betreibt, haftet, was die auf Grund dieses Gesetzes verhängten Geldstrafen betrifft, mit seinem Vermögen für seine Verwalter, Gewerbsgehülfen, sowie für diejenigen Hausgenossen, welche in der Lage sind, auf den Gewerbebetrieb Einfluß zu üben, wenn:

1) diese Geldstrafen von dem eigentlich Schuldigen wegen Unvermögens nicht beigetrieben werden können, und zugleich
2) der Nachweis erbracht wird, daß der Brauereitreibende bei Auswahl und Anstellung der Verwalter und Gewerbsgehülfen oder bei Beaufsichtigung derselben, sowie der Eingangs bezeichneten Hausgenossen fahrlässig, d. h. nicht mit der Sorgfalt eines ordentlichen Geschäftsmannes zu Werke gegangen ist.

Als solche Fahrlässigkeit gilt insbesondere die wissentliche Anstellung beziehungsweise Beibehaltung eines wegen Brausteuer-Defraudation bereits bestraften Verwalters oder Gewerbsgehülfen, falls nicht die oberste Finanzbehörde die Anstellung beziehnngsweise Beibehaltung eines solchen genehmigt hat.

Ist ein Brauereitreibender, welcher nach den Bestimmungen dieses Gesetzes subsidiarisch in Anspruch genommen wird, bereits wegen einer von ihm selbst in der nachgewiesenen Absicht der Steuerverkürzung begangenen Brausteuer-Defraudation bestraft, so hat derselbe die Vermuthung fahrlässigen Verhaltens so lange gegen sich, als er nicht nachweist, daß er bei Anstellung beziehungsweise Beaufsichtigung seines Eingangs bezeichneten Hülfspersonals die Sorgfalt eines ordentlichen Geschäftsmannes angewendet hat.

II. Hinsichtlich der in Folge einer Zuwiderhandlung gegen die Vorschriften dieses Gesetzes vorenthaltenen Steuer haftet der Brauereitreibende für die unter I. bezeichneten Personen mit seinem Vermögen, wenn die Steuer von dem eigentlichen Schuldigen wegen Unvermögens nicht beigetrieben werden kann.

III. Zur Erlegung von Geldstrafen auf Grund der subsidiarischen Haftung in Gemäßheit der Vorschriften zu I. kann der Brauereitreibende nur durch richterliches Erkenntniß verurtheilt werden.

IV. Die Steuerverwaltung ist jedoch befugt, statt der Einziehung der Geldbuße von den subsidiarisch Verhafteten und unter Verzicht hierauf die im Unvermögensfalle an die Stelle der Geldbuße zu verhängende Freiheitsstrafe sogleich an dem eigentlich Schuldigen vollstrecken zu lassen.

§. 39. [Umwandlung der Geld- in Freiheitsstrafen.] Die Umwandlung der nicht beizutreibenden Geldstrafen in Freiheitsstrafen erfolgt gemäß §§. 28 und 29 des Allgemeinen Strafgesetzbuchs, jedoch darf die Freiheitsstrafe

im ersten Falle der Defraudation sechs Monate,
im ersten Rückfalle ein Jahr,
im ferneren Rückfalle zwei Jahre

nicht überschreiten.

§. 40. [Verjährung.] Die Strafverfolgung von Defraudationen gegen die Brausteuer (§§. 27 bis 29) verjährt in drei Jahren, die Strafverfolgung von Zuwiderhandlungen gegen dieses Gesetz, welche mit Ordnungsstrafen bedroht sind, in einem Jahre, von dem Tage an gerechnet, an welchem sie begangen sind.

Der Anspruch auf Nachzahlung defraudirter Gefälle, erlischt in drei Jahren.

§. 41. In Betreff der Feststellung, Untersuchung und Entscheidung der Brausteuervergehen, sowie in Betreff der Strafmilderung und des Erlasses der Strafe im Gnadenwege, kommen die Vorschriften zur Anwendung, nach welchen sich das Verfahren wegen Vergehen gegen die Zollgesetze bestimmt.

Zu §. 38.

Ein Brauereibesitzer haftet für die durch seine Gewerbsgehülfen verübten Steuerhinterziehungen auch dann, wenn er sich selbst an der Hinterziehung betheiligt hat und deshalb als Mitthäter bestraft wird.

Wird die Brauerei von einer Commanditgesellschaft betrieben, so haftet der Complementär persönlich für die von den Gewerbsgehülfen verübten Steuerhinterziehungen.

Erk. Pr. O.Tr. v. 23. September 1870 c. Classen O.R. 11 S. 474.

Die nach den Vorschriften dieses Gesetzes verwirkten Geldstrafen fallen dem Fiskus desjenigen Staates zu, von dessen Behörden die Strafentscheidung erlassen ist.

§. 42. Jede von einer nach §. 41 zuständigen Behörde wegen Brausteuervergehens einzuleitende Untersuchung und zu erlassende Strafentscheidung kann auch auf diejenigen Theilnehmer des Vergehens, welche anderen Bundesstaaten angehören, ausgedehnt werden.

Die Strafvollstreckung ist nöthigenfalls durch Requisition der zuständigen Behörden und Beamten desjenigen Staats zu bewirken, in dessen Gebiete die Vollstreckungsmaßregel zur Ausführung kommen soll.

Die Behörden und Beamten der Bundesstaaten sollen sich gegenseitig thätig und ohne Verzug den verlangten Beistand in allen gesetzlichen Maßregeln leisten, welche zur Entdeckung oder Bestrafung der Brausteuer-Hinterziehungen dienlich sind.

§. 43. [Schlußbestimmungen.] Die zur Ausführung dieses Gesetzes erforderlichen Bestimmungen werden von dem Bundesrathe*) erlassen.

Soweit die Vorschriften dieses Gesetzes auf Thalerwährung sich beziehen, haben die obersten Landesfinanzbehörden nach Bedürfniß diese Vorschriften in ihrer Anwendung auf die in dem betreffenden Staate oder Gebietstheile gesetzlich bestehende Währung näher zu bestimmen.

§. 44. Dieses Gesetz tritt am 1. Januar 1873 in Kraft und sind von letzterem Zeitpunkte ab, vorbehaltlich der Ausnahme im §. 22 Ziffer I., alle gesetzlichen Vorschriften aufgehoben, welche über die Besteuerung des Biers und Essigs, des Malzes und der Malzsurrogate in denjenigen Ländern und Gebietstheilen des Deutschen Reichs, für welche dieses Gesetz ergeht, zur Zeit bestehen.

In den Herzogthümern Sachsen-Meiningen und Sachsen-Koburg-Gotha, sowie in dem Fürstenthume Reuß ä. L., darf jedoch von dem Zentner Malzschrot derjenige Betrag, um welchen die dort zur Zeit gesetzlich bestehende Brausteuer von Malzschrot den Satz von 2 Mark pro Zentner übersteigt, bis zum 1. Januar 1877, jedoch nur insoweit, als die Steuersätze dieses Gesetzes keine Veränderung erleiden, für privative Rechnung der genannten Bundesstaaten forterhoben werden.

Hinsichtlich der Abgabenerhebung von Bier, Essig und Malz für Rechnung von Kommunen und Korporationen bleiben die Bestimmungen in Artikel 5 §. 7 des Vertrages vom 8. Juli 1867, die Fortdauer des Deutschen Zoll- und Handelsvereins betreffend, in Kraft.

Urkundlich unter Unserer Höchsteigenhändigen Unterschrift und beigedrucktem Kaiserlichen Insiegel.

Gegeben Berlin, den 31. Mai 1872.

(L. S.) Wilhelm.

Fürst v. Bismarck.

Seemannsordnung. Vom 27. Dezember 1872.

[R.G.Bl. 1872. S. 409.]

Wir Wilhelm, von Gottes Gnaden Deutscher Kaiser, König von Preußen &c. verordnen im Namen des Deutschen Reichs, nach erfolgter Zustimmung des Bundesrathes und des Reichstages, was folgt:

---

*) cf. Beschluß des Bundesrathes vom 18. November 1872. (Pr. Centralbl. f. d. Abg.Ges. 1872 S. 364).

Zu §. 44.

Der §. 44 ist hier in der ihm durch das Gesetz vom 26. Dezember 1875 (R.G.Bl. S. 377) gegebenen Fassung abgedruckt.

Erster Abschnitt.
Einleitende Bestimmungen.

§. 1. Die Vorschriften dieses Gesetzes finden auf alle Kauffahrteischiffe (Gesetz vom 25. Oktober 1867 §. 1*), Bundesgesetzblatt S. 35) Anwendung, welche das Recht, die Reichsflagge zu führen, ausüben dürfen.

§. 2. Schiffer im Sinne dieses Gesetzes ist der Führer des Schiffes (Schiffskapitain), in Ermangelung oder Verhinderung desselben dessen Stellvertreter.

§. 3. Zur „Schiffsmannschaft" („Mannschaft") werden auch die Schiffsoffiziere mit Ausschluß des Schiffers gerechnet, desgleichen ist unter „Schiffsmann" auch jeder Schiffsoffizier mit Ausnahme des Schiffers zu verstehen.

Personen, welche, ohne zur Schiffsmannschaft zu gehören, auf einem Schiffe als Maschinisten, Aufwärter, oder in anderer Eigenschaft angestellt sind, haben dieselben Rechte und Pflichten, welche in diesem Gesetze in Ansehung der Schiffsmannschaft festgesetzt sind. Es macht hierbei keinen Unterschied, ob sie von dem Schiffer oder von dem Rheder angenommen worden sind.

§. 4. Seemannsämter sind innerhalb des Bundesgebiets die Musterungs-Behörden der einzelnen Bundesstaaten und im Auslande die Konsulate des Deutschen Reichs.

Die Errichtnng der Musterungs-Behörden innerhalb des Bundesgebiets steht den Landes-Regierungen nach Maßgabe der Landesgesetze zu. Die Geschäftsführung derselben unterliegt der Oberaufsicht des Reichs.

Zweiter Abschnitt.
Seefahrtsbücher und Musterung.

§. 5. Niemand darf im Bundesgebiet als Schiffsmann in Dienst treten, bevor er sich über Namen, Heimath und Alter vor einem Seemannsamte ausgewiesen und von demselben ein Seefahrtsbuch ausgefertigt erhalten hat.

Ist der Schiffsmann ein Deutscher, so darf er vor vollendetem vierzehnten Lebensjahr zur Uebernahme von Schiffsdiensten nicht zugelassen werden: auch hat er sich über seine Militärverhältnisse, sowie, wenn er noch der väterlichen Gewalt unterworfen, oder minderjährig ist, über die Genehmigung des Vaters oder Vormundes zur Uebernahme von Schiffsdiensten auszuweisen.

Mit dem Seefahrtsbuch ist dem Schiffsmann zugleich ein Abdruck der Seemannsordnung und des Gesetzes, betreffend die Verpflichtung deutscher Kauffahrteischiffe zur Mitnahme hülfsbedürftiger Seeleute, auszuhändigen.

§. 6. Die väterliche oder vormundschaftliche Genehmigung (§. 5) gilt, sofern ihr eine Einschränkung nicht beigefügt ist, als ein- für allemal ertheilt.

Kraft derselben wird der Minderjährige einem Großjährigen gleichgeachtet, insoweit es sich um den Abschluß von Heuerverträgen, die aus ihnen hervorgehenden Rechte und Pflichten und das gerichtliche Verfahren darüber handelt.

§. 7. Wer bereits ein Seefahrtsbuch ausgefertigt erhalten hat, muß behufs Erlangung eines neuen Seefahrtsbuches das ältere vorlegen oder den Verlust desselben glaubhaft machen. Daß dies geschehen, wird von dem Seemannsamt in dem neuen Seefahrtsbuch vermerkt.

Wird der Verlust glaubhaft gemacht, so ist diesem Vermerke zugleich eine Bescheinigung des Seemannsamtes über die früheren Rang- und Dienstverhältnisse, sowie über die Dauer der Dienstzeit, insoweit der Schiffsmann sich hierüber genügend ausweist, beizufügen.

---

*) Vgl. Seite 75.

Zu §. 4.
Vgl. das Verzeichniß der Seemannsämter in der Bek. des Reichskanzleramts vom 15. Oktober 1874. (Centralbl. f. d. D. R. S. 371).

§. 8. Wer nach Inhalt seines Seefahrtsbuches angemustert ist, darf nicht von neuem angemustert werden, bevor er sich über die Beendigung des früheren Dienstverhältnisses durch den in das Seefahrtsbuch einzutragenden Vermerk (§§. 20, 22) ausgewiesen hat. Kann nach dem Ermessen des Seemannsamtes ein solcher Vermerk nicht beigebracht werden, so dient statt desselben, sobald die Beendigung des Dienstverhältnisses auf andere Art glaubhaft gemacht ist, ein vom Seemannsamt hierüber einzutragender Vermerk im Seefahrtsbuche.

§. 9. Einrichtung und Preis des Seefahrtsbuches bestimmt der Bundesrath. Die Ausfertigung selbst erfolgt kosten- und stempelfrei.

Das Seefahrtsbuch muß über die Militärverhältnisse des Inhabers (§. 5) Auskunft geben.

§. 10. Der Schiffer hat die Musterung (Anmusterung, Abmusterung) der Schiffsmannschaft nach Maßgabe der folgenden Bestimmungen (§§. 11 bis 22) zu veranlassen.

Der Schiffsmann hat sich, wenn nicht ein unabwendbares Hinderniß entgegensteht, zur Musterung zu stellen.

§. 11. Die Anmusterung besteht in der Verlautbarung des mit dem Schiffsmann geschlossenen Heuervertrages vor einem Seemannsamt. Sie muß für die innerhalb des Bundesgebiets liegenden Schiffe unter Vorlegung der Seefahrtsbücher vor Antritt oder Fortsetzung der Reise, für andere Schiffe, sobald ein Seemannsamt angegangen werden kann, erfolgen.

§. 12. Die Anmusterungsverhandlung wird vom Seemannsamt als Musterrolle ausgefertigt. Wenn die zur Schiffsmannschaft eines Schiffs gehörigen Personen nicht gleichzeitig mittelst Einer Verhandlung angemustert werden, so erfolgt die Ausfertigung auf Grund der ersten Verhandlung.

Die Musterrolle muß enthalten: Namen und Nationalität des Schiffs, Namen und Wohnort des Schiffers, Namen, Wohnort und dienstliche Stellung jedes Schiffsmannes und die Bestimmungen des Heuervertrages, einschließlich etwaiger besonderer Verabredungen. Insbesondere muß aus der Musterrolle erhellen, was dem Schiffsmann für den Tag an Speise und Trank gebührt. Im Uebrigen wird die Einrichtung der Musterrolle vom Bundesrath bestimmt.

§. 13. Wird ein Schiffsmann erst nach Ausfertigung der Musterrolle angemustert, so hat das Seemannsamt eine solche Musterung in die Musterrolle einzutragen.

§. 14. Bei jeder innerhalb des Bundesgebiets erfolgenden Anmusterung wird vom Seemannsamt hierüber und über die Zeit des Dienstantritts ein Vermerk in das Seefahrtsbuch jedes Schiffsmannes eingetragen, welcher zugleich als Ausgangs- oder Seepaß dient. Außerhalb des Bundesgebiets erfolgt eine solche Eintragung nur, wenn das Seefahrtsbuch zu diesem Zwecke vorgelegt wird.

Das Seefahrtsbuch ist hiernächst vom Schiffer für die Dauer des Dienstverhältnisses in Verwahrung zu nehmen.

§. 15. Wenn ein angemusterter Schiffsmann durch ein unabwendbares Hinderniß außer Stande gesetzt wird, den Dienst anzutreten, so hat er sich hierüber sobald wie möglich gegen den Schiffer und das Seemannsamt, vor welchem die Musterung erfolgt ist, auszuweisen.

§. 16. Die Abmusterung besteht in der Verlautbarung der Beendigung des Dienstverhältnisses seitens des Schiffers und der aus diesem Verhältniß ausscheidenden Mannschaft. Sie muß, sobald das Dienstverhältniß beendigt ist, erfolgen, und zwar, wenn nicht ein Anderes vereinbart wird, vor dem Seemannsamt desjenigen Hafens, wo das Schiff liegt, und nach Verlust des Schiffs vor demjenigen Seemannsamt, welches zuerst angegangen werden kann.

§. 17. Vor der Abmusterung hat der Schiffer dem abzumusternden Schiffsmann im Seefahrtsbuch die bisherigen Rang- und Dienstverhältnisse und die Dauer der Dienstzeit zu bescheinigen, auf Verlangen auch ein Führungszeugniß zu ertheilen. Das letztere darf in das Seefahrtsbuch nicht eingetragen werden.

§. 18. Die Unterschriften des Schiffers unter der Bescheinigung und dem Zeugniß (§. 17) werden von dem Seemannsamte, vor welchem die Abmusterung stattfindet, kosten- und stempelfrei beglaubigt.

§. 19. Verweigert der Schiffer die Ausstellung des Zeugnisses (§. 17), oder enthält dasselbe Beschuldigungen, deren Richtigkeit der Schiffsmann bestreitet, so hat auf Antrag des letzteren das Seemannsamt den Sachverhalt zu untersuchen und das Ergebniß der Untersuchung dem Schiffsmann zu bescheinigen.

§. 20. Die erfolgte Abmusterung wird vom Seemannsamt in dem Seefahrtsbuche des abgemusterten Schiffsmannes und in der Musterrolle vermerkt.

§. 21. Die Musterrolle ist nach Beendigung derjenigen Reise oder derjenigen Zeit, auf welche die als Musterrolle ausgefertigte Anmusterungsverhandlung (§. 12) sich bezieht, dem Seemannsamt, vor welchem abgemustert wird, zu überliefern.

Letzteres übersendet dieselbe dem Seemannsamt des Heimathshafens.

§. 22. Wenn der Bestand der Mannschaft Aenderungen erfährt, bei welchen eine Musterung (§. 10) nach Maßgabe vorstehender Bestimmungen unausführbar ist, so hat der Schiffer, sobald ein Seemannsamt angegangen werden kann, bei demselben unter Darlegung der Hinderungsgründe die Musterung nachzuholen, oder, sofern auch diese nachträgliche Musterung nicht mehr möglich ist, den Sachverhalt anzuzeigen. Ein Vermerk über die Anzeige ist vom Seemannsamt in die Musterrolle und in die Seefahrtsbücher der betheiligten Schiffsleute einzutragen.

§. 23. Die für die Musterungs-Verhandlungen, einschließlich der Ausfertigung der Musterrolle, zu erhebenden Kosten fallen dem Rheder zur Last.

Die Bestimmung über die in gleicher Höhe für alle Seemannsämter innerhalb des Bundesgebiets festzustellenden Kosten bleibt dem Bundesrath vorbehalten.

Bis zur Erledigung dieses Vorbehalts steht die Bestimmung über die Höhe der Kosten den Landesregierungen im Verordnungswege zu.

Dritter Abschnitt.

Vertrags-Verhältniß.

§. 24. Die Gültigkeit des Heuervertrages ist durch schriftliche Abfassung nicht bedingt.

§. 25. Wenn bei dem Abschluß des Heuervertrages die Vereinbarung über den Betrag der Heuer nicht durch ausdrückliche Erklärung getroffen ist, so wird im Zweifel diejenige Heuer als vereinbart angesehen, welche das Seemannsamt des Hafens, in welchem der Schiffsmann angemustert wird, für die daselbst zur Zeit der Anmusterung übliche erklärt.

§. 26. Wenn ein Schiffsmann sich für eine Zeit verheuert, für die er durch einen früher geschlossenen Heuervertrag gebunden ist, so hat der Anspruch auf Erfüllung des zuerst geschlossenen Vertrages den Vorzug.

Hat jedoch eine Anmusterung auf Grund des späteren Vertrages stattgefunden, ohne daß auch auf Grund des ersten Vertrages angemustert ist, so geht jener vor.

§. 27. Wird ein Schiffsmann erst nach Anfertigung der Musterrolle geheuert, so gelten für ihn in Ermangelung anderer Vertrags-Bestimmungen die nach Inhalt der Musterrolle mit der übrigen Schiffsmannschaft getroffenen Abreden; insbesondere kann er nur dieselbe Heuer fordern, welche nach der Musterrolle den übrigen Schiffsleuten seines Ranges gebührt.

§. 28. Die Verpflichtung des Schiffsmannes, mit seinen Effekten sich an Bord einzufinden und Schiffsdienste zu leisten, beginnt, wenn nicht ein Anderes bedungen ist, mit der Anmusterung.

Wenn der Schiffsmann den Dienstantritt länger als vierundzwanzig Stunden verzögert, [so] ist der Schiffer zum Rücktritt von dem Heuervertrage befugt. Die

Ansprüche wegen etwaiger Mehrausgaben für einen Ersatzmann und wegen sonstiger aus der Verzögerung erwachsener Schäden werden hierdurch nicht berührt.

§. 29. Den Schiffsmann, welcher nach der Anmusterung dem Antritt oder der Fortsetzung des Dienstes sich entzieht, kann der Schiffer zur Erfüllung seiner Pflicht durch das Seemannsamt zwangsweise anhalten lassen.

Die daraus erwachsenden Kosten hat der Schiffsmann zu ersetzen.

§. 30. Der Schiffsmann ist verpflichtet, in Ansehung des Schiffsdienstes den Anordnungen des Schiffers unweigerlich Gehorsam zu leisten und zu jeder Zeit alle für Schiff und Ladung ihm übertragene Arbeiten zu verrichten.

Er hat diese Verpflichtung zu erfüllen, sowohl an Bord des Schiffs und in dessen Booten, als auch in den Leichterfahrzeugen und auf dem Lande, sowohl unter gewöhnlichen Umständen, als auch unter Havarie.

Ohne Erlaubniß des Schiffers darf er das Schiff bis zur Abmusterung nicht verlassen. Ist ihm eine solche Erlaubniß ertheilt, so muß er zur festgesetzten Zeit, wenn aber keine Zeit festgesetzt ist, noch vor 8 Uhr Abends zurückkehren.

§. 31. Wenn das Schiff in einem Hafen liegt, so ist der Schiffsmann nur in dringenden Fällen schuldig, länger als zehn Stunden täglich zu arbeiten.

§. 32. Bei Seegefahr, besonders bei drohendem Schiffbruch, sowie bei Gewalt und Angriff gegen Schiff oder Ladung hat der Schiffsmann alle befohlene Hülfe zur Erhaltung von Schiff und Ladung unweigerlich zu leisten, und darf ohne Einwilligung des Schiffers, so lange dieser selbst an Bord bleibt, das Schiff nicht verlassen.

Er bleibt verbunden, bei Schiffbruch für Rettung der Personen und ihrer Effekten, sowie für Sicherstellung der Schiffstheile, der Geräthschaften und der Ladung, den Anordnungen des Schiffers gemäß, nach besten Kräften zu sorgen und bei der Bergung gegen Fortbezug der Heuer und der Verpflegung Hülfe zu leisten.

§. 33. Der Schiffsmann ist verpflichtet, auf Verlangen bei der Verklarung mitzuwirken und seine Aussage eidlich zu bestärken.

Dieser Verpflichtung hat er gegen Zahlung der etwa erwachsenden Reise- und Versäumnißkosten nachzukommen, auch wenn der Heuervertrag in Folge eines Verlustes des Schiffs beendigt ist (§. 56).

§. 34. Wird nach Antritt der Reise entdeckt, daß der Schiffsmann zu dem Dienste, zu welchem er sich verheuert hat, untauglich ist, so ist der Schiffer befugt, den Schiffsmann, mit Ausschluß des Steuermanns, im Range herabzusetzen und seine Heuer verhältnißmäßig zu verringern.

Macht der Schiffer von dieser Befugniß Gebrauch, so hat er die getroffene Anordnung, sobald thunlich, dem Betheiligten zu eröffnen, auch in das Schiffsjournal einzutragen, daß und wann dies geschehen. Vor der Eröffnung und Eintragung tritt die Verringerung der Heuer nicht in Wirksamkeit.

§. 35. Die Heuer ist in Ermangelung einer anderweitigen Abrede vom Zeitpunkte der Anmusterung an zu zahlen.

§. 36. Die Heuer ist dem Schiffsmann, sofern keine andere Vereinbarung getroffen ist, erst nach Beendigung der Reise oder bei der sonstigen Beendigung des Dienstverhältnisses zu zahlen, wenn diese früher erfolgt.

Der Schiffsmann kann jedoch bei Zwischenreisen in dem ersten Hafen, in welchem das Schiff ganz oder zum größeren Theil entlöscht wird, die Auszahlung der Hälfte der bis dahin verdienten Heuer (§. 67) verlangen, sofern bereits sechs Monate seit der Anmusterung verflossen sind. In gleicher Weise ist der Schiffsmann bei Ablauf je weiterer sechs Monate nach der früheren Auszahlung wiederum die Auszahlung der Hälfte der seit der letzten Auszahlung verdienten Heuer zu fordern berechtigt.

§. 37. Ob und in wie weit vor dem Antritt der Reise Vorschußzahlungen auf die Heuer zu leisten oder Handgelder zu zahlen sind, bestimmt in Ermangelung einer

Vereinbarung der Ortsgebrauch des Hafens, in welchem der Schiffsmann angemustert wird.

§. 38. Alle Zahlungen an Schiffsleute müssen, wenn nicht ein Anderes vereinbart ist, nach Wahl derselben entweder baar oder mittelst einer auf den Rheder ausgestellten, auf Sicht zahlbaren Anweisung geleistet werden.

§. 39. Vor Antritt der Reise hat der Schiffer ein Abrechnungsbuch anzulegen, in welches alle auf die Heuer geleisteten Vorschuß- und Abschlagszahlungen, sowie die etwa gegebenen Handgelder einzutragen sind. In dem Abrechnungsbuche ist von dem Schiffsmann über den Empfang jeder Zahlung zu quittiren. Auch hat der Schiffer jedem Schiffsmann, der es verlangt, noch ein besonderes Heuerbuch zu übergeben und darin ebenfalls jede auf die Heuer des Inhabers geleistete Zahlung einzutragen.

§. 40. Wenn die Zahl der Mannschaft sich während der Reise vermindert und nicht wieder ergänzt wird, so sind, falls nicht ein Anderes bedungen ist, die dadurch ersparten Heuerbeträge unter die verbleibenden Schiffsleute nach Verhältniß ihrer Heuer zu vertheilen. Ein Anspruch auf die Vertheilung findet jedoch nicht statt, wenn die Verminderung der Mannschaft durch Entweichung herbeigeführt ist und die Effekten des entwichenen Schiffsmannes nicht an Bord zurückgeblieben sind.

Wenn die Zahl der Mannschaft sich während der Reise um mehr als ein Sechstel verringert, so muß der Schiffer dieselbe auf Verlangen der verbleibenden Schiffsleute ergänzen, sofern die Umstände eine Ergänzung gestatten.

§. 41. In allen Fällen, in welchen ein Schiff länger als zwei Jahre auswärts verweilt, tritt in Ermangelung einer anderweitigen Abrede für den seit zwei Jahren in Dienst befindlichen Schiffsmann eine Erhöhung der Heuer ein, wenn diese nach Zeit bedungen ist.

Diese Erhöhung wird wie folgt bestimmt:

1) der Schiffsjunge tritt mit Beginn des dritten Jahres in die in der Musterrolle bestimmte oder aus derselben als Durchschnittsbetrag sich ergebende Heuer der Leichtmatrosen, und mit Beginn des vierten Jahres in die in der Musterrolle bestimmte Heuer der Vollmatrosen ein;
2) der Leichtmatrose erhält mit Beginn des dritten Jahres die in der Musterrolle bestimmte Heuer der Vollmatrosen und mit Beginn des vierten Jahres ein Fünftel derselben mehr an Heuer;
3) für die übrige Mannschaft steigt die in der Musterrolle angegebene Heuer mit Beginn des dritten Jahres um ein Fünftel und mit Beginn des vierten Jahres um ein ferneres Fünftel ihres ursprünglichen Betrages.

In dem Fall der Ziffer 2 tritt der Leichtmatrose mit Beginn des dritten Jahres in den Rang eines Vollmatrosen ein.

§. 42. Die aus den Dienst- und Heuerverträgen herrührenden Forderungen des Schiffers und der zur Schiffsmannschaft gehörigen Personen, welche auf einem, nach den Art. 866 und 867 des allgemeinen Deutschen Handelsgesetzbuches, als verschollen anzusehenden Schiffe sich befunden haben, werden fällig mit Ablauf der Verschollenheitsfrist. Das Dienstverhältniß gilt sodann einen halben Monat nach dem Tage für beendet, bis zu welchem die letzte Nachricht über das Schiff reicht.

Der Betrag der Forderungen ist dem Seemannsamt des Heimathshafens zu übergeben, welches die Aushändigung an die Empfangsberechtigten zu vermitteln hat.

§. 43. Dem Schiffsmann gebührt Beköstigung für Rechnung des Schiffs von dem Zeitpunkt des Dienstantritts an. Er darf die verabreichten Speisen und Getränke nur zu seinem eigenen Bedarf verwenden und nichts davon veräußern, vergeuden oder sonst bei Seite bringen.

§. 44. Die Schiffsmannschaft hat an Bord des Schiffs Anspruch auf einen, ihrer Zahl und der Größe des Schiffs entsprechenden, nur für sie und ihre Effekten bestimmten wohlverwahrten und genügend zu lüftenden Logisraum.

Kann dem Schiffsmann in Folge eines Unfalls oder aus anderen Gründen zeitweilig ein Unterkommen auf dem Schiffe nicht gewährt werden, so ist ihm ein anderweites angemessenes Unterkommen zu verschaffen.

§. 45. Die dem Schiffsmann für den Tag mindestens zu verabreichenden Speisen und Getränke (§. 43), die Größe und Einrichtung des Logisraums (§. 44) und die mindestens mitzunehmenden Heilmittel bestimmen sich im Zweifel nach dem örtlichen Rechte des Heimathshafens.

Der Erlaß näherer Bestimmungen steht den Landesregierungen im Verordnungswege zu.

§. 46. Der Schiffer ist berechtigt, bei ungewöhnlich langer Dauer der Reise, oder wegen eingetretener Unfälle, eine Kürzung der Rationen oder eine Aenderung hinsichtlich der Wahl der Speisen und Getränke eintreten zu lassen.

Er hat im Schiffsjournal zu bemerken, wann, aus welchem Grunde und in welcher Weise eine Kürzung oder Aenderung eingetreten ist.

Wenn dies versäumt ist, oder wenn die vom Schiffer getroffenen Anordnungen sich als ungerechtfertigt oder durch sein Verschulden herbeigeführt erweisen, so gebührt dem Schiffsmann eine den erlittenen Entbehrungen entsprechende Vergütung. Ueber diesen Anspruch entscheidet unter Vorbehalt des Rechtsweges das Seemannsamt, vor welchem abgemustert wird.

§. 47. Wenn ein Schiffsoffizier oder nicht weniger als drei Schiffsleute bei einem Seemannsamte Beschwerde darüber erheben, daß das Schiff, für welches sie angemustert sind, nicht seetüchtig ist, oder daß die Vorräthe, welche das Schiff für den Bedarf der Mannschaft an Speisen und Getränken mit sich führt, ungenügend oder verdorben sind, so hat das Seemannsamt eine Untersuchung des Schiffs beziehungsweise der Vorräthe zu veranlassen, und deren Ergebniß in das Schiffsjournal einzutragen. Auch hat dasselbe, falls die Beschwerde sich als begründet erweist, für die geeignete Abhülfe Sorge zu tragen.

§. 48. Falls der Schiffsmann nach Antritt des Dienstes erkrankt oder verwundet wird, so trägt der Rheder die Kosten der Verpflegung und Heilung:

1) wenn der Schiffsmann wegen der Krankheit oder Verwundung die Reise nicht antritt, bis zum Ablauf von drei Monaten seit der Erkrankung oder Verwundung;
2) wenn er die Reise antritt und mit dem Schiffe nach einem deutschen Hafen zurückkehrt, bis zum Ablauf von drei Monaten seit der Rückkehr des Schiffs:
3) wenn er die Reise antritt und mit dem Schiffe zurückkehrt, die Rückreise des Schiffs jedoch nicht in einem deutschen Hafen endet, bis zum Ablauf von sechs Monaten seit der Rückkehr des Schiffs;
4) wenn er während der Reise am Lande zurückgelassen werden mußte, bis zum Ablauf von sechs Monaten seit der Weiterreise des Schiffs.

Auch gebührt dem Schiffsmann, falls er nicht mit dem Schiffe nach dem Hafen zurückkehrt, von welchem das Schiff seine Ausreise angetreten hat, freie Zurückbeförderung nach diesem Hafen (§§. 65, 66), oder nach Wahl des Schiffers eine entsprechende Vergütung.

§. 49. Die Heuer bezieht der erkrankte oder verwundete Schiffsmann:

wenn er die Reise nicht antritt, bis zur Einstellung des Dienstes;

wenn er die Reise antritt und mit dem Schiffe zurückkehrt, bis zur Beendigung der Rückreise;

wenn er während der Reise am Lande zurückgelassen werden mußte, bis zu dem Tage, an welchem er das Schiff verläßt.

Ist der Schiffsmann bei der Vertheidigung des Schiffs beschädigt, so hat er überdies auf eine angemessene, erforderlichenfalls von dem Richter zu bestimmende Belohnung Anspruch.

§. 50. Auf den Schiffsmann, welcher die Krankheit oder Verwundung durch eine unerlaubte Handlung sich zugezogen hat, oder mit einer syphilitischen Krankheit behaftet ist, finden die §§. 48 und 49 keine Anwendung.

§. 51. Stirbt der Schiffsmann nach Antritt des Dienstes, so hat der Rheder die bis zum Todestage verdiente Heuer (§. 67) zu zahlen und die Bestattungskosten zu tragen.

Wird der Schiffsmann bei Vertheidigung des Schiffs getödtet, so hat der Rheder überdies eine angemessene, erforderlichenfalls von dem Richter zu bestimmende Belohnung zu entrichten.

§. 52. Ueber jeden nach Antritt des Dienstes eintretenden Todesfall eines Schiffsmannes muß vom Schiffer unter Zuziehung von zwei Schiffsoffizieren oder anderen glaubhaften Personen ein urkundlicher Nachweis beschafft werden. Die Urkunde muß Tag und Stunde des Todes, Vor- und Familiennamen, Geburts- oder Wohnort und Alter des Verstorbenen, sowie die muthmaßliche Ursache des Todes enthalten. Sie ist von dem Schiffer und den zugezogenen Zeugen zu vollziehen.

Soweit der Nachlaß des verstorbenen Schiffsmannes sich an Bord befindet, hat der Schiffer für die Aufzeichnung und Aufbewahrung, sowie erforderlichenfalls für den Verkauf des Nachlasses Sorge zu tragen. Die Aufzeichnung ist unter Zuziehung von zwei Schiffsoffizieren oder anderen glaubhaften Personen vorzunehmen.

Die Nachlaßgegenstände selbst, der etwaige Erlös aus denselben, sowie der etwaige Heuerrückstand sind nebst der erwähnten Aufzeichnung und dem Nachweis über den Todesfall demjenigen Seemannsamt, bei dem es zuerst geschehen kann, zu übergeben. Wenn im Auslande das Seemannsamt aus besonderen Gründen die Uebergabe der Nachlaßgegenstände ablehnt, so hat der Schiffer die Uebergabe bei demjenigen Seemannsamt zu bewirken, bei welchem es anderweit zuerst geschehen kann.

Durch die Vorschriften des ersten und dritten Absatzes werden die auf die Führung der Civilstandsregister bezüglichen Bestimmungen der Landesgesetze nicht berührt.

§. 53. Wenn der Schiffer während der Reise stirbt, [so] ist der Steuermann verpflichtet, für die Beschaffung eines Nachweises über den Todesfall und für den Nachlaß nach Maßgabe der vorstehenden Bestimmungen (§. 52) zu sorgen.

§. 54. Der Schiffsmann ist verpflichtet, während der ganzen Reise, einschließlich etwaiger Zwischenreisen, bis zur Beendigung der Rückreise im Dienste zu verbleiben, wenn in dem Heuervertrage nicht ein Anderes bestimmt ist.

Unter Rückreise im Sinne der vorstehenden Bestimmung ist die Reise nach dem Hafen zu verstehen, von welchem das Schiff seine Ausreise angetreten hat. Wenn jedoch das Schiff von einem nicht europäischen Hafen oder von einem Hafen des Schwarzen oder des Asowschen Meeres kommt und dasselbe seine Ausreise von einem deutschen Hafen angetreten hat, so gilt auch jede der nachstehend bezeichneten Reisen als Rückreise, falls der Schiffer spätestens alsbald nach der Ankunft die Reise der Schiffsmannschaft gegenüber für beendigt erklärt:

1) die Reise nach jedem anderen deutschen Hafen,
2) die Reise nach einem außerdeutschen Hafen der Nordsee oder nach einem Hafen des Kanals oder Großbritanniens,
3) sofern das Schiff seine Ausreise von einem Hafen der Ostsee angetreten hat, auch die Reise nach einem außerdeutschen Hafen der Ostsee oder nach einem Hafen des Sundes oder des Kattegats.

Endet die Rückreise nicht in dem Hafen, von welchem das Schiff seine Ausreise angetreten hat, so hat der Schiffsmann Anspruch auf freie Zurückbeförderung (§§. 65, 66) nach diesem Hafen und auf Fortbezug der Heuer während der Reise oder nach seiner Wahl auf eine entsprechende Vergütung.

§. 55. Nach beendigter Reise kann der Schiffsmann seine Entlassung nicht früher verlangen, als bis die Ladung gelöscht, das Schiff gereinigt und im Hafen oder an einem anderen Orte festgemacht, auch die etwa erforderliche Verklarung abgelegt ist.

§. 56. Der Heuervertrag endet, wenn das Schiff durch einen Zufall dem Rheder verloren geht, insbesondere

wenn es verunglückt;

wenn es als reparaturunfähig oder reparaturunwürdig kondemnirt (Art. 444 des allg. Deutschen Handelsgesetzbuchs) und in dem letzten Falle ohne Verzug öffentlich verkauft wird;

wenn es geraubt wird;

wenn es aufgebracht oder angehalten und für gute Prise erklärt wird.

Dem Schiffsmann gebührt alsdann nicht allein die verdiente Heuer (§. 67), sondern auch freie Zurückbeförderung (§§. 65, 66) nach dem Hafen, von welchem das Schiff seine Ausreise angetreten hat, oder nach Wahl des Schiffers eine entsprechende Vergütung.

§. 57. Der Schiffer kann den Schiffsmann, abgesehen von den in dem Heuervertrage bestimmten Fällen, vor Ablauf der Dienstzeit entlassen:

1) so lange die Reise noch nicht angetreten ist, wenn der Schiffsmann zu dem Dienste, zu welchem er sich verheuert hat, untauglich ist;
2) wenn der Schiffsmann eines groben Dienstvergehens, insbesondere des wiederholten Ungehorsams oder der fortgesetzten Widerspenstigkeit, der Schmuggelei sich schuldig macht;
3) wenn der Schiffsmann des Vergehens des Diebstahls, Betruges, der Untreue, Unterschlagung, Hehlerei oder Fälschung, oder einer nach dem Strafgesetzbuche mit Zuchthaus bedrohten Handlung sich schuldig macht;
4) wenn der Schiffsmann mit einer syphilitischen Krankheit behaftet ist, oder wenn er durch eine unerlaubte Handlung eine Krankheit oder Verwundung sich zuzieht, welche ihn arbeitsunfähig macht;
5) wenn die Reise, für welche der Schiffsmann geheuert war, wegen Krieg, Embargo oder Blokade oder wegen eines Ausfuhr- oder Einfuhrverbots oder wegen eines anderen, Schiff oder Ladung betreffenden Zufalls nicht angetreten oder fortgesetzt werden kann.

Die Entlassung, sowie der Grund derselben muß, sobald es geschehen kann, dem Schiffsmann angezeigt und in den Fällen der Ziffern 2, 3, 4 in das Schiffsjournal eingetragen werden.

§. 58. Dem Schiffsmann gebührt in den Fällen der Ziffer 1—4 des §. 57 nicht mehr als die verdiente Heuer (§. 67), in den Fällen der Ziffer 5 hat er, wenn er nach Antritt der Reise entlassen wird, nicht allein auf die verdiente Heuer, sondern auch auf freie Zurückbeförderung (§§. 65, 66) nach dem Hafen, von welchem das Schiff seine Ausreise angetreten hat, oder nach Wahl des Schiffers auf eine entsprechende Vergütuug Anspruch.

§. 59. Der für eine Reise geheuerte Schiffsmann, welcher aus anderen als aus den in dem §. 57 erwähnten Gründen vor Ablauf des Heuervertrages entlassen wird, behält, wenn die Entlassung vor Antritt der Reise erfolgt, als Entschädigung die etwa empfangenen Hand- und Vorschlußgelder, soweit dieselben den üblichen Betrag nicht übersteigen.

Sind Hand- und Vorschußgelder nicht gezahlt, so hat er als Entschädigung die Heuer für einen Monat zu fordern.

Ist die Entlassung erst nach Antritt der Reise erfolgt, so hat er Anspruch auf freie Zurückbeförderung (§§. 65, 66) nach dem Hafen, von welchem das Schiff seine Ausreise angetreten oder nach Wahl des Schiffers auf eine entsprechende Vergütung. Auch erhält er außer der verdienten Heuer (§. 67) noch die Heuer für zwei oder vier Monate, je nachdem er in einem europäischen (§. 70) oder in einem nichteuropäischen Hafen entlassen ist, jedoch nicht mehr als er erhalten haben würde, wenn er erst nach Beendigung der Reise entlassen worden wäre.

§. 60. Wenn die Vorschrift am Schluß des vorstehenden Paragraphen Anwendung findet, und der Schiffsmann nach Beendigung der Reise in einem deutschen Hafen entlassen worden wäre, so wird, um die ihm außer der verdienten Heuer gebührende Heuer zu bestimmen, die Dauer der Reise eines Segelschiffs gerechnet:

von Häfen:	nach Häfen der Nordsee.	nach Häfen der Ostsee.
	Monaten	
1) der Nordsee bis zum 61. Grade nördlicher Breite und des Englischen Kanals zu	1	1½
2) der Ostsee und der angrenzenden Gewässer zu	1½	1
3) in Europa außerhalb des Englischen Kanals und bis zur Straße von Gibraltar mit Einschluß der Azoren, sowie der Nordsee über den 61. Grad nördlicher Breite hinaus und außerhalb der Nordsee bis zum Nordkap einschließlich zu	1½	2
4) des Mittelmeeres, des Schwarzen und Azowschen Meeres zu	2	2
5) in Europa, östlich des Nordkaps zu.	2	2
6) der Ostküste Amerikas von Quebeck bis Rio de Janeiro einschließlich zu	2	2½
7) südlich von Rio de Janeiro bis Kap Horn einschließlich zu	2½	3
8) der Westküste Amerikas von Kap Horn bis Panama einschließlich zu	3½	4
9) der Westküste von Afrika nördlich vom Aequator einschließlich der Kanarischen und der Kapverdischen Inseln zu . .	2	2½
10) südlich vom Aequator bis zum Kap der guten Hoffnung einschließlich zu	2¼	2¾
11) jenseits des Kaps der guten Hoffnung, diesseits des Kap Komorin mit Einschluß des Rothen Meeres und des Persischen Golfs zu	3½	4
12) von den sonstigen, vorstehend nicht mit einbegriffenen Häfen zu	4	4

§. 61. Der Schiffsmann kann seine Entlassung fordern:

1) wenn sich der Schiffer einer schweren Verletzung seiner ihm gegen denselben obliegenden Pflichten, insbesondere durch Mißhandlung oder durch grundlose Vorenthaltung von Speise und Trank schuldig macht;
2) wenn das Schiff die Flagge wechselt;
3) wenn nach Beendigung der Ausreise eine Zwischenreise beschlossen, oder wenn eine Zwischenreise beendigt ist, sofern seit dem Dienstantritt zwei oder drei Jahre, je nachdem das Schiff in einem europäischen (§. 70) oder in einem nichteuropäischen Hafen sich befindet, verflossen sind.

Der Wechsel des Rheders oder Schiffers giebt dem Schiffsmann kein Recht, die Entlassung zu fordern.

§. 62. In dem Falle des §. 61 Ziffer 3 kann die Entlassung nicht gefordert werden:

1) wenn der Schiffsmann für eine längere als die daselbst angegebene Zeit sich verheuert hat. Die Verheuerung auf unbestimmte Zeit oder mit der allgemeinen Bestimmung, daß nach Beendigung der Ausreise der Dienst für alle Reisen, welche noch beschlossen werden möchten, fortzusetzen sei, wird als Verheuerung auf solche Zeit nicht angesehen;
2) sobald die Rückreise angeordnet ist.

§. 63. Der Schiffsmann hat in den Fällen der Ziffern 1 und 2 des §. 61 dieselben Ansprüche, welche für den Fall des §. 59 bestimmt sind; in dem Falle der der Ziffer 3 gebührt ihm nicht mehr, als die verdiente Heuer (§ 67).

§. 64. Im Auslande darf der Schiffsmann, welcher seine Entlassung fordert, außer in dem Falle eines Flaggenwechsels, nicht ohne Genehmigung eines Seemannsamtes (§. 105) den Dienst verlassen.

§. 65. Wenn nach den Bestimmungen dieses Gesetzes ein Anspruch auf freie Zurückbeförderung begründet ist, so umfaßt derselbe auch den Unterhalt während der Reise.

§. 66. Dem Anspruche auf freie Zurückbeförderung wird genügt, wenn dem Schiffsmann, welcher arbeitsfähig ist, mit Genehmigung des Seemannsamtes ein seiner früheren Stellung entsprechender und durch angemessene Heuer zu vergütender Dienst auf einem deutschen Kauffahrteischiffe nachgewiesen wird, welches nach dem Hafen, von welchem das Schiff seine Ausreise angetreten hat, oder einem demselben nahe belegenen Hafen geht; letzteren Falls unter Gewährung der entsprechenden Vergütung für die weitere freie Zurückbeförderung (§. 65) bis zum Hafen, von welchem das Schiff seine Ausreise angetreten hat.

Ist der Schiffsmann kein Deutscher, so wird ein Schiff seiner Nationalität einem deutschen Schiffe gleichgeachtet.

§. 67. In den Fällen der §§. 36, 51, 56, 58, 59 und 63 wird die verdiente Heuer, sofern die Heuer nicht zeitweise, sondern in Bausch und Bogen für die ganze Reise bedungen ist, mit Rücksicht auf den vollen Heuerbetrag nach Verhältniß der geleisteten Dienste, sowie des etwa zurückgelegten Theils der Reise bestimmt. Zur Ermittelung der in den §§. 59 und 60 erwähnten Heuer für einzelne Monate wird die durchschnittliche Dauer der Reise, einschließlich der Ladungs- und Löschungszeit unter Berücksichtigung der Beschaffenheit des Schiffs in Ansatz gebracht und danach die Heuer für die einzelnen Monate berechnet.

§. 68. Der Rheder haftet für die Forderungen des Schiffers und der zur Schiffsmannschaft gehörigen Personen aus den Dienst- und Heuerverträgen nicht nur mit Schiff und Fracht, sondern persönlich.

Diese Bestimmung tritt an die Stelle des Artikels 453 des allgemeinen Deutschen Handelsgesetzbuchs.

§. 69. Der dem Schiffsmann als Lohn zugestandene Theil an der Fracht oder am Gewinn wird als Heuer im Sinne dieses Gesetzes nicht angesehen.

§. 70. In den Fällen der §§. 59 und 61 sind den europäischen Häfen die nicht europäischen Häfen des Mittelländischen, Schwarzen und Azowschen Meeres gleichzustellen.

§. 71. Der Schiffer darf einen Schiffsmann im Auslande nicht ohne Genehmigung des Seemannsamtes zurücklassen. Wenn für den Fall der Zurücklassung eine Hülfsbedürftigkeit des Schiffsmannes zu besorgen ist, so kann die Ertheilung der Genehmigung davon abhängig gemacht werden, daß der Schiffer gegen den Eintritt der Hülfsbedürftigkeit für einen Zeitraum bis zu drei Monaten Sicherstellung leistet.

Die Bestimmungen des §. 103 werden hierdurch nicht berührt.

Vierter Abschnitt.

Disziplinar-Bestimmungen.

§. 72. Der Schiffsmann ist der Disziplinargewalt des Schiffers unterworfen. Dieselbe beginnt mit dem Antritt des Dienstes und erlischt mit dessen Beendigung.

§. 73. Der Schiffsmann ist verpflichtet, sich stets nüchtern zu halten und gegen Jedermann ein angemessenes und friedfertiges Betragen zu beobachten.

Dem Schiffer und seinen sonstigen Vorgesetzten hat er mit Achtung zu begegnen und ihren dienstlichen Befehlen unweigerlich Folge zu leisten.

§. 74. Der Schiffsmann hat dem Schiffer auf Verlangen wahrheitsgemäß und vollständig mitzutheilen, was ihm über die den Schiffsdienst betreffenden Angelegenheiten bekannt ist.

§. 75. Der Schiffsmann darf ohne Erlaubniß des Schiffers keine Güter an Bord bringen oder bringen lassen. Für die gegen dieses Verbot beförderten eigenen oder fremden Güter muß er die höchste am Abladungsorte zur Abladungszeit für solche Reisen und Güter bedungene Fracht erstatten, unbeschadet der Verpflichtung zum Ersatz eines erweislichen höheren Schadens.

Der Schiffer ist auch befugt, die Güter über Bord zu werfen, wenn dieselben Schiff oder Ladung gefährden.

§. 76. Die Bestimmungen des §. 75 finden ebenfalls Anwendung, wenn der Schiffsmann ohne Erlaubniß des Schiffers Branntwein oder andere geistige Getränke oder mehr an Tabadk, als er zu seinem Gebrauche auf der beabsichtigten Reise bedarf, an Bord bringt oder bringen läßt.

Die gegen dieses Verbot mitgenommenen geistigen Getränke und Taback verfallen dem Schiffe.

§. 77. Die auf Grund der Bestimmungen der §§. 75 und 76 getroffenen Anordnungen des Schiffers sind, sobald es geschehen kann, in das Schiffsjournal einzutragen.

§. 78. Wenn das Schiff in einem Hafen liegt, so ist der Schiffer befugt, die Effekten der Schiffsleute zur Verhütung einer Entweichung bis zur Abreise des Schiffs in Verwahrung zu nehmen.

§. 79. Der Schiffer ist befugt, alle zur Aufrechterhaltung der Ordnung und zur Sicherung der Regelmäßigkeit des Dienstes erforderlichen Maßregeln zu ergreifen. Zu diesem Zwecke darf er namentlich auch herkömmliche Erschwerungen des Dienstes oder mäßige Schmälerung der Kost, letztere jedoch auf höchstens drei Tage, als Strafe eintreten lassen. Geldbuße, körperliche Züchtigung oder Einsperrung darf er als Strafe nicht verhängen.

Bei einer Widersetzlichkeit oder bei beharrlichem Ungehorsam ist der Schiffer zur Anwendung aller Mittel befugt, welche erforderlich sind, um seinen Befehlen Gehorsam zu verschaffen. Er darf gegen die Betheiligten die geeigneten Sicherungsmaßregeln ergreifen und sie nöthigenfalls während der Reise fesseln.

Jeder Schiffsmann muß dem Schiffer auf Erfordern Beistand zur Aufrechthaltung der Ordnung sowie zur Anwendung oder Unterdrückung einer Widersetzlichkeit leisten.

Im Auslande hat der Schiffer in dringenden Fällen die Kommandanten der ihm zugänglichen Fahrzeuge der Kriegsmarine des Reichs um Beistand zur Aufrechthaltung der Disziplin anzugehen.

§. 80. Jede vom Schiffer in Gemäßheit der Bestimmungen des §. 79 getroffene Verfügung ist mit Angabe der Veranlassung, sobald es geschehen kann, in das Schiffsjournal einzutragen.

Fünfter Abschnitt.

Strafbestimmungen.

§. 81. Ein Schiffsmann, welcher nach Abschluß des Heuervertrages sich verborgen hält, um sich dem Antritte des Dienstes zu entziehen, wird mit Geldstrafe bis zu zwanzig Thalern gestraft. Die Verfolgung tritt nur auf Antrag ein.

Wenn ein Schiffsmann, um sich der Fortsetzung des Dienstes zu entziehen, entläuft oder sich verborgen hält, so tritt Geldstrafe bis zu Einhundert Thalern oder Gefängnißstrafe bis zu drei Monaten ein. Die Verfolgung tritt nur auf Antrag ein.

Zu §. 81.
Vgl. die §§. 61—65 des St.G.B.

Ein Schiffsmann, welcher mit der Heuer entläuft oder sich verborgen hält, um sich dem übernommenen Dienste zu entziehen, wird mit der im §. 298 des Strafgesetzbuchs angedrohten Gefängnißstrafe bis zu Einem Jahre belegt.

§. 82. In den Fällen der beiden letzten Absätze des §. 81 verliert der Schiffsmann, wenn er vor Abgang des Schiffes weder zur Fortsetzung des Dienstes freiwillig zurückkehrt, noch zwangsweise zurückgebracht wird, den Anspruch auf die bis dahin verdiente Heuer. Die Heuer und, sofern diese nicht ausreicht, auch die Effekten können zur Deckung der Schadensansprüche des Rheders aus dem Heuer- oder Dienstvertrage in Anspruch genommen werden; soweit die Heuer hierzu nicht erforderlich ist, wird mit ihr nach Maßgabe des §. 107 verfahren.

§. 83. Hat der Schiffsmann sich dem Dienste in einem der Fälle des §. 61, 1 und 3 ohne Genehmigung des Seemannsamtes (§. 64) entzogen, so tritt Geldstrafe bis zum Betrage einer Monatsheuer ein.

§. 84. Mit Geldstrafe bis zum Betrage einer Monatsheuer wird ein Schiffsmann bestraft, welcher sich einer gröblichen Verletzung seiner Dienstpflichten schuldig macht.

Als Verletzung der Dienstpflicht in diesem Sinne wird insbesondere angesehen:

Nachlässigkeit im Wachdienste;

Ungehorsam gegen den Dienstbefehl eines Vorgesetzten;

ungebührliches Betragen gegen Vorgesetzte, gegen andere Mitglieder der Schiffsmannschaft oder gegen Reisende;

Verlassen des Schiffes ohne Erlaubniß oder Ausbleiben über die festgesetzte Zeit;

Wegbringen eigener oder fremder Sachen von Bord des Schiffes und an Bord bringen oder an Bord bringen lassen von Gütern oder sonstigen Gegenständen ohne Erlaubniß;

eigenmächtige Zulassung fremder Personen an Bord und Gestattung des Anlegens von Fahrzeugen an das Schiff;

Trunkenheit im Schiffsdienste;

Vergeudung, unbefugte Veräußerung oder bei Seite bringen von Proviant.

Gegen Schiffsoffiziere kann die Strafe bis auf den Betrag einer zweimonatlichen Heuer erhöht werden.

Wenn die Heuer nicht zeitweise bedungen ist, so wird die Strafe auf einen nach dem Ermessen des Semannsamtes der Monatsheuer entsprechenden Geldbetrag bestimmt.

Die Verfolgung tritt nur auf Antrag ein. Der Antrag ist bis zur Abmusterung zulässig.

§. 85. Der Schiffer hat jede Verletzung der Dienstpflicht (§. 84), sobald es geschehen kann, mit genauer Angabe des Sachverhaltes in das Schiffsjournal einzutragen und, wenn thunlich, dem Schiffsmann von dem Inhalt der Eintragung unter ausdrücklicher Hinweisung auf die Strafandrohung des §. 84 Mittheilung zu machen.

Unterbleibt die Mittheilung, so sind die Gründe der Unterlassung im Journal anzugeben. Ist die Eintragung versäumt, so tritt keine Verfolgung ein.

§. 86. Ein Schiffsmann, welcher den wiederholten Befehlen des Schiffers oder eines anderen Vorgesetzten den schuldigen Gehorsam verweigert, wird mit Gefängniß bis zu drei Monaten oder mit Geldstrafe bis zu Einhundert Thalern bestraft.

§. 87. Wenn zwei oder mehrere zur Schiffsmannschaft gehörige Personen dem Schiffer oder einem anderen Vorgesetzten den schuldigen Gehorsam auf Verabredung gemeinschaftlich verweigern, so tritt gegen jeden Betheiligten Gefängniß-

---

Zu §. 84.
Vgl. die §§. 61—65 des St.G.B.

strafe bis zu Einem Jahre ein. Der Rädelsführer wird mit Gefängniß bis zu drei Jahren bestraft.

Sind mildernde Umstände vorhanden, so kann auf Geldstrafe bis zu zweihundert Thalern erkannt werden.

Der Rädelsführer wird mit Gefängniß bis zu zwei Jahren bestraft.

§. 88. Ein Schiffsmann, welcher zwei oder mehrere zur Schiffsmannschaft gehörige Personen zur Begehung einer nach den §§. 87 und 91 strafbaren Handlung auffordert, ist gleich dem Anstifter zu bestrafen, wenn die Aufforderung die strafbare Handlung oder einen strafbaren Versuch derselben zur Folge gehabt hat.

Ist die Aufforderung ohne Erfolg geblieben, so tritt im Falle des §. 87 Geldstrafe bis zu Einhundert Thalern, im Falle des §. 91 Geldstrafe bis zu zweihundert Thalern oder Gefängnißstrafe bis zu Einem Jahre ein.

§. 89. Ein Schiffsmann, welcher es unternimmt, den Schiffer oder einen andern Vorgesetzten durch Gewalt oder durch Bedrohung mit Gewalt, oder durch Verweigerung der Dienste zur Vornahme oder zur Unterlassung einer dienstlichen Verrichtung zu nöthigen, wird mit Gefängniß bis zu zwei Jahren bestraft. Sind mildernde Umstände vorhanden, so kann auf Geldstrafe bis zu zweihundert Thalern erkannt werden.

§. 90. Dieselben Strafbestimmungen (§. 89) finden auf den Schiffsmann Anwendung, welcher es unternimmt, dem Schiffer oder einem anderen Vorgesetzten durch Gewalt oder durch Bedrohung mit Gewalt Widerstand zu leisten oder den Schiffer oder einen anderen Vorgesetzten thätlich anzugreifen.

§. 91. Wenn eine der in den §§. 89, 90 bezeichneten Handlungen von mehreren Schiffsleuten auf Verabredung gemeinschaftlich begangen wird, so kann die Strafe bis auf das Doppelte des angedrohten Höchstbetrages erhöht werden.

Der Rädelsführer, sowie diejenigen, welche gegen den Schiffer oder gegen einen anderen Vorgesetzten Gewaltthätigkeiten verüben, werden mit Zuchthaus bis zu fünf Jahren oder mit Gefängniß von gleicher Dauer bestraft; auch kann auf Zulässigkeit von Polizeiaufsicht erkannt werden. Sind mildernde Umstände vorhanden, so tritt Gefängnißstrafe nicht unter drei Monaten ein.

§. 92. Ein Schiffsmann, welcher solchen Befehlen des Schiffers oder eines andern Vorgesetzten den Gehorsam verweigert, welche sich auf die Abwehr oder auf die Unterdrückung der in den §§. 89, 90 bezeichneten Handlungen beziehen, ist als Gehülfe zu bestrafen.

§. 93. Mit Geldstrafe bis zu zwanzig Thalern oder mit Haft bis zu vierzehn Tagen wird bestraft ein Schiffsmann, welcher

1) bei Verhandlungen, die sich auf die Ertheilung eines Seefahrtsbuches, auf eine Eintragung in dasselbe oder auf eine Musterung beziehen, wahre Thatsachen entstellt oder unterdrückt oder falsche vorspiegelt, um ein Seemannsamt zu täuschen;
2) es unterläßt, sich gemäß §. 10 zur Musterung zu stellen;
3) im Falle eines dem Dienstantritt entgegenstehenden Hindernisses unterläßt, sich hierüber gemäß §. 15 gegen das Seemannsamt auszuweisen.

Durch die Bestimmung der Ziffer 1 wird die Vorschrift des §. 271 des Strafgesetzbuchs nicht berührt.

§. 94. Wer wider besseres Wissen eine auf unwahre Behauptungen gestützte Beschwerde über Seeuntüchtigkeit des Schiffs oder Mangelhaftigkeit des Proviants bei einem Seemannsamte vorbringt und auf Grund dieser Behauptungen eine Untersuchung veranlaßt, wird mit Gefängniß bis zu drei Monaten bestraft.

Wer leichtfertig eine auf unwahre Behauptungen gestützte Beschwerde über Seeuntüchtigkeit des Schiffs oder Mangelhaftigkeit des Proviants bei einem Seemannsamte vorbringt und auf Grund dieser Behauptungen eine Untersuchung veranlaßt, wird mit Geldstrafe bis zu Einhundert Thalern bestraft.

§. 95. Die Verhängung einer in diesem Abschnitte oder durch sonstige strafgesetzliche Bestimmungen angedrohten Strafe wird dadurch nicht ausgeschlossen, daß der Schuldige aus Anlaß der ihm zur Last gelegten That bereits disziplinarisch bestraft worden ist. Jedoch kann eine erlittene Disziplinarstrafe, sowohl in dem Strafbescheide des Seemannsamtes (§. 101), wie in dem gerichtlichen Strafurtheil bei Abmessung der Strafe berücksichtigt werden.

§. 96. Der Schiffer oder sonstige Vergesetzte, welcher einem Schiffsmanne gegenüber seine Disziplinargewalt mißbraucht, wird mit Geldbuße bis zu dreihundert Thalern oder mit Gefängniß bis zu Einem Jahre bestraft.

§. 97. Der Schiffer, welcher seine Verpflichtung, für die gehörige Verproviantirung des Schiffs zu sorgen, vorsätzlich nicht erfüllt, wird mit Gefängniß bestraft, neben welchem auf Geldstrafe bis zu fünfhundert Thalern, sowie auf Verlust der bürgerlichen Ehrenrechte erkannt werden kann.

Hat der Schiffer die Erfüllung der Verpflichtung fahrlässiger Weise unterlassen, so ist, wenn in Folge dessen der Schiffsmannschaft die gebührende Kost nicht gewährt werden kann, auf Geldstrafe bis zu zweihundert Thalern oder Gefängniß bis zu Einem Jahre zu erkennen.

§. 98. Mit Geldstrafe bis zu Einhundert Thalern, mit Haft oder mit Gefängniß bis zu drei Monaten wird ein Schiffer bestraft, welcher einen Schiffsmann im Auslande ohne Genehmigung des Seemannsamtes zurückläßt (§. 71).

§. 99. Mit Geldstrafe bis zu fünfzig Thalern oder mit Haft wird bestraft ein Schiffer, welcher:

1) den ihm in Ansehung der Musterung obliegenden Verpflichtungen nicht genügt (§. 10);
2) bei Verhandlungen, welche sich auf eine Musterung oder eine Eintragung in ein Seefahrtsbuch beziehen, wahre Thatsachen entstellt oder unterdrückt, oder falsche vorspiegelt, um ein Seemannsamt zu täuschen;
3) bei Todesfällen die Beschaffung und Uebergabe des vorgeschriebenen Nachweises unterläßt oder die ihm obliegende Fürsorge für den Nachlaß verabsäumt (§§. 52, 53);
4) eine der in den §§. 77 und 80 vorgeschriebenen Eintragungen in das Schiffsjournal unterläßt;
5) den ihm bei Vergehen und Verbrechen nach §§. 102 und 103 obliegenden Verpflichtungen nicht genügt;
6) dem Schiffsmann ohne dringenden Grund die Gelegenheit versagt, die Entscheidung des Seemannsamtes nachzusuchen (§§. 105, 106);
7) einem Schiffsmann grundlos Speise oder Trank vorenthält;
8) es unterläßt, dafür Sorge zu tragen, daß ein Exemplar dieses Gesetzes, sowie der maßgebenden Vorschriften über Kost und Logis im Volkslogis zugänglich ist (§. 108).

Durch die Bestimmung der Ziffer 2 wird die Vorschrift des §. 271 des Strafgesetzbuchs nicht berührt.

§. 100. Die Bestimmungen der §§. 81—99 finden auch dann Anwendung, wenn die strafbaren Handlungen außerhalb des Bundesgebiets begangen sind.

Die Verjährung der Strafverfolgung beginnt in diesem Falle erst mit dem Tage, an welchem das Schiff, dem der Thäter zur Zeit der Begehung angehörte, zuerst ein Seemannsamt erreicht.

§. 101. In den Fällen der §§. 81 Abs. 1, 84, 93, 99 erfolgt die Untersuchung und Entscheidung durch das Seemannsamt. Dasselbe hat den Angeschuldigten verantwortlich zu vernehmen und den Thatbestand summarisch festzustellen. Eine Vereidigung von Zeugen findet nicht statt. Nach Abschluß der Untersuchung ist ein mit Gründen versehener Bescheid zu ertheilen, welcher dem Angeschuldigten im Falle seiner Anwesenheit zu verkünden, im Falle seiner Abwesenheit in Ausfertigung zuzustellen ist. Wird eine Strafe festgesetzt, so ist die Dauer der für den Fall des Unvermögens an Stelle der Geldstrafe tretenden Haft zu bestimmen.

Gegen den Bescheid kann der Beschuldigte innerhalb einer zehntägigen Frist von der Verkündigung oder der Zustellung ab auf gerichtliche Entscheidung antragen. Der Antrag ist bei dem Seemannsamt zu Protokoll oder schriftlich anzubringen.

Hat das Seemannsamt seinen Sitz im Auslande, so ist für das weitere Verfahren dasjenige Gericht örtlich zuständig, in dessen Bezirk der Heimathshafen und in Ermangelung eines solchen derjenige deutsche Hafen belegen ist, welchen das Schiff nach der Straffestsetzung zuerst erreicht.

Der Bescheid des Seemannsamtes ist in Betreff der Beitreibung der Geldstrafe vorläufig vollstreckbar.

§. 102. Begeht ein Schiffsmann, während das Schiff sich auf der See oder im Auslande befindet, ein Vergehen oder ein Verbrechen, so hat der Schiffer unter Zuziehung von Schiffsoffizieren und anderen glaubhaften Personen alles dasjenige genau aufzuzeichnen, was auf den Beweis der That und auf deren Bestrafung Einfluß haben kann. Insbesondere ist in den Fällen der Tödtung oder schweren Körperverletzung die Beschaffenheit der Wunden genau zu beschreiben, auch zu vermerken, wie lange der Verletzte etwa noch gelebt hat, ob und welche Heilmittel angewendet sind und welche Nahrung der Verletzte zu sich genommen hat.

§. 103. Der Schiffer ist ermächtigt, jederzeit die Effekten der Schiffsleute, welche der Betheiligung an einer strafbaren Handlung verdächtig sind, zu durchsuchen.

Der Schiffer ist ferner ermächtigt, denjenigen Schiffsmann, der sich einer mit schwerer Strafe bedrohten Handlung (§. 57 Ziffer 3) schuldig macht, festzunehmen. Er ist hierzu verpflichtet, wenn das Entweichen des Thäters zu besorgen steht.

Der Thäter ist unter Mittheilung der aufgenommenen Verhandlungen an dasjenige Seemannsamt, bei welchem es zuerst geschehen kann, abzuliefern. Wenn im Auslande das Seemannsamt aus besonderen Gründen die Uebernahme ablehnt, so hat der Schiffer die Ablieferung bei demjenigen Seemannsamt zu bewirken, bei welchem es anderweit zuerst geschehen kann.

In dringenden Fällen ist der Schiffer, wenn im Auslande ein Seemannsamt nicht rechtzeitig angegangen werden kann, ermächtigt, den Thäter der fremden Behörde behufs dessen Uebermittelung an die zuständige Behörde des Heimathshafens zu übergeben. Hiervon hat er bei demjenigen Seemannsamt, bei welchem es zuerst geschehen kann, Anzeige zu machen.

Sechster Abschnitt.

Allgemeine Bestimmungen.

§. 104. Jedes Seemannsamt ist verpflichtet, die gütliche Ausgleichung der zu seiner Kenntniß gebrachten, zwischen dem Schiffer und dem Schiffsmanne bestehenden Streitigkeiten zu versuchen. Insbesondere hat das Seemannsamt, vor welchem die Abmusterung des Schiffsmannes erfolgt, hinsichtlich solcher Streitigkeiten einen Güteversuch zu veranstalten.

§. 105. Der Schiffsmann darf den Schiffer vor einem fremden Gericht nicht belangen. Handelt er dieser Bestimmung zuwider, so ist er nicht allein für den daraus entstehenden Schaden verantwortlich, sondern er wird außerdem der bis dahin verdienten Heuer verlustig.

Er kann in Fällen, die keinen Aufschub leiden, die vorläufige Entscheidung des Seemannsamtes nachsuchen. Die Gelegenheit hierzu darf der Schiffer ohne dringenden Grund nicht versagen.

Jeder Theil hat die Entscheidung des Seemannsamtes einstweilen zu befolgen, vorbehaltlich der Befugniß, nach Beendigung der Reise seine Rechte vor der zuständigen Behörde geltend zu machen.

Im Falle eines Zwangsverkaufs des Schiffes finden die Bestimmungen des ersten Absatzes auf die Geltendmachung der Forderungen des Schiffsmanns aus dem Dienst- oder Heuervertrage keine Anwendung.

§. 106. Im Inlande wird der Streit zwischen dem Schiffer und dem Schiffsmann, welcher nach der Anmusterung über den Antritt oder die Fortsetzung des Dienstes entsteht, von dem Seemannsamt unter Vorbehalt des Rechtsweges entschieden. Die Entscheidung des Seemannsamtes ist vorläufig vollstreckbar.

§. 107. Die nach den Bestimmungen des V. Abschnittes festgesetzten oder erkannten Geldstrafen fließen der Seemannskasse und in Ermangelung einer solchen der Orts-Armenkasse des Heimathshafens des Schiffes, welchem der Thäter zur Zeit der Begehung der strafbaren Handlung angehörte, zu, insofern sie nicht im Wege der Landesgesetzgebung zu anderen ähnlichen Zwecken bestimmt werden.

§. 108. Ein Exemplar dieses Gesetzes, sowie der für das Schiff über Kost und Logis geltenden Vorschriften (§. 45), muß im Volkslogis zur jederzeitigen Einsicht der Schiffsleute vorhanden sein.

§. 109. Die Anwendung der §§. 5 bis 23 und der §§. 48 bis 52 auf kleinere Fahrzeuge (Küstenfahrer u. s. w.) kann durch Bestimmung der Landesregierungen im Verordnungswege ausgeschlossen werden.

§. 110. Dieses Gesetz tritt mit dem 1. März 1873 in Kraft. Mit demselben Tage tritt der vierte Theil des fünften Buchs des allgemeinen Deutschen Handelsgesetzbuchs außer Kraft.

§. 111. Wenn in anderen Gesetzen auf Bestimmungen verwiesen wird, welche durch dieses Gesetz außer Kraft gesetzt sind, so treten die entsprechenden Bestimmungen des letzteren an die Stelle des ersteren.

Urkundlich unter Unserer Höchsteigenhändigen Unterschrift und beigedrucktem Kaiserlichen Insiegel.

Gegeben Berlin, den 27. Dezember 1872.

(L. S.) Wilhelm.
Fürst v. Bismarck.

Gesetz, betreffend die Verpflichtung deutscher Kauffahrteischiffe zur Mitnahme hülfsbedürftiger Seeleute. Vom 27. Dezember 1872.

[R.G.Bl. 1872 S. 432.]

Wir Wilhelm, von Gottes Gnaden Deutscher Kaiser, König von Preußen 2c., verordnen im Namen des Deutschen Reichs, nach erfolgter Zustimmung des Bundesrathes und des Reichstages, was folgt:

§. 1. Jedes deutsche Kauffahrteischiff, welches von einem außerdeutschen Hafen nach einem deutschen Hafen oder nach einem Hafen des Kanals, Großbritanniens, des Sundes oder des Kattegats oder nach einem außerdeutschen Hafen der Nordsee oder der Ostsee bestimmt ist, ist verpflichtet, deutsche Seeleute, welche im Auslande sich in hülfsbedürftigem Zustande befinden, behufs ihrer Zurückbeförderung nach Deutschland auf schriftliche Anweisung des Seemannsamtes gegen eine Entschädigung (§. 5) nach seinem Bestimmungshafen mitzunehmen.

In Ansehung ausländischer Seeleute, welche unmittelbar nach einem Dienste auf einem deutschen Kauffahrteischiffe außerhalb Deutschlands sich in einem hülfsbedürftigen Zustande befinden, liegt den nach deren Heimathslande bestimmten deutschen Kauffahrteischiffen eine gleiche Verpflichtung ob.

Zur Erfüllung dieser Verpflichtungen kann der Schiffer vom Seemannsamt zwangsweise angehalten werden.

§. 2. Bieten mehrere Schiffe Gelegenheit zur Mitnahme, so sind die zu befördernden Seeleute durch das Seemannsamt nach Verhältniß der Größe der Schiffe und der Zahl ihrer Mannschaften auf die einzelnen Schiffe zu vertheilen.

§. 3. Die Mitnahme kann verweigert werden:
1) wenn und soweit an Bord kein angemessener Platz für die Mitzunehmenden vorhanden ist;
2) wenn der Mitzunehmende bettlägerig krank oder mit einer syphilitischen oder einer sonstigen, die Gesundheit oder Sicherheit der Mannschaft gefährdenden Krankheit behaftet ist, oder wegen eines Vergehens oder Verbrechens zurückbefördert werden soll;
3) wenn und soweit die Zahl der Mitzunehmenden ein Viertheil der Schiffsmannschaft übersteigt;
4) wenn die Mitnahme nicht mindestens zwei Tage vor dem Zeitpunkt verlangt wird, an welchem das Schiff zum Abgehen fertig ist.

Die Entscheidung über den Grund der Weigerung steht dem Seemannsamt zu.

§. 4. Während der Reise erhält der Mitgenommene Kost und Logis von Seiten des Schiffs. Er ist der Disziplinargewalt des Schiffers unterworfen.

§. 5. Die Entschädigung (§. 1) beträgt, in Ermangelung der Vereinbarung über einen geringeren Satz, für jeden Tag des Aufenthalts an Bord:
1) für einen Schiffer, einen Steuermann, einen Arzt, einen Maschinisten oder den Assistenten eines solchen, einen Proviant- oder Zahlmeister einen Thaler auf Segelschiffen und einen und einen halben Thaler auf Dampfschiffen;
2) für jeden anderen Seemann einen halben Thaler auf Segelschiffen und zwei Drittel Thaler auf Dampfschiffen.

§. 6. Die Auszahlung der Entschädigung erfolgt im Bestimmungshafen durch das Seemannsamt gegen Auslieferung der wegen der Mitnahme ertheilten Anweisung (§. 1).

§. 7. Der Mitgenommene haftet für die durch die Zurückbeförderung verursachten Aufwendungen.

Die Vorschriften, welche den Rheder oder andere Personen zur Erstattung solcher Aufwendungen verpflichten, werden durch dieses Gesetz nicht berührt.

§. 8 Wer sich der Erfüllung einer ihm nach §. 1 obliegenden Verpflichtung entzieht, wird mit Geldstrafe bis zu fünfzig Thalern oder mit Haft bestraft. Für die Festsetzung der Strafe und für das weitere Verfahren kommen die im §. 101 der Seemannsordnung enthaltenen Vorschriften zur Anwendung.

§. 9. Dieses Gesetz tritt mit dem 1. März 1873 in Kraft.

Urkundlich unter Unserer Höchsteigenhändigen Unterschrift und beigedrucktem Kaiserlichen Insiegel.

Gegeben Berlin, den 27. Dezember 1872.

(L. S.) Wilhelm.
Fürst v. Bismarck.

Gesetz, betreffend die Registrirung und Bezeichnung der Kauffahrteischiffe. Vom 28. Juni 1873.

[R.G.Bl. 1873 S. 184.]

Wir Wilhelm, von Gottes Gnaden Deutscher Kaiser, König von Preußen ꝛc., verordnen im Namen des Deutschen Reichs, nach erfolgter Zustimmung des Bundesrathes und des Reichstages, was folgt:

§. 1. An Stelle des §. 17 des Gesetzes, betreffend die Nationalität der

Zu §. 1.
Vgl. Anm. 2 zu §. 17 des Ges. vom 25. Oktober 1867, betr. die Nationalität der Kauffahrteischiffe und ihre Befugniß zur Führung der Bundesflagge.

Kauffahrteischiffe und ihre Befugniß zur Führung der Bundesflagge, vom 25. Oktober 1867 tritt die folgende Bestimmung:

Schiffe von nicht mehr als 50 Kubikmeter Brutto-Raumgehalt sind zur Ausübung des Rechts, die Reichsflagge zu führen, auch ohne Eintragung in das Schiffsregister und Ertheilung des Certifikats befugt.

§. 2. Die Aenderung des Namens eines in das Schiffsregister eingetragenen Schiffes soll nur aus ganz besonders dringenden Gründen gestattet werden. Sie bedarf der Genehmigung des Reichskanzler-Amts.

§. 3. Jedes in das Schiffsregister eingetragene Schiff muß
1) seinen Namen auf jeder Seite des Bugs
und
2) seinen Namen und den Namen des Heimathshafens am Heck
an den festen Theilen in gut sichtbaren und fest angebrachten Schriftzeichen führen.

§. 4. Im Falle einer Zuwiderhandlung gegen die Vorschriften des §. 3 hat der Führer des Schiffes Geldstrafe bis zu einhundertfünfzig Mark oder Haft verwirkt.

§. 5. Dieses Gesetz tritt am 1. Januar 1874 in Kraft.

Urkundlich unter Unserer Höchsteigenhändigen Unterschrift und beigedrucktem Kaiserlichen Insiegel.

Gegeben Schloß Babelsberg, den 28. Juni 1873.

(L. S.) Wilhelm.
Fürst v. Bismarck.

Münzgesetz. Vom 9. Juli 1873.*)

[R.G.Bl. 1873, Nr. 22, ausgegeben zu Berlin, den 15. Juli 1873, S. 233.]

Wir Wilhelm, von Gottes Gnaden Deutscher Kaiser, König von Preußen rc., verordnen im Namen des Deutschen Reichs, nach erfolgter Zustimmung des Bundesrathes und des Reichstages, was folgt:

Art. 1. An die Stelle der in Deutschland geltenden Landeswährungen tritt die Reichsgoldwährung. Ihre Rechnungseinheit bildet die Mark, wie solche durch §. 2 des Gesetzes vom 4. Dezember 1871, betreffend die Ausprägung von Reichsgoldmünzen (Reichs-Gesetzbl. S. 404), festgestellt worden ist.

Der Zeitpunkt, an welchem die Reichswährung im gesammten Reichsgebiete in Kraft treten soll, wird durch eine mit Zustimmung des Bundesrathes zu erlassende, mindestens drei Monate vor dem Eintritt dieses Zeitpunktes zu verkündende Verordnung des Kaisers bestimmt. Die Landesregierungen sind ermächtigt, auch vor diesem Zeitpunkte für ihr Gebiet die Reichsmarkrechnung im Verordnungswege einzuführen.

Zu §. 2.
Anträge auf Aenderung von Namen der in das Schiffsregister eingetragenen Schiffe sind an die zuständigen Schiffsregister-Behörden zu richten, welche dieselben mit denjenigen Bemerkungen, zu denen die Anträge ihnen etwa Anlaß geben, dem Reichskanzler-Amte vorzulegen haben.

Zu §. 3.
Die Namen sind hell auf dunkelem Grunde in lateinischer Druckschrift anzubringen; über die Größe der Buchstaben vgl. §. 5 der vom Bundesrath erlassenen Vorschriften über die Registrirung und die Bezeichnung der Kauffahrteischiffe vom 13. November 1873 (R.G.Bl. S. 367).

*) Die Wirksamkeit dieses Gesetzes ist durch das Gesetz vom 15. November 1874 (R.G.Bl. S. 131) vom 3. Dezember 1874 an mit einigen Modifikationen auf Elsaß-Lothringen ausgedehnt.

Zu Art. 1 Alin. 2.
Die Reichswährung ist im gesammten Reichsgebiete am 1. Januar 1876 in Kraft getreten. Kaiserl. V. vom 22. September 1875. (R.G.Bl. S. 303).

Art. 2. Außer den in dem Gesetze vom 4. Dezember 1871 bezeichneten Reichsgoldmünzen sollen ferner ausgeprägt werden Reichsgoldmünzen zu fünf Mark, von welchen aus einem Pfunde feinen Goldes 279 Stück ausgebracht werden. Die Bestimmungen der §§. 4, 5, 7, 8 und 9 jenes Gesetzes finden auf diese Münzen entsprechende Anwendung, jedoch mit der Maßgabe, daß bei denselben die Abweichung in Mehr oder Weniger im Gewicht (§. 7) vier Tausendtheile, und der Unterschied zwischen dem Normalgewicht und dem Passirgewicht (§. 9) acht Tausendtheile betragen darf.

Art. 3. Außer den Reichsgoldmünzen sollen als Reichsmünzen und zwar
1) als Silbermünzen:
Fünfmarkstücke,
Zweimarkstücke,
Einmarkstücke,
Fünfzigpfennigstücke und
Zwanzigpfennigstücke;
2) als Nickelmünzen:
Zehnpfennigstücke und
Fünfpfennigstücke;
3) als Kupfermünzen:
Zweipfennigstücke und
Einpfennigstücke
nach Maßgabe folgender Bestimmnngen ausgeprägt werden.

§. 1.

Bei Ausprägung der Silbermünzen wird das Pfund feinen Silbers in
20 Fünfmarkstücke,
50 Zweimarkstücke,
100 Einmarkstücke,
200 Fünfzigpfennigstücke und in
500 Zwanzigpfennigstücke
ausgebracht.

Das Mischungsverhältniß beträgt 900 Theile Silber und 100 Theile Kupfer, so daß 90 Mark in Silbermünzen 1 Pfund wiegen.

Das Verfahren bei Ausprägung dieser Münzen wird vom Bundesrath festgestellt. Bei den einzelnen Stücken darf die Abweichung im Mehr oder Weniger im Feingehalt nicht mehr als drei Tausendtheile, im Gewicht, mit Ausnahme der Zwanzigpfennigstücke, nicht mehr als zehn Tausendtheile betragen. In der Masse aber müssen das Normalgewicht und der Normalgehalt bei allen Silbermünzen innegehalten werden.

§. 2.

Die Silbermünzen über eine Mark tragen auf der einen Seite den Reichsadler mit der Inschrift „Deutsches Reich“ und mit der Angabe des Werthes in Mark, sowie mit der Jahreszahl der Ausprägung, auf der anderen Seite das Bildniß des Landesherrn beziehungsweise das Hoheitszeichen der freien Städte mit einer entsprechenden Umschrift und dem Münzzeichen. Durchmesser der Münzen, Beschaffenheit und Verzierung der Ränder derselben werden vom Bundesrathe festgestellt.

§. 3.

Die übrigen Silbermünzen, die Nickel- und Kupfermünzen tragen auf der einen Seite die Werthangabe, die Jahreszahl und die Inschrift „Deutsches Reich“, auf der andern Seite den Reichsadler und das Münzzeichen. Die näheren Bestimmungen über Zusammensetzung, Gewicht und Durchmesser dieser Münzen, sowie über die Verzierung der Schriftseite und die Beschaffenheit der Ränder werden vom Bundesrathe festgestellt.

§. 4.

Die Silber-, Nickel- und Kupfermünzen werden auf den Münzstätten derjenigen Bundesstaaten, welche sich dazu bereit erklären, ausgeprägt. Die Ausprägung und

Ausgabe dieser Münzen unterliegt der Beaufsichtigung von Seiten des Reichs. Der Reichskanzler bestimmt unter Zustimmung des Bundesrathes die auszuprägenden Beträge, die Vertheilung dieser Beträge auf die einzelnen Münzgattungen und auf die einzelnen Münzstätten und die den letzteren für die Prägung jeder einzelnen Münzgattung gleichmäßig zu gewährende Vergütung. Die Beschaffung der Münzmetalle für die Münzstätten erfolgt auf Anordnung des Reichskanzlers.

Art. 4. Der Gesammtbetrag der Reichssilbermünzen soll bis auf Weiteres zehn Mark für den Kopf der Bevölkerung des Reichs nicht übersteigen.

Bei jeder Ausgabe dieser Münzen ist eine dem Werthe nach gleiche Menge der umlaufenden groben Landessilbermünzen und zwar zunächst der nicht dem Dreißigthalerfuße angehörenden einzuziehen. Der Werth wird nach der Vorschrift im Art. 14 §. 2 berechnet.

Art. 5. Der Gesammtbetrag der Nickel- und Kupfermünzen soll zwei und eine halbe Mark für den Kopf der Bevölkerung des Reichs nicht übersteigen.

Art. 6. Von den Landesscheidemünzen sind:

1) die auf andere als Thalerwährung lautenden, mit Ausschluß der bayerischen Heller und der mecklenburgischen nach dem Marksysteme ausgeprägten Fünf-Zwei- und Einpfennigstücke,
2) die auf der Zwölftheilung des Groschens beruhenden Scheidemünzen zu 2 und 4 Pfennigen,
3) die Scheidemünzen der Thalerwährung, welche auf einer anderen Eintheilung des Thalers, als der in 30 Groschen beruhen, mit Ausnahme der Stücke im Werthe von $\frac{1}{12}$ Thaler,

bis zu dem Zeitpunkte des Eintritts der Reichswährung (Art. 1) einzuziehen.

Nach diesem Zeitpunkte ist Niemand verpflichtet, diese Scheidemünzen in Zahlung zu nehmen, als die mit der Einlösung derselben beauftragten Kassen.

Art. 7. Die Ausprägung der Silber-, Nickel- und Kupfermünzen (Art. 3), sowie die vom Reichskanzler anzuordnende Einziehung der Landessilbermünzen und Landesscheidemünzen erfolgt auf Rechnung des Reichs.

Art. 8. Die Anordnung der Außerkurssetzung von Landesmünzen und Feststellung der für dieselbe erforderlichen Vorschriften erfolgt durch den Bundesrath.

Die Bekanntmachungen über Außerkurssetzungen von Landesmünzen sind außer in den zu der Veröffentlichung von Landesverordnungen bestimmten Blättern auch durch das Reichs-Gesetzblatt zu veröffentlichen.

Eine Außerkurssetzung darf erst eintreten, wenn eine Einlösungsfrist von mindestens vier Wochen festgesetzt und mindestens drei Monate vor ihrem Ablaufe durch die vorbezeichneten Blätter bekannt gemacht worden ist.

Art. 9. Niemand ist verpflichtet, Reichssilbermünzen im Betrage von mehr als zwanzig Mark und Nickel- und Kupfermünzen im Betrage von mehr als einer Mark in Zahlung zu nehmen.

Von den Reichs- und Landeskassen werden Reichssilbermünzen in jedem Betrage in Zahlung genommen. Der Bundesrath wird diejenigen Kassen bezeichnen, welche Reichsgoldmünzen gegen Einzahlung von Reichssilbermünzen in Beträgen von mindestens 200 Mark oder von Nickel- und Kupfermünzen in Beträgen von mindestens 50 Mark auf Verlangen verabfolgen. Derselbe wird zugleich die näheren Bedingungen des Umtausches festsetzen.

Art. 10. Die Verpflichtung zur Annahme und zum Umtausch (Art. 9) findet auf durchlöcherte und anders, als durch den gewöhnlichen Umlauf im Gewicht verringerte, ingleichen auf verfälschte Münzstücke keine Anwendung.

Reichs-Silber-, Nickel- und Kupfermünzen, welche in Folge längerer Cir-

---

Zu Art. 8.

Nach §. 3 des Gesetzes wegen Einführung der Reichsmünzgesetze in Elsaß-Lothringen, vom 15. November 1874 (R.G.Bl. S. 131) bleibt der letzte Satz des Art. 8 in Betreff der Münzen der Frankenwährung außer Anwendung.

kulation und Abnutzung an Gewicht oder Erkennbarkeit erheblich eingebüßt haben, werden zwar noch in allen Reichs- und Landeskassen angenommen, sind aber auf Rechnung des Reichs einzuziehen.

Art. 11. Eine Ausprägung von anderen, als den durch dieses Gesetz eingeführten Silber-, Nickel- und Kupfermünzen findet nicht ferner statt. Die durch die Bestimmung im §. 10 des Gesetzes, betreffend die Ausprägung von Reichsgoldmünzen, vom 4. Dezember 1871 (Reichs-Gesetzbl. S. 404), vorbehaltene Befugniß, Silbermünzen als Denkmünzen auszuprägen, erlischt mit dem 31. Dezember 1873.

Art. 12. Die Ausprägung von Reichsgoldmünzen geschieht auch ferner nach Maßgabe der Bestimmung im §. 6 des Gesetzes, betreffend die Ausprägung von Reichsgoldmünzen, vom 4. Dezember 1871 (Reichs-Gesetzbl. S. 404), auf Rechnung des Reichs.

Privatpersonen haben das Recht, auf denjenigen Münzstätten, welche sich zur Ausprägung auf Reichsrechnung bereit erklärt haben, Zwanzigmarkstücke für ihre Rechnung ausprägen zu lassen, soweit diese Münzstätten nicht für das Reich beschäftigt sind.

Die für solche Ausprägungen zu erhebende Gebühr wird vom Reichskanzler mit Zustimmung des Bundesrathes festgestellt, darf aber das Maximum von 7 Mark auf das Pfund fein Gold nicht übersteigen.

Die Differenz zwischen dieser Gebühr und der Vergütung, welche die Münzstätte für die Ausprägung in Anspruch nimmt, fließt in die Reichskasse. Diese Differenz muß für alle deutschen Münzstätten dieselbe sein.

Die Münzstätten dürfen für die Ausprägung keine höhere Vergütung in Anspruch nehmen, als die Reichskasse für die Ausprägung von Zwanzigmarkstücken gewährt.

Art. 13. Der Bundesrath ist befugt:

1) den Werth zu bestimmen, über welchen hinaus fremde Gold- und Silbermünzen nicht in Zahlung angeboten und gegeben werden dürfen, sowie den Umlauf fremder Münzen gänzlich zu untersagen;
2) zu bestimmen, ob ausländische Münzen von Reichs- oder Landeskassen zu einem öffentlich bekannt zu machenden Kurse im inländischen Verkehr in Zahlung genommen werden dürfen, auch in solchem Falle den Kurs festzusetzen.

Gewohnheitsmäßige oder gewerbsmäßige Zuwiderhandlungen gegen die vom Bundesrathe in Gemäßheit der Bestimmungen unter 1 getroffenen Anordnungen werden bestraft mit Geldstrafe bis zu 150 Mark oder mit Haft bis zu sechs Wochen.

Art. 14. Von dem Eintritt der Reichswährung an gelten folgende Vorschriften:

§. 1.

Alle Zahlungen, welche bis dahin in Münzen einer inländischen Währung oder in landesgesetzlich den inländischen Münzen gleichgestellten ausländischen Münzen zu leisten waren, sind vorbehaltlich der Vorschriften Art. 9, 15 und 16 in Reichsmünzen zu leisten.

§. 2.

Die Umrechnung solcher Goldmünzen, für welche ein bestimmtes Verhältniß zu Silbermünzen gesetzlich nicht feststeht, erfolgt nach Maßgabe des Verhältnisses

---

Zu Art. 13.

1. Vgl. die §§. 18, 27, 28, 29, 77, 78 des St.G.B.

2. Verboten ist der Umlauf der österreichischen und ungarischen Ein- und Zwei-Gulden- und Viertelguldenstücke, und der niederländischen Ein- und Zweieinhalb-Gulden- und Halbguldenstücke (Bek. vom 22. Januar u. 29. Juni 1874 R.G.Bl. S. 12 u. 111), der finnischen Silbermünzen (Bek. vom 16. Oktober 1874 R.G.Bl. S. 126), der Münzen des Konventionsfußes österreichischen Gepräges, der doppelten und einfachen Rigsdaler und der Schillingstücke in Silber und Kupfer dänischen Gepräges (Bek. vom 19. Dezember 1874 R.G.Bl. S. 152), der polnischen $\frac{1}{3}$ und $\frac{1}{6}$ Talarastücke (Bek. vom 26. Februar 1875 R.G.Bl. S. 134).

des gesetzlichen Feingehalts derjenigen Münzen, auf welche die Zahlungsverpflichtung lautet, zu dem gesetzlichen Feingehalte der Reichsgoldmünzen.

Bei der Umrechnung anderer Münzen werden

der Thaler zum Werthe von 3 Mark,

der Gulden süddeutscher Währung zum Werthe von $1\frac{5}{7}$ Mark,

die Mark lübischer oder hamburgischer Kurantwährung zum Werthe von $1\frac{1}{5}$ Mark,

die übrigen Münzen derselben Währungen zu entsprechenden Werthen nach ihrem Verhältniß zu den genannten berechnet.

Bei der Umrechnung werden Bruchtheile von Pfennigen der Reichswährung zu einem Pfennig berechnet, wenn sie einen halben Pfennig oder mehr betragen, Bruchtheile unter einem halben Pfennig werden nicht gerechnet.

§. 3.

Werden Zahlungsverpflichtungen nach Eintritt der Reichswährung unter Zugrundelegung vormaliger inländischer Geld- oder Rechnungswährungen begründet, so ist die Zahlung vorbehaltlich der Vorschriften Art. 9, 15 und 16 in Reichsmünzen unter Anwendung der Vorschriften des §. 2 zu leisten.

§. 4.

In allen gerichtlich oder notariell aufgenommenen Urkunden, welche auf einen Geldbetrag lauten, desgleichen in allen zu einem Geldbetrag verurtheilenden gerichtlichen Entscheidungen ist dieser Geldbetrag, wenn für denselben ein bestimmtes Verhältniß zur Reichswährung gesetzlich feststeht, in Reichswährung auszudrücken; woneben jedoch dessen gleichzeitige Bezeichnung nach derjenigen Währung, in welcher ursprünglich die Verbindlichkeit begründet war, gestattet bleibt.

Art. 15. An Stelle der Reichsmünzen sind bei allen Zahlungen bis zur Außerkurssetzung anzunehmen:

1) im gesammten Bundesgebiete an Stelle aller Reichsmünzen die Ein- und Zweithalerstücke deutschen Gepräges unter Berechnung des Thalers zu 3 Mark;*)
2) im gesammten Bundesgebiete an Stelle der Reichssilbermünzen, Silberkurantmünzen deutschen Gepräges zu $\frac{1}{3}$ und $\frac{1}{6}$ Thaler unter Berechnung des $\frac{1}{3}$ Thalerstücks zu einer Mark und des $\frac{1}{6}$ Thalerstücks zu einer halben Mark;
3) in denjenigen Ländern, in welchen gegenwärtig die Thalerwährung gilt, an Stelle der Reichs-, Nickel- und Kupfermünzen die nachbezeichneten Münzen der Thalerwährung zu den daneben bezeichneten Werthen:

1/12 Thalerstücke	zum Werthe von	25 Pfennig,
1/15 "	" " "	20 "
1/30 "	" " "	10 "
1/2 Groschenstücke	" " "	5 "
1/5 "	" " "	2 "
1/10 und 1/12 "	" " "	1 "

4) in denjenigen Ländern, in welchen die Zwölftheilung des Groschens besteht, an Stelle der Reichs-, Nickel- und Kupfermünzen die auf der Zwölftheilung des Groschens beruhenden Dreipfennigstücke zum Werthe von $2\frac{1}{2}$ Pfennig;
5) in Bayern an Stelle der Reichskupfermünzen die Hellerstücke zum Werthe von $\frac{1}{2}$ Pfennig;
6) in Mecklenburg an Stelle der Reichskupfermünzen die nach dem Marksystem ausgeprägten Fünfpfennigstücke, Zweipfennigstücke und Einpfennigstücke zum Werthe von 5, 2 und 1 Pfennig.

Die sämmtlichen sub 3 und 4 verzeichneten Münzen sind an allen öffentlichen

---

*) Diese Bestimmung findet auch auf die in Oesterreich bis zum Schlusse des Jahres 1867 geprägten Vereinsthaler und Vereinsdoppelthaler Anwendung nach dem Gesetz vom 20. April 1874, betreffend die Abänderung des Art. 15 des Münzgesetzes vom 9. Juli 1873 (R.G.Bl. 1874 Nr. 12, ausgegeben zu Berlin den 30. April 1874, S. 35).

Kassen des gesammten Bundesgebietes zu den angegebenen Werthen bis zur Außerkurssetzung in Zahlung anzunehmen.

Der Bundesrath ist befugt, zu bestimmen, daß die Einthalerstücke deutschen Gepräges, sowie die in Oesterreich bis zum Schlusse des Jahres 1867 geprägten Vereinsthaler bis zu ihrer Außerkurssetzung nur noch an Stelle der Reichssilbermünzen, unter Berechnung des Thalers zu 3 Mark, in Zahlung anzunehmen sind.

Eine solche Bestimmung ist durch das Reichs-Gesetzblatt zu veröffentlichen und tritt frühestens einen Monat nach ihrer Veröffentlichung in Kraft.

Art. 16. Deutsche Goldkronen, Landesgoldmünzen und landesgesetzlich den inländischen Münzen gleichgestellte ausländische Goldmünzen, sowie grobe Silbermünzen, welche einer anderen Landeswährung als der Thalerwährung angehören, sind bis zur Außerkurssetzung als Zahlung anzunehmen, soweit die Zahlung nach den bisherigen Vorschriften in diesen Münzsorten angenommen werden mußte.

Art. 17. Schon vor Eintritt der Reichsgoldwährung können alle Zahlungen, welche gesetzlich in Münzen einer inländischen Währung oder in ausländischen, den inländischen Münzen landesgesetzlich gleichgestellten Münzen geleistet werden dürfen, ganz oder theilweise in Reichsmünzen, vorbehaltlich der Vorschrift Art. 9, dergestalt geleistet werden, daß die Umrechnung nach den Vorschriften Art. 14 §. 2 erfolgt.

Art. 18. Bis zum 1. Januar 1876 sind sämmtliche nicht auf Reichswährung lautenden Noten der Banken einzuziehen. Von diesem Termine an dürfen nur solche Banknoten, welche auf Reichswährung in Beträgen von nicht weniger als 100 Mark lauten, in Umlauf bleiben oder ausgegeben werden.

Dieselben Bestimmungen gelten für die bis jetzt von Korporationen ausgegebenen Scheine.

Das von den einzelnen Bundesstaaten ausgegebene Papiergeld ist spätestens bis zum 1. Januar 1876 einzuziehen und spätestens sechs Monate vor diesem Termine öffentlich aufzurufen. Dagegen wird nach Maßgabe eines zu erlassenden Reichsgesetzes eine Ausgabe von Reichspapiergeld stattfinden. Das Reichsgesetz wird über die Ausgabe und den Umlauf des Reichspapiergeldes, sowie über die den einzelnen Bundesstaaten zum Zweck der Einziehung ihres Papiergeldes zu gewährenden Erleichterungen die näheren Bestimmungen treffen.

Urkundlich unter Unserer Höchsteigenhändigen Unterschrift und beigedrucktem Kaiserlichen Insiegel.

Gegeben Bad Ems, den 9. Juli 1873.

(L. S.) Wilhelm.
Fürst v. Bismarck.

Zu Art. 15

Die beiden letzten Alinea sind dem Art. 15 durch das Gesetz vom 6. Januar 1876 (R.G.Bl. 1876 Nr. 2, ausgegeben zu Berlin den 18. Januar 1876, S. 3) zugefügt.

Die durch §. 5 des Gesetzes vom 15. November 1874 wegen Einführung der Reichsmünzgesetze in Elsaß-Lothringen (R.G.Bl. S. 131) dem Art. 15 hinzugefügte Bestimmung über die Annahme von Münzen der Frankenwährung an Stelle der Reichsmünzen ist durch die vom 1. Oktober 1875 ab eingetretene Außerkurssetzung der Silber- und Bronzemünzen der Frankenwährung (R.G.Bl. 1875 S. 307) gegenstandlos geworden.

Zu Art. 18.

Vgl. die zur Ausführung der hier über die Einziehung der nicht auf Reichswährung lautenden Noten der Banken und über den Mindestbetrag der auf Reichswährung lautenden Noten getroffenen Anordnungen erlassenen Bestimmungen in dem Art. 11. des Ges., betr. die Ausgabe von Banknoten vom 21. Dezember 1874 (R.G.Bl. S. 193) und §. 3 des Bankgesetzes vom 14. März 1875 (G.G.Bl. S. 177).

Impfgesetz. Vom 8. April 1874.

[R.G.Bl. 1874. S. 31.]

Wir Wilhelm, von Gottes Gnaden Deutscher Kaiser, König von Preußen rc., verordnen im Namen des Deutschen Reichs, nach erfolgter Zustimmung des Bundesraths und des Reichstags, was folgt:

§. 1. Der Impfung mit Schutzpocken soll unterzogen werden:

1) jedes Kind vor dem Ablaufe des auf sein Geburtsjahr folgenden Kalenderjahres, sofern es nicht nach ärztlichem Zeugniß (§. 10) die natürlichen Blattern überstanden hat;
2) jeder Zögling einer öffentlichen Lehranstalt oder einer Privatschule mit Ausnahme der Sonntags- und Abendschulen, innerhalb des Jahres, in welchem der Zögling das zwölfte Lebensjahr zurücklegt, sofern er nicht nach ärztlichem Zeugniß in den letzten fünf Jahren die natürlichen Blattern überstanden hat oder mit Erfolg geimpft worden ist.

§. 2. Ein Impfpflichtiger (§. 1), welcher nach ärztlichem Zeugniß ohne Gefahr für sein Leben oder für seine Gesundheit nicht geimpft werden kann, ist binnen Jahresfrist nach Aufhören des diese Gefahr begründenden Zustandes der Impfung zu unterziehen.

Ob diese Gefahr noch fortbesteht, hat in zweifelhaften Fällen der zuständige Impfarzt (§. 6) endgültig zu entscheiden.

§. 3. Ist eine Impfung nach dem Urtheile des Arztes (§. 5) erfolglos geblieben, so muß sie spätestens im nächsten Jahre und, falls sie auch dann erfolglos bleibt, im dritten Jahre wiederholt werden.

Die zuständige Behörde kann anordnen, daß die letzte Wiederholung der Impfung durch den Impfarzt (§. 6) vorgenommen werde.

§. 4. Ist die Impfung ohne gesetzlichen Grund (§§. 1, 2) unterblieben, so ist sie binnen einer von der zuständigen Behörde zu setzenden Frist nachzuholen.

§. 5. Jeder Impfling, muß frühestens am sechsten, spätestens am achten Tage nach der Impfung dem impfenden Arzte vorgestellt werden.

§. 6. In jedem Bundesstaate werden Impfbezirke gebildet, deren jeder einem Impfarzte unterstellt wird.

Der Impfarzt nimmt in der Zeit vom Anfang Mai bis Ende September jeden Jahres an den vorher bekannt zu machenden Orten und Tagen für die Bewohner des Impfbezirks Impfungen unentgeltlich vor. Die Orte für die Vornahme der Impfungen, sowie für die Vorstellung der Impflinge (§. 5) werden so gewählt, daß kein Ort des Bezirks von dem nächst belegenen Impforte mehr als 5 Kilometer entfernt ist.

§. 7. Für jeden Impfbezirk wird vor Beginn der Impfzeit eine Liste der nach §. 1, Ziffer 1 der Impfung unterliegenden Kinder von der zuständigen Behörde aufgestellt. Ueber die auf Grund des §. 1, Ziffer 2 zur Impfung gelangenden Kinder haben die Vorsteher der betreffenden Lehranstalten eine Liste anzufertigen.

Die Impfärzte vermerken in den Listen, ob die Impfung mit oder ohne Erfolg vollzogen, oder ob und weshalb sie ganz oder vorläufig unterblieben ist.

Nach dem Schlusse des Kalenderjahres sind die Listen der Behörde einzureichen.

Die Entrichtung der Listen wird durch den Bundesrath festgestellt.

§. 8. Außer den Impfärzten sind ausschließlich Aerzte befugt, Impfungen vorzunehmen.

Sie haben über die ausgeführten Impfungen in der im §. 7 vorgeschriebenen Form Listen zu führen und dieselben am Jahresschluß der zuständigen Behörde vorzulegen.

§. 9. Die Landesregierungen haben nach näherer Anordnung des Bundesraths dafür zu sorgen, daß eine angemessene Anzahl von Impfinstituten zur Beschaffung und Erzeugung von Schutzpockenlymphe eingerichtet werde.

Die Impfinstitute geben die Schutzpockenlymphe an die öffentlichen Impfärzte unentgeltlich ab und haben über Herkunft und Abgabe derselben Listen zu führen.

Die öffentlichen Impfärzte sind verpflichtet, auf Verlangen Schutzpockenlymphe, soweit ihr entbehrlicher Vorrath reicht, an andere Aerzte unentgeltlich abzugeben.

§. 10. Ueber jede Impfung wird nach Feststellung ihrer Wirkung (§. 5) von dem Arzte ein Impfschein ausgestellt. In dem Impfschein wird, unter Angabe des Vor- und Zunamens des Impflings, sowie des Jahres und Tages seiner Geburt, bescheinigt, entweder,

daß durch die Impfung der gesetzlichen Pflicht genügt ist,

oder,

daß die Impfung im nächsten Jahre wiederholt werden muß.

In den ärztlichen Zeugnissen, durch welche die gänzliche oder vorläufige Befreiung von der Impfung (§§. 1, 2) nachgewiesen werden soll, wird, unter der für den Impfschein vorgeschriebenen Bezeichnung der Person, bescheinigt, aus welchem Grunde und auf wie lange die Impfung unterbleiben darf.

§. 11. Der Bundesrath bestimmt das für die vorgedachten Bescheinigungen (§. 10) anzuwendende Formular.

Die erste Ausstellung der Bescheinigungen erfolgt stempel- und gebührenfrei.

§. 12. Eltern, Pflegeeltern und Vormünder sind gehalten, auf amtliches Erfordern mittelst der vorgeschriebenen Bescheinigungen (§. 10) den Nachweis zu führen, daß die Impfung ihrer Kinder und Pflegebefohlenen erfolgt oder aus einem gesetzlichen Grunde unterblieben ist.

§. 13. Die Vorsteher derjenigen Schulanstalten, deren Zöglinge dem Impfzwange unterliegen (§. 1, Ziffer 2), haben bei der Aufnahme von Schülern durch Einfordern der vorgeschriebenen Bescheinigungen festzustellen, ob die gesetzliche Impfung erfolgt ist.

Sie haben dafür zu sorgen, daß Zöglinge, welche während des Besuches der Anstalt nach §. 1, Ziffer 2 impfpflichtig werden, dieser Verpflichtung genügen.

Ist eine Impfung ohne gesetzlichen Grund unterblieben, so haben sie auf deren Nachholung zu dringen.

Sie sind verpflichtet, vier Wochen vor Schluß des Schuljahres der zuständigen Behörde ein Verzeichniß derjenigen Schüler vorzulegen, für welche der Nachweis der Impfung nicht erbracht ist.

§. 14. Eltern, Pflegeeltern und Vormünder, welche den nach §. 12 ihnen obliegenden Nachweis zu führen unterlassen, werden mit einer Geldstrafe bis zu zwanzig Mark bestraft.

Eltern, Pflegeeltern und Vormünder, deren Kinder und Pflegebefohlene ohne gesetzlichen Grund und trotz erfolgter amtlicher Aufforderung der Impfung oder der ihr folgenden Gestellung (§. 5) entzogen geblieben sind, werden mit Geldstrafe bis zu fünfzig Mark oder mit Haft bis zu drei Tagen bestraft.

§. 15. Aerzte und Schulvorsteher, welche den durch §. 8 Absatz 2, §. 7 und durch §. 13 ihnen auferlegten Verpflichtungen nicht nachkommen, werden mit Geldstrafe bis zu einhundert Mark bestraft.

§. 16. Wer unbefugter Weise (§. 8) Impfungen vornimmt, wird mit Geldstrafe bis zu einhundertfünfzig Mark oder mit Haft bis zu vierzehn Tagen bestraft.

§. 17. Wer bei der Ausführung einer Impfung fahrlässig handelt, wird mit

---

Zu §§. 14—17.

Vgl. die §§. 16, 18, 27, 28, 29, 74, 77, 78 des St.G.B.

Geldstrafe bis zu fünfhundert Mark oder mit Gefängnißstrafe bis zu drei Monaten bestraft, sofern nicht nach dem Strafgesetzbuch eine härtere Strafe eintritt.

§. 18. Die Vorschriften dieses Gesetzes treten mit dem 1. April 1875 in Kraft.

Die einzelnen Bundesstaaten werden die zur Ausführung erforderlichen Bestimmungen treffen.

Die in den einzelnen Bundesstaaten bestehenden Bestimmungen über Zwangsimpfungen bei dem Ausbruch einer Pocken-Epidemie werden durch dieses Gesetz nicht berührt.

Urkundlich unter Unserer Höchsteigenhändigen Unterschrift und beigedrucktem Kaiserlichen Insiegel.

Gegeben Berlin, den 8. April 1874.

(L. S.) Wilhelm.

Fürst v. Bismarck.

Gesetz, betreffend die Verhinderung der unbefugten Ausübung von Kirchenämtern. Vom 4. Mai 1874.

[R.G.Bl. 1874. Nr. 14., ausgegeben zu Berlin, den 6. Mai 1874, S. 43.]

Wir Wilhelm, von Gottes Gnaden Deutscher Kaiser, König von Preußen &c. verordnen im Namen des Deutschen Reichs, nach erfolgter Zustimmung des Bundesraths und des Reichstags, was folgt:

§. 1. Einem Geistlichen oder anderen Religionsdiener, welcher durch gerichtliches Urtheil aus seinem Amte entlassen worden ist und hierauf eine Handlung vornimmt, aus welcher hervorgeht, daß er die Fortdauer des ihm entzogenen Amtes beansprucht, kann durch Verfügung der Landespolizeibehörde der Aufenthalt in bestimmten Bezirken oder Orten versagt oder angewiesen werden.

Besteht die Handlung desselben in der ausdrücklichen Anmaßung des Amtes, oder in der thatsächlichen Ausübung desselben, oder handelt er der gegen ihn ergangenen Verfügung der Landespolizeibehörde zuwider, so kann er seiner Staatsangehörigkeit durch Verfügung der Centralbehörde seines Heimathsstaats verlustig erklärt und aus dem Bundesgebiete ausgewiesen werden.

§. 2. Die Vorschriften des §. 1 finden auch auf diejenigen Personen Anwendung, welche wegen Vornahme von Amtshandlungen in einem Kirchenamte, das den Vorschriften der Staatsgesetze zuwider ihnen übertragen, oder von ihnen übernommen ist, rechtskräftig zu Strafe verurtheilt worden sind.

§. 3. In der Verfügung (§§. 1, 2) sind die Gründe der angeordneten Maßregel anzugeben.

Behauptet der Betroffene, daß er die ihm zur Last gelegten Handlungen nicht begangen habe, oder daß dieselben den im §. 1 bezeichneten Thatbestand nicht enthalten, so steht ihm binnen acht Tagen nach Zustellung der Verfügung die Berufung auf richterliches Gehör offen.

Zuständig ist in denjenigen Bundesstaaten, in welchen ein aus ständigen Mitgliedern zusammengesetzter besonderer Gerichtshof für kirchliche Angelegenheiten besteht, dieser Gerichtshof; in den übrigen Bundesstaaten das höchste Gericht für Strafsachen.

Das Gericht entscheidet, ob der Berufende eine der im §. 1 bezeichneten Handlungen begangen hat. Wird festgestellt, daß keine Handlung vorliegt, auf Grund deren dieses Gesetz die angefochtene Verfügung für zulässig erklärt, so ist die letztere durch die anordnende Behörde aufzuheben.

Die Berufung muß von dem Berufenden in gerichtlich oder notariell beglaubigter Form unterzeichnet und dem zuständigen Gericht eingereicht werden.

Für das Verfahren kommen die bei dem zuständigen Gericht geltenden Vorschriften zur Anwendung. Erforderliche Abänderungen und Ergänzungen derselben werden bis zur gesetzlichen Regelung durch das Gericht festgestellt. Die für den Fortgang des Verfahrens gesetzlich vorgeschriebenen Fristen können nach Ermessen des Gerichts abgekürzt werden.

Die Berufung hält die Vollstreckung der angefochtenen Verfügung nur dann auf, wenn die letztere den Verlust der Staatsangehörigkeit ausgesprochen hat. In diesem Falle kann dem Berufenden bis zur richterlichen Entscheidung der Aufenthalt in bestimmten Bezirken oder Orten versagt oder angewiesen werden.

§. 4. Personen, welche nach den Vorschriften dieses Gesetzes ihrer Staatsangehörigkeit in einem Bundesstaate verlustig erklärt worden sind, verlieren dieselbe auch in jedem anderen Bundesstaate und können ohne Genehmigung des Bundesraths in keinem Bundesstaate die Staatsangehörigkeit von neuem erwerben.

§. 5. Personen, welche wegen Vornahme von Amtshandlungen in einem Kirchenamte, das den Staatsgesetzen zuwider ihnen übertragen, oder von ihnen übernommen ist, zur Untersuchung gezogen werden, kann nach Eröffnung der gerichtlichen Untersuchung durch Verfügung der Landespolizeibehörde bis zur rechtskräftigen Beendigung des Verfahrens der Aufenthalt in bestimmten Bezirken oder Orten versagt werden.

Urkundlich unter Unserer Höchsteigenhändigen Unterschrift und beigedrucktem Kaiserlichen Insiegel.

Gegeben Berlin, den 4. Mai 1874.

(L. S.) Wilhelm.
Fürst v. Bismarck.

Gesetz über die Presse. Vom 7. Mai 1874.

[R.G.Bl. 1874. S. 65.]

Wir Wilhelm, von Gottes Gnaden Deutscher Kaiser, König von Preußen ꝛc. verordnen im Namen des Deutschen Reichs, nach erfolgter Zustimmung des Bundesraths und des Reichstags, was folgt:

I. Einleitende Bestimmungen.

§. 1. Die Freiheit der Presse unterliegt nur denjenigen Beschränkungen, welche durch das gegenwärtige Gesetz vorgeschrieben oder zugelassen sind.

§. 2. Das gegenwärtige Gesetz findet Anwendung auf alle Erzeugnisse der Buchdruckerpresse, sowie auf alle anderen, durch mechanische oder chemische Mittel bewirkten, zur Verbreitung bestimmten Vervielfältigungen von Schriften und bildlichen Darstellungen mit oder ohne Schrift, und von Musikalien mit Text oder Erläuterungen.

Was im Folgenden von „Druckschriften" verordnet ist, gilt für alle vorstehend bezeichneten Erzeugnisse.

§. 3. Als Verbreitung einer Druckschrift im Sinne dieses Gesetzes gilt auch das Anschlagen, Ausstellen oder Auslegen derselben an Orten, wo sie der Kenntnißnahme durch das Publikum zugänglich ist.

Zu §. 1.

In Betreff der Beschränkungen vgl. die §§. 14, 15, 30 dieses Gesetzes.

Zu §. 2.

Das Gesetz findet auch Anwendung auf die durch Steindruck, Stahlstich, Kupferstich oder Photographie hergestellten bildlichen Darstellungen.

§. 4. Eine Entziehung der Befugniß zum selbständigen Betriebe irgend eines Preßgewerbes oder sonst zur Herausgabe und zum Vertriebe von Druckschriften kann weder im administrativen, noch im richterlichen Wege stattfinden.

Im Uebrigen sind für den Betrieb der Preßgewerbe die Bestimmungen der Gewerbeordnung maßgebend.

§. 5. Die nichtgewerbsmäßige öffentliche Verbreitung von Druckschriften kann durch die Ortspolizeibehörde denjenigen Personen verboten werden, welchen nach §. 57 der Gewerbeordnung ein Legitimationsschein versagt werden darf.

Zuwiderhandlungen gegen ein solches Verbot werden nach §. 148 der Gewerbeordnung bestraft.

II. Ordnung der Presse.

§. 6. Auf jeder im Geltungsbereich dieses Gesetzes erscheinenden Druckschrift muß der Name und Wohnort des Druckers und, wenn sie für den Buchhandel, oder sonst zur Verbreitung bestimmt ist, der Name und Wohnort des Verlegers, oder — beim Selbstvertriebe der Druckschrift — des Verfassers oder Herausgebers genannt sein. An Stelle des Namens des Druckers oder Verlegers genügt die Angabe der in das Handelsregister eingetragenen Firma.

Ausgenommen von dieser Vorschrift sind die nur zu den Zwecken des Gewerbes und Verkehrs, des häuslichen und geselligen Lebens dienenden Druckschriften als: Formulare, Preiszettel, Visitenkarten und dergleichen, sowie Stimmzettel für öffentliche Wahlen, sofern sie nichts weiter als Zweck, Zeit und Ort der Wahl und die Bezeichnung der zu wählenden Personen enthalten.

§. 7. Zeitungen und Zeitschriften, welche in monatlichen oder kürzeren, wenn auch unregelmäßigen Fristen erscheinen (periodische Druckschriften im Sinne dieses Gesetzes), müssen außerdem auf jeder Nummer, jedem Stücke oder Hefte den Namen und Wohnort des verantwortlichen Redakteurs enthalten.

Die Benennung mehrerer Personen als verantwortliche Redakteure ist nur dann zulässig, wenn aus Form und Inhalt der Benennung mit Bestimmtheit zu ersehen ist, für welchen Theil der Druckschrift jede der benannten Personen die Redaktion besorgt.

§. 8. Verantwortliche Redakteure periodischer Druckschriften dürfen nur Personen sein, welche verfügungsfähig, im Besitze der bürgerlichen Ehrenrechte sind und im Deutschen Reiche ihren Wohnsitz oder gewöhnlichen Aufenthalt haben.

§. 9. Von jeder Nummer (Heft, Stück) einer periodischen Druckschrift muß der Verleger, sobald die Austheilung oder Versendung beginnt, ein Exemplar gegen eine ihm sofort zu ertheilende Bescheinigung an die Polizeibehörde des Ausgabeorts unentgeltlich abliefern.

Diese Vorschrift findet keine Anwendung auf Druckschriften, welche ausschließlich Zwecken der Wissenschaft, der Kunst, des Gewerbes oder der Industrie dienen.

§. 10. Der verantwortliche Redakteur einer periodischen Druckschrift, welche Anzeigen aufnimmt, ist verpflichtet, die ihm von öffentlichen Behörden mitgetheilten amtlichen Bekanntmachungen auf deren Verlangen gegen Zahlung der üblichen Einrückungsgebühren in eine der beiden nächsten Nummern des Blattes aufzunehmen.

§. 11. Der verantwortliche Redakteur einer periodischen Druckschrift ist verpflichtet, eine Berichtigung der in letzterer mitgetheilten Thatsachen auf Verlangen einer betheiligten öffentlichen Behörde oder Privatperson ohne Einschaltungen oder

---

Zu §. 4.

Vgl. die §§. 1, 11, 13, 14, 43, 45, 46, 55, 57, 143, 145, 148 Nr. 1. 3. 5. 7 und §. 149 Nr. 4. 5. 6 der D. Gewerbeordnung.

Zu §. 6.

Zum Geltungsbereich dieses Gesetzes gehört Elsaß-Lothringen nicht; vgl. §. 31.

Weglassungen aufzunehmen, sofern die Berichtigung von dem Einsender unterzeichnet ist, keinen strafbaren Inhalt hat und sich auf thatsächliche Angaben beschränkt.

Der Abdruck muß in der nach Empfang der Einsendung nächstfolgenden, für den Druck nicht bereits abgeschlossenen Nummer und zwar in demselben Theile der Druckschrift und mit derselben Schrift, wie der Abdruck des zu berichtigenden Artikels geschehen.

Die Aufnahme erfolgt kostenfrei, soweit nicht die Entgegnung den Raum der zu berichtigenden Mittheilung überschreitet; für die über dieses Maß hinausgehenden Zeilen sind die üblichen Einrückungsgebühren zu entrichten.

§. 12. Auf die von den deutschen Reichs-, Staats- und Gemeindebehörden von dem Reichstage oder von der Landesvertretung eines deutschen Bundesstaats ausgehenden Druckschriften finden, soweit sich ihr Inhalt auf amtliche Mittheilungen beschränkt, die Vorschriften der §§. 6 bis 11 keine Anwendung.

§. 13. Die auf mechanischem oder chemischem Wege vervielfältigten periodischen Mittheilungen (lithographirte, autographirte, metallographirte, durchschriebene Korrespondenzen) unterliegen, sofern sie ausschließlich an Redaktionen verbreitet werden, den in diesem Gesetze für periodische Druckschriften getroffenen Bestimmungen nicht.

§. 14. Ist gegen eine Nummer (Stück, Heft) einer im Auslande erscheinenden periodischen Druckschrift binnen Jahresfrist zwei Mal eine Verurtheilnng auf Grund der §§. 41 und 42 des Strafgesetzbuchs erfolgt, so kann der Reichskanzler innerhalb zwei Monaten nach Eintritt der Rechtskraft des letzten Erkenntnisses das Verbot der ferneren Verbreitung dieser Druckschrift bis auf zwei Jahre durch öffentliche Bekanntmachung aussprechen.

Die in den einzelnen Bundesstaaten auf Grund der Landesgesetzgebung bisher erlassenen Verbote ausländischer periodischer Druckschriften treten außer Wirksamkeit.

§. 15. In Zeiten der Kriegsgefahr oder des Krieges können Veröffentlichungen über Truppenbewegungen oder Vertheidigungsmittel durch den Reichskanzler mittelst öffentlicher Bekanntmachung verboten werden.

§. 16. Oeffentliche Aufforderungen mittelst der Presse zur Aufbringung der wegen einer strafbaren Handlung erkannten Geldstrafen und Kosten, sowie öffentliche Bescheinigungen mittelst der Presse über den Empfang der zu solchen Zwecken gezahlten Beiträge sind verboten.

Das zufolge solcher Aufforderungen Empfangene oder der Werth desselben ist der Armenkasse des Orts der Sammlung für verfallen zu erklären.

§. 17. Die Anklageschrift oder andere amtliche Schriftstücke eines Strafprozesses dürfen durch die Presse nicht eher veröffentlicht werden, als bis dieselben in

---

Zu §. 13.

Die ausschließlich an Redaktionen verbreiteten periodischen Mittheilungen unterliegen nur den für periodische Druckschriften getroffenen Bestimmungen (§§. 7—11) nicht; die für Druckschriften überhaupt gegebenen Vorschriften (§. 6) finden auch auf sie Anwendung.

Zu §. 14.

1. Daß die beiden Verurtheilungen binnen Jahresfrist rechtskräftig erfolgen, ist nicht nothwendig: es genügt zur Anwendung des §. 14, daß zwei solche Verurtheilungen binnen Jahresfrist ausgesprochen sind, welche im Instanzenzuge nicht aufgehoben werden. vgl. Thilo, Preßgesetz Note 6 zu §. 14.

2. Vgl. wegen Zulässigkeit der Beschlagnahme ohne richterliche Anordnung den §. 23 Nr. 1 dieses Gesetzes.

Zu §. 15.

Vgl. wegen Zulässigkeit der Beschlagnahme ohne richterliche Anordnung den §. 23 Nr. 2 dieses Gesetzes.

Zu §. 16.

Als „Ort der Sammlung" ist jeder Ort anzusehen, an welchem gesammelt worden ist; es kann daher das in Folge einer solchen Aufforderung Empfangene oder der Werth desselben zu Gunsten mehrerer Armenkassen für verfallen erklärt werden. Vgl. Stenogr. Ber. des Reichstags, 2. Legisl.-Per. I. Session 1874, S. 439.

öffentlicher Verhandlung kund gegeben worden sind oder das Verfahren sein Ende erreicht hat.

§. 18. Mit Geldstrafe bis zu eintausend Mark oder mit Haft oder mit Gefängniß bis zu sechs Monaten werden bestraft:

1) Zuwiderhandlungen gegen die in den §§. 14, 15, 16 und 17 enthaltenen Verbote;
2) Zuwiderhandlungen gegen die Bestimmungen der §§. 6, 7 und 8, welche durch falsche Angaben mit Kenntniß der Unrichtigkeit begangen werden.

Dieselbe Strafe trifft den Verleger einer periodischen Druckschrift auch dann, wenn er wissentlich geschehen läßt, daß auf derselben eine Person fälschlich als Redakteur benannt wird.

§. 19. Mit Geldstrafe bis zu einhundert und fünfzig Mark oder mit Haft werden bestraft:

1) Zuwiderhandlungen gegen die §§. 6, 7 und 8, welche nicht durch §. 18 Ziffer 2 getroffen sind;
2) Zuwiderhandlungen gegen den §. 9;
3) Zuwiderhandlungen gegen die §§. 10 und 11.

In den Fällen der Ziffer 3 tritt die Verfolgung nur auf Antrag ein, und hat das Strafurtheil zugleich die Aufnahme des eingesandten Artikels in die nächstfolgende Nummer anzuordnen. Ist die unberechtigte Verweigerung im guten Glauben geschehen, so ist unter Freisprechung von Strafe und Kosten lediglich die nachträgliche Aufnahme anzuordnen.

III. Verantwortlichkeit für die durch die Presse begangenen strafbaren Handlungen.

§. 20. Die Verantwortlichkeit für Handlungen, deren Strafbarkeit durch den Inhalt einer Druckschrift begründet wird, bestimmt sich nach den bestehenden allgemeinen Strafgesetzen.

Ist die Druckschrift eine periodische, so ist der verantwortliche Redakteur als Thäter zu bestrafen, wenn nicht durch besondere Umstände die Annahme seiner Thäterschaft ausgeschlossen wird.

§. 21. Begründet der Inhalt einer Druckschrift den Thatbestand einer strafbaren Handlung, so sind

der verantwortliche Redakteur,
der Verleger,
der Drucker,
derjenige, welcher die Druckschrift gewerbsmäßig vertrieben oder sonst öffentlich verbreitet hat (Verbreiter),

soweit sie nicht nach §. 20 als Thäter oder Theilnehmer zu bestrafen sind, wegen Fahrlässigkeit mit Geldstrafe bis zu eintausend Mark oder mit Haft oder mit Festungshaft oder Gefängniß bis zu Einem Jahre zu belegen, wenn sie nicht die Anwendung der pflichtgemäßen Sorgfalt oder Umstände nachweisen, welche diese Anwendung unmöglich gemacht haben.

Die Bestrafung bleibt jedoch für jede der benannten Personen ausgeschlossen,

---

Zu §§. 18 und 19.

Vgl. die §§. 16, 18, 27, 28, 29, 74, 77, 78, 61—65 des St.G.B.

Zu §. 20.

Nicht jede thatsächlich an der Redaktion einer periodischen Druckschrift sich betheiligende Person, sondern nur der auf der Druckschrift als „verantwortlicher Redakteur" Genannte haftet für die durch den Inhalt verübten strafbaren Handlungen als Thäter.

Beschl. Pr. O.Tr. vom 9. September 1875 c. Sonnemann O.R. 16, S. 571.

Zu §. 21.

1. Vgl. die §§. 16—18. 27—29, 74, 75, 77, 78 des St.G.B.

2. Die Möglichkeit der Bestrafung des Redakteurs einer periodischen Druckschrift gemäß §. 21 schließt die Bestrafung eines Dritten als Thäters nach §. 20 nicht aus.

Erk. (Z. I.) Pr. O.Tr. vom 4. Juni 1875 c. Sörensen O.R. 16, S. 432.

3. Dem in Al. 2 des §. 21 angegebenen Strafausschließungsgrund, daß der Angeklagte den

wenn sie als den Verfasser oder den Einsender, mit dessen Einwilligung die Veröffentlichung geschehen ist, oder, wenn es sich um eine nicht periodische Druckschrift handelt, als den Herausgeber derselben, oder als einen der in obiger Reihenfolge vor ihr Benannten eine Person bis zur Verkündigung des ersten Urtheils nachweist, welche in dem Bereich der richterlichen Gewalt eines deutschen Bundesstaats sich befindet, oder falls sie verstorben ist, sich zur Zeit der Veröffentlichung befunden hat; hinsichtlich des Verbreiters ausländischer Druckschriften außerdem, wenn ihm dieselben im Wege des Buchhandels zugekommen sind.

IV. Verjährung.

§. 22. Die Strafverfolgung derjenigen Verbrechen und Vergehen, welche durch die Verbreitung von Druckschriften strafbaren Inhalts begangen werden, sowie derjenigen sonstigen Vergehen, welche in diesem Gesetze mit Strafe bedroht sind, verjährt in sechs Monaten.

V. Beschlagnahme.

§. 23. Eine Beschlagnahme von Druckschriften ohne richterliche Anordnung findet nur statt:

1) wenn eine Druckschrift den Vorschriften der §§. 6 und 7 nicht entspricht, oder den Vorschriften des §. 14 zuwider verbreitet wird,
2) wenn durch eine Druckschrift einem auf Grund des §. 15 dieses Gesetzes erlassenen Verbot zuwider gehandelt wird,
3) wenn der Inhalt einer Druckschrift den Thatbestand einer der in den §§. 85, 95, 111, 130 oder 184 des deutschen Strafgesetzbuchs mit Strafe bedrohten Handlungen begründet, in den Fällen der §§. 111 und 130 jedoch nur dann, wenn dringende Gefahr besteht, daß bei Verzögerung der Beschlagnahme die Aufforderung oder Anreizung ein Verbrechen oder Vergehen unmittelbar zur Folge haben werde.

§. 24. Ueber die Bestätigung oder Aufhebung der vorläufigen Beschlagnahme hat das zuständige Gericht zu entscheiden.

Diese Entscheidung muß von der Staatsanwaltschaft binnen vierundzwanzig Stunden nach Anordnung der Beschlagnahme beantragt und von dem Gericht binnen vierundzwanzig Stunden nach Empfang des Antrags erlassen werden.

Hat die Polizeibehörde die Beschlagnahme ohne Anordnung der Staatsanwaltschaft verfügt, so muß sie die Absendung der Verhandlungen an die letztere ohne Verzug und spätestens binnen zwölf Stunden bewirken. Die Staatsanwaltschaft hat entweder die Wiederaufhebung der Beschlagnahme mittelst einer sofort vollstreckbaren

---

Verfasser des inkriminirten Artikels nachgewiesen hat, steht der Fall nicht gleich, daß der Verfasser vor Verkündung des Urtheils erster Instanz auf andere Weise ermittelt worden ist.

Erk. (Z. I.) Pr. O.Tr. vom 29. Januar 1875 c. v. Schrötter Goltd. A. 23, S. 140.

4. Der zweite Absatz des §. 21 bezieht sich nur auf die in Gemäßheit des ersten Absatzes ausgesprochene Bestrafung wegen Fahrlässigkeit, nicht auf diejenige nach den allgemeinen Strafgesetzen, deren unbedingte Anwendbarkeit auf Handlungen, deren Strafbarkeit durch den Inhalt einer Druckschrift begründet wird, im §. 20 anerkannt ist.

Erk. (Z. II.) Pr. O.Tr. vom 27. Mai 1875 c. Stein Goltd. A. 23, S. 451; Erk. (Z. I.) Pr. O.Tr. vom 2. Juni 1875 c. Rodewald Goltd. A. 23, S. 452; O.R. 16, S. 413.

Zu §. 22.

Die durch die Presse begangenen Uebertretungen (z. B. die Veröffentlichung von Festungsrissen §. 360 Nr. 1 des St.G.B., die im §. 19 d. Ges. unter Strafe gestellten Handlungen) verjähren gemäß §. 67 Al. 3 des St.G.B. in drei Monaten.

Zu §. 24.

Als das zuständige Gericht ist das zur Entscheidung in der Hauptsache berufene Gericht anzusehen, in dessen Sprengel also die strafbare Druckschrift erschienen und somit die durch dieselbe begangene Strafthat consumirt worden ist. Der vom Orte der Veröffentlichung verschiedene Ort der sonstigen Verbreitung begründet nur dann die Kompetenz, wenn der Ort des Erscheinens der Druckschrift unbekannt oder im Auslande ist, oder wenn ohne Rücksicht auf den Inhalt der Druckschrift das bloße Verbreiten derselben z. B. im Falle des Verbots gemäß §. 14 durch den Reichskanzler, unter Strafe gestellt ist. Thilo, Preßgesetz Note 3 zu §. 24.

Verfügung anzuordnen, oder die gerichtliche Bestätigung binnen zwölf Stunden nach Empfang der Verhandlungen zu beantragen.

Wenn nicht bis zum Ablaufe des fünften Tages nach Anordnung der Beschlagnahme der bestätigende Gerichtsbeschluß der Behörde, welche die Beschlagnahme angeordnet hat, zugegangen ist, erlischt die letztere und muß die Freigabe der einzelnen Stücke erfolgen.

§. 25. Gegen den Beschluß des Gerichts, welcher die vorläufige Beschlagnahme aufhebt, findet ein Rechtsmittel nicht statt.

§. 26. Die vom Gericht bestätigte, vorläufige Beschlagnahme ist wieder aufzuheben, wenn nicht binnen zwei Wochen nach der Bestätigung die Strafverfolgung in der Hauptsache eingeleitet worden ist.

§. 27. Die Beschlagnahme von Druckschriften trifft die Exemplare nur da, wo dergleichen zum Zwecke der Verbreitung sich befinden. Sie kann sich auf die zur Vervielfältigung dienenden Platten und Formen erstrecken; bei Druckschriften im engeren Sinne hat auf Antrag des Betheiligten statt Beschlagnahme des Satzes das Ablegen des letzteren zu geschehen.

Bei der Beschlagnahme sind die dieselbe veranlassenden Stellen der Schrift unter Anführung der verletzten Gesetze zu bezeichnen. Trennbare Theile der Druckschrift (Beilagen einer Zeitung ꝛc.), welche nichts Strafbares enthalten, sind von der Beschlagnahme auszuschließen.

§. 28. Während der Dauer der Beschlagnahme ist die Verbreitung der von derselben betroffenen Druckschrift oder der Wiederabdruck der die Beschlagnahme veranlassenden Stellen unstatthaft.

Wer mit Kenntniß der verfügten Beschlagnahme dieser Bestimmung entgegenhandelt, wird mit Geldstrafe bis fünfhundert Mark oder mit Gefängniß bis zu sechs Monaten bestraft.

§. 29. Zur Entscheidung über die durch die Presse begangenen Uebertretungen sind die Gerichte auch in denjenigen Bundesstaaten ausschließlich zuständig, wo zur Zeit noch deren Aburtheilung den Verwaltungsbehörden zusteht.

Soweit in einzelnen Bundesstaaten eine Mitwirkung der Staatsanwaltschaft bei den Gerichten unterster Instanz nicht vorgeschrieben ist, sind in den Fällen der ohne richterliche Anordnung erfolgten Beschlagnahme die Akten unmittelbar dem Gericht vorzulegen.

VI. Schlußbestimmungen.

§. 30. Die für Zeiten der Kriegsgefahr, des Krieges, des erklärten Kriegs- (Belagerungs-) Zustandes oder innerer Unruhen (Aufruhrs) in Bezug auf die Presse bestehenden besonderen gesetzlichen Bestimmungen bleiben auch diesem Gesetze gegenüber bis auf Weiteres in Kraft.

Zu §. 26.

Der §. 26 findet bei einer richterlich angeordneten Beschlagnahme keine Anwendung.

Beschl. (Z. 1.) Pr. O.Tr. vom 16. April 1875 Goltd. A. 23, S. 210.

Zu §. 27.

Die vorläufige und die auf richterliche Anordnung stattfindende Beschlagnahme sind Maßregeln, welche zunächst nur durch den strafbaren Inhalt des Preßerzeugnisses ohne Rücksicht auf die für denselben verantwortlichen Personen bedingt werden. Die Maßregel trifft demzufolge alle Exemplare des Preßerzeugnisses da, wo sich dergleichen zum Zwecke der Verbreitung befinden, ohne daß es einen Unterschied macht, ob das Gericht, welches die Beschlagnahme beschlossen hat, für den Bezirk, in welchem die einzelnen Akte der Beschlagnahme stattfinden, kompetent ist oder nicht.

Beschl. (Z. 1.) Pr. O.Tr. vom 16. April 1875 Goltd. A. 23, S. 210.

Zu §. 30.

Vgl. Art. 68 der Verfassung des Deutschen Reichs vom 16. April 1871 (B.G.Bl. S. 82):

Der Kaiser kann, wenn die öffentliche Sicherheit in dem Bundesgebiete bedroht ist, einen jeden Theil desselben in Kriegszustand erklären. Bis zum Erlaß eines die Voraussetzungen, die Form der Verkündigung und die Wirkungen einer solchen Erklärung regelnden Reichsgesetzes gelten dafür die Vorschriften des Preußischen Gesetzes vom 4. Juni 1851. (Gesetzsammlung für 1851, S. 451 ff.).

Das Recht der Landesgesetzgebung, Vorschriften über das öffentliche Anschlagen, Anheften, Ausstellen, sowie die öffentliche, unentgeltliche Vertheilung von Bekanntmachungen, Plakaten und Aufrufen zu erlassen, wird durch dieses Gesetz nicht berührt.

Dasselbe gilt von den Vorschriften der Landesgesetze über Abgabe von Freiexemplaren an Bibliotheken und öffentliche Sammlungen.

Vorbehaltlich der auf den Landesgesetzen beruhenden allgemeinen Gewerbesteuer findet eine besondere Besteuerung der Presse und der einzelnen Preßerzeugnisse (Zeitungs- und Kalenderstempel, Abgaben von Inseraten ꝛc.) nicht statt.

§. 31. Dieses Gesetz tritt am 1. Juli 1874 in Kraft. Seine Einführung in Elsaß-Lothringen bleibt einem besonderen Gesetze vorbehalten.

Urkundlich unter Unserer Höchsteigenhändigen Unterschrift und beigedrucktem Kaiserlichen Insiegel.

Gegeben Berlin, den 7. Mai 1874.

(L. S.) Wilhelm.
Fürst v. Bismarck.

Strandungsordnung. Vom 17. Mai 1874.

[R.G.Bl. 1874. S. 73.]

Wir Wilhelm, von Gottes Gnaden Deutscher Kaiser, König von Preußen ꝛc. verordnen im Namen des Deutschen Reichs, nach erfolgter Zustimmung des Bundesraths und des Reichstags, was folgt:

I. Abschnitt.

Von den Strandbehörden.

§. 1. Die Verwaltung der Strandungsangelegenheiten wird durch Strandämter geführt.

Den Strandämtern werden Strandvögte untergeordnet. Letztere haben insbesondere diejenigen Maßregeln zu leiten, welche zum Zwecke der Bergung oder Hülfsleistung zu ergreifen sind.

§. 2. Die Organisation der Strandämter, die Abgrenzung ihrer Bezirke, die Anstellung der Strandbeamten, die Regelung des Verhältnisses der Strandvögte zu den Strandämtern, und die Bestimmung der Behörden, welche die Aufsicht über diese Aemter und Beamten zu führen haben, sowie die Feststellung der Dienstbezüge der Strandbeamten steht den Landesregierungen nach Maßgabe der Landesgesetze zu.

Der Vorsteher eines Strandamts kann für den ihm überwiesenen Bezirk oder einen Theil desselben zugleich zum Strandvogt bestellt werden.

§. 3. Die Oberaufsicht über die Verwaltung der Strandungsangelegenheiten steht dem Reiche zu.

II. Abschnitt.

Von dem Verfahren bei Bergung und Hülfsleistung in Seenoth.

§. 4. Wer ein auf den Strand gerathenes oder sonst unweit desselben in Seenoth befindliches Schiff wahrnimmt, hat hiervon sofort dem zuständigen Strandvogt oder der nächsten Gemeindebehörde Anzeige zu machen. Der Ueberbringer der ersten Anzeige hat Anspruch auf eine angemessene Vergütung.

§. 5. Die Gemeindebehörde hat unverzüglich für die Mittheilung der Nachricht an den Strandvogt zu sorgen. Die Gemeinden sind verpflichtet, hierzu gegen eine den ortsüblichen Sätzen entsprechende Vergütung einen Boten und die nöthigen Beförderungsmittel (Pferd, Gespann, Boot) zu stellen.

§. 6. Der Strandvogt hat unverzüglich nach Empfang der Nachricht (§. 5) sich an Ort und Stelle zu begeben und daselbst die zur Aufrechterhaltung der Ordnung sowie zur Bergung oder Hülfsleistung erforderlichen Anordnungen zu treffen. Auch hat er für schleunigste Benachrichtigung des Strandamts sowie des nächsten Zollbeamten Sorge zu tragen, bis zur Ankunft des letzteren aber das Zollinteresse selbst wahrzunehmen.

Bis zum Erscheinen des Strandvogts sind die Strand-Unterbeamten und in deren Ermangelung die nächste Gemeindebehörde zu den erforderlichen Anordnungen berufen.

§. 7. Wider den Willen des Schiffers dürfen Maßregeln zum Zweck der Bergung oder Hülfsleistung nicht ergriffen werden. Insbesondere darf wider den Willen des Schiffers weder an das Schiff angelegt, noch dasselbe betreten werden. Ist das Schiff von der Schiffsbesatzung verlassen, so bedarf es zum Anlegen an dasselbe oder zum Betreten desselben, sofern nicht dringende Gefahr im Verzuge liegt, die Erlaubniß des Strandvogts.

Auf die Thätigkeit der Vereine zur Rettung Schiffbrüchiger finden diese Bestimmungen keine Anwendung.

§. 8. Der Schiffer ist befugt, dem Strandvogt die Leitung des Verfahrens jederzeit wieder abzunehmen, sobald er für die etwa bereits entstandenen Bergungs- und Hülfskosten, einschließlich des Berge- und Hülfslohnes (Art. 753 des Allgemeinen Deutschen Handelsgesetzbuchs), die von dem Vorsteher des Strandamtes oder dem Strandvogt erforderlich befundene Sicherheit bestellt hat.

§. 9. Die Verpflichtung, den polizeilichen Aufforderungen zur Hülfe Folge zu leisten, bestimmt sich nach §. 360 Nr. 10 des Strafgesetzbuchs mit der Maßgabe, daß als „Polizeibehörde" im Sinne dieser Vorschrift auch der Strandvogt gilt.

Während der Seenoth ist der Strandvogt befugt, zur Rettung von Menschenleben die erforderlichen Fahrzeuge und Geräthschaften, sowie jeden außerhalb der öffentlichen Wege zum Strande führenden Zugang auch ohne Einwilligung der Verfügungsberechtigten in Anspruch zu nehmen. Der hieraus entstehende wirkliche Scha-

---

Zu §. 6.

Die auf Grund des Art. 7 Nr. 2 der Reichsverfassung vom Bundesrathe erlassene Instruktion zur Strandungs-Ordnung, vom 24. November 1875 (Centralbl. f. d. D. R. S. 750) bestimmt in §. 1, daß, wenn ein Schiff vor der Deutschen Küste oder in Deutschen Gewässern in Seenoth geräth, die Strandvögte der benachbarten Bezirke gleichmäßig verpflichtet sind, die erforderlichen Vorkehrungen zur Rettung von Menschenleben, sowie zur Bergung und Hilfsleistung zu treffen. Die Leitung des Verfahrens steht für die ganze Dauer desselben demjenigen Strandvogte zu, welcher zuerst das Schiff betritt. Die Fürsorge für die geborgenen Gegenstände liegt der Strandbehörde ob, in deren Bezirke dieselben gelandet werden.

Zu §. 8.

1. So lange sich ein Schiff in Seenoth befindet, ist es dem Strandvogt unbedingt verboten, mit dem Schiffer einen Vertrag über die Höhe des Berge- oder Hilfslohns abzuschließen. (§. 2 der Instr. z. St.O. Centralbl. f. d. D. R. S. 750).

2. Der Werthbetrag der Sicherheitsstellung, welche im Falle des §. 8 der Str.O. zu beanspruchen ist, darf vom Strandvogt höchstens auf den dritten Theil des Werths der unter seiner Leitung geborgenen Gegenstände bemessen werden.

Wird die Sicherheit durch Hinterlegung von Geldern oder Werthpapieren bestellt, so sind dieselben unverzüglich an das Strandamt abzuliefern. (§. 3 der Instr. z. Str.O. Centralbl. f. d. D. R. S. 750).

Zu §. 9.

Die Polizeibehörden sind verpflichtet, den Strandbehörden auf Verlangen in allen Maßregeln ohne Verzug Beistand zu leisten, welche im Falle einer Seenoth zur Rettung von Menschenleben, sowie zur Bergung oder Hilfsleistung dienlich sind.

Den Rhedern und Versicherern eines in Seenoth gerathenen Schiffes, sowie den Absendern, Empfängern und Versicherern der Ladung desselben steht es frei, sich an der Bergung oder Hilfsleistung durch Gestellung von Fahrzeugen, Mannschaften u. s. w. zu betheiligen. Sie haben dabei jedoch den Anordnungen des Strandvogts Folge zu leisten, welcher ungeeignete oder seinen Anweisungen zuwiderhandelnde Personen von der Betheiligung auszuschließen berechtigt ist.

(§§. 4 u. 5 der Instr. z. Str.O. Centralbl. f. d. D. R. S. 750).

den ist zu vergüten. Wer der Anordnung des Strandvogts nicht Folge leistet, wird mit der im §. 360 Nr. 10 a. a. O. angedrohten Strafe belegt.

Die Fahrzeuge und Geräthschaften der Vereine zur Rettung Schiffbrüchiger dürfen nur, insoweit die Vereinsmannschaft nicht selbst einschreitet, zur Rettung von Menschenleben in Anspruch genommen werden.

§. 10. Die in den §§. 4, 5 und 9 bezeichneten Vergütungen gehören zu den im Art. 745 Abs. 2 des Allgemeinen Deutschen Handelsgesetzbuchs bestimmten Bergungs- und Hülfskosten. Dieselben werden nach Maßgabe der Bestimmungen des fünften Abschnitts festgesetzt und sind, wenn anderweit die Befriedigung nicht zu erreichen ist, aus Staatsmitteln zu leisten. Auf Verlangen sind sie aus diesen vorschußweise zu zahlen.

§. 11. Der Strandvogt hat vor Allem für die Rettung der Personen zu sorgen. Im Falle der Bergung hat er zunächst die Schiffs- und Ladungspapiere, insbesondere das Schiffsjournal an sich zu nehmen, das letztere sobald als möglich mit dem Datum und seiner Unterschrift abzuschließen und demnächst sämmtliche Papiere dem Schiffer zurückzugeben.

§. 12. Ohne Genehmigung des Schiffers darf nichts aus dem Schiffe fortgeschafft werden. Auch hat zunächst der Schiffer darüber Bestimmung zu treffen, wohin die fortgeschafften Gegenstände sowie das Schiff selbst zu bringen sind. Sowohl jene Genehmigung als auch diese Bestimmung steht dem Strandvogt zu, wenn derselbe die Leitung des Verfahrens übernommen hatte. In Ermangelung einer Bestimmung des Schiffers oder des Strandvogts muß das Geborgene, sofern keine Hindernisse entgegenstehen, bei Verlust des Anspruchs auf Berge- oder Hülfslohn nach dem zunächst erreichbaren deutschen Hafen oder Landungsplatze gebracht und sofort der nächsten Polizeibehörde oder dem Strandvogt angezeigt werden.

Die aus dem Schiffe fortgeschafften Gegenstände sind, sobald dies thunlich, zu verzeichnen.

§. 13. Werden einzelne Stücke der Ladung oder des Schiffs oder sonstige Gegenstände, welche auf dem Schiffe sich befunden, oder zu demselben gehört haben, an das Land getrieben, so hat derjenige, welcher dieselben birgt, dies sofort einem der mitwirkenden Beamten anzuzeigen und auf Erfordern die Sachen abzuliefern.

§. 14. Der Strandvogt hat dem nächsten Steuerbeamten von der Bergung sofort Nachricht zu geben und bis zur Ankunft desselben das steuer-fiskalische Interesse wahrzunehmen.

Die geborgenen Gegenstände werden von dem Strandamt und dem Zollbeamten gemeinschaftlich in Gewahrsam genommen.

§. 15. Das Strandamt hat mit Zuziehung des Schiffers und des Zollbeamten ein Inventarium der geborgenen Gegenstände unter Angabe der etwa vorhandenen Marken und Nummern und mit Benutzung der vorläufigen Verzeichnisse (§. 12) aufzunehmen, dabei auch überall den Werth und die Menge zu vermerken, soweit dieselben sich aus vorhandenen Schriftstücken ergeben oder anderweit ohne Verletzung der Verpackung festzustellen sind. Das Inventarium ist von dem Zollbeamten und dem Schiffer zu unterschreiben, die Einsicht desselben oder die Fertigung einer Abschrift ist auch anderen Betheiligten zu gestatten.

§. 16. Die geborgenen Gegenstände sind dem Schiffer, in Ermangelung desselben demjenigen, welcher sonst seine Empfangsberechtigung nachweist, auszuliefern. Die Auslieferung darf jedoch, mit Ausnahme der für das augenblickliche Bedürfniß der Mannschaft und Passagiere erforderlichen Gegenstände, erst nach Bezahlung oder Sicherstellung der Bergungskosten einschließlich des Bergelohns (Art. 753 des Allgemeinen Deutschen Handelsgesetzbuchs) und nach erfolgter zollamtlicher Abfertigung geschehen.

§. 17. Behufs Uebernahme der Vertretung der Betheiligten in Bergungs- und Hülfsleistungsfällen können von den Landesregierungen an geeigneten Orten ein- für allemal Sachverständige bestellt werden. Dieselben sind in den einzelnen Fällen den Betheiligten von dem Strandamt namhaft zu machen. Die Wahl anderer Vertreter ist hierdurch nicht ausgeschlossen.

§. 18. Leicht verderbliche und solche Gegenstände, deren Aufbewahrung mit Gefahr oder unverhältnißmäßigen Kosten verbunden sein würde, können von dem Strandamt öffentlich verkauft werden, jedoch bei Anwesenheit des Empfangsberechtigten nur mit Zustimmung desselben oder nach fruchtlos an ihn ergangener Aufforderung, die Gegenstände gemäß §. 16 in Empfang zu nehmen.

§. 19. Entstehen Zweifel oder Streitigkeiten über die Empfangsberechtigung, oder sind die Empfangsberechtigten nicht alsbald zu ermitteln, so hat das Strandamt die betreffenden Gegenstände oder deren Erlös (§. 18) in Verwahrung zu nehmen, und demnächst nach den Bestimmungen des IV. Abschnitts zu verfahren.

III. Abschnitt.

Von Seeauswurf und strandtriftigen Gegenständen, sowie von versunkenen und seetriftigen Gegenständen.

§. 20. Wenn außer dem Falle der Seenoth eines Schiffes besitzlos gewordene Gegenstände von der See auf den Strand geworfen oder gegen denselben getrieben, und vom Strande aus geborgen werden, so haben auch in diesen Fällen die Berger Anspruch auf Bergelohn nach den Vorschriften des Allgemeinen Deutschen Handelsgesetzbuchs, Buch V Titel 9. Sie sind verpflichtet, bei Verlust des Anspruchs auf Bergelohn von den geborgenen Gegenständen der nächsten Polizeibehörde oder dem Strandvogt sofort Anzeige zu machen, und dieselben zur Verfügung zu stellen.

§. 21. Denselben Anspruch und dieselbe Verpflichtung haben die Berger, wenn versunkene Schiffstrümmer oder sonstige Gegenstände vom Meeresgrunde heraufgebracht, oder wenn ein verlassenes Schiff oder sonstige besitzlos gewordene Gegenstände, in offener See treibend, von einem Fahrzeuge geborgen werden.

Die Verpflichtung tritt in diesem Falle ein, sobald das bergende Fahrzeug nach der Bergung an der deutschen Küste anlegt oder vor Anker geht, fällt aber fort, wenn das Fahrzeug inzwischen an einer fremden Küste angelegt hat, oder vor Anker gegangen ist, und die Berger dort die geborgenen Gegenstände dem Eigenthümer oder einer Behörde zur Verfügung gestellt haben.

§. 22. Welche Gewässer bei Anwendung der §§. 20 und 21 der See gleichzustellen sind, bestimmen die Landesregierungen.

§. 23. Das Strandamt hat den Berger über die Zeit, den Ort und die Umstände der Bergung sowie über den beanspruchten Lohn zu hören und für die angemessene Aufbewahrung der Gegenstände zu sorgen, auch dem nächsten Zollbeamten Nachricht zu geben. Die Bestimmungen der §§. 14, 15 und 18 finden auch hier Anwendung.

Kann der Empfangsberechtigte alsbald ermittelt werden, so ist nach der Vorschrift des §. 16, andernfalls nach den Vorschriften des IV. Abschnitts, zu verfahren.

§. 24. Die Landesregierungen sind ermächtigt, Anmeldestellen einzurichten, welchen die Strandämter jede Bergung in den Fällen der §§. 20 und 21 mitzutheilen haben. Auf diesen Anmeldestellen ist ein Fundverzeichniß über die geborgenen Gegenstände und den Ort ihrer Aufbewahrung zu führen und zur Einsicht für jedermann auszulegen. Ein Auszug aus dem Verzeichniß wird in angemessenen Fristen bekannt gemacht.

Die Bestimmungen des §. 23 finden auch da Anwendung, wo Anmeldestellen bestehen.

§. 25. Wenn auf der Rhede oder im Fahrwasser eines Hafens versunkene Wracks, Anker oder andere Gegenstände die Schifffahrt beeinträchtigen und der Eigenthümer entweder nicht bekannt oder zur Fortschaffung derselben nicht bereit ist, so ist die Behörde befugt, die Beseitigung zu veranlassen und zur Deckung der

Kosten die beseitigten Gegenstände öffentlich zu verkaufen. In diesem Falle ist mit dem Rest des Erlöses nach den §§. 16 und 19 zu verfahren. Nach fruchtlosem Aufgebotsverfahren (§. 26) fällt derselbe der Seemannskasse oder in Ermangelung einer solchen der Armenkasse des Hafenorts zu.

IV. Abschnitt.

Von dem Aufgebotsverfahren in Bergungssachen und dem Rechte auf herrenlose geborgene Gegenstände.

§. 26. Behufs der Ermittelung des Empfangsberechtigten hat das Strandamt, sofern sich genügender Anlaß dazu bietet, geeignete Vorverhandlungen einzuleiten. Dem dadurch ermittelten Berechtigten sind die geborgenen Gegenstände nach Maßgabe des §. 16 auszuliefern.

Wenn sich kein Anlaß zu Vorverhandlungen bietet, oder durch dieselben der Empfangsberechtigte nicht ermittelt wird, so tritt das Aufgebotsverfahren (§§. 27 ff.) ein.

§. 27. Im Aufgebotsverfahren werden alle unbekannten Berechtigten aufgefordert, bis zu einem bestimmten Termine bei dem Strandamte ihre Ansprüche anzuzeigen, widrigenfalls dieselben bei der Verfügung über die geborgenen Gegenstände unberücksichtigt bleiben würden.

Der Termin ist auf vier Wochen bis neun Monate zu bestimmen. Das Aufgebot wird durch Aushang (Anschlag) an der Amtsstelle sowie nach dem Ermessen des Strandamtes durch eine oder mehrere Anzeigen in öffentlichen Blättern und Anschlag an Börsen und anderen geeigneten Orten bekannt gemacht. Zur Ersparung von Kosten kann das Aufgebot so lange ausgesetzt werden, bis eine angemessene Zahl von Gegenständen angesammelt ist.

Ein Ausschlußbescheid wird nicht erlassen.

§. 28. Diejenigen Gegenstände, auf welche ein Anspruch nicht angezeigt ist, werden nach Ablauf des Termins den nach §. 35 Berechtigten gegen Erlegung der Bergungskosten, zu welchen in den Fällen des ersten Absatzes des §. 35 auch der Bergelohn gehört, nach erfolgter zollamtlicher Abfertigung ausgeliefert.

Der Empfänger ist, wenn versäumte Ansprüche später geltend gemacht werden, nur insoweit, als er sich dann im Besitze der Sache noch befindet oder durch den aus derselben gelösten Werth noch bereichert ist, dem Berechtigten zur Entschädigung verpflichtet. In den Fällen des zweiten Absatzes des §. 35 behält der Berger auch den noch in seinem Besitze befindlichen Vortheil, insoweit dieser den Bergelohn nicht übersteigt.

§. 29. Sind dagegen Ansprüche angezeigt, so fordert das Strandamt die nach §. 35 Berechtigten auf, sich binnen einer bestimmten Frist zu erklären, ob sie diese Ansprüche anerkennen wollen oder nicht, widrigenfalls dieselben für anerkannt erachtet werden würden.

Wenn innerhalb dieser Frist ein Widerspruch seitens der Aufgeforderten nicht erfolgt, so ist die Auslieferung der Gegenstände an denjenigen, welcher den Anspruch angezeigt hat, gemäß §. 16 zu bewirken und zwar, falls das Strandamt den Anspruch für nachgewiesen erachtet, sofort, anderenfalls erst nach Ablauf des Aufgebotstermins, sofern auch bis dahin weitere Ansprüche nicht angemeldet werden.

Wenn dagegen ein Widerspruch von einem der Aufgeforderten innerhalb der Erklärungsfrist erfolgt, so sind die angezeigten Ansprüche gegen denselben im Wege der Klage auszuführen.

§. 30. Wenn die Berechtigung zum Empfang streitig, und von keinem der nach §. 35 Berechtigten ein Widerspruch erhoben ist, so bestimmt das Strandamt denjenigen, gegen welchen die sonst angezeigten Ansprüche im Wege der Klage auszuführen sind.

Diesem steht auch die Befugniß zu, gegen Leistung der vom Strandamte zu bestimmenden Sicherheit die Auslieferung der geborgenen Gegenstände zu verlangen.

§. 31. Zur Anstellung der Klage (§§. 29 Abs. 3 und 30), welche bei dem für den Ort des Strandamts zuständigen Gerichte zu erheben ist, bestimmt das Strandamt eine angemessene Ausschlußfrist.

§. 32. Im Falle des §. 30 hat das Strandamt auf Antrag dafür zu sorgen, daß die nach Abschnitt V. dieses Gesetzes festgestellten Ansprüche aus der bestellten Sicherheit oder durch den Verkauf der geborgenen Gegenstände befriedigt werden.

§. 33. Streitigkeiten über die Empfangsberechtigung werden im Prozeßwege erledigt.

§. 34. Die Kosten der Vorverhandlungen und des Aufgebotsverfahrens gehören zu den im Artikel 745 Absatz 2 des Allgemeinen Deutschen Handelsgesetzbuchs bestimmten Bergungskosten.

§. 35. Wenn der Empfangsberechtigte auch durch das Aufgebotsverfahren nicht ermittelt wird, so werden Gegenstände, welche in Seenoth vom Strande aus geborgen sind (§§. 4—19), desgleichen Seeauswurf und strandtriftige Güter (§. 20), dem Landesfiskus überwiesen.

Unter gleicher Voraussetzung werden versunkene und seetriftige Gegenstände (§. 21) dem Berger überwiesen.

Die Antheile mehrerer Mitberechtigter im Falle des Artikels 751 des Allgemeinen Deutschen Handelsgesetzbuchs bestimmen sich auch in Beziehung auf diesen Anspruch nach den dort vorgeschriebenen Grundsätzen. Wer die ihm nach dem §. 21 obliegende Anzeige unterläßt, geht dieses Anspruchs zu Gunsten der Seemannskasse des Orts, wo das Strandamt seinen Sitz hat, und in Ermangelung einer solchen, zu Gunsten der Ortsarmenkasse verlustig.

Ob und in welcher Weise diejenigen zu entschädigen sind, welchen nach den bisherigen Bestimmungen die in den vorstehenden Absätzen der Staatskasse und dem Berger überwiesenen Ansprüche zugestanden haben, bestimmen die Landesgesetze.

V. Abschnitt.

Von der Festsetzung der Bergungs- und Hülfskosten.

§. 36. Wer Berge- oder Hülfslohn oder die Erstattung sonstiger Bergungs- oder Hülfskosten verlangt, hat in Ermangelung einer gütlichen Einigung seine Ansprüche bei dem Strandamt anzumelden.

§. 37. Das Strandamt hat nach Anhörung der Betheiligten, soweit dieselben anwesend sind, eine Berechnung der aufgestellten Forderungen zu entwerfen und mit seinen gutachtlichen Bemerkungen der Aufsichtsbehörde einzureichen.

§. 38. Die Aufsichtsbehörde hat die angemeldeten Ansprüche nach den Bestimmungen des Allgemeinen Deutschen Handelsgesetzbuchs, Buch V. Titel 9, zu prüfen und durch Bescheid festzusetzen. Jedem Betheiligten ist der Bescheid zu Protokoll bekannt zu machen, oder eine Ausfertigung desselben zuzustellen.

Die Zustellung ist gültig, wenn sie unter Beobachtung der für Zustellungen in bürgerlichen Rechtsstreitigkeiten vorgeschriebenen Formen erfolgt. Die vereideten Verwaltungsbeamten haben dabei die Glaubwürdigkeit der Gerichtsbeamten.

§. 39. Gegen den Bescheid der Aufsichtsbehörde findet nur der Rechtsweg statt.

Die Partei, welche sich durch den Bescheid beschwert fühlt, hat binnen einer

---

Zu §. 35.

Der in Abs. 3 in Bezug genommene Art. 751 des A. D. Handelsgesetzbuchs lautet:

Wird ein Schiff oder dessen Ladung ganz oder theilweise von einem anderen Schiff geborgen oder gerettet, so wird der Berge- oder Hülfslohn zwischen dem Rheder, dem Schiffer und der übrigen Besatzung des anderen Schiffs, sofern nicht durch Vertrag unter ihnen ein Anderes bestimmt ist, in der Art vertheilt, daß der Rheder die Hälfte, der Schiffer ein Viertel und die übrige Besatzung zusammen gleichfalls ein Viertel erhalten. Die Vertheilung unter die letztere erfolgt nach Verhältniß der Heuer, welche dem Einzelnen gebührt oder seinem Range nach gebühren würde.

Ausschlußfrist von 14 Tagen — vom Tage nach der Bekanntmachung oder Behändigung des Bescheides (§. 38) an gerechnet — die Klage bei dem für den Ort des Strandamts zuständigen Gerichte anzubringen. Das Gericht kann aus Gründen, die in der Sache selbst liegen, diese Frist angemessen verlängern.

Durch rechtzeitige Erhebung der Klage verliert der Bescheid zwischen den Prozeßparteien seine Kraft.

§. 40. Den Landesregierungen steht es zu, die in §. 38 der Aufsichtsbehörde zugewiesenen Obliegenheiten dem Strandamt zu übertragen.

§. 41. Die Erhebung der festgesetzten Beträge und die Vertheilung derselben unter die Berechtigten erfolgt in der Regel durch das Strandamt.

Der Vorsteher des Strandamts hat auch in dem Falle keinen Anspruch auf Berge- oder Hülfslohn, wenn er zugleich zum Strandvogt bestellt ist.

VI. Abschnitt.

Allgemeine Bestimmungen.

§. 42. Schiffer im Sinne dieses Gesetzes ist der Führer des Schiffs (Schiffskapitän), in Ermangelung oder Verhinderung desselben dessen Stellvertreter.

§. 43. Wer den Vorschriften der §§. 4, 7 Abs. 1, 12 Abs. 1, 13, 20, 21 zuwiderhandelt, wird, sofern nicht nach allgemeinen Strafgesetzen eine höhere Strafe verwirkt ist, mit Geldstrafe bis zu einhundertfünfzig Mark oder mit Haft bestraft.

§. 44. Die Bestimmungen des Gesetzes, betreffend die Errichtung eines obersten Gerichtshofes für Handelssachen, vom 12. Juni 1869, sowie die Ergänzungen desselben werden auf diejenigen bürgerlichen Rechtsstreitigkeiten ausgedehnt, in welchen durch Klage oder Widerklage ein Anspruch aus Rechtsverhältnissen geltend gemacht wird, welche auf die Bergung außer dem Falle der Seenoth sich beziehen.

§. 45. Ob und inwieweit im Falle der Bergung des von den Landesregierungen zur Betonnung verwendeten Materials an Tonnen, Ketten und sonstigem Zubehör bestimmte Lohnsätze an Stelle des Bergelohns treten, bestimmt sich, wenn die Bergung im eigenen Gebiete erfolgt, nach dem bezüglichen Landesrecht, anderenfalls nach den etwa abgeschlossenen Staatsverträgen.

§. 46. Die in diesem Gesetz vorgeschriebene Mitwirkung der Zollbehörde findet in den Zollausschüssen nicht statt.

§. 47. Die Bestimmungen der Staatsverträge über die den Konsuln fremder Staaten in Bergungsfällen zustehenden Rechte werden durch dieses Gesetz nicht berührt.

§. 48. Dieses Gesetz tritt am 1. Januar 1875 in Kraft.

Urkundlich unter Unserer Höchsteigenhändigen Unterschrift und beigedrucktem Kaiserlichen Insiegel.

Gegeben Wiesbaden, den 17. Mai 1874.

(L. S.) Wilhelm.
Fürst v. Bismarck.

Zu §. 43.
Vgl. die §§. 18, 27, 28, 29, 77, 78 des St.G.B.

Zu §. 47.
Vgl. die Instruktion zur St.O. vom 24. November 1875 (Centralbl. f. d. D. R. S. 750) §. 6: Strandet ein fremdes Schiff an der deutschen Küste, so hat das Strandamt dem für seinen Bezirk bestellten Konsul des Heimathslandes des Schiffes sofort Nachricht zu geben. Ist für den Bezirk ein Konsul dieses Landes nicht bestellt, so ist die Mittheilung an den nächsten im Reiche zugelassenen Konsul des Landes zu richten.

Gesetz über Markenschutz. Vom 30. November 1874.

[R.G.Bl. 1874. S. 143.]

Wir Wilhelm, von Gottes Gnaden Deutscher Kaiser, König von Preußen rc. verordnen im Namen des Deutschen Reichs, nach erfolgter Zustimmung des Bundesraths und des Reichstags, was folgt:

§. 1. Gewerbetreibende, deren Firma im Handelsregister eingetragen ist, können Zeichen, welche zur Unterscheidung ihrer Waaren von den Waaren anderer Gewerbetreibenden auf den Waaren selbst oder auf deren Verpackung angebracht werden sollen, zur Eintragung in das Handelsregister des Ortes ihrer Hauptniederlassung bei dem zuständigen Gerichte anmelden.

§. 2. Der Anmeldung muß eine deutliche Darstellung des Waarenzeichens (§. 1) nebst einem Verzeichniß der Waarengattungen, für welche das Zeichen bestimmt ist, mit der Unterschrift der Firma versehen, beigefügt sein.

§. 3. Die Eintragung von Waarenzeichen, deren Benutzung für den Anmeldenden landesgesetzlich geschützt ist, ferner von solchen Zeichen, welche bis zum Beginn des Jahres 1875 im Verkehr allgemein als Kennzeichen der Waaren eines bestimmten Gewerbetreibenden gegolten haben, darf nicht versagt werden.

Im Uebrigen ist die Eintragung zu versagen, wenn die Zeichen ausschließlich in Zahlen, Buchstaben oder Worten bestehen, oder wenn sie öffentliche Wappen oder Aergerniß erregende Darstellungen enthalten.

§. 4. Die Eintragung erfolgt unter der Firma des Anmeldenden. Die Zeit der Anmeldung ist dabei zu vermerken. Gelangt ein bereits eingetragenes Waarenzeichen aus Anlaß der Verlegung der Hauptniederlassung wiederholt zur Eintragung, so ist dabei die Zeit der ersten Anmeldung zu vermerken.

§. 5. Auf Antrag des Inhabers der Firma wird das eingetragene Waarenzeichen gelöscht.

Von Amtswegen erfolgt die Löschung:

1) wenn die Firma im Handelsregister gelöscht wird;
2) wenn eine Aenderung der Firma und nicht zugleich die Beibehaltnng des Zeichens angemeldet wird;
3) wenn seit der Eintragung des Zeichens, ohne daß dessen weitere Beibehaltung angemeldet worden, oder seit einer solchen Anmeldung, ohne daß dieselbe wiederholt worden, zehn Jahre verflossen sind;
4) wenn das Zeichen nach §. 3 nicht hätte eingetragen werden dürfen.

§. 6. Die erste Eintragung und die Löschung eines Zeichens wird im „Deutschen Reichs-Anzeiger" bekannt gemacht.

Zu §. 1.

Die Anmeldung der Zeichen erfolgt in den für Anmeldungen zum Handelsregister überhaupt vorgeschriebenen Formen.

Bek. des Reichskanzlers vom 8. Februar 1875 Nr. 2 (Centralbl. f. d. D. R. S. 123).

Zu §. 2.

Die der Anmeldung anzuschließende Darstellung der Zeichen hat in einer Abbildung von höchstens 3 Ctm. Höhe und Breite auf dauerhaftem Papier und, soweit dies die Deutlichkeit erfordert, in einer Angabe über die Art der Verwendung der Zeichen zu bestehen. Die Abbildung ist in vier Exemplaren einzureichen. Den Stock für den Abdruck der Zeichen beizufügen, steht der meldenden Firma frei.

Bek. des Reichskanzlers vom 8. Februar 1875 Nr. 3 (Centralbl. f. d. D. R. S. 123).

Zu §. 5.

Wird gemäß §. 5 Nr. 2 des Gesetzes die Aenderung einer Firma und zugleich die Beibehaltung des für sie eingetragenen Zeichens angemeldet, so ist an Stelle der früheren die neue Bezeichnung der Firma in die für die Eintragung der Firmen bestimmte Spalte einzutragen.

Wird gemäß §. 5 Nr. 3 des Gesetzes vor dem Ablaufe der gesetzlichen Schutzfrist die weitere Beibehaltung eines eingetragenen Zeichens angemeldet, so ist Tag und Stunde der neuen statt der früheren Anmeldnug in der dafür bestimmten Spalte zu vermerken.

Bek. des Reichskanzlers vom 8. Februar 1875 Nr. 4 und 5 (Centralbl. f. d. D. R. S. 123).

Die Kosten der Bekanntmachung der Eintragung hat der Inhaber der Firma zu tragen.

§. 7. Für die erste Eintragung eines Zeichens, welches landesgesetzlich nicht geschützt ist, wird eine Gebühr von fünfzig Mark entrichtet.

Von der Entrichtung einer Gebühr für die Eintragung solcher Zeichen, welche bis zum Beginn des Jahres 1875 im Verkehr allgemein als Kennzeichen der Waaren eines bestimmten Gewerbetreibenden gegolten haben, können die Landesregierungen entbinden.

Andere Eintragungen und Löschungen geschehen unentgeltlich.

§. 8. Das Recht, Waaren oder deren Verpackung mit einem für diese Waaren zum Handelsregister angemeldeten Zeichen zu versehen oder auf solche Art bezeichnete Waaren in Verkehr zu bringen, steht dem Inhaber derjenigen Firma, für welche zuerst die Anmeldung bewirkt ist, ausschließlich zu.

§. 9. Auf Waarenzeichen, welche landesgesetzlich geschützt sind, ferner auf solche Zeichen, welche bis zum Beginn des Jahres 1875 im Verkehr allgemein als Kennzeichen der Waaren eines bestimmten Gewerbetreibenden gegolten haben, kann durch die Anmeldung außer den gesetzlich geschützten oder im Verkehr allgemein anerkannten Inhabern niemand ein Recht erwerben, sofern diese vor dem 1. Oktober 1875 die Anmeldung bewirken.

§. 10. Durch die Anmeldung eines Waarenzeichens, welches Buchstaben oder Worte enthält, wird niemand gehindert, seinen Namen oder seine Firma, sei es auch in abgekürzter Gestalt, zur Kennzeichnung seiner Waaren zu gebrauchen.

Auf Waarenzeichen, welche bisher im freien Gebrauche aller oder gewisser Klassen von Gewerbetreibenden sich befunden haben, oder deren Eintragung nicht zulässig ist, kann durch Anmeldung niemand ein Recht erwerben.

§. 11. Der Inhaber einer Firma, für welche ein Waarenzeichen eingetragen ist, hat dasselbe auf Verlangen desjenigen, welcher ihn von der Benutzung des Zeichens auszuschließen berechtigt ist, oder sofern das Waarenzeichen zu den im §. 10 Absatz 2 erwähnten gehört, auf Verlangen eines Betheiligten löschen zu lassen.

§. 12. Das durch die Anmeldung eines Waarenzeichens erlangte Recht erlischt:

1) mit der Zurücknahme der Anmeldung, oder mit dem Antrage auf Löschung seitens des Inhabers der berechtigten Firma;
2) mit dem Eintritte eines der im §. 5 Nr. 1 bis 3 bezeichneten Fälle.

§. 13. Jeder inländische Produzent oder Handeltreibende kann gegen denjenigen, welcher Waaren oder deren Verpackung mit einem für den Ersteren nach Maßgabe dieses Gesetzes zu schützenden Waarenzeichen oder mit dem Namen oder der Firma des Ersteren widerrechtlich bezeichnet, im Wege der Klage beantragen, daß derselbe für nicht berechtigt erklärt werde, diese Bezeichnung zu gebrauchen.

Desgleichen kann der Produzent oder Handeltreibende gegen denjenigen, welcher dergleichen widerrechtlich bezeichnete Waaren in Verkehr bringt oder feilhält, im Wege der Klage beantragen, daß derselbe für nicht berechtigt erklärt werde, so bezeichnete Waaren in Verkehr zu bringen oder feil zu halten.

§. 14. Wer Waaren oder deren Verpackung wissentlich mit einem nach Maßgabe dieses Gesetzes zu schützenden Waarenzeichen, oder mit dem Namen oder der Firma eines inländischen Produzenten oder Handeltreibenden widerrechtlich bezeichnet, oder wissentlich dergleichen widerrechtlich bezeichnete Waaren in Verkehr bringt oder feilhält, wird mit Geldstrafe von einhundertfünfzig bis dreitausend Mark oder

---

Zu §. 14.

1. Die widerrechtlich gebrauchte Firma muß den Vorschriften der Art. 15 ff. des A. D. Handelsgesetzbuchs über die Erfordernisse einer gültigen Firma entsprechen.

Erk. (V. Pl.) Pr. O.Tr. vom 3. Juli 1871 c. Thalwitzer Goltd. A. 19, S. 588; O.R. 12, S. 370.

2. Vgl. die §§. 61—65 des St.G.B. Die Zurücknahme des Antrages ist nicht zulässig.

mit Gefängniß bis zu sechs Monaten bestraft und ist dem Verletzten zur Entschädigung verpflichtet.

Die Strafverfolgung tritt nur auf Antrag ein.

§. 15. Statt jeder aus diesem Gesetze entspringenden Entschädigung kann auf Verlangen des Beschädigten neben der Strafe auf eine an ihn zu erlegende Buße bis zum Betrage von fünftausend Mark erkannt werden. Für diese Buße haften die zu derselben Verurtheilten als Gesammtschuldner.

Eine erkannte Buße schließt die Geltendmachung eines weiteren Entschädigungsanspruchs aus.

§. 16. Darüber, ob ein Schaden entstanden ist, und wie hoch sich derselbe beläuft, entscheidet das Gericht unter Würdigung aller Umstände nach freier Ueberzeugung.

§. 17. Erfolgt eine Verurtheilung auf Grund des §. 14, so ist auf Antrag des Verletzten bezüglich der im Besitze des Verurtheilten befindlichen Waaren auf Vernichtung der Zeichen auf der Verpackung oder den Waaren, oder, wenn die Beseitigung der Zeichen in anderer Weise nicht möglich ist, auf Vernichtung der Verpackung oder der Waaren selbst zu erkennen.

Erfolgt die Verurtheilung im Strafverfahren, so ist dem Verletzten die Befugniß zuzusprechen, die Verurtheilung auf Kosten des Verurtheilten öffentlich bekannt zu machen. Die Art der Bekanntmachung, sowie die Frist zu derselben ist in dem Urtheil zu bestimmen.

§. 18 Der dem Inhaber eines Waarenzeichens, eines Namens oder einer Firma nach Inhalt dieses Gesetzes gewährte Schutz wird dadurch nicht ausgeschlossen, daß das Waarenzeichen, der Name oder die Firma mit Abänderungen wiedergegeben sind, welche nur durch Anwendung besonderer Aufmerksamkeit wahrgenommen werden können.

§. 19. Bürgerliche Rechtsstreitigkeiten, in welchen durch die Klage ein Anspruch auf Grund dieses Gesetzes erhoben wird, gelten im Sinne der Reichs- und Landesgesetze als Handelssachen.

§. 20. Auf Waarenzeichen von Gewerbetreibenden, welche im Inlande eine Handelsniederlassung nicht besitzen, sowie auf die Namen oder die Firmen ausländischer Produzenten oder Handeltreibenden finden, wenn in dem Staate, wo ihre Niederlassung sich befindet, nach einer in dem Reichs-Gesetzblatt enthaltenen Bekanntmachung deutsche Waarenzeichen, Namen und Firmen einen Schutz genießen, die Bestimmungen dieses Gesetzes Anwendung, jedoch in Ansehung der Waarenzeichen (§. 1) mit folgenden Maßgaben:

1) die Anmeldung eines Waarenzeichens hat bei dem Handelsgerichte in Leipzig mit der Erklärung zu erfolgen, daß sich der Anmeldende für Klagen

---

Zu §. 20

Das Reichsgesetzblatt enthält folgende Bekanntmachungen im Sinne des §. 20 dieses Gesetzes:

1) den Handelsvertrag zwischen dem Zollverein und Spanien, vom 30. März 1868 Art. 6 (B.G.Bl. S. 325); 2) den Handelsvertrag zwischen dem Zollverein und der Schweiz, vom 13. Mai 1869 Art. 10 (B.G.Bl. S. 606); 3) die Konsularkonv. mit den Vereinigten Staaten von Amerika, vom 11. Dezember 1871 Art. 17 (R.G.Bl. 1872 S. 106); 4) den Handelsvertrag mit Portugal, vom 2. März 1872 Art. 10 (R.G.Bl. S. 258); 5) die Bek., betr. den mit Schweden-Norwegen vereinbarten gegenseitigen Schutz der Waarenbezeichnungen, vom 11. Juli 1872 (R.G.Bl. S. 293); 6) die Bek., betr. die Uebereinkunft mit Rußland wegen des gegenseitigen Schutzes der Waarenbezeichnungen, vom 18. August 1873 (R.G.Bl. S. 337); 7) die Uebereinkunft zwischen Deutschland und Frankreich vom 12. Oktober 1871 Art. 11 und die Deklaration dieses Artikels, betr. den Schutz der Fabrik- und Handelszeichen, vom 8. Oktober 1873 (R.G.Bl. 1871 S. 368, 1873 S. 365); 8) die Deklaration des Art. 6 des Handelsvertrages zwischen dem Zollverein und Großbritannien vom 30. Mai 1865 dahin, daß der den gegenseitigen Schutz der Waarenbezeichnungen und der Fabrik- und Handelszeichen garantirende Art. 6 fortan auf das gesammte Gebiet des Deutschen Reichs Anwendung finden soll, vom 14. April 1875 (R.G.Bl. S. 199); 9) die Bek., betr. den Schutz Deutscher Waarenzeichen, Namen und Firmen in Italien, vom 20. April 1875 (R.G.Bl. S. 200); 10) die Bek., betr. die Uebereinkunft mit Oesterreich-Ungarn wegen gegenseitigen Markenschutzes, vom 20. August 1875 (R.G.Bl. S. 259); 11) die Bek., betr. die Uebereinkunft mit Belgien wegen gegenseitigen Markenschutzes, vom 13. September 1875 (R.G.Bl. S. 301).

auf Grund dieses Gesetzes der Gerichtsbarkeit des genannten Gerichts unterwirft;

2) mit der Anmeldung ist der Nachweis zu verbinden, daß in dem fremden Staate die Voraussetzungen erfüllt sind, unter welchen der Anmeldende dort einen Schutz für das Zeichen beanspruchen kann;

3) die Anmeldung begründet ein Recht auf das Zeichen nur insofern und auf so lange, als in dem fremden Staate der Anmeldende in der Benutzung des Zeichens geschützt ist.

§. 21. Dieses Gesetz tritt mit dem 1. Mai 1875 in Kraft.*)

Auf Waarenzeichen, welche bis zu diesem Tage landesgesetzlich geschützt waren, finden jedoch die landesgesetzlichen Bestimmungen noch bis dahin, daß die Anmeldung nach Maßgabe gegenwärtigen Gesetzes erfolgt ist, längstens bis zum 1. Oktober 1875 Anwendung.

Urkundlich unter Unserer Höchsteigenhändigen Unterschrift und beigedrucktem Kaiserlichen Insiegel.

Gegeben Berlin, den 30. November 1874.

(L. S.) Wilhelm.

Fürst v. Bismarck.

Gesetz, betreffend die Ausgabe von Banknoten. Vom 21. Dezember 1874.

[R.G.Bl. 1874. S. 193.]

Wir Wilhelm, von Gottes Gnaden Deutscher Kaiser, König von Preußen rc. verordnen im Namen des Deutschen Reichs, nach erfolgter Zustimmung des Bundesraths und des Reichstags, was folgt:

Art. I. Die Bestimmungen in den §§. 1 bis einschließlich 5 des Gesetzes über die Ausgabe von Banknoten vom 27. März 1870 (Bundes-Gesetzbl. S. 51) bleiben bis zum 31. Dezember 1875 in Wirksamkeit.

Art. II. Zur Ausführung der Anordnungen, welche im Artikel 18 des Münzgesetzes vom 9. Juli 1873 (Reichs-Gesetzbl. S. 239) über die Einziehung der nicht auf Reichswährung lautenden Noten der Banken und über den Mindestbetrag der auf Reichswährung lautenden Noten getroffen sind, wird Folgendes bestimmt:

§. 1.

Eine Bank, welche zur Ausgabe von Banknoten befugt ist, darf vom 1. Juli 1875 ab Banknoten, welche auf Beträge von fünfzig Mark oder darunter lauten, wenn dieselben von ihr ausgestellt sind, nicht ausgeben und, wenn sie von einer anderen Bank ausgestellt sind, nur an die letztere in Zahlung geben oder bei derselben zur Einlösung präsentiren.

§. 2.

Die Mitglieder des Vorstandes einer Bank werden, wenn die Bank den Vorschriften des §. 1 zuwider Noten ausgiebt, mit einer Geldstrafe bestraft, welche dem Vierfachen des gesetzwidrig ausgegebenen Betrages gleichkommt, mindestens aber eintausend Mark beträgt.

§. 3.

Die Banken sind verpflichtet, bis spätestens den 30. Juni 1875 dem Reichs-

---

*) Vgl. die von dem Bundesrathe erlassenen Bestimmungen zur Ausführung des Gesetzes über Markenschutz. in der Bek. des Reichskanzlers vom 8. Februar 1875 (Centralbl. f. d. D. R. S. 123).

Zu §. 2.

Vgl. die §§ 28, 29, 78 des St.G.B

kanzler nachzuweisen, daß sie alle diejenigen Anordnungen getroffen haben, welche in Gemäßheit der für sie maßgebenden landesgesetzlichen und statutarischen Bestimmungen erforderlich sind, um die Einziehung ihrer sämmtlichen nicht auf Reichswährung, sowie ihrer auf Reichswährung in Beträgen von weniger als einhundert Mark lautenden Noten längstens bis zum 31. Dezember 1875 herbeizuführen.

§. 4.

Die Banken sind ferner verpflichtet, dem Reichskanzler behufs der Veröffentlichung spätestens am siebenten Tage eines jeden Monats den am letzten Tage des vorausgegangenen Monats vorhanden gewesenen Betrag

der umlaufenden —

der in den Bankkassen (einschließlich der Filiale, Agenturen und sonstigen Zweiganstalten) befindlichen —

eintretendenfalls auch der nach erfolgter Einlösung vernichteten —

Noten, nach den einzelnen Abschnitten (Appoints) gesondert, anzuzeigen.

Art. III. Das gegenwärtige Gesetz tritt mit dem 1. Januar 1875 in Wirksamkeit.

Urkundlich unter Unserer Höchsteigenhändigen Unterschrift und beigedrucktem Kaiserlichen Insiegel.

Gegeben Berlin, den 21. Dezember 1874.

(L. S.) Wilhelm.

Fürst v. Bismarck.

Bahnpolizei-Reglement für die Eisenbahnen Deutschlands. Vom 4. Januar 1875.

[Centralbl. für das Deutsche Reich 1875. S. 57.]

I. Zustand, Unterhaltung und Bewachung der Bahn.

§. 1. Die Bahn ist fortwährend in einem solchen baulichen Zustande zu halten, daß dieselbe ohne Gefahr und, mit Ausnahme der in Reparatur befindlichen Strecken, mit der im §. 26 festgestellten größten zulässigen Geschwindigkeit befahren werden kann. Diejenigen Strecken, welche nicht mit dieser Geschwindigkeit befahren werden dürfen, sind als solche durch bestimmte, vom Zuge aus sichtbare Signale zu bezeichnen.

Die Bahnhöfe sind durch Signale geschlossen zu halten und nur für die Einfahrt der Züge zu öffnen (siehe §. 46 Al. 3).

Strecken, welche wegen Ausführung von Auswechselungen, Reparaturen, geöffneter Drehbrücken ꝛc. oder aus sonstigem Grunde unfahrbar sind, müssen in genügender Entfernung von den betreffenden Stellen und während der ganzen Dauer der Unfahrbarkeit, auch wenn kein Zug erwartet wird, durch Signale abgeschlossen werden.

§. 2. Sämmtliche Geleise, auf denen Züge bewegt werden, sind in solcher Breite freizuhalten, daß mindestens das auf beigefügtem Blatte dargestellte Normalprofil des lichten Raumes für die freie Bahn und für die Bahnhöfe vorhanden ist.

Inwieweit Abweichungen vom Normalprofil des lichten Raumes zu gestatten sind, bestimmt der Bundesrath.

An Ladegeleisen, welche nicht von durchgehenden Zügen befahren werden, kann nach Art ihrer Benutzung eine Einschränkung des Normalprofils von der Aufsichtsbehörde zugelassen werden.

§. 3. Es sind Vorkehrungen zu treffen, daß die Stellung derjenigen Weichen, welche außerhalb der Bahnhöfe liegen, in einer Entfernung von 300 Metern zu erkennen ist.

Die Weichen außerhalb der Bahnhöfe müssen, so lange sie nicht bewacht sind, verschlossen gehalten werden.

Bei beweglichen Brücken sind Einrichtungen zu treffen, welche die richtige Stellung der im §. 1 gedachten Signale für die Dauer der Unfahrbarkeit sichern.

In den Hauptgeleisen für durchgehende Züge sind Drehscheiben und Schiebebühnen mit versenkten Geleisen unzulässig.

Die Kreuzung einer Bahn durch eine andere Bahn soll außerhalb der Stationen thunlichst nicht in gleicher Ebene der Schienen, sondern durch Ueberbrückung hergestellt werden.

§. 4. Einfriedigungen müssen da angelegt werden, wo die gewöhnliche Bahnbewachung nicht hinreicht, um Menschen oder Vieh vom Betreten der Bahn abzuhalten.

Zwischen der Eisenbahn und Wegen, welche unmittelbar neben derselben in gleicher Ebene oder höher liegen, sind Schutzwehren erforderlich. Als solche können nach näherer Bestimmung der Landespolizeibehörde auch Gräben mit Seitenaufwurf angesehen werden.

Die Uebergänge in gleicher Ebene mit der Bahn sind mit starken, leicht sichtbaren Barrieren in angemessener Entfernung von der Mitte des nächsten Bahngeleises zu versehen.

Für den Abstand der geöffneten Barrierenflügel von den Geleisen sind die Bestimmungen des §. 2 zu beachten.

Zugbarrieren sind auf Uebergänge für wenig frequentirte Straßen zu beschränken und müssen von den bedienenden Wärtern übersehen werden können.

Die Zugbarrieren müssen auch mit der Hand geöffnet und geschlossen werden können. Jeder Uebergang mit Zugbarrieren erhält eine Glocke, mit welcher vor dem Niederlassen der Sperrbäume zu läuten ist.

In angemessener Entfernung vor den Wegeübergängen sind Warnungstafeln aufzustellen, welche zugleich die Stelle des Weges bezeichnen, wo Fuhrwerke, Reiter und Viehheerden anhalten müssen, wenn die Barrieren geschlossen sind.

§. 5. Die Bahn muß so lange bewacht werden, als noch Züge oder einzelne Lokomotiven zu erwarten stehen.

Sämmtliche Bahnstrecken müssen durch die Wärter bei Tage mindestens dreimal und bei Dunkelheit, sowie auf Tunnelstrecken, soweit es thunlich ist, vor jedem Zuge revidirt werden.

Bei der Revision ist insbesondere auch auf die Dienstfähigkeit der Weichen zu achten.

Die Uebergangs-Barrieren sind spätestens 3 Minuten vor Ankunft des Zuges zu schließen. Ausnahmen werden durch die Aufsichtsbehörde unter Zustimmung der Landespolizeibehörde festgestellt.

Die Barrieren von Privatwegen, welche nicht besonders bewacht werden, sind unter Verschluß zu halten (cfr. §. 58).

Die Barrieren der Niveau-Uebergänge mit geringem Verkehr können mit Genehmigung der Landespolizeibehörde geschlossen gehalten werden und sind auf Verlangen der Passanten zu öffnen. Zu diesem Behufe erhält jede dieser Barrieren, einschließlich der Zugbarrieren, einen Glockenzug, mittelst dessen das Oeffnen von den Passanten verlangt wird.

Bei Niveau-Uebergängen können Drehkreuze für Fußgänger angebracht werden, welche jedoch nur passirt werden dürfen, wenn kein Zug in Sicht ist.

Der Barrierendienst kann, wenn derselbe von dem Dienst der Geleisüberwachung getrennt ist, auch weiblichen Personen anvertraut werden.

Im Dunkeln sollen, so lange die Barrieren geschlossen sind, die Uebergänge von Chausseen, Kommunalstraßen und Vizinalstraßen erleuchtet sein. Dasselbe gilt von sämmtlichen Zugbarrieren.

Auf den Bahnhöfen sind bei Dunkelheit mindestens eine halbe Stunde vor der

Ankunft und beziehungsweise Abfahrt der Züge, welche Personen befördern, die Perrons und Anfahrten zu erleuchten.

§. 6. Die Bahn ist mit Abtheilungszeichen zu versehen, welche bei Tage vom Zuge aus deutlich zu erkennen sind und Entfernungen von ganzen und 1/10 Kilometer angeben.

An den Wechselpunkten der Gefälle sind Neigungszeiger aufzustellen, an denen die Neigungen der Bahn und die Längen der betreffenden Strecken deutlich erkennbar anzugeben sind.

Zwischen zusammenlaufenden Schienensträngen ist ein Markirzeichen anzubringen, welches die Grenze angiebt, wie weit in jedem Bahngeleise Fahrzeuge vorgeschoben werden dürfen, ohne den Durchgang anderer Fahrzeuge auf dem anderen Geleise zu hindern.

II. Einrichtung und Zustand der Betriebsmittel.

§. 7. Die Betriebsmittel sollen fortwährend in einem solchen Zustande gehalten werden, daß die Fahrten mit der größten zulässigen Geschwindigkeit (§. 26) ohne Gefahr stattfinden können.

§. 8. Lokomotiven dürfen erst in Betrieb gesetzt werden, nachdem sie einer technisch-polizeilichen Prüfung unterworfen und als sicher befunden sind. Die bei der Revision als zulässig erkannte Dampfspannung über den Druck der äußeren Atmosphäre, sowie der Name des Fabrikanten, die laufende Fabriknummer und das Jahr der Anfertigung müssen in leicht erkennbarer und dauerhafter Weise an der Lokomotive bezeichnet sein.

In dem Bereiche jeder Haupt-Reparaturwerkstatt ist ein offenes Quecksilber-Manometer so anzubringen, daß der Dampfraum geheizter Lokomotiven durch ein kurzes Ansatzrohr damit in Verbindung gebracht werden kann, um die Richtigkeit der Belastung der Sicherheitsventile und die Richtigkeit der Federwaagen und Manometer an den Lokomotiven zu prüfen.

§. 9. Ueber die von den Lokomotiven zurückgelegten Wege sind Register zu führen. Jede Lokomotive ist von Zeit zu Zeit einer gründlichen Revision zu unterwerfen. Die erste Revision hat zu erfolgen, wenn die Lokomotive einen Weg von höchstens 100,000 Kilometer, jede folgende, nachdem sie höchstens weitere 80,000 Kilometer zurückgelegt hat, sowie nach jeder größeren Kesselreparatur, niemals jedoch später als nach 3 Jahren. Bei Gelegenheit dieser Revision, welche sich auf alle Theile der Lokomotive erstrecken muß, ist der Dampfkessel vom Mantel zu entblößen und mittelst einer Druckpumpe zu probiren.

Hinsichtlich der bei diesen Proben anzuwendenden Größe des Druckes wird bestimmt, daß die Prüfung für eine Dampfspannung von nicht mehr als fünf Atmosphären Ueberdruck mit dem zweifachen Betrage der zulässigen Maximal-Dampfspannung, bei einer Dampfspannung von mehr als fünf Atmosphären mit einem Drucke, welcher die zulässige Maximal-Dampfspannung um fünf Atmosphären übersteigt, stattfinden soll. Für diejenigen Lokomotiven, welche bei dem Inkrafttreten dieser Bestimmungen bereits vorhanden sind, verbleibt es bei dem Maximaldruck, welcher bei der ersten Prüfung (§. 8) Anwendung gefunden hat, sofern der letztere niedriger ist, als der vorstehend vorgeschriebene.

Kessel, welche bei dieser Probe ihre Form bleibend ändern, dürfen in diesem Zustande nicht wieder in Dienst genommen werden.

Bei jeder Probe ist zugleich die Ventilbelastung und die Richtigkeit des Manometers zu prüfen.

Längstens 8 Jahre nach Inbetriebstellung der Lokomotive muß eine innere Revision des Kessels vorgenommen werden, bei welcher die Siederohre zu entfernen sind. Nach spätestens je 6 Jahren ist diese Revision zu wiederholen.

Ueber die Lokomotiv-Revisionen sind Verhandlungen aufzunehmen, in denen die Ergebnisse zu verzeichnen sind.

Jede Lokomotive muß versehen sein:

1. mit mindestens zwei zuverlässigen Vorrichtungen zur Speisung des Kessels, welche unabhängig von einander in Betrieb gesetzt werden können, und von denen jede für sich während der Fahrt im Stande sein muß, das zur Speisung erforderliche Wasser zuzuführen. Eine dieser Vorrichtungen muß außerdem geeignet sein, beim Stillstande der Lokomotive den Wasserstand im Kessel auf der normalen Höhe zu erhalten;
2. mit mindestens zwei von einander unabhängigen Vorrichtungen zur zuverlässigen Erkennung der Wasserstandshöhe im Innern des Kessels. Bei einer dieser Vorrichtungen muß die Höhe des Wasserstandes vom Stande des Führers ohne besondere Proben fortwährend erkennbar und eine in die Augen fallende Marke des Normalwasserstandes angebracht sein;
3. mit wenigstens zwei vorschriftsmäßigen Sicherheitsventilen, von welchen das eine so eingerichtet sein soll, daß die Belastung desselben nicht über das bestimmte Maß gesteigert werden kann. Die Belastung dieser Sicherheitsventile ist derartig einzurichten, daß denselben eine vertikale Bewegung von 3 Millimeter möglich ist;
4. mit einer Vorrichtung (Manometer), welche den Druck des Dampfes zuverlässig und ohne Anstellung besonderer Proben fortwährend erkennen läßt. Auf den Zifferblättern der Manometer muß die größte zulässige Dampfspannung durch eine in die Augen fallende Marke bezeichnet sein;
5. mit einer Dampfpfeife.

§. 10. Jede Lokomotive muß mit Bahnräumern, sowie mit einem verschließbaren, an dem Feuerkasten dicht anliegenden Aschkasten und mit einer Vorrichtung versehen sein, durch welche der Auswurf glühender Kohlen aus dem Schornstein wirksam verhütet wird.

§. 11. Tender-Lokomotiven und Tender müssen mit kräftigen, leicht zu handhabenden Bremsen versehen sein.

§. 12. Alle nicht in Arbeitszügen gehende Wagen sollen auf Federn ruhen, mit elastischen Zugapparaten und an beiden Enden mit elastischen Buffern versehen sein.

Sämmtliche Räder müssen mit Spurkränzen versehen sein.

Bei Lokomotiven und Tendern muß die Stärke schmiedeeiserner Radreifen mindestens 22, diejenige stählerner mindestens 19 Millimeter betragen; bei Wagen können schmiedeeiserne Radreifen bis auf 19 Millimeter, stählerne bis auf 16 Millimeter abgenutzt werden.

Es müssen außer den gewöhnlichen Kuppelungen noch Sicherheits-Ketten oder -Kuppelungen auf beiden Enden jedes Wagens angebracht und so befestigt sein, daß sie im Zustande der vollen Belastung desselben beim freien Herabhängen nicht tiefer als 75 Millimeter über Schienenoberkante herabhängen.

§. 13. In jedem Zuge müssen außer den Bremsen am Tender oder an der Lokomotive so viele kräftig wirkende Bremsvorrichtungen angebracht und bedient sein, daß durch die letzteren bei Neigungen der Bahn

			bei Personenzügen,	bei Güterzügen
bis	einschließlich	$1/500$.	der 8. Theil,	der 12. Theil,
"	"	$1/300$.	" 6. "	" 10. "
"	"	$1/200$.	" 5. "	" 8. "
"	"	$1/100$.	" 4. "	" 7. "
"	"	$1/60$.	" 3. "	" 5. "
"	"	$1/40$.	" 2. "	" 4. "

der Räderpaare gebremset werden kann. Gemischte Züge, welche mit der Geschwindigkeit der Personenzüge fahren, sind hierbei als Personenzüge zu behandeln.

Erstreckt sich die stärkste Neigung zwischen zwei Stationen auf eine Bahnlänge von weniger als 1000 Meter, so ist für die Berechnung der Bremsenzahl nicht diese, sondern die nächst geringere Neigung dieser Strecke maßgebend.

Bei Güterzügen kann die Zahl der zu bedienenden Bremsen
auf Neigungen bis einschließlich 1 : 60 auf den 6. Theil, und
» » » » 1 : 40 » » 5. » »
der Räderpaare herabgesetzt werden, wenn

1. die Fahrgeschwindigkeit von 18 Kilometer pro Stunde Fahrzeit nicht überschritten wird,
2. die Stärke des Zuges 80 Achsen nicht übersteigt,
3. durch geeignete Kontrol-Apparate die Fahrgeschwindigkeit des Zuges genau festgestellt wird.

Bei Berechnung der Zahl der Bremsen wird eine unbeladene Achse gleich einer halben beladenen Achse gerechnet.

Für Bahnstrecken mit Neigungen von mehr als 1 : 40 sind für das Bremsen der Züge von den Aufsichtsbehörden besondere Vorschriften zu erlassen.

§. 14. Die Thüren, welche sich an den Langseiten der Personenwagen befinden, müssen mit mindestens doppelter, nur von der Außenseite zu schließender Verschlußvorrichtung versehen werden, von denen eine aus einem Vorreiber besteht. Sämmtliche Thüren an den Personenwagen dürfen nur so verschlossen werden, daß das Oeffnen derselben den im Wagen befindlichen Passagieren möglich ist.

Um das Einklemmen der Finger in die Spalten der Thüren zu verhüten, sind die letzteren mit Schutzvorrichtungen zu versehen.

Das Innere der Personenwagen ist während der Fahrt in der Dunkelheit und in Tunneln, zu deren Durchfahrung mehr als 2 Minuten gebraucht werden, angemessen zu erleuchten.

§. 15. Sämmtliche Personen-, Post- und Gepäckwagen, sowie die als Schlußwagen laufenden Güterwagen sind mit den erforderlichen Signallaternenstützen zu versehen, welche an der Hinterwand des Wagens so anzubringen sind, daß dieselben entweder zur Seite des Wagens oder über die Decke desselben hervorragen.

Der Abstand der Oberkante dieser Stützen über Schienenoberkante darf im ersteren Falle höchstens 3,000 Meter, im letzteren höchstens 3,600 Meter betragen, während die Mitte (Vertikalachse) der Stützen im ersteren Falle höchstens 1,400 Meter, im letzteren höchstens 1,200 Meter von der Mitte des Wagens entfernt sein darf.

Die Laternenstützen müssen einen quadratisch konischen Querschnitt im Lichten von 0,046 Meter oberer und 0,035 Meter unterer Länge und Breite bei 0,076 Meter Höhe derselben erhalten und diagonal zur Achse des Wagens gestellt werden. Der größte Querschnitt des Laternenkastens, dessen Seitenflächen parallel den Wagenflächen liegen müssen, darf nicht über 0,250 Meter Breite und 0,280 Meter Höhe betragen und derjenige des Laternenaufsatzes (Schornstein) nur 0,140 Meter Breite und 0,120 Meter Höhe haben.

§. 16. Alle mit leicht feuerfangenden Gegenständen beladenen Güterwagen müssen mit einer sicheren Bedeckung versehen sein, soweit nicht Ausnahmen durch das Betriebs-Reglement gestattet sind.

§. 17. Jeder Wagen und jeder Tender ist von Zeit zu Zeit einer gründlichen Revision zu unterwerfen, bei welcher die Achsen, Lager und Federn abgenommen werden müssen. Die Revision hat jedesmal zu erfolgen, sobald der Wagen 30,000 Kilometer durchlaufen hat, oder falls diese Strecke noch nicht zurückgelegt wäre, sobald zwei Jahre seit der letzten Revision verflossen sind.

§. 18. Jeder Wagen muß Bezeichnungen erhalten, aus welchen zu ersehen ist:

a) die Eisenbahn, zu welcher er gehört;
b) die Ordnungsnummer, unter welcher er in den Werkstätten- und Revisions-Registern geführt wird;
c) das eigene Gewicht, einschließlich der Achsen und Räder;
d) das größte Ladegewicht, mit welchem er belastet werden darf;
e) das Datum der letzten Revision.

Jeder Personenwagen soll Merkmale erhalten, welche dem Reisenden das Auffinden der Wagenklasse wie der benutzten Wagenabtheilung erleichtern.

§. 19. In jedem Zuge sollen diejenigen Geräthschaften vorhanden sein, vermittelst welcher die während der Fahrt an dem Zuge vorgekommenen Beschädigungen zum Zwecke der Weiterfahrt thunlichst beseitigt werden können.

III. Einrichtungen und Maßregeln für die Handhabung des Betriebes.

§. 20. Auf jeder Station ist an einer dem Publikum sichtbaren Stelle eine Uhr anzubringen, welche nach der mittleren Zeit des Ortes gestellt ist und täglich regulirt werden muß. Auf größeren Bahnhöfen müssen die Zeitangaben sowohl von dem Zugange zu denselben, als von den Zügen bei Tage wie auch im Dunkeln erkennbar sein.

Der Name der Station muß am Stationsgebäude oder an anderer geeigneter Stelle in einer für die Reisenden in die Augen fallenden Weise angebracht werden.

Die Zugführer, Lokomotivführer, Bahnmeister und Bahnwärter müssen im Dienst beständig eine richtig gehende Uhr bei sich tragen.

§. 21. Auf doppelgeleisigen Bahnstrecken sollen die Züge das in ihrer Richtung rechts liegende Geleise befahren.

Bereits bestehende Ausnahmen dürfen bis auf Weiteres beibehalten werden.

Auch sind Ausnahmen zulässig bei Geleissperrungen nach vorgängiger Verständigung der benachbarten Stationen, sowie bei Doppelstrecken in den Bahnhöfen unter Verantwortlichkeit des Vorstehers der Station und sodann auch bis höchstens zur nächsten Station (Blockstation) für Lokomotiven, welche durch Schieben Hülfe geleistet haben und zurückzubefördern sind (siehe §. 22).

§. 22. Das Schieben der Züge durch Lokomotiven ist, sofern nicht von der Aufsichtsbehörde weitere Einschränkungen bestimmt werden, nur in folgenden Fällen gestattet:

a) bei langsamen Rückwärtsbewegungen des Zuges auf den Bahnhöfen, oder in Nothfällen;
b) bei Arbeitszügen und — unter den von der Aufsichtsbehörde festzustellenden Bedingungen — bei Zügen nach benachbarten Gruben oder sonstigen gewerblichen Etablissements, wenn die Geschwindigkeit 24 Kilometer pro Stunde (400 Meter pro Minute) nicht übersteigt.

Das Nachschieben der Züge mit Lokomotiven an der Spitze ist nur zulässig:
beim Ersteigen stark geneigter Bahnstrecken, und
bei Ingangbringung der Züge in den Stationen.

§. 23. Mehr als 150 Wagenachsen sollen in keinem Eisenbahnzuge gehen. Solche Züge, in welchen auch Personen befördert werden, sollen nicht über 100 Wagenachsen stark sein. Militärzüge dürfen mit Rücksicht auf ihre geringe Fahrgeschwindigkeit ausnahmsweise bis 120 Wagenachsen stark sein.

§. 24. Die Fahrt der Lokomotive mit dem Tender voran ist bei fahrplanmäßigen Zügen nur in Ausnahmefällen, bei Arbeitszügen und bei Güterzügen zwischen den Stationen und benachbarten gewerblichen Etablissements, sowie auf Bahnhöfen nur gestattet, wenn die Fahrgeschwindigkeit nicht mehr als 24 Kilometer pro Stunde (400 Meter pro Minute) beträgt.

Entsprechend konstruirte Tender-Lokomotiven dürfen bei allen Zügen auch auf freier Bahn vor- und rückwärts laufen.

§. 25. Kein Personenzug darf vor der im Fahrplan angegebenen Zeit von einer Station abfahren.

Die Abfahrt darf nicht erfolgen, bevor alle auf den Langseiten der Wagen befindlichen Wagenthüren geschlossen sind und das für die Abfahrt bestimmte Signal gegeben ist.

Züge, wohin auch leer gehende Lokomotiven zu rechnen, dürfen einander nur in Stationsdistanz folgen.

An solchen Zügen, welchen andere, nicht fahrplanmäßige nachfolgen, ist dies zu signalisiren (siehe auch §. 35 und §. 45).

§. 26. Die größte Fahrgeschwindigkeit, welche auf keiner Strecke der Bahn überschritten werden darf, wird bei Neigungen von nicht mehr als 1 : 200 und Krümmungen von nicht weniger als 1000 Meter Radius:

für Schnellzüge auf 75 Kilometer pro Stunde oder 1250 Meter pro Minute,
für Personenzüge auf 60 Kilometer pro Stunde oder 1000 Meter pro Minute,
für Güterzüge auf 45 Kilometer pro Stunde oder 750 Meter pro Minute

festgesetzt; auf stärker geneigten oder mehr gekrümmten Strecken muß diese Geschwindigkeit angemessen verringert und das Fahrpersonal unter Bezeichnung dieser Strecken mit Instruktion versehen werden.

Ausnahmsweise können größere Geschwindigkeiten für Schnellzüge bis 90 Kilometer pro Stunde unter besonders günstigen Verhältnissen zugelassen werden; sie bedürfen aber der ausdrücklichen Genehmigung der Aufsichtsbehörde.

Leer fahrende Lokomotiven dürfen nur mit einer Geschwindigkeit befördert werden, welche um mindestens 15 Kilometer pro Stunde hinter der regelmäßigen Fahrgeschwindigkeit zurückbleibt, die zur Beförderung der betreffenden Zuggattung vorgeschrieben ist.

Langsamer muß gefahren werden:

a) wenn Menschen, Thiere oder andere Hindernisse auf der Bahn bemerkt werden;
b) durch Weichen gegen die Spitzen derselben und über Drehbrücken;
c) wenn das Signal zum Langsamfahren gegeben wird.

In allen diesen Fällen muß so langsam gefahren werden, als die Umstände zur Vorbeugung einer möglichen Gefahr es erfordern.

§. 27. Bei der Einfahrt aus Haupt- in Zweigbahnen und umgekehrt, sowie überhaupt bei dem Uebergange aus einem Geleise in das andere, muß so langsam gefahren werden, daß der Zug auf einer Länge von 200 Meter zum Stillstand gebracht werden kann.

Bahnkreuzungen in gleicher Ebene der Schienen außerhalb der Stationen (§. 3) dürfen von den Zügen erst passirt werden, nachdem die letzteren vorher zum Stillstande gebracht sind und von den Aufsichtsbeamten die Erlaubniß zum Passiren ertheilt ist.

§. 28. Bei denjenigen Schnell- und Personenzügen, bei welchen die im §. 26 angegebene höchste Fahrgeschwindigkeit zur Anwendung kommen soll, müssen sich die Betriebsmittel in einem vorzugsweise tüchtigen Zustande befinden. Außerdem müssen:

a) die Fahrzeuge unter sich, sowie mit dem Tender so fest gekuppelt sein, daß sämmtliche Zug- und Bufferfedern etwas angespannt sind;
b) die nach §. 13 (siehe auch §. 33) erforderlichen Bremsen um eine vermehrt sein.

§. 29. Die Schnellzüge, sowie die Extrazüge der Allerhöchsten und Höchsten Herrschaften haben behufs besonders pünktlicher Beförderung überall den Vorrang vor den anderen Zügen.

Inwieweit Eilgut mit Schnellzügen befördert werden darf, bestimmt die Aufsichtsbehörde.

§. 30. Die Beförderung von Gütern mit den Personenzügen ist nur unter folgenden Bedingungen zulässig:

a) das Auf- und Abladen von Gütern, ebenso wie das An- und Abschieben von Güterwagen darf niemals Veranlassung zur Verlängerung des Aufenthalts auf den Stationen sein, insofern nicht als sicher angenommen werden kann, daß die entstehende Verspätung durch rascheres Fahren innerhalb der festgesetzten Geschwindigkeitsgrenze bis zur nächsten Station wieder beseitigt werden wird;

b) die Mitnahme von Güterwagen darf eine Verlängerung der planmäßigen Fahrzeit nicht herbeiführen;
c) die Passagiere der Personenzüge dürfen durch die Mitbeförderung von Gütern in keiner Weise belästigt werden.

§. 31. Wenn es im Interesse des Lokalverkehrs wünschenswerth erscheint, kann mit den Güterzügen auch Personenbeförderung stattfinden; jedoch darf deshalb keine Beschleunigung der Güterzüge eintreten.

§. 32. Jeder Zugführer hat einen Fahrbericht zu führen, in welchem die Abgangs- und Ankunftszeiten auf den einzelnen Haltepunkten und außergewöhnliche Vorkommnisse genau zu verzeichnen sind.

§. 33. Bei Bildung eines jeden Zuges muß sorgfältig darauf gehalten werden, daß die im §. 13 (siehe auch §. 28) vorgeschriebene Anzahl von Bremsen in selbigem befinden und daß letztere angemessen vertheilt sind. Bei Neigungen von mehr als 1 : 200 soll der letzte Wagen eine Bremse haben.

Bevor der Zug die Abgangsstation verläßt, ist derselbe zu revidiren und darauf zu achten, daß die Wagen unter sich und der Tender mit dem nächstfolgenden Wagen fest verkuppelt, die Sicherheitsketten oder Kuppelungen (siehe §. 12) eingehangen, die Verbindung zwischen den Schaffnersitzen und der Dampfpfeife (§. 48) hergestellt, die Belastung in den einzelnen Wagen thunlichst gleichmäßig vertheilt, die nöthigen Fahrsignale und Laternen angebracht und die vorgeschriebenen Bremsen angemessen vertheilt sind. Diese Revision ist unterwegs bei jeder Veränderung in der Zusammensetzung des Zuges und so oft der Aufenthalt es gestattet, zu wiederholen.

In den Personenzügen müssen die Zughaken so weit zusammengezogen sein, daß die Federbuffer der Wagen im Zustande der Ruhe sich berühren (siehe übrigens §. 28). In gemischten Zügen sind Wagen mit ungewöhnlicher Kuppelung nicht unmittelbar vor und auch nicht unmittelbar hinter die Personenwagen zu stellen.

§. 34. In jedem zur Beförderung von Passagieren bestimmten Zuge muß mindestens ein Wagen ohne Passagiere zunächst auf den Tender folgen.

Bei der dem Postwagen zu gebenden Stellung ist, soweit der Bahnbetrieb dies gestattet, auf die Bedürfnisse des Postdienstes Rücksicht zu nehmen; ebenmäßig ist die Verwendung des Postwagens als Schutzwagen thunlichst zu vermeiden.

§. 35. Extrazüge dürfen nicht befördert werden, wenn die Bahn nicht vollständig bewacht, der Zug den Bahnwärtern nicht vorher signalisirt und der nächsten Station ordnungsmäßig gemeldet ist.

Ausnahmen sind nur in den im §. 45 näher bezeichneten Fällen zulässig.

§. 36. Arbeitszüge dürfen nur auf bestimmte Anordnung der mit der Leitung des Betriebes betrauten verantwortlichen oberen Beamten oder deren Vertreter und in fest abgegrenzten Zeiträumen auf der Bahn fahren.

Die Vorsteher der beiden angrenzenden Stationen müssen von der Bewegung solcher Züge Kenntniß erhalten. Letzteres gilt auch von einzelnen Materialien-Transportwagen und Dräsinen, welche durch Menschenkräfte bewegt werden. Dieselben müssen von einem verantwortlichen Beamten begleitet sein.

Die von Zügen zu befahrenden Geleise müssen auf der freien Bahnstrecke mindestens $\frac{1}{4}$ Stunde vor der Ankunft, auf Bahnhöfen vor Ertheilung der Erlaubniß zum Einfahren, von allen Fahrzeugen geräumt sein.

§. 37. Schneepflüge oder Wagen zum Brechen des Glatteises dürfen nicht vor die Lokomotiven fahrplanmäßiger Züge gestellt werden. Wo das Bedürfniß eintritt, werden diese Schneepflüge oder Wagen dem Zuge in entsprechendem Abstande mit besonderen Lokomotiven vorausgeschickt.

Fest mit der Zuglokomotive verbundene Schneepflüge, welche nicht auf besonderen Rädern gehen, sind zulässig.

§. 38. Ohne Erlaubniß der dazu bevollmächtigten Beamten darf außer den durch ihren Dienst dazu berechtigten Beamten Niemand auf der Lokomotive mitfahren.

§. 39. Bei angeheizten Lokomotiven soll, so lange sie vor dem Zuge halten oder in Ruhe stehen, der Regulator geschlossen, die Steuerung in Ruhe gesetzt und die Bremse angezogen sein. Die Lokomotive muß dabei stets unter spezieller Aufsicht stehen.

Die auf den Bahnhöfen stehenden Wagen sind zur Vermeidung unbeabsichtigter Bewegung mittelst Vorlagen, Bremsen oder anderer Vorrichtungen so festzustellen, daß sie nicht in Bewegung gesetzt werden können.

§. 40. Jeder im Dunkeln sich bewegende Zug, sowie jede einzeln fahrende Lokomotive muß vorn mit zwei in der Richtung der Fahrt weit leuchtenden Laternen und hinten mit mindestens einer nach rückwärts roth leuchtenden Schlußlaterne versehen sein.

Am Schlusse eines jeden im Dunkeln fahrenden Zuges ist außerdem ein dem Lokomotivführer und dem Zugpersonal sichtbares, nach hinten und nach vorn leuchtendes Laternensignal anzubringen.

Jeder Bewegung der Lokomotiven auf Bahnhöfen muß ein Achtungssignal vorhergeben.

Einzeln fahrende Lokomotiven und Arbeitszüge werden wie andere Züge signalisirt.

Auch Dräsinen und Materialien-Transportwagen (§. 36) auf freier Bahn müssen im Dunkeln angemessen beleuchtet sein.

§. 41. Auf der Bahn müssen folgende Signale gegeben werden können:
1. die Bahn ist fahrbar,
2. der Zug soll langsam fahren,
3. der Zug soll still halten.

§. 42. Die Zugführer, Schaffner und Bremser müssen das Signal zum Halten an den Lokomotivführer geben können.

§. 43. Die Lokomotivführer müssen folgende Signale geben können:
1. Achtung geben,
2. Bremsen anziehen,
3. Bremsen loslassen.

§. 44. Der Dienst mit dem elektromagnetischen Telegraphen wird nach besonderer von der Eisenbahn-Verwaltung oder Aufsichtsbehörde erlassenen Instruktion gehandhabt; es müssen durch denselben Depeschen von Station zu Station gegeben und sämmtliche Wärter zwischen je 2 Stationen von dem Abgange der Züge benachrichtigt werden können.

Die Signale
1. der Zug geht nicht ab,
2. es soll eine Hülfslokomotive kommen,

dürfen nicht mittelst optischer, sondern müssen mittelst elektrischer Telegraphen erfolgen.

Zum Herbeirufen von Hülfslokomotiven müssen die Züge mit portativen Apparaten versehen oder an geeigneten Stellen elektrische Apparate aufgestellt sein.

§. 45. Nicht fahrplanmäßige Züge oder einzelne Lokomotiven müssen in der Regel durch ein Signal an dem in der einen oder anderen Richtung zunächst vorhergehenden Zuge den Bahnwärtern, Arbeitern und den in Seitenbahnen haltenden Zügen zur Nachachtung angekündigt werden.

Kann eine solche Signalisirung nicht stattfinden, so dürfen nicht fahrplanmäßige Züge oder einzelne Lokomotiven nur abgelassen werden, wenn eine bezügliche Verständigung der beiden betreffenden Stationen stattgefunden hat, und die Wärter vorher von dem Abgang derselben durch den elektromagnetischen Telegraphen zeitig benachrichtigt sind.

Von den vorstehenden Bestimmungen kann — unter persönlicher Verantwortlichkeit des Stations-Vorstehers oder des sonst zuständigen Betriebsbeamten — abgesehen werden bei Hülfszügen, welche aus Anlaß von Eisenbahn-Unfällen, Feuersbrünsten oder sonstigen schweren Kalamitäten plötzlich erforderlich werden. Dieselben dürfen nur mit einer Geschwindigkeit von höchstens 24 Kilometer pro Stunde (400 Meter pro Minute) gefahren werden.

§. 46. Die jedesmalige Stellung der Weichen in den Hauptgeleisen der Bahnhöfe muß dem Lokomotivführer auf 150 Meter Entfernung kenntlich sein. Die dazu dienenden Zeichen müssen durch die Bewegung der Weichenzungen gestellt werden.

Auf die württembergischen Bahnen finden diese Bestimmungen bis auf Weiteres nur mit den Modifikationen Anwendung, welche das dort bestehende Weichensystem nach dem Ermessen der Königlich württembergischen Aufsichtsbehörde erfordert.

Bevor das Signal zur Ein- oder Durchfahrt für den ankommenden Zug gegeben wird und vor der Abfahrt eines jeden Zuges ist nachzusehen, ob die Bahnstränge, welche der Zug zu durchlaufen hat, frei und die betreffenden Weichen richtig gestellt sind (siehe §. 1 Al. 2).

Auf denjenigen Stationen, auf welchen eine Verbindung des Wärterpostens am Bahnhofs-Abschlußtelegraphen mit der Station durch elektrische Blockapparate oder Sprechapparate oder auf irgend einem anderen mechanischen oder elektrischen Wege nicht besteht, sind von dem dienstthuenden Stationsbeamten für die Einfahrt der Züge optische Signale am Telegraphenmast zu geben.

Für die Weichen in den Hauptgeleisen ist eine normale Stellung als Regel vorzuschreiben.

Zu den Hauptgeleisen sind alle diejenigen Geleise zu rechnen, welche in Ausführung des fahrplanmäßige Fahrdienstes von Bahnzügen durchfahren oder benutzt werden.

§. 47. Die Stellung der Ausgußröhren der Wasserkrahne soll im Dunkeln kenntlich gemacht sein.

§. 48. Das Begleitpersonal darf während der Fahrt nur einem Beamten untergeordnet sein, welcher als vorzugsweise verantwortlich für die Ordnung und Sicherheit des Zuges derart placirt sein muß, daß er den ganzen Zug übersehen, die Bahnsignale erkennen und mit dem Lokomotivführer in Verbindung treten kann. Dasselbe gilt bezüglich der Placirung auch von den Bremsern und Schaffern, soweit letzteren die Beaufsichtigung des Zuges oder die Bedienung der Bremsen obliegt. Zur Verständigung zwischen Zugpersonal und Lokomotivführer soll bei allen Zügen eine mit der Dampfpfeife der Lokomotive oder mit einem Wecker an der Lokomotive verbundene Zugleine oder eine andere geeignete Vorrichtung angebracht sein, welche bei Personenzügen über den ganzen Zug, bei gemischten Zügen über sämmtliche besetzte Personenwagen und bei Güterzügen mindestens bis zum wachthabenden Fahrbeamten geführt sein muß.

§. 49. Bei Unfällen und wenn sonst aus irgend einer Veranlassung Züge auf der Bahn stehen bleiben oder halten müssen, die fahrplanmäßig ihren Lauf fortzusetzen hätten, müssen in der Richtung, aus welcher andere Züge sich möglicherweise nähern könnten, sichere Maßregeln getroffen werden, durch welche solche Züge zeitig genug von dem Orte, wo der Zug anhält, in Kenntniß gesetzt werden.

§. 50. Für die gemäß §§. 40 bis 49 erforderlichen Signale sind die Vorschriften der Signal-Ordnung für die Eisenbahnen Deutschlands maßgebend.

Führen mehrere Bahnlinien neben einander her, so ist den optischen Signalen an denselben eine Stellung zu geben, welche der Lage der Bahnlinien zu einander entspricht.

§. 51. Jede Weiche, gegen deren Spitze fahrplanmäßige Züge fahren, muß während des Durchgangs des Zuges entweder verschlossen gehalten werden oder von einem Weichensteller bedient sein.

Den Weichenstellern an der Einfahrt in größere Stationen oder Zweigbahnen, sowie an den auf freier Bahn belegenen Ausweichungen, ebenso den auf der Fahrt

---

Zu §. 50.

Vgl. die Bekanntmachung des Reichskanzlers betr. die Signalordnung für die Eisenbahnen Deutschlands, vom 4. Januar 1875. (Centralbl. f. d. D. R. S. 73).

befindlichen Lokomotivführern, Heizern und Bremsern dürfen Geschäfte, durch welche die sorgfältige Wahrnehmung ihrer Funktionen beeinträchtigt werden könnte, nicht aufgetragen oder gestattet werden.

§. 52. Die Führung der Lokomotiven darf nur solchen Führern übertragen werden, welche wenigstens ein Jahr lang in einer mechanischen Werkstatt gearbeitet haben und nach mindestens einjähriger Lehrzeit im Lokomotivdienst durch eine, von dem Maschinenmeister und einem technischen Betriebsbeamten abzuhaltende Prüfung und durch Probefahrten ihre Befähigung nachgewiesen haben.

Die Heizer müssen mit Handhabung der Lokomotiven mindestens soweit vertraut sein, um dieselben erforderlichenfalls still- oder zurückstellen zu können.

IV. Bestimmungen für das Publikum.

§. 53. Die Eisenbahn-Reisenden müssen den allgemeinen Anordnungen nachkommen, welche von der Bahnverwaltung behufs Aufrechthaltung der Ordnung beim Transport der Personen und Effekten getroffen werden und haben den dienstlichen Anordnungen der in Uniform befindlichen oder mit einem Dienstabzeichen oder mit einer besonderen Legitimation versehenen Bahnpolizei-Beamten (§. 66) Folge zu leisten.

§. 54. Das Betreten des Planums der Bahn, der dazu gehörigen Böschungen, Dämme, Gräben, Brücken und sonstigen Anlagen ist ohne Erlaubnißkarte nur der Aufsichtsbehörde und deren Organen, den in der Ausübung ihres Dienstes befindlichen Forstschutz-, Zoll-, Steuer-, Telegraphen-, Polizeibeamten, den Beamten der Staatsanwaltschaften und den zur Rekognoszirung dienstlich entsendeten Offizieren gestattet; dabei ist jedoch die Bewegung wie der Aufenthalt innerhalb der Fahr- und Rangir-Geleise zu vermeiden. Das Publikum darf die Bahn nur an den zu Ueberfahrten oder Uebergängen bestimmten Stellen überschreiten und zwar nur so lange, als die letzteren nicht durch Barrieren verschlossen sind. Es ist dabei jeder unnöthige Verzug zu vermeiden.

Die Gewährung von Erlaubnißkarten zum Betreten der vorstehend bezeichneten Bahnanlagen bedarf der Genehmigung der Aufsichtsbehörde.

Es ist untersagt, die Barrieren oder sonstigen Einfriedigungen eigenmächtig zu öffnen, zu überschreiten oder zu übersteigen, oder etwas darauf zu legen oder zu hängen.

§. 55. Außerhalb der bestimmungsmäßig dem Publikum für immer oder zeitweise geöffneten Räume darf Niemand den Bahnhof ohne Erlaubnißkarte betreten, mit Ausnahme der in Ausübung ihres Dienstes befindlichen Chefs der Militär- und Polizeibehörde, sowie der im §. 54 gedachten und der Postbeamten.

Den Festungs-Kommandanten, Fortifikations-Offizieren und den durch ihre Uniform als solche kenntlichen Fortifikations-Beamten ist gestattet, auch den Bahnkörper wie die Bahnhöfe innerhalb des Festungsrayons zu betreten.

Die Wagen, welche Reisende zur Bahn bringen oder daher abholen, müssen auf den Vorplätzen der Bahnhöfe an den dazu bestimmten Stellen auffahren.

Die Ueberwachung der Ordnung auf den für diese Wagen bestimmten Vorplätzen, soweit dies den Verkehr mit Reisenden und deren Gepäck betrifft, steht den Bahnpolizei-Beamten zu, insofern in dieser Beziehung nicht besondere Vorschriften ein Anderes bestimmen.

§. 56. Das Hinüberschaffen von Pflügen, Eggen und anderen Geräthen, sowie von Baumstämmen und anderen schweren Gegenständen über die Bahn darf, sofern solche nicht getragen werden, nur auf Wagen oder untergelegten Schleifen erfolgen.

Zu §§. 53—61.

Die Strafe der Zuwiderhandlung gegen die Vorschriften der §§. 53—61 ist im §. 62 bestimmt.

§. 57. Für das Betreten der Bahn und der dazu gehörigen Anlagen durch Vieh bleibt derjenige verantwortlich, welchem die Aufsicht über dasselbe obliegt.

Das Treiben von größeren Viehheerden über die Bahnübergänge ist innerhalb zehn Minuten vor dem erwarteten Eintreffen eines Zuges nicht mehr gestattet.

§. 58. Privatübergänge dürfen nur von den Berechtigten unter den von der Aufsichtsbehörde genehmigten Bedingungen benutzt werden.

§. 59. So lange die Uebergänge geschlossen sind, müssen Fuhrwerke, Reiter, Treiber von Viehheerden und Führer von Lastthieren bei den aufgestellten Warnungstafeln halten. Das Gleiche gilt, sobald die Glocken an den mit Zugbarrieren versehenen Uebergängen ertönen. Fußgänger dürfen sich den geschlossenen Barrieren nähern, dieselben aber nicht öffnen.

§. 60. Alle Beschädigungen der Bahn und der dazu gehörigen Anlagen, mit Einschluß der Telegraphen, sowie der Betriebsmittel nebst Zubehör, ingleichen das Auflegen von Steinen, Holz und sonstigen Sachen auf das Planum, oder das Anbringen sonstiger Fahrhindernisse sind verboten, ebenso die Erregung falschen Alarms, die Nachahmung von Signalen, die Verstellung von Ausweiche-Vorrichtungen und überhaupt die Vornahme aller, den Betrieb störenden Handlungen.

§. 61. Das Einsteigen in einen bereits in Gang gesetzten Zug, der Versuch, sowie die Hülfeleistung dazu, ingleichen das eigenmächtige Oeffnen der Wagenthüren oder Aussteigen, während der Zug sich noch in Bewegung befindet, ist verboten.

§. 62. Wer den Bestimmungen der §§. 53—61 und den nachfolgenden Bestimmungen des Betriebs-Reglements für die Eisenbahnen Deutschlands vom 11. Mai 1874 zuwiderhandelt, welche also lauten:

> Feuergefährliche Gegenstände, sowie alles Gepäck, welches Flüssigkeiten und andere Gegenstände enthält, die auf irgend eine Weise Schaden verursachen können, insbesondere geladene Gewehre, Schießpulver, leicht entzündbare Präparate und andere Sachen gleicher Eigenschaft, dürfen in den Personenwagen nicht mitgenommen werden. Das Eisenbahn-Dienstpersonal ist berechtigt, sich in dieser Beziehung die nöthige Ueberzeugung zu verschaffen.
>
> Jägern und im öffentlichen Dienste stehenden Personen ist jedoch die Mitführung von Handmunition gestattet.

wird mit einer Geldstrafe bis zu dreißig Mark bestraft, sofern nicht nach den allgemeinen Strafbestimmungen eine härtere Strafe verwirkt ist.

§. 63. Die Bahnpolizei-Beamten sind befugt, einen Jeden vorläufig festzunehmen, der auf der Uebertretung der im §. 62 gedachten Bestimmungen betroffen oder unmittelbar nach der Uebertretung verfolgt wird und sich über seine Person nicht auszuweisen vermag. Derselbe ist mit der Festnahme zu verschonen, wenn er eine angemessene Sicherheit bestellt. Die Sicherheit darf den Höchstbetrag der angedrohten Strafe nicht übersteigen.

Enthält die strafbare Handlung ein Verbrechen oder Vergehen, so kann sich der Schuldige durch eine Sicherheitsbestellung der vorläufigen Festnahme nicht entziehen.

Jeder Festgenommene ist ungesäumt an die nächste Polizeibehörde oder an den Staats- oder Polizeianwalt abzuliefern.

§. 64. Den Bahnpolizei-Beamten ist gestattet, die festgenommenen Personen durch Mannschaften aus dem auf der Eisenbahn befindlichen Arbeitspersonale in Bewachung nehmen und an den Bestimmungsort abliefern zu lassen. In diesem Falle hat der Bahnpolizei-Beamte eine, mit seinem Namen und mit seiner Dienstqualität bezeichnete Festnehmungskarte mitzugeben, welche vorläufig die Stelle der aufzunehmenden Verhandlung vertritt, die in der Regel an demselben Tage, an dem die Uebertretung konstatirt wurde, spätestens aber am Vormittage des folgenden

---

Zu §. 62.

Vgl. die §§. 27, 28, 29, 78 des St.G.B.

Tages an die Polizeibehörde oder den Staats- oder Polizeianwalt eingesendet werden muß.

§. 65. Ein Abdruck der §§. 53—65 dieses Reglements und der §§. 13, 14, 22 Al. 2 und 5 und 23 des Betriebs-Reglements ist in jedem Passagierzimmer auszuhängen und ferner auf jedem Bahnhofe ein dem Publikum zugängliches Beschwerdebuch im Stationsbüreau auszulegen.

V. Bahnpolizei-Beamte.

§. 66. Zur Ausübung der Bahnpolizei sind zunächst verpflichtet folgende Eisenbahnbeamte:

1. der Betriebsdirektor und der Ober-Ingenieur,
2. der Ober-Betriebs-Inspektor,
3. die Betriebs-Inspektoren, Betriebs-Bauinspektoren, Betriebs-Kontrolöre und Ober-Zugmeister,
4. die Eisenbahn-Baumeister und Abtheilungs-Baumeister und Ingenieure,
5. die Bahnmeister und die Ober-Bahnwärter,
6. die Bahn- und Hülfsbahnwärter,
7. der Bahnkontrolör,
8. die Stationsvorsteher beziehungsweise Bahnhofs-Inspektoren und Bahnhofs-Verwalter,
9. die Stations-Aufseher und Bahnhofs-Aufseher,
10. die Stations-Assistenten und Bahnhofs-Inspektions-Assistenten,
11. die Weichensteller, Weichenwärter, Stationswärter und Hülfsweichenwärter,
12. die Zugführer, Packmeister, Schaffner, Zugmeister, Konduktöre und Wagenwärter,
13. die Portiers und Nachtwächter.

Die Bahnpolizei-Beamten müssen bei Ausübung ihres Dienstes die vorgeschriebene Dienstuniform oder das festgestellte Dienstabzeichen tragen oder mit einer Legitimation versehen sein.

§. 67. Allen im §. 66 genannten Bahnpolizeibeamten, welche in der zur Sicherung des Betriebes erforderlichen Anzahl angestellt werden müssen, sind von der Eisenbahnverwaltung über ihre Dienstverrichtungen und ihr gegenseitiges Dienstverhältniß schriftliche oder gedruckte Instruktionen zu ertheilen.

§. 68. Alle zur Ausübung der Bahnpolizei berufenen Beamten müssen mindestens 21 Jahre alt und unbescholtenen Rufes sein, lesen und schreiben können und die sonst zu ihrem besonderen Dienst erforderlichen Eigenschaften besitzen.

Die Bahnpolizei-Beamten werden von der zuständigen Behörde vereidet. Sie treten alsdann in Beziehung auf die ihnen übertragenen Dienstverrichtungen dem Publikum gegenüber in die Rechte der öffentlichen Polizeibeamten.

Die Offiziere und Mannschaften der militärischen Formationen für Eisenbahnzwecke sind von obigen Vorschriften über das Alter und die Beeidigung ausgeschlossen.

§. 69. Die Bahnpolizei-Beamten haben dem Publikum gegenüber ein be-

---

Zu §. 68.

1. Die Bestimmung des §. 68 Al. 2 weicht von der Regel des §. 359 des Deutschen Strafgesetzbuchs ab, insofern als sie die Erlangung der Rechte eines öffentlichen Polizeibeamten für einen Bahnpolizeibeamten von seiner vorgängigen Vereidigung abhängig macht. Erk. (Z. I.) Pr. O.Tr. v. 5. Febr. 1873 c. Knöfel (I. 828) Goltd. A. 21 S. 192.

2. Die Beamten der Privateisenbahngesellschaften erlangen durch ihre Vereidigung als Bahnpolizeibeamte die Qualität der öffentlichen Polizeibeamten nicht für alle in ihrer Eigenschaft als Eisenbahnbeamte ihnen obliegenden Funktionen, sondern nur für diejenigen Dienstverrichtungen, welche die Handhabung der Bahnpolizei betreffen. In das Gebiet der Bahnpolizei gehören nur die Maßregeln, welche zur Sicherung der Eisenbahn selbst, der Betriebsmittel, des Personenverkehrs und zur Aufrechthaltung der Ordnung beim Transport getroffen sind, nicht aber die Anordnungen, welche den Zweck haben, die Zahlung des Fahrgeldes zu kontroliren und eine Hinterziehung desselben zu verhindern. Die Schaffner üben daher nicht bahnpolizeiliche Funktionen aus, insoweit sie mit der Kontrole der erfolgten Zahlung des Fahrgeldes beauftragt sind. (Erk. (Z. II.) Pr. O.Tr. vom 4. Dezember 1873 c. Rüdiger (II. 436) Goltd. A. 22 S. 132; O.R. 14, S. 775.

sonnenes, anständiges und rücksichtsvolles Benehmen zu beobachten und sich insbesondere jenes herrischen und unfreundlichen Auftretens zu enthalten.

Unziemlichkeiten sind von dem Vorgesetzten streng zu rügen und nöthigenfalls durch angemessene Disziplinarstrafen zu ahnden.

Diejenigen Bahnpolizei-Beamten, welche sich als zur Ausübung ihres Dienstes ungeeignet zeigen, müssen sofort von der Verrichtung polizeilicher Funktionen entfernt werden.

Die Bahnverwaltung ist verbunden, über jeden Bahnpolizei-Beamten Personalakten anzulegen und fortzuführen.

§. 70. Die Amtswirksamkeit der Bahnpolizei-Beamten erstreckt sich ohne Rücksicht auf den ihnen angewiesenen Wohnsitz auf die ganze Bahn, die dazu gehörigen Anlagen, und so weit, als solches zur Handhabung und Aufrechthaltung der für Eisenbahnbetrieb erlassenen oder noch zu erlassenden Polizei-Verordnungen erforderlich ist.

§. 71. Die Staats- und Gemeinde-Polizeibeamten sind verpflichtet, die Bahnpolizei-Beamten auf deren Ersuchen in der Handhabung der Bahnpolizei zu unterstützen. Ebenso sind die Bahnpolizei-Beamten verbunden, den übrigen Polizeibeamten bei der Ausübung ihres Amtes innerhalb des im vorhergehenden Paragraphen bezeichneten Gebiets Beistand zu leisten, soweit es die den Bahnbeamten obliegenden besonderen Pflichten zulassen.

VI. Beaufsichtigung.

§. 72. Die Aufsicht über die Ausführnng der im Vorstehenden zur Sicherung des Betriebes gegebenen Vorschriften liegt ob:

a) bei den unter Staatsverwaltung stehenden Eisenbahnen den Eisenbahn-Direktionen,
b) bei den unter Privatverwaltung stehenden Eisenbahnen dem obersten Betriebs-Dirigenten oder den Eisenbahn-Direktionen und
c) den Aufsichtsbehörden.

VII. Uebergangsbestimmung.

§. 73. Insofern auf einer Bahn einzelne in diesem Reglement vorgeschriebene Einrichtungen noch nicht bestehen, auch ihre Herstellung ohne besondere Schwierigkeiten bis zu dem im §. 74 bestimmten Termin nicht zu bewirken ist, können für deren Ausführung von der betreffenden Landesregierung mit Zustimmung des Reichs-Eisenbahn-Amts angemessene Fristen bewilligt werden. Desfallsige Anträge sind bis zum 1. März 1875 einzureichen.

VIII. Schlußbestimmung.

§. 74. Dieses Reglement tritt mit dem 1. April 1875 in Kraft und findet Anwendung auf alle Eisenbahnen Deutschlands. Ausgenommen von demselben sind diejenigen Eisenbahnen, welche mit schmalerer als der Normalspur gebaut sind, sowie diejenigen, bei welchen vermöge ihrer untergeordneten Bedeutung von der zuständigen Landesbehörde mit Zustimmung des Reichs-Eisenbahn-Amts eine Abweichung für zulässig erkannt wird.

Dasselbe wird durch das „Central-Blatt für das Deutsche Reich" und außerdem von den Bundesregierungen publizirt.

Die von den Bundesregierungen oder Eisenbahnverwaltungen erlassenen Ausführungs-Bestimmungen sind dem Reichs-Eisenbahn-Amt mitzutheilen.

Berlin, den 4. Januar 1875.

Der Reichskanzler.
Fürst v. Bismarck.

Zu §. 74.
Vgl. die Kaiserl. Verordnung, betreffend die Sicherheitsordnung für die Eisenbahnen in Elsaß-Lothringen, auf welche das Bahnpolizei-Reglement und die Signalordnung für die Eisenbahnen Deutschlands vom 4. Januar 1875 keine Anwendung finden, vom 24. April 1876. (Stück 7 des Ges.Bl. f. Els.-Lothr. 1876.)

Normalprofil
des lichten Raumes
für die
Eisenbahnen Deutschlands
für

die freie Bahn. | die Bahnhöfe.

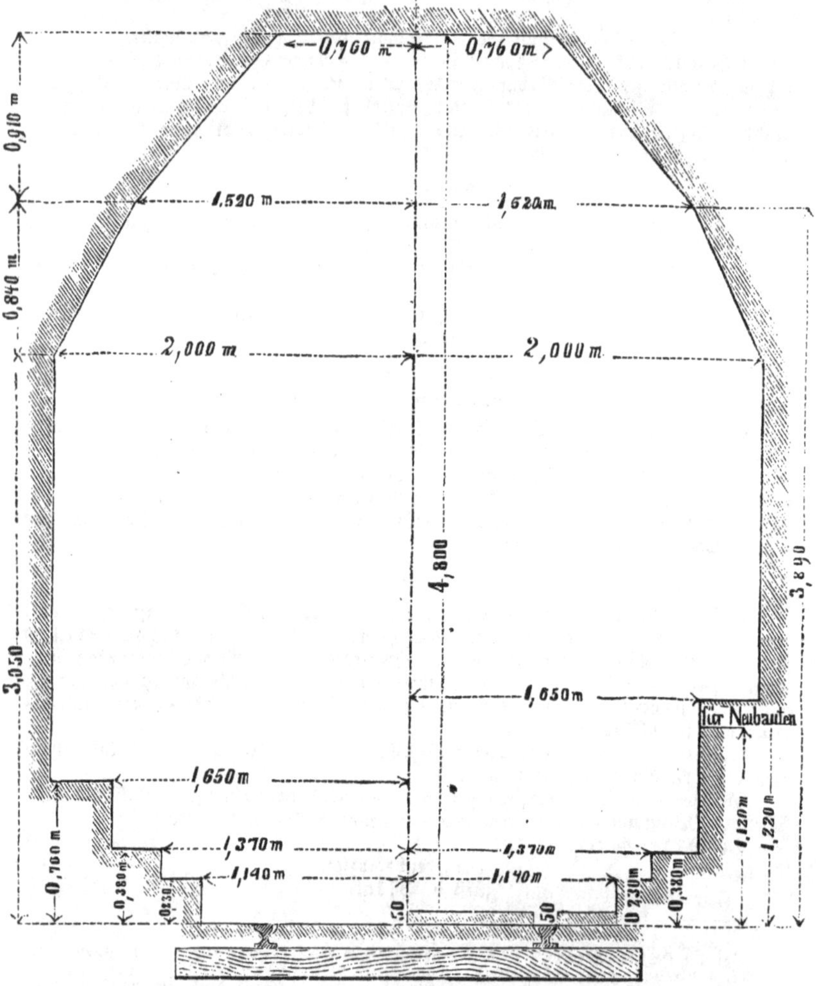

Gesetz über die Beurkundung des Personenstandes und die Eheschließung. Vom 6. Februar 1875.

[R.G.Bl. 1875. S. 23.]

Wir Wilhelm, von Gottes Gnaden Deutscher Kaiser, König von Preußen 2c. verordnen im Namen des Deutschen Reichs, nach erfolgter Zustimmung des Bundesraths und des Reichstags, was folgt:

Erster Abschnitt.

Allgemeine Bestimmungen.

§. 1. Die Beurkundung der Geburten, Heirathen und Sterbefälle erfolgt ausschließlich durch die vom Staate bestellten Standesbeamten mittels Eintragung in die dazu bestimmten Register.

§. 2. Die Bildung der Standesamtsbezirke erfolgt durch die höhere Verwaltungsbehörde.

Die Standesamtsbezirke können aus einer oder mehreren Gemeinden gebildet, größere Gemeinden in mehrere Standesamtsbezirke getheilt werden.

§. 3. Für jeden Standesamtsbezirk ist ein Standesbeamter und mindestens ein Stellvertreter zu bestellen. Für den Fall vorübergehender Behinderung oder gleichzeitiger Erledigung des Amtes des Standesbeamten und der Stellvertreter ist die nächste Aufsichtsbehörde ermächtigt, die einstweilige Beurkundung des Personenstandes einem benachbarten Standesbeamten oder Stellvertreter zu übertragen.

Die Bestellung erfolgt, soweit nicht im §. 4 ein Anderes bestimmt ist, durch die höhere Verwaltungsbehörde.

Geistlichen und anderen Religionsdienern darf das Amt eines Standesbeamten oder die Stellvertretung eines solchen nicht übertragen werden.

§. 4. In den Standesamtsbezirken, welche den Bezirk einer Gemeinde nicht überschreiten, hat der Vorsteher der Gemeinde (Bürgermeister, Schultheiß, Ortsvorsteher oder deren gesetzlicher Stellvertreter) die Geschäfte des Standesbeamten wahrzunehmen, sofern durch die höhere Verwaltungsbehörde nicht ein besonderer Beamter für dieselben bestellt ist. Der Vorsteher ist jedoch befugt, diese Geschäfte mit Genehmigung der höheren Verwaltungsbehörde anderen Gemeindebeamten widerruflich zu übertragen.

Die Gemeindebehörde kann die Anstellung besonderer Standesbeamten beschließen. Die Ernennung der Standesbeamten erfolgt in diesem Falle durch den Gemeindevorstand unter Genehmigung der höheren Verwaltungsbehörde.

In der gleichen Weise erfolgt die Bestellung der Stellvertreter.

Die durch den Gemeindevorstand ernannten besonderen Standesbeamten und deren Stellvertreter sind Gemeindebeamte.

§. 5. Die durch die höhere Verwaltungsbehörde erfolgte Bestellung und Genehmigung zur Bestellung ist jederzeit widerruflich.

§. 6. Ist ein Standesamtsbezirk aus mehreren Gemeinden gebildet, so werden der Standesbeamte und dessen Stellvertreter stets von der höheren Verwaltungsbehörde bestellt.

Ein jeder Vorsteher oder andere Beamte einer dieser Gemeinden ist verpflichtet, das Amt des Standesbeamten oder des Stellvertreters zu übernehmen.

Die landesgesetzlichen Vorschriften, nach welchen den Vorstehern der aus mehreren Gemeinden gebildeten Verbände die gleiche Verpflichtung obliegt, werden hierdurch nicht berührt.

§. 7. Die etwa erforderliche Entschädigung der nach §. 4 von den Gemeinden bestellten Standesbeamten fällt der Gemeinde zur Last.

Die in §. 6 Absatz 2 und 3 bezeichneten Beamten sind berechtigt, für Wahrnehmung der Geschäfte des Standesbeamten von dem zum Bezirk ihres Hauptamtes nicht gehörigen Gemeinden eine in allen Fällen als Pauschquantum festzusetzende Entschädigung zu beanspruchen.

Die Festsetzung erfolgt durch die untere Verwaltungsbehörde; über Beschwerden entscheidet endgültig die höhere Verwaltungsbehörde.

Bestellt die höhere Verwaltungsbehörde andere Personen zu Standesbeamten oder zu Stellvertretern, so fällt die etwa zu gewährende Entschädigung der Staatskasse zur Last.

§. 8. Die sächlichen Kosten werden in allen Fällen von den Gemeinden getragen; die Register und Formulare zu allen Registerauszügen werden jedoch den Gemeinden von der Zentralbehörde des Bundesstaats kostenfrei geliefert.

§. 9. In Standesamtsbezirken, welche aus mehreren Gemeinden gebildet sind, wird die den Standesbeamten oder den Stellvertretern zu gewährende Entschädigung und der Betrag der sächlichen Kosten auf die einzelnen betheiligten Gemeinden nach dem Maßstabe der Seelenzahl vertheilt.

§. 10. Den Gemeinden im Sinne dieses Gesetzes werden die außerhalb der Gemeinden stehenden Gutsbezirke, den Gemeindevorstehern die Vorsteher dieser Bezirke gleich geachtet.

§. 11. Die Aufsicht über die Amtsführung der Standesbeamten wird von der unteren Verwaltungsbehörde, in höherer Instanz von der höheren Verwaltungsbehörde geübt, insoweit die Landesgesetze nicht andere Aufsichtsbehörden bestimmen.

Die Aufsichtsbehörde ist befugt, gegen den Standesbeamten Warnungen, Verweise und Geldstrafen zu verhängen. Letztere dürfen für jeden einzelnen Fall den Betrag von einhundert Mark nicht übersteigen.

Lehnt der Standesbeamte die Vornahme einer Amtshandlung ab, so kann er dazu auf Antrag der Betheiligten durch das Gericht angewiesen werden. Zuständig ist das Gericht erster Instanz, in dessen Bezirk der Standesbeamte seinen Amtssitz hat. Das Verfahren und die Beschwerdeführung regelt sich, insoweit die Landesgesetze nicht ein Anderes bestimmen, nach den Vorschriften, welche in Sachen der nichtstreitigen Gerichtsbarkeit gelten.

§. 12. Von jedem Standesbeamten sind drei Standesregister unter der Bezeichnung:

Geburtsregister,
Heirathsregister,
Sterberegister

zu führen.

Zu §. 12.

1. Die Standesbeamten sind verpflichtet, als Beilage zu den Registern Sammelakten, nach Jahrgängen geordnet, und zwar für jedes Register besonders, anzulegen, und in dieselben alle ihnen zugestellten schriftlichen Anträge, Anzeigen, Urkunden, Mittheilungen, Verfügungen, insbesondere die der Aufsichtsbehörde und der Gerichte (§§. 20, 24—28, 33, 35, 38, 43, 45, 48—50, 55, 58, 60, 62—65 des Gesetzes), desgleichen die von ihnen in Gemäßheit der §§. 21, 25, 45—47, 58, 68 aufgenommenen Verhandlungen und getroffenen Anordnungen anfzunehmen.

Außerdem haben die Standesbeamten:

1. zu jedem der 3 Register ein alphabetisches, das Auffinden der einzelnen Eintragung ermöglichendes Namensverzeichniß,
2. eine Kontrole über die nachträglich zu machenden Anzeigen der Vornamen des Kindes (§. 22 Abs. 3 des Gesetzes),
3. ein Verzeichniß der von ihnen angeordneten oder auf Ersuchen eines andern Standesbeamten verkündeten Aufgebote,
4. ein Verzeichniß über die zu erhebenden und erhobenen Gebühren (§. 16 des Gesetzes)

zu führen. §. 8 und §. 9 der Ausf.V. des Bundesraths.

2. Die Standesregister sind in deutscher Sprache zu führen.

Die Bestimmungen des für Elsaß-Lothringen erlassenen Gesetzes vom 31. März 1872, betreffend die amtliche Geschäftssprache daselbst, werden hierdurch nicht berührt. §. 12. der Ausf.V. des Bundesraths.

3. Vgl. wegen Anwendung der vorgeschriebenen Formulare zu den Standesregistern und den Nebenregistern die §§. 1, 2, 4—7 der Ausf.V. des Bundesraths.

§. 13. Die Eintragungen in die Standesregister erfolgen unter fortlaufenden Nummern und ohne Abkürzungen. Unvermeidliche Zwischenräume sind durch Striche auszufüllen, die wesentlichen Zahlenangaben mit Buchstaben zu schreiben.

Die auf mündliche Anzeige oder Erklärung erfolgenden Eintragungen sollen enthalten:

1. den Ort und Tag der Eintragung;
2. die Bezeichnung der Erschienenen;
3. den Vermerk des Standesbeamten, daß und auf welche Weise er sich die Ueberzeugung von der Persönlichkeit der Erschienenen verschafft hat;
4. den Vermerk, daß die Eintragung den Erschienenen vorgelesen und von denselben genehmigt ist;
5. die Unterschrift der Erschienenen und, falls sie schreibensunkundig oder zu schreiben verhindert sind, ihr Handzeichen oder die Angabe des Grundes, aus welchem sie dieses nicht beifügen konnten;
6. die Unterschrift des Standesbeamten.

Die auf schriftliche Anzeige erfolgenden Eintragungen sind unter Angabe von Ort und Tag der Eintragung zu bewirken und durch die Unterschrift des Standesbeamten zu vollziehen.

Zusätze, Löschungen oder Abänderungen sind am Rande zu vermerken und gleich der Eintragung selbst besonders zu vollziehen.

§. 14. Von jeder Eintragung in das Register ist von dem Standesbeamten an demselben Tage eine von ihm zu beglaubigende Abschrift in ein Nebenregister einzutragen.

Nach Ablauf des Kalenderjahres hat der Standesbeamte jedes Haupt- und jedes Nebenregister unter Vermerkung der Zahl der darin enthaltenen Eintragungen abzuschließen und das Nebenregister der Aufsichtsbehörde einzureichen; die letztere hat dasselbe nach erfolgter Prüfung dem Gerichte erster Instanz zur Aufbewahrung zuzustellen.

Eintragungen, welche nach Einreichung des Nebenregisters in dem Hauptregister gemacht werden, sind gleichzeitig der Aufsichtsbehörde in beglaubigter Abschrift mitzutheilen. Die Letztere hat zu veranlassen, daß diese Eintragungen dem Nebenregister beigeschrieben werden.

§. 15. Die ordnungsmäßig geführten Standesregister (§§. 12 bis 14) beweisen diejenigen Thatsachen, zu deren Beurkundung sie bestimmt und welche in ihnen eingetragen sind, bis der Nachweis der Fälschung, der unrichtigen Eintragung oder der Unrichtigkeit der Anzeigen und Feststellungen, auf Grund deren die Eintragung stattgefunden hat, erbracht ist.

Dieselbe Beweiskraft haben die Auszüge, welche als gleichlautend mit dem Haupt- oder Nebenregister bestätigt und mit der Unterschrift und dem Dienstsiegel des Standesbeamten oder des zuständigen Gerichtsbeamten versehen sind.

Inwiefern durch Verstöße gegen die Vorschriften dieses Gesetzes über Art und Form der Eintragungen die Beweiskraft aufgehoben oder geschwächt wird, ist nach freiem richterlichen Ermessen zu beurtheilen.

§. 16. Die Führung der Standesregister und die darauf bezüglichen Verhandlungen erfolgen kosten- und stempelfrei.

Gegen Zahlung der nach dem angehängten Tarife zulässigen Gebühren müssen die Standesregister jedermann zur Einsicht vorgelegt, sowie beglaubigte Auszüge (§. 15) aus denselben ertheilt werden. In amtlichem Interesse und bei Unvermögen der Betheiligten ist die Einsicht der Register und die Ertheilung der Auszüge gebührenfrei zu gewähren.

Jeder Auszug einer Eintragung muß auch die zu derselben gehörigen Ergänzungen und Berichtigungen enthalten.

Zu §. 16.

Geistlichen und anderen Religionsdienern ist die Einsicht der Register kostenfrei zu gestatten. §. 11 der Ausf.B. des Bundesrathes.

Zweiter Abschnitt.

Beurkundung der Geburten.

§. 17. Jede Geburt eines Kindes ist innerhalb einer Woche dem Standesbeamten des Bezirks, in welchem die Niederkunft stattgefunden hat, anzuzeigen.

§. 18. Zur Anzeige sind verpflichtet:

1) der eheliche Vater;
2) die bei der Niederkunft zugegen gewesene Hebamme;
3) der dabei zugegen gewesene Arzt;
4) jede andere dabei zugegen gewesene Person;
5) die Mutter, sobald sie dazu im Stande ist.

Jedoch tritt die Verpflichtung der in der vorstehenden Reihenfolge später genannten Personen nur dann ein, wenn ein früher genannter Verpflichteter nicht vorhanden oder derselbe an der Erstattung der Anzeige verhindert ist.

§. 19. Die Anzeige ist mündlich von dem Verpflichteten selbst oder durch eine andere aus eigener Wissenschaft unterrichtete Person zu machen.

§. 20. Bei Geburten, welche sich in öffentlichen Entbindungs-, Hebammen-, Kranken-, Gefangen- und ähnlichen Anstalten, sowie in Kasernen ereignen, trifft die Verpflichtung zur Anzeige ausschließlich den Vorsteher der Anstalt oder den von der zuständigen Behörde ermächtigten Beamten. Es genügt eine schriftliche Anzeige in amtlicher Form.

§. 21. Der Standesbeamte ist verpflichtet, sich von der Richtigkeit der Anzeige (§§. 17 bis 20), wenn er dieselbe zu bezweifeln Anlaß hat, in geeigneter Weise Ueberzeugung zu verschaffen.

§. 22. Die Eintragung des Geburtsfalles soll enthalten:

1) Vor- und Familiennamen, Stand oder Gewerbe und Wohnort des Anzeigenden;
2) Ort, Tag und Stunde der Geburt:
3) Geschlecht des Kindes;
4) Vornamen des Kindes;
5) Vor- und Familiennamen, Religion, Stand oder Gewerbe und Wohnort der Eltern.

Bei Zwillings- oder Mehrgeburten ist die Eintragung für jedes Kind besonders und so genau zu bewirken, daß die Zeitfolgen der verschiedenen Geburten ersichtlich ist.

Standen die Vornamen des Kindes zur Zeit der Anzeige noch nicht fest, so sind dieselben nachträglich und längstens binnen zwei Monaten nach der Geburt anzuzeigen. Ihre Eintragung erfolgt am Rande der ersten Eintragung.

§. 23. Wenn ein Kind todtgeboren oder in der Geburt verstorben ist, so muß die Anzeige spätestens am nächstfolgenden Tage geschehen. Die Eintragung ist alsdann mit dem im §. 22 unter Nr. 1 bis 3 und 5 angegebenen Inhalte nur im Sterberegister zu machen.

§. 24. Wer ein neugeborenes Kind findet, ist verpflichtet, hiervon spätestens am nächstfolgenden Tage Anzeige bei der Ortspolizeibehörde zu machen. Die Letztere hat die erforderlichen Ermittelungen vorzunehmen und dem Standesbeamten des Bezirks von deren Ergebniß behufs Eintragung in das Geburtsregister Anzeige zu machen.

Die Eintragung soll enthalten die Zeit, den Ort und die Umstände des Auffindens, die Beschaffenheit und die Kennzeichen der bei dem Kinde vorgefundenen Kleider und sonstigen Gegenstände, die körperlichen Merkmale des Kindes, sein vermuthliches Alter, sein Geschlecht, die Behörde, Anstalt oder Person, bei welcher das Kind untergebracht worden, und die Namen, welche ihm beigelegt werden.

§. 25. Die Anerkennung eines unehelichen Kindes darf in das Geburtsregister nur dann eingetragen werden, wenn dieselbe vor dem Standesbeamten oder in einer gerichtlich oder notariell aufgenommenen Urkunde erklärt ist.

§. 26. Wenn die Feststellung der Abstammung eines Kindes erst nach Eintragung des Geburtsfalles erfolgt oder die Standesrechte durch Legitimation, Annahme an Kindesstatt oder in anderer Weise eine Veränderung erleiden, so ist dieser Vorgang, sofern er durch öffentliche Urkunden nachgewiesen wird, auf Antrag eines Betheiligten am Rande der über den Geburtsfall vorgenommenen Eintragung zu vermerken.

§. 27. Wenn die Anzeige eines Geburtsfalles über drei Monate verzögert wird, so darf die Eintragung nur mit Genehmigung der Aufsichtsbehörde nach Ermittelung des Sachverhalts erfolgen.

Die Kosten dieser Ermittelung sind von demjenigen einzuziehen, welcher die rechtzeitige Anzeige versäumt hat.

Dritter Abschnitt.

Erfordernisse der Eheschließung.

§. 28. Zur Eheschließung ist die Einwilligung und die Ehemündigkeit der Eheschließenden erforderlich.

Die Ehemündigkeit des männlichen Geschlechts tritt mit dem vollendeten zwanzigsten Lebensjahre, die des weiblichen Geschlechts mit dem vollendeten sechszehnten Lebensjahre ein. Dispensation ist zulässig.

§. 29. Eheliche Kinder bedürfen zur Eheschließung, so lange der Sohn das fünfundzwanzigste, die Tochter das vierundzwanzigste Lebensjahr nicht vollendet hat, der Einwilligung des Vaters, nach dem Tode des Vaters der Einwilligung der Mutter und, wenn sie minderjährig sind, auch des Vormundes.

Sind beide Eltern verstorben, so bedürfen Minderjährige der Einwilligung des Vormundes.

Dem Tode des Vaters oder der Mutter steht es gleich, wenn dieselben zur Abgabe einer Erklärung dauernd außer Stande sind, oder ihr Aufenthalt dauernd unbekannt ist.

Eine Einwilligung des Vormundes ist für diejenigen Minderjährigen nicht erforderlich, welche nach Landesrecht einer Vormundschaft nicht unterliegen.

Inwiefern die Wirksamkeit einer Vormundschaftsbehörde oder eines Familienrathes stattfindet, bestimmt sich nach Landesrecht.

§. 30. Auf uneheliche Kinder finden die im vorhergehenden Paragraphen für vaterlose eheliche Kinder gegebenen Bestimmungen Anwendung.

§. 31. Bei angenommenen Kindern tritt an Stelle des Vaters (§. 29) derjenige, welcher an Kindesstatt angenommen hat. Diese Bestimmung findet in denjenigen Theilen des Bundesgebietes keine Anwendung, in welchen durch eine Annahme an Kindesstatt die Rechte der väterlichen Gewalt nicht begründet werden können.

§. 32. Im Falle der Versagung der Einwilligung zur Eheschließung steht großjährigen Kindern die Klage auf richterliche Ergänzung zu.

§. 33. Die Ehe ist verboten:

1. zwischen Verwandten in auf- und absteigender Linie,
2. zwischen voll- und halbbürtigen Geschwistern,
3. zwischen Stiefeltern und Stiefkindern, Schwiegereltern und Schwiegerkindern jeden Grades,

   ohne Unterschied, ob das Verwandtschafts- oder Schwägerschaftsverhältniß auf ehelicher oder außerehelicher Geburt beruht und ob die Ehe, durch welche die Stief- oder Schwiegerverbindung begründet wird, noch besteht oder nicht,
4. zwischen Personen, deren eine die andere an Kindesstatt angenommen hat, so lange dieses Rechtsverhältniß besteht,
5. zwischen einem wegen Ehebruchs Geschiedenen und seinem Mitschuldigen.

Im Falle der Nr. 5 ist Dispensation zulässig.

§. 34. Niemand darf eine neue Ehe schließen, bevor seine frühere Ehe aufgelöst, für ungültig oder für nichtig erklärt ist.

§. 35. Frauen dürfen erst nach Ablauf des zehnten Monats seit Beendigung der früheren Ehe eine weitere Ehe schließen.

Dispensation ist zulässig.

§. 36. Hinsichtlich der rechtlichen Folgen einer gegen die Bestimmungen der §§. 28 bis 35 geschlossenen Ehe sind die Vorschriften des Landesrechts maßgebend.

Dasselbe gilt von dem Einflusse des Zwangs, Irrthums und Betrugs auf die Gültigkeit der Ehe.

§. 37. Die Eheschließung eines Pflegebefohlenen mit seinem Vormund oder dessen Kindern ist während der Dauer der Vormundschaft unzulässig.

Ist die Ehe gleichwohl geschlossen, so kann dieselbe als ungültig nicht angefochten werden.

§. 38. Die Vorschriften, welche die Ehe der Militärpersonen, der Landesbeamten und der Ausländer von einer Erlaubniß abhängig machen, werden nicht berührt. Auf die Rechtsgültigkeit der geschlossenen Ehe ist der Mangel dieser Erlaubniß ohne Einfluß.

Ein Gleiches gilt von den Vorschriften, welche vor der Eheschließung eine Nachweisung, Auseinandersetzung oder Sicherstellung des Vermögens erfordern.

§. 39. Alle Vorschriften, welche das Recht zur Eheschließung weiter beschränken, als es durch dieses Gesetz geschieht, werden aufgehoben.

§. 40. Die Befugniß zur Dispensation von Ehehindernissen steht nur dem Staate zu. Ueber die Ausübung dieser Befugniß haben die Landesregierungen zu bestimmen.

Vierter Abschnitt.

Form und Beurkundung der Eheschließung.

§. 41. Innerhalb des Gebietes des Deutschen Reichs kann eine Ehe rechtsgültig nur vor dem Standesbeamten geschlossen werden.

§. 42. Zuständig ist der Standesbeamte, in dessen Bezirk einer der Verlobten seinen Wohnsitz hat oder sich gewöhnlich aufhält. Unter mehreren zuständigen Standesbeamten haben die Verlobten die Wahl.

Eine nach den Vorschriften dieses Gesetzes geschlossene Ehe kann nicht aus dem Grunde angefochten werden, weil der Standesbeamte nicht der zuständige gewesen ist.

§. 43. Auf schriftliche Ermächtigung des zuständigen Standesbeamten darf die Eheschließung auch vor dem Standesbeamten eines anderen Orts stattfinden.

§. 44. Der Eheschließung soll ein Aufgebot vorhergehen.

Für die Anordnung desselben ist jeder Standesbeamte zuständig, vor welchem nach §. 42 Abs. 1 die Ehe geschlossen werden kann.

Zu §. 38.

In Betreff des Erfordernisses der Erlaubniß zur Verheirathung der Militärpersonen ist in den §§. 40 und 60 Nr. 4 des Reichs-Militärgesetzes vom 2. Mai 1874 (R.G.Bl. S. 45) vorgeschrieben, daß die Militärpersonen des Friedensstandes der Genehmigung ihrer Vorgesetzten und die vorläufig in die Heimath beurlaubten Rekruten und Freiwilligen der Genehmigung der Militär-Behörde (nach §. 79 Nr. 3 Th. I. der D. W.O.: des Landwehrbezirks-Kommandeurs) bedürfen.

Zu §. 40.

In Preußen ertheilt der Justizminister die Dispensation vom gesetzlichen Alter der Ehemündigkeit, vom Verbote der Ehe zwischen einem wegen Ehebruchs Geschiedenen und seinem Mitschuldigen, sowie von dem Verbote, nach welchem Frauen vor Ablauf des zehnten Monats seit Beendigung ihrer früheren Ehe eine weitere Ehe nicht schließen dürfen. V. vom 24. Februar 1875 (Pr. G.S. S. 97).

Zu §. 44.

Auf Verlangen der Verlobten ist denselben von dem Standesbeamten eine Bescheinigung über das angeordnete Aufgebot kostenfrei zu ertheilen. §. 13 der Ausf.V. des Bundesraths.

§. 45. Vor Anordnung des Aufgebots sind dem Standesbeamten (§. 44) die zur Eheschließung gesetzlich nothwendigen Erfordernisse als vorhanden nachzuweisen.

Insbesondere haben die Verlobten in beglaubigter Form beizubringen:

1. ihre Geburtsurkunden,
2. die zustimmende Erklärung derjenigen, deren Einwilligung nach dem Gesetze erforderlich ist.

Der Beamte kann die Beibringung dieser Urkunden erlassen, wenn ihm die Thatsachen, welche durch dieselben festgestellt werden sollen, persönlich bekannt oder sonst glaubhaft nachgewiesen sind. Auch kann er von unbedeutenden Abweichungen in den Urkunden, beispielsweise von einer verschiedenen Schreibart der Namen oder einer Verschiedenheit der Vornamen absehen, wenn in anderer Weise die Persönlichkeit der Betheiligten festgestellt wird.

Der Beamte ist berechtigt, den Verlobten die eidesstattliche Versicherung über die Richtigkeit der Thatsachen abzunehmen, welche durch die vorliegenden Urkunden oder die sonst beigebrachten Beweismittel ihm nicht als hinreichend festgestellt erscheinen.

§. 46. Das Aufgebot ist bekannt zu machen:

1. in der Gemeinde oder in den Gemeinden, woselbst die Verlobten ihren Wohnsitz haben;
2. wenn einer der Verlobten seinen gewöhnlichen Aufenthalt außerhalb seines gegenwärtigen Wohnsitzes hat, auch in der Gemeinde seines jetzigen Aufenthalts;
3. wenn einer der Verlobten seinen Wohnsitz innerhalb der letzten sechs Monate gewechselt hat, auch in der Gemeinde seines früheren Wohnsitzes.

Die Bekanntmachung hat die Vor- und Familiennamen, den Stand oder das Gewerbe und den Wohnort der Verlobten und ihrer Eltern zu enthalten.

Sie ist während zweier Wochen an dem Raths- oder Gemeindehause, oder an der sonstigen, zu Bekanntmachungen der Gemeindebehörde bestimmten Stelle auszuhängen.

§. 47. Ist einer der Orte, an welchem nach §. 46 das Aufgebot bekannt zu machen ist, im Auslande belegen, so ist an Stelle des an diesem Orte zu bewirkenden Aushanges die Bekanntmachung auf Kosten des Antragstellers einmal in ein Blatt einzurücken, welches an dem ausländischen Orte erscheint oder verbreitet ist. Die Eheschließung ist nicht vor Ablauf zweier Wochen nach dem Tage der Ausgabe der betreffenden Nummer des Blattes zulässig.

Es bedarf dieser Einrückung nicht, wenn eine Bescheinigung der betreffenden ausländischen Ortsbehörde dahin beigebracht wird, daß ihr von dem Bestehen eines Ehehindernisses nichts bekannt sei.

§. 48. Kommen Ehehindernisse zur Kenntniß des Standesbeamten, so hat er die Eheschließung abzulehnen.

§. 49. Soll die Ehe vor einem anderen Standesbeamten als demjenigen geschlossen werden, welcher das Aufgebot angeordnet hat, so hat der letztere eine Bescheinigung dahin auszustellen, daß und wann das Aufgebot vorschriftsmäßig erfolgt ist und daß Ehehindernisse nicht zu seiner Kenntniß gekommen sind.

§. 50. Die Befugniß zur Dispensation von dem Aufgebot steht nur dem Staate zu. Ueber die Ausübung dieser Befugniß haben die Landesregierungen zu bestimmen.

Wird eine lebensgefährliche Krankheit, welche einen Aufschub der Eheschließung nicht gestattet, ärztlich bescheinigt, so kann der Standesbeamte (§. 42 Abs. 1) auch ohne Aufgebot die Eheschließung vornehmen.

Zu §. 50.

In Preußen kann eine Befreiung vom Aufgebote in allen Fällen durch den Minister des Innern erfolgen; in dringenden Fällen kann der Vorsitzende der Aufsichtsbehörde eine Abkürzung

§. 51. Das Aufgebot verliert seine Kraft, wenn seit dessen Vollziehung sechs Monate verstrichen sind, ohne daß die Ehe geschlossen worden ist.

§. 52. Die Eheschließung erfolgt in Gegenwart von zwei Zeugen durch die an die Verlobten einzeln und nach einander gerichtete Frage des Standesbeamten:

ob sie erklären, daß sie die Ehe mit einander eingehen wollen,

durch die bejahende Antwort der Verlobten und den hierauf erfolgenden Ausspruch des Standesbeamten, daß er sie nunmehr kraft des Gesetzes für rechtmäßig verbundene Eheleute erkläre.

§. 53. Als Zeugen sollen nur Großjährige zugezogen werden. Verwandtschaft und Schwägerschaft zwischen den Betheiligten und den Zeugen, oder zwischen den Zeugen unter einander steht deren Zuziehung nicht entgegen.

§. 54. Die Eintragung in das Heirathsregister soll enthalten:

1. Vor- und Familiennamen, Religion, Alter, Stand oder Gewerbe, Geburts- und Wohnort der Eheschließenden;
2. Vor- und Familiennamen, Stand oder Gewerbe und Wohnort ihrer Eltern;
3. Vor- und Familiennamen, Alter, Stand oder Gewerbe und Wohnort der zugezogenen Zeugen;
4. die Erklärung der Eheschließenden;
5. den Ausspruch des Standesbeamten.

Ueber die erfolgte Eheschließnng ist den Eheleuten sofort eine Bescheinigung auszustellen.

§. 55. Ist eine Ehe für aufgelöst, ungültig oder nichtig erklärt worden, so ist dies am Rande der über die Eheschließung bewirkten Eintragung zu vermerken.

Die landesgesetzlichen Vorschriften, nach welchen es zur Trennung einer Ehe einer besonderen Erklärung und Beurkundung vor dem Standesbeamten bedarf, werden hierdurch nicht berührt.

Fünfter Abschnitt.

Beurkundung der Sterbefälle.

§. 56. Jeder Sterbefall ist spätestens am nächstfolgenden Wochentage dem Standesbeamten des Bezirks, in welchem der Tod erfolgt ist, anzuzeigen.

§. 57. Zu der Anzeige verpflichtet ist das Familienhaupt, und wenn ein solches nicht vorhanden oder an der Anzeige behindert ist, derjenige, in dessen Wohnung oder Behausung der Sterbefall sich ereignet hat.

§. 58. Die §§. 19 bis 21 kommen auch in Beziehung auf die Anzeige der Sterbefälle zur Anwendung.

Findet eine amtliche Ermittelung über den Todesfall statt, so erfolgt die Eintragung auf Grund der schriftlichen Mittheilung der zuständigen Behörde.

§. 59. Die Eintragung des Sterbefalles soll enthalten:

1. Vor- und Familiennamen, Stand oder Gewerbe und Wohnort des Anzeigenden;
2. Ort, Tag und Stunde des erfolgten Todes;

---

der für die Bekanntmachung bestimmten Fristen (§§. 46, 47) gestatten und bei vorhandener Lebensgefahr von dem Aufgebote ganz entbinden. V. vom 8. Januar 1876 (Pr. G.S. S. 3).

Zu §. 55.

Ist eine Ehe getrennt, für ungültig oder nichtig erklärt, so hat die Staatsanwaltschaft, und insoweit dieselbe in Ehesachen nicht mitzuwirken hat, das Ehegericht eine mit der Bescheinigung der Rechtskraft versehene Ausfertigung des Urtheils dem Standesbeamten, vor welchem die Ehe geschlossen ist, zu übersenden.

In denjenigen Rechtsgebieten, in welchen es zur Trennung einer Ehe einer besonderen Erklärung und Beurkundung vor dem Standesbeamten bedarf (§. 55 Abs. 2), hat derjenige Standesbeamte, welcher die Trennung ausgesprochen hat, eine beglaubigte Abschrift der von ihm dieserhalb aufgenommenen Verhandlung dem Standesbeamten, vor welchem die Ehe geschlossen ist, zuzustellen.

§. 14 der Ausf.V. des Bundesraths.

3. Vor- und Familiennamen, Religion, Alter, Stand oder Gewerbe, Wohnort und Geburtsort des Verstorbenen;
4. Vor- und Familiennamen seines Ehegatten, oder Vermerk, daß der Verstorbene ledig gewesen sei;
5. Vor- und Familiennamen, Stand oder Gewerbe und Wohnort der Eltern des Verstorbenen.

Soweit diese Verhältnisse unbekannt sind, ist dies bei der Eintragung zu vermerken.

§. 60. Ohne Genehmigung der Ortspolizeibehörde darf keine Beerdigung vor der Eintragung des Sterbefalles in das Sterberegister stattfinden. Ist die Beerdigung dieser Vorschrift entgegen geschehen, so darf die Eintragung des Sterbefalles nur mit Genehmigung der Aufsichtsbehörde nach Ermittelung des Sachverhalts erfolgen.

Sechster Abschnttt.

Beurkundung des Personenstandes der auf See befindlichen Personen.

§. 61. Geburten und Sterbefälle, welche sich auf Seeschiffen während der Reise ereignen, sind nach den Vorschriften dieses Gesetzes spätestens am nächstfolgenden Tage nach der Geburt oder dem Todesfall von dem Schiffer, unter Zuziehung von zwei Schiffsoffizieren oder anderen glaubhaften Personen, in dem Tagebuch zu beurkunden. Bei Sterbefällen ist zugleich die muthmaßliche Ursache des Todes zu vermerken.

§. 62. Der Schiffer hat zwei von ihm beglaubigte Abschriften der Urkunden demjenigen Seemannsamte, bei dem es zuerst geschehen kann, zu übergeben. Eine dieser Abschriften ist bei dem Seemannsamte aufzubewahren, die andere ist demjenigen Standesbeamten, in dessen Bezirk die Eltern des Kindes, beziehungsweise der Verstorbene ihren Wohnsitz haben oder zuletzt gehabt haben, behufs der Eintragung in das Register zuzufertigen.

§. 63. Ist der Schiffer verstorben oder verhindert, so hat der Steuermann die in den §§. 61 und 62 dem Schiffer auferlegten Verpflichtungen zu erfüllen.

§. 64. Sobald das Schiff in den inländischen Hafen eingelaufen ist, in welchem es seine Fahrt beendet, ist das Tagebuch der für den Standesbeamten des Hafenorts zuständigen Aufsichtsbehörde vorzulegen.

Diese hat beglaubigte Abschrift der in das Tagebuch eingetragenen Standesurkunde dem Standesbeamten, in dessen Register der Fall gehört (§. 62), behufs Kontrolirung der Eintragungen zuzustellen.

Siebenter Abschnitt.

Berichtigung der Standesregister.

§. 65. Die Berichtigung einer Eintragung in dem Standesregister kann nur auf Grund gerichtlicher Anordnung erfolgen. Sie geschieht durch Beischreibung eines Vermerks am Rande der zu berichtigenden Eintragung.

§. 66. Für das Berichtigungsverfahren gelten, insoweit die Landesgesetze nicht ein Anderes bestimmen, die nachstehenden Vorschriften.

Die Aufsichtsbehörde hat, wenn ein Antrag auf Berichtigung gestellt wird, oder wenn sie eine solche von Amtswegen für erforderlich erachtet, die Betheiligten zu hören und geeignetenfalls eine Aufforderung durch ein öffentliches Blatt zu erlassen. Die abgeschlossenen Verhandlungen hat sie demnächst dem Gerichte erster Instanz vorzulegen. Dieses kann noch weitere thatsächliche Aufklärungen veranlassen und geeignetenfalls den Antragsteller auf den Prozeßweg verweisen.

Im Uebrigen finden die für Sachen der nichtstreitigen Gerichtsbarkeit geltenden Vorschriften Anwendung.

Achter Abschnitt.

Schlußbestimmungen.

§. 67. Ein Geistlicher oder anderer Religionsdiener, welcher zu den religiösen Feierlichkeiten einer Eheschließung schreitet, bevor ihm nachgewiesen worden ist, daß die Ehe vor dem Standesbeamten geschlossen sei, wird mit Geldstrafe bis zu dreihundert Mark oder mit Gefängniß bis zu drei Monaten bestraft.

§. 68. Wer den in den §§. 17 bis 20, 22 bis 24, 56 bis 58 vorgeschriebenen Anzeigepflichten nicht nachkommt, wird mit Geldstrafe bis zu einhundertfünfzig Mark oder mit Haft bestraft. Die Strafverfolgung tritt nicht ein, wenn die Anzeige, obwohl nicht von den zunächst Verpflichteten, doch rechtzeitig gemacht worden ist.

Die bezeichnete Strafe trifft auch den Schiffer oder Steuermann, welcher den Vorschriften der §§. 61 bis 64 zuwiderhandelt.

Die Standesbeamten sind außerdem befugt, die zu Anzeigen oder zu sonstigen Handlungen auf Grund dieses Gesetzes Verpflichteten hierzu durch Geldstrafen anzuhalten, welche für jeden einzelnen Fall den Betrag von fünfzehn Mark nicht übersteigen dürfen.

§. 69. Ein Standesbeamter, welcher unter Außerachtlassung der in diesem Gesetze gegebenen Vorschriften eine Eheschließung vollzieht, wird mit Geldstrafe bis zu sechshundert Mark bestraft.

§. 70. Gebühren und Geldstrafen, welche in Gemäßheit dieses Gesetzes zur Erhebung gelangen, fließen, insoweit die Landesgesetze nicht ein Anderes bestimmen, den Gemeinden zu, welche die sächlichen Kosten der Standesämter (§§. 8, 9) zu tragen haben.

§. 71. In welcher Weise die Verrichtungen der Standesbeamten in Bezug auf solche Militärpersonen wahrzunehmen sind, welche ihr Standquartier nicht innerhalb des Deutschen Reichs, oder dasselbe nach eingetretener Mobilmachung verlassen haben, oder welche sich auf den in Dienst gestellten Schiffen oder anderen Fahrzeugen der Marine befinden, wird durch Kaiserliche Verordnung bestimmt.

§. 72. Für die Landesherren und die Mitglieder der landesherrlichen Familien, sowie der Fürstlichen Familie Hohenzollern erfolgt die Ernennung des Standesbeamten und die Bestimmung über die Art der Führung und Aufbewahrung der Standesregister durch Anordnung des Landesherrn.

In Betreff der Stellvertretung der Verlobten und in Betreff des Aufgebots entscheidet die Observanz.

Im Uebrigen werden in Ansehung der Mitglieder dieser Häuser die auf Hausgesetzen oder Observanz beruhenden Bestimmungen über die Erfordernisse der Eheschließung und über die Gerichtsbarkeit in Ehesachen nicht berührt.

Zu §§. 67—69.

Vgl. die §§. 16, 18, 27, 28, 29, 74, 77, 78 des St.G.B.

Zu §. 71.

Vgl. die Verordnung, betr. die Beurkundung von Sterbefällen solcher Militärpersonen, welche sich an Bord der in Dienst gestellten Schiffe oder anderen Fahrzeuge der Marine befinden. Vom 4. November 1875 (R.G.Bl. S. 313).

Wir Wilhelm, von Gottes Gnaden Deutscher Kaiser, König von Preußen rc. verordnen auf Grund des §. 71 des Gesetzes über die Beurkundung des Personenstandes und die Eheschließung vom 6. Februar 1875 (R.G.Bl. S. 23), im Namen des Deutschen Reichs, was folgt:

Sterbefälle von Militärpersonen auf den in Dienst gestellten Schiffen oder anderen Fahrzeugen der Kaiserlichen Marine sind von dem zuständigen Marine-Stations-Kommando unter Uebersendung der darüber von dem Kommando des Schiffs oder Fahrzeugs aufgenommenen Urkunden dem Standesbeamten, in dessen Bezirk der Verstorbene seinen letzten Wohnsitz gehabt hat, anzuzeigen und auf Grund dieser Anzeige in das Sterberegister einzutragen.

Urkundlich unter Unserer Höchsteigenhändigen Unterschrift und beigedrucktem Kaiserlichen Insiegel.

Gegeben Berlin, den 4. November 1875.

(L. S.) Wilhelm.

Fürst v. Bismarck.

§. 73. Den mit der Führung der Standesregister oder Kirchenbücher bisher betraut gewesenen Behörden und Beamten verbleibt die Berechtigung und Verpflichtung, über die bis zur Wirksamkeit dieses Gesetzes eingetragenen Geburten, Heirathen und Sterbefälle Zeugnisse zu ertheilen.

§. 74. Unberührt bleiben die landesgesetzlichen Vorschriften, welche

1. Geistlichen und Kirchendienern aus Anlaß der Einführung der bürgerlichen Standesregister und der bürgerlichen Form der Eheschließung einen Anspruch auf Entschädigung gewähren;
2. bestimmten Personen die Pflicht zu Anzeigen von Geburts- und Todesfällen auferlegen.

Wo die Zulässigkeit der Ehe nach den bestehenden Landesgesetzen von einem Aufgebote abhängig ist, welches durch andere bürgerliche Beamte als die Standesbeamten vollzogen wird, vertritt dieses die Stelle des von den Standesbeamten anzuordnenden Aufgebots.

§. 75. Innerhalb solcher Grenzpfarreien, deren Bezirk sich in das Ausland erstreckt, bleibt das bestehende Recht für die Beurkundung derjenigen Geburten und Sterbefälle, sowie für die Form und Beurkundung derjenigen Eheschließungen maßgebend, für welche ein Standesbeamter nach den Vorschriften dieses Gesetzes nicht zuständig, dagegen nach dem bestehenden Recht die Zuständigkeit des Geistlichen begründet ist.

Im Geltungsgebiet des preußischen Gesetzes vom 9. März 1874 ist unter dem bestehenden Recht dasjenige Recht zu verstehen, welches vor dem Inkrafttreten jenes Gesetzes maßgebend war.

§. 76. In streitigen Ehe- und Verlöbnißsachen sind die bürgerlichen Gerichte ausschließlich zuständig. Eine geistliche oder eine durch die Zugehörigkeit zu einem Glaubensbekenntniß bedingte Gerichtsbarkeit findet nicht statt.

§. 77. Wenn nach dem bisherigen Rechte auf beständige Trennung der Ehegatten von Tisch und Bett zu erkennen sein würde, ist fortan die Auflösung des Bandes der Ehe auszusprechen.

Ist vor dem Tage, an welchem dieses Gesetz in Kraft tritt, auf beständige Trennung von Tisch und Bett erkannt worden, so kann, wenn eine Wiedervereinigung der getrennten Ehegatten nicht stattgefunden hat, jeder derselben auf Grund des ergangenen Urtheils die Auflösung des Bandes der Ehe im ordentlichen Prozeßverfahren beantragen.

§. 78. Ehestreitigkeiten, welche in Bayern vor dem Tage, an welchem dieses Gesetz daselbst in Kraft tritt, durch Zustellung des Beschlusses über Zulässigkeit der Klage anhängig geworden sind, werden von dem mit der Sache befaßten Gericht bis zur rechtskräftigen Entscheidung nach Maßgabe der bisher geltenden Gesetze durchgeführt.

Daselbst kann die Auflösung der Ehe auf Grund eines die beständige Trennung von Tisch und Bett verfügenden Urtheils geltend gemacht werden, nachdem das Gericht auf Anrufen eines Ehegatten in dem nach Artikel 675 Absatz 1 und 2 der Prozeßordnung in bürgerlichen Rechtsstreitigkeiten vom 29. April 1869 vorgesehenen Verfahren die Auflösung des Bandes der Ehe ausgesprochen hat.

Das Verfahren in streitigen Ehesachen richtet sich in Bayern in den rechtsrheinischen Gebietstheilen nach den Bestimmungen des Hauptstückes XXVI. der genannten Prozeßordnung, in der Pfalz nach den Bestimmungen des Artikels 69 des Gesetzes über die Einführung dieser Prozeßordnung.

§. 79. Dieses Gesetz tritt mit dem 1. Januar 1876 in Kraft. Es bleibt den Landesregierungen überlassen, das ganze Gesetz oder auch den dritten Abschnitt und §. 77 im Verordnungswege früher einzuführen.

§. 80. Die vor dem Tage, an welchem dieses Gesetz in Kraft tritt, nach den Vorschriften des bisherigen Rechts ergangenen Aufgebote behalten ihre Wirksamkeit.

§. 81. Auf Geburts- und Sterbefälle, welche sich vor dem Tage, an welchem dieses Gesetz in Kraft tritt, ereignet haben, an diesem Tage aber noch nicht eingetragen sind, findet das gegenwärtige Gesetz mit der Maßgabe Anwendung, daß der Lauf der vorgeschriebenen Anzeigefristen mit dem Tage beginnt, an welchem dieses Gesetz in Kraft tritt.

Ein Gleiches gilt für den Fall, daß auch nur die Vornamen eines Kindes an diesem Tage noch nicht eingetragen sind.

§. 82. Die kirchlichen Verpflichtungen in Beziehung auf Taufe und Trauung werden durch dieses Gesetz nicht berührt.

§. 83. Die zur Ausführung dieses Gesetzes erforderlichen Bestimmungen werden, soweit dieselben nicht durch eine vom Bundesrathe erlassene Ausführungsverordnung getroffen werden, von den einzelnen Landesregierungen erlassen.

§. 84. Welche Behörden in jedem Bundesstaate unter der Bezeichnung: höhere Verwaltungsbehörde, untere Verwaltungsbehörde, Gemeindebehörde, Gemeindevorstand, Gericht erster Instanz zu verstehen sind, wird von der Zentralbehörde des Bundesstaates bekannt gemacht.

§. 85. Durch dieses Gesetz werden die Bestimmungen des Gesetzes vom 4. Mai 1870, betreffend die Eheschließung und die Beurkundung des Personenstandes von Reichsangehörigen im Auslande, nicht berührt.

Der Reichskanzler kann einem diplomatischen Vertreter oder einem Konsul des Deutschen Reichs die allgemeine Ermächtigung zur Vornahme von Eheschließungen und zur Beurkundung der Geburten, Heirathen und Sterbefälle, wie für Reichsangehörige, so auch für Schutzgenossen ertheilen. Diese Vorschrift tritt mit dem 1. März 1875 in Kraft.

Urkundlich unter Unserer Höchsteigenhändigen Unterschrift und beigedrucktem Kaiserlichen Insiegel.

Gegeben Berlin, den 6. Februar 1875.

(L. S.) Wilhelm.

Fürst v. Bismarck.

Zu §. 83.

Vgl. die Bekanntmachung des Reichskanzlers vom 22. Juni 1875, die vom Bundesrathe erlassene Ausführungsverordnung enthaltend, Centralbl. f. d. D. R. S. 387.

Zu §. 84.

Vgl. für Preußen die Bekanntmachung der Minister des Innern und der Justiz vom 1. Dezember 1875, J.M.Bl. S. 271.

Gebührentarif.

I. Gebührenfrei sind die nach §§. 49 und 54 oder zum Zwecke der Taufe oder der Beerdigung ertheilten Bescheinigungen.

II. An Gebühren kommen zum Ansatz:

1. für Vorlegung der Register zur Einsicht, und zwar für jeden Jahrgang	eine halbe Mark,
für mehrere Jahrgänge zusammen jedoch höchstens	ein und eine halbe Mark,
2. für die schriftliche Ermächtigung nach §. 43 und für jeden beglaubigten Auszug aus den Registern mit Einschluß der Schreibgebühren	eine halbe Mark.
Bezieht sich der Auszug auf mehrere Eintragungen und erfordert derselbe das Nachschlagen von mehr als einem Jahrgange der Register, für jeden weiter nachzuschlagenden Jahrgang noch	eine halbe Mark,
jedoch zusammen höchstens	zwei Mark.

Bankgesetz. Vom 14. März 1875.

[R.G.Bl. 1875. Nr. 15, ausgegeben zu Berlin, den 18. März 1875, S. 177.]

Wir Wilhelm, von Gottes Gnaden Deutscher Kaiser, König von Preußen &c. verordnen im Namen des Deutschen Reichs, nach erfolgter Zustimmung des Bundesraths und des Reichstags, was folgt:

Titel I.

Allgemeine Bestimmungen.

§. 1. Die Befugniß zur Ausgabe von Banknoten kann nur durch Reichsgesetz erworben, oder über den bei Erlaß des gegenwärtigen Gesetzes zulässigen Betrag der Notenausgabe hinaus erweitert werden.

Den Banknoten im Sinne dieses Gesetzes wird dasjenige Staatspapiergeld gleich geachtet, dessen Ausgabe einem Bankinstitute zur Verstärkung seiner Betriebsmittel übertragen ist.

§. 2. Eine Verpflichtung zur Annahme von Banknoten bei Zahlungen, welche gesetzlich in Geld zu leisten sind, findet nicht statt und kann auch für Staatskassen durch Landesgesetz nicht begründet werden.

§. 3. Banknoten dürfen nur auf Beträge von 100, 200, 500 und 1000 Mark oder von einem Vielfachen von 1000 Mark ausgefertigt werden.

§. 4. Jede Bank ist verpflichtet, ihre Noten sofort auf Präsentation zum vollen Nennwerthe einzulösen, auch solche nicht nur an ihrem Hauptsitz, sondern auch bei ihren Zweiganstalten jederzeit zum vollen Nennwerthe in Zahlung anzunehmen.

Für beschädigte Noten hat sie Ersatz zu leisten, sofern der Inhaber entweder einen Theil der Note präsentirt, welcher größer ist, als die Hälfte, oder den Nachweis führt, daß der Rest der Note, von welcher er nur die Hälfte oder einen geringeren Theil als die Hälfte präsentirt, vernichtet sei.

Für vernichtete oder verlorene Noten Ersatz zu leisten ist sie nicht verpflichtet.

§. 5. Banknoten, welche in die Kasse der Bank oder einer ihrer Zweiganstalten oder in eine von ihr bestellte Einlösungskasse in beschädigtem oder beschmutztem Zustande zurückkehren, dürfen nicht wieder ausgegeben werden.

§. 6. Der Aufruf und die Einziehung der Noten einer Bank oder einer Gattung von Banknoten darf nur auf Anordnung oder mit Genehmigung des Bundesraths erfolgen.

Die Anordnung erfolgt, wenn ein größerer Theil des Umlaufs sich in beschädigtem oder beschmutztem Zustande befindet, oder wenn die Bank die Befugniß zur Notenausgabe verloren hat.

Die Genehmigung darf nur ertheilt werden, wenn nachgewiesen wird, daß Nachahmungen der aufzurufenden Noten in den Verkehr gebracht sind.

In allen Fällen schreibt der Bundesrath die Art, die Zahl und die Fristen der über den Aufruf zu erlassenden Bekanntmachungen, den Zeitraum, innerhalb dessen und die Stellen, an welchen die Noten eingelöst werden sollen, die Maßgaben, unter denen nach Ablauf der Fristen eine Einlösung der aufgerufenen Noten noch stattzufinden hat, und die zur Sicherung der Noteninhaber sonst erforderlichen Maßregeln vor.

Die nach dem Vorstehenden von dem Bundesrathe zu erlassenden Vorschriften sind durch das Reichs-Gesetzblatt zu veröffentlichen.

§. 7. Den Banken, welche Noten ausgeben, ist nicht gestattet:

1) Wechsel zu akzeptiren;
2) Waaren oder kurshabende Papiere für eigene oder für fremde Rechnung auf Zeit zu kaufen oder auf Zeit zu verkaufen, oder für die Erfüllung solcher Kaufs- oder Verkaufsgeschäfte Bürgschaft zu übernehmen.

§. 8 Banken, welche Noten ausgeben, haben

1) den Stand ihrer Aktiva und Passiva vom 7., 15., 23. und Letzten jedes Monats, spätestens am fünften Tage nach diesen Terminen und

2) spätestens drei Monate nach dem Schlusse jedes Geschäftsjahres eine genaue Bilanz ihrer Aktiva und Passiva, sowie den Jahresabschluß des Gewinn- und Verlustkontos

durch den Reichsanzeiger auf ihre Kosten zu veröffentlichen.

Die wöchentliche Veröffentlichung muß angeben

1. auf Seiten der Passiva:
   das Grundkapital,
   den Reservefonds,
   den Betrag der umlaufenden Noten,
   die sonstigen täglich fälligen Verbindlichkeiten,
   die an eine Kündigungsfrist gebundenen Verbindlichkeiten,
   die sonstigen Passiva;
2. auf Seiten der Aktiva:
   den Metallbestand (den Bestand an kursfähigem deutschem Gelde und an Gold in Barren oder ausländischen Münzen, das Pfund fein zu 1392 Mark berechnet),
   den Bestand:
      an Reichs-Kassenscheinen,
      an Noten anderer Banken,
      an Wechseln,
      an Lombardforderungen,
      an Effekten,
      an sonstigen Aktiven.

Welche Kategorien der Aktiva und Passiva in der Jahresbilanz gesondert nachzuweisen sind, bestimmt der Bundesrath.

Außerdem sind in beiden Veröffentlichungen die aus weiterbegebenen im Inlande zahlbaren Wechseln entsprungenen eventuellen Verbindlichkeiten ersichtlich zu machen.

§. 9. Banken, deren Notenumlauf ihren Baarvorrath und den ihnen nach Maßgabe der Anlage zugewiesenen Betrag übersteigt, haben vom 1. Januar 1876 ab von dem Ueberschusse eine Steuer von jährlich Fünf vom Hundert an die Reichskasse zu entrichten. Als Baarvorrath gilt bei Feststellung der Steuer der in den Kassen der Bank befindliche Betrag an kursfähigem deutschem Gelde, an Reichs-Kassenscheinen, an Noten anderer deutscher Banken und an Gold in Barren oder ausländischen Münzen, das Pfund fein zu 1392 Mark berechnet.

Erlischt die Befugniß einer Bank zur Notenausgabe (§. 49), so wächst der derselben zustehende Antheil an dem Gesammtbetrage des der Steuer nicht unterliegenden ungedeckten Notenumlaufs dem Antheile der Reichsbank zu.

§. 10. Zum Zweck der Feststellung der Steuer hat die Verwaltung der Bank am 7., 15., 23. und Letzten jedes Monats den Betrag des Baarvorraths und der umlaufenden Noten der Bank festzustellen und diese Feststellung an die Aufsichtsbehörde einzureichen. Am Schluß jedes Jahres wird von der Aufsichtsbehörde auf Grund dieser Nachweisungen die von der Bank zu zahlende Steuer in der Weise festgestellt, daß von dem aus jeder dieser Nachweisungen sich ergebenden steuerpflichtigen Ueberschusse des Notenumlaufs $^5/_{48}$ Prozent als Steuersoll berechnet werden. Die Summe dieser für jede einzelne Nachweisung als Steuersoll berechneten Beträge ergiebt die von der Bank spätestens am 31. Januar des folgenden Jahres zur Reichskasse abzuführende Steuer.

§. 11. Ausländische Banknoten oder sonstige auf den Inhaber lautende unverzinsliche Schuldverschreibungen ausländischer Korporationen, Gesellschaften oder Privaten dürfen, wenn sie ausschließlich oder neben anderen Werthbestimmungen in Reichswährung oder einer deutschen Landeswährung ausgestellt sind, innerhalb des Reichsgebietes zu Zahlungen nicht gebraucht werden.

Titel II.

Reichsbank.

§. 12. Unter dem Namen

„Reichsbank"

wird eine unter Aufsicht und Leitung des Reichs stehende Bank errichtet, welche die Eigenschaft einer juristischen Person besitzt und die Aufgabe hat, den Geldumlauf im gesammten Reichsgebiete zu regeln, die Zahlungsausgleichungen zu erleichtern und für die Nutzbarmachung verfügbaren Kapitals zu sorgen.

Die Reichsbank hat ihren Hauptsitz in Berlin. Sie ist berechtigt, aller Orten im Reichsgebiete Zweiganstalten zu errichten.

Der Bundesrath kann die Errichtung solcher Zweiganstalten an bestimmten Plätzen anordnen.

§. 13. Die Reichsbank ist befugt, folgende Geschäfte zu betreiben:

1. Gold und Silber in Barren und Münzen zu kaufen und zu verkaufen;
2. Wechsel, welche eine Verfallzeit von höchstens drei Monaten haben und aus welchen in der Regel drei, mindestens aber zwei als zahlungsfähig bekannte Verpflichtete haften, ferner Schuldverschreibungen des Reichs, eines deutschen Staats oder inländischer kommunaler Korporationen, welche nach spätestens drei Monaten mit ihrem Nennwerthe fällig sind, zu diskontiren, zu kaufen und zu verkaufen;
3. zinsbare Darlehne auf nicht länger als drei Monate gegen bewegliche Pfänder zu ertheilen (Lombardverkehr), und zwar:
   a) gegen Gold und Silber, gemünzt und ungemünzt,
   b) gegen zinstragende oder spätestens nach einem Jahre fällige und auf den Inhaber lautende Schuldverschreibungen des Reichs, eines deutschen Staats oder inländischer kommunaler Korporationen, oder gegen zinstragende, auf den Inhaber lautende Schuldverschreibungen, deren Zinsen vom Reiche oder von einem Bundesstaate garantirt sind, gegen voll eingezahlte Stamm- und Stammprioritätsaktien und Prioritätsobligationen deutscher Eisenbahngesellschaften, deren Bahnen in Betrieb befindlich sind, sowie gegen Pfandbriefe landschaftlicher, kommunaler oder anderer unter staatlicher Aufsicht stehender Bodenkreditinstitute Deutschlands und deutscher Hypothekenbanken auf Aktien, zu höchstens drei Viertel des Kurswerthes,
   c) gegen zinstragende, auf den Inhaber lautende Schuldverschreibungen nicht deutscher Staaten, sowie gegen staatlich garantirte ausländische Eisenbahn-Prioritätsobligationen, zu höchstens 50 Prozent des Kurswerthes,
   d) gegen Wechsel, welche anerkannt solide Verpflichtete aufweisen, mit einem Abschlage von mindestens 5 Prozent ihres Kurswerthes,
   e) gegen Verpfändung im Inlande lagernder Kaufmannswaaren, höchstens bis zu zwei Drittheilen ihres Werthes;
4. Schuldverschreibungen der vorstehend unter 3. b. bezeichneten Art zu kaufen und zu verkaufen; die Geschäftsanweisung für das Reichsbank-Direktorium (§. 26) wird feststellen, bis zu welcher Höhe die Betriebsmittel der Bank in solchen Schuldverschreibungen angelegt werden dürfen;
5. für Rechnung von Privatpersonen, Anstalten und Behörden Inkassos zu besorgen und nach vorheriger Deckung Zahlungen zu leisten und Anweisungen oder Ueberweisungen auf ihre Zweiganstalten oder Korrespondenten auszustellen;
6. für fremde Rechnung Effekten aller Art, sowie Edelmetalle nach vorheriger Deckung zu kaufen und nach vorheriger Ueberlieferung zu verkaufen;
7. verzinsliche und unverzinsliche Gelder im Depositengeschäft und im Giroverkehr anzunehmen; die Summe der verzinslichen Depositen darf diejenige des Grundkapitals und des Reservefonds der Bank nicht übersteigen;
8. Werthgegenstände in Verwahrung und in Verwaltung zu nehmen.

§. 14. Die Reichsbank ist verpflichtet, Barrengold zum festen Satze von 1392 Mark für das Pfund fein gegen ihre Noten umzutauschen.

Die Bank ist berechtigt, auf Kosten des Abgebers solches Gold durch die von ihr zu bezeichnenden Techniker prüfen und scheiden zu lassen.

§. 15. Die Reichsbank hat jeweilig den Prozentsatz öffentlich bekannt zu machen, zu welchem sie diskontirt (§. 13, 2) oder zinsbare Darlehne ertheilt (§. 13, 3). Die Aufstellung ihrer Wochen-Uebersichten erfolgt auf Grundlage der Bücher des Reichsbank-Direktoriums und der demselben unmittelbar untergeordneten Zweiganstalten.

§. 16. Die Reichsbank hat das Recht, nach Bedürfniß ihres Verkehrs Banknoten auszugeben.

Die An- und Ausfertigung, Einziehung und Vernichtung derselben erfolgt unter Kontrole der Reichsschulden-Kommission, welcher zu diesem Zwecke ein vom Kaiser ernanntes Mitglied hinzutritt.

§. 17. Die Reichsbank ist verpflichtet, für den Betrag ihrer im Umlauf befindlichen Banknoten jederzeit mindestens ein Drittheil in kursfähigem deutschen Gelde, Reichs-Kassenscheinen oder in Gold in Barren oder ausländischen Münzen, das Pfund fein zu 1392 Mark gerechnet, und den Rest in diskontirten Wechseln, welche eine Verfallzeit von höchstens drei Monaten haben, und aus welchen in der Regel drei, mindestens aber zwei als zahlungsfähig bekannte Verpflichtete haften, in ihren Kassen als Deckung bereit zu halten.

§. 18. Die Reichsbank ist verpflichtet, ihre Noten:

a) bei ihrer Hauptkasse in Berlin sofort auf Präsentation,
b) bei ihren Zweiganstalten, soweit es deren Baarbestände und Geldbedürfnisse gestatten,

dem Inhaber gegen kursfähiges deutsches Geld einzulösen.

§. 19. Die Reichsbank ist verpflichtet, die Noten der, vom Reichskanzler nach der Bestimmung im §. 45 dieses Gesetzes bekannt gemachten Banken sowohl in Berlin, als auch bei ihren Zweiganstalten in Städten von mehr als 80,000 Einwohnern oder am Sitze der Bank, welche die Noten ausgegeben hat, zum vollen Nennwerthe in Zahlung zu nehmen, so lange die ausgebende Bank ihrer Noteneinlösungspflicht pünktlich nachkommt. Die auf diesem Wege angenommenen Banknoten dürfen nur entweder zur Einlösung präsentirt oder zu Zahlungen an diejenige Bank, welche dieselben ausgegeben hat, oder zu Zahlungen an dem Orte, wo letztere ihren Hauptsitz hat, verwendet werden.

Die Reichsbank ist ermächtigt, mit anderen deutschen Banken Vereinbarungen über Verzichtleistung der letzteren auf das Recht zur Notenausgabe abzuschließen.

§. 20. Wenn der Schuldner eines im Lombardverkehr (§. 13 Ziffer 3) gewährten Darlehns im Verzuge ist, ist die Reichsbank berechtigt, ohne gerichtliche Ermächtigung oder Mitwirkung das bestellte Faustpfand durch einen ihrer Beamten oder durch einen zu Versteigerungen befugten Beamten öffentlich verkaufen, oder, wenn der verpfändete Gegenstand einen Börsenpreis oder Marktpreis hat, den Verkauf auch nicht öffentlich durch einen ihrer Beamten, oder durch einen Handelsmakler, oder, in Ermangelung eines solchen, durch einen zu Versteigerungen befugten Beamten zum laufenden Preise bewirken zu lassen, und sich aus dem Erlöse wegen Kapital, Zinsen und Kosten bezahlt zu machen. Dieses Recht behält die Bank auch gegenüber anderen Gläubigern und gegenüber der Konkursmasse des Schuldners.

§. 21. Die Reichsbank und ihre Zweiganstalten sind im gesammten Reichsgebiete frei von staatlichen Einkommen- und Gewerbesteuern.

§. 22. Die Reichsbank ist verpflichtet, ohne Entgelt für Rechnung des Reichs Zahlungen anzunehmen und bis auf Höhe des Reichsguthabens zu leisten.

Zu §. 22.

Vgl. die Bekanntmachung des Reichskanzlers, betr. die Reichs-Hauptkasse vom 29. Dezember

Sie ist berechtigt, die nämlichen Geschäfte für die Bundesstaaten zu übernehmen.

§. 23. Das Grundkapital der Reichsbank besteht aus einhundertundzwanzig Millionen Mark, getheilt in vierzigtausend auf Namen lautende Antheile von je dreitausend Mark.

Die Antheilseigner haften persönlich für die Verbindlichkeiten der Reichsbank nicht.

§. 24. Aus dem beim Jahresabschlusse sich ergebenden Reingewinn der Reichsbank wird:

1. zunächst den Antheilseignern eine ordentliche Dividende von vier und einhalb Prozent des Grundkapitals berechnet, sodann
2. von dem Mehrbetrage eine Quote von zwanzig Prozent dem Reservefonds zugeschrieben, so lange derselbe nicht ein Viertel des Grundkapitals beträgt,
3. der alsdann verbleibende Ueberrest zur Hälfte an die Antheilseigner und zur Hälfte an die Reichskasse gezahlt, soweit die Gesammtdividende der Antheilseigner nicht acht Prozent übersteigt. Von dem weiter verbleibenden Reste erhalten die Antheilseigner ein Viertel, die Reichskasse drei Viertel.

Erreicht der Reingewinn nicht volle vier und einhalb Prozent des Grundkapitals, so ist das Fehlende aus dem Reservefonds zu ergänzen.

Das bei Begebung von Antheilsscheinen der Reichsbank etwa zu gewinnende Aufgeld fließt dem Reservefonds zu.

Dividendenrückstände verjähren binnen vier Jahren, von dem Tage ihrer Fälligkeit an gerechnet, zum Vortheil der Bank.

§. 25. Die dem Reiche zustehende Aufsicht über die Reichsbank wird von einem Bank-Kuratorium ausgeübt, welches aus dem Reichskanzler als Vorsitzenden und vier Mitgliedern besteht. Eines dieser Mitglieder ernennt der Kaiser, die drei anderen der Bundesrath.

Das Kuratorium versammelt sich vierteljährlich einmal. In diesen Versammlungen wird ihm über den Zustand der Bank und alle darauf Bezug habenden Gegenstände Bericht erstattet und eine allgemeine Rechenschaft von allen Operationen und Geschäftseinrichtungen der Bank ertheilt.

§. 26. Die dem Reiche zustehende Leitung der Bank wird vom Reichskanzler, und unter diesem von dem Reichsbank-Direktorium ausgeübt; in Behinderungsfällen des Reichskanzlers wird die Leitung durch einen vom Kaiser hierfür ernannten Stellvertreter wahrgenommen.

Der Reichskanzler leitet die gesammte Bankverwaltung innerhalb der Bestimmungen dieses Gesetzes und des zu erlassenden Statuts (§. 40). Er erläßt die Geschäftsanweisungen für das Reichsbank-Direktorium und für die Zweiganstalten, sowie die Dienstinstruktionen für die Beamten der Bank, und verfügt die erforderlichen Abänderungen der bestehenden Geschäftsanweisungen (Reglements) und Dienstinstruktionen.

§. 27. Das Reichsbank-Direktorium ist die verwaltende und ausführende, sowie die, die Reichsbank nach außen vertretende Behörde.

Es besteht aus einem Präsidenten und der erforderlichen Anzahl von Mitgliedern, und faßt seine Beschlüsse nach Stimmenmehrheit, hat jedoch bei seiner

---

1875 (Centralbl. f. d. D.R. S. 821). Danach ist die Wahrnehmung der Zentralkassengeschäfte des Deutschen Reichs vom 1. Januar 1876 ab auf die Reichsbank-Hauptkasse in Berlin übertragen, welche dieselben unter der Benennung „Reichs-Hauptkasse" führen wird.

Zu §. 27.

Die Beamten der Reichsbank, soweit sie nicht in Gemäßheit der §§. 27 und 36 des Bankgesetzes vom 14. März d. J. (Reichs-Gesetzbl. S. 177) vom Kaiser zu ernennen sind, werden von dem Reichskanzler oder auf Grund der von dem letzteren ertheilten Ermächtigung von dem Präsidenten des Reichsbank-Direktoriums angestellt. §. 1 der Kaiserlichen V., betr. die Anstellung der Beamten u. s. w. vom 19. Dezember 1875 (R.G.Bl. S. 378).

Verwaltung überall den Vorschriften und Weisungen des Reichskanzlers Folge zu leisten.

Präsident und Mitglieder des Reichsbank-Direktoriums werden auf den Vorschlag des Bundesraths vom Kaiser auf Lebenszeit ernannt.

§. 28. Die Beamten der Reichsbank haben die Rechte und Pflichten der Reichsbeamten.

Ihre Besoldungen, Pensionen und sonstigen Dienstbezüge, sowie die Pensionen und Unterstützungen für ihre Hinterbliebenen, trägt die Reichsbank. Der Besoldungs- und Pensionsetat des Reichsbank-Direktoriums wird jährlich durch den Reichshaushalts-Etat, der der übrigen Beamten jährlich vom Kaiser im Einvernehmen mit dem Bundesrathe auf den Antrag des Reichskanzlers festgesetzt.

Kein Beamter der Reichsbank darf Antheilscheine derselben besitzen.

§. 29. Die Rechnungen der Reichsbank unterliegen der Revision durch den Rechnungshof des Deutschen Reichs.

Die Form, in welcher die jährliche Rechnungslegung zu erfolgen hat, wird durch den Reichskanzler bestimmt. Die hierüber ergehenden Bestimmungen sind dem Rechnungshof mitzutheilen.

§. 30. Die Antheilseigner üben die ihnen zustehende Betheiligung an der Verwaltung der Reichsbank durch die Generalversammlung, außerdem durch einen aus ihrer Mitte gewählten ständigen Zentralausschuß nach Maßgabe der nachfolgenden Bestimmungen aus.

§. 31. Der Zentralausschuß ist die ständige Vertretung der Antheilseigner gegenüber der Verwaltung. Er besteht aus fünfzehn Mitgliedern, neben welchen fünfzehn Stellvertreter zu wählen sind. Die Mitglieder und die Stellvertreter werden von der Generalversammlung aus der Zahl der im Besitze von mindestens je drei auf ihren Namen lautenden Antheilscheinen befindlichen Antheilseigner gewählt. Sämmtliche Mitglieder und Stellvertreter müssen im Reichsgebiete und wenigstens neun Mitglieder und neun Stellvertreter in Berlin ihren Wohnsitz haben. Ein Drittel der Mitglieder scheidet jährlich aus. Die Ausscheidenden sind wieder wählbar.

Der Zentralausschuß versammelt sich unter Vorsitz des Präsidenten des Reichsbank-Direktoriums wenigstens einmal monatlich, kann von demselben aber auch außerordentlich berufen werden. Er ist beschlußfähig bei Anwesenheit von wenigstens sieben Mitgliedern; die Geschäftsanweisung wird festsetzen, in welchen Fällen und in welcher Reihenfolge die Einberufung von Stellvertretern zu bewirken ist.

§. 32. Dem Zentralausschuß werden in jedem Monat die wöchentlichen Nachweisungen über die Diskonto-, Wechsel- und Lombardbestände, den Notenumlauf, die Baarfonds, die Depositen, über den An- und Verkauf von Gold, Wechseln und Effekten, über die Vertheilung der Fonds auf die Zweiganstalten zur Einsicht vorgelegt, und zugleich die Ergebnisse der ordentlichen und der außerordentlichen Kassenrevisionen, sowie die Ansichten und Vorschläge des Reichsbank-Direktoriums über den Gang der Geschäfte im Allgemeinen und über die etwa erforderlichen Maßregeln mitgetheilt.

Insbesondere ist der Zentralausschuß gutachtlich zu hören:

a) über die Bilanz und die Gewinnberechnung, welche nach Ablauf des Geschäftsjahres vom Reichsbank-Direktorium aufgestellt, mit dessen Gutachten dem Reichskanzler zur definitiven Festsetzung überreicht, und demnächst den Antheilseignern in deren ordentlicher Generalversammlung mitgetheilt wird;
b) über Abänderungen des Besoldungs- und Pensionsetats (§. 28);
c) über die Besetzung erledigter Stellen im Reichsbank-Direktorium, mit Ausnahme der Stelle des Präsidenten, vor der Beschlußfassung des Bundesraths (§. 27);
d) über den Höchstbetrag, bis zu welchem die Fonds der Bank zu Lombarddarlehen verwendet werden können.

Der Ankauf von Effekten für Rechnung der Bank kann nur erfolgen, nachdem die Höhe des Betrages, bis zu welcher die Fonds der Bank zu diesem Zwecke verwendet werden können, zuvor mit Zustimmung des Zentralausschusses festgesetzt ist;

e) über die Höhe des Diskontosatzes und des Lombard-Zinsfußes, sowie über Veränderungen in den Grundsätzen und Fristen der Kreditertheilung;

f) über Vereinbarungen mit anderen deutschen Banken (§. 19), sowie über die in den Geschäftsbeziehungen zu denselben zu beobachtenden Grundsätze.

Allgemeine Geschäftsanweisungen und Dienstinstruktionen sind dem Zentralausschusse alsbald nach ihrem Erlasse (§. 26) zur Kenntnißnahme mitzutheilen.

§. 33. Die Mitglieder des Zentralausschusses beziehen keine Besoldung.

Wenn ein Ausschußmitglied das Bankgeheimniß (§. 39) verletzt, die durch sein Amt erlangten Aufschlüsse gemißbraucht oder sonst das öffentliche Vertrauen verloren hat, oder wenn durch dasselbe überhaupt das Interesse des Instituts gefährdet erscheint, so ist die Generalversammlung berechtigt, seine Ausschließung zu beschließen.

Ein Ausschußmitglied, welches in Konkurs geräth, während eines halben Jahres den Versammlungen nicht beigewohnt, oder eine der Voraussetzungen seiner Wählbarkeit (§. 31) verloren hat, wird für ausgeschieden erachtet.

§. 34. Die fortlaufende spezielle Kontrole über die Verwaltung der Reichsbank üben drei, von dem Zentralausschusse aus der Zahl seiner Mitglieder auf ein Jahr gewählte Deputirte des Zentralausschusses beziehungsweise deren gleichzeitig zu wählende Stellvertreter. Die Geschäftsanweisung wird festsetzen, in welchen Fällen und in welcher Reihenfolge die Einberufung von Stellvertretern zu bewirken ist.

Die Deputirten sind insbesondere berechtigt, allen Sitzungen des Reichsbank-Direktoriums mit berathender Stimme beizuwohnen.

Sie sind ferner berechtigt und verpflichtet, in den gewöhnlichen Geschäftsstunden und im Beisein eines Mitgliedes des Reichsbank-Direktoriums von dem Gange der Geschäfte Kenntniß zu nehmen, die Bücher und Portefeuilles der Bank einzusehen und den ordentlichen, wie außerordentlichen Kassenrevisionen beizuwohnen. Ueber ihre Wirksamkeit erstatten sie in den monatlichen Versammlungen des Zentralausschusses Bericht.

Im Fall des §. 33 Absatz 2 kann ein Deputirter bereits vor der Entscheidung der Generalversammlung durch den Zentralausschuß suspendirt werden.

§. 35. Geschäfte mit den Finanzverwaltungen des Reichs oder deutscher Bundesstaaten dürfen nur innerhalb der Bestimmungen dieses Gesetzes und des Bankstatuts gemacht und müssen, wenn andere als die allgemein geltenden Bedingungen des Bankverkehrs in Anwendung kommen sollen, zuvor zur Kenntniß der Deputirten gebracht, und, wenn auch nur Einer derselben darauf anträgt, dem Zentralausschuß vorgelegt werden. Sie müssen unterbleiben, wenn der letztere nicht in einer beschlußfähigen Versammlung mit Stimmenmehrheit für die Zulässigkeit sich ausspricht.

§. 36. Außerhalb des Hauptsitzes der Bank sind an, vom Bundesrathe zu bestimmenden, größeren Plätzen Reichsbankhauptstellen zu errichten, welche unter Leitung eines aus wenigstens zwei Mitgliedern bestehenden Vorstandes, und unter Aufsicht eines vom Kaiser ernannten Bank-Kommissarius stehen.

Bei jeder Reichsbankhauptstelle soll, wenn sich daselbst eine hinreichende Zahl geeigneter Antheilseigner vorfindet, ein Bezirksausschuß bestehen, dessen Mitglieder vom Reichskanzler aus den vom Bank-Kommissar und vom Zentralausschuß aufgestellten Vorschlagslisten der am Sitz der Bankhauptstelle oder in dessen unmittelbarer Nähe wohnhaften Antheilseigner ausgewählt werden. Dem Ausschuß werden in seinen monatlich abzuhaltenden Sitzungen die Uebersichten über die Geschäfte der Bankhauptstelle und die von der Zentralverwaltung ergangenen allgemeinen Anordnungen mitgetheilt. Anträge und Vorschläge des Bezirksausschusses, welchen vom Vorstande der Bankhauptstelle nicht in eigener Zuständigkeit entsprochen wird, werden von letzterem dem Reichskanzler mittelst Berichts eingereicht.

Eine fortlaufende spezielle Kontrole über den Geschäftsgang bei den Bankhauptstellen nach Maßgabe der Bestimmungen im §. 34 üben, soweit es ohne Störung der täglichen laufenden Geschäfte geschehen kann, 2 bis 3 Beigeordnete, welche vom Bezirksausschuß aus seiner Mitte gewählt, oder, wo ein Bezirksausschuß nicht besteht, vom Reichskanzler nach Absatz 2 ernannt werden.

§. 37. Die Errichtung sonstiger Zweiganstalten erfolgt, sofern dieselben dem Reichsbank-Direktorium unmittelbar untergeordnet werden (Reichsbankstellen), durch den Reichskanzler, sofern sie einer anderen Zweiganstalt untergeordnet werden, durch das Reichsbank-Direktorium.

§. 38. Die Reichsbank wird in allen Fällen, und zwar auch wo die Gesetze eine Spezialvollmacht erfordern, durch die Unterschrift des Reichsbank-Direktoriums oder einer Reichsbankhauptstelle verpflichtet, sofern diese Unterschriften von zwei Mitgliedern des Reichsbank-Direktoriums beziehungsweise von zwei Mitgliedern des Vorstandes der Reichsbankhauptstelle oder den als Stellvertretern der letzteren bezeichneten Beamten vollzogen sind.

Unter welchen Voraussetzungen und in welcher Form die Unterschriften der Bankstellen eine Verpflichtung für die Reichsbank begründen, wird vom Reichskanzler bestimmt und besonders bekannt gemacht.

Gegen die Reichsbankhauptstellen und Bankstellen können alle Klagen, welche auf den Geschäftsbetrieb derselben Bezug haben, bei dem Gerichte des Orts erhoben werden, wo die Zweiganstalt errichtet ist.

§. 39. Sämmtliche bei der Verwaltung der Bank als Beamte, Ausschußmitglieder, Beigeordnete betheiligte Personen sind verpflichtet, über alle einzelne Geschäfte der Bank, besonders über die mit Privatpersonen und über den Umfang des den letzteren gewährten Kredits, Schweigen zu beobachten. Die Deputirten des Zentralausschusses und deren Stellvertreter, sowie die Beigeordneten bei den Reichsbankhauptstellen sind hierzu vor Antritt ihrer Funktionen mittelst Handschlags an Eidesstatt besonders zu verpflichten.

§. 40. Das Statut der Reichsbank wird nach Maßgabe der vorstehend in den §§. 12 bis 39 enthaltenen Vorschriften vom Kaiser im Einvernehmen mit dem Bundesrath erlassen.

Dasselbe muß insbesondere Bestimmungen enthalten:

1. über die Form der Antheilscheine der Reichsbank und der dazu gehörigen Dividendenscheine und Talons;
2. über die bei Uebertragung oder Verpfändung von Antheilscheinen zu beachtenden Formen;
3. über die Mortifikation verlorener oder vernichteter Antheilscheine, sowie über das Verfahren in Betreff abhanden gekommener Dividendenscheine und Talons;
4. über die Grundsätze, nach denen die Jahresbilanz der Reichsbank aufzunehmen ist;
5. über Termine und Modalitäten der Erhebung der Dividende;
6. über die Form, in welcher die Zusammenberufung der Generalversammlungen geschieht, sowie über die Bedingungen und die Art der Ausübung des Stimmrechts der Antheilseigner; die Ausübung des Stimmrechts darf jedoch nicht durch den Besitz von mehr als einem Antheilsscheine bedingt, noch dürfen mehr als hundert Stimmen in einer Hand vereinigt werden;
7) über die Modalitäten der Wahl des Zentralausschusses und der Deputirten desselben, der Bezirksausschüsse und der Beigeordneten bei den Reichsbankhauptstellen;
8) über die Form, in welcher die von der Gesellschaft ausgehenden Bekannt-

---

Zu §. 40.

Vgl. das Statut der Reichsbank vom 21. Mai 1875 (R.G.Bl. S. 203) und die zur Ergänzung desselben erlassene Kaiserliche Verordnung, betr. die Pensionen und Kautionen der Reichsbankbeamten vom 23. Dezember 1875 (R.G.Bl. S. 380).

machungen erfolgen, sowie über die öffentlichen Blätter, in welche dieselben aufzunehmen sind;

9) über die im Fall der Aufhebung der Reichsbank (§. 41) eintretende Liquidation;

10) über die Form, in welcher die Mitwirkung der Antheilseigner oder deren Vertreter zu einer durch Reichsgesetz festzustellenden Erhöhung des Grundkapitals herbeigeführt werden soll;

11) über die Voraussetzung der Sicherstellung, unter denen Effekten für fremde Rechnung gekauft oder verkauft werden dürfen.

§. 41. Das Reich behält sich das Recht vor, zuerst zum 1. Januar 1891, alsdann aber von zehn zu zehn Jahren nach vorausgegangener einjähriger Ankündigung, welche auf Kaiserliche Anordnung, im Einvernehmen mit dem Bundesrath, vom Reichskanzler an das Reichsbank-Direktorium zu erlassen und von letzterem zu veröffentlichen ist, entweder

a) die auf Grund dieses Gesetzes errichtete Reichsbank aufzuheben und die Grundstücke derselben gegen Erstattung des Buchwerthes zu erwerben, oder

b) die sämmtlichen Antheile der Reichsbank zum Nennwerthe zu erwerben.

In beiden Fällen geht der bilanzmäßige Reservefonds, soweit derselbe nicht zur Deckung von Verlusten in Anspruch zu nehmen ist, zur einen Hälfte an die Antheilseigner, zur andern Hälfte an das Reich über.

Zur Verlängerung der Frist nach Inhalt des ersten Absatzes ist die Zustimmung des Reichstags erforderlich.

Titel III.

Privat-Notenbanken.

§. 42. Banken, welche sich bei Erlaß dieses Gesetzes im Besitze der Befugniß zur Notenausgabe befinden, dürfen außerhalb desjenigen Staates, welcher ihnen diese Befugniß ertheilt hat, Bankgeschäfte durch Zweiganstalten weder betreiben noch durch Agenten für ihre Rechnung betreiben lassen, noch als Gesellschafter an Bankhäusern sich betheiligen.

§. 43. Die Noten einer Bank, welche sich bei Erlaß dieses Gesetzes im Besitze der Befugniß zur Notenausgabe befindet, dürfen außerhalb desjenigen Staates, welcher derselben diese Befugniß ertheilt hat, zu Zahlungen nicht gebraucht werden.

Der Umtausch solcher Noten gegen andere Banknoten, Papiergeld oder Münzen unterliegt diesem Verbote nicht.

§. 44. Die beschränkenden Bestimmungen des §. 43 finden auf diejenigen Banken keine Anwendung, welche bis zum 1. Januar 1876 folgende Voraussetzungen erfüllen:

1) Die Bank darf ihre Betriebsmittel nur in den im §. 13 unter 1 bis 4 bezeichneten Geschäften, und zwar zu 4 höchstens bis zur Höhe der Hälfte des Grundkapitals der Bank und der Reserven, anlegen.

Bezüglich des Darlehnsgeschäfts ist der Bank eine Frist bis zum 1. Januar 1877 eingeräumt, innerhalb welcher sie ihre Darlehne den Bestimmungen des §. 13 Nr. 3 zu konformiren hat.

Sie hat jeweilig den Prozentsatz öffentlich bekannt zu machen, zu welchem sie diskontirt oder zinsbare Darlehne gewährt.

2) Die Bank legt von dem sich jährlich über das Maß von $4\frac{1}{2}$ Prozent des Grundkapitals hinaus ergebenden Reingewinn jährlich mindestens 20 Prozent so lange zur Ansammlung eines Reservefonds zurück, als der letztere nicht ein Viertheil des Grundkapitals beträgt.

3) Die Bank verpflichtet sich, für den Betrag ihrer im Umlauf befindlichen Bank-

---

Zu §§. 42 und 43.

Vgl. die Bekanntmachungen des Reichskanzlers, betr. die Anwendung der §§. 42 und 43 des Bankgesetzes, vom 29. Dezember 1875 (R.G.Bl. S. 390) und vom 7. Januar 1876 (R.G.Bl. S. 2).

noten jederzeit mindestens ein Drittheil in kursfähigem deutschen Gelde, Reichs-Kassenscheinen oder in Gold in Barren oder ausländischen Münzen, das Pfund fein zu 1392 Mark gerechnet, und den Rest in diskontirten Wechseln, welche eine Verfallzeit von höchstens drei Monaten haben und aus welchen in der Regel drei, mindestens aber zwei als zahlungsfähig bekannte Verpflichtete haften, in ihren Kassen als Deckung bereit zu halten.

4) Die Bank verpflichtet sich, ihre Noten bei einer von ihr zu bezeichnenden Stelle in Berlin oder Frankfurt, deren Wahl der Genehmigung des Bundesraths unterliegt, dem Inhaber gegen kursfähiges deutsches Geld einzulösen.

Die Einlösung hat spätestens vor Ablauf des auf den Tag der Präsentation folgenden Tages zu erfolgen.

5) Die Bank verpflichtet sich, alle deutschen Banknoten, deren Umlauf im gesammten Reichsgebiete gestattet ist, an ihrem Sitze, sowie bei denjenigen ihrer Zweiganstalten, welche in Städten von mehr als 80,000 Einwohnern ihren Sitz haben, zu ihrem vollen Nennwerthe in Zahlung zu nehmen, so lange die Bank, welche solche Noten ausgegeben hat, ihrer Noteneinlösungspflicht pünktlich nachkommt. Alle bei einer Bank eingegangenen Noten einer anderen Bank dürfen, soweit es nicht Noten der Reichsbank sind, nur entweder zur Einlösung präsentirt, oder zu Zahlungen an diejenige Bank, welche dieselben ausgegeben hat, oder zu Zahlungen an dem Orte, wo letztere ihren Hauptsitz hat, verwendet werden.

6. Die Bank verzichtet auf jedes Widerspruchsrecht, welches ihr entweder gegen die Ertheilung der Befugniß zur Ausgabe von Banknoten an andere Banken, oder gegen die Aufhebung einer etwa bestehenden Verpflichtung der Landesregierungen, ihre Noten in den öffentlichen Kassen statt baaren Geldes in Zahlung nehmen zu lassen, zustehen möchte.

7. Die Bank willigt ein, daß ihre Befugniß zur Ausgabe von Banknoten zu den in §. 41 bezeichneten Terminen durch Beschluß der Landesregierung oder des Bundesraths mit einjähriger Kündigungsfrist aufgehoben werden könne, ohne daß ihr ein Anspruch auf irgend welche Entschädigung zustände.

Von Seiten des Bundesraths wird eine Kündigung nur eintreten zum Zwecke weiterer einheitlicher Regelung des Notenbankwesens oder wenn eine Notenbank den Anordnungen gegenwärtigen Gesetzes zuwidergehandelt hat. Ob diese Voraussetzungen vorliegen, entscheidet der Bundesrath.

Einer Bank, welche die vorstehend unter 1 bis 7 bezeichneten Voraussetzungen erfüllt hat, kann der Betrieb von Bankgeschäften durch Zweiganstalten oder Agenturen außerhalb des im §. 42 bezeichneten Gebietes auf Antrag der für den Ort, wo dies geschehen soll, zuständigen Landesregierung durch den Bundesrath gestattet werden.

Banken, welche bis zum 1. Januar 1876 nachweisen, daß der Betrag der nach ihrem Statut oder Privileg ihnen gestatteten Notenausgabe auf den Betrag des Grundkapitals eingeschränkt ist, welcher am 1. Januar 1874 eingezahlt war, sind von der Erfüllung der unter 2 bezeichneten Voraussetzung entbunden und erlangen mit der Gestattung des Umlaufs ihrer Noten im gesammten Reichsgebiete zugleich die Befugniß, im gesammten Reichsgebiete durch Zweiganstalten oder Agenturen Bankgeschäfte zu betreiben. Dem Bundesrath bleibt vorbehalten, diesen Banken einzelne der durch die Bestimmungen unter 1 ausgeschlossenen Formen der Kreditertheilung, in deren Ausübung dieselben sich bisher befunden haben, auf Grund des nachgewiesenen besonderen Bedürfnisses zeitweilig oder widerruflich auch ferner zu gestatten und die hierfür etwa nothwendigen Bedingungen festzusetzen.

§. 45. Banken, welche von den Bestimmungen im §. 44 zu ihren Gunsten Gebrauch machen wollen, haben dem Reichskanzler nachzuweisen:

1. daß ihre Statuten den durch den §. 44 aufgestellten Voraussetzungen entsprechen;
2. daß die erforderliche Einlösungsstelle eingerichtet ist.

Sobald dieser Nachweis geführt ist, erläßt der Reichskanzler eine durch das Reichs-Gesetzblatt zu veröffentlichende Bekanntmachung, in welcher:

1. die beschränkenden Bestimmungen der §§. 42 und 43 oder des §. 43 dieses Gesetzes zu Gunsten der zu bezeichnenden Bank als nicht anwendbar erklärt,
2. die Stelle, an welcher die Noten der Bank eingelöst werden, bezeichnet wird.

§. 46. Kann die Dauer einer bereits erworbenen Befugniß zur Ausgabe von Banknoten durch eine vom Staate oder einer öffentlichen Behörde ausgehende, an einen bestimmten Termin gebundene Kündigung auf eine bestimmte Zeit beschränkt werden, so tritt diese Kündigung zu dem frühesten zulässigen Termine kraft gegenwärtigen Gesetzes ein, es sei denn, daß die Bank den zulässigen Betrag ihrer Notenausgabe auf den am 1. Januar 1874 eingezahlten Betrag ihres Grundkapitals beschränkt und sich den Bestimmungen im §. 44 unter 1 und 3 bis 7 unterworfen hat.

Statutarische Bestimmungen, durch welche die Dauer einer Bank oder der derselben ertheilten Befugniß zur Notenausgabe von der unveränderten Fortdauer des Notenprivilegiums der Preußischen Bank abhängig gemacht ist, treten außer Kraft.

§. 47. Jede Abänderung der Bestimmungen des Grundgesetzes, Statuts oder Privilegiums einer Bank, welche die Befugniß zur Ausgabe von Banknoten bereits erworben hat, bedarf, so lange der Bank diese Befugniß zusteht, zu ihrer Gültigkeit der Genehmigung des Bundesraths, sofern sie das Grundkapital, den Reservefonds, den Geschäftskreis oder die Deckung der auszugebenden Noten, oder die Dauer der Befugniß zur Notenausgabe zum Gegenstande hat. Landesgesetzliche Vorschriften und Konzessionsbedingungen, durch welche eine Bank bezüglich des Betriebes des Diskonto-, des Lombard-, des Effekten- und des Depositengeschäfts Beschränkungen unterworfen ist, welche das gegenwärtige Gesetz nicht enthält, stehen einer solchen Aenderung nicht entgegen.

Die Genehmigung wird, nach Erfüllung der sonstigen gesetzlichen Erfordernisse, durch die betheiligte Landesregierung beantragt und muß versagt werden, wenn die Bank nicht von den Bestimmungen des §. 44 Gebrauch macht.

Die bayerische Regierung ist berechtigt, bis zum Höchstbetrage von 70 Millionen Mark die Befugniß zur Ausgabe von Banknoten für die in Bayern bestehende Notenbank zu erweitern, oder diese Befugniß einer anderen Bank zu ertheilen, sofern die Bank sich den Bestimmungen des § 44 unterwirft.

§. 48. Der Reichskanzler ist jederzeit befugt, sich nöthigenfalls durch kommissarische Einsichtnahme von den Büchern, Geschäftslokalen und Kassenbeständen der Noten ausgebenden Banken die Ueberzeugung zu verschaffen, daß dieselben die durch Gesetz oder Statut festgestellten Bedingungen und Beschränkungen der Notenausgabe innehalten, oder die Voraussetzungen der zu ihren Gunsten etwa ausgesprochenen Nichtanwendbarkeit der §§. 42 und 43 oder des §. 43 dieses Gesetzes erfüllen und daß die von ihnen veröffentlichten Wochen- und Jahresübersichten (§. 8), sowie die behufs der Steuerberechnung abgegebenen Nachweise (§. 10) der wirklichen Sachlage entsprechen.

Das Aufsichtsrecht der Landesregierungen wird durch diese Bestimmung nicht berührt.

§. 49. Die Befugniß zur Ausgabe von Banknoten geht verloren:

1. durch Ablauf der Zeitdauer, für welche sie ertheilt ist,
2. durch Verzicht,
3. im Falle des Konkurses durch Eröffnung des Verfahrens gegen die Bank,
4. durch Entziehung kraft richterlichen Urtheils,
5. durch Verfügung der Landesregierung nach Maßgabe der Statuten oder Privilegien.

§. 50. Die Entziehung der Befugniß zur Notenausgabe wird auf Klage des

Reichskanzlers oder der Regierung des Bundesstaates, in welchem die Bank ihren Sitz hat, durch gerichtliches Urtheil ausgesprochen:

1. wenn die Vorschriften der Statuten, des Privilegiums oder des gegenwärtigen Gesetzes über die Deckung für die umlaufenden Noten verletzt worden sind oder der Notenumlauf die durch Statut, Privilegium oder Gesetz bestimmte Grenze überschritten hat;
2. wenn die Bank vor Erlaß der in §. 45 erwähnten Bekanntmachung des Reichskanzlers außerhalb des durch §. 42 ihr angewiesenen Gebiets die in §. 42 ihr untersagten Geschäfte betreibt, oder außerhalb des durch §. 43 ihr angewiesenen Gebiets ihre Noten vertreibt oder vertreiben läßt;
3. wenn die Bank die Einlösung präsentirter Noten nicht bewirkt
   a) an ihrem Sitze am Tage der Präsentation,
   b) an ihrer Einlösungsstelle (§. 44 Nr. 4) bis zum Ablaufe des auf den Tag der Präsentation folgenden Tages,
   c) an sonstigen durch die Statuten bestimmten Einlösungsstellen bis zum Ablaufe des dritten Tages nach dem Tage der Präsentation;
4. sobald das Grundkapital sich durch Verluste um ein Drittheil vermindert hat.

Die Klage ist im ordentlichen Verfahren zu verhandeln. Der Rechtsstreit gilt im Sinne der Reichs- und Landesgesetze als Handelssache.

In dem Urtheile ist zugleich die Verpflichtung zur Einziehung der Noten auszusprechen.

§. 51. Das Urtheil ist erst nach Eintritt der Rechtskraft vollstreckbar. Die Vollstreckung wird auf Antrag durch das Prozeßgericht verfügt. Das Gericht bestimmt zu diesem Zwecke die Frist, innerhalb welcher von der Bankverwaltung die Bekanntmachung über die Einziehung der Noten zu erlassen ist.

Sofern nicht der Konkurs über die Bank ausgebrochen ist, setzt das Gericht einen Kurator ein, welcher die Einziehung der Noten zu überwachen und, wenn die Bank den für diesen Fall vorgesehenen Verpflichtungen nicht nachkommt, die Liquidation der Bank beim Gerichte zu beantragen verpflichtet ist.

Eingehende Noten sind von der Bank an eine vom Reichskanzler zu bezeichnende, am Sitze der Bank gelegene Kasse abzuliefern.

§. 52. Sechs Monate, nachdem das Urtheil (§. 50) die Rechtskraft erlangt hat, zahlt die Bank an die vom Reichskanzler bezeichnete Kasse einen Betrag in baarem Gelde ein, welcher dem bis dahin nicht abgelieferten Betrage ihrer Noten gleichkommt. Dieser Baarbetrag wird ihr nach Maßgabe der weiter von ihr abgelieferten Noten und der verbleibende Rest nach Ablauf der letzten vom Bundesrathe für die Einlösung festgesetzten Frist zurückgezahlt.

§. 53. Die an die Kasse abgelieferten Noten (§. 51 und §. 52) werden in Gegenwart des Kurators der Kasse und des für die Einziehung der Noten bestellten Kurators vernichtet. Ueber die Vernichtung wird ein gerichtliches oder notarielles Protokoll aufgenommen. Die Verwaltung der Bank ist befugt, an der Vernichtung durch zwei Abgeordnete Theil zu nehmen. Der für die Vernichtung bestimmte Termin ist ihr jedesmal spätestens acht Tage vorher von der der Kasse vorgesetzten Behörde anzuzeigen. Die Vernichtung kann in einem oder in mehreren Terminen erfolgen.

§. 54. Für diejenigen Korporationen, welche, ohne Zettelbanken zu sein, sich beim Erlaß dieses Gesetzes im Besitz der Befugniß zur Ausgabe von Noten, Kassenscheinen oder sonstigen auf den Inhaber ausgestellten unverzinslichen Schuldverschreibungen befinden, und für das von ihnen ausgegebene Papiergeld gelten insolange, als sie von der Befugniß, Papiergeld in Umlauf zu erhalten, Gebrauch machen, die Bestimmungen der §§. 2 bis einschließlich 6, dann des §. 43 und des §. 47 Absatz 1 dieses Gesetzes, soweit sich derselbe auf die Befugniß zur Ausgabe von Papiergeld, auf deren Dauer, oder auf die Deckung des Papiergeldes bezieht.

Titel IV.

Strafbestimmungen.

§. 55. Wer unbefugt Banknoten oder sonstige auf den Inhaber lautende unverzinsliche Schuldverschreibungen ausgiebt, wird mit einer Geldstrafe bestraft, welche dem Zehnfachen des Betrages der von ihm ausgegebenen Werthzeichen gleichkommt, mindestens aber fünftausend Mark beträgt.

§. 56. Mit Geldstrafe bis zu einhundertfünfzig Mark wird bestraft, wer der Verbotsbestimmung des §. 43 zuwider, Noten inländischer Banken, oder Noten oder sonstige Geldzeichen inländischer Korporationen außerhalb desjenigen Landesgebiets, für welches dieselben zugelassen sind, zur Leistung von Zahlungen verwendet.

§. 57. Mit Geldstrafe von fünfzig Mark bis zu fünftausend Mark wird bestraft, wer der Verbotsbestimmung in §. 11 zuwider, ausländische Banknoten oder sonstige auf den Inhaber lautende unverzinsliche Schuldverschreibungen ausländischer Korporationen, Gesellschaften oder Privaten, welche ausschließlich oder neben anderen Werthbestimmungen in Reichswährung oder einer deutschen Landeswährung ausgestellt sind, zur Leistung von Zahlungen verwendet.

Geschieht die Verwendung gewerbsmäßig, so tritt neben der Geldstrafe Gefängniß bis zu einem Jahre ein. Der Versuch ist strafbar.

§. 58. Mit Geldstrafe bis zu fünftausend Mark wird bestraft, wer den Bestimmungen im §. 42 zuwider, für Rechnung von Banken als Vorsteher von Zweiganstalten oder als Agent Bankgeschäfte betreibt oder mit Banken als Gesellschafter in Verbindung tritt.

Die gleiche Strafe trifft die Mitglieder des Vorstandes einer Bank, welche den Bestimmungen des §. 7 entgegenhandeln, oder welche dem Verbote des §. 42 zuwider

a) Zweiganstalten oder Agenturen bestellen,
oder
b) die von ihnen vertretene Bank als Gesellschafter an Bankhäusern betheiligen.

§. 59. Die Mitglieder des Vorstandes einer Bank werden:

1. wenn sie in den durch die Bestimmungen des §. 8 vorgeschriebenen Veröffentlichungen wissentlich den Stand der Verhältnisse der Bank unwahr darstellen oder verschleiern, mit Gefängniß bis zu drei Monaten bestraft;
2. wenn sie durch unrichtige Aufstellung der im §. 10 vorgeschriebenen Nachweisungen den steuerpflichtigen Notenumlauf zu gering angeben, mit einer Geldstrafe bestraft, welche dem Zehnfachen der hinterzogenen Steuer gleichsteht, mindestens aber fünfhundert Mark beträgt;
3. wenn die Bank mehr Noten ausgiebt, als sie auszugeben befugt ist, mit einer Geldstrafe bestraft, welche dem Zehnfachen des zuviel ausgegebenen Betrages gleichkommt, mindestens aber fünftausend Mark beträgt.

Die Strafe zu 3. trifft auch die Mitglieder des Vorstandes solcher Korporationen, welche zur Ausgabe von auf den Inhaber lautenden unverzinslichen Schuldverschreibungen befugt sind, wenn sie mehr solche Geldzeichen ausgeben, als die Korporation auszugeben befugt ist.

Titel V.

Schlußbestimmungen.

§. 60. Die §§. 6, 42 und 43, sowie die auf die letzteren bezüglichen Strafbestimmungen in den §§. 56 und 58 gegenwärtigen Gesetzes treten am 1. Januar 1876 in Kraft.

§. 61. Der Reichskanzler wird ermächtigt, mit der Königlich preußischen Re-

---

Zu Titel IV.
Vgl. die §§. 16, 27, 28, 29, 74, 78 des St.G.B.

gierung wegen Abtretung der Preußischen Bank an das Reich auf folgenden Grundlagen einen Vertrag abzuschließen:

1. Preußen tritt nach Zurückziehung seines Einschußkapitals von 1,906,800 Thalern, sowie der ihm zustehenden Hälfte des Reservefonds die Preußische Bank mit allen ihren Rechten und Verpflichtungen mit dem 1. Januar 1876 unter den nachstehend Ziffer 2 bis 6 bezeichneten Bedingungen an das Reich ab. Das Reich wird diese Bank an die nach Maßgabe der Bestimmungen dieses Gesetzes zu errichtende Reichsbank übertragen.
2. Preußen empfängt für Abtretung der Bank eine Entschädigung von fünfzehn Millionen Mark, welche aus den Mitteln der Reichsbank zu decken ist.
3. Den bisherigen Antheilseignern der Preußischen Bank wird die Befugniß vorbehalten, gegen Verzicht auf alle ihnen durch ihre Bankantheilscheine verbrieften Rechte zu Gunsten der Reichsbank den Umtausch dieser Urkunden gegen Antheilsscheine der Reichsbank von gleichem Nominalbetrage zu verlangen.
4. Die Reichsbank hat denjenigen Antheilseignern, welche nach den Bestimmungen der §§. 16 und 19 der Bankordnung vom 5. Oktober 1846 (Preuß. Gesetz-Samml. S. 435) die Herauszahlung des eingeschossenen Kapitals und ihres Antheils an dem Reservefonds der Preußischen Bank verlangen, diese Zahlung zu leisten.
5. Die Reichsbank wird zur Erfüllung der von der Preußischen Bank durch Vertrag vom 28./31. Januar 1856 hinsichtlich der Staatsanleihe von sechszehn Millionen fünfhundertachtundneunzigtausend Thalern übernommenen Verbindlichkeiten an Preußen für die Jahre 1876 bis einschließlich 1925 jährlich 621,910 Thaler in halbjährlichen Raten zahlen. Wird die Konzession der Reichsbank nicht verlängert, so wird das Reich dafür sorgen, daß, so lange keine andere Bank in diese Verpflichtung eintritt, die Rente bis zu dem ebengedachten Zeitpunkte der preußischen Staatskasse unverkürzt zufließe.
6. Eine Auseinandersetzung zwischen Preußen und der Reichsbank wegen der Grundstücke der Preußischen Bank bleibt vorbehalten.

§. 62. Der Reichskanzler wird ermächtigt:

1. diejenigen Antheilsscheine der Reichsbank zu begeben, welche nicht nach §. 61 Nr. 3 gegen Antheilsscheine der Preußischen Bank umzutauschen sind,
2. auf Höhe der nicht begebenen Antheilsscheine zur Beschaffung des nach §. 23 erforderlichen Grundkapitals der Reichsbank verzinsliche, spätestens am 1. Mai 1876 fällig werdende Schatzanweisungen auszugeben.

§. 63. Die Ausfertigung der Schatzanweisungen (§. 62 Nr. 2) wird der Preußischen Hauptverwaltung der Staatsschulden übertragen. Den Zinssatz bestimmt der Reichskanzler. Bis zum 1. Mai 1876 kann, nach Anordnung des Reichskanzlers, der Betrag der Schatzanweisungen wiederholt, jedoch nur zur Deckung der in Verkehr gesetzten Schatzanweisungen ausgegeben werden.

§. 64. Die zur Verzinsung und Einlösung der Schatzanweisungen erforderlichen Beträge müssen der Reichsschulden-Verwaltung aus den bereitesten Einkünften des Reichs zur Verfallzeit zur Verfügung gestellt werden.

§. 65. Die Ausgabe der Schatzanweisungen ist durch die Reichskasse zu bewirken.

Die Zinsen der Schatzanweisungen verjähren binnen vier Jahren, die verschriebenen Kapitalbeträge binnen 30 Jahren nach Eintritt des in jeder Schatzanweisung auszudrückenden Fälligkeitstermins.

§. 66. Die Bestimmungen des Handelsgesetzbuchs über die Eintragung in das Handelsregister und die rechtlichen Folgen derselben finden auf die Reichsbank keine Anwendung.

Urkundlich unter Unserer Höchsteigenhändigen Unterschrift und beigedrucktem Kaiserlichen Insiegel.

Gegeben Berlin, den 14. März 1875.

(L. S.) Wilhelm.

Fürst v. Bismarck.

Anlage zum §. 9.

Laufende Nr.	Bezeichnung der Bank.	Ungedeckter Notenumlauf. Mark.
1.	Reichsbank	250,000,000
2.	Ritterschaftliche Privatbank in Pommern (Stettin)	1,222,000
3.	Städtische Bank in Breslau	1,283,000
4.	Bank des Berliner Kassenvereins	963,000
5.	Kölnische Bank	1,251,000
6.	Magdeburger Privatbank	1,173,000
7.	Danziger Privat-Aktienbank	1,272,000
8.	Provinzial-Aktienbank des Großherzogthums Posen	1,206,000
9.	Kommunalständische Bank für die preußische Oberlausitz (Görlitz)	1,307,000
10.	Hannoversche Bank	6,000,000
11.	Landgräflich hessische konzessionirte Landesbank	159,000
12.	Frankfurter Bank	10,000,000
13.	Bayerische Banken	32,000,000
14.	Sächsische Bank zu Dresden	16,771,000
15.	Leipziger Bank	5,348,000
16.	Leipziger Kassenverein	1,440,000
17.	Chemnitzer Stadtbank	441,000
18.	Württembergische Notenbank	10,000,000
19.	Badische Bank	10,000,000
20.	Bank für Süddeutschland	10,000,000
21.	Rostocker Bank	1,155,000
22.	Weimarsche Bank	1,971,000
23.	Oldenburgische Landesbank	1,881,000
24.	Braunschweigische Bank	2,829,000
25.	Mitteldeutsche Kreditbank in Meiningen	3,187,000
26.	Privatbank zu Gotha	1,344,000
27.	Anhalt-Dessauische Landesbank	935,000
28.	Thüringische Bank (Sondershausen)	1,658,000
29.	Geraer Bank	1,651,000
30.	Niedersächsische Bank (Bückeburg)	594,000
31.	Lübecker Privatbank	500,000
32.	Kommerzbank in Lübeck	959,000
33.	Bremer Bank	4,500,000
	Zusammen	385,000,000

Gesetz, betreffend das Urheberrecht an Werken der bildenden Künste. Vom 9. Januar 1876.

[R.G.Bl. 1876. S. 4.]

Wir Wilhelm, von Gottes Gnaden Deutscher Kaiser, König von Preußen ꝛc. verordnen im Namen des Deutschen Reichs, nach erfolgter Zustimmung des Bundesrathes und des Reichstages, was folgt:

A. Ausschließliches Recht des Urhebers.

§. 1. Das Recht, ein Werk der bildenden Künste ganz oder theilweise nachzubilden, steht dem Urheber desselben ausschließlich zu.

§. 2. Das Recht des Urhebers geht auf dessen Erben über. Dieses Recht kann beschränkt oder unbeschränkt durch Vertrag oder durch Verfügung von Todeswegen auf Andere übertragen werden.

§. 3. Auf die Baukunst findet das gegenwärtige Gesetz keine Anwendung.

§. 4. Als Nachbildung ist nicht anzusehen die freie Benutzung eines Werkes der bildenden Künste zur Hervorbringung eines neuen Werkes.

§. 5. Jede Nachbildung eines Werkes der bildenden Künste, welche in der Absicht, dieselbe zu verbreiten, ohne Genehmigung des Berechtigten (§§. 1, 2) hergestellt wird, ist verboten. Als verbotene Nachbildung ist es auch anzusehen:

1. wenn bei Hervorbringung derselben ein anderes Verfahren angewendet worden ist, als bei dem Originalwerk;
2. wenn die Nachbildung nicht unmittelbar nach dem Originalwerke, sondern mittelbar nach einer Nachbildung desselben geschaffen ist;
3. wenn die Nachbildung eines Werkes der bildenden Künste sich an einem Werke der Baukunst, der Industrie, der Fabriken, Handwerke oder Manufakturen befindet;
4. wenn der Urheber oder Verleger dem unter ihnen bestehenden Vertrage zuwider eine neue Vervielfältigung des Werkes veranstalten;
5. wenn der Verleger eine größere Anzahl von Exemplaren eines Werkes anfertigen läßt, als ihm vertragsmäßig oder gesetzlich gestattet ist.

§. 6. Als verbotene Nachbildung ist nicht anzusehen:

1. die Einzelkopie eines Werkes der bildenden Künste, sofern dieselbe ohne die Absicht der Verwerthung angefertigt wird. Es ist jedoch verboten, den Namen oder das Monogramm des Urhebers des Werkes in irgend einer Weise auf der Einzelkopie anzubringen, widrigenfalls eine Geldstrafe bis zu fünfhundert Mark verwirkt ist;

2) die Nachbildung eines Werkes der zeichnenden oder malenden Kunst durch die plastische Kunst, oder umgekehrt;

3) die Nachbildung von Werken der bildenden Künste, welche auf oder an Straßen oder öffentlichen Plätzen bleibend sich befinden. Die Nachbildung darf jedoch nicht in derselben Kunstform erfolgen;

4) die Aufnahme von Nachbildungen einzelner Werke der bildenden Künste in ein Schriftwerk, vorausgesetzt, daß das letztere als die Hauptsache erscheint, und die Abbildungen nur zur Erläuterung des Textes dienen. Jedoch muß der Urheber des Originals oder die benutzte Quelle angegeben werden, widrigenfalls die Strafbestimmung im §. 24 des Gesetzes vom 11. Juni 1870, betreffend das Urheberrecht an Schriftwerken ꝛc., (Bundes-Gesetzbl. 1870 S. 339) Platz greift.

§. 7. Wer ein von einem Anderen herrührendes Werk der bildenden Künste auf rechtmäßige Weise, aber mittelst eines anderen Kunstverfahrens nachbildet, hat in Beziehung auf das von ihm hervorgebrachte Werk das Recht eines Urhebers (§. 1), auch wenn das Original bereits Gemeingut geworden ist.

§. 8. Wenn der Urheber eines Werkes der bildenden Künste das Eigenthum am Werke einem Anderen überläßt, so ist darin die Uebertragung des Nachbildungsrechts fortan nicht enthalten; bei Portraits und Portraitsbüsten geht dieses Recht jedoch auf den Besteller über.

Der Eigenthümer des Werkes ist nicht verpflichtet, dasselbe zum Zweck der Veranstaltung von Nachbildungen an den Urheber oder dessen Rechtsnachfolger herauszugeben.

B. Dauer des Urheberrechts.

§. 9. Der Schutz des gegenwärtigen Gesetzes gegen Nachbildung wird für die Lebensdauer des Urhebers und dreißig Jahre nach dem Tode desselben gewährt.

Bei Werken, welche veröffentlicht sind, ist diese Dauer des Schutzes an die Bedingung geknüpft, daß der wahre Name des Urhebers auf dem Werke vollständig genannt oder durch kenntliche Zeichen ausgedrückt ist.

Werke, welche entweder unter einem anderen, als dem wahren Namen des Urhebers veröffentlicht, oder bei welchen ein Urheber gar nicht angegeben ist, werden dreißig Jahre lang, von der Veröffentlichung an, gegen Nachbildung geschützt. Wird innerhalb dieser dreißig Jahre der wahre Name des Urhebers von ihm selbst oder seinen hierzu legitimirten Rechtsnachfolgern zur Eintragung in die Eintragsrolle (§. 39 des Gesetzes vom 11. Juni 1870, betreffend das Urheberrecht an Schriftwerken ꝛc., — Bundes-Gesetzbl. 1870 S. 339) angemeldet, so wird dadurch dem Werke die im Absatz 1 bestimmte längere Dauer des Schutzes erworben.

§. 10. Bei Werken, die in mehreren Bänden oder Abtheilungen erscheinen, wird die Schutzfrist von dem ersten Erscheinen eines jeden Bandes oder einer jeden Abtheilung an berechnet.

Bei Werken jedoch, die in einem oder mehreren Bänden eine einzige Aufgabe behandeln und mithin als in sich zusammenhängend zu betrachten sind, beginnt die Schutzfrist erst nach dem Erscheinen des letzten Bandes oder der letzten Abtheilung.

Wenn indessen zwischen der Herausgabe einzelner Bände oder Abtheilungen ein Zeitraum von mehr als drei Jahren verflossen ist, so sind die vorher erschienenen Bände, Abtheilungen ꝛc. als ein für sich bestehendes Werk und ebenso die nach Ablauf der drei Jahre erscheinenden weiteren Fortsetzungen als ein neues Werk zu behandeln.

§. 11. Die erst nach dem Tode des Urhebers veröffentlichten Werke werden dreißig Jahre lang, vom Tode des Urhebers an gerechnet, gegen Nachbildung geschützt.

§. 12. Einzelne Werke der bildenden Künste, welche in periodischen Werken, als Zeitschriften, Taschenbüchern, Kalendern ꝛc. erschienen sind, darf der Urheber, falls nichts anderes verabredet ist, auch ohne Einwilligung des Herausgebers oder Verlegers des Werkes, in welches dieselben aufgenommen sind, nach zwei Jahren, vom Ablaufe des Jahres des Erscheinens an gerechnet, anderweitig abdrucken.

§. 13. In den Zeitraum der gesetzlichen Schutzfrist wird das Todesjahr des Verfassers beziehungsweise das Kalenderjahr der ersten Veröffentlichung oder des ersten Erscheinens des Werkes nicht eingerechnet.

§. 14. Wenn der Urheber eines Werkes der bildenden Künste gestattet, daß dasselbe an einem Werke der Industrie, der Fabriken, Handwerke oder Manufakturen nachgebildet wird, so genießt er den Schutz gegen weitere Nachbildungen an Werken der Industrie ꝛc. nicht nach Maßgabe des gegenwärtigen Gesetzes, sondern nur nach Maßgabe des Gesetzes, betreffend das Urheberrecht an Mustern und Modellen.

§. 15. Ein Heimfallsrecht des Fiskus oder anderer zu herrenlosen Verlassen-

---

Zu §. 9.

Vgl. die Bestimmungen über die Führung der Eintragsrolle für Werke der bild. Künste, vom 29. Februar 1876 (Centralbl. f. d. D. R. S. 119).

schaften berechtigter Personen findet auf das ausschließliche Recht des Urhebers und seiner Rechtsnachfolger nicht statt.

C. Sicherstellung des Urheberrechts.

§. 16. Die Bestimmungen in den §§. 18—42 des Gesetzes vom 11. Juni 1870, betreffend das Urheberrecht an Schriftwerken rc., Bundes-Gesetzbl. 1870 S. 339) finden auch auf die Nachbildung von Werken der bildenden Künste entsprechende Anwendung.

Die Sachverständigen-Vereine, welche nach Maßgabe des §. 31 des genannten Gesetzes Gutachten über die Nachbildung von Werken der bildenden Künste abzugeben haben, sollen aus Künstlern verschiedener Kunstzweige, aus Kunsthändlern, Kunstgewerbtreibenden und aus anderen Kunstverständigen bestehen.

D. Allgemeine Bestimmungen.

§. 17. Das gegenwärtige Gesetz tritt mit dem 1. Juli 1876 in Kraft. Alle früheren in den einzelnen Staaten des Deutschen Reichs geltenden Bestimmungen in Beziehung auf das Urheberrecht an Werken der bildenden Künste treten von demselben Tage ab außer Wirksamkeit.

§. 18. Das gegenwärtige Gesetz findet auch auf alle vor dem Inkrafttreten desselben erschienenen Werke der bildenden Künste Anwendung, selbst wenn dieselben nach den bisherigen Landesgesetzgebungen keinen Schutz gegen Nachbildung genossen haben.

Die bei dem Inkrafttreten dieses Gesetzes vorhandenen Exemplare, deren Herstellung nach der bisherigen Gesetzgebung gestattet war, sollen auch fernerhin verbreitet werden dürfen, selbst wenn ihre Herstellung nach dem gegenwärtigen Gesetze untersagt ist.

Ebenso sollen die bei dem Inkrafttreten dieses Gesetzes vorhandenen, bisher rechtmäßig angefertigten Vorrichtungen, wie Formen, Platten, Steine, Stereotypabgüsse u. s. w. auch fernerhin zur Anfertigung von Exemplaren benutzt werden dürfen.

Auch dürfen die beim Inkrafttreten des Gesetzes bereits begonnenen, bisher gestatteten Vervielfältigungen noch vollendet werden.

Die Regierungen der Staaten des Deutschen Reichs werden ein Inventarium über die Vorrichtungen, deren fernere Benutzung hiernach gestattet ist, amtlich aufstellen und diese Vorrichtungen mit einem gleichförmigen Stempel bedrucken lassen.

Nach Ablauf der für die Legalisirung angegebenen Frist unterliegen alle mit dem Stempel nicht versehenen Vorrichtungen der bezeichneten Werke, auf Antrag des Verletzten, der Einziehung. Die nähere Instruktion über das bei der Aufstellung des Inventariums und bei der Stempelung zu beobachtende Verfahren wird vom Reichskanzler-Amt erlassen.

§. 19. Die Ertheilung von Privilegien zum Schutze des Urheberrechts ist nicht mehr zulässig.

Dem Inhaber eines vor dem Inkrafttreten des gegenwärtigen Gesetzes von den Regierungen einzelner deutscher Staaten ertheilten Privilegiums steht es frei, ob er von diesem Privilegium Gebrauch machen oder den Schutz des gegenwärtigen Gesetzes anrufen will.

Der Privilegienschutz kann indeß nur für den Umfang derjenigen Staaten geltend gemacht werden, von welchen derselbe ertheilt worden ist.

Zu §. 16.

Vgl. die Bestimmungen über die Zusammensetzung und den Geschäftsbetrieb der künstlerischen rc. Sachverständigen-Vereine, vom 29. Februar 1876 (Centralbl. f. d. D. R. S. 117).

Zu §. 18.

Vgl. die Bestimmungen, betr. die Inventarisirung und Stempelung der nach der bisherigen Gesetzgebung rechtmäßig angefertigten Vorrichtungen zur Herstellung von Werken der bild. Künste, vom 29. Februar 1876 (Centralbl. f. d. D. R. S. 118).

Die Berufung auf den Privilegienschutz ist dadurch bedingt, daß das Privilegium entweder ganz oder dem wesentlichen Inhalte nach dem Werke vorgedruckt oder auf oder hinter dem Titelblatt desselben bemerkt ist. Wo dieses nach der Natur des Gegenstandes nicht stattfinden kann oder bisher nicht geschehen ist, muß das Privilegium, bei Vermeidung des Erlöschens, binnen drei Monaten nach dem Inkrafttreten dieses Gesetzes zur Eintragung in die Eintragsrolle angemeldet werden. Das Kuratorium der Eintragsrolle hat das Privilegium öffentlich bekannt zu machen.

§. 20. Das gegenwärtige Gesetz findet Anwendung auf alle Werke inländischer Urheber, gleichviel ob die Werke im Inlande oder Auslande erschienen oder überhaupt noch nicht veröffentlicht sind.

Wenn Werke ausländischer Urheber bei inländischen Verlegern erscheinen, so stehen diese Werke unter dem Schutze des gegenwärtigen Gesetzes.

§. 21. Diejenigen Werke ausländischer Urheber, welche in einem Orte erschienen sind, der zum ehemaligen Deutschen Bunde, nicht aber zum Deutschen Reich gehört, genießen den Schutz dieses Gesetzes unter der Voraussetzung, daß das Recht des betreffenden Staates den innerhalb des Deutschen Reichs erschienenen Werken einen den einheimischen Werken gleichen Schutz gewährt; jedoch dauert der Schutz nicht länger, als in dem betreffenden Staate selbst. Dasselbe gilt von nicht veröffentlichten Werken solcher Urheber, welche zwar nicht im Deutschen Reich, wohl aber im ehemaligen deutschen Bundesgebiete staatsangehörig sind.

Urkundlich unter Unserer Höchsteigenhändigen Unterschrift und beigedrucktem Kaiserlichen Insiegel.

Gegeben Berlin, den 9. Januar 1876.

(L. S.) Wilhelm.
Fürst v. Bismarck.

Gesetz, betreffend den Schutz der Photographieen gegen unbefugte Nachbildung. Vom 10. Januar 1876.

[R.G.Bl. 1876. S. 8.]

Wir Wilhelm, von Gottes Gnaden Deutscher Kaiser, König von Preußen rc., verordnen im Namen des Deutschen Reichs, nach erfolgter Zustimmung des Bundesraths und des Reichstags, was folgt:

§. 1. Das Recht, ein durch Photographie hergestelltes Werk ganz oder theilweise auf mechanischem Wege nachzubilden, steht dem Verfertiger der photographischen Aufnahme ausschließlich zu.

Auf Photographieen von solchen Werken, welche gesetzlich gegen Nachdruck und Nachbildung noch geschützt sind, findet das gegenwärtige Gesetz keine Anwendung.

§. 2. Als Nachbildung ist nicht anzusehen die freie Benutzung eines durch Photographie hergestellten Werkes zur Hervorbringung eines neuen Werkes.

§. 3. Die mechanische Nachbildung eines photographischen Werkes, welche in der Absicht, dieselbe zu verbreiten, ohne Genehmigung der Berechtigten (§§. 1 und 7) hergestellt wird, ist verboten.

§. 4. Die Nachbildung eines photographischen Werkes, wenn sie sich an einem Werke der Industrie, der Fabriken, Handwerke oder Manufakturen befindet, ist als eine verbotene nicht anzusehen.

§. 5. Jede rechtmäßige photographische oder sonstige mechanische Abbildung der Originalaufnahme muß auf der Abbildung selbst oder auf dem Karton

a) den Namen beziehungsweise die Firma des Verfertigers der Originalaufnahme oder des Verlegers, und

b) den Wohnort des Verfertigers oder Verlegers,

c) das Kalenderjahr, in welchem die rechtmäßige Abbildung zuerst erschienen ist,

enthalten, widrigenfalls ein Schutz gegen Nachbildung nicht stattfindet.

§. 6. Der Schutz des gegenwärtigen Gesetzes gegen Nachbildung wird dem Verfertiger des photographischen Werkes fünf Jahre gewährt. Diese Frist wird vom Ablaufe desjenigen Kalenderjahres ab gerechnet, in welchem die rechtmäßigen photographischen oder sonstigen mechanischen Abbildungen der Originalaufnahme zuerst erschienen sind.

Wenn solche Abbildungen nicht erscheinen, so wird die fünfjährige Frist von dem Ablauf desjenigen Kalenderjahres ab gerechnet, in welchem das Negativ der photographischen Aufnahme entstanden ist.

Bei Werken, die in mehreren Bänden oder Abtheilungen erscheinen, findet der §. 14 des Gesetzes vom 11. Juni 1870, betreffend das Urheberrecht an Schriftwerken ꝛc., Anwendung.

§. 7. Das im §. 1 bezeichnete Recht des Verfertigers eines photographischen Werkes geht auf dessen Erben über. Auch kann dieses Recht von dem Verfertiger oder dessen Erben ganz oder theilweise durch Vertrag oder durch Verfügung von Todeswegen auf Andere übertragen werden. Bei photographischen Bildnissen (Portraits) geht das Recht auch ohne Vertrag von selbst auf den Besteller über.

§. 8. Wer eine von einem Anderen verfertigte photographische Aufnahme durch ein Werk der malenden, zeichnenden oder plastischen Kunst nachbildet, genießt in Beziehung auf das von ihm hervorgebrachte Werk das Recht eines Urhebers nach Maßgabe des §. 7 des Gesetzes vom 9. Januar d. J., betreffend das Urheberrecht an Werken der bildenden Künste.

§. 9. Die Bestimmungen in den §§. 18 bis 38, 44, 61 Absatz 1 des Gesetzes vom 11. Juni 1870, betreffend das Urheberrecht an Schriftwerken ꝛc., finden auch Anwendung auf das ausschließliche Nachbildungs- und Vervielfältigungsrecht des Verfertigers photographischer Werke.

§. 10. Die Sachverständigen-Vereine, welche Gutachten über die Nachbildung photographischer Aufnahmen abzugeben haben, sollen aus Künstlern verschiedener Kunstzweige, aus Kunsthändlern, aus anderen Kunstverständigen und aus Photographen bestehen.

§. 11. Die Bestimmungen des gegenwärtigen Gesetzes finden auch Anwendung auf solche Werke, welche durch ein der Photographie ähnliches Verfahren hergestellt werden.

§. 12. Das gegenwärtige Gesetz tritt mit dem 1. Juli 1876 in Kraft. Auf photographische Aufnahmen, welche vor diesem Tage angefertigt sind, findet dasselbe nur dann Anwendung, wenn die erste rechtmäßige photographische oder sonstige mechanische Abbildung der Originalaufnahme nach dem Inkrafttreten des gegenwärtigen Gesetzes erschienen ist.

Photographische Aufnahmen, welche schon bisher landesgesetzlich gegen Nachbildung geschützt waren, behalten diesen Schutz; jedoch kann derselbe nur für denjenigen räumlichen Umfang geltend gemacht werden, für welchen er durch die Landesgesetzgebung ertheilt war.

Urkundlich unter Unserer Höchsteigenhändigen Unterschrift und beigedrucktem Kaiserlichen Insiegel.

Gegeben Berlin, den 10. Januar 1876.

(L. S.)

Wilhelm

Fürst v. Bismarck.

Zu §. 10.

Vgl. die Bestimmungen über die Zusammensetzung und den Geschäftsbetrieb der photographischen Sachverständigen-Vereine, vom 29. Februar 1876 (Centralbl. f. d. D. R. S. 117).

Gesetz, betreffend das Urheberrecht an Mustern und Modellen. Vom 11. Januar 1876.

[R.G.Bl. 1876. S. 11.]

Wir Wilhelm, von Gottes Gnaden Deutscher Kaiser, König von Preußen rc., verordnen im Namen des Deutschen Reichs, nach erfolgter Zustimmung des Bundesraths und des Reichstags, was folgt:

§. 1. Das Recht, ein gewerbliches Muster oder Modell ganz oder theilweise nachzubilden, steht dem Urheber desselben ausschließlich zu.

Als Muster oder Modelle im Sinne dieses Gesetzes werden nur neue und eigenthümliche Erzeugnisse angesehen.

§. 2. Bei solchen Mustern und Modellen, welche von den in einer inländischen gewerblichen Anstalt beschäftigten Zeichnern, Malern, Bildhauern rc. im Auftrage oder für Rechnung des Eigenthümers der gewerblichen Anstalt angefertigt werden, gilt der letztere, wenn durch Vertrag nichts anderes bestimmt ist, als der Urheber der Muster und Modelle.

§. 3. Das Recht des Urhebers geht auf dessen Erben über. Dieses Recht kann beschränkt oder unbeschränkt durch Vertrag oder durch Verfügung von Todeswegen auf Andere übertragen werden.

§. 4. Die freie Benutzung einzelner Motive eines Musters oder Modells zur Herstellung eines neuen Musters oder Modells ist als Nachbildung nicht anzusehen.

§. 5. Jede Nachbildung eines Musters oder Modells, welche in der Absicht, dieselbe zu verbreiten, ohne Genehmigung des Berechtigten (§§. 1—3) hergestellt wird, ist verboten. Als verbotene Nachbildung ist es auch anzusehen;

1) wenn bei Hervorbringung derselben ein anderes Verfahren angewendet worden ist, als bei dem Originalwerke, oder wenn die Nachbildung für einen anderen Gewerbszweig bestimmt ist, als das Original;
2) wenn die Nachbildung in anderen räumlichen Abmessungen oder Farben hergestellt wird, als das Original, oder wenn sie sich vom Original nur durch solche Abänderungen unterscheidet, welche nur bei Anwendung besonderer Aufmerksamkeit wahrgenommen werden können;
3) wenn die Nachbildung nicht unmittelbar nach dem Originalwerke, sondern mittelbar nach einer Nachbildung desselben geschaffen ist.

§. 6. Als verbotene Nachbildung ist nicht anzusehen:

1) die Einzelkopie eines Musters oder Modells, sofern dieselbe ohne die Absicht der gewerbsmäßigen Verbreitung und Verwerthung angefertigt wird;
2) die Nachbildung von Mustern, welche für Flächenerzeugnisse bestimmt sind, durch plastische Erzeugnisse, und umgekehrt;
3) die Aufnahme von Nachbildungen einzelner Muster oder Modelle in ein Schriftwerk.

§ 7. Der Urheber eines Musters oder Modells genießt den Schutz gegen Nachbildung nur dann, wenn er dasselbe zur Eintragung in das Musterregister angemeldet und ein Exemplar oder eine Abbildung des Musters rc. bei der mit Führung des Musterregisters beauftragten Behörde niedergelegt hat.

Die Anmeldung und Niederlegung muß erfolgen, bevor ein nach dem Muster oder Modelle gefertigtes Erzeugniß verbreitet wird.

§. 8. Der Schutz des gegenwärtigen Gesetzes gegen Nachbildung wird dem Urheber des Musters oder Modells nach seiner Wahl ein bis drei Jahre lang, vom Tage der Anmeldung (§. 7) ab, gewährt.

Der Urheber ist berechtigt, gegen Zahlung der im §. 12 Absatz 3 bestimmten Gebühr, eine Ausdehnung der Schutzfrist bis auf höchstens fünfzehn Jahre zu verlangen. Die Verlängerung der Schutzfrist wird in dem Musterregister eingetragen.

Der Urheber kann das ihm nach Absatz 2 zustehende Recht außer bei der Anmeldung auch bei Ablauf der dreijährigen und der zehnjährigen Schutzfrist ausüben.

§. 9. Das Musterregister wird von den mit der Führung der Handelsregister beauftragten Gerichtsbehörden geführt.

Der Urheber hat die Anmeldung und Niederlegung des Musters oder Modells bei der Gerichtsbehörde seiner Hauptniederlassung, und falls er eine eingetragene Firma nicht besitzt, bei der betreffenden Gerichtsbehörde seines Wohnortes zu bewirken.

Urheber, welche im Inlande weder eine Niederlassung, noch einen Wohnsitz haben, müssen die Anmeldung und Niederlegung bei dem Handelsgericht in Leipzig bewirken.

Die Muster oder Modelle können offen oder versiegelt, einzeln oder in Packeten niedergelegt werden. Die Packete dürfen jedoch nicht mehr als 50 Muster oder Modelle enthalten und nicht mehr als 10 Kilogramm wiegen. Die näheren Vorschriften über die Führung des Musterregisters erläßt das Reichskanzler-Amt.

Die Eröffnung der versiegelt niedergelegten Muster erfolgt drei Jahre nach der Anmeldung (§. 7) beziehentlich, wenn die Schutzfrist eine kürzere ist, nach dem Ablaufe derselben.

Die Eintragung und die Verlängerung der Schutzfrist (§. 8 Alinea 2) wird monatlich im Deutschen Reichsanzeiger bekannt gemacht. Die Kosten der Bekanntmachung hat der Anmeldende zu tragen.

§. 10. Die Eintragungen in das Musterregister werden bewirkt, ohne daß eine zuvorige Prüfung über die Berechtigung des Antragstellers oder über die Richtigkeit der zur Eintragung angemeldeten Thatsachen stattfindet.

§. 11. Es ist Jedermann gestattet, von dem Musterregister und den nicht versiegelten Mustern und Modellen Einsicht zu nehmen und sich beglaubigte Auszüge aus dem Musterregister ertheilen zu lassen. In Streitfällen darüber, ob ein Muster oder Modell gegen Nachbildung geschützt ist, können zur Herbeiführung der Entscheidung auch die versiegelten Packete von der mit der Führung des Musterregisters beauftragten Behörde geöffnet werden.

§. 12. Alle Eingaben, Verhandlungen, Atteste, Beglaubigungen, Zeugnisse, Auszüge rc., welche die Eintragung in das Musterregister betreffen, sind stempelfrei.

Für jede Eintragung und Niederlegung eines einzelnen Musters oder eines Packets mit Mustern rc. (§. 9) wird, insofern die Schutzfrist auf nicht länger als drei Jahre beansprucht wird (§. 8 Absatz 1), eine Gebühr von 1 Mark für jedes Jahr erhoben.

Nimmt der Urheber in Gemäßheit des §. 8 Absatz 2 eine längere Schutzfrist in Anspruch, so hat er für jedes weitere Jahr bis zum zehnten Jahre einschließlich eine Gebühr von 2 Mark, von elf bis fünfzehn Jahren eine Gebühr von 3 Mark für jedes einzelne Muster oder Modell zu entrichten. Für jeden Eintragungsschein, sowie für jeden sonstigen Auszug aus dem Musterregister wird eine Gebühr von je 1 Mark erhoben.

§. 13. Derjenige, welcher nach Maßgabe des §. 7 das Muster oder Modell zur Eintragung in das Musterregister angemeldet und niedergelegt hat, gilt bis zum Gegenbeweise als Urheber.

§. 14. Die Bestimmungen in den §§. 18—36, 38 des Gesetzes vom 11. Juni 1870, betreffend das Urheberrecht an Schriftwerken rc., (Bundes-Gesetzbl. 1870 S. 339) finden auch auf das Urheberrecht an Mustern und Modellen mit der

---

Zu §. 9.

Vgl. die Bestimmungen über die Führung des Musterregisters, vom 29. Februar 1876 (Centralbl. f. d. D. R. S. 123).

Zu §. 14.

Vgl. die Bestimmungen über die Zusammensetzung und den Geschäftsbetrieb der gewerblichen Sachverständigen-Vereine, vom 29. Februar 1876 (Centralbl. f. d D. R. S. 117).

Maßgabe entsprechende Anwendung, daß die vorräthigen Nachbildungen und die zur widerrechtlichen Vervielfältigung bestimmten Vorrichtungen nicht vernichtet, sondern auf Kosten des Eigenthümers und nach Wahl desselben entweder ihrer gefährdenden Form entkleidet, oder bis zum Ablauf der Schutzfrist amtlich aufbewahrt werden.

Die Sachverständigen-Vereine, welche nach §. 31 des genannten Gesetzes Gutachten über die Nachbildung von Mustern oder Modellen abzugeben haben, sollen aus Künstlern, aus Gewerbtreibenden verschiedener Gewerbzweige und aus sonstigen Personen, welche mit dem Muster- und Modellwesen vertraut sind, zusammengesetzt werden.

§. 15. Bürgerliche Rechtsstreitigkeiten, in welchen auf Grund der Bestimmungen dieses Gesetzes eine Klage wegen Entschädigung, Bereicherung oder Einziehung angestellt wird, gelten im Sinne der Reichs- und Landesgesetze als Handelssachen.

§. 16. Das gegenwärtige Gesetz findet Anwendung auf alle Muster und Modelle inländischer Urheber, sofern die nach den Mustern oder Modellen hergestellten Erzeugnisse im Inlande verfertigt sind, gleichviel ob dieselben im Inlande oder Auslande verbreitet werden.

Wenn ausländische Urheber im Gebiete des Deutschen Reichs ihre gewerbliche Niederlassung haben, so genießen sie für die im Inlande gefertigten Erzeugnisse den Schutz des gegenwärtigen Gesetzes.

Im Uebrigen richtet sich der Schutz der ausländischen Urheber nach den bestehenden Staatsverträgen.

§. 17. Das gegenwärtige Gesetz tritt mit dem 1. April 1876 in Kraft. Es findet Anwendung auf alle Muster und Modelle, welche nach dem Inkrafttreten desselben angefertigt worden sind.

Muster und Modelle, welche vor diesem Tage angefertigt worden sind, genießen den Schutz des Gesetzes nur dann, wenn das erste nach dem Muster 2c. gefertigte Erzeugniß erst nach dem Inkrafttreten des Gesetzes verbreitet worden ist.

Muster und Modelle, welche schon bisher landesgesetzlich gegen Nachbildung geschützt waren, behalten diesen Schutz; jedoch kann derselbe nur für denjenigen räumlichen Umfang geltend gemacht werden, für welchen er durch die Landesgesetzgebung ertheilt war.

Urkundlich unter Unserer Höchsteigenhändigen Unterschrift und beigedrucktem Kaiserlichen Insiegel.

Gegeben Berlin, den 11. Januar 1876.

(L. S.) Wilhelm.
Fürst v. Bismarck.

Gesetz über die eingeschriebenen Hülfskassen. Vom 7. April 1876.

[R.G.Bl. Nr. 9, ausgegeben zu Berlin, den April 1876, S. 125.]

Wir Wilhelm, von Gottes Gnaden Deutscher Kaiser, König von Preußen 2c., verordnen im Namen des Deutschen Reichs, nach erfolgter Zustimmung des Bundesraths und des Reichstags, was folgt:

§. 1. Kassen, welche die gegenseitige Unterstützung ihrer Mitglieder für den Fall der Krankheit bezwecken, erhalten die Rechte einer eingeschriebenen Hülfskasse unter den nachstehend angegebenen Bedingungen.

§. 2. Die Kasse hat einen Namen anzunehmen, welcher von dem aller anderen, an demselben Orte oder in derselben Gemeinde befindlichen Hülfskassen verschieden ist und die zusätzliche Bezeichnung: „eingeschriebene Hülfskasse" enthält.

§. 3. Das Statut der Kasse muß Bestimmung treffen:

1. über Namen, Sitz und Zweck der Kasse;
2. über den Beitritt und Austritt der Mitglieder;
3. über die Höhe der Beiträge, welche von den Mitgliedern zu entrichten sind, und, falls die Arbeitgeber zu Zuschüssen gesetzlich verpflichtet sind, über deren Höhe;
4. über die Voraussetzungen, die Art und den Umfang der Unterstützungen;
5. über die Bildung des Vorstandes, die Vertretung der zu Zuschüssen gesetzlich verpflichteten Arbeitgeber in demselben, sowie über die Legitimation seiner Mitglieder und den Umfang seiner Befugnisse;
6. über die Zusammensetzung und Berufung der Generalversammlung, über die Art ihrer Beschlußfassung und über die Stimmberechtigung der zu Zuschüssen gesetzlich verpflichteten Arbeitgeber;
7. über die Abänderung des Statuts;
8. über die Verwendung des Kassenvermögens im Falle der Auflösung oder Schließung der Kasse;
9. über die Aufstellung und Prüfung der Jahresrechnung.

Das Statut darf keine Bestimmung enthalten, welche mit dem Zwecke der Kasse nicht in Verbindung steht oder den Vorschriften dieses Gesetzes zuwiderläuft.

§. 4. Das Statut ist in zwei Exemplaren dem Vorstande der Gemeinde, in deren Bezirk die Kasse ihren Sitz nimmt, von den mit der Geschäftsleitung vorläufig betrauten Personen oder von dem Vorstande der Kasse in Person einzureichen. Der Gemeindevorstand hat das Statut der höheren Verwaltungsbehörde ungesäumt zu übersenden; diese entscheidet über die Zulassung der Kasse. Der Bescheid ist innerhalb sechs Wochen zu ertheilen.

Die Zulassung darf nur versagt werden, wenn das Statut den Anforderungen dieses Gesetzes nicht genügt. Wird die Zulassung versagt, so sind die Gründe mitzutheilen. Gegen die Versagung steht der Rekurs zu; wegen des Verfahrens und der Behörden gelten die Vorschriften der §§. 20 und 21 der Gewerbeordnung. In Elsaß-Lothringen finden statt derselben die dort geltenden Bestimmungen über das Verfahren in streitigen Verwaltungssachen entsprechende Anwendung. Wird die Zulassung ausgesprochen, so ist eine Ausfertigung des Statuts, versehen mit dem Vermerke der erfolgten Zulassung zurückzugeben.

Abänderungen des Statuts unterliegen den gleichen Vorschriften.

Eine Kasse, welche behufs Erhebung der Beiträge und Zahlung der Unterstützungen örtliche Verwaltungsstellen einrichtet, hat ihre Zulassung bei derjenigen Verwaltungsbehörde zu erwirken, in deren Bezirk die Hauptkasse ihren Sitz hat.

Die höhere Verwaltungsbehörde hat die Namen der zugelassenen Hülfskassen in ein Register einzutragen.

§. 5. Die Kasse kann unter ihrem Namen Rechte erwerben und Verbindlichkeiten eingehen, Eigenthum und andere dingliche Rechte an Grundstücken erwerben, vor Gericht klagen und verklagt werden.

Für alle Verbindlichkeiten der Kasse haftet den Kassengläubigern nur das Vermögen der Kasse.

Der ordentliche Gerichtsstand der Kasse ist bei dem Gerichte, in dessen Bezirk sie ihren Sitz hat.

§. 6. Zum Beitritt der Mitglieder ist eine schriftliche Erklärung oder die Unterzeichnung des Statuts erforderlich. Handzeichen Schreibensunkundiger bedürfen der Beglaubigung durch ein Mitglied des Vorstandes.

Der Beitritt darf von der Betheiligung an anderen Gesellschaften oder Vereinen nur dann abhängig gemacht werden, wenn eine solche Betheiligung für sämmtliche Mitglieder bei Errichtung der Kasse durch das Statut vorgesehen ist. Im Uebrigen darf den Mitgliedern die Verpflichtung zu Handlungen oder Unterlassungen, welche mit dem Kassenzweck in keiner Verbindung stehen, nicht auferlegt werden.

§. 7. Das Recht auf Unterstützung aus der Kasse beginnt für sämmtliche Mitglieder spätestens mit dem Ablauf der dreizehnten auf den Beitritt folgenden Woche.

Hat ein Mitglied bereits das Recht auf Unterstützung erworben, so verbleibt ihm dasselbe auch nach dem Austritte oder Ausschlusse für die nach Absatz 1 festgesetzte Frist. Ist der Ausschluß wegen Zahlungssäumniß erfolgt, so läuft diese Frist von dem Tage, bis zu welchem die Beiträge bezahlt sind.

Für die erste Woche nach dem Beginn der Krankheit kann die Gewährung einer Unterstützung ausgeschlossen werden.

Der Ausschluß der Unterstützung in Fällen bestimmter Krankheiten ist unzulässig.

§. 8. Die Mitglieder sind der Kasse gegenüber lediglich zu den auf Grund dieses Gesetzes und des Statuts festgestellten Beiträgen verpflichtet.

Nach Maßgabe des Geschlechts, des Gesundheitszustandes, des Lebensalters oder der Beschäftigung der Mitglieder darf die Höhe der Beiträge verschieden bemessen werden.

Die Einrichtung von Mitgliederklassen mit verschiedenen Beitrags- und Unterstützungssätzen ist zulässig.

Im Uebrigen müssen die Beiträge und Unterstützungen für alle Mitglieder nach gleichen Grundsätzen abgemessen sein.

§. 9. Arbeitgebern, welche für ihre Arbeiter die Beiträge vorschießen, steht das Recht zu, die letzteren bei der dem Fälligkeitstage zunächst vorausgehen oder bei einer diesem Tage folgenden Lohnzahlung in Anrechnung zu bringen.

§. 10. Der Anspruch auf Unterstützung kann mit rechtlicher Wirkung weder übertragen, noch verpfändet werden; er kann nicht Gegenstand der Beschlagnahme sein.

§. 11. Die Unterstützungen müssen im Falle der Arbeitsunfähigkeit des Unterstützungsberechtigten auf die Dauer von mindestens dreizehn Wochen gewährt werden, sofern die Arbeitsunfähigkeit nicht früher ihr Ende erreicht. Sie müssen während dieser Zeit täglich für Männer mindestens die Hälfte, für Frauen mindestens ein Drittheil des Lohnbetrages erreichen, welcher zur Zeit der Feststellung des Statuts der Kasse an dem Orte ihres Sitzes nach dem Urtheil der dortigen Gemeindebehörde gewöhnlichen Tagearbeitern im Jahresdurchschnitt gezahlt wird.

Auf den Betrag der Unterstützungen, jedoch höchstens bis zu zwei Drittheilen desselben, darf die Gewährung der ärztlichen Behandlung und der Arzneien angerechnet werden.

An die Stelle jeder sonstigen Unterstützung kann die Verpflegung in einer Krankenanstalt treten.

§. 12. Die täglichen Unterstützungen dürfen das Fünffache des gesetzlichen Mindestbetrages (§. 11) nicht überschreiten.

Neben diesen Unterstützungen können den Mitgliedern die geeigneten Mittel zur Erleichterung der ihnen nach der Genesung verbliebenen körperlichen Mängel gewährt werden.

Auch kann die Gewährung ärztlicher Behandlung auf die Familienangehörigen der Mitglieder ausgedehnt werden.

Den Hinterbliebenen verstorbener Mitglieder kann ferner eine Beihülfe gewährt werden, welche das Zehnfache der wöchentlichen Unterstützung, auf welche das verstorbene Mitglied Anspruch hatte, nicht überschreitet.

§. 13. Zu anderen Zwecken, als den in den §§. 11 und 12 bezeichneten Unterstützungen und der Deckung der Verwaltungskosten, dürfen weder Beiträge von den Mitgliedern erhoben werden, noch Verwendungen aus dem Vermögen der Kasse erfolgen.

§. 14. Eine Ermäßigung der Beiträge oder eine Erhöhung der Unterstützungen bedarf für Kassen, in Ansehung deren eine Beitrittspflicht der Arbeiter begründet ist, der Genehmigung des Vorstandes der Gemeinde oder des größeren Kommunalverbandes, auf deren Anordnung die Beitrittspflicht beruht.

Eine Erhöhung der Beiträge oder eine Ermäßigung der Unterstützungen bis auf den gesetzlichen Mindestbetrag (§. 11) kann die genannte Behörde für diese Kassen nach Anhörung des Vorstandes verfügen, wenn nach dem Rechnungsabschlusse des letzten Jahres die Einnahmen der Kasse zu den statutmäßigen Aufwendungen nicht ausgereicht haben.

Rückständige Zahlungen von Mitgliedern und deren Arbeitgebern können für diese Kassen, unter Vorbehalt richterlicher Entscheidung, im Verwaltungswege eingezogen werden.

§. 15. Der Ausschluß von Mitgliedern aus der Kasse kann nur unter den durch das Statut bestimmten Formen und aus den darin bezeichneten Gründen erfolgen. Er ist nur zulässig bei dem Wegfall einer die Aufnahme bedingenden Voraussetzung für den Fall einer Zahlungssäumniß oder einer solchen strafbaren Handlung, welche eine Verletzung der Bestimmungen des Statuts in sich schließt. Wegen des Austrittes oder Ausschlusses aus einer Gesellschaft oder einem Vereine können Mitglieder nicht ausgeschlossen werden, wenn sie der Kasse bereits zwei Jahre angehört haben. Erfolgt ihre Ausschließung vor Ablauf dieser Zeit, so haben sie Anspruch auf Ersatz des von ihnen bezahlten Eintrittsgeldes.

§. 16. Die Kasse muß einen von der Generalversammlung gewählten Vorstand haben, durch welchen sie gerichtlich und außergerichtlich vertreten wird.

Arbeitgeber, welche Zuschüsse zu der Kasse leisten, haben Anspruch auf Vertretung im Vorstande unter Berücksichtigung des Maßes ihrer Zuschüsse. Mehr als ein Drittheil der Stimmen darf ihnen jedoch im Vorstande nicht eingeräumt werden.

§. 17. Die Zusammensetzung des Vorstandes, sowie jede in der Zusammensetzung des Vorstandes eingetretene Aenderung ist dem Vorstande der Gemeinde, in deren Bezirk die Kasse ihren Sitz hat, anzumelden. Die Anmeldung hat durch die Vorstandsmitglieder in Person oder durch eine beglaubigte schriftliche Erklärung zu erfolgen. Ist die Anmeldung nicht geschehen, so kann eine in der Zusammensetzung eingetretene Aenderung dritten Personen nur dann entgegengesetzt werden, wenn bewiesen wird, daß sie letzteren bekannt war.

Zur Legitimation des Vorstandes bei allen Geschäften, auch den das Hypotheken- und Grundschuldwesen betreffenden, genügt das Zeugniß des Vorstandes der Gemeinde, daß die darin bezeichneten Personen zur Zeit als Mitglieder des Vorstandes angemeldet sind.

§. 18. Die Befugniß des Vorstandes, die Kasse nach Außen zu vertreten, wird durch die im Statut enthaltene Vollmacht bestimmt.

Durch die innerhalb der Grenzen dieser Vollmacht im Namen der Kasse vom Vorstande abgeschlossenen Geschäfte wird die Kasse verpflichtet und berechtigt.

§. 19. Dem Vorstande kann zur Ueberwachung der Geschäftsleitung ein Ausschuß zur Seite gesetzt werden, welcher durch die Generalversammlung zu wählen ist.

§. 20. Soweit die Angelegenheiten der Kasse nicht durch den Vorstand oder Ausschuß wahrgenommen werden, steht die Beschlußnahme darüber der Generalversammlung zu.

Die Generalversammlung kann dritten Personen ihre Befugnisse nicht übertragen.

Abänderungen des Statuts bedürfen, mit der durch §. 14 gegebenen Maßgabe, ihrer Zustimmung.

§. 21. In der Generalversammlung hat jedes anwesende Mitglied, welches großjährig und im Besitz der bürgerlichen Ehrenrechte ist, eine Stimme. Mitglieder, welche mit den Beiträgen im Rückstande sind, können von der Theilnahme an der Abstimmung ausgeschlossen werden.

Die Generalversammlung kann auch aus Abgeordneten gebildet werden, welche aus der Mitte der stimmfähigen Mitglieder zu wählen sind; die Zahl der zu wählenden Abgeordneten muß jedoch mindestens dreißig betragen.

Arbeitgeber, welche Zuschüsse zu der Kasse leisten, haben Anspruch auf Stimmberechtigung. Das Maß dieser Stimmberechtigung ist unter Berücksichtigung ihrer Zuschüsse festzustellen; die Zahl ihrer Stimmen darf jedoch die Hälfte der den Mitgliedern der Kasse zustehenden Stimmen nicht übersteigen.

§. 22. Generalversammlungen können nur innerhalb des Deutschen Reichs an einem Orte abgehalten werden, an welchem die Kasse eine Zahlungsstelle besitzt. Bei der Berufung ist der Gegenstand der Berathung anzugeben.

Wird von dem Ausschuß oder von dem zehnten Theile der stimmfähigen Mitglieder die Berufung der Generalversammlung beantragt, so muß der Vorstand die letztere berufen.

§. 23. Für diejenigen Kassen, in Ansehung deren eine Beitrittspflicht der Arbeiter begründet ist, kann der Vorstand der Gemeinde oder des größeren Kommunalverbandes, auf deren Anordnung die Beitrittspflicht beruht,

1. so lange die Wahl des Vorstandes oder Ausschusses nicht zu Stande kommt, so lange ferner Vorstand oder Ausschuß die Erfüllung ihrer Obliegenheiten verweigern, mit der Wahrnehmung dieser Obliegenheiten geeignete Personen betrauen;
2. so lange die Generalversammlung oder eine durch das Gesetz oder das Statut vorgeschriebene Beschlußfassung der Generalversammlung nicht zu Stande kommt, die Befugnisse derselben wahrnehmen.

§. 24. Die Einnahmen und Ausgaben der Kasse sind von allen den Zwecken der Kasse fremden Vereinnahmungen und Verausgabungen getrennt festzustellen und zu verrechnen; ebenso sind Bestände gesondert zu verwahren.

Verfügbare Gelder dürfen, außer in öffentlichen Sparkassen, nur ebenso wie die Gelder Bevormundeter angelegt werden.

§. 25. In jedem fünften Jahre hat die Kasse die wahrscheinliche Höhe ihrer Verpflichtungen und der ihnen gegenüberstehenden Einnahmen durch einen Sachverständigen, welcher bei der Verwaltung der Kasse nicht betheiligt ist, abschätzen zu lassen, das Ergebniß nach dem vorgeschriebenen Formulare der Aufsichtsbehörde mitzutheilen und der Kenntnißnahme aller Mitglieder zugänglich zu machen.

§. 26. Wenn nach dem Ergebnisse der Abschätzung die Verpflichtungen der Kasse die ihnen gegenüberstehenden Einnahmen übersteigen, so muß, Mangels anderer Deckungsmittel, entweder eine Ermäßigung der Unterstützungen bis auf den gesetzlichen Mindestbetrag, oder eine Erhöhung der Beiträge eintreten, derart, daß nach dem Gutachten des Sachverständigen die Herstellung des Gleichgewichts zwischen den Verpflichtungen und Einnahmen der Kasse bis zur nächsten Abschätzung zu erwarten ist.

§. 27. Die Kasse ist verpflichtet, in den vorgeschriebenen Fristen und nach den vorgeschriebenen Formularen Uebersichten über die Mitglieder, über die Krankheits- und Sterbefälle, über die verrechneten Beitrags- und Unterstützungstage der höheren Verwaltungsbehörde, sowie einen Rechnungsabschluß der Aufsichtsbehörde einzusenden. Sie hat der Aufsichtsbehörde auf Erfordern das Ausscheiden der Mitglieder anzuzeigen.

§. 28. Kassen, in Ansehung deren eine Beitrittspflicht der Arbeiter nicht begründet ist, können durch Beschluß der Generalversammlung unter Zustimmung von mindestens vier Fünftheilen sämmtlicher vertretenen Stimmen aufgelöst werden.

§. 29. Die Schließung einer Kasse kann durch die höhere Verwaltungsbehörde erfolgen:

1. wenn mehr als ein Viertheil der Mitglieder mit der Einzahlung der Beiträge im Rückstande ist und trotz ergangener Aufforderung der Aufsichtsbehörde weder die Beitreibung der fälligen Beiträge, noch der Ausschluß der säumigen Mitglieder erfolgt;

2. wenn die Kasse trotz ergangener Aufforderung der Aufsichtsbehörde vier Wochen mit Zahlung fälliger nicht streitiger Unterstützungen im Rückstande ist;
3. wenn die Generalversammlung einen mit den Vorschriften dieses Gesetzes oder des Kassenstatuts im Widerspruch stehenden Beschluß gefaßt hat und der Auflage der Aufsichtsbehörde, denselben zurückzunehmen, innerhalb der gesetzten Frist nicht nachgekommen ist;
4. wenn dem §. 6 dieses Gesetzes zuwider Mitglieder zu Handlungen oder Unterlassungen verpflichtet, oder wenn der Vorschrift des §. 13 entgegen Beiträge von den Mitgliedern erhoben oder Verwendungen aus dem Vermögen der Kasse bewirkt werden;
5. wenn im Falle des §. 26 innerhalb einer von der höheren Verwaltungsbehörde angemessen zu bestimmenden Frist für die Herstellung des Gleichgewichts zwischen den Verpflichtungen und Einnahmen der Kasse nicht Sorge getragen ist;
6. wenn Mitglieder aus einem nach diesem Gesetze unzulässigen Grunde aus der Kasse ausgeschlossen werden.

Gegen die Maßregeln der Verwaltungsbehörde ist der Rekurs zulässig; wegen des Verfahrens und der Behörden gelten die Vorschriften der §§. 20 und 21 der Gewerbeordnung. In Elsaß-Lothringen finden statt derselben die dort geltenden Bestimmungen über das Verfahren in streitigen Verwaltungssachen entsprechende Anwendung.

Die Eröffnung des Konkursverfahrens über eine Kasse hat die Schließung kraft Gesetzes zur Folge.

§. 30. Bei der Auflösung einer Kasse wird die Abwickelung der Geschäfte, sofern die Generalversammlung darüber nicht anderweitig beschließt, durch den Vorstand vollzogen. Genügt dieser seiner Verpflichtung nicht, oder wird die Kasse geschlossen, so hat die Aufsichtsbehörde die Abwickelung der Geschäfte geeigneten Personen zu übertragen und deren Namen bekannt zu machen.

§. 31. Von dem Zeitpunkte der Auflösung oder Schließung einer Kasse ab bleiben die Mitglieder noch für diejenigen Zahlungen verhaftet, zu welchen sie das Statut für den Fall ihres Austrittes aus der Kasse verpflichtete.

Das Vermögen der Kasse ist nach der Auflösung oder Schließung zunächst zur Deckung der vor dem Zeitpunkte der Auflösung oder Schließung bereits eingetretenen Unterstützungsverpflichtungen zu verwenden.

§. 32. Bis zum Ablaufe eines Jahres nach Auflösung oder Schließung einer Kasse kann einer für die gleichen Zwecke und für denselben Mitgliederkreis oder für einen Theil desselben neu errichteten Kasse die Zulassung versagt werden.

§. 33. Die Kassen unterliegen in Bezug auf die Befolgung dieses Gesetzes der Beaufsichtigung durch die von den Landesregierungen zu bestimmenden Behörden.

Die Aufsichtsbehörde kann jederzeit die Bücher der Kasse einsehen.

Sie beruft die Generalversammlung, falls der Vorstand der durch §. 22 begründeten Verpflichtung nicht genügt.

Sie kann die Mitglieder des Vorstandes und die im Falle der Auflösung oder Schließung einer Kasse mit der Abwickelung der Geschäfte betrauten Personen zur Erfüllung der durch §. 27 begründeten Pflichten durch Ordnungsstrafe bis zu einhundert Mark anhalten.

§. 34. Mitglieder des Vorstandes oder des Ausschusses, welche den Bestimmungen dieses Gesetzes zuwider handeln, werden mit Geldstrafe bis zu dreihundert Mark gerichtlich bestraft. Haben sie absichtlich zum Nachtheil der Kasse gehandelt, so unterliegen sie der Strafbestimmung des §. 266 des Strafgesetzbuchs.

§. 35. Eine Vereinigung mehrerer Kassen zu einem Verbande behufs gegenseitiger Aushülfe kann unter Zustimmung der Generalversammlungen der einzelnen Kassen und auf Grund eines schriftlichen Statuts erfolgen.

Der Verband ist durch einen aus der Wahl der Vorstände oder Ausschüsse der betheiligten Kassen hervorgegangenen Vorstand zu verwalten. Seine Pflichten und

Befugnisse bestimmt das Statut. Sein Sitz darf nur an einem Orte sein, wo eine der betheiligten Kassen ihren Sitz hat.

Der Verband unterliegt nach Maßgabe des §. 33 der Aufsicht der höheren Verwaltungsbehörde desjenigen Bezirks, in welchem der Vorstand seinen Sitz hat.

Auf die Mitglieder des Vorstandes und die sonstigen Organe des Verbandes finden die Bestimmungen des §. 34 Anwendung

§. 36. Die Verfassung und die Rechte der auf Grund landesrechtlicher Vorschriften errichteten Hülfskassen werden durch dieses Gesetz nicht berührt; die Kassen können jedoch durch die Landesregierungen zur Einsendung der im §. 27 bezeichneten Uebersichten verpflichtet werden.

In Ansehung der Kassen der Knappschaftsvereine verbleibt es bei den dafür maßgebenden besonderen Bestimmungen.

Urkundlich unter Unserer Höchsteigenhändigen Unterschrift und beigedrucktem Kaiserlichen Insiegel.

Gegeben Berlin, den 7. April 1876.

(L. S.) Wilhelm.

Fürst v. Bismarck.

Anhang.

Gesetz, betreffend die Einführung des Strafgesetzbuches für das Deutsche Reich in Elsaß-Lothringen.

Vom 30. August 1871.

[G.Bl. f. E.-L. 1871 S. 255.]

Wir Wilhelm, von Gottes Gnaden Deutscher Kaiser, König von Preußen rc. verordnen im Namen des Deutschen Reichs, nach erfolgter Zustimmung des Bundesrathes, für Elsaß und Lothringen was folgt:

Artikel I.

Das anliegende Strafgesetzbuch für das Deutsche Reich tritt in Elsaß-Lothringen mit dem 1. Oktober 1871 in Kraft.

Die Bestimmungen dieses Gesetzbuchs, in welchen von Bundesstaaten oder deren Beziehungen die Rede ist, finden auch auf Elsaß-Lothringen und dessen entsprechende Beziehungen Anwendung.

Artikel II.

Mit dem 1. Oktober 1871 treten alle Strafbestimmungen, insoweit sie Materien betreffen, welche Gegenstand des Strafgesetzbuchs für das Deutsche Reich sind, außer Kraft.

In Kraft bleiben die besonderen Vorschriften über die durch das Strafgesetzbuch nicht berührten Materien, namentlich über strafbare Verletzungen der Preßpolizei-, Post-, Steuer-, Zoll-, Fischerei-, Jagd-, Forst- und Feldpolizei-Gesetze, über Mißbrauch des Vereins- und Versammlungsrechts, über den Holz- (Forst-) Diebstahl und über Schulversäumnisse.

Artikel III.

Wenn in Landesgesetzen auf strafrechtliche Vorschriften, welche durch das Strafgesetzbuch für das Deutsche Reich außer Kraft gesetzt sind, verwiesen wird, so treten die entsprechenden Vorschriften des letzteren an die Stelle der ersteren.

Artikel IV.

Die in den §§. 81, 88, 90, 307, 311, 312, 315, 322, 323 und 324 des Strafgesetzbuchs für das Deutsche Reich mit lebenslänglichem Zuchthause bedrohten Verbrechen sind mit dem Tode zu bestrafen, wenn sie in einem Theile des Reichs, welcher in Kriegszustand erklärt ist, oder während eines gegen das Reich ausgebrochenen Krieges auf dem Kriegsschauplatze begangen werden.

Artikel V.

Vom 1. Oktober 1871 ab darf nur auf die im Strafgesetzbuche für das Deutsche Reich enthaltene Strafarten erkannt werden.

Wenn in den Landesgesetzen Todesstrafe, travaux forcés, déportation oder réclusion angedroht sind, ist auf Zuchthaus, wenn détention angedroht ist, auf Festungshaft, wenn dégradation civique angedroht ist, auf Gefängniß mit oder ohne Anerkennung der bürgerlichen Ehrenrechte, wenn emprisonnement oder prison angedroht ist, auf Gefängniß, falls aber die angedrohte Strafe die Dauer von sechs Wochen nicht übersteigt, auf Haft zu erkennen.

Wenn in den Landesgesetzen anstatt der Gefängniß- oder Geldstrafe, Forst- oder Gemeindearbeit angedroht oder nachgelassen ist, so behält es hierbei sein Bewenden.

Artikel VI.

Die Verjährung der Civilklagen aus strafbaren Handlungen tritt in den nämlichen Zeiträumen ein, welche für die Verjährung der Strafverfolgung von solchen Handlungen in dem Strafgesetzbuche für das Deutsche Reich bestimmt sind.

Artikel VII.

Kaufleute, welche ihre Zahlungen eingestellt haben, können mit Gefängniß bis zu zwei Jahren bestraft werden:

1) wenn sie nach Dotalrecht oder mit vertragsmäßiger Gütertrennung verheirathet, die Vorschriften des Artikel 69 des Code de commerce nicht befolgt haben;
2) wenn sie nicht innerhalb der drei Tage nach Einstellung der Zahlungen die durch Artikel 438 und 439 des Code de commerce vorgeschriebene Erklärung abgegeben haben, oder wenn ihre Erklärung nicht die Namen aller solidarisch haftenden Gesellschafter enthält;
3) wenn sie sich ohne rechtsmäßige Verhinderung in den festgesetzten Fällen und Fristen nicht bei den Syndiken persönlich eingefunden, oder, nachdem sie ein freies Geleit erhalten, nicht vor Gericht gestellt haben.

Die in den Artikeln 69 und 585 bis 600 des Code de commerce enthaltenen Strafbestimmungen sind aufgehoben.

Artikel VIII.

Ein Gläubiger, welcher nach erlangter Kenntniß von der Zahlungseinstellung zu seiner Begünstigung und zum Nachtheil der übrigen Gläubiger einen besonderen Vertrag mit dem Gemeinschuldner oder dessen Erben eingeht, oder welcher sich von demselben oder anderen Personen besondere Vortheile dafür gewähren oder versprechen läßt, daß er bei der Berathung und Beschlußnahme der Gläubiger in einem gewissen Sinne stimme, wird mit Gefängniß bis zu Einem Jahre bestraft. Auch kann gegen denselben zugleich auf Verlust der bürgerlichen Ehrenrechte erkannt werden.

Artikel IX.

Civilstandsbeamte werden mit Geldstrafe bis zu Einhundert Thalern oder mit Gefängniß bis zu sechs Monaten bestraft:

1) wenn sie ihre Urkunden anders als in die dazu bestimmten Register schreiben;

2) wenn sie die Heirathsurkunde einer schon verehelicht gewesenen Frau vor dem Ablaufe der in dem Artikel 228 des Code civil festgesetzten Frist aufnehmen;
3) wenn sie in Fällen, in denen zur Gültigkeit der Ehe die Einwilligung der Eltern oder anderer Personen erforderlich ist, die Heirathsurkunde aufnehmen, ohne sich vorher von dem Dasein dieser Einwilligung überzeugt zu haben.

Die Anwendbarkeit der Bestimmungen in Nr. 2 und 3 ist nicht dadurch bedingt, daß die Gültigkeit der Ehe angefochten wird.

Artikel X.

Wer einer Entbindung beigewohnt oder ein neugebornes Kind gefunden hat, und die ihm durch die Civilgesetze auferlegte Anmeldung nicht innerhalb der in denselben vorgeschriebenen Frist bewirkt, wird mit Geldstrafe bis zu Einhundert Thalern oder Gefängniß bis zu sechs Monaten bestraft.

Artikel XI.

Die in §. 1 des Strafgesetzbuchs aufgestellte Eintheilung der strafbaren Handlungen in Verbrechen, Vergehen, Uebertretungen greift auch Platz für diejenigen strafbaren Handlungen, auf welche andere Strafgesetze als das gegenwärtige Strafgesetzbuch anzuwenden sind. Ist die Strafe in diesen Gesetzen als eine willkürliche bezeichnet, so ist die Handlung eine Uebertretung.

Artikel XII.

Die Untersuchung und Entscheidung erfolgt:
in Ansehung der Uebertretungen
durch die Polizeigerichte,
in Ansehung der Vergehen
durch die Zuchtpolizeikammern der Landgerichte,
in Ansehung der Verbrechen
durch die Schwurgerichtshöfe.

Das Hauptverfahren wegen einfachen Diebstahls, einfacher Hehlerei (§. 261 des Strafgesetzbuchs, Absatz 2) und Betrugs im wiederholten Rückfalle ist, sofern mildernde Umstände vorhanden sind, durch den Anklagesenat an die Zuchtpolizeigerichte zu verweisen, welche sich aus dem Grunde, daß keine mildernde Umstände vorhanden seien, nicht inkompetent erklären dürfen.

In Ansehung aller Verbrechen und Vergehen solcher Personen, welche zur Zeit der That das achtzehnte Lebensjahr noch nicht vollendet haben, erfolgt die Entscheidung durch die Zuchtpolizeikammern, sofern nicht wegen Konnexität die Verweisung vor den Schwurgerichtshof auszusprechen ist.

Ob ein Verweis mündlich oder schriftlich zu ertheilen, bleibt dem richterlichen Ermessen überlassen.

Gesetz, betreffend die Abänderung des Einführungsgesetzes zum Deutschen Strafgesetzbuch für Elsaß-Lothringen. Vom 14. Juli 1873.

[Ges.Bl. für E.-L. 1873, S. 166.]

Die Untersuchung und Entscheidung über die in den Artikeln 192, 194 und 195 des Code forestier nach der Fassung des Gesetzes vom 18. Juni 1859 und in den Artikeln 196, 197 und 199 des Code forestier bezeichneten strafbaren Handlungen erfolgt durch die Polizeigerichte auch in denjenigen Fällen, in welchen die in den bezeichneten Artikeln, beziehungsweise in Verbindung mit Artikel 201 des Code forestier angedrohten Strafen in Geldstrafe von höherem Betrage als von funfzig Thalern oder in Freiheitsstrafe von längerer Dauer als sechs Wochen bestehen.

Artikel XIII.

Die Vorschrift des Art. 341 des Code d'Instruction criminelle findet in den durch das Strafgesetzbuch mit Strafe bedrohten Fällen nur dann Anwendung, wenn dasselbe mildernde Umstände ausdrücklich zuläßt.

Artikel XIV.

Hinsichtlich der Bestrafung der Schulversäumnisse bleibt es bei dem bestehenden Verfahren.

Artikel XV.

Alle wegen eines und desselben Verbrechens oder Vergehens verurtheilten Personen sind zu den Kosten, zur Rückgabe und zum Schadenersatze, auf welche erkannt wird, solidarisch zu verurtheilen.

Ist auf Einziehung oder Geldstrafe, zugleich aber auf Rückgabe oder Schadenersatz erkannt worden, so haben die letzteren den Vorzug, wenn das Vermögen des Verurtheilten nicht ausreicht, alle diese Leistungen zu bestreiten.

Artikel XVI.

Die während des Krieges erlassenen Vorschriften über die Kompetenz der Kriegsgerichte, sowie die materiellen Strafbestimmungen, welche sich auf die diesen Gerichten überwiesenen Verbrechen und Vergehen beziehen, bleiben, so lange sie nicht durch Kaiserliche Verordnungen aufgehoben sind, in Kraft.

Urkundlich unter Unserer Höchsteigenhändigen Unterschrift und beigedrucktem Kaiserlichen Insiegel.

Gegeben Bad Gastein, den 30. August 1871.

(L. S.) Wilhelm.
Fürst v. Bismarck.

Nachtrag.

(Veränderungen während des Druckes.)

---

1. Auf Seite 56 ist der Anmerkung 1 zu §. 328. des St.G.B. zuzusetzen:

Vgl. das Gesetz, betreffend die Beseitigung von Ansteckungsstoffen bei Viehbeförderungen auf Eisenbahnen, vom 25. Februar 1876 (R.G.Bl. Seite 163).

2. Auf Seite 315 ist einzuschalten:

Gesetz, betreffend die Beseitigung von Ansteckungsstoffen bei Viehbeförderungen auf Eisenbahnen. Vom 25. Februar 1876.*)

[R.G.Bl. Nr. 12, ausgegeben zu Berlin den 11. Mai 1876, S. 163].

Wir Wilhelm, von Gottes Gnaden, Deutscher Kaiser, König von Preußen rc. verordnen im Namen des Deutschen Reichs, nach erfolgter Zustimmung des Bundesraths und des Reichstages, was folgt:

§. 1. Die Eisenbahnverwaltungen sind verpflichtet, Eisenbahnwagen, in welchen Pferde, Maulthiere, Esel, Rindvieh, Schafe, Ziegen oder Schweine befördert worden sind, nach jedesmaligem Gebrauche einem Reinigungsverfahren (Desinfektion) zu unterwerfen, welches geeignet ist, die den Wagen etwa anhaftenden Ansteckungsstoffe vollständig zu tilgen.

Gleicherweise sind die bei Beförderung der Thiere zum Futtern, Tränken, Befestigen oder zu sonstigen Zwecken benutzten Geräthschaften zu desinfiziren.

Auch kann angeordnet werden, daß die Rampen, welche die Thiere beim Ein- und Ausladen betreten haben, sowie die Vieh-Ein- und Ausladeplätze und die Viehhöfe der Eisenbahnverwaltungen nach jeder Benutzung zu desinfiziren sind.

§. 2. Die Verpflichtung zur Desinfektion liegt in Bezug auf die Eisenbahnwagen und die zu denselben gehörigen Geräthschaften (§ 1 Absatz 1 und 2) derjenigen Eisenbahnverwaltung ob, in deren Bereich die Entladung der Wagen stattfindet. Erfolgt die letztere im Auslande, so ist zur Desinfektion diejenige deutsche Eisenbahnverwaltung verpflichtet, deren Bahn von den Wagen bei der Rückkehr in das Reichsgebiet zuerst berührt wird.

Die Eisenbahnverwaltungen sind berechtigt, für die Desinfektion eine Gebühr zu erheben.

---

*) Vgl. die Bekanntmachung des Reichskanzlers vom 6. Mai 1876, betreffend die Ausführung des Gesetzes vom 25. Februar 1876 [D. Reichs- und Kgl. Pr. Staats-Anzeiger Nr. 114, vom 15. Mai 1876].

§. 3. Der Bundesrath ist ermächtigt, Ausnahmen von der durch die §§. 1 und 2 festgesetzten Verpflichtung für den Verkehr mit dem Auslande insoweit zuzulassen, als die ordnungsmäßige Desinfektion der zur Viehbeförderung benutzten, im Auslande entladenen Wagen vor deren Wiedereingang genügend sichergestellt ist.

Auch ist der Bundesrath ermächtigt, Ausnahmen von der gedachten Verpflichtung für den Verkehr im Inlande zuzulassen, jedoch für die Beförderung von Rindvieh, Schafen und Schweinen nur innerhalb solcher Theile des Reichsgebiets, in welchen seit länger als drei Monaten Fälle von Lungenseuche und von Maul- und Klauenseuche nicht vorgekommen sind.

§. 4. Die näheren Bestimmungen über das anzuordnende Verfahren, über Ort und Zeit der zu bewirkenden Desinfektionen, sowie über die Höhe der zu erhebenden Gebühren werden auf Grund der von dem Bundesrath aufzustellenden Normen von den Landesregierungen getroffen.

§. 5. Im Eisenbahndienste beschäftigte Personen, welche die ihnen nach den auf Grund dieses Gesetzes erlassenen Bestimmungen vermöge ihrer dienstlichen Stellung oder eines ihnen ertheilten Auftrages obliegende Pflicht der Anordnung, Ausführung oder Ueberwachung einer Desinfektion vernachlässigen, werden mit Geldstrafe bis zu eintausend Mark, und wenn in Folge dieser Vernachlässigung Vieh von einer Seuche ergriffen worden, mit Geldstrafe bis zu dreitausend Mark oder Gefängniß bis zu einem Jahre bestraft, sofern nicht durch die Vorschriften des Strafgesetzbuches eine der Art oder dem Maße nach schwerere Strafe angedroht ist.

§. 6. Der §. 6 des Gesetzes vom 7. April 1869, Maßregeln gegen die Rinderpest betreffend (Bundes-Gesetzbl. S. 105), ist aufgehoben.

Urkundlich unter Unserer Höchsteigenhändigen Unterschrift und beigedrucktem Kaiserlichen Insiegel.

Gegeben Berlin, den 25. Februar 1876.

(L. S.) Wilhelm.

Fürst v. Bismarck.

Zu §. 4.

Vgl. die vom Preuß. Handelsminister erlassene Ausführungs-Verordnung vom 16. Juni 1876 [D. Reichs- und Kgl. Pr. Staats-Anzeiger Nr. 148, vom 26. Juni 1876, erste Beilage].

Sachregister.

A.

C.

D.

E.

F.

M.

N.

O.

P.

Q.

R.

S.

T.

U.

V.

W.

Z.

Gedruckt bei Julius Sittenfeld in Berlin

FSC
www.fsc.org
MIX
Papier | Fördert
gute Waldnutzung
FSC® C083411

Kolibri 360 GmbH
Ferdinand-Jühlke-Straße 7
99095 Erfurt, Deutschland
produktsicherheit@kolibri360.de